Globale Politische Ökonomie

Reihe herausgegeben von
Brigitte Young, Münster, Deutschland
Hans-Jürgen Bieling, Tübingen, Deutschland
Oliver Kessler, Erfurt, Deutschland
Andreas Nölke, Frankfurt am Main, Deutschland

Im Zuge der beschleunigten Globalisierung seit den 1970er Jahren ist ein neues interdisziplinäres Forschungs- und Diskussionsgebiet entstanden, das als Globale Politische Ökonomie (GPÖ) bezeichnet wird. Die GPÖ markiert ein Schnittfeld, auf dem sich eine Vielzahl sozialwissenschaftlicher Disziplinen – von der Politik- und Wirtschaftswissenschaft, über die Soziologie und Geschichtswissenschaft bis hin zur Geographie und Rechtswissenschaft – begegnen und sich in der Analyse inter- und transnationaler politökonomischer Phänomene wechselseitig befruchten und inspirieren. In der jüngeren Vergangenheit haben sich mehrere, jeweils spezifisch zugeschnittene Analyseperspektiven herauskristallisiert, die ihre Aufmerksamkeit auf das Zusammenspiel von Produktion, Marktorganisation und politischer Regulierung unter Einschluss von politisch-soziologischen Machtverhältnissen, zivilgesellschaftlichen Kooperations- und Kommunikationsformen oder rechtlich-institutionellen Verfahren richten. Mit anderen Worten, die GPÖ befasst sich in der Analyse des globalen bzw. globalisierten Kapitalismus nicht zuletzt mit den vielfältigen materiellen und diskursiven Konflikten, die diesem eingeschrieben sind. Dies signalisiert, dass die Buchreihe bestrebt ist, ein breites Spektrum an Studien zu Wort kommen zu lassen, die unterschiedliche theoretische und methodische Zugänge abbilden. Ohne Anspruch auf Vollständigkeit geht es unter anderem um folgende Schwerpunkte:

- Historische Entwicklungslinien spezifischer Gegenstandsbereiche;
- Kritik und/oder Weiterentwicklung etablierter politökonomischer Theoreme, Paradigmen oder Kapitalismus-Konzeptionen;
- Feministisch-ökonomische Ansätze der Interaktion von globalen, lokalen und regionalen Wirtschafts- bzw. Entwicklungsprozessen;
- Wandel globaler Kräfteverhältnisse, d. h. politökonomischer Machtbeziehungen und staatlicher Organisationsmuster;
- Internationale Arbeitsteilung und Entwicklung der Nord-Süd-Beziehungen;
- Genese und Funktionsweise internationaler oder globaler Institutionen und Regime (Produktion, Handel, Finanzmärkte, Sicherheit, Umwelt, Energieversorgung etc.) sowie hierauf bezogener transnationaler Netzwerke;
- Regionale Integrationsprozesse sowie diese prägende Institutionen, Akteure und Kräfteverhältnisse;
- Grenzüberschreitende politökonomische Krisen, vor allem Verschuldungs-, Finanz- oder Stagnationskrisen;
- Globalisierung und Globalisierungskritik unter Einschluss globalisierter Kulturbeziehungen.

Ein wesentliches Ziel der Buchreihe besteht darin, die vielfältigen Analyseperspektiven der GPÖ nicht nur darzustellen, sondern auch kommunikativ miteinander zu vernetzen. In diesem Sinne sind auch Vorschläge für interdisziplinär angelegte und kohärent strukturierte Sammelbände willkommen. Publikationsideen und Manuskripte nehmen die HerausgeberInnen entgegen.

Weitere Bände in der Reihe http://www.springer.com/series/12176

Raphael M. Peresson

Entwicklungsagenden in Lateinamerika

Wirtschaftspolitische Strategien in Venezuela und Brasilien

Raphael M. Peresson
Stuttgart, Deutschland

ISSN 2625-8749　　　　　　ISSN 2625-8757　(electronic)
Globale Politische Ökonomie
ISBN 978-3-658-33054-5　　　ISBN 978-3-658-33055-2　(eBook)
https://doi.org/10.1007/978-3-658-33055-2

Die Deutsche Nationalbibliothek verzeichnet diese Publikation in der Deutschen Nationalbibliografie; detaillierte bibliografische Daten sind im Internet über http://dnb.d-nb.de abrufbar.

© Der/die Herausgeber bzw. der/die Autor(en), exklusiv lizenziert durch Springer Fachmedien Wiesbaden GmbH, ein Teil von Springer Nature 2021
Das Werk einschließlich aller seiner Teile ist urheberrechtlich geschützt. Jede Verwertung, die nicht ausdrücklich vom Urheberrechtsgesetz zugelassen ist, bedarf der vorherigen Zustimmung des Verlags. Das gilt insbesondere für Vervielfältigungen, Bearbeitungen, Übersetzungen, Mikroverfilmungen und die Einspeicherung und Verarbeitung in elektronischen Systemen.
Die Wiedergabe von allgemein beschreibenden Bezeichnungen, Marken, Unternehmensnamen etc. in diesem Werk bedeutet nicht, dass diese frei durch jedermann benutzt werden dürfen. Die Berechtigung zur Benutzung unterliegt, auch ohne gesonderten Hinweis hierzu, den Regeln des Markenrechts. Die Rechte des jeweiligen Zeicheninhabers sind zu beachten.
Der Verlag, die Autoren und die Herausgeber gehen davon aus, dass die Angaben und Informationen in diesem Werk zum Zeitpunkt der Veröffentlichung vollständig und korrekt sind. Weder der Verlag, noch die Autoren oder die Herausgeber übernehmen, ausdrücklich oder implizit, Gewähr für den Inhalt des Werkes, etwaige Fehler oder Äußerungen. Der Verlag bleibt im Hinblick auf geografische Zuordnungen und Gebietsbezeichnungen in veröffentlichten Karten und Institutionsadressen neutral.

Planung/Lektorat: Stefanie Eggert
Springer VS ist ein Imprint der eingetragenen Gesellschaft Springer Fachmedien Wiesbaden GmbH und ist ein Teil von Springer Nature.
Die Anschrift der Gesellschaft ist: Abraham-Lincoln-Str. 46, 65189 Wiesbaden, Germany

Danksagung

Mein Interesse an den gesellschaftlichen Entwicklungen Lateinamerikas wurde vor allem durch einen 1,5-jährigen Aufenthalt in Mexiko entfacht. Fortan legte ich meinen (Forschungs-)Fokus auf die politischen und wirtschaftlichen Entwicklungen Lateinamerikas, vor allem jedoch auf diejenigen der lateinamerikanischen Linksregierungen. Produkt dieses Interesses ist die vorliegende Dissertation.

An dieser Stelle möchte ich mich bei allen Personen bedanken, die mich während der Arbeit an meiner Dissertation unterstützt haben. Besonderer Dank gebührt meinem Doktorvater Hans-Jürgen Bieling, der mir mit einer hervorragenden Betreuung während aller Phasen der Dissertation stets unterstützend zur Seite stand und mir dabei half, die Arbeit in die richtige Bahn zu lenken. Danken möchte ich auch meinem Zweitgutachter Stefan Peters, der mir durch wichtige Denkanstöße dabei half, meine Argumentation zu optimieren.

Dank gilt ferner einer Vielzahl von Personen, die mich zu unterschiedlichen Zeitpunkten der Dissertation mit hilfreichen Kommentaren, Verbesserungsvorschlägen und Korrekturen unterstützten. In diesem Rahmen sind in erster Linie Christian May, Janna Teltemann, Sascha Oswald, David Salomon und Andreas Boeckh zu nennen. Hilfreich waren ferner die Kommentare und Kritiken von Teilnehmern diverser Panels, auf denen ich Teilaspekte der Dissertation und der damit verbundenen Argumentation präsentieren und zur Diskussion stellen konnte. Dies trifft auch für die Teilnehmer von Doktorandenkollegs in Tübingen und in Hildesheim zu. Zudem danke ich einem externen Gutachter, dessen Kritik zu einer Verbesserung der Argumentation beitrug.

Besonderer Dank gilt schließlich meiner Familie, vor allem meiner Mutter Hildegard, meinem Großvater Josef und meiner Verlobten Jacqueline, die mir während der zeitraubenden Bearbeitung der Dissertation zur Seite standen und viel Geduld mit mir aufzubringen wussten.

Stuttgart, April 2021
Raphael M. Peresson

Inhaltsverzeichnis

1	**Einleitung**	1
1.1	Formulierung der Leitfrage	3
1.2	Fallauswahl und Untersuchungszeitraum	4
1.3	Forschungsstand und -lücke	7
	1.3.1 Strukturelle Erklärungen	7
	1.3.2 Akteurszentrierte Erklärungen	15
	1.3.3 Fazit: Benennung der Forschungslücke	21
1.4	Argumentation, These, Theorien	22
	1.4.1 Faktorenableitung bzw. -gewinnung	22
	1.4.2 These der Arbeit	24
	1.4.3 Begründung der verwendeten Theorien	24
1.5	Aufbau der Arbeit und zentrale Definitionen	26
2	**Analyseperspektive: das synthetische Modell zur Wirtschaftspolitikanalyse**	29
2.1	Zur Analyse der politischen Kultur: Die populismustheoretisch erweiterte Diskurs- und Hegemonietheorie Ernesto Laclaus	30
	2.1.1 Hegemonie(-produktion) als politische (Artikulations-)Logik	31
	2.1.2 Populismus als Sonderform der hegemonialen Artikulationslogik	34
	2.1.3 Zusammenfassung: Stärken und Schwächen der Theorie	39

2.2 Zur Analyse der (wirtschafts-)politischen Zielsetzungen des
Entscheidungspersonals: konstruktivistische Ansätze aus
der Internationalen Politischen Ökonomie 42
  2.2.1 Konstruktivismus als Metatheorie 44
  2.2.2 Konstruktivismus in der Forschungspraxis: die
  Relevanz von Ideen bzw. ideellen Faktoren 54
  2.2.3 Zusammenfassung: Stärken und Schwächen
  des Konstruktivismus in (Meta-)Theorie und
  (Forschungs-)Praxis 60
2.3 Zur Analyse der Handlungsspielräume des
Entscheidungspersonals: Die Regulationstheorie 62
  2.3.1 Akkumulation, Akkumulationsregime 64
  2.3.2 Regulation, Regulationsweise 65
  2.3.3 Der Staat als besondere strukturelle Form 67
  2.3.4 Zusammenfassung: Stärken und Schwächen der
  Theorie 71
2.4 Das synthetische Modell zur Wirtschaftspolitikanalyse –
Darstellung und Operationalisierung 75
  2.4.1 Zusammenführung der Theorien, Darstellung und
  Erläuterung des Modells und der Faktoren 76
  2.4.2 Methoden 86

3 Venezuela unter dem Chavismus, der Bolivarischen Revolution und dem Sozialismus des 21. Jahrhunderts 97

3.1 Die prä-sozialistische Phase unter Chávez: Aufstieg des
chavistischen Reformprojekts und der Bolivarischen
Revolution 99
  3.1.1 Politische Kultur: Krise, Transformation und
  Radikalisierung 99
  3.1.2 (Wirtschafts-)politische Zielsetzungen des
  Entscheidungspersonals: Herstellung von politischer
  und wirtschaftlicher Souveränität 115
  3.1.3 Analyse politischer und wirtschaftlicher
  Entwicklungen und Handlungsspielräume: erste
  Transformationsschritte und Ausweitung des
  Handlungsradius der Regierung 126

	3.1.4 Fazit der präsozialistischen Phase: die Bolivarische Revolution im Lichte von Transformationsdisposition, -wunsch und vergrößerten Handlungsspielräumen	148
3.2	Die sozialistische Phase unter Chávez: Radikalisierung und Neuausrichtung der Bolivarischen Revolution im Namen des Sozialismus des 21. Jahrhunderts	151
	3.2.1 Politische Kultur: Intensivierung der Polarisierung, der antagonistisch-integrativen Identitätspolitik und Radikalisierung der Regierung	151
	3.2.2 (Wirtschafts-)politische Zielsetzungen des Entscheidungspersonals: Verwirklichung von politischer und wirtschaftlicher Souveränität und Demokratie im Sozialismus	165
	3.2.3 Analyse politischer und wirtschaftlicher Entwicklungen und Handlungsspielräume: Ausweitung der Staats- und Präsidentenrolle in Politik und Wirtschaft im Lichte des rohstoffbasierten Wirtschaftsbooms	177
	3.2.4 Fazit der sozialistischen Phase: Transformation im Namen des Sozialismus des 21. Jahrhunderts vor dem Hintergrund einer stark polarisierten politischen Kultur, radikaler Zielsetzungen und vergrößerter Handlungsspielräume	205
3.3	Die Phase der sozialistischen Erosion unter Maduro: Abstieg des Chavismus, der Bolivarischen Revolution und des Sozialismus des 21. Jahrhunderts	209
	3.3.1 Politische Kultur: Verstetigung der Polarisierung, Radikalisierung der antagonistischen Identitätspolitik	209
	3.3.2 (Wirtschafts-)politische Zielsetzungen des Entscheidungspersonals: Fortführung und Vertiefung des Sozialismus	212
	3.3.3 Analyse politischer und wirtschaftlicher Entwicklungen und Handlungsspielräume: zunehmende Autokratisierung als Antwort auf die politische und wirtschaftliche Krise	216

3.3.4 Fazit der Phase der sozialistischen Erosion unter Maduro: Niedergang des Chavismus und des Sozialismus des 21. Jahrhunderts vor dem Hintergrund einer krisenhaften Entwicklung der politischen Kultur und sich verringernder Handlungsspielräume 234

3.4 Interpretatives Fazit: Zusammenspiel der politischen Kultur, der Zielsetzungen und Handlungsspielräume des Entscheidungspersonals in der Erklärung der wirtschaftspolitischen Strategie und des Revolutionszyklus des Chavismus 238

    3.4.1 Die prä-sozialistische Phase unter Chávez: Aufstieg des chavistischen Reformprojekts und der Bolivarischen Revolution 239

    3.4.2 Die sozialistische Phase unter Chávez: Radikalisierung und Neuausrichtung der Bolivarischen Revolution im Namen des Sozialismus des 21. Jahrhunderts 242

    3.4.3 Die Phase der sozialistischen Erosion unter Maduro: Abstieg des Chavismus, der Bolivarischen Revolution und des Sozialismus des 21. Jahrhunderts ... 246

    3.4.4 Gesamtfazit und Faktorenbetrachtung 248

4 Brasilien unter dem Lulismus 255

4.1 Die orthodoxe Phase unter Lula: Aufstieg des Lulismus und des pragmatischen Reformprojekts 256

    4.1.1 Politische Kultur: Pfadabhängigkeiten und Konsensorientierung 257

    4.1.2 (Wirtschafts-)politische Zielsetzungen des Entscheidungspersonals: sozialer Ausgleich, Wachstumsfokussierung und Wiederentdeckung des Entwicklungsstaates 268

    4.1.3 Analyse politischer und wirtschaftlicher Entwicklungen und Handlungsspielräume: beschränkter Handlungsradius trotz wirtschaftlicher Erholung 276

	4.1.4	Fazit der orthodoxen Phase: Kontinuitäten in der Wirtschaftspolitik vor dem Hintergrund modifizierter Zielsetzungen und signifikanter Handlungsbeschränkungen	296
4.2		Die neo-desarrollistische Phase unter Lula: Neuausrichtung des Reformprojekts im Namen des Neo-Desarrollismus	299
	4.2.1	Politische Kultur: steigende Polarisierung und moderat antagonistische Identitätspolitik	299
	4.2.2	(Wirtschafts-)politische Zielsetzungen des Entscheidungspersonals: sozialer Ausgleich, Wachstums- und Industriefokussierung, Intensivierung des Entwicklungsstaates	304
	4.2.3	Analyse politischer und wirtschaftlicher Entwicklungen und Handlungsspielräume: steigende Gestaltungsspielräume im Lichte des Wirtschaftsaufschwungs	313
	4.2.4	Fazit der neo-desarrolistischen Phase: partielle Neujustierung der Entwicklungsstrategie vor dem Hintergrund größerer Handlungsspielräume	334
4.3		Die Phase der neo-desarrollistischen Erosion unter Rousseff: (langsamer) Abstieg des neo-desarrollistischen Reformprojekts und Ende des Lulismus	338
	4.3.1	Politische Kultur: Steigende Polarisierung, Machtkampf, Impeachment Rousseffs	339
	4.3.2	(Wirtschafts-)politische Zielsetzungen des Entscheidungspersonals: sozialer Ausgleich, Wachstums- und Industriefokussierung, Fortführung des Entwicklungsstaates	349
	4.3.3	Analyse politischer und wirtschaftlicher Entwicklungen und Handlungsspielräume: stark eingeschränkte Gestaltungsspielräume angesichts der politischen und wirtschaftlichen Krise	357
	4.3.4	Fazit der Phase der neo-desarrollistischen Erosion unter Rousseff: Niedergang des Lulismus und des Neo-Desarrollismus vor dem Hintergrund einer krisenhaften politischen Kultur und geringer Handlungsspielräume	382

4.4 Interpretatives Fazit: Zusammenspiel der politischen Kultur, der Zielsetzungen und Handlungsspielräume des Entscheidungspersonals in der Erklärung der wirtschaftspolitischen Strategie und des Reformzyklus des Lulismus 387
    4.4.1 Die orthodoxe Phase unter Lula: Aufstieg des Lulismus und des pragmatischen Reformprojekts 387
    4.4.2 Die neo-desarrollistische Phase unter Lula: Neuausrichtung des Reformprojekts im Namen des Neo-Desarrollismus 390
    4.4.3 Die Phase der neo-desarrollistischen Erosion unter Rousseff: Abstieg des neo-desarrollistischen Reformprojekts und Ende des Lulismus 394
    4.4.4 Gesamtfazit und Faktorenbetrachtung 396

5 Systematischer Vergleich der Fälle Venezuela und Brasilien 399
5.1 Vergleichende Analyse der Phasen, Faktoren und Outputs 400
    5.1.1 Phase des Aufstiegs der Projekte 400
    5.1.2 Hochphase der Projekte 403
    5.1.3 Phase des Abstiegs der Projekte 408
5.2 Vergleichende Analyse des Zusammenspiels der Faktoren, Beantwortung der Leitfrage, Überprüfung der These 413
    5.2.1 Phase des Aufstiegs der Projekte 413
    5.2.2 Hochphase der Projekte 415
    5.2.3 Phase des Abstiegs der Projekte 418
    5.2.4 Fazit, Beantwortung der Leitfrage, Überprüfung der These 419

6 Schluss 421
6.1 Ergebnisse der Arbeit 421
6.2 Mehrwert der Arbeit 422
    6.2.1 Theoretischer Mehrwert: Stärken und Schwächen des Synthesemodells 422
    6.2.2 Empirischer Mehrwert 425
6.3 Zukunftsaussichten und Forschungsdesiderate 428

Literaturverzeichnis 433

Einleitung 1

Ab Ende der 1990er Jahre ereignete sich im lateinamerikanischen und v. a. im südamerikanischen Raum ein beispielloser politischer Umschwung, der sogenannte *Left Turn*[1] (Castaneda 2006; Levitsky/Roberts 2011). Beginnend mit dem Wahlsieg Hugo Chávez' in Venezuela im Jahr 1998 gelang es in der Folge linksgerichteten[2] Präsidentschaftskandidaten immer häufiger, die Regierungsgeschäfte ihrer Länder zu übernehmen. So triumphierten linke Kandidaten in Chile (2000), Brasilien (2002), Argentinien (2003), Uruguay (2004), Bolivien (2005), Nicaragua (2006), Ecuador (2006), Paraguay (2008) und El Salvador (2009) (Levitsky/Roberts 2011: 1). In vielen dieser Staaten wurden die jeweiligen Präsidenten im Amt bestätigt oder deren Parteigänger als Nachfolger gewählt.[3] Durch diese Wahlentscheidungen wurde zeitweise eine große Mehrheit der lateinamerikanischen Bevölkerung von Präsidenten regiert, die politisch links der Mitte zu verorten waren.

---

[1] Der *Left Turn* wird mitunter auch als *Pink Tide* bezeichnet, das aus dem Spanischen *Marea rosa* übersetzt ist.

[2] „Links" bzw. „die Linke" bezieht sich gemäß Levitsky und Roberts (2011: 4–5) auf politische Akteure, die als „zentrales programmatisches Ziel" die Reduktion sozialer und ökonomischer Ungleichheit verfolgen, hierfür auf redistributive Praktiken zurückgreifen, Marktkräften misstrauisch begegnen und die Partizipation unterprivilegierter Bevölkerungsteile anstreben. Das zentrale Distinktionsmerkmal zwischen „linken" und „nicht-linken" Kräften ist demnach der programmatische Fokus auf redistributive Politiken.

[3] So z. B. in Venezuela (2000, 2006, 2012, 2013, 2018), Chile (2006, 2013), Brasilien (2006, 2010, 2014), Argentinien (2007, 2011), Ecuador (2009, 2013, 2017), Bolivien (2009, 2014) und Uruguay (2009, 2014).

© Der/die Autor(en), exklusiv lizenziert durch Springer Fachmedien Wiesbaden GmbH, ein Teil von Springer Nature 2021
R. M. Peresson, *Entwicklungsagenden in Lateinamerika*, Globale Politische Ökonomie, https://doi.org/10.1007/978-3-658-33055-2_1

Dieser Zyklus hat in den letzten Jahren merklich an Dynamik verloren. Zwar stellen linke Kräfte in diversen Staaten (z. B. in Venezuela, Bolivien, Nicaragua, Ecuador und Kuba) noch immer die Regierungen. In den vergangenen Jahren ereignete sich in der lateinamerikanischen Region jedoch eine politische Gegenwelle. Inzwischen werden z. B. mit Argentinien (seit 2015), Brasilien (seit 2016) und Chile (seit 2018) drei der politisch und wirtschaftlich relevantesten Staaten von konservativen Regierungen geführt. Zudem ist die Anziehungskraft diverser linker Regierungen, z. B. derjenigen in Venezuela, Bolivien und Nicaragua, geschwunden, da sie nach Ansicht vieler – selbst politisch linksstehender – politischer Beobachter ihren „progressiven", d. h. fortschrittlichen, Charakter verloren haben. Daher ist bereits vom „Ende eines Zyklus" bzw. einem „Post-Progressismus" (FES 2016) die Rede.

Der *Left Turn* war eine (Wahl-)Reaktion auf die schlechten wirtschaftlichen Ergebnisse der neoliberalen Reformperiode der 1980er und 1990er Jahre (Arnold/Samuels 2011; Levitsky/Roberts 2011: 9; Murillo/Oliveiros/Vaishnav 2011: 53; Boris 2014: 14–19).[4] Mitte des 20. Jahrhunderts hatte auf dem lateinamerikanischen Kontinent noch das entwicklungspolitische Modell der Importsubstitutionsindustrialisierung (ISI) dominiert, das binnenmarktorientiert und staatsinterventionistisch geprägt war (Oatley 2006: 123–124). Dieses Entwicklungsmodell und die damit einhergehende wirtschaftspolitische Strategie verloren aufgrund suboptimaler sozialer und wirtschaftlicher Ergebnisse sukzessive an Legitimität und Zugkraft. Vor allem ausgeprägte Schulden- und Inflationskrisen in den 1970er und 1980er Jahren markierten den Ausgangspunkt für wirtschaftliche Reformen, die als „neoliberal" bezeichnet und mit dem Terminus des *Washington Consensus*[5] kodifiziert wurden. Die ordnungspolitische Vorstellung des Neoliberalismus und des *Washington Consensus* kreiste um die Stärkung der Marktkräfte gegenüber staatlichen Interventionen. Die damit einhergehende Entwicklungsstrategie umfasste Privatisierungen, Deregulierungen und Liberalisierungen (Sangmeister/Schönstedt 2009: 155–156).

Die neoliberalen Reformen und Wirtschaftspolitiken zeitigten jedoch nicht die gewünschten Ergebnisse. Obwohl zweifelsfrei Erfolge bei der makroökonomischen Stabilität (v. a. der Reduktion von Inflation) erzielt werden konnten, bestimmten niedrige Wachstumsraten, steigende Ungleichheit, eine dürftige Armutsentwicklung und periodisch auftretende Finanzkrisen Ende der 1990er

---

[4]Boris (2014: 12–16) nennt als zusätzliche Determinanten der Linkswende eine Krise der Repräsentation und einen Erneuerungsprozess der politischen Linken.

[5]Der Begriff verweist darauf, dass bezüglich der Reformvorgaben zwischen den Washingtoner Institutionen IWF und Weltbank sowie den größten Industrieländern ein Konsens bestand (Sangmeister/Schönstedt 2009: 156).

Jahre das Bild in der Region (Panizza 2009: 71–72; Birdsall/de la Torre/Caicedo 2011: 89–93).[6]

1.1 Formulierung der Leitfrage

In diesem Kontext wirtschaftlicher Instabilität, sozialen Verdrusses und politischer Unzufriedenheit erfolgte der *Left Turn,* d. h. der politische Umschwung und die oben aufgeführten Regierungswechsel. Innerhalb der Linken herrschte zwar ein gewisser post-neoliberaler Konsens, d. h. die Einigkeit über einen „Bruch mit dem Marktreduktionismus" (Gudynas 2011b: 70) und eine Abkehr von der neoliberalen Politik der Vorgängerregierungen. Es zeichneten sich jedoch unterschiedliche Vorstellungen über die konkreten Entwicklungswege und -strategien ab. Die wirtschafts- und entwicklungspolitischen Debatten formierten sich hierbei um zwei zentrale und zusammenhängende Fragen: Wie kann den zwei Großproblemen Armut und Ungleichheit am effektivsten entgegengewirkt werden? Wie kann wirtschaftliche, politische und gesellschaftliche Entwicklung im 21. Jahrhundert gelingen?

Aufgrund diverser struktureller und situativer Faktoren standen den linken Regierungen im Vergleich zu dem engen wirtschaftspolitischen Korsett der 1980er und 1990er Jahre größere Gestaltungs- und Handlungsspielräume hinsichtlich der Sozial- und Wirtschaftspolitik zur Verfügung. Folglich schlugen sie unterschiedliche entwicklungs- und wirtschaftspolitische Pfade ein. Früh wurde eine interpretative Dichotomisierung der Linken, d. h. eine Gegenüberstellung einer moderaten, demokratischen und marktorientierten Variante auf der einen Seite, der u. a. Brasilien zuzuordnen war, und einer radikalen, populistischen und staatsorientierten Variante auf der anderen Seite, die u. a. von Venezuela vertreten wurde, vorgenommen (Castañeda 2006). Ungeachtet der Probleme einer derart simplifizierten Charakterisierung verweist diese Gegenüberstellung darauf, dass jenseits des post-neoliberalen Konsenses unterschiedliche Entwicklungspfade und Wirtschaftspolitiken, so z. B. in Venezuela und Brasilien, eingeschlagen wurden. Es drängt sich somit die Frage nach den Ursachen dieser verschiedenartigen wirtschaftspolitischen Strategien bzw. Wirtschaftspolitiken auf. Daher wird dieser Arbeit die folgende Leitfrage zugrunde gelegt: Warum unterschieden

---

[6] Die Gründe dieser suboptimalen Ergebnisse können selbstverständlich unterschiedlich interpretiert werden. So ist Edwards (2010: 74) z. B. der Ansicht, dass sie darauf basieren, dass die Reformen „halbherzig" und „inkomplett" durchgeführt wurden.

sich trotz ähnlicher Problemlagen die wirtschaftspolitischen Strategien der linken Regierungen Venezuelas und Brasiliens?

1.2 Fallauswahl und Untersuchungszeitraum

Die hier vorliegende Arbeit stellt eine komparative Studie mit einer kleinen Anzahl von zwei Fällen (*small-N*) dar. Die Fallauswahl der Arbeit erfolgt differenzanalytisch, basiert folglich auf dem *Most similar (systems/case) design*. Dabei werden möglichst ähnliche Fälle, die sich hinsichtlich des zu erklärenden Phänomens – hier der Wirtschaftspolitik – signifikant unterscheiden, mit der Zielsetzung verglichen, die Ursachen dieser Verschiedenheit zu eruieren (Patzelt 2005: 39). Im Rahmen dieser Arbeit werden die zwei Staaten Venezuela und Brasilien als Fallbeispiele herangezogen.

Der differenzanalytische wissenschaftliche Vergleich von Venezuela und Brasilien wird zunächst dadurch gerechtfertigt, dass beide Länder ähnliche Charakteristika kennzeichnen: Erstens liegen sie in derselben Region. Zweitens weisen sie ähnliche wirtschaftliche, politische, gesellschaftliche und kulturelle Eigenschaften auf. So durchliefen beiden Staaten z. B. eine ähnliche politökonomische Entwicklung in Bezug auf die wirtschaftspolitischen Strategien (ISI, Neoliberalismus). Drittens sehen sie sich mit ähnlichen Problemen (v. a. Armut und Ungleichheit) konfrontiert. Viertens wurden beide Staaten im Untersuchungszeitraum von linksgerichteten Regierungen geführt, die – ähnlich den anderen Mitgliedern des *Left Turn* – als politische Reaktion auf die neoliberale Reformperiode gelesen werden können. Fünftens einte die beiden Länder die grundsätzlich post-neoliberale Ausrichtung ihrer Entwicklungs- und Wirtschaftspolitik. Generelle diesbezügliche Ähnlichkeiten bestanden z. B. darin, dass sich sowohl die Regierung Chávez in Venezuela als auch die Regierung Lula in Brasilien in gewisser Weise einem ‚klassischen' Paradigma von Fortschritt und Modernität verpflichtet fühlten und diesem folgten.[7] Der gemeinsame post-neoliberale Konsens bezog sich z. B. auf die Priorisierung von 1. Sozialpolitik gegenüber einer zu einseitigen Fokussierung auf fiskalischer Disziplin, 2. regionaler Integration und Süd-Süd-Kooperation anstatt Freihandel und 3. einem aktiven, Wachstum, (Um-)Verteilung und Nachfrage fördernden Staat gegenüber dem (neo-)liberalen Nachtwächterstaat (Sader 2013: 138). Zudem strebten beide Staaten in der Außen(wirtschafts)politik mehr

---

[7]Hierin unterschieden sie sich z. B. vom *Buen vivir* oder *Vivir bien*, die in den Nachbarstaaten Ecuador und Bolivien – zumindest diskursiv – als politökonomische Zielvorstellungen ausgerufen wurden (Gudynas 2011a: 47).

1.2 Fallauswahl und Untersuchungszeitraum

Souveränität an und experimentierten aufgrund ihrer politischen Nähe zu sozialen Bewegungen mit partizipativen Demokratiemodellen (Boris 2014: 22–24).

Trotz Ähnlichkeiten in dieser post-neoliberalen Ausrichtung bestanden zwischen Venezuela und Brasilien bedeutende Unterschiede in der Wirtschaftspolitik bzw. in den wirtschaftspolitischen Strategien. Diese Unterschiede betreffen, wie diese Arbeit zeigen wird, v. a. die folgenden Punkte: 1. die Relevanz einer neoliberalen bzw. orthodoxen makroökonomischen Stabilisierungspolitik, 2. die Rolle der Sozialpolitik, 3. strukturelle Reformen zur Überwindung des Neoliberalismus, 4. die Transformation der politischen und ökonomischen Machtverhältnisse und schließlich 5. strukturelle Reformen zur Überwindung des Kapitalismus. Im Gegenzug zur brasilianischen Regierung versuchte die venezolanische Regierung mit der „Bolivarischen Revolution" und später dem „Sozialismus des 21. Jahrhunderts" – das sollen die Ausführungen in dieser Arbeit zeigen – ein auch unter wirtschaftspolitischen Gesichtspunkten neues Paradigma zu beschreiten. Das Erkenntnisinteresse dieser Arbeit, das Explandum, gilt den Ursachen der Unterschiede in der Wirtschaftspolitik der zwei Staaten. Die folgenden Ausführungen dienen der Begründung der Fallauswahl bezüglich des Explanandums.

Die Dichotomisierung der Linken in Lateinamerika bzw. die Verortung auf einem Kontinuum zwischen einer radikalen, populistischen und staatsorientierten Linken auf der einen Seite (u. a. Venezuela) und einer moderaten, demokratischen und marktorientierten Linken auf der anderen Seite (u. a. Brasilien) erweist sich als ein Charakteristikum der Forschungsliteratur zum *Left Turn* in Lateinamerika (Castañeda 2006; Weyland 2009; Flores-Macías 2010; Madrid 2010; Weyland 2010; Madrid/Hunter/Weyland 2010; Levitsky/Roberts 2011; hierzu jedoch kritisch: Corrales 2006; Detsch/Stefanoni 2014). Aus diesem Grund wurde einerseits Venezuela als Vertreter der radikalen Variante und Brasilien als Vertreter der moderaten Variante ausgewählt. Die Fallauswahl erfolgt ferner aus weiteren Gründen. Bezüglich Venezuela lässt sich dahingehend Folgendes anführen: 1. Mit Venezuela nahm der *Left Turn* seinen Anfang, das Land war „Ausgangspunkt und Fixstern der Linkswende" (Peters 2019: 21) und „wurde zum Vorreiter einer regionalen politischen Neuausrichtung" (ebd.: 22). 2. Venezuela stellte spätestens seit der Ausrufung des Sozialismus des 21. Jahrhunderts die radikalste Variante des radikalen Flügels der lateinamerikanischen Linksregierungen dar. 3. Venezuela bzw. Chávez hatte die symbolische Führerschaft dieses radikalen Flügels inne, nachdem diese von Kuba bzw. Fidel Castro übernommen worden war (Hoffman 2009: 242–243). Chávez gelang es, zur „Ikone" und zum „Meinungsführer der lateinamerikanischen Linken" (Peters 2019: 27) aufzusteigen. 4. Das hing auch damit zusammen, dass Chávez einen gewissen außenpolitischen „Hyperaktivismus" (Werz 2007: 8) kennzeichnete und viele regionalpolitische Initiativen von Venezuela angestoßen wurden. 5. Das wiederum lag in erster Linie in den Ambitionen begründet, den heimischen Umwälzungs- bzw. Revolutionsprozess zu exportieren, um eine lateinamerikanische Union als regionalen und internationalen Machtblock zu forcieren (RBRV 2008: 87–100; RBRV 2013: 100–106). Vor diesem Hintergrund begriff sich das Land als Führer im regionalen und internationalen Transformationsprozess (RBRV 2008: 75, 87–88; RBRV 2013: 71; Hoffman 2009; Flemes/Wehner 2012). 6. Ferner hatte Venezuela im Rahmen ALBAs, der auf den Sozialismus des 21. Jahrhunderts verpflichteten Regionalorganisation, der auch die weiteren Vertreter des radikalen Flügels (wie z. B. Bolivien und Ecuador) angehörten, die uneingeschränkte Führerschaft inne (Peresson 2016: 187).[8]

Der Fall Brasilien wurde aufgrund der folgenden Argumente ausgewählt: 1. Brasilien ist das flächenmäßig größte und bevölkerungsreichste Land Lateinamerikas. 2. Die brasilianische Wirtschaftskraft ist bei weitem die größte des Subkontinents (Boris 2018). 3. Aufgrund dieser Größe (und Relevanz) stellt das Land traditionellerweise einen Referenz- und Orientierungspunkt für die restlichen Staaten der Region dar. Bereits in den 1970er Jahren wies der damalige US-Präsident Nixon darauf hin, dass der Kontinent „sich dorthin bewegen [werde], wohin Brasilien geht" (ebd.). 4. Angesichts der Entwicklungserfolge während der Jahre der Lula-Administration begriff sich Brasilien selbst als Entwicklungsblaupause und -modell für den globalen Süden (Zilla 2011: 21). 5. Ferner reklamierte das Land als „regional power" (Nolte 2010) eine regionalpolitische Führungsrolle (Gratius/Saraiva 2013), die sogar unter dem konzeptionellen Gesichtspunkt einer regionalen (und konsensualen) Hegemonie analysiert wurde (Schenoni 2014; Burges 2008). Zumindest bleibt festzuhalten, dass es der Regierung Lula gelang, ihre Entwicklungsvision in diverse regionale Organisationen, v. a. in die „Union südamerikanischer Nationen" (UNASUR), einzuspeisen (Giacalone 2013; Tussie/Riggirozzi 2015: 1050). 6. Der (Geltungs- und Gestaltungs-)Anspruch der brasilianischen Regierung reichte jedoch über den regionalen Rahmen hinaus. Als Teil der BRIC-Staaten – das Akronym besteht aus den Anfangsbuchstaben der Mitglieder Brasilien, Russland, Indien und China – erhofft(e) sich Brasilien eine Rolle auf der globalen Bühne (Gratius/Saraiva 2013: 12; Goodman 2009).[9]

---

[8] Aus diesen Gründen wurde weder Bolivien noch Ecuador, sondern Venezuela als Vertreter des radikalen Flügels ausgewählt. Argentinien wurde hierbei ebenfalls nicht berücksichtigt, da es hinsichtlich der Wirtschaftspolitik zwischen den beiden oben skizzierten Polen – radikal vs. moderat – zu verorten war (Levitsky/Roberts 2011: 21–22; Etchemendy/Garay 2011) bzw. weil die Wirtschaftspolitik nicht radikal ausfiel (Wainer 2018).

[9] Aus den genannten Gründen wurde weder Uruguay noch Chile, die ebenfalls zum moderaten Flügel der Linksregierungen gezählt wurden, ausgewählt.

Der synchrone Vergleich betrifft die Zeitspanne der linken Regierungen in den untersuchten Staaten, d. h. im Fall Venezuela die Jahre 1999 bis heute (d. h. die Periode der Regierungen Hugo Chávez' und Nicolás Maduros) und im Fall Brasilien den Zeitraum von 2003 bis 2016 (d. h. den Zeitraum der Regierungen Lula da Silvas und Dilma Rousseffs). Der Untersuchungszeitraum wird dadurch begründet, dass sich die Reformprozesse und -projekte in beiden Ländern zeitlich stark ähnelten. Deswegen werden die jeweiligen Projekte in der Folge in eine Aufstiegsphase, Hochphase und Abstiegsphase unterteilt. Da sich die Linksregierung in Venezuela inzwischen primär mittels autoritärer Maßnahmen an der Macht hält und die „linken" bzw. „progressiven" Elemente fast gänzlich verschwunden sind, kann das venezolanische (Reform-)Projekt – analog zum brasilianischen Fall – als weitgehend beendet angesehen werden.

1.3 Forschungsstand und -lücke

In der Folge werden sowohl Erklärungsansätze aus der Literatur herangezogen und ausgewertet, die einen direkten Vergleich der Wirtschaftspolitiken Venezuelas und Brasiliens unter den Linksregierungen vornehmen, als auch solche Ansätze, die die Einzelfälle beleuchten. Bezüglicher Letzerer wird bei der Auswertung ein impliziter Vergleich der beiden Untersuchungsfälle vorgenommen.[10]

1.3.1 Strukturelle Erklärungen

Zur Erklärung der Unterschiede in den Wirtschaftspolitiken setzen diverse Ansätze den Fokus auf strukturelle Faktoren. Ein erster Forschungsstrang widmet sich den Entstehungsbedingungen der jeweiligen linken Kräfte und Linksregierungen. Demgemäß hatte in Brasilien die Erfahrung mit der repressiven autoritären Militärregierung der 1960er bis 1980er Jahre einerseits und die sich verschärfende Schuldenkrise andererseits einen moderierenden Einfluss auf die politische Linke. Daher akzeptierte die brasilianische Arbeiterpartei, der Lula angehörte, die liberale Demokratie als politisches System und die orthodox-neoliberal ausgerichtete Ökonomie als Wirtschaftsmodell (Levitsky/Roberts 2011: 16–19, 26; Panizza 2009: 199; Madrid/Hunter/Weyland 2011: 143–144).

---

[10]Da es Schnittmengen zwischen dem *Left Turn* in Lateinamerika und dem Explanandum dieser Arbeit gibt, wird auch der dahingehende Forschungsstand berücksichtigt, sofern das einen Mehrwert verspricht.

Demgegenüber ist die chavistische Linke in Venezuela ein neueres Phänomen, das die langjährigen Erfahrungen der politischen Linken in Brasilien nicht kannte und einen anderen politischen Sozialisierungsprozess durchlief (Madrid/Hunter/Weyland 2011: 144). Den Kontext dieses Prozesses stellte die wirtschaftliche und politische Krisensituation des Landes in den 1990er Jahren dar. Die Enttäuschungen über die Ergebnisse der Marktreformen und der marktorientierten Wirtschaftspolitik (Boris 2014: 14–15; Arnold/Samuels 2011, Ellner 2011a; Levitsky/Roberts 2011: 26; Edwards 2010: 214) und die damit einhergehende Krise der Repräsentation (Boris 2014: 12–14) bedingten stärkere politische Anreize zu einem Bruch mit der bestehenden Ordnung (Panizza 2009: 220). Weyland (2009: 151–152) führt dies auf das verhaltenspsychologische Phänomen zurück, dass Menschen im Angesicht von Verlusten – wie z. B. während der ausgeprägten Krise in Venezuela – ein größeres Risiko zu tragen bereit sind. In Venezuela manifestierte sich das in einem zu extremen Positionen neigenden Wahlverhalten, d. h. der Wahl des radikalen politischen Außenseiters Hugo Chávez. Die Wahlentscheidung für Chávez in Venezuela 1998 konnte daher als ein Mandat für einen „radikalen Wandel" der politischen Institutionen und der Wirtschaftspolitik interpretiert werden (Levitsky/Roberts 2011: 19). Damit war ein entsprechender Anreiz für die Regierung zu einem alternativen wirtschaftspolitischen Pfad gegeben (ebd.: 26), der sich letztendlich auch in einem politischen und wirtschaftlichen Transformationsprojekt bzw. -versprechen materialisierte.

Im Gegensatz hierzu war der Kontext der Regierungsübernahme in Brasilien weitaus stabiler. Die neoliberalen Reformen wurden in Brasilien zu keiner Zeit in radikaler Weise implementiert (Weyland 2011: 85–86). Zwar ereignete sich ein signifikanter Wirtschaftsabschwung, dieser war jedoch nicht ähnlich tiefgreifend und damit folgenschwer wie in Venezuela.[11] Zudem waren die politischen Rahmenbedingungen weitaus günstiger, eine politische Krise wie im venezolanischen Nachbarland gab es in Brasilien nicht (Madrid/Hunter/Weyland 2011: 144). Vielmehr war die grundsätzliche Stimmung im Gegensatz zu Venezuela durch Hoffnungen und Erwartungen bestimmt (Edwards 2010: 214). Die Wahlentscheidung für Lula in Brasilien war daher nicht mit einem Bruch des Status quo, sondern stattdessen mit Stabilität und einem moderaten Wandel verbunden (Levitsky/Roberts 2011: 19). Bereits während der Präsidentschaft Fernando Henrique Cardosos, Lulas Vorgänger, hatte sich bezüglich der makroökonomischen

---

[11] Die damalige wirtschaftliche Situation in Brasilien wird in der Forschungsliteratur unterschiedlich bewertet. Während einige Autoren (z. B. Morais/Saad-Filho 2005: 9; Barbosa 2013: 69) die Wirtschaft in einer krisenähnlichen Lage sahen, kommen andere Autoren (z. B. Schmalz 2007: 54; Panizza 2009: 221; Diniz 2011: 64) zu einer weniger dramatischen Einschätzung.

1.3 Forschungsstand und -lücke

Stabilisierungspolitik – inflation targeting bzw. Inflationsbekämpfung, Primärüberschuss, flexibler Wechselkurs (Bresser-Pereira 2012: 9) – eine Art „impliziter überparteilicher Konsens" zwischen den relevanten politischen Kräften, zu denen auch die PT gehörte, gebildet (Power 2014: 12–13). Folgerichtig schlug die neue Regierung Lula nach dem Wahlsieg 2002 einen vorsichtig-pragmatischen wirtschaftspolitischen Kurs ein (Panizza 2004).

Die hier aufgeführten Analysen liefern einen ersten wichtigen Anknüpfungspunkt für die vorliegende Arbeit. Sie arbeiten richtigerweise heraus, dass der Krisenkontext in Venezuela im Gegensatz zu den vergleichsweise stabilen politischen und wirtschaftlichen Verhältnissen in Brasilien einen dezidierteren Wechsel nahelegte. Jedoch vermag dieses Argument nicht zu erklären, warum z. B. Chávez in Venezuela das im Wahlkampf vertretene Transformationsprojekt nach dem Wahlsieg tatsächlich weiterverfolgte. Denn zum einen wäre er nicht der erste Präsident gewesen, der nach dem Wahlsieg eine wirtschaftspolitische Kurswende vollzogen hätte (wie z. B. Rafael Caldera in seiner zweiten Amtszeit in Venezuela, Carlos Menem in Argentinien oder Alberto Fujimori in Peru). Zum anderen wäre es für die eigene Machtsicherung leichter gewesen, den Forderungen der venezolanischen Eliten nachzugeben (Zelik 2011: 472). Ferner war trotz der gegen den Status quo gerichteten Haltung des Akteurs Chávez relativ unklar, wofür er und sein Projekt standen: „Die Spannbreite der daraus entstandenen Diskussion reicht von der Hoffnung auf eine neue linke Integrationsfigur bis hin zur Angst vor einem faschistoiden Militärdiktator" (Röder/Rösch 2001: 5). Wie diese Ausführungen zeigen, fehlt den angeführten Studien eine adäquate Einbindung der relevanten Akteure. So ist unklar, welche politisch-kulturellen Einstellungsmuster sich aus diesen Übergangsperioden hin zu den Linksregierungen ergaben und inwiefern diese Einstellungen für die neuen Regierungen handlungsleitend waren.

Ein weiterer Forschungsstrang nimmt die politisch-institutionellen Spielregeln in den Fokus und verweist darauf basierend auf Pfadabhängigkeiten hinsichtlich der jeweiligen Wirtschaftspolitiken. Demnach sind die Unterschiede in den wirtschaftspolitischen Strategien unter anderem den spezifischen Charakteristika der Parteiensysteme geschuldet: In einem institutionalisierten (bzw. konsolidierten) Parteiensystem wie in Brasilien rekrutiert sich das Regierungspersonal aus Politikern, die innerhalb der Systemgrenzen sozialisiert worden sind und die daher auf eine eher moderate und konsensorientierte Politik setzen. Im Gegensatz hierzu bietet ein schwach institutionalisiertes Parteiensystem wie in Venezuela politischen Außenseitern (*political outsider*) Aufstiegsmöglichkeiten, deren (auch wirtschaftspolitische) Agenda in der Regel konfrontativer und radikaler ausfällt (Flores-Macías 2010: 420–423; Levitsky/Roberts 2011: 12–14). Kaufman (2011) spezifiziert das Institutionalisierungsargument anhand von vier Faktoren (1. lokale

Regierungserfahrung, 2. Fokussierung auf Wechselwähler in der politischen Mitte, 3. Anreiz für Politiker, ein verantwortungsvolles Image auszubilden, 4. stabile Opposition). Aufgrund dieser Faktoren tendieren Staaten mit institutionalisierten (Parteien-)Systemen – wie Brasilien – zu einer vergleichsweise moderaten Wirtschaftspolitik. Hunter (2007: 469) greift dieses Argument auf und verbindet es mit wirtschaftlichen Faktoren. Demnach wählt die Bevölkerung von Staaten, die wirtschaftlich vom Export abhängen und eine diversifizierte Exportgüterpalette aufweisen, eine wirtschaftlich vorsichtig agierende politische Führung. Dadurch wird, so Hunter, der Aufstieg politischer Außenseiter und eine Agenda des radikalen Umschwungs verhindert. Dies sieht Hunter als Ursache für die pragmatische Ausrichtung der Wirtschaftspolitik in Brasilien im Gegensatz zum radikaleren venezolanischen Fall.

Gegen diese institutionalistische Argumentationsrichtung hat Weyland (2009: 149–151) zurecht eingewendet, dass der Parteienkollaps in Venezuela zeitlich nicht vor dem Aufstieg des politischen Außenseiters Chávez erfolgte, sondern zeitgleich. Ferner verweist Weyland im Hinblick auf den sich wandelnden Institutionalisierungsgrad des brasilianischen Parteiensystems in den 1990er Jahren darauf, dass sich institutionelle Faktoren schnell wandeln können. Resümierend kommt er zu dem Ergebnis, dass institutionelle Faktoren eher als intervenierende Variable betrachtet werden sollten: „institutionalism does not offer a complete explanation. It highlights permissive causes [...]. But institutionalism does not explain the impetus and moving cause behind leftist radicalism" (ebd.: 151).

Ein weiteres Set an Strukturfaktoren beschäftigt sich mit (macht-)politischen und wirtschaftlichen Handlungsspielräumen der jeweiligen Regierungen bzw. Präsidenten. So ermöglicht eine außerordentliche Machtansammlung in der Exekutive großangelegte Reform- und Transformationsbemühungen, während eine schwächere Position des Präsidenten Anreize zu weniger radikalen Positionen bedingt. Demnach ist in Staaten mit wenig eingeschränkter Exekutivmacht ein Ausscheren aus dem wirtschaftspolitischen Pfad bzw. Status quo am wahrscheinlichsten, was die Unterschiede in der Wirtschaftspolitik Venezuelas und Brasiliens zu erklären vermag (Flores-Macías 2010: 423–424; Levitsky/Roberts 2011: 12–13).

In Brasilien waren aufgrund der folgenden vier Faktoren die (wirtschaftspolitischen) Handlungsspielräume der Regierung bzw. des Präsidenten verhältnismäßig gering: Erstens waren die gesetzgeberischen Möglichkeiten von Lulas Arbeiterpartei *Partido dos Trabalhadores* (kurz: PT) angesichts fehlender parlamentarischer Mehrheiten und aufgrund der Koalitionserfordernisse im brasilianischen „Koalitionspräsidentialismus", der die Bildung heterogener Multiparteienkoalitionen mit oftmals stark ausgeprägten programmatisch-ideologischen Differenzen

1.3 Forschungsstand und -lücke

erfordert, beschränkt (Andrioli/Schmalz 2005: 199–201; Mayer 2005: 3; Panizza 2009: 215–216; Hunter 2007: 461–465; Nunes/Melo 2017: 285–286). Zweitens waren v. a. während der ersten Jahre der Lula-Administration die Machtverhältnisse dergestalt, dass ein radikaler Kurs der Regierung auf den Widerstand einflussreicher Akteure (Finanzkapitalfraktionen, gesellschaftliche Eliten, konservative Medien) gestoßen wäre (Bruno et al. 2011; Andrioli/Schmalz 2005: 202). Drittens hatte die Furcht vor den Finanz- bzw. Kapitalmärkten die Regierung Lula dazu veranlasst, das Wirtschaftsteam konservativ auszurichten; ferner hatte die Lula-Administration das Wirtschaftsteam nahezu komplett von (tages-)politischen Einflüssen bzw. Erwägungen isoliert (Power: 12–13). Viertens engte die funktionierende Gewaltenteilung die Gestaltungsmöglichkeiten der Regierung ein (Panizza 2009: 215–216; Hunter 2007: 461–465). Aufgrund dieser Faktoren erhielt die Wirtschaftspolitik der Regierung Lula eine moderate und pragmatische Stoßrichtung.

Demgegenüber bedingten Spezifika des politischen System Venezuelas – partizipative Demokratie bei gleichzeitig stark ausgeprägtem personalistischen Präsidentialismus – einen größeren Aktionsradius der Exekutive (Panizza 2009: 221–222). Generell war das politische System Venezuelas durch einen äußerst starken Zuschnitt des gesamten Revolutions- und Transformationsprojektes auf die Person des Präsidenten gekennzeichnet (Dieterich 2006: 12–13; Hidalgo 2009: 90). Chávez war in den folgenden Bereichen federführend: 1. der Ausarbeitung der programmatischen bzw. ideologischen Grundlagen des Projekts (López Maya 2012: 276–277; Méndez Losi 2015: 72); 2. der Innenpolitik (Maihold 2008: 5); 3. der Außenpolitik (ebd.; McCarthy/Turner 2011); und 4. der Wirtschaftspolitik (RBRV 2009: Art. 236, Sektion 18; Serrano Mancilla 2015: 288). Edwards (2010: 184, 224–225) verweist in diesem Kontext zudem auf die ineffizienten oder ganz fehlenden *checks and balances* des politischen Systems, der partizipativen Demokratie. Demnach bedingten eine fehlende parlamentarische Kontrolle über die Regierungspolitik und eine nicht-unabhängige Judikative weitreichende (auch wirtschaftspolitische) Sonderrechte und Handlungsspielräume der Regierung bzw. des Präsidenten Chávez, der diese Machtfülle für eine radikale bzw. „extreme" (Wirtschaft-)Politik nutzte.

Im Hinblick auf die Strukturfaktoren, die sich mit genuin wirtschaftlichen Einschränkungen befassen, sind zwischen Venezuela und Brasilien bedeutende Unterschiede in der monetären Restriktion und den daraus resultierenden Handlungsspielräumen zu verzeichnen. Die Strukturierungskräfte des hegemonialen neoliberalen Handels- und Finanzregimes wirkten auf Brasilien stärker als auf Venezuela. So beruhte die orthodoxe Wirtschaftspolitik der Regierung Lula u. a. auf dem Druck der Märkte und des IWF. Bereits während der Wahlkampfs

2002 hatte Präsidentschaftskandidat Lula jeglichem Konfrontationskurs mit den Märkten bzw. Marktkräften eine Absage erteilt (Panizza 2009: 217). Dies lag darin begründet, dass die Regierung zur Umsetzung der eigenen Agenda, z. B. der sozialpolitischen Maßnahmen, auf Steuermittel angewiesen war, die wiederum von einer florierenden Wirtschaft und einem funktionierenden Marktgeschehen abhingen (ebd.: 221).[12]

Im Gegensatz zum brasilianischen Fall brauchte die Regierung Chávez in Venezuela den Druck der Märkte nicht in demselben Ausmaß zu fürchten. Denn die Chávez-Administration konnte zur Finanzierung der Wirtschafts- und Sozialpolitik auf die Renteneinnahmen aus dem Energiebereich, d. h. dem Ölhandel, zurückgreifen (Panizza 2009: 220–221; Hunter 2007: 469; Weyland 2011: 79; Kaufman 2011: 110–111). Aufgrund dieser Ressourcenvorkommen und der damit einhergehenden Einnahmen waren Produktivitäts- Effizienz- und Wettbewerbserwägungen, d. h. grundlegende Parameter einer Marktwirtschaft, in Venezuela weit weniger stark ausgeprägt als in Brasilien (Weyland 2009: 151; Hunter 2007: 469–471). In Venezuela haben sich aufgrund der Relevanz des Erdöls ein Rentierstaat und eine Rentengesellschaft herausgebildet (Boeckh 2011a; Peters 2019). Rententheoretische Ansätze betonen den (negativen) Einfluss einer abundanten Ressource auf Politik, Wirtschaft und Gesellschaft (Karl 1997, 2007). Dabei wird der Rohstoffreichtum als zweischneidiges Schwert konzipiert. Denn einerseits vergrößert er die Handlungsspielräume des Entscheidungspersonals, da aufgrund der Rentenvorkommen politischer Konsens erkauft werden kann und lediglich eine geringe (oder gar keine) Besteuerung der Bevölkerung erforderlich ist, was wiederum die Verantwortlichkeit der Regierenden gegenüber der Bevölkerung beeinträchtigt.[13] Andererseits beschränkt der Rohstoffreichtum die Gestaltungsspielräume der relevanten Akteure, da er die Entwicklung von Rentengesellschaften mit hohen Erwartungen der Bevölkerung („culture of oil": Karl 2007: 14) begünstigt, die wiederum Politik auf Verteilungsfragen verengen und distributive und konsumtive (Sozial-)Politiken bedingen. Ferner kann die politische Fokussierung auf einzelne Ressourcen aufgrund der holländischen Krankheit bzw. des

---

[12] An dieser Stelle muss einschränkend hinzugefügt werden, dass auch Brasilien von dem Anfang der 2000er Jahre einsetzenden internationalen Rohstoffboom – wenngleich weniger stark als Venezuela – profitierte. Die damit einhergehenden öffentlichen Einnahmen bzw. Renten ermöglichten einen größeren wirtschaftspolitischen Aktivismus der Regierung (Roett 2010).

[13] Folge davon sind gemäß Karl (1997, 2007) ein schwaches Institutionengefüge und autokratische Züge. Zudem bilden sich angesichts der Rentenverteilung durch den Staat Korruption und Klientelismus heraus.

1.3 Forschungsstand und -lücke

Ressourcenfluchs die Wirtschaftsstruktur entscheidend prägen, indem die Abhängigkeit von der Ressource (unintentional) verstärkt wird.[14] Zusammengenommen kann Rohstoffreichtum somit die Handlungsspielräume des Entscheidungspersonals auch beschränken und damit alternative (Entwicklungs-)Agenden bedeutend erschweren.

Murillo, Oliveros und Vaishnav (2011) analysieren die Unterschiede in der „präsidentiellen Ideologie" lateinamerikanischer Staaten. Demgemäß liegen die Ursachen dieser Unterschiede in finanziellen Mitteln begründet, über die die Exekutive frei von Einschränkungen verfügen kann (ebd.: 64). Gemäß der Autoren muss der in den 2000er Jahren einsetzende Rohstoffboom in diesem Kontext als „permissive condition" angesehen werden (ebd.: 65).

Die Erklärungen, die (macht-)politische und bzw. oder wirtschaftliche Handlungsspielräume und Einschränkungen thematisieren, liefern einen zentralen Anknüpfungspunkt für diese Arbeit. Ansätze, die die Machtposition der jeweiligen Präsidenten im politischen System analysieren, weisen zurecht auf die unterschiedlich großen präsidentiellen Aktionsradien in Venezuela und Brasilien hin. Der Machtbegriff sollte in diesem Kontext jedoch nicht zu eindimensional gefasst werden. Denn gerade die Staatsapparate stellten beispielsweise in Venezuela einen nicht zu unterschätzenden Machtfaktor dar. Ferner ist in diesem Zusammenhang auch der Einfluss machtvoller privater, aber politikrelevanter Akteure wie z. B. der Unternehmenssektor, die Medien etc. zu nennen, die von Ecuadors Präsident Rafael Correa (2009) als die „faktischen Mächte" („poderes fácticos") bezeichnet wurden. Ferner ist es schwierig abzuschätzen, inwieweit der brasilianische Koalitionspräsidentialismus während Lulas zweiter Amtszeit wirklich handlungsbeschränkend war. Denn die Regierung musste zwar eine Koalition mit der in der politischen Mitte angesiedelten Partei PMDB eingehen. Die PMDB war jedoch faktisch weitgehend programm- und profillos (Hartmann 2017: 263) und zudem hochkorrupt (Cabral 2009), weswegen ihr Stimmverhalten zu einem stärker heterodoxen wirtschaftspolitischen Kurs ab 2006 erkauft werden konnte.

---

[14] „[O]il windfalls can hurt other sectors of the economy by pushing up the real exchange rate of a country's currency and thus rendering most other exports uncompetitive […]. The reduced competitiveness in agricultural and manufacturing exports 'crowds out' other productive sectors and makes the diversification of the economy particularly difficult. This in turn reinforces the dependence on oil and, over time, it can result in a permanent loss of competitiveness" (Karl 2007: 5–6). Der Ressourcenreichtum kann sich daher als Ressourcenfluch erweisen: „In sum, countries that depend on oil for their livelihood eventually become the most economically troubled, the most authoritarian, and the most conflict-ridden in the world" (Karl 2007: 3).

Daher stellt sich die Frage, ob nicht auch eine Zustimmung der Partei zu einem radikaleren Kurs hätte erkauft werden können. Die Analysen bezüglich der monetären Restriktion – öffentliche Renteneinnahmen in Venezuela vs. Steuermittel in Brasilien – werden in dieser Arbeit eine wichtige Rolle spielen, da sie die wirtschaftlichen Handlungsspielräume bzw. Einschränkungen der Regierungen beleuchten. Nichtsdestoweniger sind diese Analysen für eine Erklärung der Unterschiede in den Wirtschaftspolitiken Venezuelas und Brasiliens nicht hinreichend. Obwohl rententheoretische Ansätze v. a. für den venezolanischen Fall einige wichtige Erkenntnisse liefern, wird im Rahmen dieser Arbeit von ihnen abgesehen. Eine zentrale Schwäche dieser Ansätze besteht darin, dass sie dazu neigen, Rohstoffen zu viel Erklärungskraft beizumessen. Denn letztendlich bestimmen – bzw. determinieren – die Ressourcen demgemäß einen Großteil des Institutionengefüges, des politischen Verhaltens, der Ausrichtung der Wirtschaftspolitik und der Entwicklung der Wirtschaftsstruktur, obwohl der Kausalmechanismus der Rohstoffe dabei oft unklar bleibt. Damit geht einher, dass diese Ansätze weitgehend blind gegenüber Präferenzbildungs- und Entscheidungsprozessen und damit auch gegenüber ideellen Faktoren sind. Folglich wird ein unterkomplexes und eindimensionales Bild des politischen Entscheidungspersonals gezeichnet. Vielmehr ist Murillo, Oliveros und Vaishnav (2011) darin zuzustimmen, dass Rohstoffe bzw. der Rohstoffboom und die damit einhergehenden Einnahmen einen intervenierenden, d. h. ermöglichenden Faktor darstellen. Das Explanandum dieser Arbeit können sie jedoch nicht erklären. Generell liefern die genannten Analysen keine schlüssige Erklärung dafür, warum sich z. B. der Prozess in Venezuela radikalisierte und die Regierung eine derartig tiefgreifende Transformation der bestehenden politischen, wirtschaftlichen und gesellschaftlichen Strukturen verfolgte.

Eine grundsätzlichere Kritik an allen vorgebrachten strukturellen Faktoren besteht darin, dass die in diesen Kontexten agierenden Akteure vernachlässigt werden. Die behandelten Faktoren und Erklärungen decken die Rahmenbedingungen und die Gestaltungs- und Handlungsspielräume des Entscheidungspersonals ab. Innerhalb dieser Spielräume sind jedoch die Akteure ausschlaggebend und bedürfen einer adäquaten Konzeptualisierung: „Sozioökonomische Strukturen, politische Institutionen, internationale Einflüsse und historische Erfahrungen bilden lediglich den Handlungskorridor, innerhalb dessen [...] Eliten ihre politischen Ziele verfolgen" (Merkel 2010: 84). Daher werden in der Folge akteurszentrierte Erklärungen in den Blick genommen.

1.3.2 Akteurszentrierte Erklärungen

Innerhalb akteursorientierter bzw. -zentrierter Erklärungen dominieren in der vergleichenden Literatur rationalistische Grundannahmen. Gemäß einer ersten Erklärung spielten politische Lernprozesse und Wahlkalkulationen in den wirtschaftspolitischen Weichenstellungen Venezuelas und Brasiliens eine Rolle. Konkret lernten Lula und die PT in Brasilien aus den Fehlern vergangener Wahlschlappen, die mit radikalen Programmen und Kampagnen geführt worden waren, und tendierten daher programmatisch zur politischen Mitte (Panizza 2009: 199–200; 214–215; Hunter 2007; Edwards 2010: 212–213). Um eine größere Wählerschaft anzusprechen, wandelte sich die PT weg von einer streng ideologischen Partei hin zu einer auf Wahlsieg getrimmten „catchall"-Partei, die sich fortan auf ein breites gesellschaftliches Bündnis mit oft widersprüchlichen Interessen stützte (Hunter 2007: 452–461). Ferner wusste bzw. lernte Lula, dass die Mehrheit der brasilianischen Bevölkerung die makroökonomische Stabilisierungspolitik der Vorgängerregierung Cardoso guthieß (Becker/Jäger 2005: 106; Armijo/Faucher 2010: 71), die makroökonomischen Erfolge (wirtschaftliche Stabilität) der Regierung Cardoso nicht gefährdet sehen wollte und konkrete materielle Verbesserungen, wenn sie auch gering waren, strukturellen Reformen vorziehen würde (Panizza 2009: 215–217). Des Weiteren musste die Regierung aufgrund des Finanzialisierungsgrads der brasilianischen Wirtschaft auch ausländische Investoren, die eine makroökonomische Stabilisierungspolitik bevorzugten, zufriedenstellen (Spanakos/Renno 2010). Aus all diesen Gründen blieb ein dezidierter Wechsel in der Wirtschaftspolitik der Regierung Lula aus.

Auch der Akteur Chávez verhielt sich mit seiner transformatorischen Agenda durchaus rationalistisch. Angesichts der weit verbreiteten Interpretation der neoliberalen Reformperiode als gescheitertes, von oben implementiertes Projekt war ein starker politischer Anreiz zu einem post-orthodoxen und partizipativen Anti-Status-quo-Projekt gegeben (Panizza 2009: 220–221). Angesichts der hohen sozioökonomischen Ungleichheit im Land war es zudem durchaus rational, die ab 2003 steigenden Renteneinnahmen zu redistributiven Politiken und zu einem Abbau der Ungleichheit zu verwenden (Kaufman 2011: 110–111). Ferner folgte die Wirtschafts- und Sozialpolitik auch egoistischen, nämlich legitimatorischen Beweggründen. Denn solange Chávez seine Anhängerschaft, der ungeachtet der eher ärmeren Schichten auch Kapitalfraktionen angehörten, von einer klientelistisch und assistenzialistisch ausgerichteten Wirtschafts- und Sozialpolitik profitieren ließ, konnte er sich ihrer Unterstützung sicher sein (Scaglione 2008: 73; Hidalgo 2009: 90; Kaufman 2011: 110–111).

Akteurszentrierte Ansätze, die auf rationalistischen Grundannahmen basieren, liefern Hinweise auf mögliche Ursachen der Wirtschafts- und Sozialpolitik, die im Rahmen dieser Arbeit an manchen Stellen aufgegriffen werden. Nichtsdestoweniger stehen sie nicht im Fokus der Arbeit. Denn diese Erklärungen verbleiben zumeist in einem starren Schema exogen gegebener und opportunistischer Akteure. Mit anderen Worten: Die relevanten Akteure sind untertheoretisiert und bedürfen einer adäquaten, kontextsensitiven Konzeptualisierung. Beispielsweise war gerade im venezolanischen Fall die Machtfülle Chávez' temporär so groß, dass in der Erklärung der wirtschaftspolitischen Strategie ideelle bzw. idealistische Faktoren wie Ideologien, Visionen und Vorstellung nicht a priori zugunsten primär rationalistischer Faktoren vernachlässigt werden dürfen.

Hieran anknüpfend setzt eine weitere Forschungsrichtung den Fokus auf ideelle, idealistische und ideologische Faktoren als Ursache der unterschiedlichen Wirtschaftspolitiken. Generell ist nicht nur in Lateinamerika, sondern auch in den Industrienationen ein „ideational shift" zu verzeichnen (Rovira Kaltwasser 2010: 55). Die schwindende Akzeptanz des neoklassisch-neoliberalen *Washington Consensus* und der daraus resultierende diskursive und ideelle Paradigmenwechsel fand seinen Ausdruck im Aufkommen neuer Entwicklungsvorstellungen und -visionen wie z. B. dem neuen Paradigma des *Post-Washington Consensus* (Panizza 2009: 141; Rovira Kaltwasser 2010: 59). Im Anschluss an die Wirtschafts- und Finanzkrise 2008 verweist Rosenthal (2010: 33–34) auf zwei „antagonistische" Positionen bezüglich politischer und wirtschaftlicher Entwicklung und der Art der Weltmarkteinbindung, die sich primär um Verhältnis und Gewichtung von Markt vs. Staat drehen. Während Venezuela dem Staat stärkere Kompetenzen einräumt, vertraute Brasilien in stärkerem Ausmaß den Marktkräften. Vor allem im venezolanischen Sozialismus des 21. Jahrhunderts erkennen Rosenthal (ebd.) und Edwards (2010: 212–213) ideologische und doktrinäre Züge, die es in dieser Form in Brasilien nicht gab.

Beispielsweise sind hinsichtlich der Außen(wirtschafts)politik unterschiedliche Zielsetzungen zwischen Venezuela und Brasilien auszumachen. Während sich die Regierung Lula diesbezüglich „pragmatisch" zeigte und bestehende Netzwerke und Partner pflegte, folgte Chávez primär politisch-ideologischen Erwägungen und strebte die Bildung eines Gegenblocks gegen die USA und den US-Imperialismus an (Bodemer 2007: 178–186). Unterschiedliche Zielsetzungen in den Untersuchungsfällen macht auch Chodor (2015) aus. Basierend auf einer von Gramsci inspirierten Analyse sieht Chodor in Brasilien eine „passive Revolution" am Werk, die von Vorgänger Cardoso initiiert und von Lula fortgeführt wurde. Im Rahmen des in Brasilien verfolgten Entwicklungsprojekts wurden sozialistische Zukunftsvisionen aufgegeben, stattdessen Markterfolge betont und

1.3 Forschungsstand und -lücke

die neoliberale Hegemonie nicht angetastet. Ziel Lulas war es demnach, die Wettbewerbsfähigkeit brasilianischer Unternehmen in der globalen Wirtschaft zu erhöhen. Im Gegensatz hierzu, so Chodor, verfolgte Chávez in Venezuela tatsächlich ein Revolutionsprojekt, d. h. einen Bruch mit der Vergangenheit und einen radikalen politischen und wirtschaftlichen Neuanfang.

Im Hinblick auf Venezuela betont Petkoff (2005: 123) die marxistisch-leninistischen Ursprünge des Chavismus und ferner den messianischen Charakter des hoch personalistischen Regimes. Hieran knüpft auch Zúquete (2008) an, der die „missionary politics" Chávez' untersucht und in Venezuela gar eine politreligiöse Dimension erkennt. Demnach band Chávez die Bevölkerung mittels eines missionarischen Integrationsdiskurses an seine Person (als Führer) und an ein auf die Zukunft gerichtetes, nationales Befreiungs- und Errettungsprojekt. Auch Serrano Mancilla (2015) betont die Relevanz ideeller Faktoren im wirtschaftspolitischen Handeln Chávez´, indem er argumentiert, dass das ökonomische Denken Chávez' einem dialektischen Verhältnis zwischen Theorie und Praxis folgte. Corrales und Penfold (2011) benennen die Rolle der Ideologie des Präsidenten als wichtige Variable in der Erklärung des politischen und wirtschaftlichen Transformationsprozesses (ebd.: 48, 75). Zudem machen die Autoren darauf aufmerksam, dass die primär ideologisch motivierte Radikalisierung der Wirtschaftspolitik erst dann vorgenommen wurde, als sich die Handlungsspielräume der Regierung vergrößert hatten (ebd.: 47–48). Zu einem ähnlichen Ergebnis kommen McCarthy-Jones und Turner (2011) und McCarthy-Jones (2014), die die Rolle Chávez' und ideell-ideologischer Faktoren in der Außen(wirtschafts)politik Venezuelas untersuchen. Sie unterteilen die Bolivarische Revolution in zwei unterschiedliche Phasen. Demnach war die erste Phase (1999–2004) durch interne bzw. innenpolitische Probleme und Herausforderungen geprägt. Erst während der zweiten Phase (2005 aufwärts), nachdem die Macht des Präsidenten weitgehend konsolidiert war, wechselte der Fokus auf die Außenpolitik. Diese war in Gänze auf Chávez' geopolitische Vorstellungen ausgerichtet: „Venezuela, through the leadership of Hugo Chávez, has played an integral role in creating innovative and radical policy ideas for the region" (McCarthy-Jones 2014: 60).[15]

Im Hinblick auf Brasilien gestaltet sich die Suche nach Lulas ‚Ideologie' bzw. nach der Relevanz ideeller Faktoren angesichts der eingeschränkten Handlungsspielräume vergleichsweise schwierig. Zunächst ist festzustellen, dass die Regierung Lula keine dezidierten Schritte zu einem Aufbrechen der traditionellen

---

[15] Zu einem ähnlichen Fazit gelangt Werz (2007: 10), indem er feststellt, dass die Außenpolitik Venezuelas unter Chávez nicht primär wirtschaftlichen, sondern vielmehr politischen Überlegungen folgte.

wirtschaftlichen und politischen Machtverhältnisse oder zu strukturellen Reformen unternahm (Detsch/Stefanoni 2014; Saad-Filho/Boito 2015; Mayer 2010). Das wäre jedoch eine Vorbedingung für eine radikalere bzw. transformatorischere Wirtschaftspolitik gewesen. Daher wurde durch die Wirtschaftspolitik der Regierung Lula die traditionelle „Klassenstruktur" und „Wirtschaftsstruktur" weitgehend reproduziert (Nölke 2011: 149–150). Nach eigenen Angaben war Lula (2003b: 5) an einer „Allianz" zwischen „Arbeit und Produktivkapital" interessiert, d. h. an einem „Klassenkompromiss" (Andrioli/Schmalz 2005: 199) bzw. einer „Klassenversöhnung", die auf dem „Alchemistenstück" beruhte, „die Armut zu mindern, ohne am Reichtum der Reichsten zu kratzen" (Brum 2018: 54–55). Lulas „Bedeutungsuniversum" bestand darin, innerhalb der vorgegeben strukturellen, d. h. politischen und wirtschaftlichen, Bahnen aufzusteigen und Erfolg zu haben. Dies spiegelte sich nicht nur in seinem eignen persönlichen Werdegang, sondern grundsätzlich auch in seiner Wirtschaftspolitik wider (Brum 2018: 55).

Diese Ausführungen weisen argumentative Ähnlichkeiten mit der Interpretation einer „passiven Revolution" in Brasilien auf (Chodor 2015). Coutinho (2010) hingegen kommt zum Ergebnis, dass eine solche Interpretation für den brasilianischen Fall nicht zutrifft, da bei einer passiven Revolution eine gewisse Anzahl neuartiger Elemente (Forderungen der unteren Schichten) verwirklicht sein müsste (ebd.: 34–35). Unter Rückgriff auf zwei weitere Konzepte Gramscis interpretiert er (ebd.: 40) den Lulismus, also das Entwicklungsprojekt Lulas, als Teil einer neoliberalen „Konterreform", die sich durch eine „Hegemonie der kleinen Politik" auszeichnete, d. h. die bestehenden – neoliberalen – Strukturen als gegeben hinnahm und diese nicht als Objekte politischer Auseinandersetzungen und Kämpfe begriff. Ähnlich argumentiert Oliveira (2006: 21–22), der von einem neuen Paradigma, einem neuen Typus von Hegemonie: der „umgekehrten Hegemonie" („Hegemonia às avessas") spricht. Demgemäß akzeptierten die dominierenden Klassen (die Reichen) in Brasilien eine (formale) Unterordnung unter eine Regierung der dominierten Klassen (der Unterschichten), solange dadurch ihre eigenen wirtschaftlichen Interessen nicht angetastet und die kapitalistischen Verhältnisse generell nicht in Frage gestellt wurden.

Die Stärke akteurszentrierter Analysen, die auf idealistischen Faktoren beruhen, besteht darin, dass sie die Motivationen, Zielsetzungen und Ideologien der Entscheidungsträger analytisch in den Blick nehmen. Dies ist v. a. in Zeiten von Krisen oder des Umbruchs, z. B. in Phasen großangelegter Reformen, von besonderer Relevanz, da sich das Handlungsgewicht der politisch relevanten Eliten und Akteure vergrößert (Cardoso/Graeff 2012: 36–40): „In moments of regime crisis and change, contingent decisions by leaders usually hold more weight in determining huge outcomes […] than is the case in more stable and

1.3 Forschungsstand und -lücke

less uncertain situations" (Mainwaring 2012: 958). Aufgrund der Krise in der Übergangszeit zum Chavismus und der ausgeprägten Rolle des Präsidenten im personalistischen Regime Venezuelas ist die Rolle des Akteurs Hugo Chávez im Vergleich und Kontrast zu Lula in Brasilien von besonderer Relevanz. Die Literatur, die die ‚Ideologie' Chávez' analysiert, liefert daher einen äußerst relevanten Anknüpfungspunkt für diese Arbeit.

Unzureichend ist es jedoch, eine feste, unveränderliche Ideologie zu implizieren. Denn solche Analysen laufen Gefahr, die Prozesshaftigkeit in der Entwicklung der Ideologien bzw. Zielsetzungen nicht richtig zu erfassen und daher lediglich punktuelle Bestandsaufnahmen zu liefern. Dies trifft besonders auf den venezolanischen Fall zu. Denn die bolivarische Bewegung wies zu Beginn sowohl links- als auch rechtsextreme Aspekte auf, bevor sich letztendlich die linken Ideen durchsetzten (Boersner 2007: 325–328). Ferner hatte sich Chávez zu Beginn seiner Präsidentschaft noch von sozialistischen Ideen distanziert und es stellte sich die Frage, ob Chávez ein „pragmatischer Autokrat" sei (Bodemer/Nolte 1999: 2). Von dem späteren Sozialismus des 21. Jahrhunderts war zu diesem Zeitpunkt jedenfalls noch nichts zu erahnen.

Die Arbeiten von Corrales und Penfold (2011), McCarthy-Jones und Turner (2011) sowie diejenige von McCarthy-Jones (2014) sind insofern von Bedeutung, als sie zum einen diese prozessuale Dimension berücksichtigen, und zum anderen Akteur und Struktur zusammendenken, d. h. neben der Ideologie auch die jeweiligen Handlungsspielräume berücksichtigen. Corrales und Penfold verkennen jedoch, dass die ersten Radikalisierungsschritte bereits erfolgten, als die Handlungsspielräume noch nicht groß waren. Ferner vermag es ihre Analyse nicht, ebenso wenig wie diejenigen von McCarthy-Jones und Turner, den Entwicklungsprozess der bolivarisch-chavistischen Ideologie und die erfolgte Radikalisierung richtig zu erfassen.

Hinsichtlich Brasilien fällt es aufgrund der eingeschränkten Handlungsspielräume der Regierung weitaus schwieriger, die Rolle des Akteurs Lula aus dem Strukturgefüge herauszufiltern. Noch problematischer gestaltet sich die Suche nach Lulas ‚Ideologie' bzw. der Frage, inwieweit der Akteur Lula in seinem wirtschaftspolitischen Handeln von ideellen Faktoren beeinflusst war. Die genannte Literatur deutet darauf hin, dass Lula an einer tiefgreifenden Veränderung der wirtschaftspolitischen Ausrichtung kein großes Interesse zeigte. Ferner legen diese Ansätze nahe, dass Lula das nicht nur aufgrund struktureller Einschränkungen oder rationaler Erwägungen tat, sondern dass er vielmehr in seinem Wahrnehmungs- und Interpretationshorizont weitgehend innerhalb der bestehenden Strukturen, d. h. des Status quo, verhaftet blieb.

Im Rahmen dieser Arbeit wird an die genannten Punkte angeknüpft und zu eruieren versucht, wie die Motivationen, Ideologien und Zielsetzungen der relevanten Akteure in Venezuela und Brasilien aussahen. Ferner müssen diese Erklärungen materialistisch rückgebunden und vor dem Hintergrund des jeweiligen Handlungsradius analysiert werden.

Hinsichtlich der prozessualen Dimension ist ein weiterer Aspekt des chavistischen Venezuela von Relevanz. Konkret ereignete sich innerhalb der ersten Jahre eine Radikalisierung der Regierung und des Transformationsprojekts, d. h. eine Neuausrichtung des Projekts im Namen des Sozialismus des 21. Jahrhunderts. Gemäß Corrales und Penfold (2011: 33) basierte die Radikalisierung infolge der gewonnen Präsidentschaftswahlen 2006 auf einer Fehlinterpretation Chávez' hinsichtlich des Wählerwillens: Während Chávez seinen Wahlsieg als Mandat für eine weitere Radikalisierung interpretierte, stimmte die Mehrheit seiner Wähler für ihn, um den damaligen fiskalpolitischen Kurs (hohe öffentliche Ausgaben nach fast 25 Jahren rezessiver Wirtschaft) beizubehalten. Diverse Autoren sehen die Ursachen der Radikalisierung in der Interaktion mit der Opposition und bzw. oder in derjenigen mit der eigenen Unterstützer- und Wählerbasis. Corrales (2011) argumentiert, dass die Regierung die politische Polarisierung und die damit einhergehende gegenseitige Radikalisierung der Regierung auf der einen Seite und der venezolanischen Opposition auf der anderen Seite intentional vorantrieb. Gemäß Corrales erhoffte sich die Chávez-Administration davon bessere Wahlchancen, womit sie bis inklusive der Präsidentschaftswahlen 2006 auch recht behalten sollte (ebd.: 93–94). Auch Ellner (2013b: 67–68) und Wilpert (2007: 18–28) führen die Radikalisierung der Regierung auf das konfliktive Verhältnis mit der Opposition zurück. Gemäß Wilpert (ebd.) war die Radikalisierung der Chávez-Administration jedoch primär eine Reaktion auf die (teils antidemokratisch agierende) Opposition: „Chávez radicalized his program in reaction to the opposition's actions and not the other way around. At first […] Chávez acted with caution, but then the second attempt to oust him […] taught him that moderation was not the best way to deal with the opposition" (ebd.: 28). Ähnlich argumentiert Zelik (2011: 455), der das Movens zur Radikalisierung seitens der Regierung jedoch primär auf die Unterstützung durch die subalternen Gruppen zurückführt, die der Regierung Chávez während eines Putschversuchs 2002 zur Seite standen. Als Konsequenz richtete die Regierung ihre Politik verstärkt an eben diesen Schichten aus (ebd.; Ellner 2011b: 424; Wilpert 2007: 9–28). Da diese Bevölkerungsteile jedoch größere gesellschaftliche Umwälzungen und eine Transformation der bestehenden Einkommens- und Eigentumsverhältnisse forderten, fiel in der Folge die Wirtschaftspolitik radikaler aus (Zelik 2011: 454–455).

Die Literatur, die die Prozesshaftigkeit und die Radikalisierung der Regierung in den Blick nimmt, liefert einen weiteren wichtigen Anhaltspunkt für diese Arbeit. Jedoch wird die Radikalisierungsdynamik in diesen Studien zu eindimensional gefasst, da sie zu sehr in Abhängigkeit von anderen Kräften interpretiert wird. Nach Ansicht des Autors dieser Arbeit wird dadurch der Charakter der Bolivarischen Revolution nicht richtig erfasst. Daher wird im Rahmen dieser Arbeit eine komplementäre Interpretation präsentiert, die stärker auf die endogenen Faktoren dieser Radikalisierung fokussiert.

1.3.3 Fazit: Benennung der Forschungslücke

Mit Bezug zu der analysierten Literatur kann an dieser Stelle resümierend festgehalten werden, dass strukturelle Faktoren die Unterschiede der Wirtschaftspolitiken in Venezuela und Brasilien alleine genauso wenig erklären können wie akteurszentrierte Faktoren. Studien, die die politischen, wirtschaftlichen und gesellschaftlichen Strukturen analysieren, bieten wichtige Anknüpfungspunkte für die vorliegende Arbeit. Kritisch ist jedoch anzumerken, dass dieser Literatur die *Agency* fehlt. Das macht sich z. B. bei der Literatur bemerkbar, die sich den Entstehungsbedingungen der Linksregierungen widmet. Eine Analyse der politisch-kulturellen Einstellungen könnte z. B. eine analytische Brücke zwischen Struktur und Akteur schlagen. So ließe sich klären, inwieweit diese Übergangszeiten tatsächlich den Wunsch der Linksregierungen zu einer Transformation bedingten oder ob die linken Kräfte nicht vielmehr realistisch-rationalistischen Interessen (Wahlsieg, Machtgewinn) folgten.

Relevante Anknüpfungspunkte für diese Arbeit liefert auch die Literatur, die die politischen und wirtschaftlichen Handlungsspielräume untersucht. Doch auch hier gilt die oben erläuterte Kritik einer Vernachlässigung der handelnden Akteure. Denn innerhalb des jeweiligen Strukturgefüges sind die Akteure bzw. das Entscheidungspersonal von besonderer Relevanz. Jedoch bedürfen diese Akteure einer adäquaten Konzeptualisierung. Studien, denen rein rationalistisch agierende Akteure zugrunde gelegt werden, vernachlässigen die Relevanz von Motivationen, Ideologien und kontextspezifischer Zielsetzungen. Diese konzeptionelle Schwäche wird von Erklärungen ausgeglichen, die einer idealistischen bzw. „konstruktivistischen" Konzeptualisierung von Akteuren folgen. Daher liefern diese Analysen einen weiteren wichtigen Anknüpfungspunkt für diese Arbeit.

Eine weitere Lücke im Forschungsstand besteht darin, dass das Zusammenspiel von Akteur und Struktur konzeptionell nicht befriedigend gelöst ist. Generell sollte das ko-determinierte Akteur-Struktur-Verhältnis nicht als starr und unveränderbar, sondern vielmehr als flexibel konzipiert werden, um so Entwicklungs- und bzw. oder Radikalisierungsprozesse adäquat analysieren zu können. Gerade im venezolanischen Fall wird das – wie diese Arbeit zeigen wird – von großer Relevanz sein. Kurzum: Hinsichtlich der Erklärung der Ursachen der unterschiedlichen Wirtschaftspolitiken in Venezuela und Brasilien ist bisher keine adäquate Erklärung in der Forschungsliteratur vorgelegt worden.

1.4 Argumentation, These, Theorien

In der Folge soll geklärt werden, 1. an welche Punkte der Forschung wie konkret angeknüpft wird, 2. wie die analysierte Forschungslücke dadurch geschlossen werden soll, 3. welche Faktoren und Theorien in dieser Arbeit Verwendung finden und 4. wie die darauf basierende Argumentation aussehen wird. Wie die Ausführungen zeigen werden, wird mithilfe der hier erläuterten Faktoren und Theorien bzw. Ansätze ein Synthesemodell angestrebt, das zum einen Akteur und Struktur, zum anderen Materialismus und Konstruktivismus dynamisch zusammenführt. Dabei erhalten konstruktivistische und akteurszentrierte Faktoren und Ansätze eine höhere Gewichtung.

1.4.1 Faktorenableitung bzw. -gewinnung

Ungeachtet der oben erfolgten Kritik an den bestehenden Ansätzen und Erklärungen liefern sie relevante Erkenntnisse für die in dieser Arbeit durchgeführte Analyse. Konkret betrifft das die folgenden Aspekte: 1. Die Ausgangs- und Entstehungsbedingungen der Linksregierungen sind insofern relevant, als sie Gestaltungsanreize und einen entsprechenden Handlungskorridor vorgeben. Für diese Arbeit wird jedoch nicht unbedingt die (Nicht-)Existenz einer Krise – wie in der Mehrheit der Arbeiten im Forschungsstand – von Relevanz sein, sondern vielmehr die der Krise zugrundeliegenden politisch-kulturellen Einstellungsmuster, die Aufschlüsse über ein etwaiges Transformations- und Radikalisierungspotential geben können. Im Folgenden wird daher mit dem Faktor „politische Kultur" gearbeitet. 2. Angesichts der entscheidenden Rolle relevanter Akteure müssen deren Einstellungen, Entwicklungsvorstellungen und Zukunftsvisionen beleuchtet werden. Konkret bedarf es der Analyse der ideell bedingten Wahrnehmungs- und Interpretationsmuster dieser Akteure, d. h. der jeweiligen Problemdiagnosen, Problemlösungen und der darauf basierenden (wirtschafts-)politischen

1.4 Argumentation, These, Theorien

Zielsetzungen. Deswegen wird der Faktor „(wirtschafts-)politische Zielsetzungen des Entscheidungspersonals" für diese Arbeit verwendet.[16] 3. Ferner sind die Handlungsspielräume des Entscheidungspersonals relevant, weil sie zentrale Gestaltungsmöglichkeiten, aber auch -beschränkungen für die Umsetzung der jeweiligen politischen und wirtschaftlichen Zielsetzungen betreffen. Konkret bezieht sich das primär auf die unterschiedlichen Machtverhältnisse, Ressourcenvorkommen und die Weltmarkteinbindung. In dieser Arbeit wird daher der Faktor „Handlungsspielräume des Entscheidungspersonals" verwendet.

Ein weiterer relevanter Aspekt dieser Arbeit betrifft den Nexus von Akteur und Struktur und eine adäquate Konzeptualisierung von deren Zusammenspiel. Merkel (2010: 97) macht im Rahmen eines dynamischen Akteur-Struktur-Verhältnisses darauf aufmerksam, dass Akteure grundsätzlich in der Lage sind, die sie umgebenden Strukturen zu verändern bzw. zu vergrößern:

> „Die Strukturen bestimmen den ‚Handlungskorridor', innerhalb dessen die unterschiedlichen Akteure versuchen, ihre Interessen mit geeigneten Handlungsstrategien durchzusetzen. Dabei können erfolgreiche Aktionen durchaus den ‚Handlungskorridor' verbreitern und zusätzliche Handlungsoptionen ermöglichen" (ebd.).

Anknüpfend an diese Ausführungen wird 4. eine nicht-statische Konzeptualisierung des Akteur-Struktur-Verhältnisses, d. h. ein dynamisches Zusammenspiel struktureller und akteurszentrierter Faktoren, vorgenommen. Im Hinblick auf die Operationalisierung und die empirische Analyse dieser Arbeit impliziert das eine Unterteilung der Entwicklungen Venezuelas und Brasiliens in unterschiedliche Phasen. Damit ist der Versuch verbunden, eine statische bzw. punktuelle Analyse zu vermeiden und stattdessen Prozesse darstellbar zu machen. Beispielsweise gelang es dem Akteur Chávez, die eigenen Handlungsspielräume durch materielle (z. B. Ausweitung präsidentieller Kompetenzen) und immaterielle (z. B. identitätspolitisch basierte Kommunikationsmacht) Aktionen zu vergrößern. Das hatte wiederum Folgen für die Ausbildung der phasenspezifischen wirtschaftspolitischen Strategien.

---

[16] Da die Wirtschaftspolitik, wie weiter unten ausgeführt wird, in dieser Arbeit einer sehr offenen Definition folgt, werden auch die zugrundeliegenden Zielsetzungen des Entscheidungspersonals breit gefasst. Daher wurde die Schreibweise mit der Klammer gewählt, um anzuzeigen, dass auch nicht genuin wirtschaftspolitische Zielsetzungen Beachtung finden, sofern das für das Verständnis der jeweiligen Entwicklungskurse und für die Beantwortung der Leitfrage von Relevanz sein sollte.

1.4.2 These der Arbeit

Hierauf basierend wird der Hauptgrund für die Unterschiede in den Wirtschaftspolitiken Venezuelas und Brasiliens in dem Zusammenspiel dreier Faktoren vermutet: 1. einer unterschiedlich gearteten politischen Kultur, darauf aufbauend 2. verschiedenartiger (wirtschafts-)politischer Zielsetzungen des Entscheidungspersonals, und 3. unterschiedlicher Handlungsspielräume des Entscheidungspersonals. Die These dieser Arbeit lautet daher wie folgt: In Venezuela führte die politische Kultur, die sich durch eine stark ausgeprägte politische Polarisierung auszeichnete, zu einer dezidierten Ablehnung des Status quo, was sich in den (wirtschafts-)politischen Zielsetzungen des Entscheidungspersonals niederschlug. Vor dem Hintergrund wachsender bzw. großer Handlungsspielräume des Entscheidungspersonals ermöglichte dies eine tendenziell transformatorische, d. h. eine die bestehende politische und ökonomische Ordnung überwindende, Wirtschaftspolitik. Hingegen kennzeichnete Brasilien eine weniger stark polarisierte politische Kultur und daher auch moderate (wirtschafts-)politische Zielsetzungen des Entscheidungspersonals. Vor dem Hintergrund von eher geringen Handlungsspielräumen des Entscheidungspersonals bedingte dies eine vergleichsweise pragmatische Wirtschaftspolitik.

1.4.3 Begründung der verwendeten Theorien

Basierend auf den obigen Ausführungen spielen bei der Beantwortung der Leitfrage dieser Arbeit drei Faktoren eine Rolle: 1. die politische Kultur, 2. die (wirtschafts-)politischen Zielsetzungen des Entscheidungspersonals, 3. die Handlungsspielräume des Entscheidungspersonals. Um diese Faktoren analysieren zu können, werden die folgenden Theorien verwendet:

Zur Analyse des Faktors „politische Kultur" wird die populismustheoretisch erweiterte Diskurs- und Hegemonietheorie Ernesto Laclaus herangezogen. Mithilfe dieser Theorie können gesellschaftliche Polarisierungen und politische Antagonismen erfasst werden, die über eine mögliche Transformationsdisposition in der Bevölkerung und in den politisch relevanten Eliten Aufschluss geben. Zudem liefert die Theorie Analysebausteine zur Erfassung darauf basierender hegemonialer bzw. populistischer Projekte und etwaiger Radikalisierungsprozesse. Nach Ansicht des Autors sind diese Aspekte vom Forschungsstand bisher nicht adäquat ausgearbeitet wurden. Die Analyse des Faktors „(wirtschafts-)politische Zielsetzungen des Entscheidungspersonals" wird mithilfe konstruktivistischer Ansätze aus der Internationalen Politischen Ökonomie vorgenommen, die die Rolle

1.4 Argumentation, These, Theorien

ideeller Faktoren hervorheben. Mithilfe dieser Ansätze ist eine kontextsensitive Analyse der kognitiv und interpretativ bedingten Problemdiagnosen dieser Akteure und der damit einhergehenden Problemlösungen, d. h. der jeweiligen (wirtschafts-)politischen Zielsetzungen, angedacht. Mit der Verwendung dieser Ansätze ist die Erwartung verbunden, keine ggf. zu allgemeinen bzw. simplifizierten Darstellungen der jeweiligen Gedankenwelten und ‚Ideologien' der relevanten Akteure aus dem Forschungsstand zu übernehmen.

Der Faktor „Handlungsspielräume des Entscheidungspersonals" umfasst die drei Unterpunkte 1. Machtverhältnisse, 2. Ressourcen und 3. Weltmarkteinbindung, die mithilfe der Regulationstheorie analysiert werden. Hinsichtlich der Machtverhältnisse werden die strukturellen Selektivitäten des Staates, der die Regierung stützende Machtblock und die darauf basierende Machtposition der Exekutive in den Blick genommen. Im Hinblick auf den zweiten (Sub-)Faktor wird die wirtschaftliche Relevanz von natürlichen Ressourcen geprüft und analysiert, inwiefern die jeweiligen Regierungen die dahingehenden Einnahmen kontrollieren und ggf. für legitimatorische Zwecke verwenden. Im Rahmen der Analyse des (Sub-)Faktors Weltmarkteinbindung werden die Strukturierungskräfte der globalen Wirtschaft und die damit einhergehenden Implikationen für die jeweiligen nationalen Wirtschaftsordnungen und politischen Gestaltungs(un)freiheiten untersucht. Zusammengenommen können darüber die relevanten Aspekte der jeweiligen Handlungsspielräume erfasst werden.

Die verwendeten Theorien und Ansätze können zudem hinsichtlich der prozessualen Dimension, die in dieser Arbeit Anwendung findet, nutzbar gemacht werden: Die mittels der Theorie Laclaus analysierte politische Kultur kann gegebenenfalls darüber Aufschluss geben, ob bzw. inwieweit sich der Wunsch der Bevölkerung nach politischen und wirtschaftlichen Veränderungen in unterschiedlichen Phasen politisch-kulturell manifestierte und sich somit relevante Umwälzungen abzeichneten. Mithilfe der konstruktivistischen Ansätze in der IPÖ sollten sich Veränderungen in der Gedankenwelt, d. h. in Problemdiagnose und -lösungen, des Entscheidungspersonals phasen- und kontextsensitiv erfassen und analysieren lassen. Die Regulationstheorie sensibilisiert nicht nur für die Spezifika unterschiedlicher kapitalistischer Entwicklungs- und Wirtschaftsmodelle, sondern auch für deren (grundsätzliche) Krisenanfälligkeit und – damit einhergehend – für fallspezifische und modellinhärente Umbrüche. Veränderungen der grundlegenden Charakteristika des Akkumulationsregimes können somit unterschiedliche Strategien der Stabilisierung der jeweiligen politökonomischen Konfigurationen bzw. der Krisenbearbeitung bedingen. Resümierend wird davon ausgegangen, dass sich mittels der gewählten Theorien und Ansätze relevante Umbrüche und damit die prozessuale Dimension bzw. ein dynamisches Akteur-Struktur-Verhältnis erfassen lassen.

1.5 Aufbau der Arbeit und zentrale Definitionen

Die Arbeit widmet sich den Entwicklungsagenden bzw. den wirtschaftspolitischen Strategien der linken Regierungen Venezuelas und Brasiliens. Die beiden im Titel dieser Arbeit verwendeten Begriffe „Entwicklungsagenda" und „wirtschaftspolitische Strategie" werden weitgehend synonym definiert. Diese Begriffsbestimmung umfasst sowohl Theorie, d. h. die wirtschaftspolitischen Pläne und Vorhaben der Regierungen, als auch Praxis, d. h. die implementierte Wirtschaftspolitik. Wirtschaftspolitik wird hierbei sehr offen definiert. Der Terminus umfasst alle relevanten politischen, wirtschaftlichen oder gesellschaftlichen Aspekte, die zu einem umfänglichen Verständnis der Entwicklungskurse in Venezuela und Brasilien und somit zu einer adäquaten Beantwortung der Leitfrage beitragen. Aus diesem Grund wurde die Schreibweise des in dieser Arbeit verwendeten Faktors „(wirtschafts-)politische Zielsetzungen des Entscheidungspersonals" intentional gewählt. Die Klammer soll dabei anzeigen, dass primär zwar genuin wirtschaftspolitische Zielsetzungen behandelt werden, jedoch auch andere politische Zielsetzungen berücksichtigt werden, sofern das zu einem Verständnis der jeweiligen Entwicklungskurse und der Beantwortung der Leitfrage beiträgt.

Die Arbeit wird wie folgt strukturiert bzw. aufgebaut: In dem nächsten Kapitel 2, dem Theorieteil, werden die verwendeten Theorien und Faktoren detaillierter ausgeführt und in einem handlungsleitenden Synthesemodell zusammengeführt. Kapitel 3 widmet sich der empirischen Analyse des Chavismus in Venezuela. Gemäß Welsch und Briceño (2011: 121) wird mit „Chavismus (*Chavismo*) [...] die Bewegung bezeichnet, die sich mit Hugo Chávez, seiner Politik, seinem Programm und seinem Politikstil identifiziert". In dieser Arbeit wird eine geringfügig andere Definition gewählt und mit Chavismus das Gesamtphänomen bezeichnet, d. h. die gesamte Epoche Hugo Chávez' und Nicolás Maduros, der Bolivarischen Revolution und des Sozialismus des 21. Jahrhunderts inklusive aller im Rahmen dieser Arbeit relevanten Aspekte. Das Kapitel ist in drei Teile unterteilt, die sich drei unterschiedlichen Phasen des Chavismus – Aufstiegsphase, Hochphase, Abstiegsphase – widmen. Innerhalb dieser jeweiligen Phasen werden die Ursachen der tendenziell transformatorischen Wirtschaftspolitik analysiert. Als „transformatorisch" wird in der Folge eine Wirtschaftspolitik definiert, mithilfe derer die Regierung die Überwindung bzw. Umwälzung der bestehenden

1.5 Aufbau der Arbeit und zentrale Definitionen

politischen, ökonomischen und gesellschaftlichen Ordnung anstrebt. Das Kapitel wird mit einem interpretativen Fazit beendet, das die Relevanz der Faktoren – individuell und bzw. oder in ihrem Zusammenspiel – erläutert.

Daran anschließend wird in Kapitel 4 der Lulismus in Brasilien beleuchtet. Analog zum Chavismus in Venezuela wird „Lulismus" als Begriff für das Gesamtphänomen verwendet, das die gesamte Epoche Lula da Silvas und Dilma Rousseffs inklusive aller im Rahmen dieser Arbeit relevanten Aspekte umfasst.[17] Das Kapitel ist wie im venezolanischen Fall in drei Teile unterteilt, die die drei unterschiedlichen Phasen des Lulismus – Aufstiegsphase, Hochphase, Abstiegsphase – behandeln. In diesen Unterkapiteln werden die Ursachen der eher pragmatischen Wirtschaftspolitik analysiert. Eine Wirtschaftspolitik wird dann als „pragmatisch" definiert, wenn sie sich weniger an Prinzipien, Visionen und Idealismen, sondern stattdessen primär an unmittelbaren Erfordernissen bzw. an dem Machbaren orientiert (Joas 2005: 789). Der Begriff „pragmatisch" fungiert somit als adjektiviertes Gegenstück zu „transformatorisch", wie die Wirtschaftspolitik im venezolanischen Fall bezeichnet wird. Wie Kapitel 3 wird auch Kapitel 4 mit einem interpretativen Fazit beendet, das sich der Relevanz der Faktoren widmet. Innerhalb der jeweiligen drei Phasen werden die drei Faktoren dieser Arbeit – 1. politische Kultur, 2. (wirtschafts-)politische Zielsetzungen des Entscheidungspersonals und 3. Handlungsspielräume des Entscheidungspersonals – nacheinander abgearbeitet. In Kapitel 5 wird ein Vergleich des Chavismus in Venezuela und des Lulismus in Brasilien, d. h. der unterschiedlichen Phasen, Wirtschaftspolitiken sowie der zugrundeliegenden Faktoren, vorgenommen. Hierbei wird die Relevanz der Faktoren geklärt, die Leitfrage beantwortet und die These dieser Arbeit überprüft. Das Schlusskapitel 6 wird die zentralen Aussagen und Erkenntnisse dieser Analyse noch einmal aufgreifen, den theoretischen und empirischen Mehrwert der Arbeit benennen und auf weitere Forschungsdesiderate verweisen.

---

[17] Damit wird der Begriff anders verwendet als von Singer (2012), der den „Lulismus" als Phänomen definiert, das mit einer Neuzusammensetzung der Wählerbasis von Lula im Präsidentschaftswahlkampf 2006 einherging. Demnach entfernten sich die Mittelschichten vom Kandidaten Lula nach einem Korruptionsskandal, während ein neuer Klassenakteur, das „Subproletariat", das von der (Sozial-)Politik der Regierung profitiert hatte, als neue (Wähler-)Basis Lulas fungierte.

Analyseperspektive: das synthetische Modell zur Wirtschaftspolitikanalyse 2

Um die Ursachen der Differenz in den wirtschaftspolitischen Strategien Brasiliens und Venezuelas zu ergründen, wird im Folgenden ein Synthesemodell entwickelt. Gemäß der These dieser Arbeit ist diese Differenz in den Wirtschaftspolitiken auf das Zusammenspiel dreier Faktoren zurückzuführen: 1. einer unterschiedlich gearteten politischen Kultur, darauf aufbauend 2. verschiedenartiger (wirtschafts-)politischer Zielsetzungen des Entscheidungspersonals, und 3. unterschiedlicher Handlungsspielräume des Entscheidungspersonals. Um diese drei Faktoren theoretisch herzuleiten, werden die folgenden Theorien und Ansätze verwendet: Zur Analyse der politischen Kultur wird die populismustheoretisch erweiterte Diskurs- und Hegemonietheorie Ernesto Laclaus herangezogen; zur Analyse der (wirtschafts-)politischen Zielsetzungen des Entscheidungspersonals wird auf konstruktivistische Ansätze aus der Internationalen Politischen Ökonomie (IPÖ) zurückgegriffen; und zur Analyse der Handlungsspielräume des Entscheidungspersonals wird die Regulationstheorie verwendet.

Mit dem hierdurch entworfenen Hybridmodell lassen sich die jeweiligen Schwächen bzw. Nachteile der Theorien gegenseitig beheben. Ferner lässt sich hierdurch das komplexe Zusammenspiel von strukturellen und akteursorientierten Ursachen beleuchten und in kohärenter und systematischer Weise in die Erklärung der unterschiedlichen wirtschaftspolitischen Pfade der untersuchten Staaten einbinden.

2.1 Zur Analyse der politischen Kultur: Die populismustheoretisch erweiterte Diskurs- und Hegemonietheorie Ernesto Laclaus

Zur Analyse der politischen Kultur wird in der Folge die populismustheoretisch erweiterte Diskurs- und Hegemonietheorie Ernesto Laclaus verwendet. Dabei werden nicht nur die ursprüngliche Version der Theorie, die Laclau zusammen mit Chantal Mouffe ausgearbeitet hat, herangezogen, sondern auch theoretische Erweiterungen Laclaus und die hierauf basierende, im Vergleich zur ursprünglichen Theorie von Laclau leicht abgewandelte Populismustheorie. In der Folge wird daher zumeist nur noch von Laclau die Rede sein.

Die Schwierigkeit, das Konzept der politischen Kultur gewinnbringend definitorisch einzugrenzen und zu operationalisieren, wurde früh mit dem „Versuch" zum Ausdruck gebracht, „einen Pudding an die Wand zu nageln" (Kaase 1983). Ferner besteht eine weitere Problematik in der analytisch präzisen Erfassung des Einflusses und der Einflusswege politischer Kultur (Ball/Peters 2005: 87). Von Almond und Verba (1963: 13) wurde politische Kultur folgendermaßen definiert: „The political culture of a nation is the particular distribution of patterns of orientation toward political objects among the members of the nation". Eine ähnliche Definition liefern Glaab und Korte (zit. nach: Korte 2013: 119), die politische Kultur als „die Summe der politisch relevanten Einstellungen, Meinungen und Wertorientierungen innerhalb der Bevölkerung" begreifen, wobei nach einem enger gefassten Begriff „die in einer Gemeinschaft feststellbare Verteilung individueller Orientierungen auf politische Objekte" und damit eine „subjektive Dimension" im Fokus stehen. Eine stärker empirisch ausgerichtete Vorgehensweise wählt zum Beispiel Boris (2019), der die politische Kultur Lateinamerikas anhand langfristig wirkender, überindividueller Elemente bzw. Dimensionen zu fassen versucht.

Im Rahmen dieser Arbeit und dieses Kapitels wird es jedoch weniger um die Orientierungen und Einstellungen der Bevölkerungen an sich oder um konkrete strukturelle Kulturelemente bzw. -dimensionen gehen. Stattdessen wird der Versuch unternommen, sich dem Thema auf einer Meta-Ebene anzunähern und bedeutende gesellschaftliche *cleavages,* d. h. Bruchlinien, zu identifizieren, die sich in der Bevölkerung abzeichnen und sich auf die Präferenzbildungen des Entscheidungspersonals auswirken. Mit anderen Worten: Es wird die (antagonistische) Struktur des diskursiven Raums und darüber der Raum des Denk-, Sag- und politisch Artikulierbaren zu analysieren versucht.

In Lateinamerika, das traditionell eine der ungleichsten Regionen der Erde ist (Amarante/Galván/Mancero 2016: 26), wurden die bereits bestehenden sozioökonomischen Polarisierungen im Zuge der neoliberalen Reformperiode noch einmal akzentuiert. Damit waren der intersubjektive Wunsch nach einem politischen Wandel und der Nährboden für politische Projekte, die diese Polarisierungen bzw. Bruchlinien politisch kapitalisierten, gegeben.

Im Mittelpunkt dieses Kapitels stehen zum einen diese Polarisierungen, die, sobald sie politisch artikuliert werden, als Antagonismen reformuliert werden können, und zum anderen die darauf basierenden politischen, hegemonialen bzw. „populistischen" Projekte, die auf dem gesellschaftlichen Wunsch nach einem politischen Wandel basieren. Die Antagonismen sind im Rahmen dieser Arbeit insofern von besonderer Relevanz, als sie Aufschlüsse 1. über ein etwaiges gesellschaftliches Transformations- und Radikalisierungspotential, damit 2. über die Präferenzbildungen, d. h. die politischen und wirtschaftlichen Zielsetzungen, der relevanten Akteure und 3. über ein potentielles identitätspolitisches Transformationsprojekt geben können. Für die Analyse all dieser Aspekte liefert die Theorie Laclaus, obwohl sie sich selbst nur indirekt mit politischer Kultur beschäftigt, wichtige Erkenntnisse.

In den folgenden Kapiteln werden die zentralen konzeptionellen Bausteine der Theorie in ihrem Zusammenwirken skizziert, um darüber die (integrative) Funktionslogik der auf Antagonismen basierenden Hegemonie- und Populismusprojekte zu erläutern. Im Anschluss daran wird geklärt, inwiefern das im Rahmen dieser Arbeit von Bedeutung ist.

2.1.1 Hegemonie(-produktion) als politische (Artikulations-)Logik

Das Ziel der postmarxistisch-poststrukturalistischen Theorie besteht darin, kulturelle bzw. politische Hegemonien und die vorgelagerten Prozesse der Hegemonieproduktion zu beleuchten (Stäheli 2006: 255; Reckwitz 2006: 339; Wullweber 2012: 30). Im Grunde dreht es sich hierbei um eine Machttheorie, die auf einem positiven Begriff von Macht als konstitutiver, sinnproduzierender Kraft beruht (Stäheli 2006: 266). Denn der Theorie liegt die Annahme zugrunde, dass gesellschaftliche, politische und damit auch demokratische Prozesse durchweg als Kämpfe um Macht und Hegemonien verstanden werden müssen (Wullweber 2012: 29–30). Hegemonie(-produktion) im Sinne Laclaus kann als „Logik des Politischen" (ebd.: 34–35) oder als politische (Artikulations-)Logik, wie Laclau auch den zur Hegemonie artverwandten Populismus konzipiert (vgl. unten), verstanden werden. Die Theorie basiert auf einigen zentralen theoretischen Bausteinen, mit deren Hilfe Hegemonien bzw. Hegemonieproduktionen, d. h. die artikulatorischen Praktiken zur Erlangung von gesellschaftlicher Dominanz bzw. Hegemonie, beleuchtet werden können.

Einen hohen Stellenwert in der Theorie nimmt das Konzept des Diskurses ein. Ein Diskurs ist gemäß Laclau und Mouffe nicht auf sprachliche oder schriftliche Äußerungen beschränkt, sondern umfasst die Gesamtheit sozialer Praktiken bzw. Handlungen (Reckwitz 2006: 341–342; Wullweber 2012: 39); vereinfacht gesagt: „It is [...] coterminous with social life" (Laclau 2006: 106). Der Diskurs ist insofern zentral, als sich in ihm die Konstitution von Realität vollzieht und damit auch dasjenige, was gesellschaftlich und politisch verhandelt wird und potentiell hegemonialen Charakter erlangen kann. Oder anders: „Innerhalb eines Diskurses wird Wahrheit verhandelt. [...] Von all den möglichen Wahrheiten [...] werden einige privilegiert und andere verworfen" (Wullweber 2012: 40). Die inhaltliche Bestimmung von Realität und Wahrheit ist jedoch nicht willkürlich, sondern unterliegt einem weiteren Kennzeichen des Diskurses: seiner differenziellen Strukturierung. Diskurse sind demnach Differenzsysteme, deren einzelne Elemente eine spezifische Bedeutung erst über ihre Beziehung zu anderen Elementen des Diskurses erhalten (Stäheli 2006: 259; Reckwitz 2006: 341). Daher ist ein innerdiskursiver Außenbereich, d. h. ein sinn- und bedeutungsproduzierendes „Außen", vonnöten, das einerseits spezifische diskursive Bedeutungsgehalte ermöglicht, diese andererseits jedoch durch seine reine (aber notwendige) Existenz zeitgleich unterminiert. Kurz: Das „Außen" ist nicht nur unerlässlich für die temporäre Fixierung von Bedeutungen innerhalb des Diskurses, sondern auch für deren Instabilität, was wiederum neue Bedeutungsproduktionen und (temporäre) -fixierungen ermöglicht (Stäheli 2006: 259).

In diesem Zusammenhang wirken die differentielle Struktur des Diskurses und ein weiterer Theoriebaustein, nämlich der Antagonismus, ineinander. Hierin spiegelt sich das (post-)marxistische Erbe der Theorie wider, wobei Laclau jedoch jeglichen Objektivismus und Ökonomismus und die damit einhergehende Klassenbasierung überwinden möchte. Moderne Gesellschaften sind demnach der marxistischen Tradition folgend zwar weiterhin durch soziale Antagonismen gekennzeichnet, aber inhaltliche Spezifika des antagonistischen Gegensatzpaares, d. h. die jeweiligen Identitäten und Interessen, stehen nicht fest, können nicht auf eine ökonomische Basis und feststehende Klassen reduziert werden, sondern weisen ein gewisses Maß an Kontingenz auf (Wullweber 2012: 42). Für die hegemonialen artikulatorischen Praktiken ist das insofern von Relevanz, als vor dem Hintergrund der antagonistischen Gesellschafts- und – darauf basierend –

2.1 Zur Analyse der politischen Kultur: Die populismustheoretisch ...

Diskursstruktur nicht nur Bedeutungen produziert und (politische) Wahrheiten verhandelt, sondern Konflikte, Identitäten und identitätsbasierte Interessen konstituiert werden (Stäheli 2006: 263): „Der Antagonismus ist ein sinnhaft konstituierter, in ihm wird eine Grenze markiert zwischen dem, was legitimerweise ‚innerhalb' der intelligiblen Sphäre der Gesellschaft verläuft, und dem, was als bedrohliches, inakzeptables […] Anderes außerhalb der Grenzen der Gesellschaft […] situiert wird" (Reckwitz 2006: 345). Die Gegenposition innerhalb des Diskurses, das im eben erwähnten Zitat als „Anderes" Bezeichnete, ist genau das, was weiter oben als sinn- und bedeutungsproduzierendes „Außen" bzw. als „konstitutives Außen" (Reckwitz 2006: 345; Moebius 2009: 427) bezeichnet wurde.

Für die Hegemonieproduktion – präziser: für die hegemoniale Artikulation – ist die Grenzziehung zu einem solchen konstitutiven Außen insofern ein zentraler Schritt, als es dieser Außenbereich ist, demgegenüber sich die Vielzahl diskursinhärenter Differenzen „zu einer übergreifenden Identität vereinheitlichen lässt, in der sie alle einander ‚äquivalent' erscheinen" (Reckwitz 2006: 344). Laclau und Mouffe sprechen daher von einer „Logik der Äquivalenz" bzw. von „Äquivalenzketten" (Laclau/Mouffe 2000). Übersetzt in die politische Realität hegemonialer Artikulationspraktiken kann dies wie folgt veranschaulicht werden:

> „Jedes hegemoniale Projekt zielt […] darauf ab, den gesamten diskursiven Raum […] entzweizuteilen, um letztlich auf der einen Seite der antagonistischen Grenze (in der Äquivalenzkette Q) alle Elemente des Mangels […] miteinander zu artikulieren und auf der anderen Seite (in der Äquivalenzkette P) alle Forderungen, die nach der Überwindung dieser negativen Kräfte streben." (Nonhoff 2008: 314)

Aus dem eben Gesagten, d. h. der Existenz eines konstitutiven Außens, in das „alle Elemente des Mangels" (ebd.) projiziert bzw. situiert werden, wird deutlich, dass Hegemonien oder „hegemoniale Projekte" stets partikularen Ursprungs sind und niemals die Gesamtheit gesellschaftlicher Identitätscharakteristika und darauf basierender Interessen und Forderungen repräsentieren können. Doch gerade hiervon ausgehend manifestiert sich der hegemonialstrategische Charakter, denn eine hegemoniale Artikulation kommt einer „Universalisierungsstrategie" (Reckwitz 2006: 343) partikularer diskursiver Elemente, Identitäten und Interessen gleich. Eine Hegemonie ist demnach dann gegeben, „wenn es einem Diskurs gelingt, sich zumindest vorübergehend als universal und alternativlos zu präsentieren und zu instituieren" (ebd.). Da ein solches Unterfangen in modernen, demokratischen Gesellschaften nicht alleine auf Repression und Zwang beruhen kann, arbeitet Laclau mit einem weiteren Theoriebaustein, dessen Funktion darin besteht, die Attraktivität partikularer Diskurse, Identitäten und Interessen schichten- und klassenübergreifend zu steigern: dem „leeren Signifikanten". Damit ist gemeint, dass diese Signifikanten inhaltlich ‚entleert', also von den dazugehörenden Signifikaten[1] gelöst wurden (Reckwitz 2006: 344). Als „leere Signifikanten" begreift Laclau demnach positiv konnotierte, unscharf definierte und bedeutungsoffene Begriffe bzw. begrifflich vermittelte Forderungen wie „Freiheit", „Nation", „Gerechtigkeit" (zit. nach: ebd.), denen es gerade durch ihre chronische Unterbestimmung gelingt, gesellschaftlich breit anknüpfungsfähig zu sein und die Gesamtheit des Diskurses bzw. der damit einhergehenden hegemonialen Identität trotz ihres partikularen Ursprungs temporär zu repräsentieren und zusammenzuhalten: „Der leere Signifikant erfüllt die Aufgabe, mittels einer Partikularität die Universalität des Diskurses zu repräsentieren" (Stäheli 2006: 262).

2.1.2 Populismus als Sonderform der hegemonialen Artikulationslogik

Der Diskurs- und Hegemonietheorie liegt ein konfliktives und stets unter den Aspekten von Macht und Hegemonie zu begreifendes Gesellschafts- und Politikverständnis zugrunde. Dies gilt auch für Demokratien, in denen Konsens- und Kompromissfindung derselben hegemonialen Artikulationslogik folgen. Da jede Universalisierung partikularer Identitäten und Interessen schichten- bzw. klassenübergreifend zu erfolgen hat, um genug Wirkungsmacht entfalten und hegemonialen Status erlangen zu können, ist eine gewisse theoretisch-strategische Nähe zu populistischen Formen der Macht(-erlangung) in der Theorie erkennbar. Folgerichtig begreift Laclau daher alle Politik bis zu einem gewissen Grad als populistisch (Laclau 2005b: 47; Agridopoulos/Kim 2019), denn die Konstruktion einer hegemonialen Identität bzw. „the construction of the 'people' is the political act *par excellence*" (Laclau 2005a: 154, Hervorhebung im Original).[2] Vor diesem Hintergrund entwickelte Laclau die Diskurs- und Hegemonietheorie zu

---

[1] Ferdinand de Saussure folgend werden in Strukturalismus und Poststrukturalismus „Signifikanten" als Lautbild bzw. bezeichnende Elemente und „Signifikate" als der vorgestellte Gegenstand, also das Bezeichnete definiert (Moebius 2009: 420–421).

[2] „[N]o political movement will be entirely exempt from populism, because none will fail to interpellate to some extent the 'people' against an enemy […]. The degree of 'populism' […] will depend on the depth of the chasm separating political alternatives. […] If populism consist in postulating a radical alternative […] does not populism become synonymous with politics? The answer can only be affirmative" (Laclau 2005b: 47).

einer Populismustheorie weiter, wobei die wichtigsten Theoriebausteine Letzterer bereits in der ursprünglichen Theorie angelegt waren (Agridopoulos/Kim 2019). Da die Populismustheorie als Weiterentwicklung und Aktualisierung angesehen werden kann und zudem einige relevante Erkenntnisse für den lateinamerikanischen Fall bereithält, wird sie in der Folge dargestellt.

Das Ziel der Populismustheorie Laclaus besteht darin, das Wesen des Populismus zu erhellen. Laclau definiert Populismus als „politische Logik" (2005a: 117), präziser: als „Artikulationslogik" („logic of articulation" bzw. „mode of articulation") (2005b: 33), womit die konzeptionelle Nähe zur ursprünglichen Diskurs- und Hegemonietheorie bereits deutlich wird. Gemäß Laclau liegt jedem populistischen Phänomen die Logik der Konstruktion kollektiver und hegemonialer Identitäten (Laclau 2005a: ix – Preface) basierend auf Antagonismen zugrunde und steht folglich im Mittelpunkt der Theorie.

Eine bedeutende Neuerung der Theorie besteht in der Aufnahme des Theoriebausteins der Repräsentationskrise als Vorbedingung populistischer Projekte. Laclau rekurriert diesbezüglich auf Claude Lefort:

> „When individuals are increasingly insecure as a result of an economic crisis […], when conflicts […] can no longer be symbolically resolved within the political sphere, […] and when at the same time society appears to be fragmented, then we see the development of the fantasy of the People-as-One, the beginnings of a quest for a substantial identity" (Lefort 1988: 19–20).

Pluralistische, moderne Gesellschaften zeichnen sich durch eine heterogene Bevölkerung mit unterschiedlichen Interessen und daraus resultierenden politischen Forderungen aus. Eine notwendige Bedingung populistischer Phänomene bzw. Projekte besteht nun in einer Repräsentationskrise, d. h. in einer Situation, in der ein signifikanter Teil dieser Forderungen keinen Eingang in den institutionalisierten Willensbildungsprozess findet und damit im bestehenden politischen System keine ausreichende Repräsentation erfährt (Laclau 2005a: 73–74).

Laclau zufolge zeichnen sich populistische Phänomene vor diesem Hintergrund durch drei zusammenhängende „strukturelle Dimensionen" (Laclau 2005a: 77) aus, deren Endpunkt die Konstruktion einer kollektiven, populären und hegemonialen Identität darstellt: Erstens werden durch die fortdauernde Anhäufung unerfüllter und außerhalb der politischen Repräsentation befindlicher Forderungen diese grundsätzlich unabhängig voneinander bestehenden Einzelforderungen ab einem gewissen Zeitpunkt einer „Logik der Äquivalenz" folgend als zusammenhängend wahrgenommen und in einer „Äquivalenzkette" vereinheitlicht bzw. verdichtet (Laclau 2005a: 73–83, 2005b: 37).

Zweitens wird diese Kette durch eine Dichotomisierung des sozialen und politischen Raumes, durch einen diskursiv erzeugten sozialen Antagonismus begleitet.

„[P]opulism involves the division of the social scene into two camps. This division presupposes [...] the presence of some privileged signifiers which condense in themselves the signification of a whole antagonistic camp (the 'regime', the 'oligarchy', the 'dominant groups', and so on, for the enemy; the 'people', the 'nation', the 'silent majority', and so on, for the oppressed underdog [...])." (Laclau 2005a: 87).

Essentiell ist in diesem Zusammenhang die Erkenntnis Laclaus, dass die Erzeugung dieser simplifizierenden Konfliktlinie bzw. dieses Antagonismus und damit die Grenzziehung zu einem Feindbild einem jedem Populismus und damit der Konstruktion einer kollektiven Identität logisch vorauszugehen haben: „There is no populism without discursive construction of an enemy" (Laclau 2005b: 39). Das Feindbild in der Populismustheorie entspricht dem konstitutiven Außen in der Diskurs- und Hegemonietheorie, kann jedoch als dessen Radikalisierung angesehen werden.

Drittens zeichnen sich populistische Phänomene vor diesem Hintergrund durch die Bildung einer kollektiven, populären und hegemonialen Identität aus, in der sich die Vielzahl unerfüllter Forderungen als Äquivalenzkette vereinheitlichen lässt, und die aus dem Feindbild Wirkungsmacht, Stabilität und Kohärenz gewinnt. Denn laut Laclau würden die dem Feindbild bzw. dem konstitutiven Außen zunächst lose gegenüberstehenden äquivalenten Beziehungen zwischen den (Trägern der) unerfüllten politischen Forderungen vage und instabil bleiben, sofern sie sich nicht in einer diskursiven Identität „kristallisierten" (Laclau 2005a: 93). Die Identität dient demnach als repräsentative Projektionsfläche, vereinheitlichende Überformung und „Konsolidierung" (Laclau 2005a: 77) dieser „äquivalente Kette" unerfüllter Forderungen.

Dieses Unterfangen wird möglich, indem die Identität „um gewisse Signifikanten herum verdichtet" (Laclau 2005a: 96), d. h. konstituiert, wird. Und zwar um diejenigen Signifikanten, die die unerfüllten Forderungen repräsentieren und der Identität somit eine inhaltliche Bestimmung zukommen lassen: „[A]ny popular identity needs to be condensed around some siginifiers (words, images) which refer to the equivalential chain as a totality" (Laclau 2005a: 95–96). Es handelt sich hierbei um die leeren Signifikanten, denen es gerade durch ihre Bedeutungsoffenheit gelingt, als Knotenpunkte der zitierten und durch die kollektive, populäre Identität repräsentierten und überformten „Totalität" unerfüllter Forderungen zu fungieren (Laclau 2005a: 97–106, 120; Moebius 2009: 433;

2.1 Zur Analyse der politischen Kultur: Die populismustheoretisch ...

Reckwitz 2006: 344). Zur Veranschaulichung wählt Laclau in Anlehnung an Louis Althusser das Beispiel der russischen Revolution:

> „[A]ll the antagonisms within the Russian society were condensed in a ruptural *unity* [eigene Hervorhebung, R.P.] around demands for 'bread, peace and land'. [...] peace, bread and land were not the *conceptual* [Hervorhebung im Original] common denominator of all Russian social demands in 1917. [...] grievances which had nothing to do with those three demands nevertheless expressed themselves through them." (Laclau 2005a: 97–98).

Diese Wirkungsweise bildet einen zentralen Baustein in der „Universalisierungsstrategie" (Reckwitz 2006: 343) hegemonialer bzw. populistischer Projekte. Denn erstens stellt die Bedeutungsoffenheit bzw. Ungenauigkeit der (leeren) Signifikanten die Ursache für deren politische Anziehungskraft und Wirksamkeit dar, da sie nur hierdurch in der Lage sind, „eine höchst heterogene Realität zu homogenisieren" (Laclau 2005b: 40; ähnlich: Laclau 2005a: 18, 97–99) und darüber einen möglichst großen Teil der Bevölkerung anzusprechen. Zweitens fungieren die Signifikanten als verbegrifflichte Sammelbecken unterschiedlichster Forderungen; im Beispiel Laclaus wurden die drei Grundforderungen „Brot, Friede und Land" an weitere begrifflich vermittelte Forderungen, die ursprünglich nichts mit den erwähnten drei Grundforderungen zu tun hatten, äquivalenzlogisch gekoppelt und zu einer (kommunistischen) Identität verdichtet. Drittens ist es diese Wirkung der Signifikanten als begriffliche und „symbolische Verkörperung eines imaginierten Allgemeinen" (Nonhoff 2008: 308), die es der hierüber konstituierten Identität erlaubt, ihre eigene Partikularität zu transzendieren, sich als universal und erstrebenswert zu präsentieren und damit einen hegemonialen Charakter anzunehmen (Laclau 2005a: 110–117; Reckwitz: 2006: 343–344).

Wissenschaftsphilosophisch basiert Laclaus Theorie auf einem methodologischen Holismus (Laclau 2005b: 35). Rolle und Einfluss von Akteuren sind in der Theorie daher – trotz der Tatsache, dass sie sich mit Artikulations- und daher Handlungslogiken befasst – beschränkt. Grundsätzlich werden Akteure gemäß poststrukturalistischer Theorien[3] als „Subjekte" konzipiert, die sich durch die Selbstidentifizierung mit einer speziellen „Subjektposition" innerhalb eines Diskurses konstituieren. Dieser Konzeption folgt größtenteils[4] auch Laclau, wonach

---

[3] Generelles zum Poststrukturalismus bei Campbell (2010), Moebius (2009) und Wullweber (2014).

[4] Gemäß Stäheli (2006: 268–270) liegen dem Werk Laclaus zwei verschiedene Subjektkonzeptionen zugrunde.

Subjekte und ihre Handlungen weitgehend durch den Diskurs determiniert werden (Stäheli 2006: 268; Wullweber 2014: 238). Im Rahmen der Populismustheorie konzipiert Laclau zwei Arten von Subjekten: Ein „demokratisches Subjekt", dessen Subjektivität sich aus partikularen bzw. individuellen (politischen) Forderungen speist, die wiederum innerhalb des bestehenden politischen System bearbeitet bzw. erfüllt werden (können); und ein „populäres Subjekt", das seine Subjektivität aus einer äquivalenzlogisch angeordneten Pluralität unerfüllter (politischer) Forderungen, einem Antagonismus und einem Feindbild, nämlich dem bestehenden und hinsichtlich der (politischen) Forderungen überforderten oder unwilligen politischen System, bezieht (Laclau 2005b: 37–38). Damit geht einher, dass der Antagonismus, d. h. die diskursive Dichotomisierung des politischen Raumes, die Reduktion der Komplexität politischer Realität auf zwei grundlegende antagonistische und kollektive Subjektpositionen ermöglicht: Auf der einen Seite das „Volk" (the „people"), die „Nation" etc., auf der anderen Seite das „Regime", die „Oligarchie" usw. (Laclau 2005a: 87). Über den Exklusionsmechanismus der Feindbildkonstruktion bzw. der korrespondierenden Subjektposition können also Rückschlüsse auf die jeweiligen Subjekte bzw. Akteure und die inhaltlichen Dimensionen der antagonistischen Lager geschlossen werden. Das Feindbild bzw. konstitutive Außen reglementiert demnach zum einen, wer und was notwendigerweise außerhalb der zu konstituierenden Identität verortet und abgelehnt wird, und zum anderen bzw. im logischen Gegenzug, welche Subjekte bzw. Akteure und Aspekte dem Bereich des ‚Inneren' eingeschrieben werden: „Selbstbild durch Gegenbild, nicht selten gesteigert zum Feindbild."[5] Da sich populistische Phänomene bzw. Projekte – wie oben ausgeführt wurde – Laclau zufolge aus Krisen, präziser: Repräsentationskrisen des bestehenden (politischen) Systems, ergeben, kann die kollektive und populäre Identität des populären Subjekts als aggregierte antagonistische Subjektposition zum jeweiligen Status quo gedacht werden. Demnach stellt der Außenbereich bzw. das Feindbild einer solchen Identität das politische System in seiner bestehenden Form – dem Status quo – dar, während im Gegenzug der Innenbereich der Identität mit gegen den Status quo gerichteten Forderungen und (Subjekt-)Positionen diskursiv konstruiert und besetzt wird. Konkret adressiert der Populismus als „Anti-Status quo-Diskurs" (Panizza 2005: 3) damit die vom bestehenden System entfremdeten und exkludierten, folglich nicht repräsentierten Bevölkerungsteile und versucht diese über möglichst bedeutungsoffene und

---

[5]Dieses Zitat wurde den Ausführungen Dieter Langewiesches über das Phänomen des Nationalismus entnommen (Langewiesche, zit. nach: Kunze 2005: 82). Die aus der Sozialpsychologie stammende Funktionslogik der Inklusion über Exklusion ist jedoch dieselbe wie in dem hier behandelten Fall.

daher homogenisierend-integrativ wirkende (leere) Signifikanten in eine gegen den Status quo (aus-)gerichtete Identität einzubinden. Im extremen Fall lassen sich die unterschiedlichen leeren Signifikanten durch einen einzigen substituieren: den Namen eines Führers, d. h. einer Figur, in der sich die populäre Subjektivität personifiziert (Laclau 2005b: 40).[6]

2.1.3 Zusammenfassung: Stärken und Schwächen der Theorie

Ernesto Laclau zufolge müssen Hegemonie(-produktion) und Populismus als politische Artikulationslogiken gedacht werden. Demgemäß sind drei Schritte zur Konstruktion einer hegemonialen bzw. populären Identität essentiell: erstens die Anhäufung von (unerfüllten) Forderungen in einer Äquivalenzkette; zweitens die Dichotomisierung des sozialen und politischen Raumes bzw. die Erzeugung eines Antagonismus; drittens die Bildung einer hegemonialen populären Identität um „leere Signifikanten" herum, die zum einen die begrifflich vermittelten (unerfüllten) Forderungen repräsentieren (z. B. Freiheit, Souveränität, Gerechtigkeit) und zum anderen den soziopolitischen Antagonismus (Freund-Feind, Wir-Sie/Fremde, Volk-Oligarchie) widerspiegeln. Dabei unterscheidet sich die Diskurs- und Hegemonietheorie nur unwesentlich von der Populismustheorie. Als wesentliche Unterschiede Letzterer gegenüber der ursprünglichen Theorie können folgende Aspekte angesehen werden: 1. die (Repräsentations-)Krise als Vorbedingung hegemonial-populistischer Projekte, 2. die Rolle eines Feindbildes als radikalisiertes konstitutives Außen, 3. – im extremen Fall – der Name einer Führerfigur als Projekt, Identität und (populäre) Subjektivität repräsentierender leerer Signifikant, und schließlich 4. der gegen den Status quo, d. h. das bestehende System, gerichtete Charakter der hegemonial-populären Identität.

Für diese Arbeit sind die Theorie Laclaus und die darin enthaltenen Theoriebausteine aus drei Gründen von Relevanz: Erstens lassen sich damit gesellschaftliche Polarisierungen und diskursiv artikulierte Antagonismen identifizieren und analysieren.[7] Daher werden im Hinblick auf die beiden Untersuchungsfälle Venezuela und Brasilien die bestehenden Ungleichheiten bzw. Polarisierungen,

---

[6]Das ist insofern interessant, als individuellen Akteuren in der Theorie Laclaus kein hoher Stellenwert im Sinne eines Erklärungsfaktors beigemessen wird.

[7]Hier besteht eine große Stärke der Theorie Laclaus gegenüber Gramsci, auf dessen Hegemoniekonzept Laclau aufbaut. Denn Laclau überwindet die marxistisch-materialistische Klassenbasierung bzw. -fokussierung in Gramscis Konzept und öffnet mittels der poststrukturalistisch inspirierten Verschiebung der Analyse auf die diskursive Ebene den analytischen Blick für neue, klassenunabhängige Konfliktlinien. Gerade im Hinblick auf Lateinamerika

die Konsensfähigkeit der politischen Eliten und markante Bruchlinien in den Diskursen des Entscheidungspersonals in den Blick genommen. Zweitens können sich diese Bruchlinien bzw. Antagonismen auf die Bildung von Präferenzen und Zielsetzungen der relevanten Akteure inkl. potentieller hegemonialer bzw. populistischer Projekte auswirken, was wiederum über deren Diskurse analysiert werden kann. Drittens liefert dieses Vorgehen Erkenntnisse über potentielle Radikalisierungsprozesse und Transformationsbestrebungen innerhalb dieses Entscheidungspersonals.

Die Theorie Laclaus weist jedoch auch einige Schwächen auf. Zunächst ist an dieser Stelle aufgrund der idealistischen und diskursfokussierten Grundhaltung eine gewisse Vernachlässigung materieller Aspekte zu konstatieren. D. h. die Stärke, den materialistisch begründeten Klassenfokus Gramscis zu überwinden, geht mit der Schwäche einher, die Relevanz materieller Faktoren analytisch aus den Augen zu verlieren. Damit droht die Theorie die „Materialität gesellschaftlicher Machtverhältnisse" zu übersehen und ferner in ein staats- und „institutionstheoretisches Vakuum" zu fallen (Stäheli 2006: 277–278). Im Hinblick auf diese Arbeit ist damit das Defizit verbunden, die realen bzw. materiellen Handlungsmöglichkeiten der relevanten Akteure analytisch nicht adäquat erfassen zu können. Ein zweiter Kritikpunkt betrifft die unterkonzeptualisierte Herausbildung akteursspezifischer Präferenzen bzw. Interessen. Denn Letztere müssen gemäß Laclau primär über ihr Verhältnis zu einem konstitutiven Außen gedacht werden. Prozesse innovativer Interessenskonstitution und darauf basierende Zukunftsentwürfe, d. h. solche, die nicht primär über ein Gegen- bzw. Feindbild definiert werden, lassen sich mit der Theorie daher schwer analysieren. Schließlich mutet die der Theorie zugrunde liegende Akteurs- bzw. Subjektkonzeption eindimensional an. Da Subjekte und ihr Handeln als durch den Diskurs determiniert (Wullweber 2014: 38) bzw. „ausschließlich als Moment der diskursiven Struktur" (Stäheli 2006: 268) begriffen werden, läuft Laclaus Verständnis auf die Negation autonomer Subjekte hinaus: „Es gibt kein Subjekt, das souverän durch sein Handeln die Bedeutung von Diskursen verändern kann" (Stäheli 2006: 268).

Wenngleich Laclau sein Subjektkonzept in den Folgejahren weiterentwickelte (Wullweber 2014: 238–239) und von einer vollständigen Determinierung des Subjekts durch die diskursive Struktur absieht (Laclau 1999), werden im Rahmen dieser Arbeit die (hegemonial-)strategischen Handlungen von Akteuren – und nicht von Subjekten! – nichtsdestoweniger leicht abgewandelt konzeptualisiert. In diesem Zusammenhang ist das Zusammenspiel von Krisensituationen und den

---

und die hier untersuchten Fälle erweist sich ein klassenbasiertes Verständnis von Identität und Hegemonie bzw. Populismus als ungeeignet.

innerhalb dieses Kontexts strategisch handelnden Akteuren von besonderer Relevanz. Denn Krisen sind zuvorderst Zeiten der Unsicherheit und des Umbruchs, in denen die Akzeptanz bestehender Identitäten schwindet und alternative Identitätsangebote an Einfluss gewinnen (Ulbert 2005: 15). Zentral ist hierbei, dass Akteure in das mit Krisensituationen einhergehende machtpolitische Vakuum mithilfe von diskursiv vermittelten „strategische[n] Identitätskonstruktionen" (Risse 2003: 121) und den damit verbundenen Wahrnehmungs- und Interpretationsschemata vordringen können, um etwaige Herrschaftsansprüche geltend zu machen bzw. abzusichern: „[T]he recognition of the (discursively) mediated nature of our experience of [...] the structured context in which we find ourselves suggests the power of those able to provide the cognitive filters, such as policy paradigms, through which actors interpret the strategic environment" (Hay 2002: 214).

Sofern Akteure nicht primär als Subjekte (und damit über die von ihnen besetzten Subjektpositionen) konzipiert werden, sondern ihnen in Bezug auf die eben erwähnten strategisch konstruierten Identitäten ein gewisser vor-diskursiver Status eingeräumt wird[8], kann daher – wiederanknüpfend an die Theorie Laclaus – geschlussfolgert werden, dass ‚populistisch' agierende Akteure in Krisensituationen über diskursive Machtressourcen verfügen und von dieser Gebrauch machen können. Ein solches Vorhaben kann beispielsweise dazu dienen, die krisenbedingt temporäre Orientierungsunsicherheit in der Bevölkerung zu nutzen und über die Integration einer möglichst großen Masse derselben in eine kollektive, populäre und bestenfalls hegemoniale Identität als haltgebender Sinnstiftungsanker den ‚populistischen' Akteuren eine möglichst solide Legitimationsbasis bereitzustellen. Denn die in diesem Kontext generierten differentiellen Subjektpositionen werden über eine implizit verlaufende normative Bewertung auf strategische Weise konstruiert und besetzt: Auf der einen Seite befinden sich die positiv dargestellten[9], vormals exkludierten, also nicht repräsentierten Bevölkerungsteile und die ‚populistischen' Akteure als deren (selbsternannte) Repräsentanten – kurz: „the outsiders of the system, the underdogs" (Laclau 2005a: 150). Auf der anderen Seite finden sich die Anhänger und Vertreter des negativ konnotierten und

---

[8]Dies bezieht sich in diesem Fall nur auf die angesprochene, als Folge einer Krise zu konstruierende bzw. konstruierte Identität. In der poststrukturalistischen Sozialwissenschaft werden Subjekte in der Regel ohne dahingehende Kompetenzen konzeptualisiert (Angermüller 2005: 76): „Das Subjekt ist *kein* [eigene Hervorhebung, R.P.] Stifter des Diskurses" (Reckwitz 2006: 34).

[9]Diese Vorgehensweise geht mit positiven emotionalen Effekten in der Zielgruppe, den Nicht-Repräsentierten, wie Anerkennung, Hoffnung, Steigerung des Selbstwertgefühls usw. einher (Mouffe 2005: 56–59; Panizza 2005: 26).

konstituierten Status quo. Mithilfe der strategisch vorgenommenen Konstruktion und Besetzung dieser Subjektpositionen lässt sich folglich nicht nur die eigene (Subjekt-)Position (innerhalb der diskursiv konstruierten Identität) legitimieren und absichern, sondern auch die jeweilige Opposition stigmatisieren und delegitimieren.

Eine solche handlungstheoretische Reinterpretation der Theorie Laclaus ermöglicht somit eine (Re-)Konzeptualisierung der relevanten Akteure mit einer gewissen Handlungsautonomie. Konkret bezieht sich das darauf, dass die identitätspolitischen Schritte zur Herstellung einer entsprechenden Legitimations- und Operationsbasis Erkenntnisse über einen der (Erklärungs-)Faktoren dieser Arbeit liefern: die Handlungsspielräume des Entscheidungspersonals bzw. der an hegemonial-populistischen Projekten beteiligten Akteure. Ferner kann aus Laclaus Theorie ein analytischer Weg extrahiert werden kann, die konstruierten Identitäten fass- und operationalisierbar zu machen. Dieser Aspekt wird im Kapitel über Methodik detaillierter aufgegriffen. Dessen ungeachtet erfordern die dargelegten Schwächen für die in dieser Arbeit verwendete Analyseperspektive und das damit einhergehende Synthesemodell eine Verbindung der Theorie Laclaus mit weiteren Theorien bzw. Ansätzen, um die erläuterten Defizite beheben zu können.

2.2 Zur Analyse der (wirtschafts-)politischen Zielsetzungen des Entscheidungspersonals: konstruktivistische Ansätze aus der Internationalen Politischen Ökonomie

Zur Analyse der (wirtschafts-)politischen Zielsetzungen werden Ansätze aus der Internationalen Politischen Ökonomie verwendet. Bereits die Theorie Laclaus lieferte erste Erkenntnisse und Theoriebausteine zum Verständnis von Einstellungen und Präferenzbildungen in polarisiert-antagonistischen Gesellschaften. Gemäß der Theorie richten sich die Präferenzen relevanter Akteure in polarisierten Gesellschaften primär gegen den Status quo. Damit thematisiert die Theorie also in erster Linie eine Problemdimension, jedoch weniger die darauf basierenden Zielsetzungen. Indem die ‚populistischen' Akteure auf rationale Weise ihren Hegemonial- und Universalisierungsstrategien nachgehen, basiert die Theorie Laclaus – zumindest nach der vom Autor dieser Arbeit vorgenommenen handlungstheoretischen Reinterpretation derselben – letztlich auf einer rationalistischen Konzeptualisierung der Akteure.

In Ergänzung und Abgrenzung zu dieser rationalistischen Vorgehensweise wird es in diesem Kapitel darum gehen, zu klären, inwiefern und wie genau

2.2 Zur Analyse der (wirtschafts-)politischen Zielsetzungen ...

ideelle Faktoren auf das Entscheidungspersonal und deren Präferenzbildungen wirken. Präziser: Mithilfe der konstruktivistischen Ansätze aus der Internationalen Politischen Ökonomie wird zum einen eine kontextsensitive Analyse der ideell, d. h. kognitiv und interpretativ, bedingten Problemwahrnehmungen bzw. -diagnosen und zum andern eine Analyse der Problemlösungen und damit einhergehend der (wirtschafts-)politischen Zielsetzungen der jeweiligen Entscheidungsträger durchgeführt. Denn gemäß der These dieser Arbeit stellen diese (wirtschafts-)politischen Zielsetzungen einen der Faktoren in der Erklärung der unterschiedlichen wirtschaftspolitischen Strategien in Venezuela und Brasilien dar. Ein solches Vorgehen ist darauf ausgerichtet, unterkomplexe Annahmen über die Interessen und Zielsetzungen der relevanten Akteure zu vermeiden und stattdessen den Blick für die jeweiligen Visionen, Gedankenwelten und ‚Ideologien' des Entscheidungspersonals zu schärfen.

Der Konstruktivismus stellt – als Oberbegriff – ein mehrdimensionales Konzept dar. Im Anschluss an ihren Vormarsch in der (Sub-)Disziplin der Internationalen Beziehungen haben sich konstruktivistische Ansätze und Theorien in den letzten Jahren auch in der Internationalen und Vergleichenden Politischen Ökonomie etabliert.[10] Ihnen gemein ist die Grund- bzw. Ausgangsannahme, dass „soziale Realität", also die uns umgebende Welt, sozial konstruiert ist (Adler 2007: 95; Ulbert 2006: 409). Aus konstruktivistischer Perspektive wird soziale Realität erstens nicht (mehr) unter primär materiellen Gesichtspunkten begriffen und analysiert, sondern stattdessen die Rolle ideeller bzw. sozialer Faktoren wie Weltbilder, Normen und Kultur in den Vordergrund gerückt. Zweitens wird Realität in einem fortwährenden Konstruktionsprozess gesehen, der auf Basis intersubjektiver Vorstellungen und Erfahrungswelten durch interaktive Handlungen erfolgt (Checkel 2008: 72; Ulbert 2006: 409).

---

[10] Konstruktivistische Ansätze begannen sich in den Internationalen Beziehungen vor etwa drei Jahrzehnten abzuzeichnen. Dies ging mit einem veränderten Selbstverständnis des Faches, nämlich einer mehr interdisziplinären Ausrichtung und damit der sukzessiven Inkorporation wissenschaftlicher Erkenntnisse aus den Nachbardisziplinen einher. Von zentraler Bedeutung für die Entwicklung hin zum Konstruktivismus waren unter anderem die Erkenntnisse der Soziologen Peter Berger und Thomas Luckmann, wonach soziale Realität durch intersubjektiv geteilte Wissensbestände und damit einhergehende Interpretationsmuster konstruiert ist (Berger/Luckmann: 2007). Ferner war die vorrangig aus der Linguistik kommende Annahme relevant, dass sich der Konstruktionsprozess sozialer Realität vorwiegend sprachlich-diskursiv vollzieht (Adler 2007: 97). Eine genauere Auflistung der theoretischen Vorläufer und Nachzeichnung der konstruktivistischen Genese findet sich bei: Ulbert (2005: 12), Wendt (1999: 3), vor allem aber bei Adler (2007: 96–100).

Jenseits dieser Grundannahme bzw. -aussage herrscht jedoch keine Einigkeit, was unter Konstruktivismus verstanden werden soll. Zum Zweck einer überblickartigen Kategorisierung kann Konstruktivismus als „mehrdimensionales Konzept" (Ulbert 2005: 9) verstanden werden, das sich erstens auf philosophischer Ebene als „metaphysische Haltung" (Adler 2007: 96) mit primär wissenschaftstheoretischen Fragen über Realität und dem entsprechenden Wissen darüber befasst. Zweitens stellt es eine Metatheorie darstellt, die als Theorie über (bestehende) Theorien deren ontologische, epistemologische und methodologische Positionen in den Blick nimmt. Drittens bezeichnet es eine Forschungsperspektive, die auf Basis der eben genannten philosophischen und metatheoretischen Erörterungen eine substanzielle Theoriebildung inklusive der damit einhergehenden empirischen Forschung umschließt[11] (Adler 2007: 96; Ulbert 2006: 409–411). Zur Entwicklung des in dieser Arbeit verwendeten Erklärungsmodells werden in der Folge zunächst die metatheoretischen Grundpositionen des Konstruktivismus in der Internationalen Politischen Ökonomie nachgezeichnet und darauf basierend die Forschungspraxis am Beispiel ideeller Faktoren beleuchtet. Im Anschluss daran wird erläutert, inwiefern ideelle Faktoren in dieser Arbeit Verwendung finden werden.

2.2.1 Konstruktivismus als Metatheorie

Eine Metatheorie stellt keine spezifische, also substanziell angereicherte Theorie dar, trifft demnach keine deduktiv ableitbaren und in Form von Hypothesen überprüfbaren inhaltlichen Aussagen über Aspekte sozialer Phänomene. Stattdessen wird mit Hilfe einer Metatheorie die philosophisch-wissenschaftstheoretische Basis einer (jeden) Theorie offen gelegt, deren Erkenntnisziele spezifiziert und ferner eine Anleitung gewonnen, „wie Theorien formuliert, angewandt und überprüft werden können" (Ulbert 2005: 10; Ulbert 2006: 410). Dies beinhaltet erstens eine Ontologie, also „die Gesamtheit der Grundannahmen [...], die ein bestimmter sozialwissenschaftlicher Ansatz über die Grundcharakteristika der zu analysierenden gesellschaftlichen bzw. politischen Realität macht" (Pühretmayer 2010: 12); aus konstruktivistischer Perspektive betrifft das primär Aussagen und Vorstellungen, die auf der Grundannahme der Konstruktion sozialer Realität basieren. Daran schließen zweitens epistemologische bzw. erkenntnistheoretische Aspekte an, die der Frage nachgehen, was über diese Realität in Erfahrung gebracht werden kann; spezifisches Charakteristikum des Konstruktivismus ist die Einsicht,

---

[11] Weitere Lesarten des Konstruktivismus finden sich bei Ulbert (2006: 411).

dass mit der Konstruktion sozialer Realität auch das Wissen hierüber konstruiert wird. Und schließlich methodologische Fragen, die eine wissenschaftliche Anleitung darstellen, die auf epistemologischer Ebene erlangten Erkenntnisse methodisch zugänglich zu machen (Hay 2002: 61–65; Mayer 2003: 48–51; Ulbert 2005: 9–10; Ulbert 2006: 410). Ulbert verortet konstruktivistische Ansätze dieser Dreiteilung folgend „in einem Dreieck zwischen Ontologie, Epistemologie und Methodologie" (Ulbert 2005: 9).

2.2.1.1 Konstruktivistische Ontologie in der Internationalen Politischen Ökonomie

Innerhalb der (Vergleichenden und) Internationalen Politischen Ökonomie (IPÖ) entwickelten sich konstruktivistische Analysen als Reaktion auf die (damals) vorherrschenden materialistischen und rationalistischen Arbeiten und gewannen sukzessive an Relevanz und Einfluss (hierzu einführend: Abdelal 2009; Abdelal/Blyth/Parsons 2005, 2010). Hierbei wurde vor allem an die Arbeiten Karl Polanyis (1978) und Susan Stranges (1994) sowie den Entwicklungen in den Internationalen Beziehungen (Wendt 1999) und der Wirtschaftssoziologie (Beckert 1996; Dobbin 2004) angeknüpft.

Konstruktivistische Arbeiten in der IPÖ haben generell eine interdisziplinäre Ausrichtung und lassen sich zwischen Meta- bzw. Sozialtheorie, heterodoxer Ökonomie und Politischer Theorie verorten (Kessler 2013: 47). Hierbei schließt das ontologische Grundverständnis an die Entwicklungen in den Internationalen Beziehungen und die Arbeit Alexander Wendts (1999) weitgehend an: Wendt hatte in Kritik und Abgrenzung gegenüber den Großtheorien der Internationalen Beziehungen – Neorealismus und Neoliberalismus –, die er auf einer individualistisch-materialistischen ontologischen Basis verortete, ein neues, konstruktivistisches Paradigma entwickelt, das er als „strukturellen Idealismus" („structural idealism") charakterisierte (Wendt 1999: 1, 30–32).[12] Hierauf basierend werden in der Folge die ontologischen Positionen konstruktivistischer

---

[12] Wendt (1999) hatte dieses konstruktivistische Paradigma anhand zweier zusammenhängender ontologischer Debatten entwickelt: Zum einen kam er über die Kontrastierung von materiellen und ideellen Faktoren zu dem Ergebnis, dass die Bedeutung materieller Faktoren weitgehend durch Ideen wie z. B. Weltbilder und Normen konstituiert werden. Zum anderen gelang er über die Gegenüberstellung von Akteur und Struktur zu der Einsicht, dass Strukturen konstitutive Effekte auf Akteure haben, wobei Letztere durch Rückkopplungseffekte ihr strukturelles Umfeld reproduzieren. Wendt schloss daraus, dass Akteure, ihre Identitäten und Interessen nicht als exogen gegeben betrachtet werden dürfen, sondern vielmehr endogenisiert, d. h. vor dem Hintergrund der jeweiligen, primär ideellen Strukturen konzeptualisiert und analysiert, werden müssen.
Generelles zur Akteur-Struktur-Problematik bei Wendt (1999: 139–190), Hay (2002: 89–134), Jessop (2010).

Arbeiten der IPÖ aus der Kritik an den dominierenden Ansätzen der Disziplin abgeleitet und erläutert.

Nach Ansicht konstruktivistischer Vertreter zeichnen sich die traditionellen Analyseperspektiven der IPÖ auf ontologischer Ebene durch eine materialistische und rationalistische Basis aus.[13] Der Rationalismus (bzw. die *Rational Choice*-Theorie) bezieht sich demnach auf das Wahlverhalten der Akteure, die ihre Entscheidungen auf Basis einer Kosten-Nutzen-Abwägung fällen: „agents [...] make decisions primarily by trading off the costs and benefits of their actions" (Abdelal 2009: 63). Der Materialismus bezieht sich auf die jeweiligen „Anreizstrukturen", die das Wahlverhalten der Akteure beeinflussen und anleiten: „[T]he incentive structures faced by agents are composed primarily of the material facts of the world, those facts that exist irrespective of our interpretation of them" (Abdelal 2009: 63; ähnlich: Widmaier 2003: 87–88 – Fußnote).[14]

Vor dem Hintergrund dieser Ausführungen lässt sich das (Wahl- und Entscheidungs-)Verhalten von Akteuren als eine rationale Reaktion auf die strukturellen Anreize einer objektiven, interpretationsunabhängigen erfahrbaren Umwelt auslegen (Abdelal/Blyth/Parsons 2005: 5; Abdelal/Blyth/Parsons 2010: 3). Denn Akteure können bzw. werden die sie umgebende Umwelt mitsamt der materiell-ökonomischen Anreizstrukturen, der potentiellen Alternativen und

---

[13] „It is not uncommon in the literature to see the rationalist-constructivist divide characterized in terms of the former being about material factors and the latter being about ideas. [...] this often translates into the proposition that rationalists believe that people are always acting on material self interest, and constructivists believe that people are always acting on the basis of norms or values" (Fearon/Wendt 2002: 58). Fearon und Wendt (ebd.: 59) betonen, dass Rationalismus und Materialismus nicht notwendigerweise miteinander einhergehen, sondern dass diese Verbindung vielmehr eine Folge der Forschungspraxis in den Internationalen Beziehungen darstellte, in der die Rational-Choice-Theorie mit Theorien des Realismus, die auf materielle Faktoren fokussieren, verbunden wurden. Die meisten der vom Autor eingesehenen konstruktivistischen Arbeiten bemühen sich jedenfalls nicht um eine präzise Erläuterung dieser materialistisch-rationalistischen Verbindung bzw. Gegenperspektive. Eine Ausnahme bildet Widmaier (2003: 87–88 – Fußnote 1, vgl. unten).

[14] Gemäß Widmaier (2003: 87–88 – Fußnote 1) gehen Materialismus und Rationalismus logisch miteinander einher: „[T]he substantive difference between an emphasis on materialism or rationalism is slight: the materialist view of incentives as exogenously given justifies the rationalist assumption that those who fail to 'correctly' perceive such incentives will be selected out of competition. Conversely, the rationalist assumption that all agents must define their interests in the same fashion simply means that incentives can be treated as essentially material, neglecting concerns for interpretive variation." Anmerkung zum Verständnis: Widmaier (ebd.) definiert materialistische Ansätze als solche, „which treat incentives as unaffected by interpretation".

Kosten rational – im Sinne der effizienten Verarbeitung aller verfügbaren Informationen – und daher „korrekt wahrnehmen" (Abdelal/Blyth/Parsons 2005: 12; Widmaier 2003: 92). Dies hat wiederum Konsequenzen für die Konzeptualisierung von (Akteurs-)Interessen: Unter der Annahme dieser materialistisch-rationalistischen Prämissen werden die jeweiligen Interessen zum einen hauptsächlich bzw. ausschließlich „materiell" definiert: Wirtschaftsakteure sind demnach primär an Einkommens- und Vermögensgewinnen, Politiker primär an der (Wieder-)Wahl interessiert (Oatley 2006: 266), die jedoch ebenfalls materiell-monetäre Implikationen zeitigt. Zum anderen definieren Akteure ihre Interessen aufgrund der rationalen Wahrnehmung der Anreizstrukturen in derselben uniformen Weise (Widmaier 2003: 87 – Fußnote 1), weswegen diese Interessen letztendlich aus den jeweiligen strukturellen Positionen der Akteure abgeleitet werden können[15] (Abdelal/Blyth/Parsons 2005: 5):[16] „What people want is usually posited as structurally given, by virtue of a hypothesized material interest, with the realization of interests limited by the payoffs the agent faces [...] and the informational structure of the environment" (Blyth 2003: 3).

Die konstruktivistische Kritik hieran wird im Folgenden ausgehend von der Konzipierung der Interessen (von Akteuren), so wie sie gemäß konstruktivistischer Vertreter den materialistisch-rationalistischen Arbeiten zugrunde liegen, nachgezeichnet und erläutert. Nach konstruktivistischer Lesart handeln Akteure in den traditionellen Ansätzen – wie oben geschildert – in rationaler Weise in Einklang mit ihrer jeweiligen Interessenslage, die wiederum materiell definiert und aus der strukturellen Position der Akteure abgeleitet wird. Interessen werden

---

[15] Hierzu Beispiele für die Politik und für private Wirtschaftsakteure: Nach dem *Electoral Model of Monetary and Exchange-Rate Politics* besteht für Politiker in den Monaten vor einer Wahl ein stärkeres Interesse an einer aktiven, Wirtschaftswachstum und Beschäftigung fördernden Wirtschaftspolitik, mittels derer sie sich einen Wahlerfolg versprechen. Nach dem *Sectoral Model of Exchange-Rate Politics* sind exportorientierte Sektoren primär an einem niedrigen und stabilen (optimal: fixierten) Wechselkurs interessiert, während nicht exportorientierte Sektoren hingegen freie Wechselkurse bevorzugen, die es Regierungen erlauben, mittels wirtschaftspolitischer Maßnahmen die Binnenwirtschaft zu stimulieren (Oatley 2006: 266–270, 274–280). Dieser Logik folgend sollten Konsumenten in erster Linie an einem hohen Außenwert der eigenen Währung interessiert sein, da dieser ihre Kaufkraft hinsichtlich importierter Produkte erhöht.

[16] Aus konstruktivistischer Perspektive werden Interessen in den rationalistisch-materialistischen Arbeiten entweder aus der strukturellen Position abgeleitet oder ex-post aus dem Verhalten heraus zu erklären versucht (Abdelal/Blyth/Parsons 2005: 12; Blyth 2002: 8, 28). In der Folge wird lediglich der erste Aspekt vertieft, da die Kritik hieran in geeigneterer Weise zur Erläuterung einer ideell-konstruktivistischen Ontologie beiträgt. Ferner laufen Arbeiten, die Interessen ex-post aus dem Verhalten erklären, Gefahr, zirkulär zu argumentieren (Blyth 2002: 8, 28).

damit nicht als endogene Variablen theoretisiert, sondern vorausgesetzt: „preferences are things with which to do the explaining, not things to be explained" (ebd.).

An dieser Stelle setzt die konstruktivistische Kritik an. Denn das rationalistische Paradigma fällt mit der Annahme der vollkommenen und effizient verwerteten Information. Sofern der Zugang zu Informationen nämlich asymmetrischer Natur sein sollte und bzw. oder diese nicht einheitlich, sondern unterschiedlich verarbeitet werden, können Interessen nicht mehr als gegeben vorausgesetzt und unmittelbar und exakt aus der strukturellen Position der Akteure ab- bzw. hergeleitet werden (Abdelal/Blyth/Parsons 2005: 12; Blyth 2002: 28). Vielmehr bedingen asymmetrisch verteilte und ineffizient verarbeitete Informationen multiple Interpretationen derselben und führen zu einer Vielzahl an potentiellen Interessen. In diesem Zusammenhang wird ferner die materialistische Interpretation der *Rational Choice*-Theorie im Hinblick auf die Konzipierung von Interessen kritisiert. Nach Blyth besteht der Kern der *Rational Choice*-Theorie gerade in der intentionalen Nichtberücksichtigung ideell-kultureller und historisch-kontextueller Faktoren und in der Reduzierung des Interessenskonzeptes auf eine materiell bestimmte Vorstellung des Eigeninteresses („a materially specified notion of self-interest", Blyth 2003: 3). Ein in dieser Weise definiertes bzw. verengtes und damit unterkomplexes Konzept des Eigeninteresses vernachlässigt jedoch viele intervenierende Faktoren und vermag es folglich nicht, das unterschiedliche Verhalten von Akteuren befriedigend zu erklären:

> „[T]he concept of self-interest, which is at the center of most theories of economic behavior, does not get you very far. [...] [Agents, R.P.] see the world through rationalized lenses, but through different rationalized lenses. [...] People may be self-interested, but the concept of self-interest is of little use in explaining why people behave differently in different places." (Dobbin 2004: 2).

Die diesbezügliche Problematik korrespondiert mit derjenigen, die oben in der Kritik am Rationalismus vorgetragen wurde. Demnach können die materiellen Aspekte bzw. Faktoren der Umwelt ebenso wenig eindeutig und uniform erschlossen und ‚gelesen' werden wie es das rationalistische Paradigma hinsichtlich Informationen unterstellt, was wiederum als Konsequenz die Ausbildung multipler Interessen bedingt: „[M]aterial factors [...] are not self-apparent phenomena that unambiguously telegraph to agents 'what is to be done'" (Abdelal/Blyth/Parsons 2005: 11). Genereller drückt das folgende Zitat die mit dem Materialismus einhergehende Problematik aus:

2.2 Zur Analyse der (wirtschafts-)politischen Zielsetzungen ...

„[T]he world [...] is neither transparent nor [...] similar across all cases. What objects mean to agents, how collectively held ideas differentially filter the environment for agents, [...] and how agents are coextensive and interdependent with the world [...] all vary (and matter) too much for the assumption of a simple material correspondence theory to hold." (Abdelal/Blyth/Parsons 2010: 2).

Dem Zitat zufolge „filtern" „kollektiv geteilte Ideen" die Umwelt, generieren Bedeutungen und fungieren somit als kognitive Scharniere zwischen der objektiven Realität bzw. Umwelt und der subjektiven Wahrnehmung derselben. Mit der Betonung unterschiedlicher Wahrnehmungs- und Interpretationsvorgänge der Akteure fällt jedoch auch das den in der Forschung dominierenden nichtkonstruktivistischen Arbeiten zugrundeliegende materialistische Verständnis der Anreizstrukturen, wonach sich diese interpretationsunabhängig erschließen und in eine spezifische Interessens- bzw. Präferenzordnung übersetzen lassen.

Die konstruktivistische Lösung, Interessen und Verhalten von Akteuren adäquat zu erklären, besteht in der Zurückweisung der materialistischen Ontologie und im Gegenzug in der Betonung von ideellen Faktoren. Interessen müssen demnach als soziale – ideell-kulturell generierte – und kontextabhängige Konstrukte begriffen und konzipiert werden:

„[S]pecifying agents' interests becomes less about structural determination and more about the construction of 'wants' as mediated by beliefs, desires and the wider social context of action. *Interests are social constructs,* not material givens [...]. *Before they can be something that 'does the explaining,' they themselves need to be explained*" (Abelal/Blyth/Parsons 2005: 12–13, eigene Hervorhebung, R.P.).

Der Schwerpunkt der hier skizzierten konstruktivistischen Ontologie liegt folglich erstens auf kontextinhärenten, intersubjektiven Ideen, die mithilfe von Identitäten, Normen und Konventionen konzeptualisiert werden (Abdelal 2009: 71; Abdelal/Blyth/Parsons 2010: 9; Dobbin 2004: 4; Kessler 2013: 38). Zweitens und hiermit einhergehend rücken die Akteure in den Fokus (Abdelal/Blyth/Parsons 2005: 10; Katzenstein/Keohane/Krasner 1999: 42), die durch den kollektiv geteilten Ideen- und Vorstellungsbestand in der Interpretation ihrer jeweiligen (materiellen) Umwelt inklusive der strukturellen Anreize beeinflusst werden, was wiederum drittens vielfältige Konstruktionsprozesse spezifischer Interessenslagen bedingt. Es ist dieser letzte Aspekt, die Ausbildung und Veränderungen von Interessen, der im Mittelpunkt vieler konstruktivistischer Analysen steht und der mithilfe einer ideellen Ontologie, so die Annahme, geeigneter als im Ramen einer materialistisch-rationalistischen Vorgehensweise analysiert werden kann (Blyth 2002: 27–30; Kessler 2013: 36–38). Unter Rückgriff auf die drei genannten

Charakteristika – Ideen, Akteure (mit unterschiedlichen Wahrnehmungen und Interpretationen), (konstruierte) Interessen – sollten sich politische und wirtschaftliche Veränderungen realitäts- bzw. kontextgerechter erklären lassen. Tabelle 2.1 fasst die ontologischen Grundlagen des Konstruktivismus in der Internationalen Politischen Ökonomie zusammen.

Tabelle 2.1 Ontologische Grundlagen gemäß Selbstperspektive des Konstruktivismus in der Internationalen Politischen Ökonomie

Charakteristika	Theorierichtungen	
	Rationalistisch-materialistische Theorien	Konstruktivismus
Umgang mit Informationen (Rationalismus bzw. Rational Choice-Theorie)	Rationalismus: vollkommene und rational-effizient verarbeitete Informationen	Ablehnung des Rationalismus: asymmetrische Informationsverteilung und unterschiedliche Informationsverarbeitung
Materialismus-Idealismus	Materialismus: Interessen und Anreizstrukturen sind materiell definiert; Anreizstrukturen sind interpretationsunabhängig	Idealismus: Betonung der Rolle von Ideen in der Wahrnehmung und Interpretation von Anreizstrukturen und der Konstruktion von Interessen
Folgen für Interessenskonzept	Interessen sind exogen, materiell definiert und werden aus der strukturellen Position der Akteure in uniformer Weise abgeleitet	Interessen sind endogen, von Ideen und vom Kontext abhängig, weswegen multiple Interessenskonstruktionen möglich sind
Genereller Fokus der Ansätze	(Entscheidungs- und Wahl-)Verhalten	Ideen, Akteure, Interessen

Quelle: Eigene Darstellung.

2.2.1.2 Epistemologische und methodologische Implikationen

Epistemologische und methodologische Fragen befassen sich mit der Definition von Wissen, der Möglichkeit zu Wissen und den damit einhergehenden Kriterien zur Generierung von Wissen (Wight 2007: 35). Der Unterschied zwischen den beiden Begriffen kann als der zwischen Philosophie (Epistemologie) und

2.2 Zur Analyse der (wirtschafts-)politischen Zielsetzungen ...

wissenschaftlicher Praxis (Methodologie) auf den Punkt gebracht werden. Demnach bildet die Epistemologie eine Art „philosophisches *back-up* der (oder einer) Methodologie" (Mayer 2003: 50, Hervorhebung im Original).[17] Es ist in diesem Zusammenhang jedoch festzuhalten, dass alle drei metatheoretischen Ebenen logisch miteinander verknüpft sind, wie das folgende Zitat verdeutlicht:

> „Methodology (why use that method?) needs the warrant of an epistemology (answer: because this method discriminates between 'true' and 'false' [...]); whereas ontological claims (what is the world like [...]?) without an epistemological warrant is dogma and will not itself license a methodology." (Smith 1996: 18).

Aus den in den vorhergehenden Kapiteln geschilderten ontologischen Standpunkten konstruktivistischer Ansätze lassen sich – wie in der Folge ausgeführt wird – signifikante Schlussfolgerungen ziehen, die eine Ablehnung der den in der Forschung dominierenden Arbeiten zugrundeliegenden Form der Wissens- und Erkenntnisproduktion, des Positivismus, implizieren.[18] Positivismus lässt sich als eine Philosophie der Wissenschaft bezeichnen, die mit gewissen impliziten metatheoretischen Annahmen einhergeht (Wight 2007: 30).[19] Smith (1996: 17) präzisiert diese Definition, indem er den Positivismus als methodologische Position bezeichnet, der eine empiristische Epistemologie vorgeschaltet ist, die neben der methodologischen Auffassung auch ontologische Annahmen logisch zu rechtfertigen hat.

Den Positivismus charakterisieren in Anlehnung an Smith (1996: 15–16; ähnlich: Mayer 2003: 54–56; Wight 2007: 41–42) folgende vier (zusammenhängende) Merkmale: Erstens die Auffassung, dass sich die erkenntnisgenerierenden Verfahren der Naturwissenschaften auch für die Sozialwissenschaften eignen (Naturalismus), was wiederum aus der ontologischen Annahme hergeleitet wird, dass keine fundamentalen Unterschiede zwischen der natürlichen und der sozialen Realität bestehen. Zweitens die Vorstellung von gesellschaftlichen Gesetz- bzw. Regelmäßigkeiten, die mithilfe des am Hempel-Oppenheim-Schema orientierten deduktiv-nomologischen Modells

---

[17] Dies ist insofern von Relevanz, als hinsichtlich dieser beiden Begriffe – Epistemologie und Methodologie – in der bestehenden Literatur teils Verwirrung bzw. Uneinigkeit herrscht (Mayer 2003: 50–51; Wight 2007: 42).

[18] Wight (2007: 33–34) und Campbell (2010: 218–219) nennen einige Denkrichtungen und Schulen, die mit der Kritik am Positivismus und der post-positivistischen Wende in Verbindung gebracht werden.

[19] Definitionen des Positivismus unterscheiden sich teils beträchtlich, was mitunter zu metatheoretische Folgewirkungen und Ver(w)irrungen führt (Mayer 2003: 48, 54; Wight: 2007: 35–40).

des naturwissenschaftlichen „Erklärens" mit seinen impliziten Annahmen von allgemein gültigen Gesetzen und kausalen Ursache-Wirkungs-Postulaten eruiert werden können. Diese Positionen basieren drittens auf der Annahme, dass objektives Wissen über eine objektive, externe Realität[20] möglich ist (Objektivismus) und dass dahingehende Beobachtungen theorieunabhängig getätigt werden können, d. h. das erkennende Subjekt und das zu erkennende Objekt werden als voneinander getrennt vorausgesetzt. Damit hängt schließlich viertens die Ansicht zusammen, dass gerechtfertigte Überzeugungen bzw. Erkenntnis – Aspekte des erkenntnistheoretischen Fundamentalismus – letztendlich nur auf Basis von Beobachtung und Experiment erfolgen können (Empirismus).

Von konstruktivistischer Seite werden basierend auf den ontologischen Auffassungen alle vier genannten Charakteristika des Positivismus weitgehend abgelehnt und durch eine post-positivistische Epistemologie (und der damit einhergehenden Methodologie) ersetzt. Eine erste grundlegende Kritik richtet sich gegen das positivistische Diktum objektiven Wissens und des darauf basierenden Empirismus. Sofern es nämlich stimmt, dass Realität einem fortwährenden gesellschaftlich bedingten und sprachlich-diskursiv vermittelnden Konstruktionsprozess unterliegt, bestehen je nach Kontext prinzipiell unendliche viele Interpretations- und Konstruktionsmöglichkeiten dieser Realität. Das betrifft auch den erkennenden Beobachter (wie z. B. den Wissenschaftler), was zur Folge hat, dass nicht nur Realität, sondern auch das Wissen darüber als Folge konstitutiver Erkenntnisprozesse zu betrachten ist: Objektive Erkenntnis ist demnach „allein schon deshalb ausgeschlossen [...], weil auch Wissenschaftler der alltäglichen Diskursverflechtung nicht entfliehen können" (Bieling 2011a: 27). Diese zentrale Erkenntnis kollidiert jedoch neben dem Objektivismus, wonach eine externe, vom Beobachter unabhängige, erfahrbare Realität existiert, auch mit dem Empirismus (und dem damit einhergehenden Konzept des erkenntnistheoretischen Fundamentalismus), wonach sich gerechtfertigte Erkenntnisse bzw. wahres Wissen mittels Beobachtung und Experiment tätigen lassen.[21]

Demgegenüber wird von konstruktivistischer Seite eingewendet, dass Wissen keineswegs theorieneutral ist, Akteure stattdessen „stets mit historisch und kulturell spezifischen sprachlichen Mitteln erkennen" (Pühretmayer 2010: 16) und

---

[20] Die Auffassung einer objektiven, vom Mensch unabhängigen Welt wird als epistemischer Realismus bezeichnet (Campbell 2010: 218; Wendt 1999: 49, 52).

[21] Mayer wendet hingegen kritisch ein, dass Post-Positivismus und Anti-Fundamentalismus nicht deckungsgleich sind, und dass das „Fundamentalismusproblem" das Lager der Post-Positivisten spaltet (Mayer 2003: 80–89).

2.2 Zur Analyse der (wirtschafts-)politischen Zielsetzungen ...

sich damit Subjekt und Objekt in einem (gegenseitigen) Konstruktionsverhältnis befinden (Campbell 2010: 218–219; Smith 1996: 20–21; Wendt 1999: 39).[22] Von konstruktivistischer Seite wird auch das „Naturalismusproblem" (Mayer 2003: 54) mitsamt seinen Implikationen für die Forschungsarbeit in Augenschein genommen. Als Ausgangspunkt dient hierbei die Unterscheidung zwischen naturwissenschaftlichem „Erklären" und geisteswissenschaftlichem „Verstehen" (Hollis/Smith 1990). Demnach gründet das „Erklären" auf einer Perspektive, die den Mensch als Teil der Natur begreift und daher naturwissenschaftliche Erklärungen auch zur Eruierung sozialer Phänomene als sinnvoll erachtet (Naturalismus). Mit dem Siegeszug des Positivismus hat sich folglich auch das dem naturwissenschaftlichen Bereich entnommene deduktiv-nomologische Hempel-Oppenheim-Schema, wonach aus allgemein gültigen, kausallogisch wirkenden Gesetzen empirisch zu überprüfende Hypothesen deduktiv abgeleitet werden (Mayer 2003: 57; ausführlich: Poser 2001: 45–60), in den Sozialwissenschaften in den letzten Dekaden etablieren können.

Demgegenüber betonen Konstruktivisten für die geistes- und sozialwissenschaftlichen Disziplinen die Notwendigkeit einer Perspektive des „Verstehens", nach der die Wahrnehmungs- und Interpretationswelt der Akteure und die sich hieraus ergebenden multiplen Versionen von Realität verstehend in den Blick genommen werden. Die Inanspruchnahme a- bzw. transhistorischer Theorien wird demzufolge abgelehnt und ersatzweise qualitative, also hermeneutisch-interpretative Methoden zur kontextsensitiven Analyse herangezogen (Mayer 2003: 55; Ulbert 2005: 20; Wendt: 1999: 69; Wight 2007: 32).[23] Tabelle 2.2 vergleicht zentrale Charakteristika des Positivismus und des Post-Positivismus.

Grundlegend eint post-positivistische Ansätze eine Zurückweisung der vier genannten Charakteristika des Positivismus (vgl. Tabelle 2.2). Darüber hinaus besteht jedoch kein Konsens darüber, wie Post-Positivismus definitorisch und inhaltlich gefasst werden kann.[24] Pragmatisch interpretiert kann damit eine

---

[22]Hierzu ein Zitat von Nietzsche (zit. nach Erik Reinert 2014: 223): „Hüten wir uns [...] vor den Fangarmen solcher kontradiktorischer Begriffe wie [...] ‚Erkenntnis an sich'; – hier wird immer ein Auge zu denken verlangt, das gar nicht gedacht werden kann, ein Auge, das durchaus keine Richtung haben soll, bei dem die aktiven und interpretierenden Kräfte unterbunden sein sollen [...]. Es gibt nur ein perspektivisches Sehen, nur ein perspektivisches ‚Erkennen'; und je mehr Affekte wir über eine Sache zu Worte kommen lassen, je mehr Augen, verschiedene Augen wir uns für dieselbe Sache einzusetzen wissen, um so vollständiger wird unser ‚Begriff' dieser Sache, unsre ‚Objektivität' sein."

[23]Eine diese beiden inkompatibel erscheinenden Perspektiven vermittelnde Synthese wird im Kapitel über Methodik näher ausgeführt.

[24]Es können neben der obigen noch drei weitere post-positivistische Lesarten ausgemacht werden: Eine erste, die der Wissenschaft einen privilegierten Zugang zum Verständnis über

Tabelle 2.2 Positivismus vs. Post-Positivismus

Philosophien / Charakteristika	Positivismus	Post-Positivismus
Objektivismus	objektives Wissen möglich: Trennung von Subjekt und Objekt bzw. von Theorie und Beobachtung	objektives Wissen unmöglich: Subjekt und Objekt hängen zusammen, Beobachtungen sind theorieabhängig
Empirismus	wahres Wissen auf Basis von Beobachtung und Experiment möglich	wahres Wissen aus obigem Grund (Unmöglichkeit objektiven Wissens) nie möglich
Naturalismus	Einheit von natur- und sozialwissenschaftlichen Verfahren (HO-Schema)	Unterschied zwischen Naturwissenschaft (Erklären) und Sozialwissenschaft (Verstehen)
Suche nach Gesetzmäßigkeiten	Suche nach Gesetzmäßigkeiten ist wichtige Aufgabe der Sozialwissenschaft	Ablehnung ahistorischer, kontextunabhängiger Theorien zugunsten hermeneutischer Methoden

Quelle: Eigene Darstellung.

Wissenschaftsphilosophie mit epistemologisch-methodologischem Schwerpunkt bezeichnet werden, die die „erkenntnistheoretisch problematischen Prämissen eines Empirismus überwinden möchte, ohne jedoch auf intersubjektiv nachprüfbare, auf verallgemeinernde Wissensproduktion zu verzichten" (Scherrer 2003: 479).

2.2.2 Konstruktivismus in der Forschungspraxis: die Relevanz von Ideen bzw. ideellen Faktoren

Zur Beleuchtung der forschungspraktischen Relevanz ideeller Faktoren werden in Kürze die folgenden vier (Analyse-)Felder bzw. (Basis-)Konzepte der konstruktivistischen Internationalen Politischen Ökonomie skizziert, innerhalb derer Ideen eine bedeutende Rolle spielen: Bedeutung, Kognition, Unsicherheit und Subjektivität (Abdelal/Blyth/Parsons 2010). Diese Konzepte basieren auf dem Kapitel über die konstruktivistische Ontologie und werden für die empirische Analyse diese Arbeit von Relevanz sein.

Realität abspricht (Wendt 1999: 38). Eine zweite Auffassung, die nicht nur den Positivismus als Wissenschaftsphilosophie, sondern generell Wissenschaft zurückweist. Und eine dritte, die die Idee von Wissenschaftlichkeit durch neuere Entwicklungen zu begründen und rechtfertigen sucht (Wight 2007: 36).

Bedeutung

"[N]orms, culture, and identities give meaning to material facts so that governments and other actors [...] can interpret and react to them" (Abdelal 2009: 73). Im Fokus dieses ersten Analysefeldes bzw. Basiskonzepts steht die Ablehnung einer rein materialistischen Ontologie inklusive darauf basierender Erklärungsmuster und – im Gegenzug – die Betonung der Relevanz von gesellschaftlichen Bedeutungskonstruktionen. Wie im Kapitel über die metatheoretischen Grundlagen des Konstruktivismus näher erläutert wurde, können materielle Faktoren und Phänomene (und davon abhängige Anreizstrukturen) nicht uninterpretiert wahrgenommen bzw. erschlossen werden, sondern bedürfen einer gesellschafts- und kontextabhängigen, semiotischen (also sinnerzeugenden) Bedeutungszuweisung bzw. einer Einschreibung mit einer spezifischen sozialen Zielsetzung: „[S]ocieties and policymakers rarely, if ever, interpret the world around them in purely material terms. Rather, they endow the economies in which they are embedded with social purposes" (Abdelal/Blyth/Parsons 2010: 9).

In diesem Zusammenhang werden ideelle und kulturelle Faktoren wie Identitäten und Normen relevant, die durch die Bereitstellung von Bedeutungsangeboten Akteure in vielfältiger Weise in ihren Interpretationen, Handlungen und Verhaltensmustern beeinflussen und anleiten:

> „Societies' collective identities and cultural norms lead them to their own interpretations of the purposes of economic activity [...] and the meaning of their economic interdependence with others. Collective identities thus influence how societies and governments interpret their place in the world economy" (Abdelal 2009: 72).

Die Wirkungskraft von kollektiven Identitäten und Normen soll im Folgenden kurz erläutert werden: Wirtschaftliche Verflechtungen und (Inter-)Dependenzen von Gesellschaften und Regierungen werden im Gegensatz zur neoklassischen Theorie entscheidend von soziokulturellen Faktoren wie kollektiven Identitäten beeinflusst und in Abhängigkeit dieser Faktoren beispielsweise als (Entwicklungs-)Chance (gegenüber Freund- und Partnerstaaten) oder als (Sicherheits-)Bedrohung (gegenüber feindlich gesinnten Akteuren) interpretiert (sinngemäß bei Abdelal 2009: 72; Abdelal/Blyth/Parsons 2010: 9). Die Bedeutung wirtschaftlicher Abhängigkeit ist demnach nicht objektiv gegeben, sondern wird von gesellschaftlich-kontextualen Faktoren determiniert.

Durch die Bereitstellung bzw. Zuweisung von spezifischen raumzeitlichen Bedeutungsgehalten bestimmen Normen den Interpretationsprozess wirtschaftlicher Aktivitäten, Verfahren und Zielsetzungen und führen zu entsprechenden Schlussfolgerungen von (Markt-)Akteuren:

„[P]olicies, capital and market regulations [...] all are actions that lead to inferences by markets, other governments, and societies. Those inferences have depended on the social context, however. Capital controls provide an example. [...] Capital controls had gone from signaling heresy in 1913, orthodoxy in 1944, and heresy again in 1998. That any economic policy will lead to inferences by others [...], the content of those inferences is defined by the prevailing norms of the international economy" (Abdelal/Blyth/Parsons 2005: 27–28).[25]

In diesem Zusammenhang, der Bereitstellung von (Be-)Deutungen, spielen ferner ökonomische Ideen[26], deren Träger bzw. Vertreter[27] sowie deren Institutionalisierung in (internationalen) Organisationen[28] eine entscheidende Rolle.

Kognition

Während das oben beschriebene Analysefeld bzw. Basiskonzept die Interpretation materieller Phänomene bzw. Faktoren durch Bedeutungseinschreibungen und -zuweisungen in den Blick nimmt, geht es im Folgenden darum, wie Informationen auf Basis dieser Interpretationen und damit einhergehender kognitiver Filterprozesse – weitgehend selbständig – verarbeitet werden. Dabei wird die rationalistische Annahme effizienter Informationsverarbeitung zurückgewiesen und an die Kognitionspsychologie und die Kultursoziologie angeknüpft. Ausgangspunkt ist hierbei die Erkenntnis, dass Menschen Informationen aus ihrem Umfeld nicht in uniformer Weise aufnehmen, sondern (vielmehr) durch ein Raster von kultur- und kontextabhängigen Heuristiken und kognitiven Verzerrungen hindurch filtern: „[H]uman beings filter information from the environment via heuristics and biases and consider it in highly selective ways that vary across social settings" (Abdelal/Blyth/Parsons 2010: 10).[29] Diese spezifischen Filterprozesse und die damit einhergehenden (selektiven und verzerrten) Wahrnehmungsmuster hängen von „scripts, schemas, cognitive

---

[25]Normen definieren jedoch nicht nur den Bedeutungsgehalt ökonomischer Prozesse, sondern definieren auch ein adäquates und legitimes Verhalten, vgl. hierzu die Ausführungen über das Analysefeld „Subjektivität".

[26]Vgl. z. B. Blyths (2013) „Austerity: the history of a dangerous idea".

[27]Chwieroth (2010) beschreibt den Einfluss von „epistemic communities" auf die neoliberalen Kürzungspolitiken in Lateinamerika.

[28]Weaver (2010) beleuchtet die „battle of ideas" innerhalb der Weltbank und deren Auswirkung auf die Organisationskultur und die *Good Governance Agenda*.

[29]Heuristiken und kognitive Verzerrungen bilden große Schnittmengen. Heuristiken können als „mental shortcuts in processing information about others" (Cottam/Dietz-Uhler/Mastors/Preston 2010: 39) oder als „einfaches Verfahren, das uns hilft, adäquate, wenn auch oftmals unvollkommene Antworten auf schwierige Fragen zu finden" (Kahneman 2014: 127) definiert werden.

2.2 Zur Analyse der (wirtschafts-)politischen Zielsetzungen ...

maps, frames" (ebd.: 10) ab, die wiederum auf kollektiven, also intersubjektiv geteilten gesellschaftlichen Konstrukten wie sozialen Identitäten und dem diesen Identitäten inhärenten Wissensbestand basieren (bd.: 11). Damit bestimmen diese kognitiven Schemata bzw. Skripts oder Frames jedoch nicht nur die selektive Aufnahme von Informationen, sondern auch die Verarbeitung bzw. Einordnung derselben gemäß kultur- und gruppenspezifischer kausaler Erklärungsmuster bzw. Interpretationen (Abdelal 2009: 73).

Materielle Phänomene bzw. Veränderungen – wie z. B. Preissteigerungen – können demnach auf Basis unterschiedlicher Interpretationen (und der zugrundeliegenden Bedeutungseinschreibung) verschiedenartig verstanden und „erzählt" (Abdelal 2009: 73) werden: Ob eine inflationäre Entwicklung primär auf die durch gewerkschaftlichen Druck zustande gekommenen hohen Lohnabschlüsse zurückgeführt wird (Kostendruckinflation) oder ob Inflation eher als Folge einer lockeren Geldpolitik der Zentralbanken verstanden und erklärt bzw. erzählt wird (Widmaier 2005; Denzau/Roy 2007), hängt daher von einer Interpretation dieses materiellen Phänomens ab, die über ein kognitives Schema transportiert wird und die Informationsaufnahme und -verarbeitung entsprechend anleitet.

Unsicherheit
Wie im Folgenden zu sehen sein wird, gewinnen die oben skizzierten Analysefelder und Basiskonzepte vor allem in bestimmten Situationen – Zeiten genereller Unsicherheit – an Relevanz. Gemäß der rationalistisch-materialistischen Theorien werden Akteure mit einer relativ stabilen, strukturabhängigen Interessens- und Präferenzordnungen konzipiert und zudem innerhalb eines komplexen, aber nach Wahrscheinlichkeiten berechen- und kalkulierbaren Entscheidungskontexts verortet (Abdelal 2009: 74; Abdelal/Blyth/Parsons 2005: 13).

In vielen konstruktivistischen Analysen wird diese Sichtweise unter Rückgriff auf Frank Knights Unterscheidung von Zeiten des Risikos und denen der Unsicherheit kontrastiert, in denen die oben gefällten Annahmen nicht gelten. Demnach unterscheiden sich Situationen des Risikos – die in den rationalistisch-materialistischen Theorien untersucht bzw. angenommen werden –, in denen Akteure über klare Interessen verfügen und entweder auf Basis von Erfahrungen bzw. vergangener Ereignisse oder auf Basis von Kalkulationen zukünftige (Handlungs-)Ergebnisse nach Wahrscheinlichkeiten berechnen können, fundamental von denen der Unsicherheit:

> „[U]ncertain situations are *qualitatively* different from situations of risk. [...] agents can have no conception as to what possible outcomes are likely, and hence what their interests in such a situation in fact are [...]. agents' interests in such an environment

cannot be given either by assumption or structural location" (Abdelal/Blyth/Parsons 2005: 14, Hervorhebung im Original).

In einem solchen Kontext gewinnen konstruktivistische Vorgehensweisen bzw. Konzepte an Relevanz. Wie das obige Zitat anmerkt, betrifft das erstens die Interessen von Akteuren. Zweitens bezieht sich das auf das konkrete Entscheidungsverhalten von Akteuren. Denn sofern es in Zeiten der Unsicherheit bzw. „Ungewißheit [...] unmöglich ist, Entscheidungen alleine auf der Grundlage von Präferenzen zu treffen, [...] wird es wichtig, die kognitiven, strukturellen und kulturellen Mechanismen zu betrachten, auf die Akteure zurückgreifen, wenn sie Entscheidungen treffen" (Beckert 1996: 132).[30] Gerade in einem solchen Kontext beeinflussen die oben beschriebenen kognitiven Filter- und die damit einhergehenden Interpretationsprozesse das Entscheidungsverhalten von Akteuren in signifikanter Weise.

Drittens gewinnen in Beantwortung der Frage, „wie Akteure Ungewißheit reduzieren und hochgradig kontingente Interaktionssituationen stabilisieren" (Beckert 1996: 133), ideelle und gesellschaftliche Faktoren als spezifische Mechanismen der Unsicherheitsreduktion an Bedeutung. Denn Stabilität und Regularität sind in der Regel die Folge sozialer Konstruktionen wie Institutionen (z. B. Organisationen), Dogmen (z. B. Freihandelsdoktrin), Normen (z. B. Verhaltensregeln in Politik und Wirtschaft) oder Konventionen (vgl. die Makroökonomie Keynes'[31]) (Abdelal/Blyth/Parsons 2010: 12–13; Abdelal 2009: 73).[32] Viertens bedingen spezielle Unsicherheits- bzw. Krisenzeiten neue (ökonomische) Ideen, mittels derer

---

[30]Es geht hierbei um nutzenmaximierende Entscheidungen: „Unter Bedingungen von Ungewißheit ist es ex ante unmöglich zu bestimmen, ob ein gewähltes Mittel rational oder irrational für die Erreichung des Ziels ist" (Beckert 1996: 135). Daher ist es nicht möglich, dass Akteure „in hochgradig kontingenten Handlungssituationen ihre Entscheidungen von einer Präferenzordnung ableiten und so ihren Nutzen maximieren" (ebd.).

[31]Konventionen können im Anschluss an die keynesianische Makroökonomie definiert werden als „inter-subjective understandings agents share regarding how the economy is put together and how it should operate in normal times. Conventions are self-sustaining shared ideas and norms that coordinate [...] expectations" (Abdelal/Blyth/Parsons 2005: 21). In Zeiten fundamentaler Unsicherheit, so Keynes, „we endeavor to fall back on the judgment of the rest of the world which is perhaps better informed. That is, we endeavor to conform with the behavior of the majority or the average. The psychology [...] of endeavoring to copy the others leads to [...] a conventional judgment." (Keynes, zit. nach Keen 2011: 227).

[32]Beckert (1996: 141–142) nennt vier Mechanismen der „Ungewißheitsreduktion": 1. Traditionen, Gewohnheit und Routine; 2. Normen, Institutionen, Konventionen; 3. Soziale Netzwerke, organisationale Strukturen und Pfadabhängigkeiten; 4. Macht.

sich nicht nur Krisendiagnosen fällen[33] und Lösungsstrategien präsentieren, sondern auch alternative gesellschaftspolitische Visionen ableiten und rechtfertigen lassen.[34] Damit geht schließlich eine „Option der gesellschaftlichen Neuordnung" (Bieling 2011a: 13) einher, die z. B. mithilfe von Stabilitätskonstruktionen erfolgt.

Subjektivität
Dieser letzte Bereich der konstruktivistischen Internationalen Politischen Ökonomie – Subjektivität – bildet eine Theoriebrücke zum Postmodernismus bzw. -strukturalismus. Der Fokus liegt hierbei auf dem Zusammenhang von Diskursen, Subjekten, Machtverhältnissen und Handlungsmöglichkeiten.

Ein Spezifikum poststrukturalistischer Theoriebildung besteht in der (Re-)Konzeptualisierung von Akteuren als „Subjekte". Demnach dürfen Subjekte und deren Identitäten nicht als feststehend und präsozial – also der Gesellschaft zeitlich vorgelagert – behandelt werden, sondern entstehen und existieren erst vor dem Hintergrund einer spezifischen sozio-kulturellen und diskursiv konstruierten Ordnung (Epstein 2010: 190; Laclau 2005a: 168; Moebius 2009: 424). Präziser: Subjekte konstituieren sich selbst und ihre Identitäten durch die Positionierung, d. h. durch die Selbstidentifizierung mit einer speziellen „Subjektposition", innerhalb eines Diskurses: „[D]as ‚Subjekt' bezeichnet die kulturellen Subjektpositionen, die der Einzelne sich durch die Vermittlung gesellschaftlicher Diskurse einverleibt" (Reckwitz 2006: 346). „Subjektpositionen" können nach Keller (2007: 65) als „im Diskurs konturierte […] ‚Orte' für bzw. Erwartungen und Angebote an mögliche Sprecher […] oder Adressaten" definiert werden.

Auf Basis dieser Definitionen bzw. Konzeptionen stehen Diskurse zum einen aufgrund ihrer konstitutiven Rolle für Subjekte bzw. Subjektpositionen – und damit indirekt für die Analyse von Akteuren – im Zentrum der Aufmerksamkeit. Zum anderen aufgrund der damit einhergehenden Machtverhältnisse. Denn „außerhalb des diskursiven Feldes [gibt es] nichts Sinnhaftes, nichts Bedeutungsvolles. Es gibt vielmehr immer nur spezifische Wahrheits- und Handlungshorizonte" (Wullweber 2014: 240), die durch Diskurse konstituiert bzw. durch die jeweiligen Subjektpositionen impliziert werden. „Das Konzept des Diskurses fungiert daher", wie

---

[33] „Crisis need to be narrated and explained. They are no self-apparent phenomena" (Blyth 2002: 9 – Fußnote 17).
[34] Mark Blyth entwickelt im Rahmen seiner Theorie über institutionellen Wandel fünf Hypothesen über den Zusammenhang von Krisen und (ökonomischen) Ideen. Demnach reduzieren Ideen erstens die Unsicherheit in Krisenzeiten, ermöglichen zweitens kollektive Handlungen und Koalitionsbildungen, eignen sich drittens als Waffen gegen die bestehende institutionelle Ordnung, fungieren viertens als Blaupausen für Institutionen und machen fünftens institutionelle Stabilität möglich (Blyth 2002: 35–44).

Wullweber (ebd.) ausführt, „als soziale Strukturkategorie", die den Raum des Denk- und Sagbaren definiert. Damit geht einher, „dass Diskurse unmittelbar mit Ermächtigungs- und Ausschlusskriterien verkoppelt sind" (Keller: 49). Sie stellen ein Machtinstrument dar, mit deren Hilfe Wahrnehmungs- und Bewertungsschemata etabliert sowie Problem- und Themenhierarchien erzeugt werden: „Erst im Diskurs entscheidet sich, welche Probleme zu einem Gegenstand der hegemonialen Auseinandersetzung werden, andere dagegen nur eine marginale Rolle spielen" (Angermüller 2005: 81).

Diese konstitutive und gleichzeitig restriktive Logik kann am Beispiel von Normen exemplifiziert werden. Diese gelten demnach als diskursiv konstituierte Machtobjekte, mit deren Hilfe ein adäquates bzw. legitimes (politisches) Wahlund Entscheidungsverhalten impliziert, definiert und institutionalisiert wird und im Gegenzug potentielle Alternativen a priori exkludiert werden. Beispielsweise definieren internationale Organisationen wie die WTO und der IWF die Bandbreite legitimer und illegitimer Handlungsweisen im Bereich des internationalen Handels und der Finanzen (Abdelal/Blyth/Parsons 2005: 28).[35] Ein hieran anknüpfendes, aber auch die vorangegangenen Analysefelder aufgreifendes Beispiel liefert Hall (2003), der beschreibt, wie das „asiatische Entwicklungsmodell" inklusive der damit zusammenhängenden wirtschaftspolitischen Maßnahmen von diversen Akteuren diskursiv delegitimiert und im Gegenzug ein marktfreundlicheres Verhalten als einzig gangbarer Weg präsentiert wurde. Resümierend stellt er fest: „[D]iscourse is high politics. [...] actors [...] construct and reconstruct the social meanings of policy preferences of other actors, thereby reconstituting the normatively legitimate parameters of state policy, altering the conditions of strategic action for these actors" (ebd.: 95).

2.2.3 Zusammenfassung: Stärken und Schwächen des Konstruktivismus in (Meta-)Theorie und (Forschungs-)Praxis

In Abgrenzung zu materialistischen und rationalistischen Theorien zeichnet sich das konstruktivistische Paradigma durch eine ideelle Ontologie aus, die die Rolle

---

[35] Abdelal (2009: 75) zeigt am Beispiel der Normen die entscheidenden Unterschiede zwischen den Theorieschulen: „For rationalists, norms are regulative; for many constructivists, norms are constitutive; but for post-modern constructivists, norms are objects of power that determine the boundaries of possible speech and action and operate by exclusion of alternatives".

2.2 Zur Analyse der (wirtschafts-)politischen Zielsetzungen ...

ideeller Faktoren wie Weltbilder, Normen und Kultur in der Politik betont. Damit einhergehend wird die konstitutive Wirkung dieser ideellen, intersubjektiven Faktoren hervorgehoben. Dies betrifft zum einen materielle Faktoren, Phänomene und Anreize, deren Gehalt und Rolle von semiotischen Akten der gesellschaftlichen Bedeutungszuweisung und – darauf aufbauend – von spezifischen Interpretations- und Wahrnehmungsmustern abhängen. Zum anderen bezieht sich der konstitutive Einfluss auf die Akteure, deren Interessen und Zielsetzungen, die sich in einem endogenen Prozess der „Ko-Determination" (Ulbert 2006: 428) von Struktur und Akteur sukzessive entwickeln.[36]

In der Forschungspraxis rücken die ideellen Faktoren aufgrund ihrer mannigfaltigen konstitutiven Wirkungskraft in den Fokus. Innerhalb der IPÖ haben sich die vier Analysefelder bzw. Basiskonzepte etabliert, die für die vorliegende Arbeit von Relevanz werden: 1. Bedeutung (Konstruktion und interpretative Zuschreibung von Bedeutung), 2. Kognition (spezifische Muster der Kognition), 3. Unsicherheit (das Aufbrechen von Präferenzordnungen und der Aufstieg neuer Ideen in Zeiten von Unsicherheit), sowie 4. Subjektivität (die Relevanz von Diskursen, Subjektpositionen und Macht im Rahmen von Subjektivität). Die Verwendung dieser vier Theoriebausteine wird zu einer kontextsensitiven Analyse der Interessen des jeweiligen Entscheidungspersonals Anwendung finden – präziser: sie werden zu der Analyse der jeweiligen Problemwahrnehmung und der damit einhergehenden Problemlösungen, d. h. der (wirtschafts-)politischen Zielsetzungen, verwendet werden.[37]

Der hier dargestellte Konstruktivismus weist jedoch auch Schwachstellen auf. Das bezieht sich erstens auf das theoretisch-philosophische Selbstverständnis, das durch eine überzogene Abgrenzung gegenüber rationalistischen und materialistischen Theorien erfolgt. Fearon und Wendt (2002) haben, vor allem hinsichtlich der Empirie, für einen pragmatischeren und weniger dualistischen Umgang von Rationalismus und Konstruktivismus plädiert. Auch Risse (2003: 100) skizziert „theoretische Brückenschläge" zwischen diesen Theorierichtungen und vertritt darauf basierend die These, dass „empirisch nichts so heiß gegessen wird, wie es theoretisch gekocht wurde" (ebd.: 99). Auch die Verbindung von konstruktivistischen bzw. idealistischen und materialistischen Theorien und Faktoren gestaltet sich weniger schwierig als es der von konstruktivistischer Seite dargestellte Ontologien-Dualismus vermuten lässt. Das hängt primär damit zusammen,

---

[36] Es ist dieser Prozess der gegenseitigen Konstitution auf Basis von strukturell wirkenden Ideen, der dem Diktum der Konstruktion von (sozialer) Realität zugrunde liegt.

[37] Das Konzept der Subjektivität und die damit eihergehenden Machtaspekte weisen zudem Schnittpunkte mit den Ausführungen zur politischen Kultur einerseits und der Handlungsspielräume des Entscheidungspersonals andererseits auf.

dass aufgrund der dichotomisierten Gegenüberstellung ein simplifiziertes Bild jener Theorierichtungen gezeichnet wird. Deutlich wird das beispielsweise am konstruktivistischen Verständnis einer materialistischen Ontologie, das aufgrund seiner simplifiziert objektbezogenen und Mensch, Gesellschaft und Entwicklung ignorierenden Eindimensionalität hinter Marx´ Historischen Materialismus – wie er in den Thesen über Feuerbach und in der deutschen Ideologie skizziert wurde (Marx/Engels 1969) – zurückzufallenden droht. Das bezieht sich jedoch nicht nur auf die ontologische, sondern auch auf die epistemologische Ebene. Denn materialistische Denker wie Marx oder Gramsci entziehen sich einer eindeutigen Zuordnung zu Positivismus oder Post-Positivismus. Das zeigt sich zum Beispiel an deren Ablehnung des Objektivismus, d. h. der Trennung von erkennendem Subjekt und zu erkennendem Objekt (Bieling 2002: 444–445), was einer post-positivistischen Haltung entspricht und konstruktivistischen Positionen ähnelt.

Hierauf basierend besteht eine zweite Schwachstelle in der Vernachlässigung materieller Faktoren und Realitäten. Konkret ist damit gemeint, dass die mittels eines konstruktivistischen Zugangs eruierten (wirtschafts-)politischen Zielsetzungen des Entscheidungspersonals nichts über deren Umsetzbarkeit und (konkrete) Umsetzung aussagen. Hierfür bedarf es wiederum der Analyse der materiellen bzw. realen Handlungsmöglichkeiten der relevanten Akteure.

Ferner ist ein drittes Defizit darin zu finden, dass die hier präsentierten Analysefelder bzw. Basiskonzepte kein konsistentes Theoriegebäude darstellen und daher Fragen der Operationalisierbarkeit offenbleiben. Aus den genannten Gründen wird im Rahmen dieser Arbeit eine Synthese unterschiedlicher Theorien vorgenommen, um die gegenseitigen Defizite der einzelnen Theorien beheben zu können.

2.3 Zur Analyse der Handlungsspielräume des Entscheidungspersonals: Die Regulationstheorie

In den vorhergehenden Kapiteln wurden Theorien bzw. Ansätze präsentiert, die auf einem idealistisch-konstruktivistischen Fundament basieren und mit denen – zusammengenommen – der Versuch verbunden ist, die politisch-kulturelle Rahmung und die Konstitutionsprozesse von Präferenzen bzw. Zielsetzungen des Entscheidungspersonals zu erhellen. Ein Defizit der Theorien bzw. Ansätze besteht darin, materielle Aspekte konzeptionell unterzugewichten, weswegen sie sich nicht dazu eignen, die Umsetzbarkeit bzw. die konkrete Umsetzung akteursspezifischer Interessen bzw. Zielsetzungen zu analysieren. Dieses Defizit soll

2.3 Zur Analyse der Handlungsspielräume des Entscheidungspersonals ...

in diesem Kapitel mithilfe der Regulationstheorie behoben werden. Die Analyse der Handlungsspielräume des Entscheidungspersonals umfasst in dieser Arbeit drei zentrale Bereiche: 1. die Machtverhältnisse[38], 2. Ressourcenvorkommen (als Finanzierungsquelle wirtschaftspolitischer Vorhaben) und 3. die Art der Weltmarkeinbindung.

Die Regulationstheorie ist ein interdisziplinärer Ansatz der Vergleichenden und marxistisch orientierten Politischen Ökonomie, die zwischen (heterodoxer) Wirtschaftswissenschaft, Politikwissenschaft und Soziologie angesiedelt werden kann (Becker 2013: 26–36).[39] Das Erkenntnisinteresse der Regulationstheorie liegt in der krisenhaften Entwicklung des Kapitalismus. Konkret nimmt die Theorie unterschiedliche Charakteristika moderner kapitalistischer Gesellschaftsformen in den Blick. Das betrifft u. a. die Spezifika räumlich und zeitlich verschiedener Wirtschafts- und Entwicklungsmodelle, ökonomische Umbrüche, die allen Kapitalismen inhärente widerspruchbedingte Konflikt- und Krisenanfälligkeit sowie die Art und Weise der politischen Artikulation und Bearbeitung – d. h. Regulation – dieser Widersprüche und Konflikte (Bieling 2011b: 7–11; Atzmüller et al. 2013). Die Vielzahl von Themen und Untersuchungsfelder kann mit der Forschungsfrage unterlegt werden, „wie und warum sich kapitalistische Gesellschaftsformationen trotz ihrer inhärenten Widersprüche und Krisenmomente […] als vergleichsweise stabilisierungs- und wandlungsfähig erwiesen haben" (Bieling 2011b: 7). Aus der Perspektive der Regulationstheorie kann der Kapitalismus und der ihn auszeichnende Modus der ökonomischen Akkumulation nur mithilfe von außerökonomischen Formen der politisch-institutionellen Regulation reproduziert und (zumindest temporär) stabilisiert werden. In der Folge werden die Konzeptbausteine der Regulationstheorie erläutert.

---

[38] Bei der Theorie Laclaus und den Ausführungen über Subjektivität im Rahmen der konstruktivistischen Ansätze wurde bereits ein immaterieller Machtaspekt angesprochen: die Kommunikations- bzw. Diskursmacht. In diesem Kapitel wird es jedoch um primär um ‚materielle' bzw. materialistische Aspekte gehen.

[39] Die Regulationstheorie entstand in Frankreich in den 1970er Jahren und knüpfte in kritischer Sympathie und Distanz an den strukturalistischen Marxismus Louis Althussers an. Ziel war es, die Dynamiken, Krisen und Veränderungen des damaligen Kapitalismus adäquater zu erfassen und raumzeitlich spezifische Entwicklungsphasen zu analysieren. Wegbereiter regulationstheoretischer Arbeiten in dieser marxistisch inspirierten Variante waren v. a. Michel Aglietta und Alain Lipietz. Ein zweiter Strang der Regulationstheorie unter v. a. Robert Boyer – der im Folgenden jedoch nicht weiter thematisiert wird – orientiert sich stärker an institutionalistischen und (post-)keynesianischen Konzepten (Atzmüller et al. 2013: 8–9; Becker 2013: 24–28).

2.3.1 Akkumulation, Akkumulationsregime

Gemäß einer Kernannahme der marxistischen Ökonomie ist der Kapitalismus durch eine systemimmanente Notwendigkeit zur Akkumulation von Geldkapital gekennzeichnet. Die verschiedenen Möglichkeiten zur Akkumulation können gemäß der Regulationstheorie konzeptionell anhand dreier Achsen bzw. Gegensatzpaare bestimmt werden (im Folgenden: Becker 2013: 37–40; Becker/Jäger 2012: 172): 1. produktive oder finanzialisierte Akkumulation, wobei die Frage im Vordergrund steht, ob die relevanten Branchen und Sektoren einer Ökonomie im produktiven, also produzierenden Bereich oder in der Finanzsphäre auszumachen sind[40]; 2. extensive oder intensive Akkumulation, wobei erstere auf eine quantitative Ausweitung der Produktionskapazitäten und eine Steigerung der Arbeitszeit und der Arbeitsintensität abzielt, während Letztere eine qualitative Erhöhung der Produktivität (und Verbesserung der Arbeitsqualifikation) zum Ausdruck bringt; 3. intravertierte oder extravertierte Akkumulation, d. h. eine binnenmarktorientierte oder durch die Außenwirtschaft dominierte Entwicklungsweise, wobei im Fall der Außenorientierung noch zwischen aktiver Extraversion (Exportdominanz) und passiver Extraversion (Importabhängigkeit) unterschieden werden kann.

Auf Basis der verschiedenen Arten und Achsen der Akkumulation kann sodann das Konzept des „Akkumulationsregimes" als „die der Ökonomie entsprechende Organisation der Produktion und Konsumption" (Jessop/Sum 2013: 59) zur Gewährleistung der Akkumulation definiert werden. Präziser formuliert es Lipietz (1985: 120) wie folgt:

> „Das Akkumulationsregime ist ein Modus systematischer Verteilung und Reallokation des gesellschaftlichen Produktes, der [...] ein bestimmtes Entsprechungsverhältnis zwischen den Veränderungen der Produktionsbedingungen (dem Volumen des eingesetzten Kapitals, der Distribution zwischen den Branchen und den Produktionsnormen) und den Veränderungen in den Bedingungen des Endverbrauchs (Konsumnormen [...]) herstellt. Sobald sich die Akkumulation [...] ausweitet, muß das Wachstum der Produktion [...] dem Wachstum des eingesetzten Kapitals und dem Wachstum der Kaufkraft der Lohnabhängigen entsprechen."

---

[40]Becker (2013: 37–38) und Becker/Jäger (2012: 172) unterscheiden innerhalb der finanzialisierten Akkumulation zwei weitere Formen: Erstens die Akkumulation von „fiktivem Kapital" (Wertpapiere, Devisen etc.), die v. a. bei einer stagnierenden produktiven Sphäre erfolgt, mit dieser aber insofern verbunden bleibt, als hieraus Dividenden und Zinszahlungen extrahiert und abgeführt werden müssen; zweitens eine auf zinsbringendem Kapital basierende Finanzialisierung (z. B. Kapitalimport über Hochzinspolitik).

2.3.2 Regulation, Regulationsweise

Die kapitalistische Produktionsweise wird in der Tradition der marxistischen politischen Ökonomie als widersprüchlicher Prozess begriffen (Atzmüller et al. 2013: 9).[41] Entgegen der in marxistischen Kreisen gemeinhin vorgenommenen konzeptionellen Teilung der Sphären der Ökonomie und Politik in Basis und Überbau betont die Regulationstheorie den interdependenten Charakter und die gegenseitig konstitutive Relevanz der beiden Sphären (Atzmüller et al. 2013: 17). Die kapitalistische Produktionsweise und der Akkumulationsprozess bzw. das Akkumulationsregime kann sich nicht aus sich selbst heraus reproduzieren, sondern hängt von nicht-ökonomischen Bedingungen und Formen der Widerspruchsbearbeitung ab.

In theoretischer und analytischer Hinsicht bedarf es daher eines „Spektrum[s] an außerökonomischen, aber ökonomisch relevanten Konzepten, um die Dynamik der Kapitalakkumulation beschreiben, erklären und interpretieren zu können" (Jessop/Sum 2013: 61).[42] Die Regulationstheorie greift vor diesem Hintergrund auf das Konzept der Regulation zurück, die im Unterschied zu „Regulierung im Sinne politisch-intentionaler Steuerung [...] als komplexe Form der Widerspruchsbearbeitung" (Atzmüller et al. 2013: 17–18) bzw. als „soziale Prozeduren und Instanzen der Konfliktlösung" (Lipietz 1985: 112) definiert wird. Konkret bezieht sich das Konzept der Regulation auf gewisse, die Struktur des Kapitalismus kennzeichnende „strukturelle Formen"[43], die sich durch spezifische Widersprüche auszeichnen und daher der je eigenen (Form der) Regulation bedürfen (Jessop/Sum 2013: 78). In Anlehnung an Becker (2013: 41–44) werden in der Folge fünf strukturelle Formen der Regulation – d. h. zu regulierende Bereiche – unterschieden: 1. Das Lohnverhältnis betrifft den Klassenkonflikt zwischen

---

[41] Lipietz (1985) erläutert mehrere der im Kapitalismus auftretenden Widersprüche: erstens die „Verteilungsrate der Wertschöpfung", d. h. entweder „zuviel Lohn und zuwenig Akkumulation oder zuviel Profite und zuwenig Nachfrage" (1985: 118), zweitens das konfliktive Wechselverhältnis von Arbeitskontrolle und Innovation, d. h. mehr direkte Kontrolle des Kapitalisten über die Arbeit bedingt weniger Innovation und vice versa (ebd.). Die meiste Aufmerksamkeit schenkt Lipietz jedoch dem Problem der Akkumulation bzw. der Frage, wie Akkumulation, die Verwertung von Arbeit (und Kapital) und damit die Reproduktion der den Kapitalismus kennzeichnenden sozialen Verhältnisse gelingen kann (ebd.: 119–122).

[42] Jessop und Sum (2013: 61) nennen in diesem Zusammenhang den strukturalen Marxismus, die marxistische Formanalyse und neogramscianische Ansätze als komplementäre Theorien bzw. Ansätze.

[43] Die folgenden Ausführungen knüpfen an die Pariser Schule und v. a. an die Arbeiten Michel Agliettas an.

Arbeit und Kapital. Die Auseinandersetzungen beziehen sich auf die Reproduktion der Arbeitskraft, Lohnfindung und -höhe, Arbeitszeit und -bedingungen sowie die soziale Sicherung. Als Akteure haben sich neben den Gewerkschaften die Arbeiterparteien herausgebildet, womit der Konflikt von der Fabrik in staatliche Strukturen hinein verlagert wurde und sich um konkrete politische Maßnahmen dreht. 2. Das Konkurrenzverhältnis zieht sich quer durch die Achse Kapital vs. Arbeit, bringt also zum einen die verschiedenen Akkumulationsstrategien und die teils stark divergierenden Interessen unterschiedlicher Kapitalfraktionen zum Ausdruck, zum anderen aber auch die Konkurrenz innerhalb der Arbeiterschaft und ferner diejenige unterschiedlicher Ethnien und Religionen etc. 3. Die monetäre Restriktion betont den zentralen Stellenwert des Geldes und des Kredits in einer kapitalistischen Ökonomie, im Akkumulationsprozess (Produktion und Konsumption) und hinsichtlich der Reproduktion der Arbeitskraft. In diesem Zusammenhang spielen ferner wirtschaftspolitische Aspekte (Geld-, Fiskal- und Wechselkurspolitik inklusive der Konsequenzen in Bezug auf Konjunktur, Verteilung, Wettbewerbsfähigkeit etc.) eine Rolle. 4. Die ökologische Restriktion thematisiert den Zugang zu bzw. die „Inwertsetzung" von natürlichen Ressourcen, deren Relevanz für die kapitalistische Produktionsweise und die damit einhergehenden Konflikte und Auseinandersetzungen. 5. Eine letzte strukturelle Form der Regulation betrifft schließlich die Einbindung in (sub-)regionale und internationale Regime.[44]

Auf Grundlage hiervon arbeitet die Regulationstheorie des Weiteren mit dem Konzept der „Regulationsweise", die „das aufkommende Ensemble an Normen, Institutionen, Organisationsformen, gesellschaftlichen Netzen und Verhaltensmustern" bezeichnet, das „ein Akkumulationsregime, trotz der widersprüchlichen und konfliktiven Natur [...], vorübergehend stabilisieren kann" (Jessop/Sum 2013: 59). Damit lassen sich die den Kapitalismus und die jeweiligen Akkumulationsregimes kennzeichnenden Widersprüche zwar temporär bearbeiten und abmildern, jedoch nicht vollständig auflösen. Sobald eine Regulationsweise außerstande ist, die Widerspruchsbearbeitung in ausreichender Weise zu bewerkstelligen, sind Krisen mit offenem Ausgang die Folge (Atzmüller et al. 2013: 9; Jessop/Sum: 2013: 59; Becker/Jäger 2012: 172). Der Kapitalismus bzw. kapitalistische Systeme zeichnen sich daher durch eine immanente Instabilitäts- und Krisenneigung aus. „Mit dem Begriff der Regulation(sweise)", so Atzmüller et al. (2013: 9) resümierend, „sollte daher fassbar werden, wie sich der Kapitalismus bzw. ein

---

[44]Lipietz (1985: 121) hatte die folgenden strukturellen Formen genannt: 1. die Regulation des Lohnverhältnisses, 2. die Regulation der Reallokation von Geld-Kapital, 3. die Reproduktion und Steuerung des Geldes und 4. die Staatsintervention.

historisch und geographisch spezifisches Regime der Akkumulation trotz oder wegen seiner Widersprüche erhalten kann."

2.3.3 Der Staat als besondere strukturelle Form

Gemäß der Regulationstheorie stellt der Staat eine weitere, jedoch besondere strukturelle Form dar. Denn er garantiert durch sein Bestehen die anderen strukturellen Formen und ist in ihnen allen gleichzeitig präsent (Becker 2013: 4). In der Theoretisierung des Staates knüpfen Regulationstheoretiker – zumindest die marxistisch inspirierten – an Erkenntnisse aus der materialistisch-marxistischen Staatstheorie an. Grundsätzlich kristallisieren sich aus einer solchen Theorierichtung vier verschiedene Staatsverständnisse heraus: der Staat 1. „als repressiver Arm der Bourgeoisie", 2. „als Instrument der herrschenden Klasse", 3. „als ideeller Gesamtkapitalist" und schließlich 4. „als Kohäsionsfaktor" (Hay 1999: 153–155). Hierbei folgen regulationstheoretische Ansätze primär dem letztgenannten und aktuellsten Verständnis des Staates.

Demgemäß spielt der Staat als Ort der Kompromissfindung und Konfliktbeilegung sowie als regelsetzende und legitimierende Instanz der bestehenden sozialen Verhältnisse eine besondere Rolle (Lipietz 1985: 112; Becker 2013: 44). Er fungiert somit als „Totalisator aller sozialen Spannungen" (Michel Aglietta, zit. nach Becker 2013: 28), der sicherzustellen hat, dass „die verschiedenen Fraktionen der Gesellschaft [...] sich nicht in einem Kampf ohne Ende zerreiben" (Lipietz 1985: 112).

Diese Rolle und Funktion verdeutlicht jedoch, dass der Staat „weder Garant noch Ausdruck von Harmonie" ist, sondern vielmehr von „einer Hegemonie, die sich [...] durch die Herrschaft bestimmter sozialer Gruppen darstellt" (ebd.). Dementsprechend muss der Staat – Gramsci folgend – als Feld bzw. Terrain des Kampfes begriffen werden, in dem unterschiedliche gesellschaftliche Akteure um privilegierten Zugang zu den zentralen politischen Entscheidungsebenen wetteifern, um von dort aus ihre Partialinteressen als universal erscheinen zu lassen und darüber die Herrschaftsverhältnisse in der Zivilgesellschaft hegemonial abzusichern (Bieling 2002: 450–451). Bei Hegemonie geht es nach Gramsci nicht um eine auf Zwangs- und Gewaltmaßnahmen basierende Herrschaft, sondern um eine moralische und kulturelle Führung (ebd.: 452), d. h. um „the organization of consent" bzw. um „the struggle for the ‚hearts and minds'" (Barrett 2012: 238–239). Hierbei sind nicht nur die Intellektuellen von Relevanz, deren Funktion als ‚Produzenten' von Wahrheit v. a. darin besteht, Hegemonieprojekte innerhalb der Zivilgesellschaft zu legitimieren, sondern auch die „Hegemonieapparate", d. h. Bildungseinrichtungen, Medien, Kulturinstitutionen, Verbände und Parteien etc. (Bieling 2002: 446–447, 452). Vor diesem Hintergrund operiert Gramsci mit einem integralen Staatsverständnis, wonach der „integrale Staat", der sowohl die politische als auch die Zivilgesellschaft umfasst, als „Hegemonie, gepanzert mit Zwang" verstanden werden muss (ebd.: 450). Althusser (2012: 110–11) knüpft hieran an, indem er den „Repressiven Staatsapparaten" (Regierung, Verwaltung, Armee, Polizei, Justiz etc.), die der öffentlichen Sphäre angehören und primär durch Gewalt und Zwang funktionieren, die „Ideologischen Staatsapparate" (Kirchen, Schulen, Medien Familie, Parteien Gewerkschaften, Kultur etc.) entgegengesetzt, die in der privaten Sphäre fungieren und in erster Linie durch Ideologie wirken.

Diese Ausführungen machen deutlich, dass der Staat keine neutrale Instanz im Sinne Max Webers darstellt (Bieling 2002: 451). Doch der Kampf um Einfluss und Hegemonie im Staat ist asymmetrischer Natur und durch „strategische Selektivitäten" gekennzeichnet:

> „[T]he state system [...] can be analysed as a system of *strategic selectivity*, i.e., as a system whose structure and *modus operandi* are more open to some types of political strategy than others [...] more accessible to some forces than others [...] more suited to the pursuit of some types of economic or political strategy than others" (Jessop 2010: 36, Hervorhebungen im Original).

Da sich der Staat über Steuereinnahmen (re-)finanziert, befindet er sich in Abhängigkeit vom kapitalistischen Akkumulations- und Verwertungsprozess, aus dem diese finanziellen Mittel erzielt und abgeführt werden. Vertreter der Kapitalfraktionen verfügen daher über einen privilegierten Zugang zu den Entscheidungszirkeln und Staatsapparaten (Becker 2013: 45). Resümierend kann der Staat in Anlehnung an Poulantzas als „materielle Kondensation" spezifischer sozialer Kräfteverhältnisse (zwischen Klassen) gesehen werden (Jessop 2014). Oder präziser:

> „Der Staat der kapitalistischen Gesellschaft ist weder das bewusst geschaffene Instrument der herrschenden Klasse, noch die Verkörperung eines demokratischen 'Volkswillens', noch ein selbständig handelndes Subjekt. Er ist vielmehr ein soziales Verhältnis zwischen Individuen, Gruppen und Klassen, die 'materielle Verdichtung eines sozialen Kräfteverhältnisses'". (Hirsch 2005: 30)

Exkurs: Der Staat in der lateinamerikanischen Peripherie

2.3 Zur Analyse der Handlungsspielräume des Entscheidungspersonals …

Der Staat in der kapitalistischen Peripherie weist einige Spezifika auf. Im Hinblick auf Lateinamerika hat Boris (2014: 142–176) darauf basierend drei Positionen über den Staat typologisierend herausgearbeitet. Die erste, „anti-etatistische" Position misst dem Staat eine vernachlässigbare bzw. untergeordnete Rolle in der Ausprägung der lateinamerikanischen Volkswirtschaften und Gesellschaften bei. (Positive) Veränderungen sollten demnach nicht durch den Staat oder mithilfe des Staates erkämpft werden, sondern aus der Gesellschaft heraus, sozusagen ‚von unten' erfolgen und organisiert werden. Diese Sichtweise erscheint insofern paradox, als sie Schnittmengen mit dem in den 1980er und 1990er Jahren in Lateinamerika stark ausgeprägten neoliberalen Denken und der Vorstellung bzw. Handlungsempfehlung eines Nachtwächterstaates aufweist. Der Unterschied besteht darin, dass die Vernachlässigung (der Relevanz) des Staates gemäß dieser Position nicht von neoliberaler Seite, sondern von politisch linksorientierten Akteuren propagiert wird (ebd.: 146–149).

Eine zweite, „neo-desarrollistische" Position knüpft an die Vorstellung einer durch den Staat initiierten und vorangetriebenen (nachholenden) Entwicklung an (ebd.: 149–151). Hiermit ist die Intention verbunden, die Lateinamerika strukturell kennzeichnende wirtschaftliche und politische Außenabhängigkeit zu überwinden. Denn Staaten der kapitalistischen Peripherie weisen in ihrer Wirtschaftsstruktur in der Regel eine passive Extraversion, d. h. Importabhängigkeit, auf (Becker 2008: 12). Selbst im Fall einer aktiven Extraversion, d. h. Exportdominanz, werden zumeist wenig technologieintensive Produkte, v. a. Rohstoffe, ausgeführt und die dahingehenden Sektoren unterliegen der (weitgehenden) Kontrolle externer Akteure (ebd.: 13). Mithilfe eines starken, dem Entwicklungsgedanken verpflichteten Staates ist somit die Zielsetzung verbunden, über eine Verringerung der externen Abhängigkeiten die nationalen Wirtschaften zu modifizieren und für den internationalen Wettbewerb fit zu machen.

Dem liegt die Annahme einer (relativen) Autonomie des Staates bzw. staatlicher Akteure zugrunde, die durch die Vergrößerung der Handlungsspielräume der Regierungen durch den Rohstoffboom der 2000er Jahre zumindest plausibilisiert worden ist. Andererseits erwies sich diese Entwicklung – wie die empirische Analyse dieser Arbeit zeigen wird – als zweischneidiges Schwert, da mit ihr die Gefahr einherging, wirtschaftliche Aktivitäten auf den Primärgüterbereich zu verengen und somit die eigene subalterne Rolle auf dem Weltmarkt inklusive der damit zusammenhängenden Außenabhängigkeit zu festigen (Boris 2014: 152–155). Eine auf den Rohstoffbereich konzentrierte Entwicklungsstrategie ist angesichts der vielen Linksregierungen Lateinamerikas, die als „progressiv" angesehen wurden und einem solchen Pfad folgten, als „progressiver Extraktivismus" (Gudynas 2012) bzw. als „Neo-Extraktivismus" (Gudynas 2009, 2011b) bezeichnet worden.[45] Diese Position weist Schnittmengen mit einer dritten auf, die mit einer Transformation bzw. „Neugründung des Staates" verbunden ist. Die damit einhergehende Zielsetzung besteht darin, die nicht vorhandene interne wie externe Souveränität (zurück) zu erlangen und den Status quo zugunsten einer alternativen, zum Beispiel sozialistischen Zukunft zu überwinden. Hierfür besteht eine der zentralen Aufgaben darin, so die Vorstellung, den Staat inklusive der Staatsapparate von den bestehenden, die geltende Ordnung bewahrenden strategischen Selektivitäten zu befreien und neu zu organisieren.[46] Für dieses Vorhaben ist demnach ein zeitgleicher Kampf ‚von oben' (von der Ebene des Staates aus) und ‚von unten' (von der Gesellschaft z. B. über soziale Bewegungen aus) die Voraussetzung (Boris 2014:60–167). Damit geht ferner einher, die die (lateinamerikanische) Peripherie kennzeichnende „strukturelle Heterogenität" zu überwinden. Mit dieser Charakterisierung der Sozialstruktur werden die großen sozioökonomischen Ungleichheiten, gesellschaftlichen Spaltungen und das Nebeneinander unterschiedlicher Lebens- und Produktionsweisen bezeichnet (ebd.: 168; Becker 2008: 16). Vor allem aus dem bolivianischen Verfassungs- und Neugründungsprozess ist ein „plurinationaler" Staat entstanden, der sich einerseits der Überwindung der bestehenden Ungleichheiten verschreibt, andererseits jedoch die ethnischen und kulturellen Eigenheiten im Sinne eines Post-Kolonialismus zu bewahren verspricht (Boris 2014: 168–176).

Grundsätzliches eint jeglicher Versuch einer neo-desarrollistischen, sozialistischen oder post-kolonialen Veränderung bzw. Transformation, die allesamt –

---

[45]Zentrale Charakteristika dieses Neo-Extraktivismus sind 1. Fokussierung der Wirtschaftsstruktur auf Rohstoffextraktion und -export; 2. die Aufwertung des Staates als Wirtschaftsakteur, Garant und Stabilisator neo-extraktivistischer Praktiken; 3. das Auftreten neuer territorialer, sozialer und ökologischer Konfliktlinien; und 4. eine subalterne Weltmarktintegration als Folge der Rohstofffokussierung, da sich aufgrund geringer Produktivitätssteigerungen im primären Sektor Enklavenökonomien in den Exportländern ausbilden und ferner die Spielregeln der Globalisierung, westliche Modernisierungs- und Entwicklungsvorstellungen sowie kapitalistische Produktionsinteressen und -praktiken letztendlich akzeptiert werden (Gudynas 2009, 2011a, 2011b, 2012; Brand/Dietz 2013).

[46]In der lateinamerikanischen Praxis zeigten sich solche strategischen Selektivitäten z. B. in den Staatsapparaten, die aufgrund partikularer (interner oder externer) Interessen ein effektives Regierungshandeln erschwerten (Dieterich 2006: 10; Escobar 2010: 51). Dies bekamen v. a. die (radikalen) Linksregierungen zu spüren, die – wie in der empirischen Analyse zu sehen sein wird – dadurch in ihren Handlungsspielräumen eingeschränkt waren und sich zu entsprechenden Gegenstrategien und -maßnahmen genötigt sahen.

zumindest gemäß Theorie – auf eine demokratische(re) Zukunft ausgerichtet sind, ein Herrschaftsproblem. Denn die strukturelle Heterogenität bedingt fragmentierte Gesellschaften, eine nur schwach ausgebildete Zivilgesellschaft und folglich die Gefahr, dass „Herrschende und Beherrschte nicht mehr dasselbe Sinngebungsfeld […] teilen" (Francisco de Oliveira, zit. nach: Becker 2008: 21). Eine hegemoniale Führung im gramscianischen Sinne ist daher schwieriger zu etablieren als in den (kapitalistischen) Staaten des Zentrums (ebd.: 20; Boris 2014: 144). Demgegenüber prägen persönliche und klientelistische (Abhängigkeits-)Strukturen, korporativistische und zentralstaatliche Entwicklungen bis hin zu repressiven Herrschaftsformen das Bild der (lateinamerikanischen) Peripherie (Becker 2014: 143–144).

2.3.4 Zusammenfassung: Stärken und Schwächen der Theorie

Mithilfe der Regulationstheorie kann das Verhältnis von ökonomischer Akkumulation und außerökonomischer Regulation kapitalistischer (Wirtschafts-)Systeme analysiert werden. Die Regulationstheorie findet im Rahmen dieser Arbeit aus mehreren Gründen Anwendung. Konkret ermöglicht die Theorie die Bestimmung fallspezifischer Akkumulationsregimes inklusive dominierender Akkumulationsachsen. In der empirischen Analyse werden darüber die jeweiligen Wachstumsstrategien und -treiber ausgemacht. Ferner liefert die Regulationstheorie mit dem Konzept der Regulationsweise und den strukturellen Formen der Regulation – Lohnverhältnis, Konkurrenzverhältnis, monetäre Restriktion, ökologische Restriktion, Einbindung in regionale und internationale Regime, Staat – wichtige Analysekategorien, um folgende in der Empirie relevante Aspekte zu beleuchten: Erstens lassen sich darüber die jeweiligen politischen, wirtschaftlichen und gesellschaftlichen Kräfte- und Machtverhältnisse, spezifische strategische Selektivitäten und – darauf basierend – der die Regierung stützende Machtblock analysieren. Zweitens kann damit die Verfügungsmacht über die Einnahmen, die im Rahmen des Akkumulationsregimes anfallen, ebenso untersucht werden wie deren konkrete Verwendung. Drittens ermöglicht die Theorie eine Analyse der Weltmarkteinbindung eines Staates inklusive der damit einhergehenden Handlungsmöglichkeiten und -beschränkungen.

Nichtsdestoweniger weist die Regulationstheorie für die Analyse der Handlungsspielräume des Entscheidungspersonals drei zentrale Schwächen bzw. Defizite auf: Ein erstes Defizit der Regulationstheorie in ihrer ursprünglichen Form besteht darin, dass sie die Relevanz der Weltmarkteinbindung und die damit einhergehenden Implikationen für die Volkswirtschaften der kapitalistischen Peripherie nicht vollständig zu erfassen vermag. Bieling (2013: 313) verweist darauf, „dass die nationalen Entwicklungsmodelle durch inter- und transnationale Vergesellschaftungselemente – angefangen von Handels-, Produktions- und Kreditbeziehungen […] – überformt und zum Teil wesentlich konstituiert werden". Dieses Problem ist inzwischen mittels der strukturellen Form der Einbindung in regionale und internationale Regime berücksichtigt worden. Eine Konsequenz der (subalternen) Weltmarkteinbindung peripherer Kapitalismen besteht – zumindest im Hinblick auf Lateinamerika – in der Fokussierung auf den Primärgüterbereich. In den in dieser Arbeit analysierten Fällen beruhen die Akkumulationsdynamiken in hohem Maße (Venezuela), zumindest jedoch in signifikanter Weise (Brasilien) auf dem Abbau und Export von Rohstoffen. Die CEPAL (2010: 77) spricht daher von einer „Reprimarisierung" („reprimarización") der Exportstruktur. Aus diesem Grund wird in Anlehnung an Jäger und Leubolt (2014) die grundlegende Unterteilung der Akkumulation gemäß Regulationstheorie – produktiver oder finanzialisierter Bereich – durch eine dritte, nämlich rohstoffbasierte Akkumulationsachse erweitert.[47]

Ein zweites Defizit der Regulationstheorie besteht darin, dass sie aufgrund ihrer Strukturlastigkeit je nach Untersuchungsgegenstand und Erkenntnisinteresse einer akteurs- bzw. handlungstheoretischen Ergänzung bedarf (Bieling 2011b: 10). Die konzeptionelle Anknüpfung an die materialistische Staatstheorie erweist sich diesbezüglich zwar als gewinnbringend, verkürzt bzw. verdunkelt jedoch die Frage nach den relevanten Akteuren und deren (wirtschafts-)politischen Zielsetzungen innerhalb des Staates. Gemäß der materialistischen Staatstheorie wird der Staat sehr stark bzw. zu stark als Transmissionsriemen mächtiger (kapitalistischer) Akteure und Interessen konzipiert. Wiewohl auch andere Akteure und Interessen auf den Staat einwirken (Becker 2013: 45), müssen im Regelfall aufgrund der strategischen Selektivitäten zugunsten der Kapitalseite und der Abhängigkeiten von Steuereinnahmen und daher vom kapitalistischen Akkumulationsprozess auch der Staat bzw. die Staatsapparate und die hierin operierenden Akteure – rational interpretiert – auf eine Verstetigung des wirtschaftlichen,

---

[47] Trotz der Relevanz der Rohstoffe für die Staaten der lateinamerikanischen Peripherie und v. a. für Venezuela wird in der Folge weder mit rententheoretischen Ansätzen noch mit dem Neo-Extraktivismus gearbeitet. Denn die im Forschungsstand an rententheoretischen Ansätzen dargelegte Kritik, wonach Rohstoffen eine zu große Erklärungskraft beigemessen wird und daher ein eindimensionales bzw. zu ähnliches Bild der diversen Regierungen gezeichnet wird, trifft auch auf den Neo-Extraktivismus zu. Im Rahmen dieser Arbeit werden Rohstoffvorkommen nicht als Determinante, sondern als ermöglichender Faktor konzipiert.

2.3 Zur Analyse der Handlungsspielräume des Entscheidungspersonals ... 73

d. h. kapitalistischen, Normalbetriebs bzw. Status quo abzielen.[48] Damit liegt der materialistischen Staatstheorie implizit eine eindimensionale, klassenbasierte Akteurskonzeption zugrunde, was gerade im Hinblick auf die lateinamerikanische Peripherie mit einigen Problemen verbunden ist. Denn erstens bedingt die strukturelle Heterogenität lateinamerikanischer Gesellschaften, d. h. die Gleichzeitigkeit kapitalistischer und vorkapitalistischer Produktionsweisen, nicht eindeutige, sondern „hybride Klassenverhältnisse" (ebd.: 16). Zweitens geht die Diskussion um den Neo-Desarrollismus mit der Annahme einer relativen (Handlungs-)Autonomie des Staates einher (Boris 2014: 150–152), die, drittens, durch die Machtansprüche des Staates selbst bzw. diejenigen spezifischer Staatsgewalten wie der Exekutive noch einmal vergrößert werden kann. Ferner hängt damit viertens die – v. a. für die kapitalistische Peripherie relevante – Frage zusammen, welche (positive oder negative) Rolle der Staat in Transformationsprozessen spielt bzw. spielen kann (ebd.: 138, 141). Resümierend kann daher festgehalten werden, dass unklar ist, welche Wirkung der Staat (der Peripherie) entfalten wird, d. h. ob er primär (partikularen) kapitalistischen Klasseninteressen folgt oder (universale) Gemeinschaftsinteressen bzw. das Allgemeinwohl vertritt (ebd.: 139–140), und ob er einem am Laissez-faire orientierten Leitbild anhängt, eine nachholende Entwicklung im neo-desarrollistischen Sinn anstrebt oder gar post-kapitalistische Ambitionen hegt. In allen genannten Fällen bilden die (staatlichen) Akteure eine relevante Leerstelle. Schließlich ist generell zu diskutieren, inwiefern der Staat, der als soziales (Kräfte-)Verhältnis definiert wird, (gleichzeitig) als Akteur begriffen und konzipiert werden kann. Denn, wie Boris (ebd.: 140) feststellt, „ein ‚Verhältnis' ist schwer als Akteur vorstellbar". In kritischer Auswertung aller genannten Punkte bildet daher die Frage nach den (innerhalb des Staates bzw. der Staatsapparate) handelnden Akteuren und deren spezifischen Interessen ein wichtiges Desiderat.

Gerade im Hinblick auf Lateinamerika und die (Wieder-)Aufwertung des Staates unter den Linksregierungen ist dies von außerordentlichem Interesse. Denn nach der Ära der Militärdiktaturen, in denen die Regierungen eine große Machtfülle innehatten, war im Zuge der neoliberalen Umstrukturierungen in

---

[48] Diese Logik kann anhand der Rolle der „State manager" exemplifiziert werden: „State managers reproduce capitalist relations not because they are directly answerable to the bourgeoisie, but because those who manage the State apparatus are dependent on some level of economic activity. The dependency exists both because economic activity produces State revenues and because public support for a regime will decline unless accumulation continues to take place. [...] Given that the level of economic activity is largely determined by private investment decisions, such managers are particularly sensitive to [...] 'business confidence'" (Carnoy 1984: 218).

den 1980er und 1990er Jahren die Macht des Staates (und damit auch diejenige der Regierungen) signifikant eingeschränkt worden. Mit dem Beginn des linken Umschwungs ist diese Entwicklung wieder sukzessive zurückgedreht worden. Dieser Prozess wurde aufgrund der Krise des repräsentativen und liberalen Demokratietypus infolge der neoliberalen Periode von einer Debatte über neue Demokratiemodelle begleitet. Theoretisierungsversuche führten so z. B. zu einem „pragmatischen" (Pogrebinschi 2013) oder „post-liberalen" (Wolff 2013; Arditi 2008) Demokratietypus. „Post-liberale", nicht jedoch zwingenderweise „antiliberale" Demokratiemodelle entstanden v. a. in Venezuela, Bolivien und Ecuador, wiewohl einige der Charakteristika dieser Modelle aus liberal-demokratischer Perspektive als autoritär eingestuft und gebrandmarkt werden.[49] Eine praktische

---

[49] Besonderes Kennzeichen dieses Post-Liberalismus ist zum einen die Anerkennung zweier grundsätzlich konträrer geistesgeschichtlicher Strömungen, die sich im Lauf der Zeit synthetisch im Typus der liberalen Demokratie verbanden: Liberalismus einerseits, Demokratie andererseits; und zum anderen die Stärkung (direkt-)demokratischer Elemente im Vergleich zu den liberalen Elementen, d. h. zu einem verfassungsmäßigen und gesetzlichen Grundrechtskatalog, der eine radikal-demokratischer Handhabe einschränkt (Arditi 2008; Wolff 2013). Diesen neuen Demokratietypen und den damit einhergehenden Konzeptualisierungsversuchen liegt die Erkenntnis bzw. Ansicht zugrunde, dass der traditionelle Konstitutionalismus und die daraus hervorgegangenen Verfassungen in Lateinamerika Elitenprojekte darstell(t)en und demgemäß den Eliten und ihren (Eigentums-)Interessen übermäßigen rechtlichen Schutz einräumen (Viciano/Martínez Dalmau 2011).

Aus liberal-demokratischer Sicht werden solche Modelle kritisiert. So wird der venezolanische Systemtypus zum Beispiel als „hybrid regime" (Corrales/Hidalgo 2013), „electoral autocracy" (Bertelsmann Stiftung, BTI 2014) oder als „participatory competitive authoritarianism" (Mainwaring 2012: 963) typologisiert. An dieser Stelle ist jedoch Vorsicht geboten, denn der liberale Demokratietypus weist im Hinblick auf die lateinamerikanische Praxis eine bedeutende Schwachstelle auf: Aufgrund eines für liberale Demokratien typischen und konstitutiven Katalogs an (Freiheits-)Rechten können einflussreiche „Vetomächte" entstehen, die die „effektive Regierungsgewalt" (Merkel 2010: 33) ausschließlich demokratisch legitimierter Entscheidungsträger indirekt untergraben: „[L]iberal democracy as a political regime for capitalist societies accepts major economic decision-making power by business leaders and anonymous markets, with immediate and far-reaching implications for both democratic politics and society" (Wolff 2013: 39). Die Macht bzw. der Einfluss dieser nicht demokratisch legitimierten Akteure kann auf subtile und legalisierte Weise erfolgen, die die effektive Regierungsgewalt zwar nicht direkt beeinträchtigt, diese jedoch untergräbt, indem sie Entscheidungen signifikant vorstrukturiert. So z. B. mittels eines ausufernden Lobbyismus, Schiedsgerichten im Rahmen von Freihandelsabkommen, oder – genereller – mithilfe einer neoliberalen Governance, die wirtschaftspolitische Entscheidungen an den Interessen von Kapitaleignern ausrichtet und gegenüber abweichendem politischen Verhalten Disziplinierungsmöglichkeiten bereithält (Downrating von Staatsanleihen inkl. Kapitalabzug etc.). Gill (2008: 138–139) spricht in diesem Zusammenhang von „disciplinary neo-liberalism" und „new constitutionalism". In diesem Kontext bildet der Mediensektor eine weitere dieser

(nicht jedoch zwingenderweise theoretische) Folge post-liberaler Demokratiemodelle ist die Wiedergewinnung des Primats der Politik über die Wirtschaft, ein *return of the state* und – damit einhergehend – eine (wieder-)erstarkte Exekutive. Die Ausweitung der Befugnisse und Kompetenzen der Exekutive wirkten sich somit in entscheidender Weise auf die Handlungsspielräume und die Macht des Entscheidungspersonals aus. Damit rücken jedoch die (staatlichen) Akteure inklusive ihrer spezifischen Interessen in den Fokus und werden somit zur wichtigen Leerstelle der Regulationstheorie und der materialistischen Staatstheorie.

Eine dritte Schwäche der Regulationstheorie liegt schließlich darin begründet, dass sich aufgrund der holistischen Perspektive Schwierigkeiten in Bezug auf die Operationalisierung ergeben und die empirische Umsetzung eine Konkretisierung der analytischen Vorgehensweise erfordert (Bieling 2013: 312). Aufgrund dieser Defizite wird im folgenden Kapitel eine Synthese der vorgestellten Theorien und Ansätze vorgenommen.

2.4 Das synthetische Modell zur Wirtschaftspolitikanalyse – Darstellung und Operationalisierung

Zur Beantwortung der eingangs gestellten Leitfrage – Warum unterschieden sich trotz ähnlicher Problemlagen die wirtschaftspolitischen Strategien der linken Regierungen Venezuelas und Brasiliens? – wird an dieser Stelle eine Synthese der in den vorhergehenden Kapiteln skizzierten Theorien und Ansätze vorgenommen und ein Modell zur Wirtschaftspolitikanalyse präsentiert.

An dieser Stelle soll zum Verständnis noch einmal die These der Arbeit vor dem Hintergrund des Forschungsdefizits erläutert werden: Generell ist festzuhalten, dass sich bisherige Forschungsarbeiten zum Thema sehr stark auf strukturelle Erklärungsmuster stützen. Die dort behandelten Faktoren liefern wichtige Hinweise auf die unterschiedlich gearteten Wirtschaftspolitiken, stecken aber primär die Handlungsspielräume und -möglichkeiten der (Regierungs-)Akteure

---

Vetomächte. Denn einerseits stellt die Rede- und Meinungsfreiheit einen fundamentalen Pfeiler liberaler Demokratien dar, andererseits können diese Rechte missbraucht werden. Konkret erfüll(t)en viele Medien in Lateinamerika aufgrund ihrer Verwobenheit mit dem Unternehmenssektor den Auftrag einer neutralen Berichterstattung nur in unzureichendem Ausmaß (Boris 2014: 113–115; Kitzberger 2012: 125–127; Avella/Rincón 2018), waren bzw. sind vielmehr „politische Akteure" (Rincón 2018) und bilde(te)n einen Teil dessen, was innerhalb der lateinamerikanischen Linken bisweilen als „faktische Mächte" („poderes fácticos", Correa 2009) bezeichnet wird. Besonders betroffen hiervon waren v. a. die Linksregierungen, die sich zumeist von Beginn an mit oppositionell bis feindlich eingestellten Medien konfrontiert sahen (Boris 2014: 117–132; Kitzberger 2010, 2012).

ab. Innerhalb dieser Spielräume sind jedoch die Akteure und deren Interessen ausschlaggebend und bedürfen einer adäquaten Konzeptualisierung. Sofern dem politischen Personal in der Forschungsliteratur Aufmerksamkeit geschenkt wird, verbleiben die diesbezüglichen Argumente meist in einem starren Schema exogen gegebener und rational-opportunistischer Akteure, ohne eine kontextsensitive Analyse der jeweiligen (Akteurs-)Interessen bzw. Zielsetzungen vorzunehmen. Resümierend kann daher festgehalten werden: Das komplexe, prozessuale Zusammenspiel von strukturellen und akteurszentrierten Ursachen zur Erklärung der wirtschaftspolitischen Strategien in Venezuela und Brasilien wurde in der Forschungsliteratur bisher nicht adäquat bearbeitet und soll in der hier vorliegenden Arbeit in einer multifaktoriellen Erklärung beleuchtet werden.

Die erläuterte Forschungslücke wird daher mit folgender These zu bearbeiten versucht: Der Hauptgrund für die Unterschiede in den Wirtschaftspolitiken der untersuchten Länder liegt in dem Zusammenspiel dreier Faktoren: 1. einer unterschiedlich gearteten politischen Kultur, darauf aufbauend 2. verschiedenartiger (wirtschafts-)politischer Zielsetzungen des Entscheidungspersonals, und 3. unterschiedlicher Handlungsspielräume des Entscheidungspersonals: In Venezuela führte die politische Kultur, die sich durch eine stark ausgeprägte politische Polarisierung auszeichnete, zu einer dezidierten Ablehnung des Status quo, was sich in den (wirtschafts-)politischen Zielsetzungen des Entscheidungspersonals niederschlug. Vor dem Hintergrund wachsender bzw. großer Handlungsspielräume des Entscheidungspersonals ermöglichte dies eine tendenziell transformatorische, d. h. eine die bestehende politische und ökonomische Ordnung überwindende, Wirtschaftspolitik. Hingegen kennzeichnete Brasilien eine weniger stark polarisierte politische Kultur, was wiederum moderate (wirtschafts-)politische Zielsetzungen des Entscheidungspersonals bedingte. Vor dem Hintergrund von eher geringen Handlungsspielräumen des Entscheidungspersonals führte dies zu einer vergleichsweise pragmatischen Wirtschaftspolitik.

Im Folgenden wird zunächst das Analysemodell inklusive der relevanten Wirkungsmechanismen und der die Analyse leitenden Faktoren dargestellt und erläutert. Im Anschluss daran wird das methodische Vorgehen begründet.

2.4.1 Zusammenführung der Theorien, Darstellung und Erläuterung des Modells und der Faktoren

Mithilfe des Synthesemodells ist angestrebt 1. die in den vorhergehenden Kapiteln erläuterten Theorien und Ansätze zusammenzuführen, 2. handlungsleitende

2.4 Das synthetische Modell zur Wirtschaftspolitikanalyse ...

Faktoren für die empirische Analyse abzuleiten und 3. die jeweiligen Schwächen bzw. Nachteile der einzelnen Theorien und Ansätze gegenseitig zu beheben: Konkret wird mithilfe des Modells ein konzeptionell-analytischer Zwischenweg zum einen zwischen Materialismus und Idealismus bzw. Konstruktivismus und zum anderen zwischen Akteur und Struktur zu beschreiten versucht. Hinsichtlich des Dualismus „Materialismus und Idealismus bzw. Konstruktivismus" ist Folgendes anzumerken: Materielle Aspekte spielen bei der Analyse des Faktors „Handlungsspielräume des Entscheidungspersonals", die über die Regulationstheorie vorgenommen wird, eine zentrale Rolle. Demgegenüber wird ein stärker idealistischer bzw. konstruktivistischer Fokus sowohl bei der Analyse des Faktors „(wirtschafts-)politische Zielsetzungen des Entscheidungspersonals", die mittels der konstruktivistischen Ansätze aus der IPÖ untersucht werden, als auch bei der Bestimmung des Faktors „politische Kultur", die mittels der populismustheoretisch erweiterten Diskurs- und Hegemonietheorie Ernesto Laclaus analysiert wird, Verwendung finden.

In Bezug auf den Dualismus von Akteur und Struktur ist anzumerken, dass der Faktor „Handlungsspielräume des Entscheidungspersonals" weitgehend strukturelle Charakteristika analysiert, während der Faktor „(wirtschafts-)politische Zielsetzungen des Entscheidungspersonals" die Akteure beleuchtet. Der Faktor „politische Kultur" ist zwar primär struktureller Natur, inkorporiert jedoch über die ‚populistische' Identitätspolitik konzeptionell auch die Akteure. Zusammengenommen besteht mit der Verbindung der gewählten Theorien und ihrer Zusammenführung im Synthesemodell die Zielsetzung darin, das komplexe Wechselverhältnis von einerseits materialistischen vs. idealistischen bzw. konstruktivistischen und andererseits strukturellen vs. akteursorientierten Ursachen der unterschiedlichen wirtschaftspolitischen Strategien in Venezuela und Brasilien adäquat zu analysieren.

Abbildung 2.1 zeigt das vom Autor dieser Arbeit entworfene Modell zur Wirtschaftspolitikanalyse. Die unterschiedlichen Wirtschaftspolitiken der untersuchten Staaten – repräsentiert durch das fett gedruckte Feld „4. wirtschaftspolitische Strategien" – werden anhand der Faktoren „2. (wirtschafts-)politische Zielsetzungen" des Entscheidungspersonals und „3. Handlungsspielräume" des Entscheidungspersonals zu erklären versucht, wobei der letzte Faktor nochmals in „3.1 Machtverhältnisse", „3.2 Ressourcen" und „3.3 Weltmarkteinbindung" unterteilt wird. Der Faktor „1. politische Kultur" beeinflusst, wie in der These dieser Arbeit erwähnt wurde, den Faktor „2. (wirtschafts-)politische Zielsetzungen" des Entscheidungspersonals, hat zusätzlich jedoch auch Auswirkung auf „3.1. Machtverhältnisse". Auf weitere, durch Pfeile symbolisierte Verbindungen

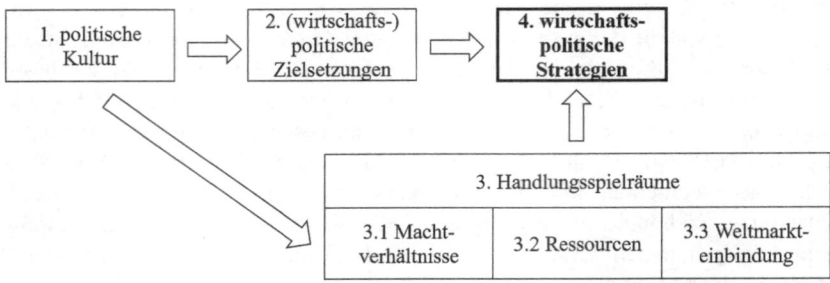

Abbildung 2.1 Das synthetische Modell zur Wirtschaftspolitikanalyse. (Quelle: Eigene Darstellung)

z. B. zwischen „3. Handlungsspielräume" und „2. (wirtschafts-)politische Zielsetzungen" wurde im Modell aus Gründen der Komplexitätsreduktion und Operationalisierbarkeit ebenso verzichtet wie auf Rückkopplungseffekte z. B. von „4. wirtschaftspolitische Strategien" auf „2. (wirtschafts-)politische Zielsetzungen" oder „3. Handlungsspielräume".

2.4.1.1 Explanandum: Wirtschaftspolitische Strategien

Das mit der Ziffer 4 versehene Feld „wirtschaftspolitische Strategien" stellt das Explanandum des Modells bzw. der Arbeit dar. „Wirtschaftspolitische Strategien" werden in der Folge als Synonym zu dem Terminus „Wirtschaftspolitik" verwendet. Die zur Wirtschaftspolitik gehörenden Bereiche werden hierbei sehr weit gefasst, d. h. neben den ordnungs-, struktur- und prozesspolitischen Charakteristika auch sozial- und entwicklungspolitische sowie institutionelle Aspekte der untersuchten Staaten berücksichtigt.[50] Diese Vorgehensweise soll dabei helfen, alle relevanten Aspekte in ihrem Zusammenspiel makroperspektivisch zu betrachten, um so den paradigmatischen Charakter der Fallbeispiele adäquat zu analysieren. Die Unterschiede in den Wirtschaftspolitiken werden gemäß dem Modell auf das Zusammenspiel von drei Faktoren zurückgeführt: den spezifischen „(wirtschafts-)politischen Zielsetzungen" des Entscheidungspersonals (Feld 2), die wiederum von der „politischen Kultur" (Feld 1) beeinflusst werden, und den „Handlungsspielräumen" des Entscheidungspersonals (Feld 3).

---

[50]Sofern es zur Erklärung des Explanandums relevant sein sollte, werden hier auch Aspekte berücksichtigt, die nicht genuin wirtschaftspolitischer Natur sind.

2.4.1.2 Faktor: Politische Kultur

Die „politische Kultur" (Feld 1) ist im Modell insofern von Relevanz, als sie die „(wirtschafts-)politischen Zielsetzungen" des Entscheidungspersonals (Feld 2) in entscheidender Weise beeinflussen und vorstrukturieren kann. Dieser Einfluss kann konzeptionell z. B. mittels der folgenden Wege erfasst und operationalisiert werden.

Eine dahingehende Möglichkeit besteht in der Analyse gesellschaftlicher, d. h. sozialer, ökonomischer und politischer, Polarisierungen bzw. Antagonismen und der damit einhergehenden politischen Orientierungen und Einstellungen. Das ist vor allem in Zeiten gesellschaftlichen Umbruchs bzw. Krisen von Relevanz. Krisen können Folge anhaltender Dysfunktionalitäten innerhalb der sozialen Systeme sein, beispielsweise aufgrund schlechter wirtschaftlicher Ergebnisse, anhaltender sozialer Fragmentierungen oder hinsichtlich der Befriedigung gesellschaftlicher Forderungen überforderter Institutionen. Dysfunktionalitäten und Krisen manifestieren sich in den Einstellungen der Bevölkerung, d. h. in der politischen Kultur, und auch im (Wahl-)Verhalten. Krisen spielen insofern eine wichtige Rolle, als sie einen signifikanten Bruch mit der bestehenden Ordnung und damit eine Erosion der gesellschaftlichen Strukturen nach sich ziehen können: Erstens wächst dadurch in der Regel die Gestaltungsmacht von Akteuren (zumindest temporär). Zweitens öffnen sie *windows of opportunity* (Kingdon, zit. nach: Rüb 2009: 361), d. h. vorübergehende Zeitfenster für politische Handlungen und Entscheidungen von mitunter außerordentlicher Tragweite. Drittens befördern sie den Einfluss (und Aufstieg) neuer politischer und ökonomischer Ideen und darauf basierender gesellschaftlicher Visionen, was eine Veränderung der Interpretations- und Wahrnehmungsmuster impliziert. Schließlich ermöglichen sie viertens den Aufstieg neuer, auch außerhalb des politischen Establishments sozialisierter Akteure (*outsider*).

Eine weitere Möglichkeit, Aspekte der politischen Kultur zu konzeptualisieren und operationalisieren besteht in der Analyse von kontext- und akteursspezifischen Identitäten. Identitäten können als „relative stable, role-specific understandings and expectations about self" (Wendt 1992: 397) definiert werden. Anknüpfend an die Ausführungen über die metatheoretischen Grundannahmen des Konstruktivismus, wonach Realität nicht objektiv zugänglich, sondern konstruiert und daher interpretations- und wahrnehmungsabhängig ist, ist davon auszugehen, dass Identitäten erstens vom jeweiligen sozioökonomischen und politisch-kulturellen Kontext abhängen, zweitens auf sprachlich-diskursiven Vermittlungsprozessen basieren und sich drittens durch Interaktionen sukzessive ausbilden. Daraus folgt, dass prinzipiell unendliche viele Interpretationen und

Konstruktionen von Realität und der darauf basierenden Selbstverständnisse der (kollektiven) Akteure – konzeptualisiert als Identitäten – möglich sind.[51] Für die erläuterten Möglichkeiten, politische Kultur zu analysieren, wird die populismustheoretisch erweiterte Diskurs- und Hegemonietheorie Ernesto Laclaus herangezogen. Zentral ist hierbei die Eruierung gesellschaftlicher Bruchlinien, d. h. von Polarisierungen und ggf. von diskursiv artikulierten Antagonismen, die sich v. a. in Zeiten von Krisen akzentuieren. Denn auf solchen Antagonismen basieren gemäß Laclau hegemoniale bzw. populistische Projekte und damit einhergehende Identitätskonstruktionen. Die Analyse dieser Polarisierungen, Antagonismen und der darauf basierenden Identitätskonstruktionen können wiederum Aufschluss über potentielle Radikalisierungsprozesse und Transformationsbestrebungen innerhalb der Bevölkerung und des Entscheidungspersonals liefern. Nach Laclau werden Identitäten über simplifizierende argumentative Muster – die Negativdefinition über ein konstitutives Außen bzw. ein Feindbild und die Positivdefinition über „leere Signifikanten" – konstruiert. Die inhaltliche Dimension dieser Identitäten ist kontextspezifisch. Zumindest in Ländern mit einschneidenden (Repräsentations-)Krisen zeichnen sich diese jedoch durch eine Zweiteilung des politischen Terrains gemäß einer Schwarz-Weiß-Schablone, durch einen starken Antagonismus (der durch die konstitutive Außenabgrenzung gegenüber einem Gegen- bzw. Feindbild erfolgt) und eine (system-)transformatorische, also gegen den Status quo gerichtete, Agenda aus.

In diesem Kontext kann jedoch auch ein strategisches Motiv der handelnden Akteure ausgemacht werden. Demnach kann die Konstruktion von Identitäten zur Legitimation der eigenen Person (über die Besetzung positiver Subjektpositionen innerhalb der diskursiv konstruierten und vermittelten Identität) und zur gleichzeitigen Delegitimation der politischen Gegner (über die diskursive Identifikation dieser Gegner mit negativen Subjektpositionen) benutzt werden. Beide Handlungen dienen somit zur Erlangung und gegebenenfalls Konsolidierung von Macht. Daher wurde im Modell ein zusätzlicher Pfeil von der „politischen Kultur" (Feld 1) zu den „Machtverhältnissen" (Feld 3.1) eingefügt.

Mithilfe der Analyse der politischen Kultur lassen sich wichtige Erkenntnisse für die spezifischen Interessen bzw. (wirtschafts-)politischen Zielsetzungen des Entscheidungspersonals erzielen. Das ist insofern von Relevanz, als gemäß konstruktivistischer Theoretiker ein zentrales Forschungsdefizit vieler Arbeiten

---

[51] Jedoch bleibt festzuhalten, dass diese diskursiven Konstrukte zu einem dauerhaften (Fort-)Bestehen einer gewissen (tatsächlichen) materiellen Grundlage bedürfen. Jessop (2013: 76–77) arbeitet in diesem Zusammenhang mit dem Konzept der „ökonomischen Vorstellungswelt" („economic imaginary").

2.4 Das synthetische Modell zur Wirtschaftspolitikanalyse ...

darin besteht, dass akteursspezifische Interessen nicht theoretisiert und analysiert, sondern vielmehr als gegebene Größen angesehen werden: „Interests are social constructs [...]. Before they can be something that 'does the explaining,' they themselves need to be explained" (Abdelal/Blyth/Parsons 2005: 12–13). Da die Konstitutionsprozesse von Interessen und Zielsetzungen vor dem Hintergrund des jeweiligen politisch-kulturellen und ideell strukturierten Rahmens erfolgen, wurde der Faktor „politische Kultur" (Feld 1) nicht als Teil der „Handlungsspielräume" (Feld 3), sondern den „(wirtschafts-)politischen Zielsetzungen" des Entscheidungspersonals (Feld 2) theoretisch und zeitlich vorgelagert konzipiert.[52]

Die Theorie Laclaus weist ungeachtet ihrer eben dargelegten Stärken auch einige Schwachstellen auf, die die in diesem Kapitel vorgenommene Theoriesynthese rechtfertigen. Erstens betrifft das aufgrund des idealistisch-konstruktivistischen Charakters der Theorie eine Unterkonzeptualisierung materieller Aspekte und Phänomen wie zum Beispiel der realen Handlungsmöglichkeiten relevanter Akteure. Zur Analyse Letzterer wurde daher die materialistische Regulationstheorie in das Theoriensetting bzw. das Synthesemodell mitaufgenommen. Zweitens ist an dieser Stelle auf ein unterkomplexes Verständnis von Präferenzbildungsprozessen hinzuweisen, die primär über die Abgrenzung gegenüber einem Gegen- bzw. Feindbild erfolgen. Eine dritte Schwachstelle der Theorie besteht in der eindimensional geratenen Akteurskonzeption, die bereits im dahingehenden Theoriekapitel insofern aufzubrechen versucht wurde, als die relevanten Akteure mit einer gewissen Diskursmacht und daher Handlungsautonomie rekonzeptualisiert wurden. Nichtsdestoweniger wurden aufgrund der zweiten und dritten Schwachstelle der Theorie Laclaus die konstruktivistischen Ansätze aus der IPÖ in das Synthesemodell integriert.

---

[52] Die im Rahmen der politischen Kultur analysierte populistische Identitäts- und Legitimationspolitik ist insofern auch Machtpolitik, als sie gewisse Agenden, Visionen und Zielsetzungen diskursiv legitimiert. Diesen Aspekt, der einen Teil der „Handlungsspielräume" (Feld 3) bzw. der „Machtverhältnisse" (Feld 3.1) darstellt, symbolisiert im Modell ein Pfeil von der „politischen Kultur" (Feld 1) zu den „Machtverhältnissen" (Feld 3.1). Ungeachtet dessen zeichnen sich die anderen unter Feld 3 analysierten Aspekte der Handlungsspielräume dadurch aus, dass sie zwar einen Handlungskorridor vorgeben, innerhalb dessen sich die „(wirtschafts-)politischen Zielsetzungen" (Feld 2) materialisieren können, aber über die idealistischen, ideell bedingten Interessen und Zielsetzungen und deren Konstitutionsprozesse wenig aussagen können. Da sich dies mit der „politischen Kultur" (Feld 1) anders verhält, wird sie im Synthesemodell gesondert konzipiert und den „(wirtschafts-)politischen Zielsetzungen" (Feld 2) vorangestellt.

2.4.1.3 Faktor: (Wirtschafts-)politischen Zielsetzungen des Entscheidungspersonals

Eine zentrale Position im Modell nehmen die „(wirtschafts-)politischen Zielsetzungen" des Entscheidungspersonals (Feld 2) ein, denn sie stellen einen der Faktoren für die „wirtschaftspolitischen Strategien" (Feld 4), d. h. das Explanandum, dar. Ferner fungiert dieser Faktor – wie oben dargelegt – als Zwischenglied zwischen der „politischen Kultur" (Feld 1) und dem Explanandum.

Die theoretische Herleitung dieses Faktors beruht auf den Ausführungen zum Konstruktivismus in der IPÖ. Die dort erläuterten Ausführungen bezogen sich auf den Terminus bzw. den Theoriebaustein „Interessen". Im Rahmen dieser Arbeit werden die Interessen des Entscheidungspersonals jedoch weitgehend deckungsgleich zu den „(wirtschafts-)politischen Zielsetzungen" konzeptualisiert. Denn Interessen werden in der Folge gemäß Oatley (2006: 12) definiert als „the goals or policy objectives that the central actors in the political system and in the economy [...] want to use [...] economic policy to achieve". Der Unterschied besteht im Nexus zwischen Theorie und Praxis, d. h. der Terminus „Interesse" stellt einen konzeptionellen und analytischen Baustein in der konstruktivistischen Theorie dar, während der Begriff der „(wirtschafts-)politischen Zielsetzungen" eine handlungsleitende empirische, also praktische Funktion innehat.

Diesbezüglich ist von Relevanz, dass die Interessen – nach konstruktivistischer Lesart – in Abhängigkeit des gegenseitigen Konstitutionsverhältnisses von Akteur und Struktur gedacht und konzeptualisiert werden. Denn gesellschaftliche Strukturen konstruieren bzw. konstituieren Akteure als (politische) Subjekte, indem sie ihnen über einen intersubjektiven sozialen und kulturellen Sinn- und Bedeutungsgehalt eine spezifische Identität und damit zusammenhängende Interessen vermitteln (Risse 2003: 105). Im Gegenzug (re-)produzieren Akteure ihr gesellschaftliches, strukturelles Umfeld durch ihre Handlungen. Wie sich Akteure in konkreten Situationen verhalten, hängt davon ab, wie sie diese sie umgebenden gesellschaftlichen Strukturen interpretieren. Vor diesem Hintergrund werden die Wahrnehmungen und Weltbilder der untersuchten Akteure relevant (Weller 2005: 48). „How actors behave – the strategies they consider [...] and the policies they formulate – reflects their understanding of the context in which they find themselves" (Hay, zit. nach: Jessop 2010: 49). Dies ist im Hinblick auf die Genese von spezifischen Interessen bzw. (wirtschafts-)politischen Zielsetzungen von Bedeutung, die Akteure mit den im Zitat erwähnten „Strategien" und „Politiken" umzusetzen versuchen.

Die im Zusammenhang mit der politischen Kultur gefällte Annahme multipler Versionen von Realitäts- und Identitätskonstruktionen bedingt grundsätzlich

2.4 Das synthetische Modell zur Wirtschaftspolitikanalyse ...

auch ein veränderbares, kontext- und akteursspezifisches Set von Interessen[53] bzw. (wirtschafts-)politischen Zielsetzungen. In diesem Zusammenhang dienen die konstruktivistischen Ansätze aus der Internationalen Politischen Ökonomie zur kontextsensitiven Analyse dieser spezifischen (wirtschafts-)politischen Zielsetzungen des Entscheidungspersonals. Denn sie können gemäß der verwendeten konstruktivistischen Ansätze, im Gegensatz zu rationalistischen Vorgehensweisen, weder in Abhängigkeit der strukturellen Position der Akteure gedacht, noch ex post bzw. rückwirkend aus deren Verhalten heraus bestimmt werden. Genausowenig werden sie rein materiell im Sinne von (egoistischen) Macht- oder Bereicherungsaspekten begriffen.[54]

Für die Ausbildung der (wirtschafts-)politischen Zielsetzungen spielt die „politische Kultur" (Feld 1) eine wichtige Rolle, da sie aufgrund der gesellschaftsinhärenten Polarisierungen und Antagonismen eine inhaltliche Stoßrichtung vorgibt. Auch die „Handlungsspielräume des Entscheidungspersonals" (Feld 3) sind dahingehend insofern von Relevanz, als sie einen Möglichkeitsraum abstecken bzw. einen Handlungskorridor zur Materialisierung der jeweiligen Zielsetzungen vorgeben. Veränderungen in den (wahrgenommenen) Handlungsspielräumen wirken sich insofern indirekt auf die Interessens- bzw. Zielsetzungsformierung aus, als sie – je nach Veränderung – moderatere oder ambitioniertere zukünftige Ziele ermöglichen. In der empirischen Analyse wurde das in der Unterteilung der jeweiligen Prozesse in drei Phasen berücksichtigt. Nichtsdestoweniger werden die Handlungsspielräume in der empirischen Analyse isoliert untersucht. Damit ist die Intention verbunden, in der Analyse des Faktors „(wirtschafts-)politische Zielsetzungen des Entscheidungspersonals" (Feld 2) den Fokus auf die jeweiligen ideellen Faktoren, d. h. Wahrnehmungen, Interpretationen etc., zu legen, um darüber die spezifischen (Entwicklungs-)Vorstellungen und Visionen der relevanten Akteure möglichst ‚störungsfrei' in den Blick nehmen zu können. Vereinfacht gesagt geht es bei den Faktoren „politische Kultur" (Feld 1) und „(wirtschafts-)politische

---

[53] Wendt (1996: 232) unterscheidet objektive und subjektive Interessen: „[N]eeds are "objective" in the sense that they exist even if the [...] government is not aware of them [...]. The concept of *subjective* interests refers to those beliefs that actors actually have about how to meet their identity needs, and it is these which are the proximate motivation for behavior."

[54] Solche Fragen spielen zwar ebenfalls eine Rolle, werden jedoch aus drei Gründen vernachlässigt: Erstens müssen ‚materielle' Anreize oder Interessen nach einem konstruktivistischen Verständnis durch einen ideellen, d. h. kognitiven und interpretativen, Filter hindurch analysiert werden. Zweitens bestehen hinsichtlich Aspekten der Macht oder der materiellen Bereicherung große Ähnlichkeiten zwischen den hier behandelten Untersuchungsfällen. Damit geht schließlich einher, dass sich dahingehende Interessen bzw. Zielsetzungen in der Erklärung des Explanandums als nicht prioritär erweisen.

Zielsetzungen" (Feld 2) zusammengenommen um eine Analyse des (diskursiven) Raums des Denk-, Sag- und politisch Verhandel- bzw. Forderbaren. Das sagt jedoch – womit einige Schwachstellen der konstruktivistischen Ansätze der IPÖ angesprochen werden – nichts bzw. wenig über den Raum des tatsächlich Machbaren, d. h. die Umsetzbarkeit dieser Zielsetzungen, aus. Dahingehend erweisen sich die konstruktivistischen Ansätze aufgrund ihres nicht-materialistischen und stattdessen idellen und diskursorientierten Fokus als defizitär. Dem liegt wiederum eine philosophische Selbstverortung zugrunde, die auf einem unterkomplexen, anachronistisch anmutenden Verständnis von Materialismus basiert. Verbindungen zwischen materialistischen und konstruktivistischen Theorien – vgl. hierzu zum Beispiel den Ansatz der kulturellen politischen Ökonomie (Jessop/Sum 2013) – wie auch diejenige zwischen rationalistischen und konstruktivistischen Theorien (Fearon/Wendt 2002; Risse 2003) können – trotz (tendenzieller) ontologischer Inkommensurabilität – mit Blick auf die Empirie wichtige Erkenntnisse liefern. Dieser Weg soll auch mit dem in diesem Kapital entworfenen Synthesemodells beschritten werden. Ein weiteres Defizit besteht darin, dass die konstruktivistischen Ansätze kein konsistentes Theoriegebäude darstellen und die Operationalisierbarkeit einer genauern Klärung bedarf. In diesem Kapitel und mit dem Synthesemodell ist daher der Versuch verbunden, dieses Defizit auszuräumen.

2.4.1.4 Faktor: Handlungsspielräume des Entscheidungspersonals

Sowohl die populismustheoretisch erweiterte Diskurs- und Hegemonietheorie Ernesto Laclaus als auch die konstruktivistischen Ansätze aus der IPÖ kennzeichnet eine konzeptionelle Vernachlässigung materieller Phänomen und Faktoren. Dieses Defizit soll im Folgenden behoben werden. Konkret geht es darum, den mit diesen Theorien analysierten Raum des Denk-, Sag- und politisch Verhandel- bzw. Forderbaren mit demjenigen des Mach- und Umsetzbaren konzeptionell zu verbinden. Daher stellen im Synthesemodell die „Handlungsspielräume" des Entscheidungspersonals (Feld 3) den letzten Faktor in der Erklärung der „wirtschaftspolitischen Strategien" (Feld 4) dar. Dieser Faktor wird unterteilt in drei weitere (Sub-)Faktoren. Den ersten dieser Faktoren stellen die „Machtverhältnisse" (Feld 3.1) dar, die über die Entscheidungs- und Gestaltungsmacht der Regierungen bzw. der verantwortlichen Akteure im Rahmen des jeweiligen politischen Systems und über den Einfluss wichtiger Vetospieler in Politik, Wirtschaft und Medien Aufschluss geben. Ferner werden die „strategischen Selektivitäten" des Staates und der damit einhergehende, die Regierung stützende Machtblock analysiert. Des Weiteren können in diesem Kontext auch identitätspolitische

2.4 Das synthetische Modell zur Wirtschaftspolitikanalyse ...

Schritte, die zu Legitimationszwecken vorgenommen werden, analysiert werden. Der zweite Faktor sind (etwaige) „Ressourcen" (Feld 3.2). Dieser Faktor bezieht sich auf potentielle (Renten-)Einnahmen aus dem Rohstoffgeschäft, die Verfügungsmacht über diese Einnahmen und die finanziellen Spielräume, die für politische Programme und Projekte (aber auch für die der Schaffung und Aufrechterhaltung klientelistischer Abhängigkeitsverhältnisse) verwendet werden können. Der letzte der drei Faktoren betrifft den Typus der „Weltmarkteinbindung" (Feld 3.3). In diesem Zusammenhang ist von Interesse, wie sich die jeweiligen Volkswirtschaften in die regionalen und internationalen Handels- und Finanzstrukturen integrieren, welche Positionen die Unternehmen in den dahingehenden Produktionsstrukturen und Wertschöpfungsketten einnehmen und welche Konsequenzen sich daraus für Politik und Regierungen ergeben. Zum Beispiel geht bei einer nach (neo-)liberalen Vorgaben erfolgten Eingliederung in die Regional- und Weltwirtschaft eine Öffnung der Volkswirtschaft einher. Diese setzt den Regierungen und deren arbeitsmarkt-, steuer- und wirtschaftspolitischen Gestaltungsmöglichkeiten aufgrund des Wettbewerbs hinsichtlich Steuern, Sozial- und Umweltstandards (*race to the bottom*) in der Regel enge Grenzen. Darauf basierend werden die regionalen und internationalen Gestaltungsmöglichkeiten der Regierungen analysiert.

Alle drei (Sub-)Faktoren werden mit den Theoriebausteinen der Regulationstheorie untersucht. Zwei der Defizite Letzterer wurden bereits im dahingehenden Kapitel weitgehend ausgeräumt. Es handelt sich hierbei um eine konzeptionelle Inkorporation 1. der Relevanz von Rohstoffen für die Akkumulationsdynamik und 2. der (Handlungs-)Autonomie des Staates bzw. der Exekutive. Hinsichtlich des letzten Aspekts erweist sich die Verbindung mit den konstruktivistischen Ansätzen der IPÖ insofern als gewinnbringend, als die „(wirtschafts-)politischen Zielsetzungen" des Entscheidungspersonals (Feld 2) Erkenntnisse liefern, wofür bzw. wohingehend die (Handlungs-)Autonomie des Staates bzw. der Exekutive – sofern sie denn vorliegt – genutzt wird. Als dritte Schwäche der Regulationstheorie wurden offene Fragen bezüglich der Operationalisierung und eine Konkretisierung der analytischen Vorgehensweise vorgebracht. Mit den in diesem Kapitel und Synthesemodell getätigten Ausführungen ist der Versuch verbunden, diese Schwäche zu beheben.

2.4.2 Methoden

2.4.2.1 Forschungsparadigmatische Selbstverortung

Die Arbeit erfolgt innerhalb der Disziplin der Politischen Ökonomie. Eine damit einhergehende Vorgehensweise besteht darin, die Sphären von Politik und Wirtschaft nicht (voneinander) isoliert zu betrachten, sondern in ihrem komplexen Zusammenspiel interdisziplinär und makroperspektivisch zu untersuchen. Damit geht einher, dass – wie oben bereits erwähnt – die zur Wirtschaftspolitik gehörenden Bereiche weit gefasst werden, d. h. neben Aspekten der Ordnungs-, Struktur- und Prozesspolitik auch sozialpolitische, entwicklungspolitische und institutionelle Charakteristika berücksichtigt werden. Das Forschungsparadigma weist sowohl rationalistische als auch konstruktivistische Aspekte auf.[55] Einerseits wird das (wirtschaftspolitische) Handeln innerhalb von strukturellen Einschränkungen untersucht, was rationalistischen Vorgehensweisen entspricht. Andererseits werden die akteursspezifischen Zielsetzungen im Gegensatz zum Rationalismus nicht als exogen vorausgesetzt, sondern gemäß einer konstruktivistischen Logik endogenisiert, d. h. konzeptualisiert und analysiert.

Die Arbeit folgt einem moderaten Post-Positivismus. Damit wird eine Wissenschaftsphilosophie bezeichnet, die die „erkenntnistheoretisch problematischen Prämissen eines Empirismus überwinden möchte, ohne jedoch [gänzlich, R.P.] auf intersubjektiv nachprüfbare, auf verallgemeinernde Wissensproduktion zu verzichten" (Scherrer 2003: 479). Die Grenzen positivistischer Forschung zeigen sich im Rahmen dieser Arbeit z. B. daran, dass nicht abschließend geklärt werden kann, welcher einzelne der in dieser Arbeit behandelten Faktoren in der Erklärung des Explanandums letztendlich ausschlaggebend sein wird. Denn um dies herauszufinden zu können, müssten die Faktoren zunächst voneinander isoliert werden und dann analysiert werden, inwiefern Veränderungen eines einzelnen Faktors eine Veränderung des Explanandums nach sich zieht. Hierzu müssten jedoch die anderen Faktoren retrospektiv konstant, d. h. unverändert, gehalten werden (*ceteris paribus*), was nicht nur nicht möglich, sondern im Sinne einer interpretativen Analyse auch nicht zielführend wäre. Vielmehr muss das Zusammenspiel der Faktoren beleuchtet werden, um eine sinngerechte Beantwortung der Leitfrage gewährleisten zu können. Die Untersuchung erfolgt ferner mehrebenenanalytisch – Struktur- und Akteursebene, Ebene der Innen- und Außenpolitik – und wird sich teilweise an empirisch-analytischen, teilweise an hermeneutisch-interpretativen Methoden

---

[55]Zu möglichen Verbindungen zwischen Konstruktivismus und Rationalismus: vgl. Fearon und Wendt (2002) und Risse (2003).

orientieren. Zudem weist die Arbeit auch eine prozessuale Ebene auf, d. h. es werden innerhalb der zwei Untersuchungsfälle verschiedene Phasen inklusive interner Dynamiken untersucht, um die Unterschiede in den Wirtschaftspolitiken adäquat nachzeichnen und analysieren zu können. In den folgenden Absätzen werden die analytische Vorgehensweise und die zu verwendenden Theoriebausteine und Methoden näher erläutert.

2.4.2.2 Faktoren: Politische Kultur und (wirtschafts-)politischen Zielsetzungen des Entscheidungspersonals

Den ersten Faktor bildet die „politische Kultur" (Feld 1). Die Analyse wird sich dabei in loser Form an den folgenden drei Indikatoren orientieren: 1. gesellschaftliche und identitätsstiftende Polarisierung[56], 2. Existenz und Ausprägung von (auf Antagonismen basierender) Identitätspolitik, 3. Ablehnung des Status quo bzw. Existenz einer Transformationsdisposition in Bevölkerung und Politik. Relevante gesellschaftliche Polarisierungen (Indikator 1) können zum einen über den Governance-Index des Bertelsmann Transformations-Indexes[57], zum andern über eine Dokumentenanalyse untersucht werden. Da Letztere auch für den Faktor „(wirtschafts-)politische Zielsetzungen" des Entscheidungspersonals (Feld 2) von Relevanz ist, wird die Methodik dort näher erläutert. Methodisch sind hierbei Zeiten der Unsicherheit, Krisen und Umwälzungen als *focusing events* von besonderer Bedeutung, da sich in diesen Zeiten sozioökonomische Ungleichheiten und Polarisierungen und damit (neue) gesellschaftliche (und politische) Bruch- und Konfliktlinien akzentuieren. Diese können wiederum – je nach Grad der gesellschaftlichen Sinn- und Orientierungssuche – eine politisch motivierte Identitätspolitik (Indikator 2) und eine Ablehnung der bestehenden wirtschaftlichen, politischen und gesellschaftlichen Ordnung (Indikator 3) begünstigen. Methodisch lassen sich diese Aspekte v. a. mithilfe einer Dokumentenanalyse (vgl. unten) untersuchen, zur Analyse des Indikators 3 wird zudem das Wahlverhalten der jeweiligen Bevölkerungen untersucht und ferner Primär- und Sekundärliteratur ausgewertet.

Die Analyse des Faktors „(wirtschafts-)politische Zielsetzungen" des Entscheidungspersonals (Feld 2) wird sich an den beiden Indikatoren 1. Problemdiagnose und 2. Problemlösung(en) gemäß des Entscheidungspersonals orientieren.[58] In

---

[56] Polarisierung wird in der Folge definiert als „a situation in which two leading forces compete politically by moving increasingly in opposite directions ideologically, discursively, and policy-wise" (Corrales 2011: 68).
[57] https://www.bti-project.org/de/startseite/
[58] Dieses Vorgehen ist zum einen angelehnt an Viehövers (2006: 197) „Episoden der Problemerzählung", d. h. 1. Problem, 2. Problemursache, 3. Problemfolgen, 4. Problemlösungen, 5.

diesem Zusammenhang spielen die im Kapitel über die konstruktivistische IPÖ erörterten Basiskonzepte eine wesentliche Rolle. Konkret bezieht sich das auf Zeiten der Unsicherheit als *focusing events,* da in solchen Momenten zum einen der Aufstieg neuer Akteure, Ideen, Interpretations- und Kognitionsmuster sowie politischer Identitäten und zum anderen gesellschaftliche Neu- bzw. Umordnungen erfolgen können. Diese Aspekte manifestieren und akzentuieren sich wiederum in den beiden oben genannten Indikatoren. Zur dahingehenden Analyse wird methodisch eine Dokumentenanalyse verwendet.

Exkurs Dokumentenanalyse

Die in dieser Arbeit angewendete Dokumentenanalyse ist eine methodisch an die Diskursanalyse angelehnte, hermeneutisch-interpretative Textanalyse. Auf Basis der Sprache als „wirklichkeitsdefinierendes und wirklichkeitsveränderndes Regelsystem" (Dunn/Mauer 2006: 189), bezeichnen Diskurse eine „Denk- und Sprechpraxis" (Dunn/Mauer 2006: 192) bzw. „*bedeutungskonstituierende Ereignisse* bzw. *Praktiken* des Sprach- und Zeichengebrauchs" (Keller 2007: 62, Hervorhebungen im Original), „die systematisch die Gegenstände bilden, von denen sie sprechen" (Foucault 1988: 74).[59] Hierauf basierend liefert die Dokumentenanalyse ein methodisches Instrumentarium zur Erhebung dieser (Realitäts-)Konstruktionen, indem sich mit ihrer Hilfe typische und wiederkehrende Diskurselemente und dominante Argumentationslinien (Diskursstränge) inklusive spezifischer Subjektpositionen ausmachen lassen, die Rückschlüsse auf die Akteure (Träger bzw. Stifter und Adressat der Diskurse), die konstruierten Identitäten[60] (und die sich darin spiegelnden strukturellen Aspekte) und die spezifischen Interessen bzw. Zielsetzungen erlauben

---

Positive/negative Konsequenzen, 6. Legitimierende Leitbilder und Prinzipien, und zum anderen an Kellers (2007: 99–100) Phänomen- bzw. Problemstruktur, d. h. 1. Art des Problems, 2. kausale Zusammenhänge (Ursache-Wirkung), 3. Verantwortung/Zuständigkeiten (wer ist verantwortlich?), 4. Problemlösung, 5. Selbst- und Fremdpositionierung (Subjektpositionen) und 6. Wertungen.

[59]In der „Materialisierung" von Diskursen zeigt sich deren performative Wirkung, d. h. die Verbindung von diskursiver und materieller/tatsächlicher Ebene.

[60]Abdelal et al. (2001: 8) beschreiben drei theoretische Wege, wie Identitäten das Verhalten beeinflussen können: Nach einer ersten „Theorie der Interpretation"... „action still flows from material or social incentives, but identity affects the valuation of incentives." Zweitens wird Verhalten basierend auf der *social identity theory* in Abhängigkeit zu anderen Gruppen gedacht: „[A]ction is [...] a reaction to, and conditioned by the existence of, those who are different." Drittens und an die *role theory* anknüpfend ist Verhalten „more or less consistent with actors' role expectations flowing from identities [...], the reasons to act in a particular way are found in a decision to perform a role, not in a decision to choose [...]."

2.4 Das synthetische Modell zur Wirtschaftspolitikanalyse ...

(Dunn/Mauer 2006; Keller 2007). Von konkreter Relevanz ist in diesem Zusammenhang die Wirkungsdimension der Diskurse, d. h. es kommt hierbei weniger auf die inneren oder ‚wahren' Beweggründe der untersuchten Akteure an, sondern auf die im Diskurs verankerten und durch ihn kommunizierten Ideen (Dunn/Mauer 2006: 198; Epstein 2010: 183–184). Denn es sind diese diskursiv vermittelten Ideen, die sich in der (Wahl-)Bevölkerung sukzessive verankern, und es ist die mit diesen Ideen einhergehende Agenda bzw. Politik, die von der Bevölkerung qua Wahl mandatiert wird.

Die Zielsetzung der Dokumentenanalyse besteht darin, Diskursstränge, d. h. dominante Diskurs- und Argumentationsmuster, zu extrahieren. Diese Diskursstränge sind insofern von Relevanz, als in ihnen Elemente des Mangels, d. h. eine spezifische Problemwahrnehmung bzw. -diagnose, und darauf basierende (Problem-)Lösungen thematisiert werden. Problemdiagnose und Problemlösungen bilden die zwei Indikatoren, an denen sich die Analyse der akteursspezifischen (wirtschafts-)politischen Zielsetzungen orientieren. Ferner lassen sich darüber Rückschlüsse auf identitäre Aspekte oder ganze Identitätsmuster ziehen. Innerhalb der Diskursstränge können ferner Subjektpositionen ausgemacht werden, die wiederum über Selbst- und Fremdwahrnehmung Auskunft geben.

Zur konkreten Analyse der Diskurse und der Extraktion von dominanten Diskurs- und Argumentationsmustern wird in der Folge ein Kodiersystem verwendet, dass an die populismustheoretisch erweiterte Diskurs- und Hegemonietheorie Ernesto Laclaus anknüpft. Über die Analyse der „leeren Signifikanten"[61], d. h. diskursiv bzw. begrifflich vermittelter Forderungen, können die oben genannten Aspekte eruiert werden, d. h. 1. die jeweiligen (wirtschafts-)politischen Zielsetzungen der Akteure, 2. die jeweiligen Identitäten (Selbst-, Gegen- und Feindbilder)[62],

---

[61] Ellner (2013b: 77) z. B. analysiert ebenfalls mithilfe der „leeren Signifikanten" von Laclau die einigende Funktion der Reden bzw. Begriffe Chávez´. Der Autor dieser Arbeit hat in seiner Magisterarbeit aus dem Jahr 2011 bereits eine ähnliche Diskurs- bzw. Dokumentenanalyse vorgenommen.

[62] Nach Bonacker und Bernhardt (2006: 230) sollten bei der Analyse von Identitäten zum einen die Relationen bzw. Differenzen zwischen Akteuren, zum andern „die Prozesshaftigkeit der Entstehung sozialer Identitäten und Subjekte sowie politischer Konzepte und Rationalitäten" hervorgehoben werden.

Abdelal et al. (2001: 18) stellen in diesem Zusammenhang folgende Fragen an den Diskurs: „How do informants "talk" about their identity and that of others?"; „What identity categories do they use to order their "world"?"; „What roles are considered appropriate to each category?"; „What metaphors and analogies are used to describe these categories?".

und 3. Subjektpositionen, d. h. begrifflich-diskursiv konstituierte und (mitunter) strategisch besetzte Orte im Diskurs.[63] Die Bestimmung dieser Signifikanten erfolgt über ein hermeneutisch gewonnenes, sukzessiv wachsendes Verständnis der jeweiligen Diskurse. Sobald wiederkehrende Diskurs- und Argumentationsmuster ausgemacht werden können, werden diese mit einem dazu passenden Signifikanten kodiert. Anschließend können basierend auf diesem Verständnis weitere Dokumente analysiert, Veränderungen im Kodiersystem vorgenommen und folglich spezifischere Details extrahiert werden. Die Dokumente (Reden, Protokolle usw.) wurden alle vom Autor dieser Arbeit übersetzt.[64] Es wird in den zu untersuchenden Zeiträumen – die in beiden zu analysierenden Fällen mindestens 10 Jahre betragen – von wandelbaren diskursiven Charakteristika und darauf basierend von veränderbaren Identitäten, Zielsetzungen und Subjektpositionen auszugehen sein.

Generell werden für die Dokumentenanalyse folgende Dokumente herangezogen: Entwicklungspläne, Regierungserklärungen, (präsidentielle) Reden und offizielle Statements.[65] Der Fokus liegt diesbezüglich zum einen auf einschneidenden Ereignissen (*focusing events*) wie Wahlkämpfe, Wahlen, Großprojekte, (internationalen) Verhandlungen und Krisensituationen und zum anderen auf den politisch relevanten, diskursstiftenden Akteuren bzw. auf dem Entscheidungspersonal.

---

[63] Dieses an den leeren Signifikanten angelehnte Kodiersystem eignet sich nach Ansicht des Autors besser als andere Kodiersysteme, weil sich darüber die zentrale Anti-Dimension fassen lässt. Diese Dimension ist charakteristisch für Diskurs und Handeln zumindest von populistischen Anti-Bewegungen. Gerade für den venezolanischen Fall wird dies von Relevanz sein, da sich Identitäten gemäß Laclau gerade um diese leeren Signifikanten herum konstituieren. Denn sie repräsentieren in gebündelter (terminologischer) Form die unbefriedigten, gesellschaftlichen Forderungen und geben Hinweise über Problemwahrnehmung und -lösungen.

[64] Aufgrund der unterschiedlichen sprachlichen Strukturen und Ausdrucksweisen im Deutschen und im Spanischen bzw. Portugiesischen ist eine wörtliche Übersetzung in vielen Fällen nicht möglich, weswegen dann sinngemäß übersetzt wurde.

[65] Im Rahmen dieser Arbeit und Analyse wurde auf Experteninterviews verzichtet. Das hängt 1. mit dem großen Zeitaufwand und 2. mit einem geringen vom Autor dieser Arbeit erwarteten Mehrwert zusammen. Letzteres liegt darin begründet, dass die gewählten Quellen ausreichend Material darstellen und dass gerade im stark präsidentialistisch und teils zentralistisch (v. a. Venezuela) geprägten Lateinamerika die interessanten und relevanten Gesprächspartner zum Beispiel aufgrund der Positionshöhe schwer zu erreichen sind.

2.4 Das synthetische Modell zur Wirtschaftspolitikanalyse ...

Im venezolanischen Fall orientiert sich die Dokumentenauswahl primär an den Wirtschafts- und Sozialplänen, da sie Probleme, Zielsetzungen und konkrete politische Maßnahmen der Regierungen benennen und ausführen. Aufgrund der personellen Relevanz innerhalb der Bolivarischen Revolution orientiert sich die Dokumentenauswahl ferner an den beiden Präsidenten, v. a. aber am verstorbenen Ex-Präsidenten Hugo Chávez. Dieterich (2006: 12–13) bezeichnete ihn als „Gravitationszentrum" des revolutionären Prozesses in Venezuela. „Wenn er aus gesundheitlichen Gründen oder wegen eines Attentats seine Arbeit nicht fortsetzen könnte, dann würde der Prozess fraglos kollabieren" (ebd.). Diese enge Fokussierung ist ferner dadurch gerechtfertigt, dass Chávez unabhängig von den traditionellerweise stark ausgeprägten Richtlinienkompetenzen der venezolanischen Exekutive[66] seit seinem Amtsantritt eine sukzessive Ausweitung seiner Befugnisse vornahm (was in der empirischen Analyse vertieft wird). Castro (2012: 227) spricht gar von einer „totalitären Kontrolle der Macht" durch Chávez, dessen Hegemonie sich über alle politischen, wirtschaftlichen und gesellschaftlichen Bereiche erstreckte. Als Konsequenz hiervon war Chávez in den folgenden, im Rahmen dieser Arbeit relevanten, Bereichen federführend: 1. in der Konzeptualisierung und Ausarbeitung der programmatischen bzw. ideologischen Grundlagen der Bolivarischen Revolution und des Sozialismus des 21. Jahrhunderts (López Maya 2012: 276–277, Fußnote 2; Méndez Losi 2015: 72); 2. in der Innenpolitik (Maihold 2008: 5); 3. in der Außenpolitik (ebd.; McCarthy/Turner 2011); sowie 4. in der Wirtschaftspolitik, z. B. mittels des Rechts, die Entwicklungspläne zu formulieren und deren Aus- bzw. Durchführung zu leiten (RBRV 2009: Art. 236, Sektion 18; Serrano Mancilla 2015: 288) und über die sukzessive Kontrolle der wirtschaftspolitischen Kompetenzen (Geld-, Fiskal-, Währungs-, Industriepolitik etc.). Das hat sich auch nach Chávez´ Tod nicht geändert, denn innerhalb der chavistischen Bewegung gilt das Wort des verstorbenen Revolutionsführers und Ex-Präsidenten (Reichenbach 2015: 6). Ferner baute Chávez seit einem von vielen privaten Medienanbietern unterstützten, jedoch fehlgeschlagenen Putschversuch gegen seine Person und Regierung im Jahr 2002 eine starke, staatlich gestützte mediale Gegenpräsenz zu den privaten Anbietern auf und erweiterte diese permanent (Cabrera/Silva Ferrer 2011). Das ist insofern von Relevanz, als Chávez in der Folge einen beträchtlichen Teil der kommunikativen Zugangswege (TV, Radio) zur venezolanischen Bevölkerung und hier besonders zu den ärmeren bzw. unteren Bevölkerungs- und damit Wählerschichten kontrollierte (Diehl 2005: 73–74) und damit eine Diskurshoheit innehatte.

---

[66]Venezuela zeichnete sich schon vor Chávez durch einen „extremen Präsidentialismus" aus (Peeler 2007: 26).

Generell kennzeichnete den politischen Stil des „Telepresidente" (Ulloa 2017: 299) Chávez ein „Regieren durch Kommunizieren" (Welsch/Briceño 2011: 109). Neben den Entwicklungsplänen, den Inaugurationsreden und Regierungserklärungen sind daher v. a. die präsidentiellen Statements im Rahmen der Sendung *Aló Presidente* hervorzuheben. Die Sendung nahm in der Entscheidungsfindung, -verkündung, und -erläuterung eine besondere Stellung ein (Azcargorta/Paulus 2011: 159; Cabrera/Silva Ferrer 2011: 360; Zúquete 2008: 116). Die Sendung war eine „sechsstündige Mischung aus Bibelstunde, politischer Schulung, Phone-in und volkstümlicher Witzelei", in der Chávez als „Moderator, Hauptdarsteller und Alleinunterhalter" (Luyken 2002) auftrat. Darin wendete sich Chávez direkt, unter Umgehung institutioneller Wege an den Zuschauer und -hörer und beantwortete zugeschalteten Anrufern Fragen rund um seine Politik. Ferner „fungiert[e] die Sendung als ideologischer Vermittler und Herzstück des Regierungsapparates" (Cabrera/Silva Ferrer 2011: 360) und hatte Kabinetts- und Parlamentsdebatten weitgehend ersetzt bzw. die Öffentlichkeitsfunktion des Parlaments größtenteils übernommen (Luyken 2002).[67]

Alle Reden, Statements und Ausführungen Chávez' sind auf der Internetseite https://www.todochavezenlaweb.gob.ve/todochavez/ einsehbar. Die Auswahl der Reden spielt im venezolanischen Fall eine untergeordnete Rolle. Es wurde diesbezüglich zwar auf einschneidende Ereignisse (*focusing events*) geachtet. Da aufgrund des stark partizipativ ausgerichteten Demokratietypus jedoch de facto eine Situation des permanenten Wahlkampfs erwirkt wurde, änderten sich die chavistischen Diskurse beispielsweise vor Wahlen und Referenden in nur insignifikanter Weise. Bedeutende diskursive Veränderungen im Zeitverlauf werden – sofern relevant für die anschließende Analyse – kenntlich gemacht, kontextualisiert und ausgeführt.

Im brasilianischen Fall bezieht sich die Dokumentenauswahl primär auf drei Arten von Dokumenten: 1. auf die Regierungsprogramme, die im Wahlkampf präsentiert wurden, 2. auf wichtige Reden (z. B. die Inaugurationsreden als Präsident) und 3. auf die Mehrjahres- bzw. Entwicklungspläne der Regierungen. Die Relevanz dieser Dokumente besteht darin, dass in ihnen Agenda, Richtlinien und damit (wirtschafts-)politische Zielsetzungen erläutert werden. Besondere Aufmerksamkeit genießen in diesem Zusammenhang die Entwicklungspläne, in denen detailliert auf die wirtschaftlichen, sozialen und politischen Ziele der Regierung – den großen Zielsetzungen, spezifischeren (quantitativen und qualitativen) Zielen und konkreten

---

[67] Des Weiteren eignet sich die Sendung als Quelle, da es aufgrund der stark polarisierten Berichterstattung über Chávez fast keine Quellen gibt, die das Verhältnis des Präsidenten zu seiner (Wahl-)Bevölkerung realitätsgetreu zu fassen vermögen (Diehl 2005: 73–74).

2.4 Das synthetische Modell zur Wirtschaftspolitikanalyse ...

politischen Aktionen und Maßnahmen – innerhalb der jeweiligen Legislaturperiode eingegangen wird (Cardoso Jr./Melo 2011: 13).[68] Gemäß Eigenbeschreibung, konkret: derjenigen des Ministeriums für Planung, Budget und Verwaltung, stellt der Entwicklungsplan (für die Jahre 2004 bis 2007) das „Kernstück der sozialen und wirtschaftlichen Planung der Regierung" (MPOG 2003: 13) dar. Im Entwicklungsplan werden das „Regierungsprojekt" und damit das „Gesicht der Regierung" (GOPSS 2004: 1) deutlich. In der Auswahl der Dokumente spielt auch der Zeitfaktor eine Rolle. Die hier genannten Dokumente sind zeitlich jeweils zu Beginn der Legislaturperioden angesiedelt, verdeutlichen damit also die strategischen Zielsetzungen der jeweils folgenden Jahre bzw. der jeweiligen Amtsperiode der Regierung.

Ferner wurde die Dokumentenauswahl auch von der Frage der Urheber geleitet. Da der primäre Zweck der Dokumentenanalyse in der Eruierung der (wirtschafts-)politischen Zielsetzungen des Entscheidungspersonals besteht, werden nur Dokumente dieser Gruppe von relevanten Personen verwendet. Das bezieht sich auf die Arbeiterpartei PT, d. h. die Partei Lula da Silvas, auf den Akteur Lula selbst sowie auf in diesem Kontext wichtige Instanzen (Ministerien, Organisationen oder Institutionen). Besondere Relevanz gebührt dem Präsidentschaftskandidaten und späteren Präsidenten Lula (und nach ihm der Präsidentin Rousseff) selbst. Und zwar nicht nur deshalb, weil der Präsident in den präsidentiellen Regierungssystem in Lateinamerika generell eine starke Stellung besitzt, sondern weil sich Lula während seiner Amtszeiten von der PT emanzipierte (Anderson 2011), auch in der Außenwirkung (Detsch/Stefanoni 2014: 3). Nichtsdestoweniger hatten Lula und Rousseff die innen-, außen- und wirtschaftspolitischen Zügel niemals in vergleichbarem Ausmaß in der Hand wie Chávez in Venezuela, auch wenn es v. a. Lula zwischenzeitlich gelungen war, die präsidentiellen Handlungsspielräume bedeutend auszuweiten. Des Weiteren war das Ministerium für Planung, Budget und Verwaltung von Relevanz, das für die Ausarbeitung der Mehrjahres- bzw. Entwicklungspläne zuständig war. Und ferner der „Rat für wirtschaftliche und soziale Entwicklung" (*Conselho de Desenvolvimento Econômico e Social*, CDES), in dem die „nationale Entwicklungsagenda", die „Vision für die Zukunft", d. h. eine politökonomische Zielvision für Brasilien inklusive zentraler Probleme und Problemlösungen, ausgearbeitet wurde. CDES wurde von Präsident Lula gegründet, um den Dialog zwischen Politik und der Zivilbevölkerung zu gewährleisten. Der Rat fungierte als Beratungsinstanz des Präsidenten in wirtschaftlichen, sozialen

---

[68]Planung und Ausarbeitung solcher Pläne stellen keine Neuigkeit der PT-geführten Regierungen dar (Cardoso Jr./Melo 2011: 11). Eine genaue Beschreibung des Ablaufs der Entwicklungsplanung liefert dos Santos (2011: 312–313).

und politischen Fragen und bestand aus unterschiedlichen Akteuren der Zivilbevölkerung, z. B. aus den Gewerkschaften, Unternehmen, Wissenschaften, Kirchen, Künsten und dem Sport etc. (CDES 2007: 11; https://www.cdes.gov.br/).[69] Die ausgewählten Dokumente beziehen sich primär auf *focusing events*, v. a. auf Wahlkämpfe, Wahlen, Regierungswechsel und Krisen.

2.4.2.3 Faktoren: Handlungsspielräume des Entscheidungspersonals (Machtverhältnisse, Ressourcen, Weltmarkteinbindung)

Einen weiteren Faktor dieser Arbeit bilden die „Handlungsspielräume" des Entscheidungspersonals (Feld 3), unter die wiederum drei weitere (Sub-)Faktoren subsumiert werden. Die Analyse des Faktors „Machtverhältnisse" (Feld 3.1) wird sich in loser Form an den folgenden Indikatoren orientieren: 1. Machtposition der Exekutive, 2. „strategische Selektivitäten" des Staates und – darauf basierend – 3. der die Regierung stützende gesellschaftliche, politische und wirtschaftliche Machtblock. Konkret wird zu untersuchen sein, ob die jeweiligen Exekutiven relativ frei agieren können, oder ob (und welche) Kompromisse aufgrund von etwaigen (Regierungs-)Koalitionen geschlossen werden müssen (Indikator 1). Ferner wird den Verflechtungen zwischen Staat bzw. Regierung und (zivil-)gesellschaftlichen und wirtschaftlichen Akteuren (z. B. Eliten, Unternehmen, soziale Bewegungen etc.) Aufmerksamkeit geschenkt werden (Indikator 2). In diesem Zusammenhang werden zudem weitere Vetopositionen bzw. -spieler in Politik, Wirtschaft und Medien untersucht, die das Regierungshandeln einschränken, begünstigen oder unterstützen (Indikator 3). Zur Analyse dieser Aspekte werden die Konzepte der Regulationstheorie, d. h. die Regulationsweise und die strukturellen Formen der Regulation – Lohnverhältnis, Konkurrenzverhältnis, monetäre Restriktion, ökologische Restriktion, Einbindung in regionale und internationale Regime, Staat – herangezogen. Methodisch erfolgt die dahingehende Untersuchung v. a. über die Auswertung von Primär- und Sekundärliteratur.

Die Indikatoren für die Untersuchung des Faktors „Ressourcen" (Feld 3.2) sind: 1. Relevanz der Ressourcen für die Volkswirtschaft, 2. Verfügungsmacht der Exekutive über die dahingehenden Einnahmen und 3. ressourcenbasierte Legitimationspolitik. In diesem Kontext wird u. a. analysiert, welche Rohstoffe gefördert und exportiert werden und welche Relevanz das für die jeweiligen

---

[69]GOPSS (2004: 17) merkt in diesem Zusammenhang jedoch an, dass die Forderungen der Zivilbevölkerung bei der Ausarbeitung der Entwicklungspläne letztendlich kein großes Gehör fanden.

2.4 Das synthetische Modell zur Wirtschaftspolitikanalyse …

Akkumulationsdynamiken (Indikator 1) und Refinanzierungsmöglichkeiten des Staates (Indikator 2) hat. Ferner werden in diesem Kontext insofern auch legitimatorische Effekte beleuchtet, als eine rohstoffbasiere Sozialpolitik zu einer (temporären) Stabilisierung des politischen und wirtschaftlichen Systems und darüber zu einer Legitimation der Regierung beitragen kann (Indikator 3). Die hier genannten Aspekte werden in der Folge primär mittels Auswertung von Sekundärliteratur und unter Rückgriff auf Datenbanken und Statistiken (z. B. CEPAL, IWF, Weltbank) untersucht.

Die Analyse des Faktors „Weltmarkteinbindung" (Feld 3.3) wird mithilfe der folgenden Indikatoren getätigt: 1. Offenheit der Wirtschaftsordnung und 2. regionale (wirtschaftliche und finanzielle) Gestaltungsfreiheiten. Hierfür werden erneut Theoriebausteine der Regulationstheorie herangezogen, v. a. die Charakteristika des jeweiligen Akkumulationsregimes und die strukturelle Form der Einbindung in internationale Regime. Konkret wird erstens untersucht, wie die Integration in das bestehende Weltwirtschafts- und Welthandelssystem erfolgt, d. h. ob die Wirtschaftsordnung offen ist oder sich vielmehr durch einen Schutz der heimischen Wirtschaft mittels (selektiver) Protektionismen auszeichnet (Indikator 1). Dies ist insofern von Relevanz, als „Wirtschaftspolitiken in erster Linie vom Grad der Offenheit der Wirtschaft abhängen, da Letztere sowohl die verwendbaren Instrumente als auch die möglichen Ziele der Wirtschaftspolitik sukzessive verringert" (Lampa 2017: 88). Zweitens wird analysiert, auf welche Rahmenbedingungen und ‚Sachzwänge' wie z. B. Handelsstrukturen, Verträge, Refinanzierungsmöglichkeiten, Schulden etc. die Regierungen in welchem Ausmaß zu achten haben, welche (Inter-)Dependenzen daraus hervorgehen und ob bzw. inwiefern sich das auf die jeweiligen Entwicklungsstrategien auswirkt. Hierbei werden beispielsweise die Strukturierungskräfte des hegemonialen internationalen Finanz- und Handelsregimes und ferner regionalpolitische Initiativen (zum Beispiel neue Organisationen) berücksichtigt, um die regionalen Gestaltungsfreiheiten und -spielräume der Regierungen (Indikator 2) einschätzen zu können. Die dahingehende Analyse erfolgt primär über die Auswertung von Primär- und Sekundärliteratur.

Venezuela unter dem Chavismus, der Bolivarischen Revolution und dem Sozialismus des 21. Jahrhunderts

In der Folge werden Genese und Entwicklung der Bolivarischen Revolution (*revolución bolivariana*)[1] und des Sozialismus des 21. Jahrhunderts (*socialismo del siglo XXI*) nachgezeichnet und dabei die im Rahmen dieser Arbeit zu eruierenden Faktoren für die eingeschlagene Entwicklungsrichtung beleuchtet. Hierfür wird der Entwicklungsprozess in unterschiedliche Phasen unterteilt, um die Radikalisierungsdynamik der Bolivarischen Revolution hin zum Sozialismus des 21. Jahrhundert zu erklären und die radikal anmutende Wirtschaftspolitik verständlich zu machen. Nach Chávez' eigenem Bekunden begann sich der Revolutionsprozess in Venezuela im Jahr 2002 zu „radikalisieren", bevor er im Jahr 2003 eine „antiimperialistische" Stoßrichtung bekam und im Jahr 2005 auf den Sozialismus hin ausgerichtet wurde (Chávez 2011: 24–25).[2] Das Jahr 2002 markierte insofern einen Wendepunkt, als sich in diesem Jahr ein gescheiterter Putschversuch[3]

---

[1]In der Folge wird der Prozess in Venezuela als die „Bolivarische Revolution" bezeichnet. Eine direkte Übersetzung aus dem Spanischen (*revolución bolivariana*) würde die Schreibweise „Bolivarianische Revolution" nahelegen. Hingegen ist eine nach Ansicht des Autors sinngemäßere Übersetzung „Bolivarische Revolution", denn die Referenzfigur für das Revolutionsprojekt ist der venezolanische Nationalheld (Simón) Bolívar und das spanische Postfix „-iano/-iana" (*bolivariano/bolivariana*) dient lediglich zur Adjektivierung.

[2]Nach einer leicht veränderten Phasierung von Chávez (2012: 6) bekam die Bolivarische Revolution 2004 einen antiimperialistischen Charakter und wurde 2006 als sozialistisch definiert.

Andere Phasierungen des bolivarischen Revolutionsprozesses werden u. a. von Werz (2007: 3–4), López Maya (2011a: 236), Álvarez (2013: 340, 380–386) und Ellner (2013b: 64) vorgenommen.

[3]„Viele Stadtteilaktivisten sprechen deshalb auch vom 13. April 2002 [dem Tag des Putschversuchs, R.P.] [...] als dem 'eigentlichen Beginn der bolivarischen Revolution'" (Zelik 2006: 19).

ereignete, der dem Kulminationspunkt eines Machtkampfs zwischen dem chavistischen und dem oppositionellem Lager gleichkam. Dieser Machtkampf bedingte einen Radikalisierungsprozess der Regierung, der schließlich zum der Sozialismus des 21. Jahrhunderts führen sollte.

Anknüpfend an diese Phasierung Chávez' wird der bolivarische Revolutionszyklus in unterschiedliche Phasen eingeteilt: In der ersten, „prä-sozialistisch" betitelten Phase (1999–2004) erfolgte der Aufstieg des chavistischen Reformprojekts und der Bolivarischen Revolution. In dieser Phase war das bolivarische Projekt und die Wirtschaftspolitik noch nicht ‚sozialistisch'. Dennoch wurden in dieser Zeit die grundlegenden Pfeiler der späteren Entwicklung gelegt. Infolge eines Machtkampfs mit oppositionellen Gruppen radikalisierte sich die Regierung Chávez sukzessive. Während dieses Zeitraums und v. a. nachdem die Regierung ihre Macht ausgeweitet und konsolidiert hatte[4], begann ein Umdenk- bzw. Neuorientierungsprozess im chavistischen Entscheidungszirkel. Das Ergebnis hiervon war der die „Zielkoordinate" (Boeckh 2011a: 417) des Sozialismus des 21. Jahrhunderts. Die zweite, „sozialistische" Phase beleuchtet die Radikalisierung und Neuausrichtung der Bolivarischen Revolution im Namen des Sozialismus des 21. Jahrhunderts (2005–2013).[5] Während in der ersten, prä-sozialistischen Phase signifikante Veränderungen primär im politischen Bereich vorgenommen wurden, widmete sich die Regierung Chávez in dieser Phase nun auch verstärkt der Wirtschaft zu und bemühte sich – ungeachtet weiterer Transformationsbemühungen bezüglich des politischen Modells und der Außenbeziehungen – um eine Umwälzung des Wirtschaftsmodells (Ellner 2013b: 64). In der dritten und letzten „Phase der sozialistischen Erosion" (2013-heute) erfolgte der Abstieg der Bolivarischen Revolution und des Sozialismus des 21. Jahrhunderts.[6] Wiewohl Chávez' Nachfolger Maduro immer noch Präsident Venezuelas ist, wird hier von einem Abstieg

---

[4]Chávez und sein enger Verbündeter Fidel Castro (2004) sprachen davon, dass nach den Präsidentschaftswahlen 2004 der bolivarische Prozess konsolidiert war.

[5]Der Beginn dieser zweiten, sozialistischen Phase wird auf 2005, dem Jahr der sozialistischen Neuausrichtung der Bolivarischen Revolution, datiert. Diese Festlegung erfolgt vor dem Hintergrund der Analyseperspektive dieser Arbeit und der Schwerpunktsetzung auf ideelle Faktoren.

[6]Der zeitliche Beginn dieser Phase kann insofern kritisiert werden, als mit dem Fall des Ölpreises im Jahr 2014 eine einschneidende materielle Veränderung eintrat, die zu einer schweren wirtschaftlichen und – in der Folge – politischen Krise führte. Nichtsdestoweniger erfolgten 2013 eine idell-programmatische Spezifizierung des Sozialismus des 21. Jahrhunderts, der Tod Hugo Chávez', der Amtsantritt Nicolás Maduros und mit ihm ein zumindest partiell neuer Politikstil. Ferner ist diese dritte Phase im Hinblick auf das Explanandum von weitaus geringerer Relevanz als die zweite, sozialistische Phase, in der die Neuausrichtung und Konkretisierung des Revolutionsprojektes erfolgte.

des bolivarisch-sozialistischen Revolutionsprojekts und -zyklus gesprochen. Diese Phase weist einen dialektischen Charakter auf. Zwar wurden gewisse Pfeiler des Chavismus fortgeführt und noch einmal radikalisiert. Jedoch wurde eine – wenn nicht sogar die relevanteste – zentrale Zielsetzung der Bolivarischen Revolution, nämlich die Demokratisierung aller politischen und wirtschaftlichen Verhältnisse, die bereits während der zweiten, sozialistischen Phase zu erodieren begann, unter Maduro ad absurdum geführt.

3.1 Die prä-sozialistische Phase unter Chávez: Aufstieg des chavistischen Reformprojekts und der Bolivarischen Revolution

Im Folgenden wird die prä-sozialistische Phase, d. h. die Aufstiegsphase des chavistischen Reformprojekts und der Bolivarischen Revolution, der Jahre 1999 bis 2004 analysiert. Im folgenden Kapitel werden zunächst die Entwicklungen der politischen Kultur nachgezeichnet. Das anschließende Kapitel widmet sich den (wirtschafts-)politischen Zielsetzungen des Entscheidungspersonals. Im Anschluss daran werden zentrale politische und wirtschaftliche Entwicklungen und die sich hieraus ergebenden Handlungsspielräume des Entscheidungspersonals analysiert. Dieses letzte Kapitel enthält auch eine Betrachtung der konkreten Wirtschaftspolitik bzw. der wirtschaftspolitischen Strategie der Regierung Chávez, d. h. des Explanandums dieser Arbeit. Abschließend beleuchtet das Fazit überblicksartig die zentralen Ergebnisse dieses Kapitels.

3.1.1 Politische Kultur: Krise, Transformation und Radikalisierung

In diesem Kapitel werden die zentralen Entwicklungen bezüglich der politischen Kultur nachgezeichnet und analysiert. Zunächst wird dem politisch-kulturellen Klima zu Zeit des Regierungswechsels, in dem der politische Aufstieg Hugo Chávez' und der Bolivarischen Revolution erfolgte, Aufmerksamkeit geschenkt. Anschließend werden die Entwicklungen während der ersten, prä-sozialistischen Phase beleuchtet.

3.1.1.1 Politisch-kulturelles Klima zu der Zeit des Regierungswechsels

3.1.1.1.1 Von der Wirtschafts- und Finanzkrise zur Repräsentations- und Systemkrise

Bereits in der ersten Hälfte des 20. Jahrhunderts wandelte sich die Wirtschaftsstruktur Venezuelas von einem Agrarland zu einem der größten Produzenten bzw. Förderern und Exporteuren von Erdöl. Als Konsequenz der steigenden Relevanz des Rohstoffs spielte die Agrarwirtschaft (und auch das wenig ausgeprägte produzierende Gewerbe) eine immer geringere Rolle (López Maya 2011b: 35). Ursächlich waren hierfür vor allem währungspolitische Entscheidungen. In den 1930er Jahren wurden mit einer (tendenziell) überbewerteten Währung die heimischen Produzenten ihrer Wettbewerbsfähigkeit gegenüber der internationalen Konkurrenz beraubt und folglich aus dem Markt gepreist. Zeitgleich konnten mithilfe der reichlichen Devisen aus dem Erdölexportgeschäft die im Inland benötigten Produkte (vergleichsweise günstig) importiert werden (Boeckh 2011a: 402). Durch zusätzliche steuerpolitische Entscheidungen (*Ley de Hidrocarburos* des Jahres 1943) sicherte sich der Staat einen zunehmend großen Anteil der Ölrente, d. h. der Einnahmen am Erdölgeschäft, und fungierte in der Folge als entscheidender Akteur in der Nutzung und Verteilung der Erlöse (Boeckh 2011a: 402–404; López Maya 2011b: 36).

Die Einkommen aus dem Ölgeschäft flossen zum einen in die Sozialpolitik, um die wachsenden materiellen Erwartungen der Bevölkerung zu erfüllen (Boeckh 2011a: 408–411; Karl 1997). Zum anderen wurden sie dazu verwendet, die Industrialisierung des Landes voranzutreiben. In den 1940er und 1950er Jahren folgte die Entwicklungsstrategie der Idee der Importsubstitutionsindustrialisierung (López Maya 2011b: 39), deren strategischer Kern darin bestand, die Industrialisierung der Wirtschaft über die eigene Herstellung vormals importierter Produkte voranzutreiben (Oatley 2006: 123–124). Wiewohl diverse Autoren wie López Maya (2011b: 40) die „Unfähigkeit dieses Entwicklungskonzepts" betonen, „eine selbsttragende Entwicklung einzuleiten", wurden bedeutsame Erfolge wie z. B. hohe Wachstumsraten der Industrieproduktion zwischen den Jahren 1960 und 1982 erzielt (Boeckh 2011a: 401).

Die politischen Geschicke des Landes wurden nach der Militärdiktatur der vorhergehenden Jahre ab 1958 durch eine „paktierte Demokratie" bzw. einen Elitenpakt (*Pacto de Punto Fijo, Puntofijismo*) zwischen den drei größten politischen Parteien[7] und weiteren relevanten Akteuren aus Wirtschaft und Gesellschaft

---

[7]*Acción Democratica* (AD), *Comité de Organización Política Electoral Independiente* (COPEI), *Unión Republicana Democrática* (URD)

3.1 Die prä-sozialistische Phase unter Chávez ...

geregelt. Ziel des Konsenses war die Gewährleistung politischer Stabilität und die Sicherung der Interessen der hieran beteiligten Akteure bei gleichzeitigem Ausschluss anderer, v. a. radikaler Gruppierungen von der politischen Partizipation und der wirtschaftlichen Teilhabe (López Maya 2011b: 42; Maihold 2007: 125; Zelik 2011: 453–455). Eine wichtige Funktion im Entwicklungsprozess des Landes kam dem Staat zu. Basierend auf einer breitenwirksamen Verteilung der Erlöse aus dem Erdöl(export)geschäft trug der nun integrativ wirkende Modernisierungsstaat zur politischen Stabilität bei und ermöglichte eine rasche Entwicklung und breiten Wohlstand, führte jedoch auch zur Ausbildung einer Rentengesellschaft inklusive der dafür typischen Charakteristika: klientelistische Verteilungsmuster und eine hohe Erwartungshaltung in der Bevölkerung[8] (Boeck 2011a: 408–411; Karl 1997; Emerson 2011: 90; Wilpert 2007: 10–12). In den 1970er Jahren sorgten die Nationalisierung der Ölindustrie und ein Ölboom für eine Vervielfachung der öffentlichen Einnahmen und veranlasste den damaligen Präsidenten Carlos Andrés Perez dazu, im Rahmen der die Bildung eines „Groß-Venezuela" (*Gran Venezuela*) die Industrialisierung mittels öffentlicher Investitionen, v. a. in die Schwerindustrie und die Infrastruktur (Isidoro Losada 2011: 277), weiter voranzutreiben (López Maya 2011b: 42). Dieses Ziel wurde jedoch durch die parallele Aufwertung der Währung und den damit einhergehenden Verlust an internationaler Wettbewerbsfähigkeit konterkariert (Jäger/Leubolt 2014: 184). Zudem ging diese Periode trotz der hohen Einnahmen aus dem Ölgeschäft mit einer steigenden Auslandsverschuldung und einer hohen Inflationsrate einher (Wilpert 2003; López Maya 2011b: 42).

Ende der 1970er bzw. Anfang der 1980er Jahre schlitterte Venezuela aufgrund fallender Ölpreise und einem Zinsanstieg an den internationalen Märkten, wodurch der Schuldendienst nicht mehr geleistet werden konnte, in eine (Wirtschafts-)Krise (López Maya 2011b: 42–43; Jäger/Leubolt 2014: 184), „die sich bis zum Ende des Jahrhunderts fortsetzen sollte" (López Maya 2011b: 43). Einen entscheidenden Wendepunkt in der wirtschaftspolitischen Weichenstellung und zeitgleich einen Katalysator der Krise markierten die zur Lösung der Verschuldungsproblematik gedachten Reformen der 1980er und 1990er Jahre. 1989 und 1994 wurden zwei am *Washington Consensus* angelehnte, ‚neoliberale' Reformpakete mitsamt der hierfür typischen Strukturanpassungsprogramme auf

---

[8]Laut Boeckh (2011a: 400) weisen Rentengesellschaften generell (und Venezuela speziell) folgende Charakteristika auf: „die Trennung von Leistung und Belohnung, die Vorstellung, dass die Entwicklung eines Landes vom Zufluss der Rente und nicht so sehr von den eigenen produktiven Anstrengungen abhänge, fiskalische Verantwortungslosigkeit, *rent-seeking* und Korruption, ein exzessives und an metropolitanen Mustern orientiertes Konsumverhalten, eine klientelistische Versorgungsmentalität und Erwartungshaltung".

den Weg gebracht, die grosso modo die protektionistisch angelegte staatszentrierte Strategie der importsubstitutionsindustrialisierenden Modernisierung durch ein exportorientiertes Wirtschaftsmodell mit schwachem Staat ersetzen sollte (Kestler 2009: 167–168; Scaglione 2008: 59–61; López Maya 2011a: 219). Teil des marktliberalen Reformprogrammes bestand darin, über die Öffnung der Wirtschaft ausländisches Investitionskapital anzulocken. Dies betraf auch die venezolanische Ölindustrie. Das Management der im Jahr 1976 nationalisierten Ölfirma PdVSA (*Petróleos de Venezuela, Sociedad Anónima*) pochte in diesem Zusammenhang auf eine signifikante Senkung der vom Staat erhobenen Fördergebühren und der abzuführenden Steuerzahlungen. Damit sanken jedoch die staatlichen Einnahmen in drastischem Ausmaß und die in den vergangenen Dekaden zur sozialpolitischen Befriedung der venezolanischen Bevölkerung notwendigen finanziellen Mittel waren nicht mehr verfügbar (Mommer 2004: 136–138). Die wirtschaftlichen und sozialen Folgen dieser Reformperiode waren äußerst negativ. Bis zum Ende der 1990er Jahre sanken die Wirtschaftsleistung des Landes und die durchschnittlichen Einkommen, während sowohl die Armuts- wie auch die Ungleichheitsraten stiegen und sich weite Teile der ärmeren Bevölkerungsschichten sowie der Mittelschichten mit einem teils drastischen Absinken ihres Lebensstandards konfrontiert sahen (Márquez 2004: 205; Rommel 2011: 56–62; Wilpert 2007: 13).

Die Wirtschaftskrise und die zu ihrer Bekämpfung gedachten Reformen griffen alsbald auf die politische Ebene über, wobei „sämtliche Konstanten des politischen Systems [...] ins Wanken" gerieten (Kestler 2009: 167). Indem der damalige Präsident Pérez 1989 das erste neoliberale Reformpaket entgegen des Grundkonsenses der paktierten Demokratie, d. h. ohne Rücksprache mit dem Kongress, der Parteien und den weiteren relevanten gesellschaftlichen und politischen Machtgruppen, verabschiedete und überdies mit dem bis dahin einigermaßen stabilisierend wirkenden klientelistischen Verteilungspopulismus brach, wurde der Elitenkonsens des *Pacto de Punto Fijo* aufgekündigt. Das vormals apolitische Militär wurde hierdurch in die Politik miteinbezogen und die politische Auseinandersetzung auf die Straße verlegt, was letztendlich in einem Volksaufstand (*Caracazo*) mündete, der mit übermäßiger Brutalität niedergeschlagen wurde (Kestler 2009: 168–169; López Maya 2011b: 42–43). Im Jahr 1996 sollte Präsident Rafael Caldera die ohnehin schon vorhandene Unzufriedenheit in weiten Teilen der Bevölkerung weiter verstärken, indem er sich – konfrontiert mit einer Finanz- bzw. Bankenkrise – von seinen Wahlversprechen distanzierte und ein zweites neoliberales Reformpaket verabschiedete, das die wirtschaftliche und soziale Krise jedoch nur weiter verschärfte (Kestler 2009: 179; Scaglione 2008: 60; Wilpert 2007: 14). Verärgert über das immer offensichtlicher werdenden

Unvermögen der politischen Elite, den Krisen beizukommen, begann die venezolanische Bevölkerung, die zur Zeit der „paktierten Demokratie" geschaffenen Seilschaften und die Korruption immer stärker zu kritisieren (Márquez 2004: 197; Wilpert 2007: 14). Die Folge hiervon war eine weitreichende Legitimitäts- und Repräsentationskrise der politischen Institutionen und v. a. der politischen Parteien (Maingon 2007; Seawright 2012).[9] Denn ein „wesentlicher Teil der Gesellschaft wurde nicht nur durch die neoliberalen Reformen [...] von ökonomischer Teilhabe ausgeschlossen [...], er wurde auch von den kulturellen und medialen Repräsentationsapparaten regelrecht zum Verschwinden gebracht" (Zelik 2006: 6). Der venezolanische Staat war zu diesem Zeitpunkt außerstande, elementare staatliche Funktionen und Aufgaben, v. a. die Gewährleistung öffentlicher, politischer und wirtschaftlicher Sicherheit, zu übernehmen (Mainwaring 2006). Kurzum: Venezuela befand sich Ende der 1990er Jahre in einer ausgeprägten wirtschaftlichen und politischen Krise, die sich zu einer Systemkrise ausgeweitet hatte. Das zeigte sich auch in Chávez' Inaugurationsrede nach seiner Wahl zum Präsidenten. In dieser Rede verwendete Chávez das Wort „Krise" insgesamt 23 Mal und attestierte dem Land eine „moralische", „wirtschaftliche", „soziale", und „politische" Krise (Chávez 1999).

3.1.1.1.2 Hugo Chávez: politischer Aufstieg und Sieg in den Präsidentschaftswahlen des Jahres 1998

In diesem Kontext multipler Krisenphänomene erfolgte nicht nur der politische Aufstieg Hugo Chávez', sondern gründete auch dessen Beliebtheit, die ihm schließlich den Sieg im Präsidentschaftswahlkampf des Jahres 1998 bescherte. Chávez hatte schon zuvor landesweite Bekanntheit und teilweise auch Bewunderung erlangt, als er im Anschluss an einen fehlgeschlagenen Putschversuch im

---

[9] Als Repräsentationskrise wird eine Situation definiert, in der sich große Bevölkerungsteile im bestehenden politischen System – von den politischen Parteien oder genereller dem politischen Establishment – in seinen Forderungen übergangen und daher nicht in ausreichendem Maße repräsentiert sieht.

Jahr 1992[10] in einer Fernsehübertragung die Verantwortung für den Putschversuch übernahm und seine Mitkämpfer dazu aufrief, ihre Waffen niederzulegen (Kestler 2009: 330–335; Wilpert 2007: 16–18).

Chávez verfügte mit seinem charismatischen Auftreten über besonderes politisches Kapital. Der „Magier der Emotionen" (Uzcategui, zit. nach: Prutsch 2001: 136) repräsentierte „durch Herkunft, Aussehen, Auftreten und seinem naiv vorgetragenen Halbwissen genau den Protoypen des Venezolaners" (Diehl 2005: 81). Ferner verkörperte der *political outsider,* der nicht innerhalb des bestehenden politischen Parteien- und Institutionengefüges sozialisiert und aufgestiegen war, im Gegensatz zu den herrschenden Politikern einen neuen Typus von Entscheidungsträger. Damit hafteten ihm auch nicht die negativen Attribute wie Misswirtschaft, Korruption und Verantwortungslosigkeit an, die mit der politischen Elite zu diesem Zeitpunkt assoziiert wurden. Vielmehr „verkörperte [Chávez] glaubhaft die Ablehnung des Status quo – der Reformpolitik der Regierung Pérez und des herrschenden politischen Systems allgemein" (Kestler 2009: 175). Daher wurde er als Vertreter des Wandels wahrgenommen: „people see Chávez as almost a supernatural agent of change [...]. Hugo Chávez represents hope and optimism in ways that people from younger generations have never seen" (Márquez 2004: 198).

Um seine Popularität im Hinblick auf den Präsidentschaftswahlkampf des Jahres 1998 zu steigern, baute Chávez unter der Federführung von Luis Miquilena[11] Verbindungen zu ähnlich gesinnten politischen Gruppen, aber auch zur Finanz- und Versicherungsbranche auf, die den Präsidentschaftswahlkampf mitfinanzierten (Brading 2014: 53–55; Hellinger 2004: 42). Letztendlich gelang es Chávez, eine heterogene Allianz von Akteuren aus unterschiedlichen sozialen Schichten, der Arbeiter- und Unternehmerschaft sowie dem Militär, die alle lediglich durch ihre gemeinsame Ablehnung des *Puntofijismo* zusammengehalten wurden, temporär zu vereinen. Aufgrund der ausgeprägten wirtschaftlichen und politischen Krisensituation als Folge der neoliberalen Reformperiode bestanden

---

[10]Chávez gründete die Protestbewegung bzw. das Militärbündnis EBR-200 (*Ejército Bolivariano Revolucionario 200*), später umbenannt in MBR-200 (*Movimiento Bolivariano Revolucionario 200*), das die Missstände im Land thematisierte und gegen das politische System und dessen als Unterdrückung wahrgenommene Herrschaftspraktiken aufbegehrte. Im *Caracazo* – dem brutal niedergeschlagenen Volksaufstand des Jahres 1989 – sahen Chávez und seine Mitstreiter ein Erweckungsereignis, das die Gruppe radikalisierte, bis sie im Jahr 1992 schließlich gegen Präsident Pérez putschten (Kestler 2009: 330–335).

[11]Miquilena war ein langjähriger Politiker, den Chávez im Gefängnis kennenlernte und der kurzzeitig Chávez' politischer Mentor wurde (Hellinger 2004: 42). Weitere Informationen zu seiner Person und seinem politischen Wirken werden weiter unten ausgeführt.

für den Akteur Chávez starke wahltaktische Anreize zu einer dezidierten Anti-System-Haltung. Dass Chávez mit dieser Haltung Erfolg hatte, verdeutlicht eine Analyse seiner damaligen Wählerbasis: er wurde von nahezu allen Schichten der Bevölkerung gewählt, hauptsächlich jedoch von der mit Abstiegsängsten und -erfahrungen konfrontierten Mittelschicht und den ärmeren Schichten (Brading 2014; Welsch/Camprubí 2007; Wilpert 2007: 18). Basierend auf dem Versprechen, eine neue Verfassung auszuarbeiten, einen politisch-institutionellen Wandel herbeizuführen und Korruption, Eliten- und Vetternwirtschaft zu beenden, wurde Chávez schließlich gestützt auf die neugegründete Partei MVR[12] und eingebunden in ein breites Wahlbündnis (*Polo Patriótico*)[13] zum Präsidenten Venezuelas gewählt (Brading 2014: 55–56; Combellas 2007: 52; Lalander 2012: 163).

3.1.1.1.3 Fazit: Krisenkontext, Transformationsdisposition und window of opportunity

Die letzten zwei Dekaden des 20 Jahrhunderts waren in Venezuela durch multiple Krisenphänomene gekennzeichnet. Die Wirtschafts- und Finanzkrise der 1980er und 1990er Jahre sprang schließlich auf das politische System über und wirkte sich zu einer Systemkrise aus. Die hieraus resultierende Unzufriedenheit der venezolanischen Bevölkerung mit dem politischen und wirtschaftlichen Status quo bewirkte eine gewisse Transformationsdisposition und eröffnete ein *window of opportunity*, d. h. ein temporäres Handlungsfenster für ein Transformationsprojekt. In diesem Krisenkontext erfolgte der politische Aufstieg und Erfolg des Akteurs Chávez und seiner Bewegung. Denn Chávez verkörperte den Willen zu einem grundsätzlichen Wandel der delegitimierten wirtschaftlichen und politischen Ordnung und zu einer Transformation des Status quo. Chávez und der Chavismus müssen als Reaktion auf die Krisenperiode des damaligen Venezuela verstanden und gelesen werden (Boeckh/Graf 2007: 163). Chávez selbst begriff sich ebenfalls als Produkt dieser „historischen Krise" (Chávez 2007b). Dieser Aspekt ist insofern von Relevanz, als er – wie im Kapitel über die (wirtschafts-)politischen Zielsetzungen zu sehen sein wird – die Stoßrichtung der Agenda der neuen Regierung bestimmen sollte.

---

[12]Das Akronym stand für *Movimiento V República*, d. h. Bewegung V Republik, wobei das V die „Fünfte Republik" repräsentierte und somit einen symbolischen Bruch zur vierten Republik, dem System des *Punto Fijo*, darstellte (Wilpert 2007: 18). Im Jahr 2007 wurde schließlich eine neue bzw. eine Nachfolgepartei, die „Vereinigte Sozialistische Partei Venezuelas" (*Partido Socialista Unido de Venezuela* – PSUV), gegründet.

[13]Zu diesem Wahlbündnis gehörten v. a. die Parteien *Patria Para Todos* (PPT), *Movimiento al Socialismo* (MAS) und *Partido Comunista de Venezuela* (PCV) (Wilpert 2007: 18; Brading 2014: 62).

3.1.1.2 Entwicklungen der politischen Kultur während der prä-sozialistischen Aufstiegsphase: Polarisierung, Machtkampf, Identitätspolitik und (erneute) Transformationsdisposition

Das folgende Kapitel widmet sich den Entwicklungen der politischen Kultur während der prä-sozialistischen Aufstiegsphase der Regierung Chávez, d. h. der Jahre 1999 bis 2004. Dabei wird untersucht, inwieweit die politische Kultur des Landes durch eine Polarisierung gekennzeichnet war und inwiefern sich das politisch materialisierte, d. h. von der Regierung identitätspolitisch kapitalisiert werden konnte.

3.1.1.2.1 Zunehmende Polarisierung: Interaktive Radikalisierungsdynamik und Machtkampf

Wie das vorhergehende Kapitel zeigte, war das Venezuela der prä-chavistischen Ära durch ein ausgeprägtes wirtschaftliches und soziales Auseinanderdriften gekennzeichnet, was sich letztendlich auch politisch auswirkte. Der Kandidat Chávez hatte mit seinem antagonistischen und manichäischen Diskurs und seinem dezidierten Eintreten gegen den Status quo bereits einen äußerst polarisierenden Wahlkampf geführt. Dieses Charakteristikum behielt er auch nach dem Wahlsieg 1998 bei, was sich beispielsweise zeigte, als Chávez bei seiner Vereidigung als Präsident auf die „todgeweihte Verfassung" der IV. Republik schwor, wohlgemerkt in Anwesenheit des Ex-Präsidenten Rafael Caldera, des wichtigsten Autors jener Verfassung (Werz 2007: 7). Eine politische Polarisierung sollte durch die komplette chavistische Ära hindurch ein prägendes Merkmal der politischen Kultur des Landes werden.

Polarisierung wird in der Folge definiert als „a situation in which two leading forces compete politically by moving increasingly in opposite directions ideologically, discursively, and policy-wise" (Corrales 2011: 68). Dieser Binarität folgend lassen sich während der gesamten Ära des Chavismus – stark vereinfacht – zwei sich gegenüberstehende (Macht-)Blöcke ausmachen, die sich im Lauf der Jahre jedoch verändern sollten: auf der einen Seite der chavistische Block, d. h. die Regierung Chávez mitsamt allen Anhängern, und auf der anderen Seite ein oppositionell eingestellter Block, der die Regierung und ihr Transformationsprojekt ablehnte. Die folgenden Ausführungen werden zeigen, inwieweit die politische Polarisierung zwischen diesen beiden Gruppen sukzessive zunahm.

Der „power grab" und die Entmachtung der traditionellen Eliten

Ein bedeutender Polarisierungsschub ging mit einem „major *power grab*" (Corrales 2011: 70, Hervorhebung im Original) der neuen Regierung einher. Die Chávez-Administration hatte seit ihrem Regierungsantritt eine politisch-institutionelle Restrukturierung der damaligen Machtverhältnisse zugunsten des Staates und v. a. der Exekutive vorgenommen. Dies war ihr v. a. mittels der Ausarbeitung einer neuen Verfassung und der sukzessiven Entmachtung der traditionellen Eliten gelungen. Jedoch stieß die Regierung auf erbitterten Widerstand der Opposition: „Diese Verdrängung von den nationalen ‚Futtertrögen' und Schalthebeln der Macht kann sicherlich als *der* Faktor für den engen Schulterschluss der politischen und ökonomischen Elite sowie Teilen der Mittel- und Oberschicht gegen die Regierung Chávez interpretiert werden" (Isidoro Losada 2011: 285, Hervorhebung im Original). So mündete diese zunehmende Polarisierung letztendlich in eine folgenreiche Konflikt- bzw. Krisenphase in den Jahren 2001 bis 2004. Wilpert (2007: 18–20) favorisiert in diesem Zusammenhang die These einer „Dialektik" bzw. eines „Teufelskreises von Konterrevolution und Radikalisierung" (ebd.: 19). Demnach war es zunächst die sukzessive Entmachtung der alten Eliten, die den Prozess der „revolutionslosen Konterrevolution" („Counter-Revolution without Revolution") in Gang brachte: „It is this political transformation [...] that made Chávez wholly unacceptable to this elite, rather than any specific policies [...]. As a matter of fact, his economic and social policies in this time were not particularly different from those of his predecessors" (ebd.: 22).

Die 49 Gesetze und die Entmachtung der moderaten Kräfte innerhalb der chavistischen Allianz

Ein weiteres bedeutendes Ereignis, das die Polarisierung weiter befeuerte, war ein Gesetzespaket aus dem Jahr 2001. Mittels präsidialer Sondervollmachten wurden 49 Gesetze erlassen, die die wirtschaftliche Macht der traditionellen Eliten empfindlich einschränkte (de Beaugrande 2008: 25–30; Wilpert 2007: 22–23). Chávez erläuterte diesbezüglich:

> „The government [...] wrote [...] forty-nine laws. [...] laws that affect the historic interests of the oligarchy, of the ruling classes. When these classes saw that we had decided to deepen the process, and that we were about to transform the socioeconomic structure, they began to work toward their failed [...] coup" (Chávez, zit. nach: Harnecker 2005: 55).

Die Regierung brachte hiermit jedoch nicht nur die „Oligarchie" bzw. die traditionellen Eliten gegen sich auf, sondern auch die moderaten Kräfte innerhalb der eigenen Allianz um Innenminister Luis Miquilena. Diese kritisierte die Regierung dafür, dem Parlament den politischen Dialog bezüglich dieser Gesetze verweigert zu haben (Brading 2014: 56–57). Der mittels temporärer Gesetzgebungsvollmacht induzierte Politikwechsel konnte jedoch eher „als notwendige und überfällige Korrektur, nicht aber unbedingt als Revolution" (Boeckh 2011a: 415–416) betrachtet werden. Entscheidender war wiederum die vorgenommene Entmachtung, in diesem Fall diejenige der moderaten Fraktion innerhalb des chavistischen Blocks. Diesbezüglich lohnt ein Blick auf die Interessen bzw. Zielsetzungen dieser moderaten Fraktion:

> „The main purpose was to use Chávez as an emblematic figure to represent Venezuela's unprivileged, poor, and middle classes. From above, Chávez was a political tool acting as the president of this apparent revolution. [...] However, in practice the old mechanisms of capitalism would have been restored and expanded to manage its development. [...] The Miquilenistas (moderate Chavistas) had engineered a passive revolution that in fact was nothing but a reconfigured/revised neoliberal strategy concealed in a populist discourse of change and progress." (Brading 2014: 59–60)

Gemäß dieser Interpretation diente Chávez mitsamt seiner Popularität, seines Habitus und seines Status des nicht vom *Puntofijismo* korrumpierten politischen Außenseiters den „moderaten Chavistas" als stimmenmaximierende Integrationsfigur bzw. als „politisches Instrument" zum Wahlsieg. Im Gegenzug bildete Chávez mit Miquilena bzw. den „Miquilenistas" aufgrund von deren Verbindungen in Politik und Wirtschaft eine Allianz (Chávez, zit. nach: Harnecker 2005: 58–63).[14] Als jedoch allmählich deutlich wurde, dass die Vorstellungen der beiden gegensätzlichen Fraktionen, die primär durch die gemeinsame Ablehnung und Gegnerschaft zum *Puntofijismo*-System temporär zusammengehalten wurde, zu stark differierten, begann sich ein Bruch in dieser Allianz abzuzeichnen.

Gegenseitige Radikalisierung und offener Machtkampf
Die folgenden drei Jahre, d. h. 2001 bis 2004, kennzeichnete eine Phase des offenen Machtkampfes zwischen dem chavistischen und dem oppositionellen Block. Den Anfang markierte ein „Generalstreik" im Dezember 2001. Nach erfolglosen

---

[14]Chávez (zit. nach: Harnecker 2005: 58–63) beschreibt, wie wichtig Miquilena in der Phase vor dem Wahlsieg bei der Herstellung von Kontakten zu anderen linken Gruppierungen, Politikern und Wirtschaftsvertretern und dann im Wahlkampf war.

3.1 Die prä-sozialistische Phase unter Chávez ...

Vermittlungsversuchen zwischen den Streikenden[15] und der Regierung trat Innenminister Miquilena von seinem Ministerposten zurück. In der Folge verließen viele der faktisch entmachteten Akteure des moderaten Flügels die chavistische Allianz.[16] Mit dem Verlust der moderaten Fraktion verschob sich die innerchavistische Machtbalance zugunsten des radikalen Flügels, wodurch sich wiederum der oppositionelle Block verunsichert und bedroht sah (Corrales 2011: 76):

> „extremism on both sides becomes *mutually reinforcing*. Once the political system splits between an inflamed [...] opposition and a [...] less moderate incumbent force, each side experiences a spiraling sense of political threat. The opposition observes the incumbent taking increasingly hard-core positions; the incumbents observe the opposition adopting increasingly obstructionist positions" (ebd., Hervorhebung im Original).

Im Frühjahr 2002 ereignete sich ein Putschversuch, der einen entscheidenden Wendepunkt in der Ära der Bolivarischen Revolution markieren sollte. Der Putschversuch muss im Kontext der chavistischen Bemühungen gesehen werden, die Kontrolle über den Ölkonzern PdVSA und dessen Einnahmen aus dem Ölgeschäft zu erlangen. Als Reaktion auf die Ankündigung Chávez', er werde die als korrupt geltende Führungsriege PdVSAs austauschen (López Maya 2007: 83), kam es am 11. April zu einem Streik von Unternehmerverbänden und dem Gewerkschaftsverband CTV (*Confederación de Trabajadores de Venezuela*). Infolge des Streiks wurde Chávez kurzzeitig entmachtet, konnte nach Massendemonstration seiner Anhänger jedoch die Regierungsgeschäfte des Landes schnell wieder übernehmen (López Maya 2007: 183–186; Azzellini 2006: 36–38).

Obwohl Chávez auf diesen Putschversuch moderat reagierte, indem er mehr politische Dialogbereitschaft erkennen ließ und große Teile der Führungsebene PdVSAs in ihren Posten beließ, unternahmen oppositionelle Gruppen kurze Zeit später einen weiteren Versuch, Chávez seines Amtes zu entheben. Im Dezember 2002 legten diese Gruppierungen die Ölindustrie lahm und schnitten damit die Regierung von den finanziellen Einnahmen aus dem Ölsektor ab. Letztendlich konnte jedoch auch dieser Streik von der Regierung und ihren zahlreichen Unterstützern vereitelt werden (López Maya 2007: 186–188; Wilpert 2007: 25). Schließlich bemühte sich die antichavistische Oppositionsallianz im Folgejahr 2003 darum, den Präsidenten – dieses

---

[15]Dazu gehörten v. a. die Gewerkschaft CTV und der Wirtschaftsverband *Fedecámaras* (*Federación de Cámaras de Industria y Comercio*).

[16]Das betraf z. B. die Parteien MAS (*Movimiento als Socialismo*) und PPT (*Patria Para Todos*) (Corrales 2011: 72) ebenso wie viele Organisationen aus der Wirtschaft, die Chávez in der Präsidentschaftswahl des Jahres 1998 unterstützt hatten (Brading 2014: 56–57).

Mal mit verfassungskonformen Mitteln – mithilfe eines Abberufungsreferendums – einer Neuerung der Verfassung von 1999 (RBRV 2009: Kap. 2) – aus dem Amt zu drängen. Im Referendum, das erst im Jahr 2004 abgehalten wurde, gelang Präsident Chávez ein komfortabler Wahlsieg, den die Opposition jedoch zunächst nicht anerkannte und stattdessen den Präsidenten des Wahlbetrugs bezichtigte. Nachdem von diversen Wahlbeobachtern kein entsprechender Betrug bestätigt werden konnte, musste die Opposition schließlich die Niederlag akzeptieren. (Wilpert 2007: 26–27).

Die politische Polarisierung in Venezuela beruhte demnach auf einer interaktiven Radikalisierungsdynamik, die sowohl von der Opposition als auch von der Regierung angeheizt wurde. Gemäß Wilpert (2007: 18–20) wurde die Radikalisierung der Regierung von einer vorher erfolgten „Konterrevolution" der Opposition ausgelöst: „Each effort by the old regime's elite to discredit Chávez caused the middle class to reject Chávez [...]. Each effort to topple Chávez [...] caused him [...] to radicalize more, thereby further stiffening his opposition and feeding a growing vicious cycle of counter-revolution and radicalization" (Wilpert 2007: 19). Als komplementäre – oder gegensätzliche Sichtweise – hierzu wird im folgenden Kapitel ausgeführt, inwieweit der Akteur Chávez zu der zunehmenden Polarisierung – und folglich auch zu der Radikalisierung – von Beginn seines politischen Wirkens an intentional beigetragen hatte. Die folgenden Ausführungen werden Ursachen, Motivation und Logik dieses Vorgehens erläutern.

3.1.1.2.2 Existenz und Ausprägung von (auf Antagonismen basierender) Identitätspolitik

Identitätspolitik wird in der Folge definiert als Politik, die mittels primär diskursiver, identitärer Integrationsangebote einen möglichst großen Teil der Bevölkerung und damit auch (potentieller) Wähler – unabhängig der Motivlage – anzusprechen versucht. Demgemäß barg die oben beschriebene Polarisierung in der venezolanischen Bevölkerung und – in der Folge – auch in der Politik ein identitätsstiftendes Potential, das vom Akteur Chávez in einem diskursiven, identitären Integrationsangebot bzw. -projekt, d. h. in einer Identitätspolitik, aufgegriffen wurde. Dies erfolgte nicht erst seit der oben geschilderten Phase des Machtkampfs mit dem oppositionellen Block, sondern bereits in den Jahren des politischen Aufstieg Chávez'.

In diesem Zusammenhang ist von zentraler Bedeutung, dass der chavistische Diskurs von Beginn an von einer binären und antagonistischen Logik durchzogen war. Denn die zwar simple, aber dafür klare Außen- und Negativabgrenzung gegenüber einem „konstitutiven Außen", d. h. Gegen- und Feindbildern, entfaltete im Gegenzug eine entsprechende Integrationswirkung unter all denjenigen, die diese Feindbilder teilten. Der entsprechende Resonanzboden hierfür war in

Venezuela in den Jahren des politischen Aufstiegs Chávez' als Folge der verfehlten Politik der politischen Elite während der neoliberalen Reformperiode gegeben. Chávez verfügte über ein besonderes politisches Geschick, die (negativen) Erfahrungen, Frustrationen, Forderungen und Ängste in der venezolanischen Bevölkerung aufzugreifen, über die Gegen- bzw. Feindbildpositionen innerhalb eines „bolivarischen" Identitätsangebotes zu artikulieren und mittels eines Transformationsdiskurses im Gegenzug Hoffnungen (auf eine bessere Zukunft) zu erzeugen. Um diesem letzten Aspekt Rechnung zu tragen, versprach Chávez (1999) in seiner Inaugurationsrede als Präsident nicht nur einen Regierungswechsel, sondern vielmehr eine „Neugründung der Republik", eine „Revolution [...] im sozialen, wirtschaftlichen, politischen und ethischen Bereich", eine „Auferstehung".

Den funktionalen Nutzen der Gegen- und Feindbildpflege aus integrativen und legitimatorischen Gründen erkannte auch der taktisch denkende Akteur Chávez. Denn er behielt, worauf Kestler (2009: 192) hinweist, „[d]ie radikale Anti-System-Haltung, die ihm nach 1992 so starken Zulauf beschert hatte, [...] auch dann noch bei, als er dieses System längst beseitigt hatte und der Chavismo selbst 'das System' bildete."

Die zwischen 2001 und 2004 erfolgte Polarisierungs- und Radikalisierungsdynamik klärte die Fronten zwischen dem chavistischen und dem oppositionellen Block: „For Hugo Chávez, the coup was a boon. [...] During the crisis, all the masks came off. When he returned to office, he knew exactly who was with him and who was against him" (Nelson, zit nach: McCarthy-Jones 2014: 52). Dies spiegelte sich folglich in der Identitätspolitik Chávez' und den antagonistischen Subjektpositionen in seinen Diskursen wieder. Denn seit den Konfliktjahren wurden sie deutlich aggressiver und polarisierender. Die Ablehnung der nun stärker konturierten Feindbilder intensivierte sich in demselben Ausmaß wie die Ablehnung des Status quo, der einen derart ausgeprägten oppositionellen Gegenschlag, wie er in der Krisenperiode erfolgt war, (erst) möglich gemacht hatte. Eine durchaus typische Charakterisierung der antagonistischen Subjektpositionen liefert das folgende Diskursfragment Chávez':

> „[E]in Kampf der Patrioten gegen die Antipatrioten; wir, die das Vaterland lieben, gegen diejenigen, die das Vaterland zerstören wollen, wir, die wirklich an die Demokratie glauben und diejenigen, die die Demokratie in Venezuela zu vernichten beabsichtigen; wir, die alles für den Kampf für das Vaterland unserer Kinder tun und diejenigen, die das Vaterland unserer Kinder vernichten wollen. So sieht der Kampf in Venezuela heute aus." (Chávez 2003a: 85–86)

Der (funktions-)logische Gegenpart hierzu bestand in der spezifischen Subjektposition, die Chávez für das venezolanische Volk und – in Verbindung dazu – für sich selbst diskursiv konstituierte. Das „Volk" („el pueblo") nahm im chavistischen Diskurs einen zentralen positiven Bezugspunkt ein, es wurde durchweg positiv charakterisiert, so z. B. als „weise", „edelmütig" und „heroisch" (Chávez 2001a). Ferner betonte Chávez stets die Kraft und Souveränität des Volkes: „Ihr seid die mächtigste Kraft, die es zwischen Himmel und Erde [...] gibt, das souveräne venezolanische Volk" (Chávez 2003a: 88).[17]

Eng im Verbund mit der venezolanischen Bevölkerung bzw. der Subjektposition des Volkes sah Chávez seine eigene Rolle: „Ich bin nicht ich, ich bin das Volk. [...] Heute wissen die Venezolaner [...], dass sie einen Präsidenten haben, der unnachgiebig für das Volk kämpft, und nicht eine Marionette im Dienst der Interessen von privilegierten Gruppen, [...] im Dienst dieser heimatlosen Oligarchie ohne Vernunft ist" (Chávez 2003: 173–174). In diesem Diskursfragment stellte Chávez nicht nur eine Verbindung zwischen sich selbst und dem Volk her, sondern distanzierte sich sogleich von der negativ charakterisierten Oligarchie. In ähnlicher Weise konstruierte Chávez seine eigene Subjektposition als Verkörperung des Willens des Volkes (Zúquete 2008: 100): „Was ich repräsentiere ist schlicht die Stimme und das Herz von Millionen" (Chávez 2003: 117).

Aufgrund seines Charismas verfügte Chávez über ein besonderes politisches Kapital. Uzcategui (zit. nach: Prutsch 2001: 136) charakterisierte Chávez nicht zu Unrecht als „Magier der Emotionen". In steter Abgrenzung zum negativ konturierten Vorgängersystem mitsamt der damaligen politischen Elite, der „Oligarchie", begründete er über den Rückgriff auf weitverbreitete soziokulturelle Standards[18]

---

[17] Das Volk bildete im chavistischen Diskurs eine Allianz aus Bauern, Arbeiter und (Teilen) der Mittelschicht (Boeckh/Graf 2007: 161). Primär sollen sich mit dieser Subjektposition jedoch all diejenigen Gruppen angesprochen fühlen, die von den Vorgängerregierungen benachteiligt, vergessen oder marginalisiert wurden. Der zu Beginn Chávez' Amtszeit noch grundsätzlich inklusive bzw. offene Begriff des Volkes wich seit dem Putschversuch 2002 – und der folgenden Intensivierung des diskursiven Antagonismus und damit der Überzeichnung der Akteure bzw. der Subjektpositionen – einer immer exklusiveren Vorstellung bzw. Definition.

[18] Das bezog sich einerseits auf gewisse „etische" Kulturmerkmale, wie Kollektivismus (Massenveranstaltungen, Relevanz der Familie, Vorrang von Gruppenaktivitäten), Maskulinität (Machismus und die damit verbundenen Werte wie Würde, Ehre, Stärke, Respektabilität, Zielorientierung, Wille, Tatkraft) und Aktivitätsorientierung (Spontaneität), andererseits auf „emische" Merkmale wie Sympathie (extrovertiertes, humorvolles Auftreten), Respekt (Anerkennung) und eine „Ideologie interpersonaler Verbindungen" (Chávez als Vertrauensmann) (Diehl 2005: 67–82).

und symbolische Ressourcen[19] in Verbindung mit einer informell-kollegialen, teils derben und beleidigenden Sprachmustern eine unmittelbar-charismatische Herrschaftsverbindung zwischen seiner Person und großen Teilen der eher einfachen venezolanischen Bevölkerung: „Hugo Chávez repräsentiert", so Diehl (2005: 81), „durch Herkunft, Aussehen, Auftreten und seinem naiv vorgetragenen Halbwissen genau den Protoypen des Venezolaners". Zudem stilisierte sich Chávez selbst als einfacher Mann des Volkes, als einer der venezolanischen Mehrheit: „Ich lache sogar über mich selbst, ich bin ein menschliches Wesen und ich täusche mich, ich bin genauso wie ihr" (Chávez 2004). Mittels dieser diskursiven und einer auch habituell-kulturellen Selbstidentifikation mit der venezolanischen Bevölkerung gelang es dem Präsidenten, in den besagten Bevölkerungsschichten diffuse affektive Bindungen an seine Person zu generieren.

Die spezielle Konstruktion der antagonistischen Subjektpositionen setzte damit einen doppelten Prozess der Legitimationsgenerierung und -sicherung in Gang: Einerseits die Legitimation der eigenen Person über die Subjektposition des volksnahen Präsidenten, der im Namen des Volkes spricht und die ‚wahren' Interessen der Bevölkerung vertritt. Andererseits die Stigmatisierung und Delegitimation der Opposition aufgrund ihrer (Subjekt-)Positionierung als Gegen- bzw. Feindbild.

3.1.1.2.3 Fazit: Transformationsdisposition und window of opportunity als Folge der Polarisierung und der interaktiven Radikalisierungsdynamik

Rückblickend kann festgehalten werden, dass die Konfliktperiode zwischen 2001 und 2004 bzw. der Machtkampf einen erneuten Radikalisierungsschub der Regierung Chávez markierte. Das bis heute anhaltende Erbe des Machtkampfs stellte eine stark ausgeprägte politische Polarisierung, die sich auch in der antagonistisch strukturierten Identitätspolitik der Regierung zeigte, dar. Chávez wandte sich als Folge des Machtkampfs und der antidemokratischen Aktivitäten der Opposition während der Putschversuchs[20] sukzessive von den Prinzipien des politischen Dialogs und Konsens ab. Ferner wandelten sich auch die bis dato zwar schwierigen, aber nicht feindschaftlichen Beziehungen zu den USA, da Chávez die

---

[19]So z. B. die Verwendung von Symbolen der indigenen Kultur, Änderung der nationalen Flagge, des nationalen Emblems usw., Verwendung religiöser Aspekte und Motive wie Missionseifer, Erlösungsgedanke, Indienstnahme Gottes und Jesus (Zúquete 2008: 96, 111–115) und der Pflege bzw. Überhöhung des Bolívarmythos (Boeckh/Graf 2007) 155–160).

[20]Greg Palast (zit. nach: de Beaugrande 2008: 22) liefert hierfür ein aufschlussreiches Beispiel: „One edible-oil executive […] had turned out, she said, to 'fight for democracy'. She added, 'we'll try to do it institutionally', a phrase that meant nothing to me until a banker […] explained that to remove Chávez, 'we can't wait until the next election'."

US-Regierung hinter dem Putschversuch als Drahtzieher vermutete. Im Gegenzug hierzu war von Chávez auch gegenüber jenen Bevölkerungsteilen, die seiner Regierung während des Putschversuches zur Seite standen und die Interimsregierung verurteilten, ein signifikant anderes Verhalten zu erkennen. Denn nachdem er von diesen ärmeren Bevölkerungsschichten während des Putschversuchs verteidigt worden war, richtete er seine (Sozial-)Politik in der Folge stärker an ihnen aus (Ellner 2011b: 424; Wilpert 2007: 9–28): „Nach diesem Ereignis [Putschversuch, R.P.] bemühte sich die Regierung darum, den Erwartungen der Unterklassen gerecht zu werden. Die *Misiones* waren der Tribut, den die Chávez-Regierung [...] zahlte" (Zelik 2011: 19, Hervorhebung im Original).

Generell kann zu diesem Zeitpunkt eine erneute Transformationsdisposition der Bevölkerung und der Regierung ausgemacht werden. V. a. der chavistische Block inklusive der Chávez-Administration strebte eine Vertiefung des eingeschlagenen ökonomischen, sozialen und politischen Transformationsprozesses an. Die Transformationsdisposition auf Seiten der Bevölkerung kann an der Zustimmung zum Präsidenten Chávez während des Putschversuchs 2002 und am Wahlsieg Chávez' im Abberufungsreferendum 2004 festgemacht werden. Für den weiteren Verlauf war jedoch die Transformationsdisposition auf Seiten der Regierung von größerer Bedeutung. Dass diese gegeben war und dass Chávez sich und seine Regierung auf dem richtigen ‚transformatorischen' Weg sah, zeigt das folgende Diskursfragment Chávez':

> „The coup is evidence that we are on the right track because the oligarchy, the counterrevolutionary forces, were counting on the failure of the revolutionary project [...]. Maybe the constitution didn't bother them so much, but in 2002 when we started passing the Laws of Empowerment [...] the counterrevolutionary forces realized that the project would continue pressing forward, deepening the changes. This explains their response." (Chávez, zit. nach: Harnecker 2005: 108)

Vor dem Hintergrund dieser Transformationsdisposition in Bevölkerung und Regierung eröffnete der temporär vergrößerte Handlungsradius der Regierung, der sich aus dem gewonnenen Machtkampf mit dem oppositionellen Block ergeben hatte, ein erneutes *window of opportunity* für eine Vertiefung oder gar für eine Neuausrichtung der Bolivarischen Revolution. Dieses erneute Handlungsfenster am Ende der ersten, prä-sozialistischen Phase sollte von der Regierung Chávez schließlich zum Aufbruch in den Sozialismus des 21. Jahrhunderts genutzt werden. Für die prä-sozialistische Phase, die zeitlich vor diesem Aufbruch stattfand und um die es in den folgenden (Unter-)Kapiteln geht, spielte es jedoch noch keine Rolle.

3.1.2 (Wirtschafts-)politische Zielsetzungen des Entscheidungspersonals: Herstellung von politischer und wirtschaftlicher Souveränität

In der Folge werden die zentralen Interessen bzw. (wirtschafts-)politischen Zielsetzungen[21] der Regierung Chávez in der ersten, prä-sozialistischen Phase basierend auf dem öffentlichen (Regierungs-)Diskurs analysiert. An dieser Stelle sei noch einmal auf die integrale, politökonomische Herangehensweise verwiesen, die in dieser Arbeit Anwendung findet. Damit geht eine offene Definition von Wirtschaftspolitik und – darauf basierend – auch von (wirtschafts-)politischen Zielsetzungen einher. Konkret werden in diesem Kapitel auch Zielsetzungen untersucht, die nur indirekt etwas mit Wirtschaftspolitik zu tun haben, aber zu einem besseren Verständnis des Untersuchungsgegenstandes beitragen. Ferner basiert die Analyse auf einer konstruktivistischen Herangehensweise, wonach Zielsetzungen das Ergebnis spezifischer sozialer, d. h. ideeller, und akteurs- und kontextabhängiger Konstruktionsprozesse sind. Hierbei stehen nicht Fragen des Machterhalts (oder der materiellen Bereicherung) im Fokus, sondern vielmehr diejenigen Zielsetzungen, die mit der chavistischen politökonomischen Zielvision zusammenhängen.

Für die Analyse der (wirtschafts-)politischen Zielsetzungen des Entscheidungspersonals sind die Entwicklungen der politischen Kultur während der Krisenjahre des *Puntofijismo* und der Aufstiegsphase der Bolivarischen Revolution von besonderem Einfluss. Wie die dahingehenden Ausführungen deutlich machten, kennzeichnete den chavistischen Entscheidungszirkel – und vor allem Hugo Chávez selbst – ein stark antagonistisch geprägtes Politikverständnis. Dieses Politikverständnis manifestierte sich in einer dezidierten Gegnerschaft gegen den politischen und wirtschaftlichen Status quo, einer antagonistischen Identitätspolitik und einem binären, manichäischen Regierungsdiskurs. In diesem Zusammenhang ist von zentraler Bedeutung, dass innerhalb der antagonistischen Identitätspolitik und Diskursmuster der permanente Negativbezug zu einem konstitutiven Außen, d. h. zu Feindbildern, den konstitutiven Kern des Chavismus darstellt. Über eine Analyse der Gegen- und Feindbilder, d. h. der zu überwindenden Systemcharakteristika, kann in einem ersten Schritt die Problemdiagnose des

---

[21] An dieser Stelle sei an die Ausführungen bezüglich des Zusammenhangs zwischen „Interessen" und „Zielsetzungen" im Theorieteil erinnert. Die beiden Begriffe werden weitgehend synonym verwendet. Der Unterschied besteht im Nexus zwischen Theorie und Praxis, d. h. der Terminus „Interesse" stellt einen konzeptionellen und analytischen Baustein in der konstruktivistischen Theorie dar, während der Begriff „(wirtschafts-)politische Zielsetzungen" eine handlungsleitende empirische, also praktische Funktion innehat.

Entscheidungspersonals beleuchtet werden. Darauf basierend können in einem zweiten Schritt – ex negativo – konkrete (wirtschafts-)politische Zielsetzungen (anhand der diskursiv angebotenen Problemlösungen) eruiert werden.

Zur Analyse von Problemdiagnose und Problemlösungen werden primär die folgenden Schlüsseldokumente ausgewertet: 1. die *Agenda Alternativa Bolivariana* (Chávez 2014), die Chávez bereits im Jahr 1996 als Alternativagenda zur *Agenda Venezuela*, dem 1994 aufgesetzten neoliberalen Reformpakt des Jahres 1994, erstellt hatte; 2. die Inaugurationsrede Chávez als Präsident Venezuelas (Chávez 1999); 3. die neue Verfassung Venezuelas von 1999 (RBRV 2009); und schließlich 4. der Wirtschafts- und Sozialplan 2001–2007 des Jahres 2001 (RBRV 2001). Zu einem besseren Verständnis werden mitunter auch weitere Reden Chávez' und Sekundärliteratur herangezogen.

3.1.2.1 Problemdiagnose: struktureller, venezolanischer Krisenkomplex, Problemlösung: Revolution und weitreichende Transformation

Wie oben gezeigt wurde, steckte Venezuela zur Zeit des Wahlsiegs Chávez' 1998 in einer ausgeprägten Krisensituation. In seiner Inaugurationsrede sprach der neue Präsident (Chávez 1999) von vier zusammenhängenden Krisen, die es zu lösen galt: einer „moralischen"[22], „wirtschaftlichen", „sozialen" und „politischen" Krise. Ferner sprach Chávez (ebd.) von einem „großen venezolanischen Drama" und von einer „Katastrophe […] als Summe einer Menge von Krisen". Diese Krisen waren gemäß Chávez jedoch nicht konjunktureller Natur, sondern vielmehr dem bestehenden System immanent. Dieses seit nunmehr fast 200 Jahren in Venezuela implementierte, „alte System […] basierte immer auf Oktroi, Herrschaft, Ausbeutung und Vernichtung" (Chávez 2014: 17).

Der Kontext der multidimensionalen Krise, die gemäß der konstruktivistischen Theoriebasierung als Situation der Unsicherheit redefiniert werden kann, ermöglichte nicht nur dem *political outsider* Hugo Chávez, sondern auch einem neuen Set an Wahrnehmungs- und Interpretationsfolien bezüglich der jüngeren und jüngsten venezolanischen Geschichte sowie neuer Lösungsansätze den Aufstieg. Denn „crises do not have predetermined outcomes but rather outcomes contingent on the narratives that best make sense of the crises and offer an alternative for the future" (Panizza 2009: 141). Der Krisenkontext und der nahezu vollständig delegitimierte Status quo lieferte Chávez eine „Option der gesellschaftlichen Neuordnung" (Bieling 2011a: 13). Auf Basis dieser Krisendiagnose bzw. dieses

---

[22]Die moralische Krise stellt hier eine Art Metaproblem dar, denn Moral hing bei Chávez stets mit Ökonomie und Politik zusammen (Serrano Mancilla 2015: 215).

Krisennarrativs lässt sich bereits erahnen, dass gemäß Chávez eine groß angelegte (System-)Transformation notwendig sein würde, um diese mannigfaltigen Krisen zu überwinden.

Die Lösung sah Chávez in nicht weniger als einer „Auferstehung", einer „Revolution", einer „notwendigen Revolution, denn sie ist notwendig im sozialen, wirtschaftlichen, politischen und ethischen Bereich" (Chávez 1999). „Die bolivarische Strategie", so Chávez bereits im Jahr 1996 „bezieht sich nicht nur auf die Restrukturierung des Staates, sondern auf das komplette politische System, angefangen bei seinen philosophischen Fundamenten" (Chávez 2014: 23).

Als erste konkrete Lösung erachtete Chávez die Ausarbeitung einer neuen Verfassung mittels einer verfassungsgebenden Versammlung. Letztere „hat ein Hauptziel: die Transformation der Fundamente des Staates und den Aufbau einer neuen Republik, die Neugründung der Republik" (Chávez 1999), „die Gründung der Fünften Republik: der Bolivarischen Republik" (Chávez 2014: 23).

3.1.2.2 Problemdiagnose: Repräsentative (Eliten-)Demokratie, Problemlösung: partizipative und protagonische Demokratie

Mit dieser Forderung bzw. Ankündigung ging nicht nur eine weitere Problemlösung der damaligen politischen Krise, sondern generell ein weiterer wichtiger Aspekt der Bolivarischen Revolution einher. Denn mithilfe der verfassungsgebenden Versammlung sollte, so die Vorstellung Chávez', der venezolanischen Bevölkerung die strukturell vorenthaltene Souveränität zurückgegeben werden: „Die Souveränität liegt nicht bei uns, der Präsident der Republik ist nicht souverän, der Kongress [das Parlament, R.P.] der Republik […] ist nicht souverän, das Oberste Gericht und die Gerichte sind nicht souverän. Der einzige Souverän […] ist dieses Volk" (Chávez 1999). Dieses Zitat belegt die ‚radikaldemokratischen' Vorstellungen Chávez' und, im Gegenzug, die Ablehnung der Fundamente des liberalen Demokratietyps der Vorgängerrepublik. Generell stellt das politische System der Vorgängerperiode eines der großen, systemischen Probleme dar, die sich im chavistischen Diskurs der ersten, prä-sozialistischen Phase manifestieren. Gemäß Chávez war die repräsentative Demokratie eine „falsche" Demokratie, „eine Fassadendemokratie" (Chávez 2003: 285), die die venezolanische Bevölkerung in „Armut und Elend führte" (Chávez 2001a) und „ausschließlich auf die Interessen der Oligarchie einging" (Chávez, zit. nach Harnecker 2005: 32). Auch an diesem Zitat wird die chavistische Reinterpretation der jüngsten Geschichte Venezuelas deutlich, die wiederum den legitimatorischen Boden für den Gegenentwurf Chávez' bereitete.

Als Gegenkonzept propagierte die chavistische Regierung die sogenannte „partizipative und protagonische Demokratie" (*democracia participativa y protagónica*). Im Gegensatz zum repräsentativen Demokratietypus nimmt, so die Vorstellung, das Volk in diesem neuen Demokratiemodell die Rolle als (wirklicher) Souverän und als Protagonist des eigenen Schicksals ein (RBRV 2009: Título IX: 142; RBRV 2001: 127). Diese Rolle als Souverän sollte über eine signifikante Ausweitung von Partizipationsrechten bezüglich „der Formulierung, der Ausführung und der Kontrolle von Politik", z. B. durch eine Vielzahl direktdemokratischer Mechanismen, gewährleistet werden (RBRV 2001: 106). Etwas ausführlicher erläuterte Chávez (2001c):

> „Der Zweck der partizipativen Demokratie, der protagonischen Demokratie muss darin bestehen [...], dem Volk die größtmögliche Summe an Glück zu geben. Demokratie bedeutet nicht, nur Repräsentanten zu wählen [...]. [...] die Demokratie muss Gleichheit und Gerechtigkeit garantieren, sie darf sich nicht nur auf den politischen Bereich beziehen; die Demokratie muss auch sozial [...] sein; sie muss den Menschrechten der Bevölkerung gerecht werden [...]: Bildung, Gesundheit, Wohnung, Arbeit [...]. Die Demokratie muss auch ökonomisch sein, sie muss jedem Möglichkeiten garantieren, sie muss Schritt für Schritt diese barbarischen Systeme [...] des Neoliberalismus demontieren. Die Demokratie ist das Volk!"

Als Zwischenfazit kann an dieser Stelle festgehalten werden, dass die hier skizzierte Vision Chávez' auf einer Demokratievorstellung beruht, die sich nahezu komplett von derjenigen des repräsentativen Demokratietypus unterscheidet. Der chavistische Demokratieentwurf muss als Reaktion bzw. Problemlösungsnarrativ auf die damalige Krisen gelesen werden, aus der heraus dieses Narrativ erst entstehen und Wirkungskraft entfalten konnte.

3.1.2.3 Problemdiagnose: Neoliberalismus, Problemlösung: heterodoxe bzw. post-neoliberale Wirtschaftsordnung

Bereits im Jahr 1996 hatte Chávez in seiner Schrift *Agenda Alternativa Bolivariana* als zentrale Probleme „Armut" (inklusive der Unterpunkte „soziale Krise" und „regressive Einkommensverteilung") und „Denationalisierung" (inklusive der Unterpunkte „Auslandsverschuldung" und „Öffnung des Ölsektors und Privatisierungen") ausgemacht (Chávez 2014: 27). Die genannten Problemfelder waren allesamt Konsequenzen der neoliberalen Reformpakete der 1980er und 1990er Jahre. Der Neoliberalismus stellte in dieser Phase den zentralen negativen Bezugspunkt Chávez' und des Chavismus dar. Das folgende Zitat belegt die Relevanz des Ökonomischen und die Relevanz der Transformation des Ökonomischen:

3.1 Die prä-sozialistische Phase unter Chávez ...

„Was wir bisher gemacht haben war die erste Etappe [...] wir haben die politischen Strukturen zerschlagen, wir haben eine neue Struktur geschaffen, aber jetzt geht es [...] an den schwierigsten Teil, die Transformation der sozialen Strukturen und die Transformation der ökonomischen Strukturen [...] das ist das Herz der Revolution. Es wird keine Revolution geben, wenn es keine Restrukturierung des ökonomischen Systems und des sozialen Systems gibt. Es wird keine Revolution geben, wenn wir nicht diese kolonialen Strukturen, die seit Jahrhunderten intakt sind, ändern." (Chávez 2001b)

Da sich Venezuela gemäß Chávez (1999) in einem „sozialen Notstand" befand, verkündete er damals, dass „heute ein wahrhaftiger Krieg gegen die sozialen Missstände beginnt" (ebd.). In der Präambel der neuen Verfassung von 1999 (RBRV 2009: 151) wurde daher als eins der zentralen Ziele der Bolivarischen Revolution die Herstellung sozialer Gerechtigkeit ausgerufen. Im Wirtschafts- und Sozialplan 2001–2007 des Jahres 2001 (RBRV 2001: 83) wurde dieses Ziel spezifiziert und in drei Bereiche bzw. Komponenten unterteilt: erstens die Universalisierung sozialer Rechte (RBRV 2001: 92), zweitens den Abbau der Ungleichheit bezüglich Einkommen und Reichtum (ebd.: 103) und drittens die Stärkung der sozialen Partizipation (ebd.: 106).[23]

Zur „Transformation der sozialen Strukturen und [...] ökonomischen Strukturen" (Chávez 2001b) waren jedoch weiterreichende Lösung vonnöten. Daher propagierte die Regierung Chávez eine post-neoliberale, heterodoxe (d. h. nichtorthodoxe) Wirtschaftsordnung und -politik. Charakteristisch hierfür war während der prä-sozialistischen Phase eine partielle, jedoch signifikante Abkehr von neoliberalen Handlungsmustern in der Wirtschaftspolitik: Erstens orientierte sich die von der Regierung Chávez eingeschlagene Richtung zum damaligen Zeitpunkt an einem „Kapitalismus mit menschlichem Antlitz" (Bodemer/Nolte 1999: 2) bzw. einem „dritten Weg" (Buxton 2004: 125[24]), der die „unsichtbare Hand des Marktes" mit der „sichtbaren Hand des Staates" zu verbinden sucht (Chávez 1999): „Unser Projekt ist kein staatszentriertes Projekt. Es ist aber auch kein neoliberales Projekt. Nein, wir suchen einen Mittelweg, so viel Staat wie nötig, so viel Markt wie möglich" (Chávez 1999). Zweitens und in Abgrenzung zur Außenorientierung der neoliberalen Phase (Freihandel, ausländische

---

[23] Die Sozialpolitik stellte für die Regierung daher eine „Nagelprobe" (Burchardt 2011: 428) dar: Mit dem Wirtschafts- und Sozialplan 2001–2007 wurde die „Sozialpolitik [...] nicht mehr als abhängige Variable von ökonomischen und politischen Prozessen gesehen, sondern als ein eigenes strukturdeterminierendes Politikfeld verstanden" (ebd.: 429).

[24] Serrano Mancilla (2015: 233–255) setzt sich mit Frage nach dem „dritten Weg" auseinander und kommt zum Ergebnis, dass die von Chávez propagierte und eingeschlagene wirtschaftliche Richtung damit unangemessen charakterisiert wird.

Direktinvestitionen etc.) sollte der Entwicklungsgedanke einen endogenen Fokus aufweisen, also einer stärker binnenmarktorientierten Strategie folgen (Chávez 1996: 31). Drittens lässt sich feststellen, dass Chávez in dieser (ersten) Phase eine moderate Demokratisierung der sozioökonomischen Beziehungen im Blick hatte (Serrano Mancilla 2015: 252). Bereits in der Verfassung von 1999 war durch die Betonung von sozialer Gerechtigkeit, Gleichheit und Umverteilung von Reichtum eine signifikant unterschiedliche Prioritätensetzung gegenüber der neoliberalen Periode zu erkennen (ebd.: 241). Serrano Mancilla (2015: 254) charakterisierte diese Verfassung demgemäß als „Navigationskarte, um aus dem Neoliberalismus herauszufinden". Dennoch sollte in der wirtschaftspolitischen Praxis zunächst in erster Linie eine wirtschafts- und sozialpolitische Korrektur von unerwünschten Marktergebnissen im Fokus stehen, ohne dabei die ökonomischen Machtverhältnisse in entscheidender oder gar radikaler Weise zu ändern.

Als theoretisch-konzeptioneller Referenzpunkt dieser Phase kann der Wirtschafts- und Sozialplan 2001–2007[25] (RBRV 2001) angesehen werden. Dort wird „ein Produktionsmodell" skizziert, das

> „ein nachhaltiges [sich selbst erhaltendes, R.P.] Wachstum generiert, die Diversifizierung der Produktionsstruktur fördert und internationale Wettbewerbsfähigkeit in einem Kontext makroökonomischer Stabilität erreicht, was wiederum eine umfassende und diversifizierte Reintegration in den internationalen, globalisierten Handel erleichtern wird" (RBRV 2001: 16).

Folgende, konkrete Zielsetzungen wurden darin festgehalten: erstens ein „nachhaltiges Wirtschaftswachstum" (ebd.: 26); zweitens die „Eliminierung ökonomischer Volatilitäten" (ebd.), d. h. die Glättung des Konjunkturverlaufs (u. a. mithilfe antizyklischer Geld- und Fiskalpolitik)[26]; drittens sollte die Erdölindustrie als Leitsektor bzw. „Entwicklungshebel" (ebd.: 27) fungieren, der Rückkopplungseffekte für andere Industrie- und Dienstleistungszweige generiert, Letztere also vor- oder nachgeschaltet in den Erdölextraktions- und Vertriebsprozess einbindet. Das etwas paradox anmutende Ziel bestand darin, das Öl als Instrument zu nutzen, um

---

[25] Im Original: *Líneas Generales del Plan de Desarrollo Económico y Social de la Nación 2001–2007*.

[26] Damit wurden Lehren aus der jüngsten venezolanischen Geschichte gezogen, die durch ausgeprägte, öl(preis)bedingte wirtschaftlichen Schwankungen, d. h. sich abwechselnde Boom- und Krisenzeiten, gekennzeichnet war.

3.1 Die prä-sozialistische Phase unter Chávez ...

die Rentenökonomie zu überwinden und im Gegenzug eine „produktive Ökonomie", also post-extraktivistische Wirtschaftszweige, aufzubauen (ebd.)[27]; viertens wurde der Aufbau einer „sozialen Ökonomie" als Alternativweg zwischen privater und öffentlicher Wirtschaft festgeschrieben (ebd.). Damit sollten, so die Vorstellung, wirtschaftliche und soziale Interessen vereinbart werden und ferner die Partizipation der Arbeitnehmer in so genannten „Alternativunternehmen" gewährleistet werden[28]; fünftens und in Kontinuität zu neoliberalen Vorgaben wurde „fiskalische Nachhaltigkeit" (ebd.: 28), also ein ausgeglichener öffentlicher Haushalt und Effizienzsteigerung der öffentlichen Verwaltung als Ziel ausgegeben; schließlich galt es sechstens, die Sparquoten zu erhöhen, um darüber öffentliche und private Investitionen tätigen zu können (ebd.). Interessanterweise haben fünf der oben genannten Ziele keine radikale Stoßrichtung, lediglich der geplante Aufbau der sozialen Ökonomie lässt das transformatorische Potential erahnen, das charakteristisch für die zweite, „sozialistische" Phase werden sollte.

Eine Spezifizierung der Entwicklungsstrategie erfolgte ab dem Jahr 2003, u. a. bedingt durch die schwere innenpolitische Krise und steigende öffentliche Einnahmen aus dem Erdölexportgeschäft. Dieser Krisenkontext, der – gemäß der konstruktivistischen Theoriebasierung – abermals als Zeit der Unsicherheit interpretiert werden kann, bewirkte eine Erosion des ideellen (wirtschaftspolitischen) Instrumentariums der Regierung Chávez. Ab diesem Zeitpunkt setzte dann auch ein von Chávez gegenüber seinen Mitarbeitern angeordneter Reflexionsprozess über die weitere Entwicklungsstrategie und -richtung ein (Parker 2006: 61–62). In der Folge orientierte sich der chavistische Entscheidungszirkel in verstärktem Maße an dem von der CEPAL vertretenen Neostrukturalismus (Wilpert 2007: 76) bzw. dem von Oswaldo Sunkel (1991) ausgearbeiteten Konzept einer „Entwicklung von innen" („desarollo desde dentro").[29] In loser Anlehnung an den Neostrukturalismus Sunkels (Parker 2006: 62–63) erarbeitete die Chávez-Administration das Konzept der „endogenen Entwicklung", spezifizierte

---

[27] Das Ziel der Regierung Chávez bestand von Beginn an darin, die Abhängigkeit vom Erdöl zu überwinden, zumindest jedoch zu reduzieren (z. B. Chávez 1999, 2011b: 19–20).

[28] Konkret waren hierfür zwei Programme angedacht: Das eine hatte die „Demokratisierung des Kapitals" mittels der „Entwicklung produktiver, selbstverwaltender Aktivitäten", z. B. über Kleinstunternehmen (*microempresas*), Gemeinschaftsunternehmen (*empresas comunitarias*), Kooperative, kleine und mittlere Unternehmen und landwirtschaftliche Betriebe als Ziel. Das andere Programm richtete sich auf ein System der Mikrofinanzierung (RBRV 2001: 27–28).

[29] Die Binnenmarktorientierung war bereits ein Kennzeichen des ISI gewesen. Hier zeigt sich die Prägekraft strukturell wirkender Ideen bzw. Konzepte.

es zunächst allerdings nicht weiter (Zelik 2011: 460).[30] Im Jahr 2004 wurde das Konzept schließlich an den folgenden Charakteristika ausgerichtet: 1. Fokussierung auf bestehende Kapazitäten und Bedürfnisse; 2. Integration wirtschaftlicher, sozialer, politischer und kultureller Aspekte im Rahmen von speziellen kommunalen Einheiten (*Núcleo de Desarollo Endógeno*); 3. Motivierung kommunaler Partizipation in der Planung wirtschaftlicher Fragen via neuer Formen der Organisation (z. B. Kooperative); 4. gerechte Umverteilung des nationalen Reichtums; 5. Organisationsverlauf von unten nach oben (d. h. einer Dezentralisierung der Entscheidungs-, Planungs- und Organisationsbefugnisse); 6. Reduktion sozialer Exklusion; 7. Ausrichtung von Lebens- und Konsumstilen an Werten von Kooperation und Solidarität; 8. Aufwertung produktiver Arbeit; 9. Verwendung regionaler Technologien unter Rücksichtnahme auf die Umwelt; 10. komplementäre Entwicklung sämtlicher Wirtschaftszweige (RBRV 2004: 54–55).

3.1.2.4 Problemdiagnose: fehlende Souveränität (nach außen), Problemlösung: zivil-militär Union (nach innen) und Bildung einer multipolaren Weltordnung (nach außen)

Der chavistische Diskurs weist auch einen relevanten außen- und regionalpolitischen Kern auf. Daraus wird – wie in der Folge zu sehen sein wird – deutlich, dass die Bolivarische Revolution nicht nur eine nationale, sondern vielmehr eine regionale oder gar internationale Stoßrichtung kennzeichnet. Chávez sprach bereits im Jahr 1996 von dem „Tod des alten Modells, das Venezuela vor fast 200 Jahren aufgezwungen wurde"...

> „Selbstverständlich wechselte dieses alte Modell seither [...] seinen Namen, aber es basierte immer auf [...] Ausbeutung [...]. Das alte Modell [...] wehrt sich gegen den Untergang. Über seine Vordenker und Schreiber [...] versucht es seit mehreren Jahren, seine Realität zu verbergen, indem es Pläne oder Projekte zur „Stabilisierung" und „Anpassung" erstellt [...]. Natürlich sind dieses alte Modell und diese neuen Pläne ein Teil eines transnationalen politischen Projekts, das [...] mittels eines fetischistischen Diskurses über den freien Markt, die Freiheit des Individuums und den Wettbewerb eine Offensive auf dem ganzen Kontinent intensivierte. Dahinter verbirgt sich der Anspruch, die Hegemonie eines Akkumulationsmodells [...] wiederherzustellen und zu konsolidieren" (Chávez 2014: 17–19).

---

[30]Corrales (2010: 40) sieht in der „endogenen Entwicklung" lediglich eine neue Begrifflichkeit für Importsubstitution, daher auch der Titel seines Artikels: „The Repeating Revolution: Chávez' New Politics and Old Economics".

3.1 Die prä-sozialistische Phase unter Chávez …

In diesem Diskursfragment wird Chávez' Ablehnung eines neoliberalen Modells deutlich, das, so wie er schreibt, von ausländischen Mächten in Venezuela implementiert wurde. Serrano Mancilla (2015: 157) erachtet in diesem Zusammenhang den Neoliberalismus als ein „Rezept des Nordens zur Sicherung eines hegemonialen Musters kapitalistischer Akkumulation". Chávez, so fährt Serrano Mancilla (ebd.) fort,

> „erkannte sehr schnell, dass der in New York unterzeichnete Punto Fijo-Pakt gerade durch einen anderen Pakt, den *Washington Consensus*, ersetzt wurde, wodurch das politische Leben auf zehn neoliberale Gebote reduziert wurde […]. Im ökonomischen Verständnis Hugo Chávez' verankerte sich etwas Grundlegendes: jeder im *Norden* unterzeichnete Pakt kann kein Projekt für den *Süden* sein. Chávez erkannte, dass der Neoliberalismus den Verlust von Souveränität implizierte" (Hervorhebungen im Original).

Bezüglich dieser Problemdiagnose – der fehlenden Souveränität durch den vom Norden angestoßenen Neoliberalismus – lassen sich im chavistischen Diskurs drei Lösungen ausmachen. Ein erster nach innen gerichteter Lösungsansatz bestand darin, dem „epistemologischen Kolonialismus" (Serrano Mancilla 2015: 235) zu entfliehen und keine Modelle oder Entwicklungsstrategien, die im „Norden" entworfen wurden oder vom „Norden" propagiert wurden, zu folgen. Vielmehr sollten eigene Entwicklungsansätze konzeptualisiert werden. Chávez folgte diesbezüglich einem der großen Referenzfiguren des Chavismus und der Bolivarischen Revolution, nämlich Simón Rodríguez: „Lateinamerika sollte keine Modelle imitieren […]. Entweder erfinden wir oder wir irren" (Chávez 2014: 17). Eine zweite Lösung sah Chávez in der Verteidigung der Erfolge der Bolivarischen Revolution durch eine zivil-militärische Union. Wie im obigen Zitat von Chávez deutlich wurde, „wehrte" sich das alte, neoliberale Modell und die davon profitierenden Schichten gegen seinen „Untergang", d. h. gegen eine Transformation der (tatsächlichen) politischen und wirtschaftlichen Herrschafts- und Machtverhältnisse. Daher bildeten Sicherheitsfragen vom Beginn an einen zentralen Pfeiler im bolivarischen Gedankengebäude. Konkret orientierte sich die Regierung Chávez an der Vorstellung eines Zusammenschlusses von Militär und Zivilbevölkerung in Kampf und Aufrechterhaltung der Souveränität des Landes, was im Begriff der „zivil-militärischen Union" kodifiziert wurde. Die geistesgeschichtlichen Einflüsse dieses Konzepts reichen von Nationalheld Simón Bolívar über den Vordenker einer modernen zivil-militärischen Variante Norberto Ceresole bis hin zu Chávez' eigenen Erfahrungen als Militär. Chávez „hatte immer eine zivil-militärische Vision. Ich sah die Notwendigkeit für eine enge Beziehung zwischen dem Volk und der Armee" (Chávez, zit. nach: Harnecker 2005:

24). Chávez begann, so fährt er (ebd.: 28) fort, das Militär als eine „soziale Kraft" der Veränderung zu sehen. Das Militär sollte auch nach der Regierungsübernahme einen zentralen Stellenwert im neuen chavistischen Regimetypus einnehmen und mannigfaltige politische Aufgaben übernehmen. Die Relevanz der zivil-militärischen Union betonte Chávez im Hinblick auf den Putschversuch des Jahres 2002, als sowohl Militärs als auch die Zivilbevölkerung auf den Straßen Caracas zusammengekommen waren, um gegen die ausgerufene Putschregierung und für die Wiedereinsetzung Chávez' zu kämpfen (Chávez, zit. nach: Harnecker 2005: 81–82). Die zivil-militärische Union wurde somit als Garant des bolivarischen Revolutionsprozesses nicht nur nach innen, sondern auch nach außen begriffen. Da Chávez die venezolanische „Oligarchie" im Verbund mit den USA für den Putschversuch des Jahres 2002 verantwortlich machte, sah er es als unerlässlich an, die Erfolge der Regierung nicht nur nach innen – gegen die heimische Oligarchie –, sondern auch nach außen – gegen die USA – zu verteidigen.

Ein dritter Lösungsansatz bestand darin, die Souveränität des Landes nach außen abzusichern. Konkret ist hierfür die Verwirklichung einer lateinamerikanischen Union und – damit eihergehend – die Herstellung eines regionalen Machtblocks innerhalb einer als „multipolar" prognostizierten Weltordnung des 21. Jahrhunderts angedacht. Bereits in der Inaugurationsrede sprach Chávez (1999) vom „alten Traum Bolívars", nämlich der Bildung einer lateinamerikanischen Union als „prioritäre und drängendste Aufgabe unserer Außenpolitik". Gleichzeitig gehe es um „die Konsolidierung eines großen Machtblockes in diesem Teil der Welt", denn „die Welt des 21. Jahrhunderts wird nicht bipolar, sondern multipolar sein" (ebd.). In der Verfassung von 1999 war neben der Betonung nationalstaatlicher Souveränität (RBRV 2009: Art. 152), das Ziel einer lateinamerikanischen Integration bzw. Einigung (ebd.: Art. 153) und einer Demokratisierung der internationalen Gemeinschaft (ebd.: Präambel) festgeschrieben.[31] Im Wirtschafts- und Sozialplan des Jahres 2001 wurde als Hauptziel die „Stärkung der nationalen Souveränität und der Förderung einer multipolaren Welt" (RBRV 2001: 155) festgehalten. In dieser Zielsetzung spiegelt sich zum einen ein ‚offensives' und idealistisches Interesse an der Transformation des regionalen und internationalen Status quo und zum anderen ein eher ‚defensives' und realistisch-rationalistisches Interesse an der Sicherung und Verteidigung der Bolivarischen Revolution nach außen wider. Dieser auch strategische Charakter wird in einem der Unterpunkte dieses Hauptziels deutlich, der „Förderung eines neuen Regimes der integralen hemisphärischen Verteidigung" (ebd.: 158). Denn

---

[31]Die Vorstellung einer Neugestaltung der regionalen Landkarte nach dem Ideal Bolívars war im Denken Chávez' jedoch bereits vor 1998 deutlich erkennbar gewesen (Werz 2011: 382).

nur mittels einer solchen Verteidigungsmöglichkeit würde sich die Bolivarische Revolution gegen die Interessen des „transnationalen politischen Projekts" des Neoliberalismus verteidigen können.

3.1.2.5 Fazit: Relevanz von Antagonismen und ideellen Faktoren in der Ausbildung der Regierungsagenda

Als Fazit dieses Kapitels können folgende Punkte festgehalten werden: 1. Die Entwicklungen der politischen Kultur während der Krisenjahre des *Puntofijismo* und der Aufstiegsphase der Bolivarischen Revolution hatten einen signifikanten Einfluss auf die Ausbildung der (wirtschafts-)politischen Zielsetzungen der Regierung. Die (radikale) gegen den Status quo gerichtete Haltung bestimmte nicht nur den Präsidentschaftswahlkampf 1998, sondern auch die Regierungsagenda nach dem Wahlsieg. 2. Das eingangs erwähnte konstitutive Außen, d. h. der strukturelle Negativbezug zu Gegen- und Feindbildern, stellte in allen diagnostizierten Problemen den Schlüssel zum Verständnis der jeweiligen Problemlösungen und – darauf aufbauend – der (wirtschafts-)politischen Zielsetzungen dar. 3. Der Umdenk- und Umwälzungsprozess belegt die Relevanz ideeller Faktoren, d. h. den Zusammenhang von Krisenkontexten und dem Aufstieg alternativer (ökonomischer) Konzepte inklusive der damit einhergehenden Interpretations- und Wahrnehmungsfolien. Letztere wirkten sich wiederum auf Problemdiagnose und -lösungen des Entscheidungspersonals aus. Die Pläne und Diskurse bedingten somit die Herausbildung neuer Problem- und Themenhierarchien der Regierung, worüber der Raum des Denk-, Sag- und Verhandelbaren (langsam) verändert wurde. 4. Alle der genannten Problemdiagnosen und -lösungen hingen im chavistischen Diskursgeflecht zusammen und verdichteten sich zu einem Hauptproblem: der fehlenden internen und externen Souveränität. 5. Die diskursiv ermittelten Problemlösungen drehten sich schließlich im Kern um die Rückgewinnung von Souveränität: bezüglich der Politik mittels eines neuen Demokratiemodells (partizipativ-protagonische Demokratie, zivil-militärische Union); im Hinblick auf die Wirtschaft mittels einer post-(neo)liberalen, moderaten Wirtschaftsdemokratie; und die Außenbeziehungen betreffend über eine lateinamerikanische Union und neue globale Machtpole. 5. Der letzte Aspekt verdeutlicht, dass die Bolivarische Revolution bereits in den Anfangsjahren nicht nur ein nationales, sondern ein regionales und internationales Projekt darstellte.

3.1.3 Analyse politischer und wirtschaftlicher Entwicklungen und Handlungsspielräume: erste Transformationsschritte und Ausweitung des Handlungsradius der Regierung

In dem vorhergehenden Kapitel wurden die zentralen Zielsetzungen des Entscheidungspersonals beleuchtet. Als alleinige Erklärung für die in Venezuela erfolgte wirtschaftspolitische Strategie sind sie jedoch nicht ausreichend, denn hierfür müssen auch die Handlungsspielräume der Regierung analysiert werden. In der Folge werden daher einige zentrale Bereiche und Entwicklungen von Wirtschaft und Politik analysiert, die für die Beleuchtung dieser Handlungsspielräume von Relevanz sind. Gemäß der These und des Analysemodells dieser Arbeit werden drei Aspekte von Handlungsspielräumen thematisiert: 1. die Machtverhältnisse, 2. Ressourcenvorkommen und 3. die Weltmarkteinbindung. Das Explanandum dieser Arbeit, die wirtschaftspolitisch Strategie bzw. die konkrete Wirtschaftspolitik, wird dabei in die folgenden Ausführungen, v. a. in das Kapitel über die Weltmarktintegration, eingeflochten.

3.1.3.1 Machtverhältnisse: Stärkung des Staates und der Exekutive
3.1.3.1.1 Veränderung der strategischen Selektivitäten des Staates 1: Entmachtung der alten Eliten

Gleich zu Beginn seiner Präsidentschaft macht Hugo Chávez erste, zunächst symbolpolitische Schritte zu einer Transformation. Bei seiner Vereidigung schwor Chávez auf die „todgeweihte Verfassung" der IV. Republik, im Beisein eines der wichtigsten Autoren jener Verfassung, des abgewählten Ex-Präsidenten Rafael Caldera (Werz 2007: 7). Ferner modifizierte die Regierung die Landesflagge und das nationale Emblem (Zúquete 2008: 111) und rief die nun V., offiziell „Bolivarische" betitelte Republik aus.

Anschließend machte sich die neue Regierung an die schrittweise Entmachtung der alten Eliten. Damit wurde die strategische Selektivität des venezolanischen Staates, d. h. der Einfluss über die zentralen Entscheidungsinstanzen signifikant verändert. Zunächst besetzte die Regierung das Kabinett durchweg mit Mitgliedern der venezolanischen Linken, was insofern einen Bruch darstelle, als vormals Personen mit thematischem und beruflichem Bezug zu den jeweiligen Ministerien, d. h. Angehörige der Eliten, berufen wurden (Wilpert 2007: 21).[32] In

---

[32]Z. B. war es üblich, dass der Wirtschaftsminister aus der Privatwirtschaft oder der Verteidigungsminister aus dem Militär kam (Wilpert 2007: 21).

der Absicht, „die anvisierten Reformen und damit auch die eigene Machtbasis über einen kontrollierten Elitenwechsel abzusichern" (Isidoro Losada 2011: 281) vergab die Regierung wichtige Posten im Staat nach Gesinnung und Loyalität. Hiervon profitierte v. a. das Militär, dessen Macht sich damit schlagartig vergrößerte (ebd.: 281–283).[33] Die Regierung Chávez sicherte sich mithilfe der Zentralisierung der Entscheidungsbefugnisse über militärische Angelegenheiten in der Exekutive (z. B. hinsichtlich der Kommandostruktur oder Beförderungen) zudem Einfluss über das Militär (ebd.: 282).

Die Entmachtung der alten Eliten wurde sodann mit dem im Wahlkampf versprochenen Verfassungsgebungsprozess weiter vorangetrieben (Brewer-Carías 2007). Ferner wurde damit das bolivarische Revolutionsprojekt auf eine neue rechtliche Grundlage gestellt und die Basis für die angestrebten Transformationen gelegt. Die alte bzw. aktuelle Verfassung Venezuelas aus dem Jahr 1961 galt der Regierung, Theoretikern des Neokonstitutionalismus, aber auch Teilen der Bevölkerung als Elitenprojekt, das gänzlich auf den Schutz der Eliten und deren Interessen ausgerichtet war (Viciano/Martínez-Dalmau 2011; Prieto 2017). Demgegenüber arbeitete eine verfassungsgebenden Versammlung, in der die Anhänger des Regierungslagers die absolute Mehrheit stellten (Combellas 2007: 57–58) und folglich entsprechende Gestaltungsmöglichkeiten hatten, eine neue Verfassung aus, die am 15.12.1999 per Referendum angenommen wurde.[34]

3.1.3.1.2 Die neue Verfassung – Vergrößerung der Machtposition der Exekutive und Ausweitung der Partizipation

Die neue Verfassung des Jahres 1999 markierte die Neugründung der Republik (RBRV 2009: Präambel), einen radikalen Bruch mit der Vergangenheit (Nolte/Schilling-Vacaflor 2012a: 19), die Entmachtung der alten Eliten (Brewer-Carías 2007) und einen signifikanten Wandel im institutionellen Gefüge des venezolanischen Staates. Sie veränderte auch die Herrschaftsstruktur, d. h. die gewaltenteilige Organisation des venezolanischen Demokratietypus in signifikanter Weise.

Zum einen wurde in der neuen Verfassung ein breiter Katalog (ziviler, politischer, sozialer, kultureller, wirtschaftlicher, indigener und ‚ambientaler') Rechte der Bevölkerung festgeschrieben (RBRV 2009: Título III, Kap. 3–9). Besonders

---

[33]Das Militär hatte z. B. den verfassungsmäßigen Auftrag, in der Entwicklung des Landes mitzuwirken (RBRV 2009: Art. 328).
[34]Problematisch an dem Verfassungsgebungsprozess war, dass eine Ausarbeitung einer neuen Verfassung über eine verfassungsgebende Versammlung in der Verfassung von 1961 nicht vorgesehen war. Daher wird diese Verfassungsgebungsprozess von diversen Autoren als Staatsstreich interpretiert (Brewer-Carías 2013: 354; Hernández 2011: 144).

die Partizipationsrechte der Bevölkerung verdienen hier Erwähnung, denn mit der neuen Verfassung ist auch der rechtliche Grundstein zur Umsetzung eines neuen Demokratiemodells gelegt worden. Im Unterschied zum repräsentativen Demokratietypus der prä-chavistischen Ära ist mit der „partizipativen und protagonischen Demokratie" (RBRV 2009: Título IV, Kap. 1, Título V, Kap. 5) ein demokratisches System angedacht, in dem der Bürger als Souverän vielfältige Partizipationsrechte bezüglich politischer Aspekte, Prozesse und Entscheidungen zukommen (RBRV 2009: Título III, Kap. IV). Damit geht einher, dass mehr (Bürger-)Beteiligung und eine bedarfseffizientere politische Bearbeitung und Verwaltung angedacht und partiell verwirklicht worden sind: Die politische Teilhabe wird seither über eine Vielzahl direktdemokratischer Instrumente bzw. Mechanismen[35] gewährleistet (RBRV 2009: Art. 70). Des Weiteren wurden ungeachtet der traditionellen drei Gewalten – bestehend aus Exekutive, Legislative, Judikative – zwei weitere Staatsgewalten geschaffen: die „Bürgergewalt" (*Poder Ciudadano*) (RBRV 2009: Art. 273–291) und die „Wahlgewalt" (*Poder Electoral*) (RBRV 2009: Art. 292–298). Die Erweiterung der drei traditionellen Gewalten beruht auf der Philosophie Simón Bolivars (Muhr 2012: 228). Mithilfe der zwei neuen Staatsgewalten war der Übergang zu einem partizipativeren und inklusiveren politischen System und darüber hinaus zu mehr Kontrolle gegenüber Politikern beabsichtigt (Schilling-Vacaflor/Barrera 2011: 4). Insgesamt wurde damit der Pfad des liberal-repräsentativen Demokratietypus verlassen und der Grundstein für ein neues, „post-liberales" Demokratiemodell gelegt (Arditi 2008; Wolff 2013), in dem die *vertical accountability* im Gegensatz zur *horizontal accountability* im Vordergrund steht.

Zum anderen wurden mit der neuen Verfassung die Kompetenzen der Exekutive signifikant ausgeweitet, was sich v. a. in drei Punkten niederschlägt: 1. in der Verlängerung der präsidentiellen Amtszeit (von 5 auf 6 Jahre) inklusive direkter Wiederwahl (RBRV 2009: Art. 230); 2. in der Ausweitung der präsidentiellen Macht inklusive des Regierens per Dekret (Art. 236) und 3. in der Verankerung neuer Interventions- und Gestaltungsrechte der Exekutive bzw. des Staates bezüglich der Wirtschaft. Dies betrifft v. a. geld-, fiskal-, industrie- und währungspolitische Kompetenzen, was weiter unten detaillierter ausgeführt wird.

Nachdem die Verfassung angenommen war, wurde für das Jahr 2000 eine Großwahl (*megaelecciones*) beschlossen, in der alle öffentliche Posten, inklusive

---

[35] Hierzu zählen z. B. Referendum, Volksbefragung, Abwahlreferendum bzw. Mandatswiderruf („revocación del mandato"), gesetzgeberische Initiativen („iniciativas legislativa"), Verfassungsgebungsinitiative („iniciativa constitucional y constituyente"), offene Stadtratssitzungen („cabildo abierto"), und Bürgerversammlungen (RBRV 2009: Art. 70).

die des Präsidenten, der Gouverneure, Bürgermeister und Parlamentarier etc. relegitimiert werden sollten. In diesen Wahlen sicherte sich der chavistische Block in Exekutive und Legislative mit großem Vorsprung den Sieg, wodurch sich die Machtverhältnisse abermals zugunsten der Regierung verschoben (Wilpert 2007: 21–22).

3.1.3.1.3 Veränderung der strategischen Selektivitäten des Staates 2: Errichtung paralleler Verwaltungs- und Operationsstrukturen

Ferner vergrößerte die Regierung ihre Macht und ihre Handlungsoptionen über eine weitere Veränderung der strategischen Selektivität des venezolanischen Staates, nämlich mithilfe der Errichtung paralleler Verwaltungs- und Operationsstrukturen. Dieses Vorgehen muss vor dem Hintergrund der damaligen, spezifischen Kräfte- bzw. Machtkonstellation innerhalb des venezolanischen Staates gesehen werden: Zwar kontrollierte der chavistische Block neben der Exekutive und Legislative noch die beiden zwei neuen Staatsgewalten, d. h. die „Bürgergewalt" und die „Wahlgewalt".[36] Nichtsdestoweniger standen weite Teile der Staatsapparate der Regierung wenig loyal bis offen oppositionell bzw. feindlich gegenüber (Nelson 2013: 175).[37] Aufgrund von „Strukturen", die „von Gegnern infiltriert" und von „vielen bürokratischen Hindernissen" (Chávez, zit. nach: Harnecker 2005: 57, 67) blockiert waren, begann die Regierung in bestimmten Bereichen an der staatlichen Verwaltung vorbei zu operieren. Das betraf v. a. die Umsetzung sozialpolitischer Vorhaben wie z. B. den im Jahr 2000 aufgelegten und von Militärs durchgeführten *Plan Bolívar 2000* sowie später – ab 2003 – die sozialpolitischen Missionen (*misiones*) (Zelik 2011: 456). Ein ähnliches Muster fand sich im Gewerkschaftsbereich. Den Gewerkschaftsdachverband CTV erachtete Chávez von Beginn als Teil der alten Machtstrukturen, die es zu überwinden galt. In der neuen Verfassungen wurde sodann die Autonomie der Gewerkschaften faktisch beschnitten, z. B. indem gewerkschaftliche Wahlen dem Zuständigkeitsbereich der – in der Praxis nicht unabhängigen – *Poder Electoral* überantwortet wurden oder indem die Finanzierung der Gewerkschaften erschwert wurde (Díaz/Schütt 2011: 261). Nach erfolglosen Versuchen der Regierung, die Kontrolle über CTV zu erlangen, erfolgte schließlich auch in diesem Bereich die Errichtung von „Parallelgewerkschaften", die fortan von der Regierung gefördert wurden (ebd.).

---

[36]Die Regierung war es gelungen, diese neuen Gewalten mit loyalen Akteuren zu besetzen (Aponte Blank/Gómez-Calcaño 2009: 5).
[37]Langsame bzw. oppositionell eingestellte Staatsapparate hatten in Venezuela bereits zuvor für Probleme gesorgt: So gab es z. B. bei der Implementierung der neoliberalen Reformen Probleme mit der Bürokratie, die von ebendiesen Reformen berührt gewesen wäre (Balza 2008: 379).

Auch bezüglich des Herrschaftsanspruchs, d. h. der staatlichen „Regelungs- und Interventionstiefe" (Merkel 2010: 23) gegenüber der venezolanischen Gesellschaft, lassen sich ähnliche Schritte festmachen, konkret im Bereich der Bildung. Als Teil eines neuen Hegemonieprojekts initiierte die Regierung einen neuen Bildungstypus (*Educación Bolivariana*). Mithilfe der Bildung neuer Schulen versucht die Regierung seither, chavistisches Gedankengut in den Bildungsbereich einzuspeisen (Peters 2011: 651). Dieses Gedankengut bestand v. a. in einer von Chávez vorgenommenen und sich in seinen Diskursen manifestierenden Reinterpretation der venezolanischen Geschichte. Dieses Vorgehen diente nicht zuletzt herrschaftslegitimatorischen Zielen, d. h. zum einen wurden dadurch die politischen Gegner delegitimiert und – im Gegenzug – das eigene (Hegemonie-)Projekt legitimiert (Romero/Quiñónez 2011: 530–531). Auch hinsichtlich der Wirtschaft bzw. der Implementierung eines neuen Entwicklungsmodells griff die Regierung auf die Errichtung von Parallelstrukturen zurück, wie das folgende Zitat von Escobar (2010: 51) zeigt:

> „I spent two days with the bright and dedicated group of experts in charge of refining and implementing the endogenous development framework. As they saw it, President Chávez had to create a sort of parallel government within the State structure in order to develop the instruments needed to advance his Bolivarian revolution, given the inertia and opposition that often times affected many of the older ministries and offices".

3.1.3.1.4 Erste Schritte in der Transformation der sozioökonomischen Machtverhältnisse

In den Jahren 2000 und 2001 gewährte das Parlament dem Präsidenten Chávez – ungeachtet der ohnehin weitreichenden Exekutiv- bzw. Präsidialbefugnisse der neuen Verfassung – mittels zweier Notstands- bzw. ‚Ermächtigungsgesetze' (*Ley Habilitante*) weitere Sondervollmachten (Corrales 2010: 32). Auf diese Weise wurde die Herrschaftsstruktur noch einmal zugunsten des Präsidenten verändert. Chávez erachtete dieses Vorgehen als notwendig, um den in der Verfassung verankerten Transformationsauftrag erfüllen zu können (Chávez, zit. nach Harnecker 2005: 57). Durch die Ermächtigung mit Sondervollmachten dekretierte der Präsident 49 Gesetze, von denen drei – hinsichtlich der Fischerei, einer Landreform und der Energieversorgung[38] – die ökonomischen Machtverhältnisse signifikant zuungunsten der alten (oppositionellen) Eliten verschoben (de Beaugrande 2008: 25–30; Wilpert 2007: 22–23). Obwohl man diese Gesetze eher „als notwendige und überfällige Korrektur, nicht aber unbedingt als Revolution" (Boeckh 2011a:

---

[38] Im Original: *Ley de Pesca y Acuacultura, Ley de Tierras y Desarrollo Agrario, Ley Orgánica de Hidrocarburos* (de Beaugrande 2008: 25–30).

415–416) betrachten sollte, zog die Regierung damit nicht nur die Wut der oppositionellen Eliten auf sich, sondern auch diejenige der moderaten Fraktion innerhalb des chavistischen Machtblocks, also der Personen, die an einer moderaten bzw. wirtschaftsfreundlichen Politik Interesse zeigten. Sowohl Koalitionspartner als auch die moderaten, wirtschaftsliberalen Kräfte innerhalb der chavistischen Allianz um Innenminister Luis Miquilena monierten, dass die Präsidialdekrete ohne Rücksprache oder Debatten im Parlament umgesetzt wurden und damit die Prinzipien des politischen Dialogs unterhöhlt würden (Brading 2014: 56–57). Faktisch hatte die Regierung Chávez damit nicht nur erste konkrete, wenn auch moderate Schritte in der Transformation der sozioökonomischen Machtverhältnisse eingeleitet, sondern auch die moderaten Akteure im chavistischen Block weitgehend entmachtet.

3.1.3.1.5 Neuer Machtblock

Hinsichtlich der Machtverhältnisse und des die Regierung stützenden Machtblocks kann daher das Folgende zusammenfassend festgehalten werden: Die Regierung Chávez hatte von Beginn an eine Machtausweitung des Staates (z. B. hinsichtlich der Rückholung wirtschaftspolitischer Kompetenzen) und eine Kontrolle über den Staat im Blick. Letzteres wurde in direkter und indirekter Form mittels der Stärkung präsidentieller Kompetenzen durch die neue Verfassung, neuer Staatsgewalten, paralleler Verwaltungs- und Operationsstrukturen und präsidentieller Sondervollmachten erreicht. Zudem spielte der Präsident bei der Ämtervergabe eine wichtige Rolle, diese erfolgte primär nach Gesinnung und Loyalität (Isidoro Losada 2011: 281, 284). Die hiervon betroffenen Teile des Staatsapparats zählten daher zum Machtblock der Regierung. Generell hatte die Chávez-Administration von Beginn an einen Elitenwechsel angestrebt und sukzessive umgesetzt. V. a. das Militär hatte von dieser Entwicklung profitiert (ebd.: 281–283), das zusätzlich mit einer Ausweitung seiner Befugnisse eine bedeutende Aufwertung erfuhr. Seither stellt das Militär einen weiteren wichtigen Pfeiler des chavistischen Machtblocks dar. Zu Beginn der Bolivarischen Revolution unterstützten auch bedeutende Teile der Mittelschichten, Unternehmer und sogar Teile der traditionellen Eliten die Regierung, was jedoch primär in deren Ablehnung des weitgehend delegitimierten Vorgängersystems begründet lag. Im Zuge des voranschreitenden Elitenwechsels und des sich anbahnenden Machtkampfes zwischen Opposition und Regierung schieden diese Gruppen jedoch sukzessive aus dem chavistischen Machtblock aus. Die traditionellen Eliten in Politik und Wirtschaft sowie signifikante Teile der mittleren und oberen Schichten gehörten fortan – und bis heute – zur oppositionellen Allianz (Isidoro Losada 2011: 284–285). Ferner hatte die Regierung Chávez mit den 2001 erlassenen 49 Gesetzen auch die moderate Fraktion innerhalb der eigenen Allianz verprellt. Der Putschversuch des Jahres 2002 sollte die Fronten zwischen dem chavistischen und dem oppositionellen Machtblock vollständig klären (Nelson, zit nach: McCarthy-Jones 2014: 52).

Einen bedeutenden Pfeiler des chavistischen Machtblocks bildeten seit Anbeginn der Bolivarischen Revolution die Unterschichten bzw. die vormals marginalisierten Bevölkerungsteile. Dies sollte sich insofern stabilisieren und intensivieren, als es diese Schichten waren, die Chávez im Putschversuch 2002 verteidigt und somit seine Regierung und Präsidentschaft gesichert hatten. Die Regierung honorierte diese Loyalität wiederum mit einer gezielten Ausrichtung der (Sozial-)Politik an diesen Schichten (Ellner 2011b: 424; Wilpert 2007: 9–28; Zelik 2011: 19). Resümierend kann an dieser Stelle festgehalten werden, dass während dieser ersten Phase signifikante Veränderungen im traditionellen Konkurrenzverhältnis zwischen Kapital und Arbeit, aber auch in demjenigen zwischen den unterschiedlichen Kapitalfraktionen vonstatten ging, was sich in einer Neukonfiguration sowohl des chavistischen als auch des oppositionellen Machtblocks niederschlug.

3.1.3.2 Ressourcen, Akkumulationsregime und Sozialpolitik: die (steigende) Relevanz des Öls

In dem folgenden Kapitel wird die Rolle natürlicher Ressourcen während der prä-sozialistischen Phase beleuchtet. Konkret werden die Relevanz des Rohstoffs Öl für die Akkumulationsdynamik, Charakteristika der Rentenaneignung und -verwendung und damit die ökologische und monetäre Restriktion analysiert.

3.1.3.2.1 Nachzeichnung der Entwicklung des Ressourcensektors während der prä-sozialistischen Phase

Das Wirtschaftsmodell Venezuelas war in Kontinuität zur Ära vor Chávez auch in der prä-sozialistischen Phase dadurch gekennzeichnet, dass ein signifikanter Teil der Akkumulations- und Wachstumsdynamik im Bereich der Rohstoffextraktion (Öl) und dem anschließenden Export erzielt wurde. Mehr noch: Die bereits vor der Ära Chávez bestehende Abhängigkeit vom Öl wurde vielmehr – vor allem bedingt durch den seit 2003 einsetzenden Rohstoffboom – noch intensiviert.

Die Abhängigkeit der venezolanischen Wirtschaft vom Erdöl(-preis) lässt sich an der Entwicklung des BIP nachzeichnen: Im Jahr 1998 – dem Jahr Chávez' Wahlsieg – hatten der Ölpreis, die Ölexporte pro Kopf und damit auch die Öleinnahmen ein Tief erreicht (Scaglione 2008: 73), das BIP-Wachstum lag bei 0,3 %

(alle BIP-Zahlen in der Folge aus CEPAL 2016[39]). Im Folgejahr 1999 sank das BIP kräftig (−6,0 %). Die Regierung Chávez verfolgte daraufhin eine weitgehend orthodoxe Wirtschaftspolitik (Scaglione 2008: 62; Kaufman 2011: 104). In den Jahren 2000 und 2001 stiegen parallel zum Ölpreis die öffentlichen Ausgaben, was einen expansiven Effekt auf die Binnennachfrage und das Importvolumen hatte (Scaglione 2008: 63), das BIP wuchs daher um 3,7 % (2000) und 3,4 % (2001). Einen signifikanter Einbruch des BIP-Wachstums wurde im Jahr 2002 (−8,9 %) in Folge u. a. eines gefallenen Ölpreises (und innenpolitischer Instabilitäten) verzeichnet. Die Regierung reagierte erneut prozyklisch und orthodox, wodurch auch im Jahr 2003 das BIP-Wachstum mit −7,8 % negativ ausfiel.

Im Zeitraum 2002/2003 übernahm die Regierung Chávez die Kontrolle über die Ölindustrie und den Ölkonzern PdVSA. Gestützt auf die seit 2003 steigenden internationalen Rohstoff-preise und den damit einhergehenden öffentlichen Einnahmen erfolgte ein expansiver sozial-politischer Kurs der Regierung (Scaglione 2008: 73), der zu einem BIP-Wachstum von 18,3 % des Boomjahres 2004 führte.

Die hier nachgezeichnete Abhängigkeit der Wirtschaft Venezuelas vom Öl zeigte sich nicht nur an der Entwicklung des BIP allein, sondern – vorgelagert – auch an den öffentlichen Einnahmen aus dem Exportgeschäft, mit deren Hilfe die Regierung mittels öffentlicher Investitionen Nachfrage generierte, den Konsum befeuerte, darüber die Wirtschaft stimulierte (Álvarez 2009: 238; Álvarez 2013: 309; Isidoro Losada 2011: 288) und somit das venezolanische Akkumulationsregime dynamisierte und stabilisierte. Tabelle 3.1 verdeutlicht diesen Zusammenhang.

Als Zwischenfazit kann festgehalten werden: Venezuelas Wirtschaft war in dieser Phase durch eine rohstoffbasierte, nicht-intensive (d. h. nicht auf Produktivitätsfortschritten basierte), extravertierte (d. h. außenorientierte) Akkumulation kennzeichnet. Interessanterweise steht dies in starkem Widerspruch zu den Zielsetzungen der Regierung. Denn gemäß der eigenen Zielvorgaben sollte die Akkumulation produktiv (und nicht rohstoffbasiert), extensiv (und nicht intensiv) sowie intravertiert (und damit nicht außenorientiert) erfolgen. Die ausgeprägte Abhängigkeit vom Rohstoffsektor und den Preisbewegungen auf den internationalen Rohstoffmärkten führte in Venezuela unlängst zu einem bekannten und viel zitierten Spruch: „Es gibt keine guten oder schlechten Regierungen, sondern gute oder schlechte Ölpreise" (zit. nach: Álvarez 2013: 325). Das skizzierte Akkumulationsregime und die darauf basierende politische Ordnung und Führung wurden von einem impliziten Verteilungskonsens getragen, der zwar temporär

---

[39] Jährliche Veränderungsrate in konstanten Preisen des Jahres 2010.

Tabelle 3.1 Zusammenhang von Ölpreis, Wirtschafts- und Sozialpolitik und BIP-Entwicklung

Indikatoren	Jahr						
	1998 (Präsident: Caldera)	1999 (Präsident: Chávez)	2000	2001	2002	2003	2004
Entwicklung Ölpreis	↓	↓	↑	↑	↓	→	↑
Wirtschafts- und Sozialpolitik	-	orthodox bzw. restriktiv	expansiv	expansiv	orthodox bzw. restriktiv	orthodox bzw. restriktiv	expansiv
BIP-Wachstum (%)	0,3	−6,0	3,7	3,4	−8,9	−7,8	18,3

Quelle: Eigene Darstellung. BIP-Daten aus CEPAL (2016).

einer ausreichend großen Anzahl von Akteuren aus der Politik und Bevölkerung zugutekam, jedoch auf einer fragilen ökonomischen Basis beruhte.

3.1.3.2.2 Verfügungsmacht der Exekutive über die Einnahmen aus dem Ölgeschäft

In Venezuela spielen bei der staatlichen Refinanzierung Steuern bzw. Steuereinnahmen strukturell keine allzu bedeutende Rolle, die Steuerquote war bereits in der prä-chavistischen Ära daher im lateinamerikanischen Vergleich relativ niedrig (Boeckh 2011a: 399; Boeckh 2011b). Die Haupteinnahmequelle des venezolanischen Staates war und ist – wie im vorherigen Kapitel gezeigt wurde – vielmehr die „Ölrente", d. h. die Einnahmen aus dem nationalen und internationalen Verkauf des Rohstoffs inklusive anfallender Steuern, Dividenden und Nutzungsgebühren (Álvarez 2013: 298; PdVSA 2006: 95). Mittels zweier Schritte, die in der Folge nachgezeichnet werden, sicherte sich die Regierung Chávez sukzessive die Verfügungsmacht über diese Ölrente.

Zunächst bemühte sich die Regierung um eine Reaktivierung der OPEC (*Organization of the Petroleum Exporting Countries*).[40] Das 1960 gegründete Bündnis zur Stabilisierung der Ölpreise im Interesse der Erdöl exportierenden Länder

---

[40]Im Jahr 1960 gründeten Venezuela zusammen mit Irak, Iran, Kuwait und Saudi Arabien die OPEC. Die Zielsetzung des Interessenskartells bestand darin, mittels der Regulierung der Extraktion des Rohstoffs (Produktionsquoten) die internationalen Ölpreise zu stabilisieren (Schaeffler 2011: 500). In den folgenden Dekaden war es jedoch häufig Venezuela, das die Politik der Förderquoten ignorierte. Dies sollte sich mit dem Amtsantritt Chávez ändern.

3.1 Die prä-sozialistische Phase unter Chávez ...

war vor Amtsantritt Chávez' weitgehend handlungsunfähig geworden. Beim Gipfeltreffen des Jahres 2000 in Caracas gelang es Chávez, die anderen OPEC-Mitglieder auf eine (erneute) Quotendisziplin einzuschwören (Welsch/Briceño 2011: 119). Seither befürwortete Chávez bei jedem Rückgang der Ölpreise die Drosselung der Förderquoten (Schaeffler 2011: 507).[41] Über die Reaktivierung der OPEC und der Politik der Drosselung der Förderquoten war es der Regierung Chávez gelungen, einen Anstieg des Erdölpreises zu erwirken (Wilpert 2007: 93–94; Zelik 2011: 451). „Wenn heute der Ölpreis nicht mehr bei 8 Dollar liegt, wie das in den 90er Jahren der Fall war, dann ist das in der Initialphase vor allem dieser [...] Intervention des Präsidenten zu verdanken" (Dieterich 2006: 8). Mit dem Anstieg des Ölpreises vergrößerten sich folglich die öffentlichen Einnahmen aus dem dahingehenden Handel. Das machte sich v. a. ab 2003 bemerkbar, als die gute internationale Konjunktur einen Ölboom auslöste und damit auch die Einnahmen des venezolanischen Staates vergrößerte.

In einem nächsten Schritt machte sich die Regierung daran, die Kontrolle über die staatliche Ölgesellschaft PdVSA zu gewinnen: Seit alle das Öl betreffenden Befugnisse in PdVSA konzentriert worden waren, hatte sich die Firma zu einem „Staat im Staat"[42] entwickelt (Mommer 2004). Dies wiederum bedingte einen Interessenskonflikt zwischen dem Staat, der als Eigentümer des Erdöls an möglichst hohen, an den Staat abzuführenden Einnahmen aus dem Ölgeschäft PdVSAs interessiert war, und PdVSA selbst, dessen Management sich von der Abgabenlast an den Staat weitgehend befreien wollte (Álvarez 2013: 294). Laut Mommer (2004) bemühte sich die Führungsebene der Firma in der prä-chavistischen Ära erfolgreich darum, sich aus der Kontrolle der Regierung zu befreien, u. a. indem es enge Bündnisse mit internationalen Unternehmen einging, um Gewinne zu verlagern und so dem staatlichen Zugriff zu entziehen (Zelik 2011: 452). Im Kontext des Machtkampfs zwischen dem chavistischen und dem oppositionellen Block

---

[41]Mit dieser Politik zog er den Unmut der USA auf sich, die stets an billigen Energieträgern interessiert waren und damit eine handlungsfähige OPEC ablehnten. Im Rahmen einer „Politik der Nadelstiche gegenüber den USA" (Werz 2007: 8) näherte sich die Chávez-Administration den Regierungen Iraks und Irans an, die von den USA zuvor als Schurkenstaaten definiert wurden, um die OPEC als handlungsfähigen Akteur aufrechtzuerhalten. Eine längerfristige Interessensschnittmenge entstand mit dem Iran, mit dem Venezuela innerhalb der OPEC eine Allianz gegen die Verbindungen zwischen Saudi Arabien und USA, die der Quotendisziplin der OPEC ablehnend gegenüberstehen, bildete (Schaeffler 2011: 512–513).

[42]Detailliertere Informationen zum Kampf um PdVSA und der These vom „Staat im Staat" liefern Mommer (2004) und Álvarez (2013: 293–295); Scaglione (2008: 70) hingegen widerspricht der These vom „Staat im Staat".

ging es nicht zuletzt um die Kontrolle des Ölsektors, PdVSAs[43] und der damit einhergehenden Einnahmen ging. Diese Auseinandersetzungen gipfelten schließlich im Putschversuch des Jahres 2002, der u. a. vom Management des Unternehmens getragen wurde (Zelik 2011: 454). Obwohl Chávez nach dem Putschversuch noch moderat reagiert hatte und große Teile des Managements PdVSAs im Unternehmen behielt, fiel die Reaktion auf den Ölstreik im Dezember desselben Jahres radikaler aus. So entließ die Regierung 19.000 der streikenden Mitarbeiter (Wilpert 2007: 23–27), zudem besetzte sie viele Management-Posten neu, „um so den Staat im Staat zu entmachten und den alten machtvollen Akteursgruppen ein wirksames Instrument, der Regierung ökonomisch empfindlich zu schaden, aus der Hand zu nehmen" (Isidoro Losada 2011: 286).[44] Nach dem Putschversuch im April 2002 und dem Ölstreik im Dezember hatten sich also die Machtverhältnisse in der Ölindustrie und damit auch die Kontrolle über die Einnahmen zugunsten der Regierung gewandelt. In Verbindung mit dem ab 2003 steigenden internationalen Ölpreis führte PdVSA fortan einen immer größeren Betrag an staatliche Stellen ab (Álvarez 2013: 301)[45] und trug somit zu einer Steigerung der Handlungs- und Gestaltungsspielräume der Regierung bei (Isidoro Losada 2011: 286).

3.1.3.2.3 Sozialpolitik in der Bolivarischen Revolution

Der Regierung standen diverse Verteilungsmechanismen zur Verfügung, um die Bevölkerung von der Ölrente profitieren zu lassen. Die Verteilung erfolgte z. B. mittels der Expansion der Arbeitnehmer im öffentlichen Sektor (Purcell 2013: 164), der „chronischen Unterbesteuerung der Mittel- und Oberschichten" (Boeckh 2011a: 399) und v. a. der Überbewertung der Währung, die „den Unternehmern billige Kapitalgüter" und „der Bevölkerung insgesamt billige Konsumgüter" zur Verfügung stellte (ebd.). Die öffentlichen Ausgaben, v. a. die Sozialpolitik stellten einen weiteren bedeutenden Mechanismus dar.

---

[43] Erste Konflikte zwischen der neuen Regierung Chávez und dem Management PdVSAs hatte es bereits zuvor gegeben. Diese waren der Tatsache geschuldet, dass Chávez diverse loyale Parteigänger als Präsidenten der Ölfirma berief, die jedoch über wenig Expertise verfügten und deren Vorstellungen mit denjenigen des Managements kollidierten (Corrales/Penfold 2011: 77–78).

[44] Boeckh (2011a: 416) merkt an, dass der Preis für die Entlassung der Mitarbeiter sehr hoch war, da durch die Neubestzungen ein Kompetenzverlust einherging.

[45] Auch der fiskalische Beitrag PdVSAs folgt dem Konjunkturverlauf. So stieg dieser Betrag zwischen dem Kontrollgewinn und dem Jahr 2008 stetig an, bevor sich ab dem Jahr 2009 die globale Wirtschaftskrise auch in sinkenden Beiträgen PdVSAs an den Staat niederschlug (Álvarez 2013: 301).

3.1 Die prä-sozialistische Phase unter Chávez ...

Die Sozialpolitik nahm seit dem Beginn der Bolivarischen Revolution einen besonderen Stellenwert ein, da Chávez die Präsidentschaftswahlen des Jahres 1998 u. a. mit der „Politisierung der sozialen Ungleichheit" (Burchardt 2011: 428) gewonnen hatte. Mit dem Wirtschafts- und Sozialplan 2001–2007 wurde die „Sozialpolitik [...] nicht mehr als abhängige Variable von ökonomischen und politischen Prozessen gesehen, sondern als ein eigenes strukturdeterminierendes Politikfeld verstanden" (ebd.: 429).

Bereits in den ersten Jahren der Amtszeit Chávez' wurden sozialpolitische Korrekturen an der Politik der Vorgängerperiode in Angriff genommen.[46] Obwohl es in den zwei Folgejahren moderate Erfolge in diesem Bereich gab, ermöglichte erst der ab 2003 einsetzende Ölboom und die – oben nachgezeichnete – Kontrolle über den Ölsektor ein ambitionierteres dahingehendes Engagement, eine regelrechte „sozialpolitische Offensive" (Burchardt 2011: 431).

Besonderes Kennzeichen der Sozialpolitik nach 2003 war zum einen die diesbezügliche Ausrichtung an den ärmeren und vormals marginalisierten Bevölkerungsteilen, die die Regierung Chávez während der Konfliktperiode und v. a. der oppositionellen Umsturzversuche 2002 massiv unterstützt hatten; und zum anderen die so genannten Missionen (*misiones*), also spezielle Projekte zur Umsetzung der formulierten Zielsetzungen im sozialpolitischen Bereich. Um schnelle dahingehende Erfolge zu erzielen, wurden die Missionen an den bestehenden, jedoch langsam arbeitenden oder gar blockierenden, staatlichen Institutionen vorbei gegründet (Chávez, zit. nach: Harnecker 2005: 57, 67). Missionen fanden sich in allen Bereichen der Versorgung von Grundbedürfnissen (Wilpert 2007: 109–144). Seither bilden sie das wichtigste inklusionspolitische Instrument der Chávez-Administrationen (Álvarez 2013: 342–343).

Im Rahmen der mit den umstrittenen 49 Gesetzen eingeleiteten Landreform wurde eine weitrechende (Re-)Distribution von Land in Angriff genommen. Dies war nicht nur mit der Zielsetzung einer größeren sozialen Gleichheit verbunden, da sich ein Großteil der privaten landwirtschaftlichen Flächen in den Händen einiger weniger, wohlhabender Venezolaner sammelte, sondern auch mit der Hoffnung, dass mittels der Umverteilung die landwirtschaftliche Produktion gesteigert

---

[46]Die ersten Schritte galten einer Anhebung von Bildungsstandards, der Einbindung informeller Arbeitnehmer in die Sozialversicherungssysteme und einer Verbesserung der Position bzw. Situation von Frauen, z. B. mittels spezifischer Kreditprogramme, die von der Bank der Frauen (*Banco de la Mujer*) vergeben wurden (Buxton 2004: 126). Eine erste aufwendigere Maßnahme stellte der *Plan Bolívar 2000* desselben Jahres dar, mit dessen Hilfe die grassierende Armut bekämpft, Nahrungsmittel verteilt (Wilpert 2007: 109, 141), die öffentliche Infrastruktur modernisiert (Buxton 2004: 126) und rasche Beschäftigungserfolge erzielt (Álvarez 2009: 38) werden sollten.

und damit die Selbstversorgung von Nahrungsmitteln gewährleistet werden kann (Wilpert 2007: 109–111; Álvarez 2013: 312–313). Das war insofern von Relevanz, als Venezuela den Großteil der konsumierten Lebensmittel importieren musste. Mithilfe der *Misión Ezequiel Zamora* waren im Jahr 2003 mehr als 1,5 Mio. Hektar Land an 130.000 Familien und im Jahr 2005 bereits 3 Mio. Hektar Land an über 200.000 Familien verteilt worden (Wilpert 2007: 112; Orhangazi 2011: 16).[47]

Eines der wichtigsten sozialpolitischen Felder der Regierung Chávez stellte die Bildungspolitik dar. Um die Ausgabenkürzungen der neoliberalen Reformperiode zu konterkarieren, wurden bereits im ersten Regierungsjahr mit der *Educación Bolivariana* ein neuer Bildungstypus bzw. eine auf die Ziele der Bolivarischen Revolution abgestimmte neue Bildungsphilosophie auf den Weg gebracht (Peters 2011: 651). Dazu wurden in der Folge und dann verstärkt ab 2003 neue Schulen gegründet und eine sukzessive Transformation aller öffentlichen in „Bolivarische Schulen" begonnen. Dieser neue Schultypus, der im Jahr 2004 bereits 3.600 Einrichtungen zählte, sollte nicht nur einen nachhaltigen Abbau von Armut gewährleisten, sondern auch der Verbreitung des bolivarischen Gedankenguts dienen, d. h. die Erziehung der Kinder zu partizipativen, kritischen, der sozialen Gleichheit, der Gemeinschaft und der nationalen Identität verbundenen Individuen (Wilpert 2007: 122–124).

Der Erziehungs- und Bildungsauftrag wurde mit den *Misiones Educativas* auch auf Erwachsene ausgeweitet. Von der *Misión Robinson I* haben bis inklusive 2004 über 1,3 Mio. Menschen profitiert und bis 2005 wurde das Land vollständig alphabetisiert. Hieran knüpfen *Misión Robinson II,* mit der die Primär- bzw. Grundschulausbildung und die *Misión Ribas,* über die die Sekundärbildung gewährleistet wurde, an. Auch im Bereich der Hochschulbildung sind signifikante Veränderungen zu verzeichnen, so wurden „Bolivarische Hochschulen" gegründet und den ärmeren Venezolanern hierzu der Zugang z. B. über ein spezielles Stipendienprogramm im Rahmen der *Misión Sucre* erleichtert (Peters 2011: 655–660 Wilpert 2007: 124–131).

Das Gesundheitssystem hatte in den zwei Dekaden vor Chávez mit enormen Ausgabenkürzungen zu kämpfen, wodurch es immer exklusivere Züge annahm. Daher strebte die Regierung den Aufbau einer universalisierten, also einkommens- und versicherungsunabhängigen Gesundheitsversorgung aller Venezolaner an. Vor

---

[47] Auch in der zweiten, sozialistischen Phase, wurden ähnliche weitere Missionen gegründet. Mittels der *Misión Campo Adentro* und weiterer ähnlicher Programme leistete die Regierung finanzielle, technische und maschinelle Unterstützung und investierte in Gesundheit, Bildung etc., um den ländlichen Bereich attraktiv zu gestalten (Orhangazi 2011: 16; Álvarez 2013: 313–317).

diesem Hintergrund sind im Rahmen der *Misión Barrio Adentro* unter Zuhilfenahme tausender kubanischer Ärzte spezielle eigenständige Gemeindekliniken als medizinische Anlaufstellen v. a. für die ärmeren Venezolaner gegründet worden, die sich seit 2004 in nahezu allen Gemeinden finden (Wilpert 2007: 131–136).[48]

Zur Bekämpfung von Armut und der Versorgung Bedürftiger wurden weitere Missionen gegründet. Im Rahmen der *Misión Mercal* oder in den *Casas de Alimentación* können die ärmeren Bevölkerungsschichten Lebensmittel zu subventionierten Preisen erwerben. Zudem kontrolliert die Regierung die Preise für gewisse Grundnahrungsmittel, um diese kostengünstig anbieten zu können (Wilpert 2007: 141–144).[49]

3.1.3.2.4 Strukturmerkmal der Sozialpolitik: Quid pro quo, Funktionsmerkmal der Sozialpolitik: Legitimation

Mithilfe der beschriebenen sozialpolitischen Maßnahmen konnte die Regierung Chávez v. a. ab dem Jahr 2004 Erfolge in der Armutsbekämpfung erzielen (Rommel 2011: 55).[50] Die chavistische Verteilungs- und Sozialpolitik hatte jedoch

---

[48] Dieses Programm sollte sich jedoch als nicht besonders nachhaltig erweisen und blieb von kubanischem Personal abhängig (Burchardt 2011: 434).

[49] Darüber hinaus stellen Bau und Bereitstellung öffentlichen Wohnraums ein sozialpolitisches Betätigungsfeld der Regierung dar. Wiewohl die dahingehenden Ausgaben zu Beginn der Ära Chávez zunächst beträchtlich anstiegen, kehrte sich dieser Trend in den folgenden Jahren teilweise aufgrund der wirtschaftlich angespannten Situation und der daraus resultierenden finanziellen Engpässe, teilweise wegen bürokratischer Ineffizienzen und ausgeprägter Koordinations- bzw. Planungsprobleme um. So sollen in den ersten fünf Jahren der Regierung Chávez mindestens fünf verschiedene bundesstaatliche und weitere lokale Behörden und ferner sieben verschiedene Minister für den Wohnungsbau zuständig gewesen sein (Wilpert 2007: 136–139). Im Jahr 2004 waren damit weit weniger Wohnraum gebaut und zur Verfügung gestellt worden als unter den Vorgängerregierungen (ebd.). Ebenso problematisch erweist sich die Umsetzung eines modernen und universellen, d. h. die Bereiche Arbeit, Gesundheit und Rente umfassenden Sozialversicherungssystems. Zwar hat die Regierung Chávez diesbezüglich Erfolge vorzuweisen, die dahingehenden öffentlichen Ausgaben verdreifachten sich bis 2004, die Rentensätze wurden erhöht und das System auch Venezolanern zugänglich gemacht, die die Beiträge nicht entrichten konnten. Jedoch verhinderten Institutionalisierungsdefizite und eine Verringerung von Beitragszahlern, die sich aus informellen Beschäftigungsverhältnissen ergeben hatte, eine gewisse Nachhaltigkeit. Daher war ein Großteil der Venezolaner noch Jahre später nicht sozialversichert (Burchardt 2011: 435; Wilpert 2007: 139–141).

[50] Obwohl in den ersten Jahren bereits eine signifikante öffentliche Ausgabensteigerung erfolgte, waren die sozialpolitischen Erfolge zunächst durchwachsen. Das lag nicht nur an den staatlich-bürokratischen Ineffizienzen, Institutionalisierungsdefiziten, Koordinationsproblemen und personalpolitischer Entscheidungen, sondern insbesondere an der Konfliktphase zwischen Ende 2001 und v. a. 2003, die einen massiven Wirtschaftseinbruch zur Folge hatte. In den ersten Regierungsjahren konnte die Armutsrate zwar leicht gesenkt werden, aufgrund

noch eine weitere, für die Regierung äußerst wichtige Funktion, nämlich die der Legitimationssicherung und damit der Machtkonsolidierung.

Nach Chávez' eigenen Aussagen wurden die sozialpolitischen Missionen 2003 im Kontext niedriger Umfragewerte gegründet, um die eigene Popularität im Hinblick auf das im Folgejahre stattfindende Abwahlreferendum zu steigern (Chávez, zit. nach: Harnecker 2004: 48). Demnach wurden die Missionen vorwiegend aus legitimatorischen Gründen ins Leben gerufen und dienten der Regierung ungeachtet ihrer sozialpolitischen Funktion als Legitimationsvehikel. Generell kennzeichnete die chavistische Sozialpolitik in der Ära der Bolivarischen Revolution – so auch in der zweiten, sozialistischen Phase – ein ausgeprägter Klientelismus (Welsch/Briceño 2011: 121–129) bzw. eine an Konditionalitäten ausgerichtete Politik des Quid pro Quo: Beteiligung an der Ölrente im Gegenzug für politisch loyales (Wahl-)Verhalten (Burchardt 2011: 444).[51] Gemäß Corrales/Penfold (2011: 42) folgte die Sozialpolitik der Regierung verschiedenen politischen Kriterien, wobei klientelistische Beweggründe einen besonderen Stellenwert einnahmen: „Although some programs were influenced by poverty considerations, most programs were used to buy votes at the municipal level. As a consequence, clientelism and poverty spending interacted closely." (Corrales/Penfold 2011: 42). Der Klientelismus dieser Sozialpolitik erzielte die gewünschte Wirkung: Denn weitgehend parallel zum Wachstum der öffentlichen Ausgaben stiegen Chávez' Popularitätswerte (Corrales/Penfold 2015: 26) und es vergrößerten sich seine Handlungsspielräume.

3.1.3.3 Weltmarkteinbindung und Wirtschaftspolitik: aktiver Entwicklungsstaat und Binnenmarktfokussierung

Im folgenden Kapitel werden die Weltmarkteinbindung Venezuelas und die daraus resultierende Wirtschaftspolitik während der prä-sozialistischen Phase beleuchtet.

---

der Wirtschaftskrise stieg diese jedoch wieder rapide an. Wilpert (2007: 145–146) stellt vor diesem Hintergrund die zur Evaluation der chavistischen Sozialpolitik nicht unwichtige Frage: „Thus, the question of who is to be responsible for the increase in poverty all boils down to who was responsible for the crisis years [...]: the Chávez government or the opposition?" Ab dem Jahr 2003 – mit den nun steigenden Öleinnahmen und den durch die Machtkonsolidierung bedingten größeren Handlungsspielräumen – konnte dieser Trend jedoch temporär umgekehrt werden und die gemessene Armut sank kontinuierlich (CEPAL 2018b).

[51] Dieser klientelistische Verteilungspopulismus ist in Venezuela kein neuartiges Phänomen, sondern struktureller Natur. Auch in den Dekaden zuvor nutzten die jeweiligen Regierungen die Ölrente, um sich Gefolgschaft und Loyalität zu sichern (Boeckh 2011a: 420; Isidoro Losada 2011: 295–296; Zelik 2011: 463).

Die Wirtschaftspolitik bzw. die wirtschaftspolitische Strategie bildet das Explanandum dieser Arbeit. Aus Gründen der Lesbarkeit wird es in dieses Kapitel integriert.

3.1.3.3.1 Das internationale (hegemoniale) Handels- und Finanzregime der prä-chavistischen Ära

In der zweiten Hälfte des 20 Jahrhunderts gingen basierend auf der Renaissance der Neoklassik in der Volkswirtschaftslehre und als Alternativparadigma zum Keynesianismus[52] neoliberale Entwicklungsvorstellungen und -strategien[53] sowohl in den Industrienationen als auch in Lateinamerika einher (Sangmeister/Schönstedt 2009: 155; Oatley 2006: 307–333). Das zentrale Topos des Neoliberalismus lautete „mehr Markt und weniger Staat" (Sangmeister/Schönstedt 2009: 86). Kennzeichen davon waren der Abbau staatlicher ‚Bevormundung' und Regulierungen, Liberalisierung der Märkte, Privatisierungen staatlicher Aktivitäten und Firmen, die Substitution binnenwirtschaftlicher Entwicklungsstrategien durch Außen- bzw. Exportorientierung. Durch Letztere, d. h. eine stärkere

---

[52] Aufgrund der Wirtschaftskrisen der Zwischenkriegszeit begann nach dem Zweiten Weltkrieg der internationale Siegeszug des Keynesianismus. Fortan wurde das Wirtschaftsgeschehen auf den Märkten aus Stabilitätsgründen politisch reguliert und ggf. interveniert. Die Zeit des keynesianischen Wohlfahrtsstaates bzw. „Fordismus" der Nachkriegsära kennzeichnete ein wirtschaftspolitisch aktiver Staat – Priorität makroökonomischer gegenüber einzelwirtschaftlichen Überlegungen, aktive Geld- und Fiskalpolitik, Regulierungen im finanziellen Bereich (Kapitalverkehrskontrollen) –, eine eher binnenmarktorientierte Ausrichtung der Wirtschaft, die Erneuerung der internationalen Handelsbeziehungen (System von Bretton Woods) und eine stärkere Gewichtung sozialer Faktoren, d. h. eine ambitioniertere Sozialpolitik, Lohnsteigerungen der Arbeitnehmer, Stärkung von Gewerkschaften etc. (Schmid et al. 2006: 134; Huffschmid 2002: 108–115; Miller 2008: 79). Aufgrund der wachsenden öffentlichen Verschuldung, einer nachlassenden Wirtschaftsdynamik und dem zeitgleichen Anstieg der Inflationsraten (Stagflation) geriet der keynesianische Konsens in den 1970er Jahren jedoch in die Krise (Miller 2008: 79–80; Huffschmid 2002: 119–122). In Lateinamerika war Mitte des 20 Jahrhunderts das regional dominierende entwicklungspolitische Modell der Importsubstitutionsindustrialisierung (ISI), einer nach innen gerichteten Strategie mit Fokus auf der Herstellung vormals importierter Produkte (Oatley 2006: 123–124), in die Krise geraten (Sangmeister/Schönstedt 2009: 86). Aufgrund der hohen Außenverschuldung, die mit dem ISI in den 1970ern und 1980ern einherging, erhielt der Neoliberalismus in Lateinamerika Einzug (Oatley 2006: 307–333).

[53] Folgende ökonomische Ideen flossen gemäß Harvey (2005: 54) in die neoliberalen Wende ein: Monetarismus (Milton Friedman), *rational expectations* (Robert Lucas), *public choice* (James Buchanan, Gordon Tullock) und *supply-side economics* (Arthur Laffer).

Orientierung an Freihandel und am Weltmarkt, sollten – so die Erwartung – Steigerungen von Wettbewerb und Effizienz und damit letztendlich ein höheres Wirtschaftswachstum erzielt werden können (ebd.: 86, 157).

(Entwicklungs-)Länder, die in Zahlungsschwierigkeiten geraten waren, konnten vom Internationalen Währungsfonds (IWF) und der Weltbank, die im Rahmen des Bretton Woods-Systems geschaffen wurden, Kredite erhalten. Im Gegenzug verpflichteten sich diese Staaten zur Übernahme so genannter „Strukturanpassungsprogramme". Diese Programme beinhalteten die folgenden, am *Washington Consensus* orientierten und als neoliberal geltenden Reformvorgaben: makroökonomische Stabilisierung, Privatisierung staatlicher Aktivitäten, Deregulierung wirtschaftlicher Aktivitäten und Beziehungen, Liberalisierung des (Außen-)Handels und des Kapitalverkehrs (ebd.: 155–156).

Auch das venezolanische Modell der Importsubstitutionsindustrialisierung (ISI) war in den späten 1970er und 1980er Jahren aufgrund des niedrigen internationalen Ölpreises und einer hohen Außenschuld in eine Krise geraten (Scaglione 2008: 74; Jäger/Leubolt 2014: 184).[54] Der damalige Präsident Carlos Andrés Pérez implementierte daraufhin ein am *Washington Consensus* orientiertes neoliberales Reformpaket *(Gran Viraje)*, nach dem die dominante Rolle des Staates verringert und den Marktkräften Vorrang eingeräumt werden sollten. Pfeiler des Pakets waren die Reduktion öffentlicher Ausgaben und im Gegenzug die Herstellung eines attraktiven Investitionsklimas, Privatisierungen, Deregulierungen und die Liberalisierung des Handels und des Kapitalverkehrs (Balza 2008: 380–381). Die Reformen erbrachten jedoch nicht die gewünschten Ergebnisse. Bereits im ersten Jahr der Reformen (1989) brachen im Land aufgrund der negativen Konsequenzen des Reformpakets Unruhen aus, die brutal unterdrückt wurden (400 Tote). Auch Pérez's Nachfolger als Präsident, Rafael Caldera, sah sich angesichts der schlechten Wirtschaftslage und einer im Jahr 1994 ausbrechenden Bankenkrise zu einem erneuten neoliberalen Programm *(Agenda Venezuela)* genötigt. Zielsetzungen Calderas waren die Öffnung Venezuelas für den Weltmarkt und der damit einhergehende Umbau der venezolanischen Wirtschaftsstruktur hin zu einem Exporteur nicht-rohstoffbasierter Güter und Dienstleistungen, die internationale Öffnung des Ölsektors unter der Führung PdVSAs, Privatisierungen und der staatliche Rückzug aus Zins- und Wechselkurspolitik (ebd.: 383–384).

---

[54]Mit Bezug auf die lateinamerikanische Schuldenkrise und das Ende des ISI merkt Stiglitz (2008: 43) kritisch an: „It was the debt crisis, however, and not the shortcomings of the development strategy [the ISI, R.P.] that brought an end to the period of growth."

3.1 Die prä-sozialistische Phase unter Chávez ...

Ungeachtet der Konsequenzen und Ergebnisse der neoliberalen Reformperiode in Lateinamerika generell[55] und in Venezuela speziell (Márquez 2004: 205; Rommel 2011: 56–62; Wilpert 2007: 13) sind in diesem Zusammenhang zwei Aspekte von besonderer Relevanz: Zum einen die hegemoniale internationale Stellung des Neoliberalismus und zum anderen die Implikationen der damit einhergehenden Reformen bezüglich der wirtschaftspolitischen Handlungsspielräume des Entscheidungspersonals.

In diesem Kontext ist die „strukturelle Macht des Kapitals" (Gill/Law 1993: 99–100) von zentraler Bedeutung, die Prioritätensetzung nationaler Regierung zugunsten einer Her- bzw. Bereitstellung eines attraktiven Wirtschafts- und Investitionsklimas zu beeinflussen. Denn durch die Liberalisierung des Kapitalverkehrs verzeichneten große Kapitaleigner bzw. -fraktionen (v. a. das Finanzkapital) einen bedeutenden Zugewinn an Macht. Denn sie können unerwünschte politische Entscheidungen seither mit dem raschen Abzug von Kapital, der „Massenvernichtungswaffe des Neoliberalismus" (Serrano Mancilla 2015: 292), sanktionieren:

„Thus capital, and particularly the financial fractions of capital, may have the power to [...] discipline the state. [...] governments are increasingly constrained in their freedom of manoeuvre by the economic policies of other states, as well as the investment decisions of internationally mobile capital. [...] Ideas about 'sound finance' and 'fighting inflation' constrain governments. [...] With the liberalization of capital flows [...] huge sums of money can quickly flow out of a country to more attractive havens. [...] Hence, the international mobility of financial capital can swiftly force governments which deviate from policies seen as suitable by the 'market' to change course." (Gill/Law 1993: 101–107)

Mithilfe der Aktivitäten einflussreicher Akteure – IWF, Weltbank, Finanzministerium der USA (Panizza 2009: 49–50) und weiterer (finanz-)kapitalistischer Big Player (Germain/Kenny 1998: 16–17) – hatte das neoliberale Handels- und Finanzregime in den 1980ern und 1990ern somit einen hegemonialen Status erlangt. Zur Absicherung des hegemonialen Status wurde zudem eine juristische, soziale und kulturelle „Megastruktur" geschaffen, die ein Abweichen vom neoliberalen ‚Konsens' seither bedeutend erschwert (Serrano Mancilla 2015: 234). Dies hatte konkrete Folgen für den Handlungsradius von Regierungen. Denn Handelsabkommen im Rahmen der WTO (Nichtdiskriminierung-Regel), Preisvolatilitäten von Exportgütern (inklusive der Implikationen für die Zahlungsbilanzen) und der aus der Liberalisierung des Handels resultierende Wettbewerbsdruck

---

[55]Kritische Bestandsaufnahmen des *Washington Consensus* finden sich bei Panizza (2009: 71–72, 141), Rodrik (2006) und Stiglitz (2008).

begrenzten die wirtschaftspolitischen Handlungs- und Gestaltungsspielräume der Politik in bedeutendem Ausmaß (Panizza 2009: 25).

3.1.3.3.2 Wirtschaftspolitik und -ordnung im Chavismus: Partielle Schließung (Protektionismus) und Binnenmarktorientierung

Auch die venezolanische Regierung sah ihre Handlungsspielräume durch die zwei in den 1980er und 1990er Jahren implementierten neoliberalen Reformpakete bedeutend eingeengt. In strikter Ablehnung des Neoliberalismus bemühte sich die Regierung Chávez nun darum, gegen die Direktiven des hegemonialen internationalen Handels- und Finanzregimes vorzugehen, um erneute interne Handlungsspielräume zurückzuerlangen. Die dahingehenden Schritte erfolgten in drei Bereichen, die eine neue Art der Wirtschaftspolitik, Wirtschaftsordnung und Weltmarktintegration bedingten: 1. die Konzentration wirtschaftspolitischer Kompetenzen im Staat bzw. in der Exekutive; 2. die Bildung eines nach innen gerichteten, endogenen Entwicklungsmodells; 3. die Einschränkung des (internationalen) Kapitalverkehrs und Zurückdrängen des Einflusses multilateraler Organisationen (IWF, Weltbank).

Konzentration wirtschaftspolitischer Kompetenzen in der Exekutive

Entgegen dem neoliberalen Mantra des Nachtwächterstaats erweiterte die Chávez-Administration sukzessive die wirtschaftspolitischen Kompetenzen der Exekutive. Bereits mit der neuen Verfassung von 1999 wurde dem Präsidenten das Regieren per Dekret (RBRV 2009: Art 236, Sektion 8), das Recht, Entwicklungspläne zu formulieren und deren Aus- bzw. Durchführung zu leiten (ebd.: Art. 236, Sektion 18) sowie das Recht, den Ausnahmenzustand, z. B. bei einer wirtschaftlichen Notlage, auszurufen und damit verfassungsmäßig garantierte Rechte temporär zu beschränken (ebd.: Art. 337, 338, 339), eingeräumt.[56]

Davon abgesehen hat der Präsident die Möglichkeit die Geld- und Wechselkurspolitik des Landes mitzubestimmen. Gemäß der Verfassung von 1999 ist die Zentralbank zwar unabhängig (RBRV 2009: Art. 318–320). Dadurch, dass ihre Tätigkeiten jedoch mit der Exekutive abgestimmt werden müssen (ebd.), ist die faktische Autonomie der Zentralbank eingeschränkt (Balza 2008: 392). Die fehlende Autonomie zeigte sich bereits im Jahre 2000, als Chávez die Zentralbank zu

---

[56] In diesem Zusammenhang sind weitere wichtige diesbezügliche Punkte z. B. die staatliche Kontrolle über die natürlichen Ressourcen (Art. 113, Art. 302); das Privatisierungsverbot öffentlicher Güter und Dienstleistungen (Art. 84, Art. 119); und eine Industriepolitik, die über den Schutz kleiner und mittlerer Unternehmen sowie von Familien-, Mikrounternehmen und kommunitären Assoziationen die Entwicklung des Landes voranzutreiben gedenkt (Art. 308).

einer Zahlung über 1 Mrd. Dollar zur Finanzierung landwirtschaftlicher Projekte aufforderte (Falcón/Noguera 2016). Von der Wechselkurspolitik machte die Regierung auch zunehmend Gebrauch. Im Zuge der Lahmlegung der Ölindustrie im Jahr 2002 und des damit einhergehenden Drucks auf die Währung änderte die Regierung ihre Strategie im Kampf gegen die Kapitalflucht, fixierte fortan den Wechselkurs (gegenüber dem Dollar) und reglementiert seither den Währungsumtausch mittels Kapital(verkehrs)kontrollen (Scaglione 2008: 72–73; Wilpert 2007: 72–73). Nach Chávez' (2005c) eigenem Bekunden hielt die Regierung an dieser Praxis auch in den Folgejahren fest, um Venezuela vor finanzieller Spekulation zu schützen. Der Zugang zu US-Dollar ist seither an strenge Auflagen geknüpft. Um an Devisen zu kommen, müssen Unternehmer nicht nur einen Nachweis über gezahlte Steuern liefern, sondern nachweisen, dass die zu importierenden Güter für das eigene Geschäft notwendig sind und im Inland nicht produziert werden (Orhangazi 2011: 11; Wilpert 2007: 73; Corrales 2010: 41). Letztlich können darüber heimische Produzenten vor internationaler Konkurrenz geschützt werden. Das neue Wechselkursregime zeitigte für die Regierung nicht nur eine Reihe positiver wirtschaftlicher Konsequenzen[57], sondern steigerte auch ihre Machtposition. Denn sie sicherte sich dadurch ein politisches Mittel zum Schutz vor den Volatilitäten am Devisenmarkt und konnte den Wechselkurs nun auf die eigenen ökonomischen Interessen hin ausrichten (Scaglione 2008: 73). Auch hinsichtlich der Ausgabenseite, d. h. der Fiskal-, Struktur- und Industriepolitik, hatte die Regierung mittels der Kontrolle über PdVSA (und später mit dem Entwicklungsfonds FONDEN) und damit über die Ölrente Gestaltungskompetenzen zentralisiert. Die zahlreichen Mittel aus den Einnahmen aus dem Ölgeschäft stehen der Regierung seither zur diskretionalen Verfügung.

Um eine größere Kontrolle über den meist oppositionell eingestellten Unternehmenssektor zu erlangen, verpflichtete die Regierung gewisse Firmen dazu, *joint ventures* mit staatlichen Unternehmen einzugehen (Corrales 2010: 40). Im Lauf der

---

[57]Die erfolgreiche Bekämpfung von Kapitalflucht zwang die venezolanischen Geldvermögensbesitzer zur Anlage im Inland, was einen Boom am Aktienmarkt nach sich zog (Wilpert 2007: 73). Ferner konnten infolge des neuen Wechselkursregimes Währungsreserven angehäuft und die Inflation eingedämmt werden, da die Überbewertung des *Bolívar* – Folge der Fixierung des Wechselkurses – die Importe verbilligte (Scaglione 2008: 72–73). Interessanterweise folgte die Regierung damit traditionellen Mustern der Inflationsbekämpfung. Denn die mit dem *Washington Consensus* verbundenen Reformempfehlungen der neoliberalen Vorgängerperiode sahen zwar einen „wettbewerbsfähigen" Wechselkurs vor, der ein Wachstum (auch) außerhalb der traditionellen Exportbranchen (v. a. Rohstoffe) induzierten sollte (Williamson, zit. nach: Birdsall/de la Torre/Valencia 2011: 81), in der Praxis griffen aber viele Regierungen der Region auf die Überbewertung ihrer Währung zur Inflationsbekämpfung zurück (Ocampo/Ros 2011: 17).

Jahre der Bolivarischen Revolution wurden jedoch auch Enteignungen und Nationalisierungen immer häufiger (Azzellini 2009:10). Zu Beginn waren diese an den Gemeinnutzen („utilidad pública") oder das öffentliche bzw. soziale Interesses („interés social") gebunden (RBRV 2009: Art. 115). Später – während des Generalstreiks der Jahre 2002 und 2003 – kamen auch strategische Gründe hinzu. Denn die Nationalisierungen stellten eine pragmatische Reaktion der Chávez-Administration auf Firmen dar, die der Opposition nahe standen und eine künstliche Knappheit an Gütern intentional herstellten, um die Legitimation der Regierung zu untergraben (Ellner 2013b: 67).[58] In der zweiten, sozialistischen Phase sollte die Regierung in verstärktem Maß auf Verstaatlichungen zurückgreifen.

Bildung eines nach innen gerichteten, endogenen Entwicklungsmodells
Im Gegensatz zur neoliberalen Periode und der Außenorientierung des damit einhergehenden Entwicklungsmodells verfolgte die Regierung Chávez basierend auf ihren (wirtschafts-)politischen Zielsetzungen eine binnenmarktorientierte Strategie. Konkrete verlagerte sich der Fokus der Regierung auf die Unterstützung von kleinen und mittelständischen Unternehmen, z. B. in Form kanalisierter Kreditgelder. Hierfür wurden extra neue Finanzinstitutionen gegründet und Mikrokreditprogramme aufgelegt. Ferner wurden über diverse Dekrete die öffentliche Institutionen dazu angewiesen, Güter und Dienstleistungen von heimischen Produzenten zu beziehen (Buxton 2004: 125; Wilpert 2007: 71, 77).[59] Mithilfe milliardenschwerer Ausgaben konnte die Chávez-Administration auf diese Weise die heimische Nachfrage und damit die Binnen- und Privatwirtschaft stimulieren (Wilpert 2007: 72). Kleinunternehmer sollte auch im Rahmen einer Landreform, d. h. mittels der Neuverteilung von zuvor konfisziertem Land gefördert werden (ebd.: 77, 112; Wilpert 2014). Das Ziel bestand darin, das (Wirtschafts-)Leben auf dem Land attraktiv zu gestalten und „Nahrungsmittelsouveränität" herzustellen.

Des Weiteren rief die Regierung einen staatlich geförderten, koordinierten und subventionierten Kooperativsektor ins Leben, der Arbeitslose absorbieren und eine bedarfsgerechtere Versorgung mit Gütern und Dienstleistungen gewährleisten sollte (Orhangazi 2011: 18; Álvarez 2013: 316). Kooperative oder Genossenschaften gab es zwar schon lange vor dem Beginn der Bolivarischen Revolution, diese wurden jedoch durch ein im Jahr 2001 erlassenes Gesetz (*Ley Especial de Asociaciones*

---

[58] Präziser: Die Regierung reagierte auf die künstliche Knappheit mit Preis- und Devisenkontrollen, woraufhin Firmen die Produktion drosselten, was wiederum die Regierung zu Enteignungen veranlasste (Ellner 2013b: 67).

[59] Außerdem wurden private Banken dazu angehalten, 47 % ihres Kapitals bestimmten Sektoren, die von der Regierung ausgewählt wurden, zur Verfügung zu stellen (Corrales 2010: 41).

3.1 Die prä-sozialistische Phase unter Chávez ...

Cooperativas) von der Regierung Chávez tatkräftig gefördert (Azzellini 2009: 6). Zwischen 1998 und 2005 sind auf diese Weise circa 100.000 Kooperativen entstanden (Wilpert 2007: 77).[60] Ferner gründete die Chávez-Administration neue Arten von Unternehmen, die von Arbeitnehmern und staatlichen Vertretern zusammen geleitet werden (*Co-Management*). Im Gegensatz zu den Kooperativen, die von Arbeitnehmern komplett selbst verwaltet werden, betrifft das Co-Management Unternehmen, die im Rahmen des öffentlichen bzw. gesamtgesellschaftlichen Interesses als besonders relevant erachtet werden (ebd.: 78–79). Schließlich sind in diesem Zusammenhang spezifische Nuklei endogener Entwicklung (*Núcleo de Desarrollo Endógeno*) gegründet worden, d. h. staatlich unterstützte, lokale Selbstversorgungsentitäten, die einen (übergeordneten) nationalen Entwicklungsprozess v. a. in den strategisch wichtigen Bereichen Agrikultur, Tourismus, Industrie, Infrastruktur und im Dienstleistungssektor von der (lokalen) Basis aus anregen bzw. initiieren sollten. (ebd.: 79–80).

Generell waren die Ergebnisse der wirtschafts- und sozialpolitischen Maßnahmen der Regierung Chávez in dieser ersten Phase durchwachsen. Diese Entwicklung zeigt sich auch am Lohnverhältnis: Die Lohnquote war zwischen 2000 und 2004 gesunken (Abeles/Amarante/Vega 2014: 49). Die Arbeitslosenquote konnte zwischen 1999 (15 %) und 2001 (13,3 %) zwar zunächst gesenkt werden, infolge der internen Konfliktlage verschlechterte sich dieser Wert jedoch. Die Arbeitslosenquote stieg 2002 (15,9 %) und 2003 (18,0 %) an, konnte 2004 jedoch wieder auf 15,1 % gesenkt werden (CEPAL 2018b). Der nominale Mindestlohn stieg zwischen 1999 und 2004 von 120 auf 321 *Bolivares* an, der reale Mindestlohn viel hingegen zwischen 2003 und 2004 (Prosprev 2017). Die Armut konnte zwischen 1999 (49,4 %) und 2001 (44,4 %) gesenkt werden, bevor sie 2002 (48,6 %) wieder anstieg und schließlich 2004 bei 45,4 % lag (CEPAL 2018c). Die extreme Armut verzeichnete einen ähnlichen Trend, sank von 1999 (21,7 %) bis 2001 (17,9 %), bevor sie 2002 (22,3 %) wieder anstieg, um bis 2004 auf 19,0 % zu fallen (ebd.). Die Ungleichheit nahm zunächst bis 2002 zu, sank danach jedoch wieder. Der GINI-Koeffizient stieg daher zunächst zwischen 1999 (0,469) und 2002 (0,494) an, bevor er bis 2004 (0,456) wieder sank (INE 2018).

---

[60]Wilpert (2007: 78) merkt in diesem Zusammenhang jedoch an, dass viele dieser Kooperativen „Phantomkooperativen" mit dem einzigen Zweck sind, Zugang zu staatlichen Geldern zu erhalten und von der öffentlichen Nachfrage zu profitieren.

Einschränkung des (internationalen) Kapitalverkehrs und Zurückdrängen des Einflusses multilateraler Organisationen (IWF, Weltbank)
Bereits in der Verfassung von 1999 (RBRV 2009: Art. 114) wurde der Versuch unternommen, einer Finanzialisierung der venezolanischen Volkswirtschaft entgegenzuwirken. In Artikel 114 werden diverse Formen finanzialisierter wirtschaftlicher Aktivitäten wie Spekulation und Zinswucher unter Strafe gestellt. Den Verfassungsvätern (zum Großteil Chavisten) ging es um den Schutz der Realwirtschaft vor spekulativen Aktivitäten aus dem Ausland bzw. einer abrupten Kapitalflucht aus dem Inland (Serrano Mancilla 2015: 242–243) und damit letztendlich der Wahrung von Souveränität in entwicklungs- und wirtschaftspolitischen Fragen. Denn mittels Kapitalflucht, der „Massenvernichtungswaffe des Neoliberalismus" (Serrano Mancilla 2015: 292), besteht für Kapitaleigner und Investoren die Möglichkeit, wirtschaftlich unliebsames Verhalten zu sanktionieren.

Diese Vorgaben materialisierten sich z. B. im Fall PdVSAs, als die Regierung Chávez im Anschluss an die Konfliktphase 2002–2003 die Ölfirma von ihren Verbindungen zu internationalen Investoren löste und im Gegenzug die Kontrolle über das Unternehmen übernahm (Higginbottom 2013: 195). Zudem bemühte sich die Regierung darum, denn Einfluss des IWF und der Weltbank zurückzudrängen. Im Jahr 2007 beglich die Regierung schließlich ihre letzten Verbindlichkeiten und verkündete den Rückzug aus den beiden Bretton Woods-Institutionen (The Guardian 2007).

Resümierend kann an dieser Stelle festgehalten werden, dass die Regierung Chávez in dieser ersten, prä-sozialistischen Phase die eigenen (wirtschafts-)politischen Zielsetzungen nur ansatzweise umsetzen konnte. Zwar war es ihr gelungen, das politische System signifikant zu transformieren, aber v. a. der Aufbau einer post-neoliberalen Wirtschaftsordnung, d. h. die zentrale (wirtschafts-)politische Zielsetzung, erforderte größere Anstrengungen. Zunächst ging es der Regierung daher darum, wirtschaftspolitische Kompetenzen in den Staat bzw. die Exekutive zurückzuholen und – genereller – die eigenen Handlungsspielräume auszuweiten.

3.1.4 Fazit der präsozialistischen Phase: die Bolivarische Revolution im Lichte von Transformationsdisposition, -wunsch und vergrößerten Handlungsspielräumen

Mit Bezug auf die in dieser Arbeit verwendeten Faktoren kann Folgendes festgehalten werden. Der politische Aufstieg Chávez' und der Bolivarischen Revolution erfolgte in einer tiefgreifenden politischen und wirtschaftlichen Krise. Daher

3.1 Die prä-sozialistische Phase unter Chávez ...

wurde Chávez mit einem klaren Mandat zu einer Umwälzung des politischen und wirtschaftlichen Status quo zum Präsidenten Venezuelas gewählt. Als Chávez seinen Worten sukzessive Taten folgen ließ, formte sich eine oppositionelle Allianz aus Gegnern des chavistischen Transformationsprojekts. Die antagonistische politische Kultur und die zunehmende Polarisierung steigerten sich bis zu dem Punkt, an dem das Land in den Jahren 2001 bis 2004 in eine Phase des Machtkampfes zwischen Befürwortern und Gegnern der Bolivarischen Revolution geriet. In dieser Phase erfolgten eine interaktive Radikalisierungsdynamik und eine dezidiertere Abgrenzung gegenüber Feindbildern des revolutionären Prozesses, die sich in einer antagonistischen Identitätspolitik der Regierung zeigte. Vor dem Hintergrund des gewonnenen Machtkampfes gegen die Opposition implizierten diese Aspekte eine erneute Transformationsdisposition und öffneten der Regierung zudem ein erneutes *window of opportunity*, d. h. temporäre Gestaltungsspielräume, und damit die Möglichkeit für eine Neuausrichtung des bisherigen Entwicklungskurses und -projekts.

Die (wirtschafts-)politischen Zielsetzungen nach dem Wahlsieg 1998 waren ganz auf die Überwindung des damaligen Status quo ausgelegt: 1. Überwindung des multiplen venezolanischen Krisenkomplexes; 2. Herstellung einer partizipativen und protagonischen Demokratie; 3. Herstellung einer post-neoliberalen Wirtschaftsordnung; und 4. Bildung einer zivil-militärischen Union und einer multipolaren Weltordnung. Die Konfliktphase zwischen 2001 und 2004, der Machtkampf mit der Opposition und die Unterstützung durch die ärmeren Bevölkerungsteile bedingten jedoch eine Reflexion des chavistischen Entscheidungszirkels über den eingeschlagenen Entwicklungspfad und die zugrundeliegenden Konzepte und Zielsetzungen. Dies wird Thema des folgenden Kapitels sein.

Bezüglich der Handlungsspielräume kann konstatiert werden: Zwar verringerten sich diese während der Konfliktphase zeitweise. Bei einer Betrachtung des gesamten Zeitraums der Jahre zwischen 1999 und 2004 konnten sie jedoch signifikant ausgeweitet werden. Das bezog sich erstens auf die Machtverhältnisse, bezüglich derer es der Regierung gelungen war, die traditionellen Machtbastionen aufzubrechen und im Gegenzug die Macht des Staates und des Präsidenten zu steigern. Dies erfolgte u. a. mittels einer neuen Verfassung, einem dezidiert vorangetriebenen Elitenwechsel im venezolanischen Staat und der Errichtung paralleler Verwaltungsstrukturen. Auch die antagonistische Identitätspolitik der Regierung ist in diesem Kontext zu nennen, da sie zur Mobilisierung der Bevölkerung, zur Legitimation der eignenen (Subjekt-)Position und Delegitimation der Opposition beitrug. Zweitens betraf das den Kontrollgewinn über den nationalen Rohstoffreichtum und die damit einhergehenden Einnahmen aus dem Erdöl(export)geschäft. Und drittens hatte die Regierung die Art der

Tabelle 3.2 Prozessuale Nachzeichnung der drei Faktoren

	Theorie	Praxis
Prä-sozialistische Phase (1999–2004)	Politische Kultur	Krisenkomplex der Vorgängerregierungen bedingt Transformationsdisposition in der Bevölkerung: repräsentative Demokratie und ‚neoliberale' Marktwirtschaft sind delegitimiert →*window of opportunity* für ausgeprägten Wandel; Unter Chávez bedingt ausgeprägte politische Polarisierung eine Konfliktphase (2001–2004), die einen Machtkampf und eine Radikalisierung der Regierung zur Folge hat: nach dem Machtkampf ist erneute Transformationsdisposition gegeben →*window of opportunity* für Neuausrichtung des Transformationsprojekts
	(Wirtschafts-) politische Zielsetzungen des Entscheidungspersonals	1. Revolution bzw. Transformation zur Überwindung des multiplen Krisenkomplexes; 2. Partizipative und protagonische Demokratie zur Überwindung des Demokratiedefizits; 3. Post-neoliberale Wirtschaftsordnung zur Überwindung des Neoliberalismus; 4. Bildung einer zivil-militärischen Union und einer multipolaren Weltordnung zur Überwindung des Souveränitätsdefizits; Konfliktphase (2001–2004) bedingt Reflexion über den eingeschlagenen Entwicklungspfad und die zugrundeliegenden Konzepte und Zielsetzungen
	Handlungsspielräume (Akteur-Struktur-Konstellation)	Akteur: zu Beginn hat Chávez breites Mandat zur Umwälzung des Status quo; während der Konfliktphase verringert sich der Handlungsradius signifikant; nach dem Machtkampf ist (Macht-)Position Chávez' konsolidiert und gestärkt Strukturcharakteristika: Transformation und Ausweitung der Handlungsspielräume • Machtverhältnisse: Ausweitung der Macht des Staates und der Exekutive • Ressourcen: erste Schritte zur Kontrolle über den Ölsektor • Weltmarkteinbindung: Zentralisierung der (wirtschafts-)politischen Kompetenzen in Staat und Exekutive, Bildung eines binnenmarktorientierten Entwicklungsmodells Fazit: Handlungsspielräume wurden im Vergleich zur Vorgängerperiode ausgeweitet, bleiben aber v. a. bezüglich der Wirtschafts- und Sozialpolitik beschränkt; nach dem Machtkampf jedoch signifikante Vergrößerung der Handlungsspielräume
	Output: Wirtschaftspolitik	Moderat heterodox: Stärkung des Binnenmarkts und der Sozialpolitik, punktuelle Neuordnung der Eigentumsverhältnisse

Quelle: Eigene Darstellung.

Weltmarkteinbindung – zumindest punktuell – verändern und darüber wirtschaftspolitische Kompetenzen zurückgewinnen können. Auf diese Weise war es der Chávez-Administration möglich, erste Schritte im Umbau des venezolanischen Wirtschaftsmodells hin zu einer post-neoliberalen Wirtschaftsordnung zu gehen. Tabelle 3.2 zeichnet das Zusammenspiel der drei Faktoren nach.

3.2 Die sozialistische Phase unter Chávez: Radikalisierung und Neuausrichtung der Bolivarischen Revolution im Namen des Sozialismus des 21. Jahrhunderts

Die Regierung Chávez ergriff die Chance, die ihr das *window of opportunity*, das sich am Ende der prä-sozialistischen Phase öffnete, bot: „Daher garantiere ich dem venezolanischen Volk, dass [...] wir fortfahren, die Revolution zu vertiefen. Dies ist der einzige Weg, hier gibt es keinen Weg zurück" (Chávez 2003: 36– 37). In diesem Kapitel wird die zweite, sozialistische Phase, d. h. die Hochphase des chavistischen Reformprojekts, der Jahre 2005 bis 2013 analysiert. Darin wird nicht nur eine „Vertiefung" der Bolivarischen Revolution, wie es Chávez im obigen Zitat sagte, beleuchtet, sondern eine Neuausrichtung derselben im Namen des Sozialismus des 21. Jahrhunderts. Die Analyse orientiert sich hierbei wieder an den drei Faktoren: Im nächsten Kapitel werden die Entwicklungen der politischen Kultur und deren Implikationen für die (wirtschafts-)politischen Zielsetzungen analysiert, die im darauffolgenden Kapitel beleuchtet werden. Im Anschluss daran werden relevante politische und wirtschaftliche Entwicklungen und die damit einhergehenden Handlungsspielräume des Entscheidungspersonals untersucht, bevor abschließend ein Fazit dieser zweiten, sozialistischen Phase gezogen wird.

3.2.1 Politische Kultur: Intensivierung der Polarisierung, der antagonistisch-integrativen Identitätspolitik und Radikalisierung der Regierung

Das folgende Kapitel widmet sich den Entwicklungen der politischen Kultur während der sozialistischen Hochphase der Regierung Chávez. Dabei wird die politische Polarisierung in Venezuela analysiert und im Anschluss daran die chavistische Identitätspolitik beleuchtet. Wie in dem Kapitel zu sehen sein wird, kann dahingehend von einem „bolivarischen Identitätskonstrukt" gesprochen werden, dass sich in der Folge auf die Ausbildung spezifischer (wirtschafts-)politischer Zielsetzungen auswirken bzw. Letztere vorstrukturieren sollte.

3.2.1.1 Zunehmende (identitätsstiftende) Polarisierung

Seit der Ausrufung des Sozialismus des 21. Jahrhunderts wurde die bereits in der prä-sozialistischen Phase deutlich gewordene Polarisierung in der venezolanischen Politik noch einmal intensiviert. Einen Indikator hierfür liefert der Governance-Index des Bertelsmann Transformations-Indexes. Ein Unterindikator des Governance-Indexes widmet sich der Konsensbildung unter Eliten.[61] In den Jahren zwischen 2003 und 2014 sind die Werte für diese Konsensbildung durchweg niedrig. Im Governance-Index, der neben der Konsensbildung noch weitere Indikatoren erfasst, mithilfe derer die „Entschlossenheit und Beständigkeit der Eliten" gemessen wird, „eine marktbasierte Demokratie" anzustreben (BTI 2018b), nahm Venezuela zwischen 2003 und 2005 noch den drittletzten Rang in der Region ein, zwischen 2005 und 2013 war es dann jeweils der letzte Rang in der Region (ebd.). Tabelle 3.3 zeigt diese Entwicklungen auf.

Dessen ungeachtet verblieb Präsident Chávez genau wie in der prä-sozialistischen Phase in einer kognitiven Struktur der Anti-Status quo-Logik. Angesichts der Rückendeckung aus der Bevölkerung zurzeit des Putschversuchs und der Wahlsiege im Abberufungsreferendum 2004 und in den Präsidentschaftswahlen des Jahres 2006, die von Chávez als Mandat für die Revolution gedeutet wurde (Welsch 2006), bestanden hierfür – ungeachtet aller idealistisch-ideologischen Motive – auch rationalistische Anreize. Der zu überwindende Status quo war immer noch vorhanden und musste gemäß der Anti-System-Logik weiterhin bekämpft werden. Daraus folgte eine weitere Radikalisierungsspirale bzw. eine weitere Verstärkung des radikalen Transformationsgedankens und -wunsches: „Ich bin ein Revolutionär und jeden Tag werde ich noch revolutionärer, weil ich jeden Tag noch überzeugter davon bin, dass der einzige Weg […] zur Brechung der Hegemonie der Oligarchien […] der Weg der Revolution ist." (Chávez 2005c).

3.2.1.2 Antagonistische Identitätspolitik: diskursive Konstruktion einer bolivarischen Identität

Die auf Antagonismen basierende Identitätspolitik des Ex-Präsidenten folgte derselben antagonistischen Logik wie in der prä-sozialistischen Phase, wurde in dieser Phase jedoch signifikant intensiviert: „Ich will, dass ihr wisst, dass in dieser neuen Etappe derjenige, der für mich ist, für mich ist und derjenige, der nicht für mich ist, gegen mich ist" (Chávez, zit. nach Harnecker 2004: 12). Aus analytischen Gründen kann hinsichtlich dieser Phase davon gesprochen werden, dass

---

[61] Für genauere Informationen und Bestimmungsmerkmale, vgl.: https://www.bti-project.org/de/berichte/laenderberichte/detail/itc/ven/

Tabelle 3.3 Governance Index des BTI

Ergebnis inkl. Rang	Messzeitraum				
	2006 (Period of review: 01.02.2003–31.01.2005)	2008 (Period of review: 01.02.2005–31.01.2007)	2010 (Period of review: 01.02.2007–31.01.2009)	2012 (Period of review: 01.02.2009–31.01.2011)	2014 (Period of review: 01.02.2011–31.01.2013)
Messergebnis	3,0	2,1	2,2	2,2	2,5
Rang/Region	Drittletzter in Region	Letzter in Region	Letzter in Region	Letzter in Region	Letzter in Region

Quelle: Eigene Darstellung nach BTI der Jahre 2006 bis 2014.

die chavistische Identitätspolitik zu der diskursiven Ausbildung eines Identitätskonstrukts führte, das in der Folge als „bolivarisches Identität" bezeichnet wird. Dieses Konstrukt zeichnete sich in erster Linie durch drei Diskursdimensionen aus.

3.2.1.2.1 Erste Diskursdimension: dominante Argumentationslinien

Eine erste Diskursdimension betraf dominante inhaltliche Argumentationslinien, d. h. Problemdiagnose und Problemlösungen gemäß des chavistischen Entscheidungspersonals. Diese Diskursdimension wird v. a. hinsichtlich der Bestimmung der (wirtschafts-)politischen Zielsetzung von Bedeutung sein. An dieser Stelle wird insofern auf die dortigen Ausführungen vorgegriffen, als innerhalb dieser Dimension drei bedeutende Diskursstränge ausgemacht werden können. In einem ersten Diskursstrang, der das politische System thematisiert, wird die repräsentative Demokratie problematisiert und stattdessen eine partizipative und revolutionäre Demokratie als Alternative bzw. (Problem-)Lösung diskursiv präsentiert. Gemäß eines zweiten Diskursstrangs, der das Wirtschaftssystem behandelt, stellt nun nicht mehr nur der Neoliberalismus, wie in der prä-sozialistischen Phase, sondern der Kapitalismus das zentrale Problem dar, der mittels einer post-kapitalistischen Wirtschaftsdemokratie überwunden werden müsse. In einem dritten Diskursstrang, der den Aspekt der Souveränität behandelt, wird die bestehende Weltordnung, d. h. die hegemoniale bzw. imperialistische Stellung der USA, problematisiert und im Gegenzug eine multipolare Weltordnung als Lösung diskursiv verankert.

3.2.1.2.2 Zweite Diskursdimension: strategisch konstruierte Subjektpositionen

Die zweite Diskursdimension betraf diskursiv erzeugte und strategisch besetzte Subjektpositionen. Gemäß der von Ernesto Laclau konzipierten Funktionslogik von Identitätskonstruktionen besteht deren Wirkungskraft nicht zuletzt in einer deutlichen Negativdefinition bzw. -abgrenzung gegenüber Gegen- und Feindbildern. Alle Diskursstränge der ersten Diskursdimension (Problemdiagnose, Problemlösungen) kennzeichneten die hierfür notwendige klare antagonistische Zweiteilung mit ebenso klaren, dazugehörenden Subjektpositionen (zweite Diskursdimension): Auf der einen Seite die venezolanische Opposition bzw. Oligarchie als Gegen- und Feindbilder (*Out-Group*), auf der anderen Seite das venezolanische Volk und die Regierung Chávez als dessen ‚wahrer' Repräsentant (*In-Group*).

Ein Spezifikum der strategischen Konturierung der Feindbild-Subjektposition (zweite Diskursdimension) war ihre diskursive Verbindung zu bzw. diskursive

3.2 Die sozialistische Phase unter Chávez: Radikalisierung ...

Assoziierung mit den zu überwindenden Mängelerscheinungen und Systemcharakteristika (erste Diskursdimension). Konkret: Die Opposition bzw. Oligarchie wurde gemäß des chavistischen Diskurses für die ebenfalls als stark negativ dargestellte „IV. Republik" (im Gegensatz zur V. Bolivarischen Republik) verantwortlich gezeichnet, deren politisches System sich durch „Schiebereien" und „Wahlbetrug" kennzeichnete (Chávez 2007e). Mit ihnen im Verbund stand die oligarchische Elite bzw. die „ausbeuterische Bourgeoisie, die weder Vaterland, noch Seele, noch Herz hat" (Chávez 2010: 124) und die „in diesem wilden, neoliberalen und korrupten Kapitalismus der IV. Republik" (Chávez 2007a) nur die eigenen Interessen und nicht diejenigen der venezolanischen Bevölkerung vertrat.

Eine signifikante Neuerung im chavistischen Diskurs bildeten jedoch die USA, die ab der zweiten, sozialistischen Phase die Rolle des primären Feindbildes einnahmen. Demgemäß waren diese angesichts ihrer hegemonialen Haltung und ihres interventionistischen Verhaltens Venezuela und Lateinamerika gegenüber sowie aufgrund des weltweiten Eintretens für Kapitalismus, Freihandel und (repräsentative) Demokratie letztendlich verantwortlich für den (nationalen, regionalen und internationalen) Mangel an Souveränität, Freiheit und Gerechtigkeit. Unvergessen bleibt in diesem Zusammenhang Chávez' Rede vor den Vereinten Nationen im Jahr 2006:

> „Gestern war der Teufel hier, an diesem Ort. Dieser Tisch, wo ich gerade spreche, riecht immer noch nach Schwefel! Gestern [...] kam der Präsident der USA, den ich den 'Teufel' nenne, hier her und sprach wie der Herrscher der Erde [...]. [D]ie Regierung dieses Landes, der USA, will keinen Frieden, sie will uns stattdessen ihr Modell der Ausbeutung und der Plünderei und ihre Hegemonie [...] aufzwingen." (Chávez 2006c)

Chávez monierte in diesem Diskursfragment die seit der Monroe-Doktrin geltende Anspruchshaltung der USA im lateinamerikanischen Raum. Tatsächlich hatten und haben die USA strategische Interessen in der Region, deren Wahrung seit der Regierungsübernahme durch Chávez im Jahr 1998 empfindlich gestört wurde.[62] Nicht zuletzt in den hohen Ölvorkommen und -reserven in Venezuela und in

---

[62] Dies betrifft zum einen sicherheitspolitische Aspekte wie die Eindämmung des Drogenanabaus, die Aufrechterhaltung der politischen Stabilität unter dem Banner der „Demokratie" (Lapper 2006: 26–27) und die Beibehaltung des eigenen Einflusses z. B. über die Nutzung von Militärbasen (Flemes/Nolte 2009: 6). Zum anderen bezieht sich das auf den wirtschaftlichen Bereich und umfasst neben der Intensivierung des (Frei-)Handels den Zugang zu Energieträgern aus der Region (Walser 2009).

dem Bestreben der US-Regierung nach „Energiesicherheit"[63] sah Chávez einen der Hauptgründe für die aggressive und „imperiale" Politik gegenüber Venezuela (Chávez 2007d).[64]
Hinsichtlich der Beziehungen zu den USA lässt sich eine bedeutsame Veränderung im chavistischen Diskurs im Zeitverlauf festmachen. Denn die USA nahmen zu Beginn der Ära Chávez keineswegs eine Feindbildrolle ein, vielmehr zeigte sich die Regierung Chávez zunächst an einer guten Beziehung zu den USA interessiert (Romero 2004: 139; Welsch/Carrasquero 2001: 22). Erst allmählich wandelten sich die Beziehungen der beiden Staaten durch eine „Politik der Nadelstiche" (Werz 2007: 8) seitens Venezuelas. Den Wendepunkt in den Beziehungen markierte schließlich der Putschversuch des Jahres 2002, hinter dem Chávez die USA als Drahtzieher ausmachte: „An diesem 11. April kam die reaktionäre Meute, die faschistische Meute der venezolanischen Oligarchie im Auftrag der imperialistischen Regierung der USA zum Palast [Miraflores, Sitz der venezolanischen Regierung, R.P.]. [...] sie kamen wegen mir, um mich umzubringen" (Chávez 2007d). Und an anderer Stelle:

> „Die USA haben schon einmal einen Putsch in Venezuela geplant, finanziert und vorangetrieben und die USA unterstützen weiterhin Putschisten in Venezuela und gegen Venezuela, sie unterstützen weiterhin den Terrorismus. [...] Ich beschuldige die Regierung der USA, den Terrorismus zu unterstützen." (Chávez 2006c)

Kurzum, die USA lieferten mitsamt ihrem imperialistisch gebrandmarkten Eintreten für die repräsentative Demokratie und eine kapitalistische Marktwirtschaft einen negativen Bezugspunkt bzw. ein Gegen- und Feindbild, in dessen Gegensatz die Regierung Chávez die Bolivarische Revolution als identitäres Integrations- und Legitimationsprojekt konzipierte und konstituierte. Mit Rekurs auf Laclau gingen die Entwicklung der Chávez-Administration hin zu radikaleren Zielvorgaben und einem ambitionierten Transformationsanspruch konsequenterweise mit einer klare(re)n Abgrenzung gegenüber dem (neuen) Feindbild USA und dem von den USA repräsentierten (politischen und wirtschaftlichen) Status quo einher.

---

[63] Angesichts des steigenden Verbrauchs in den USA einerseits und den unberechenbaren und teils unerwünschten politischen Entwicklungen in den wichtigsten Förderländern (Mexiko, Venezuela, Saudi-Arabien, Kanada) andererseits war der Aspekt der Energieversorgung in den USA – vor dem Fracking-Boom – zu einer der obersten Sicherheitsangelegenheiten deklariert worden (Bodemer 2007: 174–175).

[64] Gemäß Azzellini (2006: 84) setzte die US-Regierung alles daran, „den Transformationsprozess unter der Regierung Chávez in Venezuela zu blockieren, sabotieren und letztendlich zu einem Ende zu bringen."

Im permanenten Negativbezug zu diesen Feindbildern markierte im chavistischen Identitätsdiskurs – analog zur prä-sozialistischen Phase – die Subjektposition des Volkes („el pueblo") einen positiven Gegenpol.

> „Damit unsere Revolution siegreich bleibt [...] braucht es noch vieler Dinge. Doch eines ist wesentlich: das venezolanische Volk und das Bewusstsein des venezolanischen Volkes [...] die Vereinigung des venezolanischen Volkes. Diesem allem zollen wir heute Tribut: dem Volk, seiner Stärke, seiner Leidenschaft, seinen Fähigkeiten, seiner Weisheit, seiner Schlachten." (Chávez 2006a)

In Kontinuität zur prä-sozialistischen Phase verknüpfte Chávez in seinen Reden seine eigene Subjektposition mit derjenigen des venezolanischen Volkes: „Ich werde den Rest meines Lebens in den Dienst der Bolivarischen Revolution, der Konstruktion des venezolanischen Sozialismus des 21. Jahrhunderts stellen. Mein Leben, nun, es gehört mir nicht, es gehört dem venezolanischen Volk" (Chávez 2007d). Die klare Abgrenzung gegenüber dem Negativkorrelat USA, die Akzentuierung des identitätsinhärenten Antagonismus und die legitimationsstiftende Überhöhung der eigenen Subjektposition verdeutlicht das folgende Diskursfragment:

> „Falls mir etwas zustoßen sollte, mache ich den Präsidenten der USA dafür verantwortlich, Ich will, dass das venezolanische Volk das weiß. Ich werde mich weder verstecken, noch in Miraflores einsperren. Nein. Ich werde mit euch auf den Straßen sein [...], aber ich weiß, dass ich zum Tod verdammt bin." (Chávez 2005a)

3.2.1.2.3 Diskursdimension: Verknüpfung von Vergangenheit, Gegenwart und Zukunft in einem Befreiungsnarrativ

Die Selbstidentifikation mit dieser eigens für sich selbst konstruierten Subjektposition, nämlich als Teil des Volkes, als dessen Repräsentant und Anführer zeigte sich auch in einer weiteren, dritten Diskursdimension. In Zusammenhang hiermit kennzeichnete das bolivarische Identitätskonstrukt eine zeitlich-prozessuale Dimension, die zum einen mit einer Neuinterpretation der Geschichte einherging und zum andern diese reinterpretierte Vergangenheit mit der Gegenwart und der Zukunft in einem kohärenten Befreiungs- und Erlösungsnarrativ verknüpfte.

Bereits vor seinem Wahlsieg in den Präsidentschaftswahlen 1998 hatte Chávez eine Reinterpretation der jüngsten venezolanischen Geschichte vorgenommen, indem er die Vorgängerrepublik mitsamt den politischen Eliten und deren Wirtschaftskurs ausschließlich negativ darstellte und mit der Gründung der V. Republik einen Bruch und Neuanfang versprach (Peters 2011: 662–663). Nach der Konfliktphase rund um den Putschversuch 2002 und in der Übergangszeit hin zum Sozialismus des 21. Jahrhunderts ging Chávez noch einen Schritt weiter, indem er nun die gesamte Geschichte einer nach manichäischen Mustern verlaufenden, ‚sozialistischen' Neuinterpretation unterwarf. So wurden für das bolivarische Gedankengebäude bedeutende historische Persönlichkeiten und Bewegungen wie Jesus Christus bzw. das Christentum oder Simón Bolívar bzw. dessen Unabhängigkeitskampf sozialistisch umgedeutet (Chávez 2011b: 21–22; Boeckh/Graf 2007; Zuquete 2008): „Das wahre Reich Christus' ist kein anderes als der Sozialismus; das wahre Ideal Christus' ist kein anderes als der Sozialismus; das wahre Ideal Bolivars ist kein anderes als der Sozialismus; dasjenige Simón Rodríguez', der Sozialismus" (Chávez 2011b: 22). Diese sozialistische Rebzw. Neuinterpretation materialisierte sich beispielsweise in der

> „Schaffung des Nationalen Zentrums für Geschichte im Jahr 2007. Diese Organisation wurde als Gegengewicht zur Nationalen Akademie für Geschichte mit dem Ziel gegründet, die 'Demokratisierung des historischen Bewusstseins des venezolanischen Volkes' zu fördern. [...] Das Problem bei dieser 'Demokratisierung des Bewusstseins' liegt in der Frage, wer über die Auswahl der Begebenheiten und Schlüsselereignisse entscheidet, um sie in das Geschichtsbild zu integrieren. Die Geschichte wird damit Teil einer Machtinterpretation und dient als Legitimationsstrategie [...]. Auf diese Weise wurde eine *utopisch verklärte Vergangenheit zur selektiven Interpretation der Gegenwart und zur Projektion in die Zukunft* instrumentalisiert." (Silva-Ferrer 2011: 687, eigene Hervorhebung)

Die Verknüpfung von Vergangenheit, Gegenwart und Zukunft in einem kohärenten Befreiungs- und Erlösungsnarrativ gründete auf einer mystifizierten Version der venezolanischen Vergangenheit und historischer Persönlichkeiten wie Ezequiel Zamora, Simón Rodríguez[65] und vor allem Simón Bolívar.[66] Um symbolträchtig an deren geistig-politisches Erbe anzuknüpfen, benannte die Regierung aktuelle Politikmaßnahmen wie z. B. sozialpolitische Missionen nach ihnen. Gemäß der diskursiven Konstruktion einer historischen Kontinuität – angefangen bei den Unabhängigkeitskriegen im 19. Jahrhunderts über die späteren Auseinandersetzungen Bolívars mit der damaligen Oligarchie – steht auch das heutige

---

[65] Zamora war Militär und Rebellenführer, Rodríguez war Philosoph. Neben Simón Bolívar waren diese zwei Persönlichkeiten von großem Einfluss auf Chávez (Kresse 2015: 15–16).

[66] Viele venezolanische Politiker instrumentalisierten den Mythos um den Unabhängigkeitskämpfer und Befreier Bolívar zur eigenen Legitimation. Während Chávez' Amtszeit hatte dies religiösen Charakter angenommen. Bolívar symbolisierte für Chávez das Ideal der Unabhängigkeit, der sozialen Gerechtigkeit, der Gleichheit, ferner symbolisierte er den Antiimperialismus und den Wunsch nach einer lateinamerikanischen Integration (Boeckh/Graf 2007: 155–160).

3.2 Die sozialistische Phase unter Chávez: Radikalisierung ...

venezolanische Volk in einem fortwährenden Befreiungskampf gegen interne und externe Feinde[67] (Emerson 2011: 101–102; Zúquete 2008): „Gestern traten unsere Völker dem spanischen Imperium entgegen, heute bieten wir dem nordamerikanischen Imperium mit demselben Ziel die Stirn: die Freiheit, die Unabhängigkeit, die Souveränität und die soziale Gerechtigkeit" (PSUV 2010a). Demnach geht es um einen

> „revolutionären Prozess, dessen Protagonist das Volk mit dem Kommandanten Chávez an der Spitze ist und dessen Ziel die Kontinuität der emanzipatorischen Heldentat ist, die vor 200 Jahren von unseren Befreiern begonnen wurde. Heute wie gestern haben jeder militante Sozialist, jeder Venezolaner und jede Venezolanerin [...] die Pflicht, für die Freiheit, die Souveränität, die Unabhängigkeit und die Gerechtigkeit [...] zu kämpfen." (PSUV 2010a)

Dieser stetige emanzipatorische Kampf wurde von der Vergangenheit über die Gegenwart in die Zukunft fortgeschrieben und am telos von Würde, Freiheit und Unabhängigkeit ausgerichtet (Zúquete 2008: 104). Chávez beschränkte sich hierbei jedoch nicht nur auf Venezuela. Unter Indienstnahme religiöser Aspekte und Figuren war sein hochmoralischer und pathetischer Diskurs an einem weltweiten Erlösungsgedanken ausgerichtet: „[W]ir kämpfen hier nicht nur für unser Volk, sondern für alle Völker der Erde, die Gerechtigkeit, Leben und Würde verdienen. Dies ist unser Kampf, es ist der Kampf, es ist der Kampf Gottes, es ist der Kampf Christus" (Chávez 2003: 264). Welsch/Briceño (2011: 112) charakterisierten die zeitliche Dimension im chavistischen Diskurs treffend mit den folgenden Worten: „Der janusköpfige Chávez-Diskurs mit dem einen, mythenbeladenen und rückwärtsgewandten und dem anderen, in eine strahlende Zukunft blickenden Gesicht". Die teleologische Ausrichtung im chavisischen Diskurs war auf eine sozialistische Zukunft ausgerichtet: „Der Sozialismus ist das Königreich Gottes auf Erden, das Königreich des Friedens, der Gerechtigkeit und der Gleichheit" (Chávez 2009b).

Auch hinsichtlich dieser Diskursdimension kam der Subjektposition des Präsidenten im fortwährenden Unabhängigkeitskampf eine besondere Rolle zu:

> „Dies hier ist ein Volk, das gewohnt ist, für Freiheit, Gerechtigkeit und Würde zu kämpfen. Und heute sind wir hier [...] wegen einer weiteren großen Schlacht, aber es ist eine Schlacht, die die nächsten 200 Jahre unserer Geschichte bestimmen wird [...].

---

[67] Gemäß der eigenen Prinzipien ist die Sozialistische Einheitspartei aus der Überzeugung entstanden, dass es „eine konstante militärische Bedrohung durch interne und externe Feinde der Revolution" gibt, „weswegen sie [...] die Verantwortung für die Verteidigung des Vaterlandes übernimmt" (PSUV 2010a).

[...] ich danke Gott, meinem Herrn, und Christus, meinem Erlöser [...] der auf die Welt gekommen ist, um für Gerechtigkeit zu kämpfen [...], weil es mir erlaubt wurde, mit meinen Händen [...] Gerechtigkeit herzustellen" (Chávez 2003: 133–134).

Die Subjektposition Chávez' fügte sich somit in eine diskursiv gesponnene Kontinuitätslinie zu wichtigen historischen Referenzfiguren ein, v. a. zu dem „antiimperialistischen Rebellen" Jesus Christus (zit. nach Zúquete 2008: 110), der gemäß Chávez (2011b: 44) „einer der größten Sozialisten der Geschichte" war, und zu dem als proto-sozialistischen Unabhängigkeitskämpfer reinterpretierten Simón Bolívar. In Kontinuität zu diesen Persönlichkeiten war die Subjektposition Chávez' mit der Führung im bolivarischen Befreiungskampf und Revolutionsprozess verknüpft (Boeckh/Graf 2007: 155–156, Zúquete 2008: 109–110).

3.2.1.2.4 Sozialismus (des 21. Jahrhunderts) als Integrationsterminus bzw. leerer Signifikant

Im Zusammenhang mit der Identitätspolitik Chávez' inklusive der diversen Diskursdimensionen war die Verwendung des Sozialismusbegriffs von zentraler strategischer Bedeutung. Denn die chavistische Sozialismusvariante[68] war und ist immer noch ein offenes, bis heute unfertiges Projekt und zudem ein „vages Konzept" (López Maya 2011a: 226): „the Chavista movement is particularly characterized by the lack of clear priorities. Indeed, the Chavista offical discourse of '21st century socialism' is admittedly ill-defined" (Ellner, zit. nach: Orhangazi 2011: 17). Chávez selbst lieferte keine genaue Definition des Sozialismus, erklärte aber, dass dieser „erfunden" (Chávez 2011b: 20–21) bzw. „täglich konstruiert werden muss" (zit. nach: Wilpert 2006). Gemäß MinCI (2007) und in Einklang mit der den chavistischen Diskurs kennzeichnenden antagonistischen Logik definierte sich der Sozialismus des 21. Jahrhunderts primär über seine Gegen- und Feindbilder, v. a. demjenigen des Kapitalismus.[69] Ferner wurde in derselben Schrift der offene Charakter des Sozialismus des 21. Jahrhunderts betont, indem er als „ein

---

[68] Diesbezüglich gibt es ein nicht klar voneinander abgegrenztes, konzeptuelles Nebeneinander des Sozialismus des 21. Jahrhunderts mit der Bolivarischen Revolution und dem sogenannten *Proyecto Nacional Simón Bolívar*. Gemäß RBRV (2012) stellten die sieben Leitlinien des Wirtschafts- und Sozialplans 2007–2013 (RBRV 2008) strategische Ziele des *Proyecto Nacional Simón Bolívar* dar. Und laut RBRV (2008: 5) bildete der Sozialismus des 21. Jahrhunderts eine neue Periode des *Proyecto Nacional Simón Bolívar 2007–2013*.

[69] Kapitalismus wurde demgemäß anhand folgender Charakteristika definiert: 1. Privateigentum an Produktionsmitteln, 2. „Aneignung fremder Arbeit zur Produktion individuellen Reichtums", 3. ein wettbewerbsorientierter Markt, 4. ein Staat als Garant kapitalistischer Interessen (MinCI 2007: 11–13). In Abgrenzung hierzu definierte sich Sozialismus über: 1. Kollektiveigentum an Produktionsmitteln, 2. Nicht-Existenz von Ausbeutung, 3.

3.2 Die sozialistische Phase unter Chávez: Radikalisierung ...

offenes Fenster zu einem Panorama voll von Antworten für diejenigen, die die Ungerechtigkeit besiegen wollen" (ebd.: 20), beschrieben wurde. Letztlich müsse man angesichts der unterschiedlichen Einflussquellen und Erfahrungen sinnvollerweise nicht von einer „einzelnen Formel", sondern vielmehr im Plural von den „Sozialismen des 21. Jahrhunderts" sprechen (ebd.: 21).

Diese unzureichende Konzeptualisierung sollte jedoch nicht vorschnell als Schwäche abgetan werden. Denn ebendiese begriffliche Offenheit ermöglichte eine breite Anschlussfähigkeit, weswegen der Sozialismusbegriff nicht nur als „Zielkoordinate" (Boeckh 2011a: 417), sondern auch als Integrationsterminus diente. Der Sozialismusbegriff übernahm in diesem Kontext die Rolle eines „leeren Signifikanten", der gerade aufgrund seiner Bedeutungsoffenheit breit anschlussfähig war, als Projektionsfläche grundsätzlicher gesellschaftlicher Forderungen und Transformationswünsche fungierte und damit im Kontext breiter Unzufriedenheit mit dem (wirtschaftlichen, politischen) Status quo eine integrative Wirkungskraft entfalten konnte. Konkret: Er überwölbte, repräsentierte und konstituierte als terminologischer *unifier* das kollektive bolivarische Identitätskonstrukt. Aufgrund der sozialen Heterogenität der Wählerbasis bzw. des Machtblock Chávez' und der daraus resultierenden unterschiedlichen Positionen und Forderungen folgte diese integrative diskursive Vorgehensweise einer strategischen Logik (Ellner 2013a: 14).

In Einklang mit der Hegemonie- und Populismustheorie Laclaus hingen gemäß der Ausführungen Chávez' konsequenterweise alle oben erwähnten Problemlösungen bzw. Zielvorstellungen – partizipative und revolutionäre Demokratie (1. Diskursstrang: politisches System), post-kapitalistisches Wirtschaftssystem (2. Diskursstrang: Wirtschaftssystem), Bildung einer multipolaren Weltordnung (3. Diskursstrang: Souveränität) – unmittelbar zusammen und wären letztendlich erst in einer sozialistischen Gesellschaft verwirklichbar. Diese Logik soll an dieser Stelle kurz verdeutlicht werden: „Souveränität" wurde im chavistischen Diskurs weitgehend mit dem antiimperialistischen Kampf gleichgesetzt, der wiederum in eine Argumentationslinie mit dem als schlecht erachteten Kapitalismus bzw. Neoliberalismus eingeflochten wurde:

---

ein an Kooperation, Komplementarität und Solidarität orientierter Markt, 4. ein Staat als Verteidigungsinstanz der Interessen der Arbeitnehmer (ebd.: 13–20).

Ähnlich argumentiert Gudynas (2011b: 78), der darauf verweist, dass der Sozialismus des 21. Jahrhunderts „primär auf eine konzeptionelle Kritik des Neoliberalismus fokussiert [ist], […] aber keine weitergehenden detaillierten Vorschläge für alternative Formen der Entwicklung [liefert]."

„Wir werden uns erheben, [all] diejenigen, die sich gegen den nordamerikanischen Imperialismus auflehnen, diejenigen, die Freiheit für die ganze Welt, Gleichheit der Völker und Respekt nach Souveränität der Nationen verlangen. […] [D]ie Regierung dieses Landes, der USA, […] will uns ihr Modell der Ausbeutung […] aufzwingen. […] [E]s hat sich in kaum einem Jahrzehnt gezeigt, dass […] das kapitalistische, neoliberale Modell vollkommen falsch war, denn was es erzeugt, ist Elend und Armut." (Chávez 2006c)

Entsprechend dieses Zitats beinhaltete Souveränität neben der Unabhängigkeit von den USA auch eine Abkehr von Kapitalismus und Neoliberalismus, die „Elend und Armut" verursachten. So wurde eine argumentative Brücke vom Souveränitätsaspekt bzw. -interesse hin zum Wirtschaftssystem geschlagen. Beide damit verbundenen Problemkomplexe ließen sich – innerhalb der chavistischen Logik – nur im Sozialismus lösen. Der Sozialismusbegriff bezog sich bei Chávez aber nicht nur auf das Wirtschaftssystem, sondern auch auf die politische Ordnung bzw. die staatliche Verfasstheit. Daher war in der zweiten Phase auch verstärkt von „sozialistischer Demokratie" (Chávez 2012b: 9, 22) oder von „partizipativer, protagonischer und sozialistischer Demokratie" (ebd.: 7) die Rede: „[D]er Sozialismus ist die wahre Demokratie […]. Der Sozialismus ist der Weg zur Demokratie […]" (Chávez 2010). Demgegenüber war „die repräsentative Demokratie […] ein perfektes politisches System, um die Diktatur des Kapitals zu verschleiern und den Neoliberalismus umzusetzen" (MinCI 2007: 7). Auch eine weitere (Meta-)Zielsetzung, die den chavistischen Diskurs fortwährend durchzog, nämlich diejenige an einer gerechteren, egalitäreren Gesellschaft, wurde von Chávez argumentativ in den Sozialismusdiskurs eingeflochten: „Der Sozialismus ist […] das Reich des Friedens, der Gerechtigkeit und der Gleichheit […], eine Gesellschaft, in der wir alle wie Brüder leben, wie Gleiche; daher eine Gesellschaft der sozialen Gerechtigkeit und des Friedens, der Freude und der Glückseligkeit" (Chávez 2009b).

Im Hinblick auf die chavistische Identitätspolitik und das bolivarische Identitätskonstrukt können drei Punkte festgehalten werden: Erstens wird darin die Relevanz antagonistischer Wahrnehmungs- und Interpretationsmuster im chavistischen Denken verdeutlicht. Zweitens liefert es ein Verständnis der (Neu-)Ausrichtung der Bolivarischen Revolution. Drittens drückten sich darin auch Machtaspekte aus. Denn die Fortsetzung der gegen den Status quo gerichteten Haltung, die historischen Bezugnahmen auf Referenzfiguren (Jesus Christus,

Simón Bolívar) und die daraus begründete missionarisch-teleologische Ausrichtung (Sozialismus des 21. Jahrhunderts) dienten nicht zuletzt der gruppenintegrativen Dynamik[70], stabilisierten das vage definierte bolivarische Identitätskonstrukt und legitimierten darüber auch die anvisierte transformatorische Entwicklung der Bolivarischen Revolution. Denn die in dem bolivarischen Identitätskonstrukt enthaltenen Antagonismen und Subjektpositionen hatten auch eine strukturierende Wirkung. Sie verengten in der Folge den Raum des Sag- und Machbaren in Richtung der von der Regierung konstituierten Problemerzählungen und -lösungen und damit der (wirtschafts-)politischen Zielsetzungen, die im folgenden Kapitel analysiert werden. Tabelle 3.4 verdeutlicht die Diskursdimensionen des bolivarischen Identitätskonstrukts.

---

[70] In diesem Kontext spielte auch der andauernde Alarmismus aufgrund einer (tatsächlichen oder imaginären) Bedrohung durch interne und externe Feinde und die damit einhergehende permanente Mobilisierung der Bevölkerung eine Rolle (Kestler 2009: 192).

Tabelle 3.4 Diskursdimensionen der bolivarischen Identität

Diskursdimensionen		Diskursstrang: Sozialismus des 21. Jahrhunderts		
		Politisches System	Wirtschaftssystem	Souveränität
Argumentationslinien	Problemdiagnose	Repräsentative Demokratie = Elitenherrschaft	Kapitalismus = Verelendung, Armut, Unterentwicklung	Bestehende Weltordnung = Imperialismus der USA
	Problemlösung	Transformation hin zu einem partizipativen Demokratietypus	Transformation hin zu einer post-kapitalistischen Wirtschaftsdemokratie	Zivil-militärische Union (innenpolitisch) Transformation des internationalen Systems hin zu einer multipolaren Weltordnung (außenpolitisch)
Subjektposition	Gegen- bzw. Feindbild	USA und venezolanische Oligarchie/Opposition, die Status quo, d. h. die politische und wirtschaftliche Vormachtstellung, repräsentieren und verteidigen		
	Held	Volk („el pueblo") und Chávez als Protagonisten des Kampfes für Souveränität, (politische und wirtschaftliche) Demokratie und Gerechtigkeit		
Zeitliche Dimension	Vergangenheit	Jesus Christus' Kampf für Gerechtigkeit und (Proto-)Sozialismus; Kampf Venezuelas, des venezolanischen Volkes und Bolívars gegen damaligen Status quo, d. h. gegen Unterdrückung durch Spanien und später die USA und für Unabhängigkeit, Gerechtigkeit und politische und wirtschaftliche Teilhabe		
	Gegenwart	Fortführung dieses Kampfes gegen den Status quo (Imperialismus) und dessen Mächte (Oligarchie im Inneren, USA im Äußeren) unter Chávez mit dem telos von Würde, Freiheit, Unabhängigkeit		
	Zukunft	Fortführung des gegenwärtigen Kampfes gegen Status quo und dessen Mächte bis zur Verwirklichung des Sozialismus (des 21. Jahrhunderts)		

Quelle: Eigene Darstellung.

3.2.2 (Wirtschafts-)politische Zielsetzungen des Entscheidungspersonals: Verwirklichung von politischer und wirtschaftlicher Souveränität und Demokratie im Sozialismus

Das vorhergehende Kapitel widmete sich der politischen Polarisierung in Venezuela und der darauf basierenden identitätspolitischen Verarbeitung durch die Regierung Chávez. Dort wurde die Zentralität antagonistischer Denkmuster des chavistischen Entscheidungszirkels deutlich, die bereits seit Beginn der Bolivarischen Revolution Bestand hatten. Jedoch hatte die Krisenphase (2001–2004), d. h. die Konflikt- und Radikalisierungsdynamik, und das sich am Ende der prä-sozialistischen Phase öffnende *window of opportunity* zu einer Revision der eigenen Interpretations- und Wahrnehmungsfolien hinsichtlich der politischen und sozioökonomischen Realität und des Entwicklungsprozesses (Venezuelas speziell und Lateinamerikas generell) geführt. Konkret betraf das, wie in diesem Kapitel näher ausgeführt wird, die damit einhergehende Problemdiagnose und darauf basierend auch die Problemlösungen, d. h. die entwicklungs- und wirtschaftspolitischen Zielsetzungen: „Es ist überhaupt nicht ausreichend, das alte Regime zu zerstören […]. Die neue Schlacht beginnt gerade, der Feind ist intakt, bezieht Stellung […]. Was wir transformieren müssen […] ist der Mensch" (Chávez, zit. nach: Harnecker 2004: 17). Ergebnis dieses (Veränderungs-)Prozesses war ein fortwährender und intensivierter Kampf gegen den Status quo und die Neujustierung des Revolutionsprojekts hin auf eine neue politökonomische Zielvision, den am 30.01.2005 ausgerufen „Sozialismus des 21. Jahrhunderts" (MinCi 2007: 9).

Diese Neuausrichtung des Revolutionsprojekts markierte keinen Bruch mit der prä-sozialistischen Phase, sondern vielmehr eine radikalisierte Weiterentwicklung, die den politischen, wirtschaftlichen und sozialen Ereignissen der ersten Jahre der Bolivarischen Revolution geschuldet war. Wie in den folgenden Unterkapiteln zu sehen sein wird, waren grundlegende (wirtschafts-)politische Zielsetzungen, d. h. „Problemlösungen", dieser zweiten Phase eine radikale politische und wirtschaftliche Form von Demokratie, Souveränität in innen- wie außenpolitischen Fragen und die Bildung einer multipolaren Weltordnung.

Zur Analyse von Problemdiagnose und Problemlösungen werden in erster Linie die folgenden Schlüsseldokumente ausgewertet: 1. die Inaugurationsrede Chávez als Präsident Venezuelas (2007b); 2. der Wirtschafts- und Sozialplan 2007–2013 (RBRV 2008); 3. das Regierungsdokument „Sozialismus des 21. Jahrhunderts: die Macht der Kleinen" (MinCI 2007); 4. die Schrift Chávez' „Der Sozialismus des 21. Jahrhunderts" (Chávez 2011b); 5. die Verschriftlichung der Ausführungen Chávez' hinsichtlich einer „neuen strategischen Karte" (Chávez, zit. nach: Harnecker 2004). Zudem werden zu einem besseren Verständnis auch weitere Reden Chávez' und Sekundärliteratur herangezogen.

3.2.2.1 Problemdiagnose: Repräsentative (Eliten-)Demokratie, Problemlösung: protagonisch-revolutionäre Demokratie

Die Kritik am repräsentativ-liberalen Demokratietypus wurde auch in dieser zweiten Phase aufgegriffen, jedoch in einem verschärften Ton fortgesetzt. Ein typisches Diskursfragment sah wie folgt aus:

> „Lasst uns über Demokratie diskutieren, über diejenige, von der Mr. Danger [George W. Bush, R.P.] spricht und über diejenige, von der wir sprechen; mal sehen, was passiert, weil Mr. Danger von dieser falschen Demokratie spricht, von der Demokratie der Eliten, der repräsentativen Demokratie, die sich vom Volk absetzt. Venezuela nicht, wir sind für die partizipative und ‚protagonische' Demokratie, in der das Volk Seele, Nerv, Zentrum und Herz der Demokratie ist." (Chávez 2005b: 10)

Die Abgrenzung von der repräsentativen, „falschen" (Chávez 2005b: 10) und „konterrevolutionären" (Chávez 2011b: 32) Demokratie fiel seit dem Putschversuch und der Konfliktphase deutlich aggressiver aus. Denn sie „war ein perfektes politisches System, um die Diktatur des Kapitals zu verschleiern und den Neoliberalismus umzusetzen" (MinCI 2007: 7). Ähnlich verhielt es sich mit der Kritik an den davon profitierenden Eliten. Denn zu Zeiten der repräsentativen Demokratie der prä-chavistischen Ära – des *Puntofijismo* bzw. der „IV. Republik" – war das Land „in die Hände von Sippschaften, von Parteifraktionen geraten, die es unterdrückten, entkräfteten und schwächten; sie teilten die Macht unter sich wie Hyänen, während sie das Vaterland ausbeuteten und schwächten" (Chávez 2009b).

Als Lösung propagierte die Regierung Chávez in terminologisch leichter Abwandlung zur ersten, prä-sozialistischen Phase das Modell der „protagonisch-revolutionären Demokratie" (RBRV 2008: 29–41). Ungeachtet der bereits mit der Verfassung von 1999 verankerten und garantierten Partizipationsmechanismen und -instrumente – (Abberufungs-)Referenden, Volksbefragungen, Gesetzgebungs- und Verfassungsgebungsinitative etc. – betraf das auch die Gründung dezentraler Basisorganisationen und -initiativen, also lokaler Selbstverwaltungsinstanzen. Solche Organisationen hatte es zwar bereits seit Beginn der Bolivarischen Revolution in Form der „Bolivarischen Zirkel" (*círculos bolivarianos*) gegeben. Aber in der zweiten, sozialistischen Phase intensivierte sich das Bemühen um die Herstellung einer neuen bzw. parallelen Organisationsstruktur des Staates mittels der „revolutionären Explosion kommunaler Macht"

(Chávez 2007b).[71] Letztere sollte sich in der Bildung von kommunalen Räten, so genannter Kommunalräte (*Consejos Comunales*), und später von Kommunen (*Comunas*) manifestieren, mit Hilfe derer eine stärkere Einbindung und Partizipation der Bevölkerung angestrebt wurde (Azcargorta/Paulus 2011; Burchardt 2011: 339–441). In diesem Kontext ist zudem von Relevanz, dass sich im Gegensatz zur liberalen Demokratie dem chavistischen Verständnis nach der Demokratiegedanke nicht nur auf den politischen Bereich bezog, sondern auch auf denjenigen der Wirtschaft: „[D]er Sozialismus ist die wahre Demokratie […]. Der Sozialismus ist der Weg zur Demokratie […]" (Chávez 2010). Demnach, so die Vorstellung, ist „wahre" Demokratie nur im Sozialismus verwirklichbar.

Dieses Zitat belegt eine signifikante Änderung im Denken Chávez'. Bis zum Zeitpunkt der Neuausrichtung der Bolivarischen Revolution hatte Chávez die Demokratie nie mit sozialistischen Vorstellungen in Verbindung gebracht. Die Konfliktperiode brachte diesen Pfeiler im bolivarischen Gedankengebäude jedoch ins Wanken und bedingte die Möglichkeit einer (ideellen) Neujustierung der chavistischen Demokratiekonzeption. Schließlich orientierte sich die Regierung in Abkehr von einer ‚bürgerlichen' Form von Demokratie nun stärker am Rätegedanken.

3.2.2.2 Problemdiagnose: Kapitalismus, Problemlösung: Sozialismus des 21. Jahrhunderts bzw. sozialistisches Produktionsmodell

In der ersten, prä-sozialistischen Phase bestand das Hauptinteresse Chávez' darin, eine Alternative zur neoliberalen Wirtschaftsordnung der vorhergehenden Regierungen zu konzeptualisieren und implementieren. Zu Beginn seiner Amtszeit bestand das Ziel im Aufbau eines „Kapitalismus mit menschlichem Antlitz" (Bodemer/Nolte 1999: 2), ähnlich dem „dritten Weg" Tony Blairs in Großbritannien (ebd.). In der ersten Phase ging es also nicht darum, den Kapitalismus zu überwinden (Serrano Mancilla 2015: 200), sondern ihn lediglich zu „humanisieren" (Chávez, zit. nach: Harnecker 2005: 116–117). Doch in der zweiten, sozialistischen Phase rückte der Kapitalismus stärker in den Fokus (MinCI 2007: 6–7):

---

[71] Diese Explosion kommunaler Macht stellte einen von fünf Motoren dar, die nach Chávez' Sieg in den Präsidentschaftswahlen 2006 ausgerufen wurden. Die fünf Motoren lauteten: 1. ein Gesetz der Gesetze; 2. die tiefgreifende Reform der Verfassung; 3. eine umfassende (moralische, wirtschaftliche, politische und soziale) Bildungsoffensive; 4. eine neue Geometrie der Macht, d. h. eine neue Art der Verteilung politischer, wirtschaftlicher und militärischer Macht; 5. die Explosion kommunaler Macht (Chávez 2007b).

„[I]m Kapitalismus ist es unmöglich sich zu entwickeln […]. Warum? Weil wir abhängig vom großen Weltkapitalisten, den USA und den großen transnationalen [Unternehmen, R.P.] sind […]. [W]ir haben es mit dem Kapitalismus versucht, er hilft uns nicht, wir sind unterentwickelt; die einzige Möglichkeit, dem zu entkommen ist der Sozialismus […]." (Chávez 2007a).

Neben der in diesem Zitat angesprochenen Abhängigkeit und Unterentwicklung wurde der Kapitalismus als „Königreich der Reichen, Hölle der Armen" (Chávez 2011b: 110) bezeichnet. Generell wurde er im chavistischen Diskurs für diverse weitere Arten sozialer und ökonomischer Mangelerscheinungen und Missstände wie Armut, Hunger, Ausbeutung, Ungleichheit, Unterversorgung und Individualismus verantwortlich gemacht (z. B. Chávez 2007b; Chávez 2010, Chávez 2011b: 40, 75): „[D]ie Hauptgründe des Elends, der Rückständigkeit und des Hungers in unserem Amerika sind genau die Politik des freien Marktes und die Marktwirtschaft" (Chávez 2007c). Hier ist insofern eine Neuerung im Denken und somit im interpretativen Diskurshaushalt Chávez' erkennbar, als nicht mehr nur der Neoliberalismus, sondern der Kapitalismus an sich – im Zitat kodifiziert mittels des Begriffes der „Marktwirtschaft" – als (Entwicklungs-)Problem interpretiert und wahrgenommen wurde.[72]

Ab dieser zweiten Phase erachtete die Regierung Chávez den „Sozialismus des 21. Jahrhunderts" als Lösung für die oben genannten Probleme: „Der Sozialismus ist das Reich Gottes auf Erden, das Reich des Friedens, der Gerechtigkeit und der Gleichheit […], eine Gesellschaft, in der wir alle wie Brüder leben, wie Gleiche; daher eine Gesellschaft der sozialen Gerechtigkeit und des Friedens, der Freude und der Glückseligkeit" (Chávez 2009b).

Diese Zitate verdeutlichen eine Revision der bisherigen Interpretations- und Wahrnehmungsmuster des Akteurs Chávez bezüglich des politischen und wirtschaftlichen Entwicklungsprozesses des Landes. Basierend auf den Ausführungen der konstruktivistischen Theorie erfolgen solche Revisionsprozesse zumeist in Zeiten von Unsicherheit, in denen konventionelle Denkmuster und Handlungsweisen nicht die gewünschten Ergebnisse erzielen und Präferenz- bzw. Zielordnungen fragil werden (können). Bereits in den Jahren der Konfliktperiode war eine stark ausgeprägte und von Chávez angeordnete Reflexion des eingeschlagenen Entwicklungswegs erkennbar gewesen, die alternativen ökonomischen Konzepten, wie z. B. demjenigen der endogenen Entwicklung, Auftrieb verliehen hatte. Dieser Reflexionsprozess setzte sich weiterhin fort. Das wiederum schlug sich in

---

[72]Marktwirtschaft und Kapitalismus wurden im chavistischen Diskurs zunehmend synonym verwendet.

3.2 Die sozialistische Phase unter Chávez: Radikalisierung ...

einer veränderten Problemanalyse und damit auch in einer anders gearteten Problemlösungen Chávez' nieder und führte auch zu einer Änderung der eigenen ideologischen Selbstverordnung. Chávez hatte sich zu Beginn seiner Amtszeit – in Distanz zu sozialistischen Ideen (Bodemer/Nolte 1999: 2; Kestler 2009: 333) – noch einem (wirtschaftspolitischen) Mittelweg verpflichtet, der die „unsichtbare Hand des Marktes" mit der „sichtbaren Hand des Staates" zu verbinden sucht (Chávez 1999). In den Jahren nach dem Putschversuch setzte ein Umdenkprozess ein und Chávez setzte sich nun zunehmend mit sozialistischer Literatur auseinander (Wilpert 2007: 76).[73] „[I]ch bin jeden Tag mehr davon überzeugt", so Chávez (2005c), „dass es notwendig ist, [...] den Kapitalismus zu überwinden", denn – wie oben zitiert – „im Kapitalismus ist es unmöglich sich zu entwickeln" (Chávez 2007a). Im Jahr 2006 urteilte Chávez' ehemaliger Weggefährte Dieterich (2006: 18–19), dass „Chávez offensichtlich den ernsthaften Willen [hat], eine postkapitalistische Zivilisation aufzubauen [...]. In Venezuela handelt es [sich, R.P.] um marktwirtschaftliche Modernisierung, den Aufbau eines modernen Rechtsstaats und gleichzeitig um den Versuch, das Trampolin für den Absprung aus der Marktwirtschaft zu konstruieren" (Dieterich 2006: 18–19). Zwar definierte sich Chávez im Jahr 2008 noch explizit nicht als „Marxist-Leninist", sondern als „Sozialdemokrat" (Penn 2008), doch bereits im Folgejahr bezeichnete er sich dann erstmals als „Marxist" und betonte die Führungsrolle der Arbeiterbewegung im Revolutionsprozess (Ellner 2011b: 448). In der Folge wurden eine stärkere Anlehnung an marxistisch orientierte Prinzipien und Terminologie deutlich. So stellte die 2010 gegründete Sozialistische Einheitspartei eine „Avantgardepartei" (Chávez 2011b: 55) dar und wurde u. a. als „antikapitalistisch und antiimperialistisch", „sozialistisch", „marxistisch", „den Interessen der Arbeiterklasse und des Volkes verpflichtet" (PSUV 2010a) definiert. Die Partei folgte der übergeordneten Zielsetzung, den „bürgerlichen, kapitalistischen Staat" durch einen „sozialistischen Staat" zu ersetzen (ebd.). Ohne ein „sozialistisches Wirtschaftsmodell, ein sozialistisches Produktionsmodell", so Chávez (2011b: 19–20) im Jahr 2011, „werden wir nie in der Lage sein, die Bedürfnisse des Volkes zu befriedigen [...], werden wir nie in der Lage sein, eine Lösung für [...] Armut und Exklusion zu finden."

Den Terminus „Sozialismus des 21. Jahrhunderts" übernahm Chávez von seinem damaligen Freund und Berater, dem Soziologen Heinz Dieterich, ohne jedoch

---

[73] Denkanstöße für eine nicht-kapitalistische, dezentrale Produktion und Konsumption lieferte z. B. der ungarische Marxist Istvan Mészáros, den Chávez in dieser Zeit las (Wilpert 2007: 81; Purcell 2013: 147).

das von Dieterich mit dem Terminus betitelte Konzept in Venezuela implementieren zu wollen.[74] Eine erste definitorische Annäherung an den chavistischen Sozialismustypus erfolgte im Jahr 2007 in Abgrenzung zur Definition von Kapitalismus. Gemäß MinCI (2007: 11–13) war Letzterer gekennzeichnet durch 1. das Privateigentum an Produktionsmitteln; 2. die „Aneignung fremder Arbeit zur Produktion individuellen Reichtums"; 3. einen wettbewerbsorientierten Markt; und 4. den Staat als Garant kapitalistischer Interessen. In Abgrenzung zu diesen vier Charakteristika definierte sich Sozialismus über 1. das Kollektiveigentum an Produktionsmitteln; 2. die Nicht-Existenz von Ausbeutung; 3. einen an Kooperation, Komplementarität und Solidarität orientierten Markt; 4. den Staat als Verteidigungsinstanz der Interessen der Arbeitnehmer (ebd.: 13–20).

Eine Konkretisierung, d. h. eine konkrete wirtschaftspolitische Agenda dieses sozialistischen Gedankens, findet sich im Wirtschafts- und Sozialplan 2007–2013 (RBRV 2008). Da die darin aufgeführten Punkte für die politökonomische Vision Chávez' und damit für wirtschaftspolitischen Zielsetzungen relevant sind, werden sie an dieser Stelle kurz reflektiert.

Tabelle 3.5 vergleicht die Zielsetzungen des Entwicklungsplans von 2001–2007 mit den Leitlinien desjenigen von 2007–2013. Kontinuitäten in den Plänen finden sich beim Souveränitätsgedanken und der Vorstellung einer multipolaren Weltordnung (Ziel 5, RBRV 2001; Leitlinie 7, RBRV 2008); dem Gerechtigkeitsimperativ (Ziel 2, RBRV 2001; als Metainteresse bzw. -ziel durchzieht dieser Imperativ eigentlich den kompletten Plan 2007–2013); der Territorialpolitik, d. h. der (infrastrukturellen) Erschließung, Einbindung und Förderung ländlicher Regionen[75] (Ziel 4, RBRV 2001; Leitlinie 5, RBRV 2008); und dem Aufbau einer partizipativen Demokratie (Ziel 3, RBRV 2001; Leitlinie 3, RBRV 2008).

Hingegen finden sich relevante Änderungen in den beiden Plänen vor allem hinsichtlich folgender Aspekte: Im wirtschaftlichen Bereich war im Jahr 2001 von einem post-neoliberalen Wirtschaftsmodell (RBRV 2001: Ziel 1) die Rede. Dieses Modell sah zwar schon einen Entwicklungsstaat mit diversen Interventionsrechten vor, der aber gänzlich als kapitalistisch charakterisiert werden konnte. Ferner enthielt die Variante von 2001 durchaus orthodoxe Züge, so z. B. die Orientierung an makroökonomischer Stabilität, Effizienz, wirtschaftlicher Offenheit

---

[74]Dieterichs Rolle wird in der Literatur teils zu stark gewichtet. Er selbst verwies mehrfach darauf, dass Chávez' Sozialismusentwurf und der in Venezuela erfolgte Prozess wenig mit seinem eigenen Konzept zu tun haben (Dieterich 2006: 5, 15; Dieterich 2013; Dieterich 2016).
[75]Hier ist viel von „Dekonzentration", also einer territorialen Entflechtung ökonomischer Aktivitäten die Rede (vgl. Plan 2001 – RBRV 2001: 20, 133–151; Plan 2008 – RBRV 2008: 6, 57–74). Eine Zielsetzung der Regierung bestand darin, den Urbanisierungsprozess zu stoppen und ländliche Regionen wieder wirtschaftlich attraktiver zu gestalten. (Purcell 2013: 153).

Tabelle 3.5 Vergleich der Zielsetzungen bzw. Leitlinien der Entwicklungspläne 2001–2007 und 2007–2013

Entwicklungspläne	Zielsetzungen bzw. „Leitlinien"
Líneas Generales del Plan de Desarollo Económico y Social de la Nación 2001–2007	5 Zielsetzungen: 1. Entwicklung einer produktiven Ökonomie bzw. eines produktiven Wirtschaftsmodells („Desarollar la Economía Productiva") 2. Erreichung sozialer Gerechtigkeit („Alcanzar la justicia social") 3. Konstruktion einer partizipativen Demokratie („Construir la democracia bolivariana") 4. Wirtschaftliche und soziale Förderung ländlicher Regionen („Ocupar y consolidar el territorio") 5. Stärkung der nationalen Souveränität und Förderung einer multipolaren Welt(-ordnung) („Fortalecer la soberanía nacional y promover un mundo multipolar")
Líneas Generales del Plan de Desarollo Económico y Social de la Nación 2007–2013 (Primer Plan Socialista)	7 Leitlinien: 1. Neue sozialistische Ethik („Nueva Ética Socialista") 2. Höchstes soziales Glück („La Suprema Felicidad Social") 3. Partizipative und revolutionäre Demokratie („Democracia Protagónica y Revolucionaria") 4. Sozialistisches Produktionsmodell („Modelo Productivo Socialista") 5. Neue nationale Geopolitik („Nueva Geopolítica Nacional") 6. Venezuela als globale Energiemacht („Venezuela: Potencia Energética Mundial") 7. Neue internationale Geopolitik: multipolare Weltordnung („Nueva Geopolítica Internacional")

Quelle: Eigene Darstellung.

(gegenüber der internationalen Ökonomie) und internationaler Wettbewerbsfähigkeit (ebd.: 25–28). Im Gegensatz dazu war im Wirtschafts- und Sozialplan 2007–2013 von einem „sozialistischen Produktionsmodell" („modelo productivo socialista") (RBRV 2008: 43, vgl. Leitlinie 4) die Rede. Dieses sozialistische Produktionsmodell zeichnete sich gemäß des Plans (RBRV 2008: 43–56, v. a. 51) durch folgende Charakteristika bzw. Ziele aus: 1. einem auf endogener Entwicklung[76] basierenden Wachstum; 2. der Steigerung und Sicherung der „Nahrungsmittelsouveränität" („soberanía alimentaria"); 3. der Förderung von Wissenschaft und Technologie im Dienst der nationalen Entwicklung; 4. der Diversifikation der Wirtschaftsstruktur, d. h. der Förderung der Wirtschaftszweige außerhalb des Energiesektors. Besonderes Kennzeichen hiervon war die Existenz diverser Unternehmen mit unterschiedlichen Formen des Eigentums an Produktionsmitteln (privat, halbstaatlich, kommunal bzw. sozial) dar. Neu waren die sogenannten „Unternehmen sozialer Produktion" (*empresas de producción social*, ebd.: 45), die mit einer demokratisch-partizipativen Führung bzw. Leitung ausgestattet und neuen Verteilungsformen gemäß des jeweiligen Arbeitszeiteinsatzes verpflichtet sein sollten (ebd.: 43–56). Mithilfe dieses neuen Produktions- bzw. Wirtschaftsmodells sollte, so die Vorstellung, das „höchste soziale Glück"[77] (ebd.: 19, vgl. Leitlinie 2) – ebenfalls ein Novum – als „langfristige Vision" (ebd.: 19) erreicht werden. Eine weitere Neuerung betraf den Anspruch, eine „neue sozialistische Ethik" (ebd.: 9) zu schaffen. Dieser Punkt knüpfte an bereits vorhandene Gerechtigkeits- und Gleichheitsimperative an (vgl. Ziel 2 des Planes von 2001: Erreichung sozialer Gerechtigkeit; RBRV 2001), trieb diese aber insofern weiter, als über die ethische Neuausrichtung die Gesellschaft nicht nur materiell sondern auch spirituell transformiert (RBRV 2008: 17), ein „revolutionäres Bewusstsein" (ebd.) geschaffen und die „Ethik des Kapitals" (ebd.) überwunden werden sollte.

Entscheidend für die in dieser Arbeit vertreten Argumentation bzw. Thesen ist, dass dieses, als sozialistisch bezeichnete Wirtschafts- und Produktionsmodell auf einem neuartigen (Entwicklungs-)Paradigma[78] basierte, das sich durch

---

[76]Das Konzept der endogenen Entwicklung, das v. a. in der Übergangszeit zwischen der prä-sozialistischen und der sozialistischen Phase an Bedeutung gewann, wurde durchgehend beibehalten und ist seither dem Sozialismus des 21. Jahrhunderts bzw. dem anvisierten „sozialistischen Produktionsmodell" zugrunde gelegt worden bzw. darin konzeptionell eingeflossen. Über das *Modelo de desarollo endógeno* in der zweiten Phase: vgl. PSUV (2010b: 109–112).

[77]Hier berief sich die Regierung wieder auf Simón Bolívar (RBRV 2008: 5, 19).

[78]Das Verhältnis von Wirtschaftsmodell und (Entwicklungs-)Paradigma kann hier wie folgt festgehalten werden: Das Wirtschaftsmodell stellt eine konkrete Form der Umsetzung eines als (Meta-)Konzept fungierenden (Entwicklungs-)Paradigmas dar.

die folgenden – im Vergleich zu der Vorgängerperiode geänderten – Zielvorgaben und -hierarchien auszeichnete: 1. Die Transformation der wirtschaftlichen Machtverhältnisse sollte dezidierter als in der ersten Phase in Angriff genommen werden und kommunale und kollektive Entitäten bevorzugen; 2. Im Bereich der Wirtschaft standen traditionelle bzw. orthodoxe Ziele – z. B. Effizienz, ausgeglichener Haushalt (wie im Wirtschafts- und Sozialplan 2001–2007) – nicht im Mittelpunkt und wurden sozialen und politischen Zielen – Integration, sozialer Ausgleich, Souveränität und Verringerung der Abhängigkeit vom Ausland, antihegemoniale Regionalpolitik etc. – gänzlich untergeordnet[79]; 3. Die Logik kapitalistischen Wirtschaftens wurde sukzessive zugunsten alternativer Wirtschaftsformen (bezüglich Unternehmensleitung, Eigentumsformen, Verteilungsfragen etc.) in den Hintergrund gedrängt. Zusammengenommen bestand die übergeordnete Zielsetzung also in der Demokratisierung der Wirtschaft. Das hatte sich zwar bereits in der prä-sozialistischen Phase abgezeichnet, wurde in der zweiten, sozialistischen Phase jedoch stärker in Angriff genommen.

3.2.2.3 Problemdiagnose: fehlende Souveränität (nach außen), Problemlösung: zivil-militärische Union (nach innen und außen) und Bildung einer multipolaren Weltordnung (nach außen)

In Kontinuität zur ersten, prä-sozialistischen Phase nahm der Aspekt der Unabhängigkeit und Souveränität einen hohen Stellenwert im chavistischen Diskurs ein. Im Vergleich zur ersten Phase – v. a. zu der Zeit vor dem Putschversuch 2002 – lassen sich zwei signifikante Neuerungen beobachten: zum einen eine gestiegene Aggressivität des Diskurses und zum anderen die Nennung konkreter Feindbilder, d. h. von Akteuren, die der venezolanischen (und lateinamerikanischen) Souveränität im Wege standen.

„Kapiert es, kapiert es Yankees [despektierlicher Name für die USA, R.P.] […], dass
ihr Venezuela nie mehr regieren werdet. Dieses Land ist frei, wir haben es befreit, wir

---

[79] „Hugo Chávez has been quite explicit about his view that politics and ideology should take precedence over all other considerations in domestic and foreign policy" (Adams/Gunson 2015: 33). Diese Prioritätensetzung zeigte sich z. B. daran, dass die Kooperativen primär einem sozialem Ziel dienten (Ellner 2011a: 32–33), nämlich der Versorgung der Bevölkerungsmehrheit (Zelik 2011: 465). Auch hinsichtlich der Außen(wirtschafts)politik verweisen Autoren auf diesen Aspekt: Lapper (2006: 16) schreibt, dass die Außenpolitik an Wirtschaft und Ideologie ausgerichtet ist, während Werz (2007: 10) der Überzeugung ist, dass die Außenpolitik lediglich politischen Zielsetzungen folgt. Gemäß (Schaeffler 2011: 502) ist die Außenwirtschaftspolitik seit Chávez nicht mehr an wirtschaftlichen, sondern an geopolitischen und -strategischen Zielen ausgerichtet (Schaeffler 2011: 502).

haben es befreit. [...]. Ich habe nicht den geringsten Zweifel daran, dass das Imperium der USA hinter diesem Plan steckt, hierherzukommen, um diesen Palast [Miraflores, Sitz der venezolanischen Regierung, R.P.] zu bombardieren [...]. Ihr werdet diese Regierung nicht stürzen, hier ist ein Volk, das dazu bereit ist, die Revolution und den Frieden in Venezuela zu verteidigen! [...] Von hier aus verlange ich vom Präsidenten der USA im Namen von Millionen von Südamerikanern [...], dass er die Souveränität unserer Völker, dass er die Souveränität unserer Regierungen respektiert." (Chávez 2008b: 2–4)

Als Folge der strukturellen Abhängigkeit Venezuelas, zuerst von den spanischen Kolonialherren, dann im 19. Jahrhundert von den USA, war eine „fast pathologische Bedachtnahme auf [...] Souveränität" (Mols 2009: 59) im chavistischen Diskurs von Beginn an gegeben. Nichtsdestoweniger vermied es Chávez bis zur Konfliktperiode, die USA in diesem Zusammenhang öffentlich zu kritisieren oder anzugreifen. In den Jahren nach dem Putschversuch von 2002 änderte sich dies in signifikanter Weise. Seither bilden die USA mitsamt ihrer vermeintlich imperialen Rolle in Lateinamerika einen zentralen Bezugspunkt im chavistischen Diskurs. Angesichts der strukturellen hegemonialen Anspruchshaltung der USA gegenüber dem lateinamerikanischen Subkontinent[80], betonte Chávez nun, dass eine Reihe von US-amerikanischen Projekten Programmen und Abkommen für Lateinamerika („Allianz für den Fortschritt", *Washington Consensus,* ALCA[81]) primär den ‚imperialistischen' US-Interessen dienten. Laut Chávez müsse man „die Ketten sprengen, die uns an den Neoliberalismus fesseln. [...] Die amerikanische Freihandelszone (ALCA), die man uns vorgeschlagen hat [...] wird unsere Probleme nicht lösen, sondern verschärfen; [...] ALCA ist Annexion" (Chávez 2005b: 48). Und da nach Ansicht Chávez' „die Regierung der Vereinigten Staaten [...] ihre interventionistische, aggressive, völkermordende und barbarische Politik verschärfen [wird]" (Chávez, zit. nach: Harnecker 2004: 26), war es nur folgerichtig, dass die Außen- und Regionalpolitik in dieser zweiten Phase an Bedeutung gewann (McCarthy-Jones 2014: 53).

Die Lösung für dieses Problem bestand zunächst darin, die im Inland errichtete zivil-militärische Union aufrechtzuerhalten und im Kampf gegen den übermächtigen Feind handlungsfähig zu machen. Daher wurde im Jahr 2004 die „Bildung

---

[80]Zu Beginn des 19. Jahrhunderts hatten die USA mit der Monroe-Doktrin (1823) den Anspruch auf Vormachtstellung in ihrem „Hinterhof", d. h. auf dem (süd-)amerikanischen Kontinent angemeldet. In der Folge stand die Gewährleistung des Zugangs zu den Märkten Lateinamerikas im Zentrum der Bemühungen der US-Regierungen (Rinke 2005; Scheuzger/Fleer 2009).

[81]Das Akronym ALCA (*Área de Libre Comercio de las Américas*) stand für eine temporär geplante „(Gesamt-)Amerikanische Freihandelszone".

einer neuen nationalen Militärstrategie" (Chávez, zit. nach: Harnecker 2004: 53) angedacht. Diese beinhaltete die neue Doktrin bzw. Strategie der asymmetrischen Kriegsführung, d. h. die Einbindung der Zivilbevölkerung in die nationale Verteidigung im Sinne der zivil-militärischen Union und ferner die Bildung von Milizen (Chávez 2009a). Dieterich (2006: 6–7) schrieb hierüber:

> „Die neue Militärdoktrin Venezuelas ist das, was wir die integrale, nationale, territoriale Verteidigung nennen, aber im Grunde seit 2000 Jahren als Doktrin des irregulären Kriegs kennen, die von allen Völkern benutzt wird, die einem technisch, ökonomisch und demografisch weitaus stärkeren Feind gegenüberstehen. […] In Kuba nennt man das den „Krieg des gesamten Volkes". […] Eine der Schlussfolgerungen war, dass weder die konventionelle Kriegsmarine noch die Luftwaffe eine Chance gegen die US-Streitkräfte haben, sondern alles auf einen irregulären Krieg mit Spezialtruppen etc. abzielt."

Die Verteidigung gegen die USA sollte jedoch nicht nur national gedacht und organisiert werden. Chávez sah daher in der Bildung vereinter Streitkräfte ähnlich gesinnter Staaten bzw. Regierungen – v. a. im Rahmen der später noch genauer erörterten Bolivarischen Allianz (ALBA) – ein strategisches Mittel gegen den mächtigen Feind im Norden (Chávez 2008a). Ohne eine regionale Handlungs- und Verteidigungsmöglichkeit, dessen war sich die Regierung Chávez spätestens seit dem Putschversuch des Jahres 2002 bewusst, würde sich die Bolivarische Revolution, die den Interessen der USA diametral entgegenlief, weder auf nationaler noch auf regionaler Ebene behaupten können.

Mit diesem Lösungsansatz steht ein weiteres Element in Verbindung, das bereits in der ersten Phase konzeptualisiert worden war, nämlich der Herstellung einer multipolaren Weltordnung. Bereits in der Präambel der neuen Verfassung des Jahres 1999 wurde die „Demokratisierung der internationalen Gemeinschaft" (RBRV 2009) als Prinzip aufgenommen, was in der Konsequenz auf die Forderung einer nicht-hegemonialen, multipolaren Welt(-Ordnung) abzielte. Auch im Wirtschafts- und Sozialplan des Jahres 2001 (RBRV 2001) fand sich dieser Aspekt, der u. a. eine Diversifizierung der (Handels-)Partner, eine Emanzipation der Entwicklungsländer und eine lateinamerikanische Integration umfasste, wieder (RBRV 2001: Ziel 5). Der regionale Integrationsgedanke wurde dahingehend spezifiziert, dass nicht nur ökonomische, sondern auch verteidigungs- und sicherheitspolitische Aspekte aufgegriffen wurden (RBRV 2001: 155–158). Alle diese Punkte wurden auch im Wirtschafts- und Sozialplan des Jahres 2007 genannt (RBRV 2008: Leitlinie 7), waren dort jedoch deutlich aggressiver formuliert. In einer „neue[n] Etappe der globalen Geopolitik" (ebd: 88) wurde die „Schaffung neuer Machtpole" (ebd.: 89, 94) als strategisches Ziel ausgegeben, „die den

Zusammenbruch der Hegemonie des nordamerikanischen Imperiums" (ebd.: 89) implizierten. Vor diesem Hintergrund wurde die Rolle Venezuelas in der internationalen Politik neu ausgerichtet und entschieden ambitionierter formuliert. Der Bolivarischen Revolution sei es gelungen, die „historische Passivität" (ebd.: 88) zu durchbrechen und die „Unterordnung unter die geopolitischen Interessen des nordamerikanischen Imperiums" (ebd.) zu beenden. Im Gegenzug sollte sich das Land nun um neue internationale Kooperations- und Integrationsformen und um die Schaffung neuer Machtblöcke bemühen, deren Movens die Gegenmachtbildung gegenüber den USA darstellte (ebd.: 87–100). Das neue außenpolitische Selbstbewusstsein bzw. der neue Anspruch spiegelte sich darüber hinaus in der eigens dafür vorgesehenen Leitlinie 6 wieder, in der die Zielsetzung formuliert wurde, das „Land mittelfristig in eine Energiemacht mit globalem Einfluss" (ebd.: 75) zu verwandeln.

Zusammengefasst lassen sich bezüglich des Souveränitätsgedankens und der Außen- und Regionalpolitik vier große Ziele der Regierung Chávez ausmachen: 1. die Herstellung einer multipolaren Weltordnung; 2. ein geeintes, auch militärisch handlungsfähiges Lateinamerika als einer der Pole dieser multipolaren Weltordnung; – sowie spätestens ab 2004 – 3. Venezuelas Führungsanspruch innerhalb des neuen lateinamerikanischen Machtblocks; und damit einhergehend 4. die Intention, die Bolivarische Revolution zu exportieren und die damit zusammenhängenden Prinzipien in der Region zu verankern (Chávez, zit. nach: Harnecker 2004: 32; Taylhardat 2005).

3.2.2.4 Fazit: Paradigmenwechsel im Denken, Sozialismus als Regierungsagenda

Analog zur prä-sozialistischen Phase war auch in dieser zweiten, sozialistischen Phase die politische Kultur – konkret: die politische Polarisierung – ein wichtiger Faktor in der Herausbildung der (wirtschafts-)politischen Zielsetzungen des chavistischen Entscheidungspersonals. Die sich in Denken und identitätspolitischem Diskurs materialisierenden Antagonismen, d. h. der Negativbezug zu Gegen- und Feindbildern, stellte den Schlüssel zum Verständnis aller (Entwicklungs-)Probleme und Problemlösungen dar. In dieser Phase führte die Wahrnehmung eines neuen Feindbildes – des Kapitalismus – zu der Überzeugung, den Kampf gegen den Status quo ebenso fortzusetzen und zu intensivieren wie denjenigen für eine radikale gesellschaftliche Transformation. Mit dieser veränderten Problemwahrnehmung ging auch eine neuartige Problemlösung bzw. Zielsetzung einher: der Sozialismus (des 21. Jahrhunderts). Bereits die prä-sozialistische Phase hatte die Relevanz ideeller Faktoren für die Veränderung des Denkens der Regierung belegt. Die Krisenphase zwischen 2001 und 2004 hatte jedoch einen umfänglicheren, v. a. die Wirtschaft betreffenden Umdenkprozess eingeleitet, der erst in der zweiten, sozialistischen Phase die volle Wirkungskraft entfalten sollte. Denn die Diskurse und Pläne dieser Phase verdeutlichten nicht weniger als eine grundlegende Transformation des ökonomischen Denkens und – darauf basierend – ein neuartiges Verständnis gesellschaftlicher Entwicklung, d. h. ein neues (Entwicklungs-)Paradigmas mit einer eigenen Zielhierarchie. Der diskursive Wandel veränderte – wie in den folgenden Kapiteln zu sehen sein wird – nicht nur den Raum des Denk- und Sagbaren, sondern materialisierte sich auch in der (wirtschafts-)politischen Umsetzung der Regierungsagenda.

3.2.3 Analyse politischer und wirtschaftlicher Entwicklungen und Handlungsspielräume: Ausweitung der Staats- und Präsidentenrolle in Politik und Wirtschaft im Lichte des rohstoffbasierten Wirtschaftsbooms

Basierend auf den eben erläuterten (wirtschafts-)politischen Zielsetzungen werden in der Folge die Handlungsspielräume des chavistischen Entscheidungspersonals analysiert, um so eine adäquate Erklärung der wirtschaftspolitischen Strategie während dieser Phase zu liefern. Die folgenden Ausführungen widmen sich der Analyse zentraler wirtschaftlicher und politischer Entwicklungen, um die Handlungsspielräume der Regierung (1. Machtverhältnisse, 2. Ressourcenvorkommen, 3. Weltmarkteinbindung) und das Explanandum dieser Arbeit, die wirtschaftspolitische Strategie bzw. die Wirtschaftspolitik, zu beleuchten.

3.2.3.1 Machtverhältnisse: Transformation des politischen Systems zugunsten der Exekutive

3.2.3.1.1 Machtposition der Exekutive: Machtkonsolidierung und -ausweitung

Nach den turbulenten Jahren des Machtkampfes zwischen regierungsnahen und -feindlichen Gruppen war der „bolivarische Prozess" nach eigenen Angaben im Jahr 2004 konsolidiert (Chávez/Castro 2004). Die Opposition war zu diesem Zeitpunkt weitgehend entmachtet und hatte in der Bevölkerung zudem an Legitimation verloren. Denn indem die Opposition die Wahlniederlage im Abberufungsreferendum 2004 nicht anerkannte und dem Präsidenten Wahlbetrug unterstellte, gewann Chávez auch in der Mittelschicht erneut Unterstützung. Die Zustimmung für die Opposition war hingegen auf einen Tiefpunkt gesunken (Wilpert 2007: 23–27). Ferner hatte die Regierung mit dem Kontrollgewinn über die Erdölfirma PdVSA und den damit einhergehenden Einnahmen aus dem

Öl(export-)geschäft der Opposition eine weitere Machtbastion entreißen können. Ungeachtet der ‚konsolidierten' Machtposition machte sich die Regierung auch in der Folge daran, die eigene Macht in Staat, Wirtschaft und Gesellschaft sukzessive auszuweiten.

Abbau der Gewaltenteilung
Dies zeigte sich v. a. in der Herrschaftsstruktur, d. h. bei der Gewaltenteilung, wo sich die Machtverhältnisse im venezolanischen Staat schon seit dem Beginn der Bolivarischen Revolution verschoben hatten. Wie oben bereits erwähnt wurde, hatte die Regierung die zwei neuen Staatsgewalten – Bürgergewalt und Wahlgewalt – mit loyalen Akteuren besetzen können (Aponte Blank/Gómez-Calcaño 2009: 5). Analog zur Bürgergewalt und Wahlgewalt konnte im Jahr 2004 auch die Judikative mit loyalen Akteuren besetzt und damit letztendlich politisiert werden (ebd.: 6). Seit dem Jahr 2005 wurde keine Entscheidungen des Obersten Gerichtshofes gegen die Regierung gefällt (Corrales 2015: 44). Im Jahr 2009, so Hirst (2011), sagte die Präsidentin des vom Chavismus dominierten Obersten Gerichtshofes, dass die Gewaltenteilung den Staat schwächt. Ähnlich formulierte es Chávez (2011b: 32–33), für den die für repräsentative Demokratien typische Gewaltenteilung dem Volk die Souveränität entzieht und daher „konterrevolutionär" und eben keine „revolutionäre Demokratie" ist.

Die Erosion der *checks and balances* lässt sich auch hinsichtlich der Legislative konstatieren. Bereits mit der neuen Verfassung von 1999 wurde die zweite Kammer des Parlaments abgeschafft und damit die vertikale Gewaltenteilung geschwächt (Hernández 2011: 145). Nachdem die Opposition nicht zu den Parlamentswahlen des Jahres 2005 angetreten war, kontrollierte das chavistische Parteien- bzw. Wahlbündnis die Legislative in Gänze: „Following the 2005 election, Venezuela's National Assembly became a mere rubberstamp of presidential bills, rather than a bargaining actor. [...] Venezuela became Latin America's preeminent case of 'dominant president, subservient legislature,'" (Corrales 2010: 32). Zudem gewährte das venezolanische Parlament dem Präsidenten zwischen 1999 und 2013 mittels eines Notstands- bzw. Ermächtigungsgesetzes[82] (*Ley Habilitante*) insgesamt vier Mal Sondervollmachten, wodurch der Präsident zum Regieren per Dekret bemächtigt wurde (Corrales 2015: 38–39; Corrales/Hidalgo 2013: 56).

---

[82]Diese begriffliche Unterscheidung kennzeichnet einen Bereich diskursiver Deutungskämpfe. Ein Leser eines 2010 erschienenen Artikels von „ZeitOnline" über die Konzentration von Sondervollmachten in den Händen Chávez' echauffierte sich in einem Kommentar darüber, dass im Fall Chávez von einem „Ermächtigungsgesetz" die Rede wäre, während dieselben parlamentarischen Einschränkungen in den USA als „Notstandsgesetze" bezeichnet würden (vgl. Wagner 2010).

Ferner schloss die Regierung 2007 die eigenen Reihen[83] mit der Gründung einer neuen „Avantgardepartei" (Chávez 2011b: 55): der „Vereinigten Sozialistischen Partei Venezuelas" (*Partido Socialista Unido de Venezuela*). Die als „marxistisch", „antikapitalistisch und antiimperialistisch" definierte Partei wurde dem „demokratischen Zentralismus" und „den Interessen der Arbeiterklasse und des Volkes" verpflichtet (PSUV 2010a).

In demselben Jahr bemühte sich die Chávez-Administration um eine Verfassungsreform[84], die der Regierung weitere Entscheidungs- und Handlungsbefugnisse eingeräumt hätte. U. a. waren in der Reform die Verlängerung des präsidentiellen Amtszeit auf sieben Jahre, die unlimitierte Wiederwal des Präsidenten, die Zentralisierung wirtschaftspolitischer Kompetenzen (z. B. bezüglich der Geldpolitik) in der Exekutive vorgeschlagen (PBRV 2007, Art. 230, Art. 236). Diese Reform wurde in einem dafür abgehaltenen Referendum von der Bevölkerung zwar abgelehnt, diverse Punkte wurden jedoch später als Gesetze verabschiedet. So z. B. eine dem Präsidenten verantwortliche „Volksmiliz" und ferner das Recht der Exekutive, regionale Ämter zu besetzen, die hierarchisch über Ämtern stehen, deren Besetzung über die normalen demokratischen Wahlen erfolgt (Hernández 2011: 146–148). In einer weiteren, diesmal jedoch erfolgreichen Verfassungsreform des Jahres 2009 wurde die zwei Jahre zuvor schon anvisierte Möglichkeit der präsidentiellen Wiederwahl beschlossen (Azzellini/Graf 2009).

Politisierung des Militärs
Bereits zu Beginn von Chávez' Amtszeit stellte die Einbindung des Militärs in Politik und Verwaltung gemäß der Vorstellung einer zivil-militärischen Union ein bedeutendes Charakteristikum des chavistischen Demokratietypus dar (Boeckh/Graf 2007: 153; Welsch/Carrasquero 2001: 17–18). Damit knüpfte Chávez an die Ausführungen Norberto Ceresoles (1999)[85] an, dessen „post-demokratisches" Modell sich durch

---

[83]Nichtsdestoweniger zeichnete sich auch der chavistische Block durch interne Spannung, Visionen und Interessen aus (Ellner 2013b). Erst unter Nachfolger Maduro sind Risse in der Einheit teils deutlich zu erkennen (Reichenbach 2015: 4–6). Es zeigt sich nun, dass es nicht zuletzt die Person Chávez war, die diese Einheit zu seinen Lebzeiten zusammenzuhalten vermochte.

[84]Die Verfassung von 1999 sollte in einer prozessualen Dimension, als ein unvollständiger Schritt in einem groß angelegten Transformationsprozess, gesehen werden. Mit der Verfassung von 1999, so Edwards (2010: 189) mit Verweise auf zwei relevante Theoretiker des neuen lateinamerikanischen Konstitutionalismus (Roberto Viciano, Rubén Martínez Dalmau), sollte kein finales (Verfassungs-)Modell etabliert werden, sondern vielmehr Zeit gewonnen werden, um über ein neues Modell nachzudenken.

[85]Der Einfluss Ceresoles auf Chávez ist umstritten. Autoren wie Boeckh/Graf (2007:153) oder Boscán Carrasquero (2010) deuten einen teils starken Einfluss an, wobei Letzterer

einen geistigen wie organisatorischen Zusammenschluss von „Caudillo, Armee und Volk" – so der Titel seines Buches *Caudillo, ejército, pueblo* – auszeichnet. Dabei sollte die geballte Staatsmacht in der Person des Caudillo konzentriert sein, denn das Modell „impliziert die Idee, dass die Macht konzentriert, vereint und zentralisiert bleiben muss (das Volk wählt eine Person [...] und nicht eine 'Idee' oder 'Institution')" (Ceresole 1999: 3).

Spätestens im Zuge des Putschversuchs 2002 und der folgenden Instabilitäten reifte in der Regierung die Vorstellung, dass nur mithilfe eines solchen postdemokratischen Modells die Verteidigung und der Erfolg der Bolivarischen Revolution gewährleistet werden kann (Chávez, zit. nach: Harnecker 2004: 54; Chávez 2006b; Ramos Pismataro/Otálvaro 2005: 38–40). Bereits nach dem Putschversuch 2002, an dem auch viele Militärs teilgenommen hatten, machte sich die Regierung an einen Umbau der Streitkräfte und beförderte loyale Militärs unabhängig vom jeweiligen Rang (Isidoro Losada 2011: 282). Im Jahr 2004 wurde ferner eine stärkere Unterordnung des Militärs unter das bolivarische Revolutionsprojekt angestrebt (Arenas 2009: 84) und im Namen eines „[n]euen militärischen Denkens" die Politisierung des Militärs geplant. Demnach sollte es sich von der „imperialistischen Doktrin" frei machen (Chávez, zit. nach: Harnecker 2004: 53) und sich stattdessen dem Gedanken „Vaterland, Sozialismus oder Tod" unterordnen (Chávez, zit. nach: Arenas 2009: 84, Fußnote 31). Mit einem 2005 erlassenen Gesetz wurden die Streitkräfte schließlich dem Präsidenten direkt untergeordnet (Ramos Pismataro/Otálvaro 2008: 23). Zudem wurde eine neue, gegen die USA gerichtete Militärdoktrin ausgerufen, die sich am Konzept des "fourth-generation warfare" bzw. der asymmetrischen Kriegsführung orientiert (Farah 2015: 97–98).[86] Im Jahr 2009 wurde ferner eine direkt dem Präsidenten unterstellte Miliz gegründet (PBRV 2009; Brewer-Carías 2010: 334).

Ausweitung des Herrschaftsanspruchs
Infolge der sozialistischen Umwälzungen weitete die Regierung auch ihren Herrschaftsanspruch signifikant aus, was sich in diversen Bereichen zeigte. Erstens erachtete der chavistische Demokratietypus die öffentliche und die private Sphäre entgegen der „liberalen Ideologie" nicht als separat, sondern vielmehr als komplementär (RBRV 2008: 29). Gemäß einer liberalen Demokratiekonzeption unterliegt der „Herrschaftsanspruch" – definiert als „Regelungs- und Interventionstiefe

---

selbst erklärte, dass die Idee einer Einheit aus Zivilbevölkerung, Militär und Caudillo in der venezolanischen Geschichte strukturell verankert ist und mindestens bis Bolívar zurückreicht.
[86] Die neue Militärdoktrin wurde von dem Buch *Peripheral Warfare and Revolutionary Islam: Origins, Rules and Ethics of Asymmetrical Warfare* von Jorge Verstrynge beeinflusst (Farah 2015: 97–98).

[…], die die staatlichen Herrschaftsträger gegenüber der Gesellschaft und ihren Mitgliedern beanspruchen" (Merkel 2010: 23) – einer klaren Begrenzung. Im chavistischen Venezuela ist hingegen „die Grenze zwischen Gesellschaft und Politik vor allem durch die […] Strategie der Chávez-Regierung verwischt, eine Ersatz-Zivilgesellschaft […] zu schaffen, die sich jedoch dem hegemonialen Anspruch der Regierung unterwirft" (Gómez Calcaño (2011: 249). Dieser Aspekt zeigte sich zweitens auch in einer tendenziellen ‚Ideologisierung' des Bildungssystems, mit dessen Hilfe innerhalb der Bolivarischen Schulen, Hochschulen und Missionen ein an der Bolivarischen Revolution angelehntes bzw. orientiertes Werte- und Normensystem transportiert und darüber der Revolutionsprozess vorangetrieben werden sollte (Peters 2011: 650, 661; Wilpert 2007: 129, 131). Die Opposition beklagte sich z. B. über ein im Jahr 2009 verabschiedetes Bildungsgesetz, das u. a. das Konzept des dozierenden Staates (*el estado docente*) vorsah und das „ideologisierend" und gegenüber allen Andersdenkenden „ausschließend" wäre (ElDía.es 2009). Die im Bildungssektor erfolgte Ideologisierung und damit Instrumentalisierung war auch im Kulturbetrieb zu verzeichnen (Silva-Ferrer 2011).

Besonders deutlich zeigte sich der ausgeweitete Herrschaftsanspruch, drittens, bezüglich Aspekten der Wirtschaft. Entgegen des liberalen Demokratieverständnisses erachtete der Chavismus die Sphären von Politik und Ökonomie nicht als voneinander getrennt, sondern vielmehr als zusammenhängend und sich wechselseitig beeinflussend. Daher reklamierte die Chávez-Regierung weitreichende Interventions- und Gestaltungsrechte in wirtschaftlichen Fragen für sich (Briceño/Maingon 2015: 17; Falcón/Noguera 2016; Pezzella Abilahoud 2011a: 3–4). Damit einhergehende Aktivitäten folgten nicht immer nur rein wirtschaftlichen Erwägungen. Beispielsweise wurden die staatlich reglementierten Währungs- und Devisenangelegenheiten[87] gegen die politische Opposition benutzt, denn die staatliche Zuteilung von Devisen folgte politischen Loyalitäten. Devisen erhielten daher primär Unterstützer des Regierungslagers (Peters 2019: 140–141). Im Gegenzug wurden zum Beispiel kritisch eingestellten Zeitungen die Devisen zum Kauf von (Druck-)Papier verweigert (Corrales 2015: 42). Damit ist ein weiterer Bereich angesprochen, in dem die Regierung ihren Herrschaftsanspruch ausweitete.

Kontrolle über den Mediensektor
Viertens machte sich die Regierung daran, die Kontrolle über den Mediensektor zu erreichen bzw. die Medienlandschaft umzuwälzen. Dies war der Tatsache geschuldet, dass die privaten Medien in den Jahren zuvor fast durchweg die Opposition

---

[87] Im Jahr 2010 wurde ein Gesetz über den widerrechtlichen Umtausch erlassen, das der Regierung im Bereich des Geldumtauschs ein Monopol einräumt (Corrales 2015: 39).

unterstützt und im Gegenzug die Regierung durch verfälschte Berichterstattung und mediale Großkampagnen zu diskreditieren versuchten hatten (Cabrera/Silva Ferrer 2011: 339–340; Werz/Winkens 2007; Lemoine 2002). Im Fokus Chávez' standen vier große Fernsehsender des Landes, „die vier apokalyptischen Reiter", „die sich der Lüge verschrieben haben" (Chávez 2003: 102). Mithilfe diverser Techniken[88] gelang es der Regierung, die privaten Anbieter aus dem Mediensektor zu verdrängen und im Gegenzug ein öffentliches mediales Gegengewicht zu errichten (Cabrera/Silva-Ferrer 2011: 339- 349). Der Kampf gegen private Medienanbieter und – im Gegenzug – der Aufbau einer öffentlichen, „kommunikativen Hegemonie" (Izarra, zit. nach: Weffer Cifuentes 2007) bildete in den folgenden Jahren ein Charakteristikum der chavistischen Regierung im Mediensektor. Denn ohne die „Attacken, Lügen, Manipulationen und Übertreibungen der privaten Medien könne die venezolanische Regierung auf Zustimmungswerte von mindestens 80 % der Bevölkerung zählen", so Chávez im Jahr 2009 (Chávez, zit nach: COHA 2010).

In der chavistischen Regierungspolitik spielte daher eine nicht über die privaten Medien vermittelte Kommunikation eine besondere Rolle. Das betraf z. B. so genannte *cadenas*, d. h. präsidentielle Ansprachen, die gemäß Kommunikationsgesetz in Radio und Fernsehen übertragen werden mussten (Kitzberger 2010: 17–18). Vor allem bezog sich das jedoch auf Chávez' eigene TV-Sendung *Aló Presidente*, die „als ideologischer Vermittler und Herzstück des Regierungsapparates" (Cabrera/Silva Ferrer 2011: 360) fungierte. Diese war nicht nur darauf ausgerichtet, eine persönliche Verbindung zwischen dem Volk und Präsident herzustellen, sondern ersetzte gleichsam parlamentarische Aufgaben und Abläufe weitgehend: „Noch nie gab es einen Staatschef, der im Fernsehen regiert hat, Funktionäre mit einem Pfiff entlässt, Minister anpfeift oder entlässt, Botschafter ernennt oder entlässt, Beziehungen abbricht, Aufgabenbereiche verschiebt, Gesetze erlässt und öffentlich unterweist" (Pasquali 2007, übersetzt und zit. nach: Cabrera/Silva Ferrer 2011: 361).

Vor dem Hintergrund der kommunikativen Hegemonie der Regierung ist die Relevanz der Identitätspolitik noch einmal zu betonen. Denn die darin begründeten Antagonismen und Subjektpositionen stellten insofern einen Aspekt der Macht dar, als sie den Raum des Sag- und Machbaren einengten und auf die von

---

[88] Die Kontrolle über den Mediensektor erfolgte über drei Techniken: 1. Veränderung der Rechtsgrundlagen, um die [...] Vorgehensweisen der privaten Medien zu verbieten; 2. Ausschaltung aller störenden Elemente mittels eines Paktes der Autozensur, der Steuerung von Regierungsaufträgen (Werbung), dem Kauf von Firmen, der Einschüchterung, Zurückhalten von Informationen und dem Konzessionsentzug; 3. Stärkung und Ausbau der sich in Händen der Regierung befindlichen Kommunikationskanäle (Cabrera/Silva-Ferrer 2011: 349).

der Regierung diskursiv konstituierten Problemerzählungen und Zielsetzungen hin vorstrukturierten.

Strategische Allianz mit Unternehmern
Ein weiteres Mittel zur Ausweitung der eigenen Machtposition bestand in der Veränderung der strategischen Selektivität des venezolanischen Staates, d. h. dem Zugang zu den staatlichen Entscheidungsinstanzen. Konkret manifestierte sich dieser Aspekt in der Bildung von strategischen Allianzen mit loyalen Unternehmern. Das Schmieden von (taktischen) Allianzen war dem Akteur Chávez nicht unbekannt, was sich schon in den Jahren vor der Präsidentschaft und während der ersten Jahre als Präsident gezeigt hatte. Damals war er ein temporäres Bündnis mit moderaten Kräften um den ehemaligen Strategen und Innenminister Miquilena, der während des Wahlkampfs 1998 wiederum selbst taktische Allianzen mit Wirtschaftsgruppen organisiert hatte, eingegangen (Ellner 2015a). Noch während der oben beschriebenen Konfliktphase (2001–2004) schmiedete Chávez eine taktische Allianz mit Unternehmern, die nicht zu dem oppositionell eingestellten Wirtschaftsverband *Fedecámaras* gehörten, der sich während der Konfliktperiode offen gegen die Regierung Chávez gestellt hatte. Unter dem Motto "not one dollar more for the coup supporters" verweigerte die Regierung über die die staatliche Devisenbehörde den Unternehmen, die sich gegen Chávez gestellt hatten, den Zugang zu benötigten Devisen und begann im Gegenzug damit, loyale Unternehmer zu fördern (Ellner 2015a) und parallele Unternehmerverbände aufzubauen (Gómez-Calcaño 2011: 236). Die hiervon profitierende Unternehmerschicht, d. h. die bolivarische Bourgeoisie, wird in Venezuela heute als *boliburguesía* bezeichnet (Boeckh 2011a: 417). Das Schmieden von temporären, taktischen Allianzen war den Realitäten, d. h. den Machtverhältnissen, des Revolutionsprozesses geschuldet. Denn, wie Dieterich (2006: 12–13), ausführt:

> „Jeder revolutionäre Prozess verändert die Situation von vier wesentlichen Machtelementen der herrschenden Klasse. Die herrschende Klasse setzt sich aus der kulturellen Elite, der militärischen Elite, der wirtschaftlichen Elite und der politischen Elite zusammen. Die Revolution je nach ihrer Radikalität berührt diese Sektoren unterschiedlich. […] In Venezuela ist im Grunde nur die politische Klasse ersetzt worden".

3.2.3.1.2 Rekonzipierung und -strukturierung des politischen Systems im Namen der protagonisch-revolutionären Demokratie

Ein grundlegender Pfeiler der Bolivarischen Revolution stellt die Ablehnung der repräsentativen Demokratie und – im Gegenzug – die Förderung einer protagonisch-revolutionären Demokratie (*democracia protagónica revolucionaria*, RBRV 2008: 29) dar. Spezifikum dieses alternativen Demokratietypus bildete u. a. der Aufbau einer direkten Verbindung von Präsident und (Zivil-)Bevölkerung – bzw. von „Caudillo" und „Volk" gemäß der Terminologie Ceresoles – bei gleichzeitigem Abbau intermediärer Vermittlungs- bzw. Repräsentativinstanzen. Aus diesem Grund, aber auch aufgrund des oft oppositionell eingestellten öffentlichen Verwaltungspersonals, hatte die Chávez-Administration schon früh damit begonnen, parallele Verwaltungs- und Operationsstrukturen zu errichten. Zeitgleich bemühte sich die Regierung um eine Restrukturierung der Entscheidungsfindungs- und Verwaltungskompetenzen auf subnationaler Ebene in Form von partizipativen Basisorganisationen.

Die Regierung Chávez hatte mit der neuen Verfassung von 1999 einen Dekonzentrationsprozess (von Macht) angestrebt, da das System der IV. Republik, so die offizielle Begründung, neoliberale Politik und lokale Caudillos gefördert hatte (Lalander 2012: 168).[89] Mit der neuen Verfassung war der Senat als zweite Kammer des Parlaments weggefallen und als Ersatz dafür ein föderaler Regierungsrat (*Consejo Federal de Gobierno*) zur Förderung der Entwicklung und zur Dezentralisierung von Kompetenzen gegründet worden (Briceño/Maingon 2015: 11). Zu einem ähnlichen Zweck wurden mit den kommunalen Räten zur öffentlichen Planung (*Consejos Locales de Planificación Pública*) neue lokale bzw. dezentrale Partizipations- bzw. Basisorganisationen gegründet (ebd.). Parallel dazu wurden „Bolivarische Zirkel" (*círculos bolivarianos*) gegründet, die u. a. Bildungsarbeit auf der lokalen Ebene leisteten (Lalander 2012: 170) und den Revolutionsprozess vorantreiben sollten.[90]

---

[89]Das Verhältnis des Dekonzentrationsprozess von Macht wurde jedoch von einem Rekonzentrations- bzw. Zentralisierungsprozess konterkariert. Die Begründung hierfür aus dem Jahr 2004 lautete nun, dass Dezentralisierung eine imperiale Strategie (der USA) zur Schwächung des revolutionären Prozesses darstellte (Chávez, zit. nach: Harnecker 2004: 69).

[90]Ein weiteres Element bildeten die Komitees der Stadtböden (*Comités de Tierras Urbanas*), die ebenfalls eine neue Form der lokalen Partizipations und Organisation bildeten. Ihr zentrales Ziel bestand darin, die Demokratisierung des Bodens und die Transformation der Stadtviertel (*barrios*) zu erreichen, aber auch, den „revolutionären Staat" und die *Patria Nacional* in Eigenverwaltung von unten herauf, also von den *barrios* aus, aufzubauen (Fernández Cabrera 2012: 64).

Consejos Comunales – Basisorganisationen zum Aufbau des Sozialismus des 21. Jahrhunderts

Im Jahr 2006 wurde schließlich ein neuer Typus kommunaler Basisorganisationen gegründet: die kommunalen Räte (*Consejos Comunales,* in der Folge CC).[91] Die Zielsetzung der CC bestand in der lokalen Entwicklung, d. h. in der Planung, Artikulation und Durchführung kommunaler Entwicklungsprojekte (mithilfe eigener finanzieller Mittel), womit eine Einbindung bzw. Partizipation der Bevölkerung angestrebt war (Briceño/Maingon 2015: 14; Lalander 2012: 172; Burchardt 2011: 339–441). Die CC spielen im bolivarischen Demokratietyp und dem Ziel des Sozialismus des 21. Jahrhunderts eine entscheidende Rolle. Denn laut Chávez sollte der Sozialismus vor allem von der kommunale Ebene aus aufgebaut werden (Chávez 2007b; Lopez Maya 2011a: 227), wobei die CC längerfristig die zentrale staatliche Verwaltungsstruktur ersetzen sollten (Azcargorta/Paulus 2011; Burchardt 2011: 339–441).

Autonomie bzw. (Un-)Abhängigkeit – Instrumentalisierung von Basisorganisationen, Initiativen und Consejos Comunales durch die Exekutive

Die Rolle der Basisorganisationen generell und der CC im Speziellen wird in der Fachliteratur unterschiedlich bewertet. Dabei geht es primär um die Frage, ob die Basisorganisationen und -initiativen eine selbständige Dynamik und Unabhängigkeit von staatlichen Institutionen entwickeln konnten und damit zu einer ‚von unten' angestoßenen Transformation und Demokratisierung des politischen Systems beitragen konnten oder ob der Wirkungskanal im Gegenzug vielmehr ‚von oben' nach unten verläuft und sich durch Abhängigkeitsmuster auszeichnet. Wiewohl diverse Autoren den basisdemokratischen Charakter dieser Kommunalräte betonen[92], zeichnen sich die CC durch ihre fehlende Autonomie und die (v. a. finanzielle)

---

[91] Die CC waren zwar bereits im Jahr 2002 im Rahmen der *Consejos Locales de Planificación Pública* als partizipative Räume der Zivilgesellschaft konzipiert worden. Aber erst 2006 wurden sie zu staatlichen Entitäten (López Maya 2012: 285). Die CC, die sich im städtischen Bereich aus 200 bis 400 Familien und auf dem Land ab 20 Familien zusammensetzen, haben als oberste Entscheidungsinstanz eine sogenannte Bürgerversammlung (*Asamblea de Ciudadanos*) (Briceño/Maingon 2015: 14).

[92] Gemäß López Maya (2014: 37–38) entwickelten sich diverse Basisorganisationen wie Bürgerversammlungen (*asamblea de ciudadanos*) bereits in den 1980er und 1990er Jahren und forderten eine stärkere Dezentralisierung und direktdemokratische Partizipation. Auch Zelik (2011: 454) verweist darauf, dass diverse „Basisnetzwerke" bzw. „Basisstrukturen" schon vor Chávez Bestand hatten und im Kontext der ab 2001 einsetzenden Konfliktperiode die „Durchsetzung eines anderen gesellschaftlichen Modells" forderten. An anderer Stelle schreibt Zelik (2006: 13–15) hieran anknüpfend, dass viele Aktionen ‚von unten', z. B. während des Putschversuchs 2002, (eben) nicht ‚von oben' dirigiert wurden. Azzellini (2013: 58) verweist darauf,

Abhängigkeit von der zentralstaatlichen Ebene aus (Azcargorta/Paulus 2011: 166). Burchardt (2011: 441) z. B. kritisiert in diesem Zusammenhang, dass keine der Basisorganisationen bzw. -initiativen von unten errichtet, sondern ausschließlich von oben angeordnet wurde. Bereits die frühen Organisationsformen wie die Komitees der Stadtböden (*Comités de Tierras Urbanas*) zeichneten sich aufgrund der staatlichen erfolgten finanziellen Zuwendungen letztlich durch eine „Abhängigkeitskultur" (Holland 2006) von den zentralen, öffentlichen Entscheidungsinstanzen aus (Fernández Cabrera 2012: 59, 68–70). Ein ähnliches Muster findet sich auch bei den sozialpolitischen Missionen (*misiones*), die seit dem Jahr 2003 u. a. in den Bereichen Medizin, Bildung, Versorgung anzufinden sind. Die (sozial-)politische Praxis generell und die Missionen speziell zeichnen sich durch stark ausgeprägte klientelistische Züge aus (Welsch/Briceño 2011: 121–129), wobei staatliche Transfers nach politisch gewünschtem Verhalten vergeben werden (Burchardt 2011: 444). Nach eigenen Aussagen Chávez' (zit. nach: Harnecker 2004: 48) wurden die Missionen im Jahr 2003 gegründet, um seine Popularität im Hinblick auf das Abwahlreferendum des Folgejahres zu steigern. So wurden „alle bolivarischen Elemente (Missionen, politische Parteien und soziale Bewegungen, Studenten- und Jugendorganisationen, Gemeindegruppen etc.)" dazu angehalten, für Chávez Wahlkampf zu betreiben (Wilpert 2007: 131). Ferner wurden diejenigen Venezolaner, die den Aufruf zum Abwahlreferendum 2004 unterzeichnet hatten, auf einer Liste festgehalten und mussten mit Benachteiligungen, wie z. B. Entlassungen aus öffentlichen Posten, rechnen (Wilpert 2007: 148) – Corrales (2011: 77) spricht in diesem Zusammenhang von „job and welfare discrimination". Vor dem Verfassungsreferendum im Februar 2009 äußerte sich Chávez (2011a: 23–26) über die Missionen und ihre funktionalistische Rolle wie folgt:

> „Wir müssen [...] die Volksmassen mobilisieren. [...] Und es ist so, dass die Missionen und die sozialen Bewegungen die Grenzen ihrer bloß inneren sozialen Dynamik durchbrochen haben, um jetzt ihren Kampfplatz auf dem politischen Plan einzunehmen. [...] Jedes Komitee [Wahlkampfgremium, R.P.] muss mit großer Effizienz an zwei Fronten kämpfen. Die eine liegt [...] im Zuständigkeitsbereich der Mission, d.h. für die Missionare der Mission Ribas und Sucre z.B. im Bildungsbereich [...]. Und die andere [...] liegt in den Wahllokalen. [...] jeder Missionar sollte eine Liste mit

---

dass die CC selbst eine Initiative von unten darstellten, die von der Regierung angenommen, gutgeheißen und ausgeweitet wurde. Auch Orhangazi (2011: 14) erwähnt, dass der Druck der Basis Auswirkungen auf das Regierungshandeln zeitigen kann, so z. B. dann, wenn Arbeiter die Regierungen dazu drängen, Unternehmen zu nationalisieren. Ähnliches berichtet de la Torre (2013: 33) am Beispiel eines Zusammenschlusses von Teilen der Bevölkerung, die erfolgreich den von der Regierung geplanten Kohleabbau in ihrem Bundesstaat verhinderten.

3.2 Die sozialistische Phase unter Chávez: Radikalisierung ...

Wählerinnen und Wählern haben, die aufgesucht, kontaktiert und bearbeitet werden müssen, damit sie sich am 15. Februar in Wähler des Ja verwandeln."

Auch die CC kennzeichnete die fehlende Autonomie und die Instrumentalisierung durch die Regierung. Vorhaben der CC, die von der Regierungslinie abwichen, wurden z. B. von der Regierung behindert (Schiling-Vacaflor/Barrea 2011: 5). Mittels einer speziellen, dem Präsidenten unterstellten Instanz (*Comisión Nacional Presidencial del Poder Popular*) wurden die CC von der Exekutive kontrolliert, zu einer parallelen Verwaltungs- und Organisationsstruktur neben den verfassungsmäßigen staatlichen Strukturen aufgebaut und ferner auf die sozialistische Zielsetzung des bolivarischen Revolutionsprojekts hin ausgerichtet, d. h. politisiert (Briceño/Maingon 2015: 14–15). Ähnlich wie die sozialpolitischen Missionen und andere Basisorganisationen instrumentalisierte die Regierung die CC auch als Mobilisierungszellen (López Maya 2012: 287; Burchardt 2011: 441–442). Diese Aspekte zeigten sich z. B. im Vorfeld des Referendums zur Verfassungsänderung im Jahr 2009, als die Ministerin für Kommunen und soziale Sicherheit die CC öffentlich dafür in Verantwortung nahm, für die von der Regierung geplante Verfassungsänderung Wahlkampf zu betreiben (Briceño/Maingon 2015: 17).

Seit dem Jahr 2009 ist die Restrukturierung des politischen Systems, also der Aufbau eines nicht-repräsentativen und parallel zu den staatlichen Strukturen bestehenden Rätesystems konkretisiert worden. Denn mit den Kommunen (*comunas*) wurde eine neue lokale Entität zur „protagonischen Partizipation [der Bevölkerung, R.P.] mittels Formen der Eigenregierung zum Aufbau eines kommunalen Staates" (PBRV 2010: 11) gegründet, in denen die CC aufgehen sollten[93] (Briceño/Maingon 2015: 17; Lalander 2012: 178). Gemäß Chávez (2011b: 80) sollte der Sozialismus von eben diesen Kommunen aus aufgebaut werden. Auch die Kommunen kennzeichnen ihre fehlende Unabhängigkeit, denn sie wurden als „sozialistische Räume" definiert, deren Aufgabe es ist, sich an dem im Wirtschafts- und Sozialplan skizzierten Entwicklungsmodell zu orientieren, der wiederum von der Regierung ausgearbeitet wird (PBRV 2010: 12; Briceño/Maingon 2015: 17; Brewer-Carías 2013). Faktisch ist mit dem kommunalen Räten und den Kommunen somit eine Art Parallelstaat zu den traditionellen staatlichen Entitäten mit demselben legalen Status entstanden (Muhr 2012: 229–230).

---

[93] Es war vorgesehen, dass die CC Kommunen und diese wiederum kommunale Städte (*Ciudad comunal*) gründen (Lalander 2012: 178).

3.2.3.1.3 Chavistischer Machtblock

In der sozialistischen Phase hatte sich die Regierung Chávez sukzessive an die Ausweitung ihres Herrschafts- und Machtbereichs und damit der Vergrößerung des eigenen Machtblocks gemacht. In erster Linie wurde hierzu die Exekutive im personell wie finanziell stark wachsenden venezolanischen Staat in bedeutender Weise gestärkt. Dies erfolgte z. B. über eine weitere Zentralisierung (wirtschafts-) politischer Kompetenzen, die Kontrolle über die anderen vier Staatsgewalten (Bürgergewalt, Wahlgewalt, Judikative und Legislative) und die Staatsapparate, die Politisierung bzw. Ideologisierung des Bildungssystems und des Militärs und den Aufbau einer öffentlichen Medienmacht. Ferner wurde neben dem bestehenden, ‚klassischen' politischen System ein kommunaler und weitgehend von der Regierung abhängiger Parallelstaat geschaffen.

Die sukzessive Ausweitung der Machtfülle der Regierung kann – je nach politischem, theoretischem oder ideologischem Standpunkt – unterschiedlich interpretiert werden. Manche Autoren erkennen im chavistischen Entscheidungszirkel eine „totalitäre Intention" (Castro: 2012: 211): „Genau genommen ist die Herrschaft über die Gesellschaft durch das Regime quasi total, es hält seine Hegemonie über alle großen Systeme der Gesellschaft aufrecht" (ebd.: 227). Aus einem nicht liberal-demokratischen, z. B. marxistischen Blickwinkel erweist sich die Machtausweitung und die Kontrolle über die (ideologischen) Staatsapparate jedoch als weitgehend logischer Schritt in der Ausbildung einer auf eine sozialistische Transformation ausgerichteten (Gegen-)Hegemonie.

Auf jeden Fall war es Regierung gelungen, Rückhalt innerhalb der Zivilgesellschaft und der Wirtschaft zu gewinnen. Generell handelte es sich hierbei jedoch in erster Linie um Teile der Bevölkerung, die die Regierung an den stetig steigenden Renteneinnahmen partizipieren ließ. Das betraf 1. die ärmeren und vormals marginalisierten Bevölkerungsschichten, die v. a. von der Sozialpolitik profitierten; 2. Teile der Mittelschicht, die sich von der Opposition abwandten, als diese ihre Wahlniederlage im Referendum über die Abberufung des Präsidenten 2004 nicht anerkennen wollte; und 3. loyale, d. h. nicht oppositionell eingestellte Unternehmer, die von der Regierung finanziell gefördert und mit günstigen Devisen versorgt wurden (*boliburguesía*). Vor allem letztere Gruppe profitierte über die staatliche Devisenzuteilung von den Renteneinnahmen (Peters 2019: 140).[94]

Als Fazit kann festgehalten werden, dass sich Machtblock und Gegenmachtblock

---

[94] Ferner profitierten auch ausländische Großunternehmer, die im Importsektor tätig waren, von den rentenbasierten Devisen. Insofern „bedeutete die Bolivarische Revolution nicht notwendigerweise schlechte Zeiten für die wirtschaftlichen Eliten" (Peters 2019: 142).

weniger über die *cleavage* Arbeit vs. Kapital oder Produktivkapital vs. Finanzkapital, sondern primär über die Bruch- bzw. Konfliktlinie von Unterstützern und Gegnern der Bolivarischen Revolution charakterisierte.

3.2.3.2 Ressourcen, Akkumulationsregime und Sozialpolitik: der Segen des Öls

In der Folge werden die Rolle des Öls und darüber die ökologische und monetäre Restriktion während der sozialistischen Phase beleuchtet. Dabei wird die Relevanz des Öls für die Akkumulationsdynamik und die sozial-und wirtschaftspolitische Ausrichtung analysiert.

3.2.3.2.1 Nachzeichnung der Entwicklung des Ressourcensektors während der sozialistischen Phase

Auch in der zweiten, sozialistischen Phase war die venezolanische Wirtschaft von der Dominanz des Erdöls geprägt. Einige Zahlen sollen das erhellen: Knapp 25 % des BIP Venezuelas wurden im Jahr 2010 über den Außenhandel erzielt (CEPAL 2016), wovon den überwiegenden Großteil Erdölprodukte (Rohöl und Derivate) ausmachten. Unter der Präsidentschaft Chávez' stieg der Anteil der Rohstoffe (Erdöl) am gesamten Exportvolumen nochmals an, während die Industriegüterexporte fielen (CEPAL 2010: 75, 81; Oliveros/Álvarez 2016: 216). Seit dem Jahr 2006 machen Rohstoffexporte über 95 % aller Exporte Venezuelas aus (CEPAL 2014: 102). Die CEPAL spricht daher von einer „Reprimarisierung" der Exportstruktur (CEPAL 2010: 77).

Zudem kann die Abhängigkeit vom Erdöl erneut an der Entwicklung des BIPs nachgezeichnet werden: In den Jahren 2005, 2006 und 2007 führten ein hoher Ölpreis und folglich hohe öffentliche Ausgaben zu einer Steigerung des Binnenkonsums, wodurch ein kräftiges Wachstum (10,3 %, 9,9 %, 8,8 %) erzielt werden konnte (alle BIP-Zahlen in der Folge aus CEPAL 2016[95]). Im Jahr 2006 war bereits – gemessen an dem Beitrag des Ölsektors am BIP, dem Anteil der Ölexporte am Gesamtexportvolumen, den öffentlichen Öleinnahmen im Verhältnis zum BIP und der Ratio der öffentlichen Öleinnahmen zum Ausgeberverhalten der Regierung (Scaglione 2008: 75) – eine starke Abhängigkeit der venezolanischen Wirtschaft vom Öl festzustellen. Im Jahr 2008 kühlte das Wachstum auf einem dennoch hohen Stand ab (5,3 %), bevor auch Venezuela 2009 (−3,2 %) und 2010 (−1,5 %) von der globalen Wirtschaftskrise erfasst wurde. In der Krise zeigte sich abermals die Abhängigkeit der Wirtschaft Venezuelas vom Öl: Als 2009 die internationale Nachfrage nach Erdöl einbrach und der Preis entsprechend sank

---

[95] Jährliche Veränderungsrate in konstanten Preisen des Jahres 2010.

(CEPAL 2010: 77), verringerten sich sowohl die venezolanischen Einnahmen aus dem Export und die öffentlichen Ausgaben wie folglich auch das BIP-Wachstum (Jäger/Leubolt 2014: 185; López Maya/Lander 2009: 82–83). Da 2011 mit der Erholung der internationalen Konjunktur auch die Nachfrage nach Öl wieder stieg, wuchs die Wirtschaft Venezuelas erneut mit 4,2 % und 2012 mit 5,6 %, bevor im Jahr 2013 mit 1,3 % schließlich eine erneute Abkühlung einsetzte. Die Relevanz des Rohstoffs für die venezolanische Wirtschaft ergab sich aus den Multiplikatoreffekten, da die aus dem Export generierten öffentlichen Einnahmen von der Regierung reinvestiert wurden, was wiederum Nachfrage, Konsum und damit die Wirtschaft stimulierte (Álvarez 2009: 238; Álvarez 2013: 309; Isidoro Losada 2011: 288). Die Weltbank (2015a) stellte in diesem Zusammenhang über Venezuela fest: „Its economy is highly vulnerable to fluctuations in oil prices since it represents over 96 % of the country's exports and generates nearly half of fiscal income." Tabelle 3.6 verdeutlicht diesen Zusammenhang.

In Kontinuität zu der ersten Phase lässt sich an dieser Stelle Folgendes festhalten: 1. Venezuelas Wirtschaft basierte auch in der sozialistischen Phase auf einer rohstoffbasierten, nicht-intensiven und extravertierten (d. h. außenorientierten) Akkumulation. 2. Diese Ausrichtung widersprach den eigenen Zielsetzungen, wonach die Akkumulation produktiv, extensiv und intravertiert erfolgen sollte. 3. Der in den ersten Regierungsjahren und v. a. während der Konfliktphase etablierte Verteilungskonsens stabilisierte – zumindest temporär – dieses Akkumulationsregime und legitimierte die darauf basierende politische Ordnung. 4. Die Basis der venezolanischen Akkumulationsdynamik war aufgrund der Abhängigkeit von Ölexporten und einem hohen Ölpreis hochgradig fragil. Denn dadurch war das Land an den „Zyklus der internationalen Rohstoffpreise gebunden, also an eine […] exogene Variable" (Stefanoni 2012: 33). Bereits in dieser Phase wies die venezolanische Wirtschaft Anzeichen der „holländischen Krankheit" bzw. *Dutch Disease* auf, deren Problematik sich wie folgt liest: Die steigenden Ölpreise bedingten einen hohen Zufluss von Devisen (US-Dollar), die die heimische Inflation befeuerte und zu einer Überbewertung der Währung führte. Dadurch verloren die anderen, nicht rohstoffbasierten Wirtschaftssektoren sukzessive an Wettbewerbsfähigkeit, wodurch die Abhängigkeit vom Öl wiederum weiter zunahm (Scaglione 2008: 67; Selman/Fornet 2014: 6; Berger 2015: 3; Alvarez 2013: 309). Während Phasen hoher Ölpreise, stetiger Renteneinnahmen und einer brummenden (aggregierten) Nachfrage fiel die holländische Krankheit nicht weiter auf. Aber bereits die infolge der globalen Wirtschafts- und Finanzkrise gesunkenen Ölpreise hatten die Problematik in Venezuela deutlich werden lassen. Doch erst unter Chávez' Nachfolger Maduro sollte die holländische Krankheit ihre fatale Wirkung auf die venezolanische Wirtschaft entfalten.

3.2 Die sozialistische Phase unter Chávez: Radikalisierung …

Tabelle 3.6 Zusammenhang von Ölpreis, Wirtschafts- und Sozialpolitik und BIP-Entwicklung

Indikatoren	Jahr								
	2005	2006	2007	2008	2009	2010	2011	2012	2013
Entwicklung Ölpreis	←	←	←	←	→	←	←	↑	→
Wirtschafts- und Sozialpolitik	expansiv	expansiv	expansiv	expansiv	orthodox bzw. restriktiv	orthodox bzw. restriktiv	expansiv	expansiv	orthodox bzw. restriktiv
BIP-Wachstum (%)	10,3	9,9	8,8	5,3	-3,2	-1,5	4,2	5,6	1,3

Quelle: Eigene Darstellung. BIP-Daten aus CEPAL (2016).

3.2.3.2.2 Verfügungsmacht der Exekutive über die Einnahmen aus dem Ölgeschäft

Bereits in der prä-sozialistischen Phase hatte die Regierung Chávez mit der Wiederbelebung der OPEC und dem Kontrollgewinn über den Ölsektor und PdVSA bedeutende Schritte unternommen, um sich die Verfügungsmacht über die Ölrente zu sichern.[96] In der zweiten, sozialistischen Phase machte sich die Regierung Chávez weiter daran, diese Verfügungsmacht zu erhalten und auszuweiten.

Die Regierung sicherte sich über den Treuhandfonds FONDEN (*Fondo de Desarollo Nacional*) ein Zugangsrecht zu den Einnahmen aus dem Ölgeschäft. Dieser wurde im Jahr 2005 gegründet, nachdem sich die Zentralbank geweigert hatte, einen Millionenbetrag (an internationalen Dollarreserven ohne Gegenzahlung durch venezolanische *Bolívares*) an die Exekutive zum Zweck der landwirtschaftlichen Förderung abzuführen (Balza 2008: 392). Nach seiner Gründung wurde FONDEN mit sechs Milliarden US-Dollar an internationalen Reserven der Zentralbank ausgestattet (ebd.). Seither werden in dem Fonds alle Überschussreserven der Zentralbank oberhalb einer bestimmten Grenze (Wilpert 2007: 75) und alle Einnahmen des Ölkonzerns PdVSA oberhalb eines festgesetzten Ölpreises verwaltet (Azcargorta/Paulus 2011: 156–158). Einen ähnlichen Fonds, den „makroökonomischen Stabilisierungsfonds" (*Fondo de Estabilización Macroeconómica,* in der Folge FEM) hatte es bereits zuvor gegeben (GRBV 2009: Art. 321). Jedoch wurde der Grundgedanke hinter dem Fonds – Sparen in Zeiten guter Konjunktur, um in schlechten Zeiten mittels einer antizyklischen Fiskalpolitik den Konjunkturverlauf zu glätten und wirtschaftliche Stabilität zu gewährleisten – von der Regierung Chávez aufgegeben (Wilpert 2007: 74; Balza 2008: 391). Zudem wurden die oben genannten Renteneinnahmen, die ursprünglich in den FEM einflossen, ab 2005 zu FONDEN umgeschichtet (Falcón/Noguera 2016). FONDEN unterstand der alleinigen Kontrolle der Regierung über die nationale Entwicklungsbank als Intermediärinstanz, während die Legislative keine dahingehenden Kontrollrechte besaß (Corrales/Penfold 2011: 57). Die darin verwalteten finanziellen Mittel unterstanden zudem dem ausschließlichen Zugriff der Regierung und bildeten somit eine Art Extra-Budget (Azcargorta/Paulus 2011: 156–158). Mittels budgetärer Tricks und neuer Gesetze kanalisierte die Regierung ferner zusätzliche Gelder in den Fonds und sicherte sich dadurch zusätzliche diskretionale Verteilungsspielräume (Azcargorta/Paulus 2011: 166; Corrales/Penfold 2011: 58).

---

[96]Die Regierung profitierte z. B. über die Steuern, die während dieser Phase zunahmen: Im Jahr 2006 gab es zwei Steuerarten, 2009 waren es bereits vier (PdVSA 2006; PdVSA 2009).

3.2.3.2.3 Strukturmerkmal der Sozialpolitik: Quid pro quo, Funktionsmerkmal der Sozialpolitik: Legitimation

Die in der prä-sozialistischen Phase initiierten sozialpolitischen Missionen wurden mit den steigenden Einnahmen aus dem Ölgeschäft ausgeweitet (Burchardt 2011: 431). Daher konnte mit der rentenbasierten Sozialpolitik eine Verbesserung der Sozialindikatoren des Landes erzielt werden.[97] Eine Konsequenz hiervon war die hohe Zustimmung der Bevölkerung zu dieser Verteilungspolitik (Álvarez 2013: 325) und der diesbezüglich verantwortlichen Instanz, der Regierung. Die teils hohen Zustimmungswerte der Bevölkerung zur chavistischen Führung zwischen 1998 und 2015 beruhten in entscheidender Weise auf materiellen Faktoren wie z. B. der ökonomischen Situation des Landes (Pérez 2012; Nadeau et al. 2012[98]), die wiederum – wie oben gezeigt wurde – mit den öffentlichen Ausgaben zusammenhing. Parallel zum Wachstum der öffentlichen Ausgaben stiegen auch die Popularitätswerte des Präsidenten zwischen 2002 und 2009 (Corrales/Penfold 2015: 26) und damit auch dessen Handlungsspielräume.

3.2.3.3 Weltmarkteinbindung und Wirtschaftspolitik: entwicklungsstaatlich organisierte Innen- und Außenorientierung

Analog zur ersten Phase intensivierte die Regierung Chávez die bereits in der ersten Phase erfolgten Schritte, um sich der Direktiven des hegemonialen internationalen Handels- und Finanzregimes zu entledigen und – im Gegenzug – erneute interne Handlungsspielräume zurückzuerlangen. Nichtsdestoweniger wurde in dieser zweiten, sozialistischen Phase auch die Außen- und Regionalpolitik von größerer Bedeutung. Es gelang der Regierung Chávez, im regionalen Raum einen gewissen diskursiven Handlungs- und Resonanzraum zu bilden, der die außen- und regionalpolitischen Handlungsspielräume erweiterte. Die Wirtschaftspolitik

---

[97] Diese Verbesserung der Sozialindikatoren war gemäß Álvarez (2013: 336) jedoch ausschließlich auf die rentenbasierte Sozialpolitik zurückführen und nicht auf andere Aspekte der Wirtschaftspolitik. Ungeachtet der messbaren Armutsreduktion konnte die Regierung mit einer weiteren, (eher) immateriellen Errungenschaft, nämlich der „von den Betroffenen selbst gefühlte[n] Armut" (Reichenbach 2015: 5), punkten. Denn über die Wertschätzung und die Aufmerksamkeit durch die Regierung Chávez wurde den vormals marginalisierten und ‚vergessenen' Teilen der venezolanischen Bevölkerung nun das Gefühl zuteil, dass das Land nicht mehr nur zugunsten der oberen Schichten regiert wurde (Boris 2014: 34–35; Welsch/Briceño 2011: 110).

[98] Nadeau, Bélange, Didier und Lewis-Beck (2012: 23) erklären die Zustimmung zu Chávez anhand von vier Indikatoren: „corruption, inequality [...], protection of individual rights, and the economy". Die Relevanz des „economic voting" betonen Corrales und Hidalgo (2013: 69–70) auch für die Präsidentschaftswahlen 2012.

bzw. die wirtschaftspolitische Strategie, d. h. das Explanandum dieser Arbeit, wird erneut aus Gründen der Lesbarkeit in dieses Kapitel integriert.

3.2.3.3.1 Wirtschaftspolitik und -ordnung im Chavismus: Partielle Schließung (Protektionismus) und Binnenmarktorientierung

In Kontinuität zur prä-sozialistischen Phase konsolidierte und erweiterte die Regierung ihre Handlungsspielräume mittels folgender Schritte: 1. Konzentration wirtschaftspolitischer Kompetenzen im Staat bzw. in der Exekutive; 2. Bildung eines nach innen gerichteten, endogenen Entwicklungsmodells; 3. Einschränkung des (internationalen) Kapitalverkehrs und Zurückdrängen des Einflusses multilateraler Organisationen (IWF, Weltbank). Aufgrund der vergrößerten Handlungsspielräume war es der Regierung daher möglich, die eigenen (wirtschafts-)politischen Zielsetzungen sukzessive umzusetzen.

Konzentration wirtschaftspolitischer Kompetenzen in der Exekutive
Bereits in der ersten Phase wurde die Rolle des Staates im Wirtschafts- und Entwicklungsprozess redefiniert und der Exekutive weitreichende wirtschaftspolitische Kompetenzen, d. h. Interventionsrechte, eingeräumt (z. B. im Rahmen der Verfassung von 1999). In der zweiten, sozialistischen Phase wurden weitere Schritte in diese Richtung unternommen. In diesem Zusammenhang ist z. B. die oben ausgeführte Restrukturierung des politischen Systems, d. h. der Aufbau eines kommunalen Staates, von Bedeutung. Denn die Entitäten des kommunalen Staates, die als „sozialistische Räume" definierten Kommunen, sind an die Vorgaben des Nationalen Entwicklungsplans, d. h. des Wirtschafts- und Sozialplans, gebunden, dessen Ausarbeitung wiederum in den Aufgabenbereich der Exekutive fällt (Briceño/Maingon 2015: 17).

Die Regierung setzte auch den bereits in der prä-sozialistischen Phase eingeschlagenen Kurs gegenüber der Zentralbank fort, um die Geld- und Wechselkurspolitik kontrollieren zu können. Die Autonomie der Zentralbank war bereits mit der Verfassung eingeschränkt worden. Später wurde ihre Autonomie mittels neuer Gesetze[99] weiter eingeschränkt (Falcón/Noguera 2016; Balza 2008: 392–393). Mit der im Referendum zurückgewiesenen Verfassungsreform des Jahres 2007 hätte die Zentralbank ihre Autonomie verloren (Balza 2008: 393). Jedoch wurde sie mit einem 2010 erlassen Gesetz faktisch den Weisungen der Exekutive unterstellt (Falcón/Noguera 2016).

---

[99]Dies betrifft z. B. die finanzielle Ausstattung von FONDEN ab dem Jahr 2005, die Finanzierung PdVSAs (Kauf von Wertpapieren der Firma) ab 2009 und Kreditgewährungen an produktive Sektoren ab 2010 (Falcón/Noguera 2016).

3.2 Die sozialistische Phase unter Chávez: Radikalisierung ...

Ferner griff die Regierung wiederholt auf Preiskontrollen zurück. Viele der Opposition zuzurechnende Unternehmer erzeugten während der Zeit des Generalstreiks 2002–2003 – ebenso wie vor dem Verfassungsreferendum 2007 – eine künstliche Knappheit an Gütern, um die Legitimität der Regierung zu untergraben (Ellner 2013b: 67).[100] Auf die daraus resultierenden Preisanstiege reagierte die Regierung u. a. mit Subventionen und Preiskontrollen, um die Preise von Gütern der Grundversorgung (v. a. Nahrungsmittel) niedrig und damit erschwinglich zu halten (Orhangazi 2011: 10). Einem ähnlichen Ziel dienten die Preiskontrollen, die im Jahr 2010 nach der Abwertung der Landeswährung eingeführt wurden (Boeckh 2011a: 419). Durch die Kontrolle und Festlegung von Preisen konnten drei Arten von Zielen verfolgt werden: Inflationsbekämpfung (ökonomisches Ziel), Grundversorgung der Bevölkerung mit Basisgütern (soziales Ziel), Machtentzug oppositioneller Unternehmergruppen bei gleichzeitiger wirtschaftspolitischer Machtkonzentration in der Exekutive (politisches Ziel). Zudem griff die Regierung bezüglich des Außenhandels – wenn auch nicht in großem Umfang – auch auf Zölle und nichttarifäre Handelsbeschränkungen, nämlich Einfuhrkontingente, zurück (Corrales 2010: 40).

Hinsichtlich der Ausgabenseite verfügte die Regierung ebenfalls über große Spielräume. Denn sie kontrollierte nicht nur die staatliche Ölfirma und den Entwicklungsfonds FONDEN, sondern hatte auch die Richtlinienkompetenz bezüglich der Ausarbeitung des Wirtschafts- und Sozialplans inne. In Verbindung mit der Weisungsgebundenheit der Kommunen gegenüber diesen Entwicklungsplänen erhielt der Präsident daher nicht nur eine außerordentliche Machtposition in der Ausarbeitung der Entwicklungsvorstellungen und -pläne, sondern auch zahlreiche (wirtschafts-)politische Mittel zu ihrer Umsetzung.

Ein weiteres Mittel, worüber sich die Regierung einen Einfluss über die Wirtschaft sicherte, waren Nationalisierungen. Während Nationalisierungen in der prä-sozialistischen Phase eher in der Landwirtschaft erfolgten, änderte sich der Fokus der Regierung mit dem Aufbruch in den Sozialismus des 21 Jahrhunderts.[101] Diese wurden bei Firmen durchgeführt, die nach Meinung der Regierung zu wenig

---

[100] Gemäß Ellner (2013b: 67) stellt das ein oft genutztes taktisches Mittel der Opposition dar. Interessanterweise war auch vor der Parlamentswahl 2015 eine derartige Knappheit zu verzeichnen.

[101] Im Unterschied zur ersten Phase erfolgten die Enteignungen nun nicht mehr ausschließlich reaktiv, sondern basierten auch auf anderen Motiven. Ellner (2013b: 69) argumentiert, dass die Chávez-Regierung hiermit auf die Interessen gewisser Fraktionen innerhalb der chavistischen Bewegung reagierte. Z.B. war mit den Enteignungen der Versuch verbunden, Arbeitsplätze zu sichern und Outsourcing-Maßnahmen zu verhindern, wodurch die Regierung der Arbeitnehmerfraktion innerhalb des Chavismus entgegenkommen wollte. Kritiker erkennen in den Expropriationen hingegen primär (macht-)politische Ziele, nämlich die Konsolidierung der staatlichen Macht und die Bestrafung oppositioneller Kräfte (ebd.: 67).

produzierten, einen zu geringen Lohn zahlten oder von den Arbeitnehmern besetzt wurden (Azzellini 2009: 10–11). Nach der Enteignung wurden diese Firmen dann mit öffentlicher finanzieller Unterstützung unter der gemeinsamen Leitung von staatlichen Bediensteten einerseits und von Arbeitnehmern andererseits wiedereröffnet (ebd.: 9–10, 17–18). Um die Enteignungen rechtlich abzusichern, wurden sodann die Gesetze entsprechend angepasst bzw. modifiziert.[102] Seither können die legalen Gründe für Enteignungen – z. B. strategische Relevanz der Sektoren, öffentliches Interesse, Gemeinnutz, soziales Interesse – in fast allen produktiven Bereichen bzw. Wirtschaftszweigen vorgebracht und geltend gemacht werden. Dadurch behält sich der Staat weitreichende Interventionsrechte in die Wirtschaft und die Möglichkeit zu Enteignungen vor (Pezzella Abilahoud 2011a: 3–4). Folglich stiegen die Aktionen gegen das Privateigentum (an Produktionsmitteln) merklich an und es wurden beachtliche öffentliche Summen bereitgestellt, um die Enteignungen bzw. die Entschädigungszahlungen und die ‚sozialistische' Umgestaltungen der Firmen zu finanzieren (Pezzella Abilahoud 2011b: 1–2). Firmen wurden nun auch im Industrie- und Dienstleistungssektor (Telekommunikation, Energieversorgung, Bankenwesen, Nahrungsmittelproduktion, Tourismus etc.) nationalisiert (Corrales 2010: 40; Corrales/Penfold 2011: 68).[103]

In diesem Zusammenhang sind auch die Landreformen auf dem Land und in der Stadt zu nennen, mit deren Hilfe Ländereien (Land) oder Grundstücke (Stadt) konfisziert und neuverteilt wurden (Wilpert 2014; Holland 2006). Dieses Vorgehen diente nicht nur dem Abbau der Ungleichheit und der Herstellung „sozialer Gerechtigkeit", sondern auch dem ‚ideologischen' Ziel einer Demokratisierung der Wirtschaft. Wiewohl es bereits in der prä-sozialistischen Phase Landneuverteilungen gab, intensivierte sich das dahingehende Engagement erst in der zweiten Phase merklich. Im Jahr 2005 erfolgte eine signifikante Reform des ursprünglich 2001 dekretierten Gesetzes über eine Landreform (*Ley de Tierras y Desarrollo Agrario*), das u. a. die maximale Größe von Land in privater Hand regelt und ferner dem Staat weitreichende Möglichkeiten zur Enteignung einräumt. Dies konnte fortan u. a. dadurch gerechtfertigt werden, dass das Land von seinen Eigentümern nicht produktiv (genug) genutzt wird oder von staatlicher Seite zur Implementierung sozialer Projekte genutzt werden muss (Lavelle 2011: 142). Zeitgleich initiierte die Regierung mit der *Misión Zamora* ein Programm (weitere Programme finden sich bei

---

[102] Enteignungen werden in Venezuela mittels eines speziellen Gesetzes (*Ley de Depabis*, 2007) geregelt. Dieses Gesetz wurde in den Jahren 2008 und 2010 verschärft, so dass der Staat nun weitreichende Enteignungsbefugnisse innehält (Pezzella Abilahoud 2011a: 4).

[103] Aufgrund der Unsicherheit von Unternehmen, die mit diesem "statist stampede" einhergingen, verschlechterte sich das für den Freihandel so zentrale Investitionsklima (Corrales/Penfold 2011: 68).

Álvarez 2013: 315–317), innerhalb dessen auch privater Großgrundbesitz (*latifundios*) enteignet und neuverteilt wurde; bis zum Jahr 2011 sollen hierdurch 2,5 Mio. Hektar vormals privater Landgüter an zuvor landlose Farmer neuverteilt worden sein (Wilpert 2014: 7).[104]

Bildung eines nach innen gerichteten, endogenen Entwicklungsmodells
Viele der bereits in der prä-sozialistischen Phase erfolgten Schritte wurden nach Ausrufung des Sozialismus des 21. Jahrhunderts fortgesetzt und gemäß der (wirtschafts-)politischen Zielsetzungen intensiviert. So wurde z. B. der Versuch unternommen, das (Wirtschafts-)Leben auf dem Land zu fördern (und nebenbei die oppositionellen Großgrundbesitzer zu entmachten). Das betraf u. a. öffentliche Investitionen in Gesundheit, Bildung und Wohnungsbau, die finanzielle Unterstützung in Form von Steuergutschriften oder spezieller Programme sowie eine Unterstützung in Form von Bereitstellung von Maschinen, Ausrüstung und Schulungen etc. (Álvarez 2013: 312–316; Corrales 2010: 41).

Eine Besonderheit dieser zweiten, sozialistischen Phase ist die Bildung von neuen Unternehmenstypen. Im Jahr 2006 konzipierte die Regierung einen neuen Firmentypus: die Unternehmen sozialer Produktion (*empresas de producción social,* in der Folge EPS). Diese wurden definiert als „gemeinschaftliche produktive Einheiten, die die Herstellung von Gütern und Dienstleistungen zum Ziel haben, die die grundlegenden Bedürfnisse der Gemeinschaften, d. h. Ernährung, Unterkunft, Bildung, Gesundheit und Bekleidung, befriedigen" (RBRV 2006: 7). Ferner sollten sie „neue Arbeitsbeziehungen" schaffen, die nicht auf Ausbeutung basieren, und im Gegenzug mehr Partizipationsmöglichkeiten für Arbeitnehmer einräumen (ebd.: 10). Dies wurde im Wirtschafts- und Sozialplan des Jahres 2007 (RBRV 2008: 45–51) insofern konkretisiert, als diese neuen Firmen hinsichtlich der Planung und Leitung partizipativ und demokratisch aufgebaut sind, Privilegien abgeschafft werden und sich die Arbeiter gemäß ihrer beigesteuerten Arbeit den wirtschaftlichen Output aneignen dürfen. Die EPS reihten sich damit in diverse Unternehmenstypen mit unterschiedlichen Eigentumsformen – privat, staatlich, genossenschaftlich inkl. Mischformen – ein, wobei eine Zielsetzung darin besteht, private Firmen und Staatsunternehmen zukünftig ebenfalls in diesen neuen Firmentypus zu überführen.

Grundsätzlich kann festgehalten werden, dass mithilfe dieser neuen Unternehmenstypen die eine kapitalistische Marktwirtschaft kennzeichnende Art der Produktion und des wirtschaftlichen Austauschs, also des marktbasierten und über

---

[104]Ferner wurden weitere 5,9 Mio. Hektar „regularisiert", d. h. Eigentumstitel auf Land an Personen vergeben, die das entsprechende Land schon seit Längerem bebauten und einen Besitzanspruch darauf erhoben (Lavelle 2011: 141–142; Wilpert 2014: 7).

den Preis vermittelten Handels, grundlegend geändert wurde oder zumindest werden sollte. Daher waren die EPS in Chávez' Augen essentiell für die endogene Entwicklung (Purcell 2013: 147) bzw. den sozialistischen Umbau des Wirtschaftssystems (Azzellini 2009: 9). Im Kontrast zu den zentralistischen Sozialismusexperimenten des 20. Jahrhunderts – so z. B. der Sowjetunion – spielte hierbei die Idee der Dezentralisierung eine wichtige Rolle: Konsum und Produktion sollten im Sinne der Bedürfnisse der jeweiligen, dezentralen Ebenen auch kommunal organisiert werden und erfolgen (Wilpert 2007: 81–82).[105] Daher sollten die EPS – festgelegt und organisiert durch die Kommunalräte – in die jeweiligen kommunalen Wirtschaftsstrukturen bzw. Wertschöpfungsketten integriert werden und einen Teil der Profite eben dort reinvestieren (Azzellini 2009: 9; Purcell 2013: 154). Ein Beispiel dieses durchaus pragmatischen Gründungsmotivs liefert Purcell (2013: 153–157), der ausführt, dass die EPS eine Reaktion der Chávez-Regierung auf die fehlende Wettbewerbsfähigkeit der Agrarkooperativen darstellten. Über die wirtschaftliche Verknüpfung dieser Agrarkooperativen mit den EPS, die gemäß ihrer sozialen Rolle einen „fairen Preis" (üblicherweise oberhalb der Marktpreise) zu zahlen haben, würden die Agrarkooperativen, so die Hoffnung, mit Einkommen versorgt werden, das am Markt nicht zu erzielen gewesen wäre.[106]

Ab dem als sozialistisch betitelten Wirtschafts- und Sozialplan des Jahres 2013 (RBRV 2013) trat eine terminologische Veränderung ein. In der Folge war nur noch von „sozialistischen Unternehmen" (*empresas socialistas*) die Rede, die jedoch weitgehend an den Vorgängertypus anknüpften. Ab diesem Zeitpunkt wurde das kommunale bzw. soziale Eigentum an Produktionsmitteln im Gegensatz zu kapitalistisch organisierten Marktwirtschaften, in denen die Produktionsmittel – so das primäre Definitionsmerkmal nach Marx – in privater Hand liegen, noch stärker betont als in den vorhergehenden Jahren (Chávez 2011b: 89). Ähnlich wie die EPS folgten auch die sozialistischen Unternehmen diversen mit der kapitalistischen Produktions- und Wirtschaftsweise unvereinbaren Prinzipien und Aspekten: so z. B.

---

[105] Diese Änderung folgte der Selbstbildung Chávez' in sozialistischen Fragen. Konkret knüpft er mit der Fokussierung auf die kommunale Ebene an die Schriften des ungarischen Marxisten Istvan Mészáros an (Wilpert 2007: 81; Purcell 2013: 147).

[106] „Thus the social production companies emerged as a mechanism of rent distribution to support small agrarian cooperatives [...]. [B]y providing a 'fair price' and new institutional support in the form of a central processing social production company, the cooperative network could be fortified and even expanded through the savings and increased profit made by combining production, marketing, and distribution" (Purcell 2013: 154–157).

dem partizipativen, nicht-hierarchischen Firmencharakter, der Ausrichtung der Produktion nicht an Effizienz, Profit und Kapitalakkumulation, sondern an sozialen Zielen wie Kooperation, Solidarität und Gleichheit etc. (Villegas Febres 2010).[107]

Die Ergebnisse der wirtschafts- und sozialpolitischen Maßnahmen der Regierung Chávez in dieser zweiten, sozialistischen Phase waren v. a. in den Jahren vor der globalen Wirtschafts- und Finanzkrise, die sich auf Venezuela negativ auswirkte, relativ positiv. Diese Entwicklung zeigt sich auch am Lohnverhältnis: Der bereits seit 2000 erfolgte Abstiegstrend bei den Löhnen setzte sich bis ca. 2005 fort, kehrte sich dann jedoch um. Die Löhne steigen daher bis 2010, lediglich unterbrochen durch die Folgen der globalen Wirtschafts- und Finanzkrise im Jahr 2009 (Abeles/Amarante/Vega 2014: 49). Der Grund hierfür war, dass die Reallöhne schneller stiegen als die (Arbeits-)Produktivität (ebd.: 40). Die Arbeitslosenquote konnte zwischen 2005 und 2008 von 12,3 % auf 7,3 % gesenkt werden, stieg danach bis 2010 (8,7 %) leicht an und sank bis 2013 (7,8 %) wieder (CEPAL 2018b). Der nominale Mindestlohn stieg zwischen 2005 und 2013 kontinuierlich von 405 auf 3880 *Bolivares* an. Der reale Mindestlohn stieg hingegen bis 2008 an, schwankte zwischen 2008 und 2013, zeigte jedoch in diesen Jahren einen fallenden Trend (Prosprev 2017). Die Armut sank zwischen 2005 (37,1 %) und 2009 (27,1 %) kontinuierlich, schwankte in den Folgejahren zwischen 27,8 % (2010) und 25,45 % (2012), bevor sie 2013 wieder auf 32,1 % anstieg (CEPAL 2018c). Ein ähnlicher Trend ist bezüglich der extremen Armut festzuhalten. Zwischen 2005 (15,9 %) und 2007 (8,5 %) sank die extreme Armut, stieg 2009 (9,9 %) jedoch wieder an und oszillierte bis 2013 (9,8 %) um die 10 %-Marke (ebd.). Die Ungleichheit nahm zwischen 2005 (0,475) und 2011 (0,390) ab, stieg bis 2013 (0,409) jedoch wieder leicht an (INE 2018).

---

[107]In diesem Zusammenhang bleibt kritisch zu resümieren, dass viele der mit den EPS und den sozialistischen Unternehmen verbundenen Zielsetzungen nicht eingetreten sind. So stellt Purcell (2013: 154) fest, dass die Verbindung der EPS mit den Agrarkooperativen nicht ausreichend war, um die Wettbewerbfähigkeit Letzterer gegenüber privaten Firmen zu gewährleisten. Álvarez (2013: 360–361) kritisiert, dass in die neuen Unternehmenstypen zu wenig investiert wurde und stattdessen kapitalistische Produktionsmuster in Form eines bürokratischen Staatskapitalismus reproduziert würden. Noch weiter geht Pezzella Abilahoud (2011b). Demnach produzierten die sozialistischen Firmen weit unterhalb der veranschlagten Ziele, was u. a. an Schwierigkeiten beim Zugang zu Ressourcen, bürokratischen Hürden, und Korruption liege; ferner würde der massive staatliche Einfluss Anreize zu produktivitätssteigernden Projekten ausbremsen und eine neue bürokratische Sozialistenklasse schaffen.

Einschränkung des (internationalen) Kapitalverkehrs und Zurückdrängen des Einflusses multilateraler Organisationen (IWF, Weltbank)
Bereits in der prä-sozialistischen Phase hatte die Regierung Chávez erste Schritte unternommen, der Finanzialisierung der venezolanischen Volkswirtschaft entgegenzuwirken (v. a. im Rahmen der Restrukturierung PdVSAs). Im Jahr 2007 wurde zudem per Gesetz eine Finanztransaktionssteuer erlassen (PWC 2016), mit deren Hilfe der Kapitalverkehr eingeschränkt wurde.[108] In der Zeit der Bolivarischen Revolution sind folglich ausländische Direktinvestitionen in drastischem Ausmaß zurückgegangen (Higginbottom 2013: 194–195). Venezuela scherte diesbezüglich zusammen mit den ideologisch nahestehenden Partnern Bolivien und Ecuador im Vergleich zu den anderen Staaten Lateinamerikas deutlich aus (ebd.). Ferner kündigte die Regierung Chávez im Jahr 2012 die Mitgliedschaft des Landes beim Internationalen Zentrum für Beilegung von Investitionsstreitigkeiten (*International Center for the Settlement of Investment Disputes*) der Weltbank (Ripinsky 2012).

Des Weiteren reduzierte die Regierung auch den Einfluss von IWF und Weltbank gegenüber Venezuela, indem sie die restlichen Verbindlichkeiten gegenüber dem IWF 2007 beglich (Orhangazi 2009: 9; The Guardian 2007). Zudem kündigte Chávez in demselben Jahr an, sich aus dem IWF und der Weltbank zurückzuziehen (The Guardian 2007). Damit entledigte sich die Chávez-Administration der strukturellen Macht der Bretton Woods-Institutionen und der damit einhergehenden Öffnungsimperative im Rahmen der neoliberalen Strukturanpassungsprogramme. Alle diese Schritte verdeutlichen das Interesse der Regierung, Venezuela vom Einfluss internationaler Investoren und damit vom „disziplinierenden Neoliberalismus" (Gill 2008: 137–138) zu befreien.[109]

3.2.3.3.2 Außen- und Regionalpolitik: Aufbau alternativer Handels- und Finanzstrukturen

Die im vorhergehenden Kapitel beschriebenen Ausführungen über die Wirtschaftsordnung Venezuelas sollten verdeutlichen, wie die Regierung Chávez den politischen Primat über die Wirtschaft (wieder) herzustellen versuchte und sich im Namen der Souveränität von den handlungsbeschränkenden Konsequenzen einer ‚offenen', am Freihandel orientierten Politik verabschiedete. Nichtsdestoweniger

---

[108] Dieses Gesetz wurde nur ein Jahr später außer Kraft gesetzt. Nichtsdestoweniger wurde ein neues dahingehendes Gesetz im Dezember 2015 wiederaufgelegt (PWC 2016).

[109] Nichtsdestoweniger sind auch in Venezuela Dynamiken der Finanzialisierung, v. a. bezüglich des Rohstoffsektors zu konstatieren. Konkret profitierte das Land zwischen 2003 und 2008 von den Finanzialisierungsentwicklungen auf den internationalen Rohstoffmärkten, denn die dahingehenden Preise generell und der Ölpreis speziell folgen nicht nur der Logik von Angebot und Nachfrage, sondern auch spekulativen Bewegungen (Flassbeck 2015a).

war sich die Regierung darüber bewusst, dass Entwicklungen im venezolanischen Inland nicht unabhängig vom Ausland bzw. der Region erfolgten und dass eine Transformation Venezuelas nur im Rahmen einer regionalen bzw. internationalen Transformation erfolgreich sein konnte (Serrano Mancilla 2015: 248). Bereits in seiner Antrittsrede des Jahres 1999 betonte Chávez den außen- und regionalpolitischen Transformationsgedanken, indem er in Abgrenzung zu der Bipolarität des 20 Jahrhunderts von einer „multipolaren" Welt des 21. Jahrhunderts und von der Notwendigkeit der „Konsolidierung eines großen Machtblocks" in Lateinamerika sprach (Chávez 1999). Im Jahr 2001 hatte Präsident Chávez bereits auf die Bildung einer Konföderation lateinamerikanischer Staaten (ohne die USA und Kanada) als strategischer und antihegemonialer, d. h. anti-neoliberaler und gegen die USA gerichteter, Allianz gedrängt (Hernández/Chaudary 2015: 6, 15). In Folge der Konfliktperiode, v. a. aber beginnend mit dem Putschversuch des Jahres 2002 war eine Radikalisierung der chavistischen Politik nicht nur im Inland, sondern auch in den Außen(wirtschafts)beziehungen deutlich erkennbar. In der Folge sollte sich ein stärker akzentuiertes, antiimperialistisches regionales Projekt abzeichnen (ebd.). Spätestens seit 2004, d. h. seit der der Phase des Übergangs hin zum Sozialismus des 21. Jahrhunderts, muss „von einer neuen Außenpolitik gesprochen werden" (Werz 2011: 383). Die Chávez-Administration bemühte sich seither um eine Umwälzung der regionalen und internationalen Beziehungen. Konkret implizierte das die Bildung gegenhegemonialer Räume, Organisationen und Allianzen und die Implementierung eines post-hegemonialen Handels- und Finanzregimes, d. h. alternativer Handels- und Finanzstrukturen, um die im Inland gewonnenen Handlungsspielräume auch nach außen abzusichern und zu erweitern.

Nemesis USA: Relevanz des konstitutiven Außens für die Außenpolitik Venezuelas
Zum Verständnis der chavistischen (Innen- und) Außenpolitik ist die Rolle des Feindbildes USA zentral. Die strukturelle hegemoniale Anspruchshaltung der USA gegenüber ihrem lateinamerikanischen „Hinterhof", welche sich gemäß Chávez in den 1980er und 1990er Jahren in Form der am *Washington Consensus* angelehnten neoliberalen Reformen materialisierten, bildete im chavistischen Weltbild die größte zu überwindende Hürde im Kampf für eine innen- und außenpolitischen Transformation. Faktisch wurde bereits mit der in der Verfassung festgehaltenen Forderung nach einer „Demokratisierung der internationalen Gemeinschaft" (RBRV 2009: Präambel) die regionale Vormachtstellung der USA implizit kritisiert und damit die Basis für die später zu erfolgenden konfliktiven Beziehungen gelegt. Doch ungeachtet einer zwar emanzipatorischen „Politik der Nadelstiche" (Werz 2007: 8) seitens

Venezuelas[110] blieb das Verhältnis zu den USA bis zum Putschversuch des Jahres 2002 weitgehend friedlich. Doch in der Folge dieses Ereignisses, hinter dem Chávez die USA als Drahtzieher vermutete, änderte sich das Verhältnis der beiden Staaten. Wiewohl die handelspolitische Realität gegenüber den USA ein regelrecht harmonisches Bild zeichnete[111], waren viele regionalpolitische und internationale Initiativen der Chávez-Regierung den politischen und wirtschaftlichen Interessen der USA diametral entgegengesetzt. Mehr noch: die chavistische Außenpolitik kennzeichnete eine regionale (und internationale) Gegenmachtbildung gegenüber den USA (Toro 2011; Corrales/Romero 2013: 17–40; Corrales/Penfold 2015: 99–137) und den Versuch, einen „Resonanzraum für die Ideenwelt der 'bolivarischen Revolution' zu schaffen" (Maihold 2008: 18).

Chavistische Außen- und Regionalpolitik: Bildung einer Post- bzw. Gegenhegemonie im Rahmen ALBAs
Generell beflügelte der *Left Turn* in Lateinamerika den Wunsch nach einer politischen und wirtschaftlichen Neugestaltung der regionalen Landkarte. Während diverse regionale Organisationen mit einer solchen Programmatik entstanden (UNASUR, CELAC) oder dahingehend verändert wurden (Mercosur), nahm im Rahmen der chavistischen Außen(wirtschafts)politik v. a. ALBA-TCP eine besondere Bedeutung ein.[112]

---

[110]Zu diesen „Nadelstichen" zählten u. a. die Annäherung der Regierung Chávez an die arabische Welt mit dem Hintergedanken der Reaktivierung der OPEC, die Annäherung an Staaten wie Kuba und Irak, die von der internationalen Gemeinschaft weitgehend ausgeschlossen waren, die Unterstützung diverser Staaten (China, Afghanistan, Irak, Iran, Kuba), die von den USA angesichts der dort begangenen Menschenrechtsverletzungen gebrandmarkt wurden, und das den USA untersagte Überflugrecht über das venezolanische Territorium zur Kontrolle des kolumbianischen Drogenhandels (Azzellini 2006: 84; Mora Brito 2004: 79–80; Romero 2007; Werz 2007: 8).

[111]Der Handel der beiden Staaten war bis zum Tod Chávez' intensiv, die USA waren Hauptabnehmer des venezolanischen Öls (Werz 2011: 381) und größter ausländischer Investor in Venezuela (Schaeffler 2011: 504). Es liegt hier der Verdacht nahe, dass die diskursive Aufrechterhaltung und Pflege des Feindbildes USA nicht zuletzt der inneren Stabilisierung des Chavismus und damit der Legitimation der Regierung diente (*rally around the flag*).

[112]Bereits zuvor waren erste moderate Schritte in die Richtung einer aktiveren, post-hegemonialen Außen- und Regionalpolitik erfolgt. Z.B. bemühte sich die Regierung um eine Aufwertung der Rolle Venezuelas in regionalen und internationalen Organisationen (OAS, Mercosur, UNO) (Mora Brito 2004: 78). Mit dem Beitritt zu Mercosur ging auch der Versuch einher, diese Organisation zu politisieren (Werz 2011: 376). Dezidiertere Aktivitäten eines post-hegemonialen Regionalismus wurden durch die Bildung diverser Organisationen deutlich, wozu z. B. UNASUR (*Unión de Naciones Suramericanas*) und CELAC (*Comunidad de Estados Latinoamericanos y Caribeños*) zählen (Tussie/Riggirozzi 2015: 1042–1043).

3.2 Die sozialistische Phase unter Chávez: Radikalisierung ...

In ALBA, der „Bolivarischen Allianz für die Völker unseres Amerika – Handelsvertrag der Völker" (*Alianza Bolivariana para los Pueblos de Nuestra América – Tratado de Comercio de los Pueblos*), war Venezuela angesichts der Rolle als Gründungsmitglied, als kommerzielles[113], finanzielles und sozialpolitisches (Maihold 2008: 21; Clem/Maingot 2011) sowie ideologisches (Hirst 2012: 179[114]) Schwergewicht der tonangebende Akteur. Bezüglich Zielsetzung und Funktionalität kann ALBA als "strategic, ideological-political alliance of a geostrategic and geopolitical, anti-capitalist and anti-imperialist character" (Hernández/Chaudary 2015: 1) bezeichnet werden.

Das derzeit elf Mitglieder[115] umfassende Bündnis ALBA wurde im Jahr 2004 von Venezuela und Kuba als „Alternative" zu der von USA propagierten gesamtamerikanischen Freihandelszone ALCA (*Área de Libre Comercio de las Américas*) gegründet. Im Gegensatz zu reinen Wirtschaftsbündnissen wie z. B. ALCA kann ALBA gemäß Eigenbeschreibung als „Integrationsplattform" (ALBA-Homepage 2016) bzw. als „Dachorganisation verschiedener Initiativen" (Flemes/Westermann 2009: 2) charakterisiert werden.

ALBA basiert auf den Prinzipien von „Solidarität, Komplementarität, Gerechtigkeit und Ko-operation" (ALBA-Homepage 2016). Das übergeordnete Ziel stellt eine gesamtgesellschaftliche, d. h. nicht nur wirtschaftliche, sondern auch politische und soziale, Integration und eine gemeinsame, d. h. lateinamerikanische, nachhaltige Entwicklung dar, mit deren Hilfe bestehende Entwicklungsasymmetrien zwischen den Mitgliedsstaaten abgebaut werden sollen und der sozialen Dimension – v. a. dem Kampf gegen Armut und soziale Ausgrenzung – Priorität eingeräumt wird (SELA 2013: 3, 5).

Das Postfix „TCP" bezieht sich auf den „Handelsvertrag der Völker", in dem Aspekte des Handels geregelt werden. Demnach gelten Handel und Investitionen nicht als „Selbstzweck", sondern werden vielmehr als Mittel bzw. Instrumente zur

---

Während es der Regierung Chávez nicht gelang, ihre politischen Vorstellungen innerhalb dieser zwei Organisationen umzusetzen, spielte ALBA für die Chávez-Administration eine besondere Rolle.

[113] „Cooperation within the Alliance is carried out through bilateral agreements. Venezuela is the main buyer of products and main supplier of energy to the signatory countries" (SELA 2013: 11).

[114] Einige Autoren sahen in Kuba den zentralen Ideengeber (Mijares 2015: 80). Nichtsdestoweniger war Venezuela – zumindest seitdem Fidel Castro nicht mehr die Geschicke in Kuba leitete – der entscheidende dahingehende Akteur (Hoffmann 2011: 18–19).

[115] Venezuela, Kuba, Bolivien, Nicaragua, Ecuador und den Karibikstaaten Antigua und Barbuda, Dominica, St. Lucia, St. Kitts und Nevis, St. Vincent und die Grenadinen, Grenada.

Umsetzung eines angemessenen und würdigen Lebens angesehen und – mit spezieller Berücksichtigung der am wenigsten entwickelten Mitglieder – auf die jeweiligen nationalen Entwicklungsziele hin ausgerichtet (ebd.: 5, 10). Der Handel erfolgte dabei fast ausschließlich zwischen den sogenannten *Empresas Grannacionales,* d. h. regionalen bzw. multinationalen (nicht supranationalen) Staatsunternehmen. Damit gehen die *Proyectos Grannacionales,* also regionale (Groß-)Projekte in diversen Bereichen wie Energie, Telekommunikation, Bildung etc., einher (Detsch 2010: 3; SELA 2014: 17–22). Hauptfinanzier dieser neuen Unternehmenstypen und Projekte ist Gründungsstaat Venezuela (SELA 2013: 17–21; Detsch 2010: 4). An der Dominanz dieser Staatsunternehmen und -projekte ist das ‚Erbe' der neoliberalen Vorgängerperiode sichtbar. Denn im Gegensatz zum Vertrauen in Marktkräfte stellt ein aktiver und interventionistischer Staat den entwicklungspolitischen und -strategischen Kern ALBAs dar. Eine Innovation ist der nicht zwingend monetär zu erfolgende Modus der Abwicklung des Handels. So versorgte z. B. Venezuela Kuba mit Öllieferungen zu Sonderkonditionen, während Kuba im Gegenzug diese Lieferungen mit der Entsendung von Fachleuten in diversen Bereichen (Medizin, Bildung, Technik, Geheimdienst, Sport etc.) nach Venezuela beglich (de la Torre 2017: 1275; Hoffman 2009: 242).

In diesem Kontext nahm die regionale Energieintegration – v. a. mittels *Petro-Caribe*[116] – besondere Bedeutung ein. Diesbezüglich bestand das Ziel darin, die natürlichen Ressourcen in den Dienst der eigenen, regionalen Entwicklungserfordernisse zu stellen. Dafür räumte Venezuela gegenüber Mitgliedsstaaten *PetroCaribes* Sonderkonditionen bei Öllieferungen (niedrige Transportkosten, Kreditgewährung, flexible Rückzahlungsmodalitäten) ein (Maihold 2008: 22–23). Die Ölpolitik Venezuelas konnte demgemäß als „kompensatorische regionale Sozialpolitik" (Muhr 2011b: 220) charakterisiert werden, die als „Hebel für die Integration in Lateinamerika und der Karibik" (Lander 2006) diente.

Mit ALBA ging auch die Intention einer neuen regionalen Finanzarchitektur einher. Strategischer Hintergedanke war die Unabhängigkeit von den USA und den Bretton Woods-Institutionen, d. h. von Weltbank und IWF (SELA 2013: 12–15).

---

[116] *PetroCaribe* und ALBA sind formal unabhängig voneinander. Öllieferungen im Rahmen *PetroCaribes* sind nicht an eine Mitgliedschaft in ALBA gebunden (Girvan 2011). Nichtsdestoweniger: „[i]t is very difficult to separate ALBA from *Petrocaribe* […]. Despite being formally independent from ALBA and having a wider reach, one cannot understand ALBA without *Petrocaribe*. Indeed, the oil cooperation scheme constitutes ALBA's most important project" (Eguizábal 2015: 147).

Hierfür wurden z. B. eine ALBA-Bank[117] (*Banco de ALBA*) und ein ALBA-Karibikfonds (*Fondo ALBA Caribe*) eingerichtet, über die die Finanzierung der *Empresas Grannacionales* und der *Proyectos Grannacionales* organisiert wurde (SELA 2013: 17–21). Ferner wurde zur finanziellen Abwicklung des Handels mit SUCRE (*Sistema Unitario de Compensación Regional de Pagos*) eine eigene virtuelle Währung ins Leben gerufen (SELA 2014: 15–16). Der strategische Charakter der chavistischen Außen- und Regionalpolitik konnte ferner an internationalen Allianzbildungen festgemacht werden. Internationale Bündnisse wurden demgemäß fast ausschließlich zu ideologisch ähnlich positionierten, also den USA gegenüber kritischen Staaten wie z. B. China, Iran, Russland und Syrien geknüpft (Walser 2009; Schaeffler 2011; Detsch 2012).

Als Resümee kann an dieser Stelle festgehalten werden, dass die stark vergrößerten Handlungsspielräume während der sozialistischen Phase die Regierung mit den notwendigen Mitteln ausstattete, um die Umsetzung einer sozialistischen Wirtschaftsordnung voranzutreiben. Wie dieses Kapitel zeigte, konnte die Regierung dahingehend sowohl auf nationaler als auch regionaler Ebene gewisse Erfolge vorweisen.

3.2.4 Fazit der sozialistischen Phase: Transformation im Namen des Sozialismus des 21. Jahrhunderts vor dem Hintergrund einer stark polarisierten politischen Kultur, radikaler Zielsetzungen und vergrößerter Handlungsspielräume

Im Hinblick auf die politische Kultur kann festgehalten werden, dass sich die bereits vorhandene Polarisierung durch die Konfliktphase der Jahre 2001 bis 2004 nochmals verstärkte. Die Folge davon war ein erneuter Radikalisierungsschub der Regierung, der sich v. a. in der stark antagonistisch strukturierten Identitätspolitik Chávez' zeigte. Die im Anschluss an den Machtkampf vorhandene Transformationsdisposition in der Bevölkerung, vor allem aber in der Regierung, zeigte sich daran, dass Chávez den Sieg in den Präsidentschaftswahlen des Jahres 2006 als „Mandat für die sozialistische Revolution" betrachtete (Welsch 2006).

---

[117]Einem ähnlichen Ziel diente die Gründung der Bank des Südens (*Banco del Sur*), womit ein Gegenentwurf zum Internationalen Währungsfonds (IWF) und der Weltbank angedacht war (Maihold 2008: 21–25; Zelik 2011: 472).

Auf Basis einer sozialistischen Neuinterpretation der politischen und wirtschaftlichen Geschichte des Landes und einer Reflexion über den bisherigen Entwicklungsweg erfolgte eine Neuausrichtung der Bolivarischen Revolution, die sich in der Zielvision des Sozialismus des 21. Jahrhunderts manifestierte. Damit war das Streben nach einer breit angelegten nationalen, regionalen und internationalen Transformation des Status quo verbunden. Die konkreten, damit einhergegangenen Zielsetzungen bestanden in den folgenden Punkten: 1. der Herstellung einer ‚wahren', nämlich „protagonisch-revolutionären" Demokratie; 2. der Bildung eines post-kapitalistischen Wirtschaftssystems bzw. eines sozialistischen Produktionsmodells; 3. der Herstellung einer innen- wie außenpolitische Souveränität, d. h. der Bildung einer zivil-militärischen Union und einer multipolaren Weltordnung. Zusätzlich kann schließlich 4. Gerechtigkeit, Gleichheit und „höchstes soziales Glück" als eine Art Meta-Ziel betrachtet werden (RBRV 2008: 19). Obwohl viele dieser Zielsetzungen in Grundzügen schon in der prä-sozialistischen Phase Bestand hatten, waren v. a. die (zumindest diskursive) Abkehr vom Kapitalismus und die Hinwendung zum Sozialismus des 21. Jahrhunderts signifikante Neuerungen.

Die Chávez-Administration verfügte in dieser sozialistischen Phase über bedeutende Handlungsspielräume. Chávez ging nicht nur gestärkt aus der Präsidentschaftswahl 2006 hervor, sondern konnte seine eigene Machtposition in Partei, Exekutive und Staat bedeutend erweitern. Ferner wurde zusätzlich zu den staatlichen Entitäten ein kommunaler, faktisch der Regierung untergeordneter Parallelstaat gegründet. Der Regierung war es auch gelungen, eine kommunikative Hegemonie zu etablieren. In Verbindung mit einer nach einem Freund-Feind-Schema strukturierten Identitätspolitik konnte somit der sozialistische Entwicklungskurs legitimiert und im Gegenzug oppositionelle Alternativen (a priori) delegitimiert werden. Zudem kontrollierte die Regierung weiterhin die Einnahmen aus dem Erdöl(export)geschäft, was bedeutende Verteilungsmöglichkeiten bedingte. Mithilfe dieser finanziellen Ressourcen wurde eine anders geartete Einbindung Venezuelas in den Weltmarkt forciert und darüber der Umbau der nationalen Wirtschaft (Bildung eines ‚sozialistischen' Produktionsmodells) und regionalen Wirtschaft (Aufbau alternativer regionaler Handels- und Finanzstrukturen) vorangetrieben. Erst vor dem Hintergrund dieser temporär vergrößerten Handlungsspielräume und der stark polarisierten politischen Kultur, die der Regierung ein erneutes *window of opportunity* öffnete, konnten die Transformationsschritte Richtung Sozialismus des 21. Jahrhunderts erfolgen. Nichtsdestoweniger wurden zeitgleich die tradierten rentenökonomischen Charakteristika des Wirtschaftsmodells verstegit. Das Zusammenspiel der drei Faktoren wird in Tabelle 3.7 verdeutlicht.

Tabelle 3.7 Prozessuale Nachzeichnung der drei Faktoren

	Theorie	Praxis
Prä-sozialistische Phase (1999–2004)	Politische Kultur	Krisenkomplex der Vorgängerregierungen bedingt Transformationsdisposition in der Bevölkerung; repräsentative Demokratie und ‚neoliberale' Marktwirtschaft sind delegitimiert →*window of opportunity* für ausgeprägten Wandel; Unter Chávez bedingt ausgeprägte politische Polarisierung eine Konfliktphase (2001–2004), die einen Machtkampf und eine Radikalisierung der Regierung zur Folge hat; nach dem Machtkampf ist erneute Transformationsdisposition gegeben →*window of opportunity* für Neuausrichtung des Transformationsprojekts
	(Wirtschafts-)politische Zielsetzungen des Entscheidungspersonals	1. Revolution bzw. Transformation zur Überwindung des multiplen Krisenkomplexes; 2. Partizipative und protagonische Demokratie zur Überwindung des Demokratiedefizits; 3. Post-neoliberale Wirtschaftsordnung zur Überwindung des Neoliberalismus; 4. Bildung einer zivil-militärischen Union und einer multipolaren Weltordnung zur Überwindung des Souveränitätsdefizits; Konfliktphase (2001–2004) bedingt Reflexion über den eingeschlagenen Entwicklungspfad und die zugrundeliegenden Konzepte und Zielsetzungen
	Handlungsspielräume (Akteur-Struktur-Konstellation)	Akteur: zu Beginn hat Chávez breites Mandat zur Umwälzung des Status quo; während der Konfliktphase verringert sich der Handlungsradius signifikant; nach dem Machtkampf ist (Macht-)Position Chávez' konsolidiert und gestärkt Strukturcharakteristika: Transformation und Ausweitung der Handlungsspielräume • Machtverhältnisse: Ausweitung der Macht des Staates und der Exekutive • Ressourcen: erste Schritte zur Kontrolle über den Ölsektor • Weltmarkteinbindung: Zentralisierung der (wirtschafts-)politischen Kompetenzen in Staat und Exekutive, Bildung eines binnenmarktorientierten Entwicklungsmodells Fazit: Handlungsspielräume wurden im Vergleich zur Vorgängerperiode ausgeweitet, bleiben aber v. a. bezüglich der Wirtschafts- und Sozialpolitik beschränkt; nach dem Machtkampf jedoch signifikante Vergrößerung der Handlungsspielräume
	→Output: Wirtschaftspolitik	Moderat heterodox: Stärkung des Binnenmarkts und der Sozialpolitik, punktuelle Neuordnung der Eigentumsverhältnisse

(Fortsetzung)

Tabelle 3.7 (Fortsetzung)

	Theorie	Praxis
Sozialistische Phase (2005–2013)	Politische Kultur	Starke Polarisierung, erneuter Radikalisierungsschub der Regierung, Perfektionierung einer antagonistischen Identitätspolitik
	(Wirtschafts-)politische Zielsetzungen des Entscheidungspersonals	Veränderung grundlegender Parameter der Interessen und Zielsetzungen der Regierung • ‚Sozialistische' Reinterpretation der politischen und wirtschaftlichen Geschichte • „Sozialismus des 21. Jahrhunderts" als Zielvision bzw. -perspektive: breit angelegte nationale, regionale und internationale Transformation des Status quo • Konkrete Zielsetzungen: 1. protagonisch-revolutionäre Demokratie; 2. post-kapitalistisches Wirtschaftssystem bzw. sozialistisches Produktionsmodell; 3. innen- wie außenpolitische Souveränität, d. h. Bildung einer zivil-militärischen Union und einer multipolaren Weltordnung; sowie 4. Gerechtigkeit, Gleichheit und „höchstes soziales Glück"
	Handlungsspielräume (Akteur-Struktur-Konstellation)	Akteur: Machtposition Chávez nach Wahlsieg 2004 und 2006 gefestigt Strukturcharakteristika: erneute Ausweitung der Handlungsspielräume Signifikante Veränderung struktureller Charakteristika in Politik und Wirtschaft und politischer Kultur • Machtverhältnisse: Vergrößerung des staatlichen Einflusses in Politik, Wirtschaft und Gesellschaft, Aufbau eines kommunalen Parallelstaates, Herstellung einer kommunikativen Hegemonie inklusive einer antagonistischen Identitätspolitik zur Legitimation des Entwicklungskurses • Ressourcen: staatliche Kontrolle über den Ölsektor und die damit einhergehenden Einnahmen (v. a. ab 2003 stark steigende Ölpreise und Einnahmen) • Weltmarkteinbindung: weitere Zentralisierung der (wirtschafts-)politischen Kompetenzen in Staat und Exekutive, Schritte zur Bildung eines ‚sozialistischen' Produktionsmodells (bei gleichzeitiger Verstetigung der Rentenökonomie), Aufbau alternativer regionaler Handels- und Finanzstrukturen Fazit: temporär große Handlungsspielräume der Chávez-Regierung
	→Output: Wirtschaftspolitik	Einerseits Aufbau alternativer ‚sozialistischer' Produktions- und Wirtschaftsformen, andererseits Verstetigung der Rentenökonomie

Quelle: Eigene Darstellung

3.3 Die Phase der sozialistischen Erosion unter Maduro: Abstieg des Chavismus, der Bolivarischen Revolution und des Sozialismus des 21. Jahrhunderts

Chávez hatte die Präsidentschaftswahlen des Jahres 2012 zwar noch einmal gewonnen, war aufgrund einer schweren Krebserkrankung jedoch nicht in der Lage, die Regierungsgeschäfte zu führen. Noch bevor er sich nach Kuba begab, um sich dort behandeln zu lassen, hatte er Nicolás Maduro als seinen Nachfolger auserkoren. Maduro zählte seit Langem zum inneren Zirkel des Chavismus. Im Jahr 1999 war er Abgeordneter der verfassungsgebenden Versammlung, zwischen 2006 und 2012 bekleidete er das Amt des Außenministers und von 2012 bis 2013 das Amt des Vizepräsidenten. Nach Chávez' Tod 2013 gewann er die Präsidentschaftswahlen desselben Jahres (Fracica Naranjo 2014: 1).

Seither befinden sich der Chavismus, die Bolivarische Revolution und der Sozialismus des 21. Jahrhunderts in einem stetigen Fall. In diesem Kapitel werden Ursachen und Charakteristika dieses Abstiegsprozesses nachgezeichnet und analysiert. Der Aufbau des Kapitels folgt dabei denjenigen der vorhergehenden Kapitel.

3.3.1 Politische Kultur: Verstetigung der Polarisierung, Radikalisierung der antagonistischen Identitätspolitik

Das folgende Kapitel beschäftigt sich mit den Entwicklungen der politischen Kultur während der Abstiegsphase der Bolivarischen Revolution unter Maduro. Konkret wird die Verstetigung der politischen Polarisierung vor dem Hintergrund der wirtschaftlichen und politischen Krise in den Blick genommen und die Reaktionen der Regierung Maduro hierauf erläutert: ein zunehmend autoritärer Regierungsstil und eine erneute Radikalisierung der antagonistischen Identitätspolitik.

3.3.1.1 Verstetigung der politischen Polarisierung

In der Amtszeit Maduros hat sich die bereits vorhandene und stark ausgeprägte Polarisierung noch einmal intensiviert. Die Zahlen des Governance-Indexes des Bertelsmann Transformations-Indexes verdeutlichen diesen Trend (BTI 2018b). Folgerichtig verschlechterte sich unter der Regierung Maduro nicht nur die Konsensbildung unter den Eliten, sondern auch das Elitenbekenntnis gegenüber einer marktbasierten Demokratie, das mithilfe des Governance-Index gemessen wird.

Seit 2005 nimmt Venezuela dahingehend den letzten Rang in der Region ein (vgl. Tabelle 3.8).

Tabelle 3.8 Governance Index des BTI

Ergebnis inkl. Rang	Messzeitraum		
	Chávez' letzte zwei Jahre seiner Amtszeit	Maduros Amtszeit	
	2014 (Period of review: 01.02.2011 – 31.01.2013)	2016 (Period of review: 01.02.2013 – 31.01.2015)	2018 (Period of review: 01.02.2015 – 31.01.2017)
Messergebnis	2,5	1,9	1,9
Rang/Region	Letzter in Region	Letzter in Region	Letzter in Region

Quelle: Eigene Darstellung nach BTI der Jahre 2006 bis 2014.

Die politische Polarisierung war und ist jedoch nicht nur stark ausgeprägt, sondern auch relativ festgefahren. „Die Versäulung politischer Identitäten […] kann als das bleibende Erbe des ehemaligen Staatschefs Hugo Chávez angesehen werden" (Maihold 2015: 2). Die Polarisierung leistete ferner der erneuten Radikalisierung der Regierung Vorschub. Zum momentan Zeitpunkt (Frühjahr 2019) scheint jeder Versuch einer Schlichtung zwischen den beiden politischen Fraktionen – dem chavistischen Block auf der einen Seite und dem oppositionellen, anti-chavistischen Block auf der anderen Seite – nahezu unmöglich. Die konfrontative Situation gleicht somit derjenigen eines Bürgerkriegs (Anselmi 2017: 420). Der erneute Radikalisierungs- und damit Polarisierungsschub der Regierung ist Produkt einer anhaltenden Krise, die Venezuela seit nunmehr einigen Jahren fest im Griff hält. Wie weiter unten in detaillierterer Form analysiert wird, hat sich diese Krise von einer wirtschaftlichen zu einer sozialen und politischen – und je nach Standpunkt letztlich gar systemischen – Krise ausgeweitet. Aufgrund dessen haben Gewalt, Kriminalität und Mordraten enorm zugenommen (Seelke/Nelson 2017: 20).

Auf Proteste der Bevölkerung reagiert die Regierung mit dezidierter Härte (Corrales 2015: 43). Ferner haben die politische Polarisierung und die Krisendynamik einen autoritären Kurs der Regierung begünstigt bzw. weiter verstärkt (Anselmi 2017: 416–421). Während Chávez ein hybrides politökonomisches Modell erschuf, das paradoxerweise einerseits mehr partizipative Elemente, andererseits jedoch auch autoritäre Elemente aufwies, setzt sich aktuell unter Maduro primär der autoritäre Trend dieses hybriden Konstrukts durch. Die anhaltende Kriminalität, die zerfahrene wirtschaftliche und politische Situation und der Verweis auf allgegenwärtige Putschgefahren (vgl. Folgepunkt) liefern der Regierung die hierfür notwendige Rechtfertigung.

3.3.1.2 Radikalisierung der (auf Antagonismen basierenden) Identitätspolitik

Der Diskurs Maduros knüpft weitgehend an denjenigen seines Vorgängers an. Das ist insofern nicht weiter verwunderlich, als Maduro als Chávez' Erbverwalter auserkoren wurde und der verstorbene Ex-Präsident bei seinen Anhängern einen „quasi-religiösen Status erlangt hat. Er ist zum Bezugspunkt eines Politikverständnisses mit einer ihm inhärenten Logik geworden" (Reichenbach 2015: 5). Nachfolger Maduro ist seither stets bemüht, von diesem Status Chávez' zu profitieren, indem er bereits zwei Mal davon sprach, dass ihm sein Vorgänger in Form eines „Vögelchens" erschienen sei (El Nuevo Herald 2013; Todo Noticias 2014).

Auch Maduros Diskurs kennzeichnet die antagonistische Bezugs- und Funktionslogik als Hauptmerkmal der Identitätspolitik. Da ihm im Gegensatz zu Vorgänger Chávez weitere Legitimationsquellen wie z. B. das persönliche Charisma oder die Versorgungsspielräume weitgehend fehlen, setzt Maduro in Gänze auf eine weitere chavistische Legitimationsstrategie, nämlich die Feindbildpflege: „[D]ie venezolanische Rechte und ihre internationalen Verbündeten haben auf neue Methoden, legale und illegale, friedliche und gewaltsame, vom dreckigsten Medienkrieg bis hin zum politischen Mord, zurückgegriffen", um die Regierung zu stürzen (Maduro/Marcano 2016: 3). Als Drahtzieher eines vermeintlichen Putsches wird nach wie vor die USA ausgemacht (Maihold 2017), was sich in der diskursiven Verankerung einer entsprechenden Subjektposition niederschlägt.

Oppositionelle Kräfte im In- und Ausland gelten der Regierung Maduro nicht (mehr) als politische Gegner, sondern als Feinde der Ordnung und der Bolivarischen Revolution. Damit intensivierte Maduro einen Trend, der sich bereits unter Chávez abgezeichnet hatte: Die gezielte Gegen- bzw. Feindbildpflege diente seit Beginn des Chavismus der gruppenintegrativen Dynamik, stabilisierte die identitären Subjektpositionen innerhalb des bolivarischen Identitäts- und Ideengebäudes und erzeugte den legitimierenden Effekt des *rally around the flag*. Die Regierung Venezuelas profitiert(e) daher in der Regel von Äußerungen oder Handlungen seitens der USA, die als Putsch- oder Umsturzversuch gedeutet und diskursiv ‚vermarktet' werden konnten und können (Piccone/Trinkunas 2014: 11). So stiegen z. B. Maduros Umfragewerte, als der ehemalige US-Präsident Obama Venezuela als Sicherheitsproblem der USA deklarierte (Reichenbach 2015: 7–8). Und auch nach den 2017 erfolgten Sanktionen der USA stiegen Maduros Popularitätswerte erneut an, auch wenn sie in absoluten Zahlen auf einem niedrigen Niveau verblieben (Seelke/Nelson 2017: 9).

3.3.2 (Wirtschafts-)politische Zielsetzungen des Entscheidungspersonals: Fortführung und Vertiefung des Sozialismus

Chávez hatte nach seinem Wahlsieg 2012 einen „neuen Zyklus" (Chávez 2012a: 7) der Revolution ausgerufen. In Kontinuität zu den vorhergehenden Phasen erarbeitete Chávez (2012b) einen Vorschlag für einen neuen Entwicklungsplan. Nach seinem Tod 2013 wurde dieser Plan von der Maduro-Administration nahezu wortgleich als „zweiter sozialistische Plan" übernommen und bildet seither die programmatische Operationsbasis der neuen Regierung. Dieser Plan enthält gegenüber dem vorhergehenden Wirtschafts- und Sozialplan 2007–2013 (RBRV 2008), der gemeinhin als „erster sozialistischer Plan" bezeichnet wird, keine signifikanten Neuerungen. Folgerichtig galt und gilt Nachfolger Maduro daher als politischer Erbverwalter des chavistisch-bolivarischen Sozialismusprojekts.

Nichtsdestoweniger werden die zentralen Problemdiagnosen und Problemlösungen gemäß des Entscheidungspersonals auch in dieser Phase in knapper Form präsentiert. Die folgenden Ausführungen stützen sich 1. auf eine Schrift Chávez' (2012a) mit einer kritischen Bestandsaufnahme über den Stand der Bolivarischen Revolution, d. h. einer „Kritik und Autokritik" (Chávez 2012a: 7); und 2. auf den „zweiten sozialistischen Plan", d. h. den Wirtschafts- und Sozialplan 2013–2019 (RBRV 2013), der wiederum relativ deckungsgleich mit dem 2012 von Chávez erfolgten Vorschlag für einen neuen Entwicklungsplan ist (Chávez 2012b).

3.3.2.1 Problemdiagnose: ineffiziente Umsetzung der sozialistisch-kommunalen Demokratietypus, Problemlösung: Vertiefung der sozialistischen Demokratie

Chávez hatte als eines der größten Probleme der sozialistischen Phase ab 2005 die ineffiziente Umsetzung des Sozialismus des 21. Jahrhunderts ausgemacht. Konkret monierte er, dass es zwar Gesetze zum Aufbau kommunaler Entitäten und der kommunalen Wirtschaft gab, die praktisch-materielle Umsetzung hingegen nicht funktionierte: „[A]ber die Kommunen kann man nirgends sehen, den Geist der Kommunen ebenfalls nicht […]: die kommunale Kultur" (Chávez 2012a: 18). Chávez sah in der Vertiefung der sozialistischen Demokratie die Lösung für dieses Problem. Ziel II des zweiten sozialistische Plans (RBRV 2013: 49–70) widmet sich der Vertiefung des „bolivarischen Sozialismus des 21. Jahrhunderts als Alternative zum destruktiven und barbarischen Systems des Kapitalismus" (ebd.: 49). Die langfristige Lösung besteht in dem Aufbau eines kommunalen, selbstverwaltenden und wirtschaftlich selbstorganisierenden Rätestaates, der sich v. a. aus den Kommunalräten (*Consejos Communales*) und den Kommunen (*Comunas*) zusammensetzt. Daher schwor Chávez seine Minister noch einmal auf eine schnelle bzw. „effiziente" „Transition" in Richtung eines kommunalen sozialistischen Rätestaates (Chávez 2012a: 12, 17–21) bzw. auf die „Konsolidierung und Expansion der populären Macht und der sozialistischen Demokratie" ein (Chávez 2012b: 9; ähnlicher Wortlaut in RBRV 2013: 60–70).

3.3.2.2 Problemdiagnose: ineffiziente Umsetzung eines produktiven sozialistischen Wirtschaftskonzepts, Problemlösung: Vertiefung der sozialistischen Wirtschaftsdemokratie

Auch im Bereich der Wirtschaft bemängelte Chávez eine defizitäre Umsetzung des sozialistischen Produktionsmodells: „Wir dürfen nicht damit weitermachen, Fabriken einzuweihen, die wie eine Insel sind, umgeben vom Meer des Kapitalismus" (Chávez 2012a: 27). In diesem Zusammenhang monierte er zudem die fehlenden Industrialisierungserfolge, die den Weg aus der traditionellen venezolanischen Rentenökonomie ebnen sollten (ebd.: 28–29). Diesbezüglich sah Chávez die Vertiefung der sozialistischen Wirtschaftsdemokratie als Lösung für dieses Problem.

Wie oben bereits näher ausgeführt wurde, bezog Chávez den Demokratiegedanken nicht nur auf das politische, sondern auch das Wirtschaftssystem. Dies betonte er auch in dieser Phase noch einmal: „Der Sozialismus ist Demokratie und die Demokratie ist Sozialismus im Politischen, Sozialen und Ökonomischen" (Chávez 2012a: 10). Wichtig sei daher die „Transformation der ökonomischen Basis des Landes, um sie […] demokratisch zu machen, denn die ökonomische Basis eines kapitalistischen Landes ist nicht demokratisch" (ebd.: 11). Darauf basierend wurde im Entwicklungsplan (RBRV 2013: 49) als Ziel das „Antreiben der Transformation des ökonomischen Systems […] hin zum bolivarischen Sozialismus" formuliert, mit Hilfe dessen das immer noch vorherrschende „ölrentenbasierte Kapitalismusmodell" zugunsten eines sozialistischen Produktionsmodells überwunden werden soll. In Kontinuität zum vorhergehenden Plan bestehen konkrete Maßnahmen in der Gewährleistung der „Partizipation des Volkes" über die „Demokratisierung der Produktionsmittel" bei gleichzeitiger zentralstaatlicher Planung und ferner der Förderung, Ausweitung und Integration industrieller Anlagen und Produktionsketten, neuer Formen des *Co-Managements* und alternativer Formen der gerechteren Verteilung des produzierten Outputs (ebd.: 49–52).[118]

3.3.2.3 Problemdiagnose: Gefährdung der (inneren und äußeren) Souveränität, Problemlösung: Verteidigung der Bolivarischen Revolution, Herstellung einer pluripolaren Welt

Ebenfalls in Kontinuität zu den vorhergehenden Phasen betont der neue Entwicklungsplan die Relevanz der Souveränität und der nationalen Unabhängigkeit (vgl. Ziel I, RBRV 2013: 31–48). Der Souveränitätsbegriff wurde hierbei sehr weit gefasst und beinhaltet u. a. die „Konsolidierung der Bolivarischen Revolution", die Kontrolle über die Ölvorkommen, die „Nahrungsmittelsouveränität" sowie die Stärkung der Defensivkräfte des Landes und der zivil-militärischen Union.[119]

Ziel IV behandelt die Herstellung einer neuen geopolitischen Vorstellung, nämlich einer „multizentrischen und pluripolaren Welt" (RBRV 2013: 100–106). Diese Weltordnung soll v. a. über eine „Demontage des neokolonialen Systems imperialistischer Herrschaft" und die „Konstruktion einer lateinamerikanischen und karibischen Union" verwirklicht werden. Letzteres ist v. a. mittels der Stärkung der post-hegemonialen Organisationen in der der Region wie ALBA, *PetroCaribe,* CELAC und UNASUR angedacht.

Das abermals gestiegene außenpolitische Selbstbewusstsein zeigt sich besonders in Ziel III (RBRV 2013: 71–99), demzufolge Venezuela eine besondere Rolle in dieser neuen Weltordnung zukommt. Der Anspruch besteht nun nicht mehr nur darin, Venezuela in eine Energiemacht, sondern auch in eine soziale, ökonomische und politische Regionalmacht zu verwandeln.

3.3.2.4 Fazit: Kontinuitäten im chavistischen Sozialismusprojekt

Die Zielsetzungen des „zweiten sozialistischen Plan" folgten fast vollständig den Vorstellungen bzw. der Problemdiagnose und -lösung des verstorbenen Chávez. Ferner enthält der neue Plan keine signifikanten Neuerungen gegenüber dem vorhergehenden Wirtschafts- und Sozialplan 2007–2013 und stellt primär eine graduelle Weiterentwicklung zum Vorgängerplan dar. Tabelle 3.9, die die Leitlinien bzw. Zielsetzungen der Entwicklungspläne 2001–2007, 2007–2013 und

---

[118]Ferner erhielt der bolivarische Sozialismus eine ökologischere Ausrichtung. Ziel V des Planes betrifft die „Bewahrung des Lebens auf dem Planeten und die Rettung des Menschen" (RBRV 2013: 107–115). Hier finden sich Ähnlichkeiten zu den Konzepten des *Buen vivir* bzw. *Vivir bien*, die in den Nachbarländern Ecuador und Bolivien – zumindest diskursiv – eine größere Wirkung entfalteten.

[119]Die Betonung des letzten Punktes findet sich ferner in Maduro (2015).

2013–2019 vergleicht, verdeutlicht die graduellen Veränderungen in den Plänen und damit auch diejenigen der (wirtschafts-)politischen Zielsetzungen des Entscheidungspersonals.

Tabelle 3.9 Vergleich der Zielsetzungen bzw. Leitlinien der Entwicklungspläne 2001–2007, 2007–2013 und 2013–2019

Entwicklungspläne	Zielsetzungen bzw. „Leitlinien"
Líneas Generales del Plan de Desarollo Económico y Social de la Nación 2001–2007	5 Zielsetzungen: 1. Entwicklung einer produktiven Ökonomie bzw. eines produktiven Wirtschaftsmodells („Desarollar la Economía Productiva") 2. Erreichung sozialer Gerechtigkeit („Alcanzar la justicia social") 3. Konstruktion einer partizipativen Demokratie („Construir la democracia bolivariana") 4. Wirtschaftliche und soziale Förderung ländlicher Regionen („Ocupar y consolidar el territorio") 5. Stärkung der nationalen Souveränität und Förderung einer multipolaren Welt(-ordnung) („Fortalecer la soberanía nacional y promover un mundo multipolar")
Líneas Generales del Plan de Desarollo Económico y Social de la Nación 2007–2013 (Primer Plan Socialista)	7 Leitlinien: 1. Neue sozialistische Ethik („Nueva Ética Socialista") 2. Höchstes soziales Glück („La Suprema Felicidad Social") 3. Partizipative und revolutionäre Demokratie („Democracia Protagónica y Revolucionaria") 4. Sozialistisches Produktionsmodell („Modelo Productivo Socialista") 5. Neue nationale Geopolitik („Nueva Geopolítica Nacional") 6. Venezuela als globale Energiemacht („Venezuela: Potencia Energética Mundial") 7. Neue internationale Geopolitik: multipolare Weltordnung („Nueva Geopolítica Internacional")

(Fortsetzung)

Tabelle 3.9 (Fortsetzung)

Entwicklungspläne	Zielsetzungen bzw. „Leitlinien"
Plan de la Patria. Segundo Plan Socialista de Desarollo Económico y Social de la Nación 2013–2019	5 historische Zielsetzungen: 1. Verteidigung der Unabhängigkeit („Defender [...] la Independencia Nacional") 2. Sozialismus des 21. Jahrhunderts als Alternative zum Kapitalismus und Gewährleistung der größten Summe des gesellschaftlichen Glücks („socialismo [...] del siglo XXI [...] como alternativa al [...] capitalismo, [...] asegurar [...] la mayor suma de felicidad") 3. Verwandlung Venezuelas in eine soziale, ökonomische und politische Regionalmacht („Convertir a Venezuela en un País Potencia en lo social, lo económico y lo político dentro de [...] América Latina") 4. Neue internationale Geopolitik: multi- bzw. „pluripolare" Weltordnung („Nueva Geopolítica internacional, [...] mundo multicéntrico y pluripolar") 5. Ökologischer Sozialismus: ökologischeres Verhältnis zwischen Mensch und Natur („Preservar la vida en el planeta")

Quelle: Eigene Darstellung.

3.3.3 Analyse politischer und wirtschaftlicher Entwicklungen und Handlungsspielräume: zunehmende Autokratisierung als Antwort auf die politische und wirtschaftliche Krise

In der Folge werden die zentralen wirtschaftlichen und politischen Entwicklungen dieser Phase analysiert, um darüber die Handlungsspielräume des Entscheidungspersonals (1. Machtverhältnisse, 2. Ressourcenvorkommen, 3. Weltmarkteinbindung) zu beleuchten. Erst die Verbindung der (wirtschafts-)politischen Zielsetzungen mit den Handlungsspielräumen der Regierung Maduro ermöglicht eine adäquate Analyse der in dieser Phase erfolgten Wirtschaftspolitik.

3.3.3.1 Machtverhältnisse: Erosion des Machtblocks

Chávez war es während seiner Zeit als Präsident gelungen, die Machtverhältnisse im Land zugunsten der Regierung und der Bolivarischen Revolution zu verändern und das politische System auf seine Person bzw. die Position des Präsidenten zuzuschneiden. Obwohl die chavistische Partei PSUV in den Gouverneurswahlen am 15.10.2017 sehr gut abschnitt (Seelke/Nelson 2017: 10), was als Indiz für eine nach wie vor bestehende Unterstützung für die Regierung angesehen werden kann, begann die Macht des neuen Präsidenten Maduro jedoch relativ bald zu bröckeln. Sukzessive setzte sich „die Einsicht durch, dass für [...] Maduro die Schuhe von Hugo Chávez deutlich zu gross sind" (Maihold 2015). So fehlt dem neuen Präsidenten beispielsweise die einigende Kraft, die Chávez ausgezeichnet hatte und die es ihm ermöglichte, einen Konsens im chavistischen Lager und in der Bevölkerung zu generieren. Maduro hingegen vermag es nicht, die revolutionäre Einheit zu gewährleisten, daher sind deutliche Risse im chavistischen Block bzw. eine „Balkanisierung der chavistischen Macht" erkennbar (Anselmi 2017: 415). Das zeigt sich u. a. daran, dass unterschiedliche Fraktionen innerhalb des Chavismus unterschiedliche Richtungen und Strategien präferieren[120] (ebd.; Langer 2017: 31) und dass erste Abspaltungen zu verzeichnen sind. Z. B. bildete sich mit *Marea Socialista* eine neue Partei, die sich dem Chavismus zugehörig fühlt, aber der Regierung kritisch gegenübersteht (Reichenbach 2015: 5). Ein bedeutendes Mitglied dieser Partei, Jorge Giordani, war Weggefährte von Chávez, langjähriger Minister und Vordenker der sozialistischen Transformation (ebd.: 4–5). In einem öffentlichen Brief kritisierte er den neuen Präsidenten für dessen fehlende Führungskompetenz und für dessen inkonsistente und schlechte Wirtschaftspolitik (Giordani 2014). Angesichts dieser Entwicklungen und vor dem Hintergrund anhaltender wirtschaftlicher Probleme aufgrund stark gefallener Ölpreise (vgl. unten) charakterisiert Maihold (2015) die Regierung Maduro als „erschöpftes Revolutionsregime".

3.3.3.1.1 Machtposition der Exekutive: zunehmende Autokratisierung

Nichtsdestoweniger oder gerade aufgrund dessen regiert der neue Präsident zunehmen autoritär. Hinsichtlich der Herrschaftsstruktur griff Maduro auf ein altbewährtes Mittel zurück: das Regieren per Dekret (Primera 2013). Das mehrheitlich mit Chavisten besetzte Parlament gewährte Präsident Maduro 2013 Sondervollmachten, um die Korruption zu bekämpfen (Ramírez López 2017) und der Wirtschaftskrise im Land Herr zu werden, die von Maduro seither als „ökonomischer Krieg" interner und externer Mächte gegen seine Regierung bezeichnet wird (Maduro 2013, 2016). Zwei Jahre später gewährte das Parlament Maduro noch einmal die Möglichkeit zum Regieren per Dekret, diesmal als Reaktion auf die Wirtschaftssanktionen der USA (Ramírez López 2017).[121]

---

[120]Das zeigt sich z. B. im Kabinett Maduros, in dem sich viele Weggefährten Chávez' mit je eigenen wirtschaftlichen Interessen befinden (Langer 2017: 31).
[121]Zusammengezählt wurden auf Basis von vier Notstands- bzw. Ermächtigungsgesetzen unter Chávez 215 Dekret-Gesetze und unter Maduros zwei Notstands- bzw. Ermächtigungsgesetzen 98 Dekret-Gesetze erlassen (Ramírez López 2017).

Eine bedeutende Zäsur im Machtgefüge markierten die Parlamentswahlen des Jahres 2015, in denen das Oppositionsbündnis MUD (*Mesa de la Unidad Demócratica*) eine deutlichen Sieg errang. Präsident Maduro zeigte sich von Beginn an nicht gewillt, die neuen Machtverhältnisse zu akzeptieren, was schließlich in einem institutionellen Machtkampf mündete (Langer 2017: 31). Mithilfe der Judikative, deren Mitglieder mehrheitlich dem chavistischen Lager angehören, gelang es zunächst, eine Zweidrittelmehrheit der Opposition im Parlament zu verhindern (Seelke/Nelson 2017: 6). Dies war insofern von Relevanz, als eine solche Mehrheit der Legislative bedeutende Macht zugesichert hätte, so z. B. zu einer Neubesetzung der Judikative, zu dem Einleiten einer Verfassungsreform oder der Einberufung einer verfassungsgebenden Versammlung etc. (Núñez 2015). In der Folge blockierte die Judikative nicht nur diverse Gesetze des von der Opposition dominierten Parlaments, sondern versuchte ferner, sich selbst legislative Funktionen einzuverleiben (Seelke/Nelson 2017: 6; Langer 2017: 31). Infolge dessen machte sich der Unmut der Bevölkerung in teils gewaltsamen Protesten breit.

Um die institutionelle Systemblockade und die angespannte innenpolitischen Situation zu lösen, rief Maduro schließlich eine verfassungsgebende Versammlung ein und betraute sie mit der Ausarbeitung einer neuen Verfassung (Langer 2017: 31). Diese neu gewählte Versammlung, in der Anhänger Maduros die (überwiegende) Mehrheit bilden, wird von vielen Kritikern jedoch primär als undemokratisches Instrument des Präsidenten zur eigenen Machtsicherung interpretiert: Denn erstens entließ die verfassungsgebende Versammlung eine regierungskritische Generalstaatsanwältin, zweitens sicherte sie sich einen Sonderstatus oberhalb der anderen Staatsgewalten und drittens dekretierte sie sich legislative Funktionen, wodurch das oppositionelle Parlament faktisch entmachtet wurde (Seelke/Nelson 2017: 8–9). Mithilfe der neuen Verfassung sollen zudem die „neuen Subjekte der Volksmacht", u. a. die Kommunen und die Kommunalräte, Verfassungsrang erhalten (teleSur 2017). Da diese Basisorganisationen jedoch – wie oben erläutert wurde – direkt oder indirekt dem Präsidenten unterstehen, kommt dieser Schritt einer faktischen Machtausweitung der Exekutive gleich.

Die Opposition versuchte indessen, Maduro mittels eines Abwahlreferendums – eines der direktdemokratischen Instrumente, die in der Verfassung von 1999 verankert wurden (RBRV 2009: Art. 70) – abzusetzen. Dieses Vorhaben wurde jedoch von der Wahlgewalt, präziser: dem Nationalen Wahlrat (*Consejo Nacional Electoral*), der ebenfalls mehrheitlich mit Chavisten besetzt ist, blockiert (Seelke/Nelson 2017: 6; Langer 2017: 31). Kurzum: die Herrschaftsstruktur, die schon während der Amtszeiten Chávez' signifikant geschleift wurde, ist unter Maduro nicht mehr gewaltenteilig organisiert.

3.3.3.1.2 Verengung des Herrschaftszugangs und Ausweitung des Herrschaftsanspruchs

Auch in Bezug auf den Herrschaftszugang[122] zeigte sich die Regierung Maduro zunehmend undemokratisch. Bereits unter Vorgänger Chávez waren Wahlunregelmäßigkeiten zu verzeichnen. Corrales (2018) subsumiert hierunter u. a. Verstöße gegen die Verfassung, gegen die Objektivität von Wahlautoritäten und Wahlgesetzen, gegen die Registrierungen von Wählern, ferner den ungleichen Zugang zu staatlichen Ressourcen und Medien sowie Restriktionen beim passiven Wahlrecht etc. Corrales (ebd.) zählt während der Ära Chávez insgesamt 56 solcher „Unregelmäßigkeiten": „The Chávez period (1999–2013) is characterized by gradual and increased use of irregularities, of all types. […] In other words, Chávez left behind a highly compromised electoral system" (ebd.). Maduro verstärkte diesen Trend jedoch. In den fünf Jahren seiner Präsidentschaft, so Corrales (ebd.), ereigneten sich bereits 61 solcher Unregelmäßigkeiten. Besonders schwer wiegt für manche oppositionelle Führungsfiguren die faktische Aussetzung ihres passiven Wahlrechts. So wurden Leopoldo López, Henrique Capriles und Antonio Ledezma, allesamt Oppositionsführer, in der ein oder anderen Form daran gehindert, sich für Wahlen aufstellen zu lassen (Seelke/Nelson 2017: 10).

Auch bezüglich des Herrschaftsanspruchs lassen sich Kontinuitäten zu der Zeit Chávez' ausmachen. Denn Maduro führt im Sinne der Herstellung einer „kommunikativen Hegemonie" die chavistische Politik fort, staatliche Medien, d. h. (de facto) Regierungsmedien, zu gründen (Corrales 2015: 41). Während sich die Maduro-Administration die Loyalität der Medienanbieter v. a. mittels öffentlicher Unterstützungen sichert, hindert sie gleichzeitig Medien, die der Opposition nahe stehen, an ihrer Arbeit, z. B. über Geldstrafen wegen Korruption oder Verstößen gegen das Mediengesetz, dem Entzug von öffentlichen Werbeaufträgen und von notwendigen Devisen etc. (ebd.: 41–42). Im Jahr 2017 wurde von der verfassungsgebenden Versammlung zudem ein neues „Gesetz gegen den Hass" (VVBRV 2017) erlassen, das den Medien „Kriegspropaganda" und Mitteilungen, die „Intoleranz und Hass" fördern, verbietet (VVBRV 2017: Art. 13). In Oppositionskreisen wird jedoch befürchtet, dass hierüber die Meinungsfreiheit weiter untergraben und im Gegenzug die (Auto-)Zensur verstärkt wird (Balbi 2017). Das Gesetz folgt damit einer Reihe weiterer Gesetze, die aus Sicht der Opposition Freiheitsrechte beschneiden: 1. dem „Gesetz der sozialen Verantwortung" (*Ley de Responsabilidad Social en Radio, Televisión y Medios Electrónicos*) aus dem Jahr

---

[122]Der „Herrschaftszugang" widmet sich der „Auswahl der Regierenden". Entscheidend ist hierbei die Frage, ob ein universelles (freies, gleiches, allgemeines und geheimes) Wahlrecht existiert oder ob das Wahlrecht irgendwelchen Einschränkungen unterliegt, die den Zugang zu den politischen Entscheidungsebenen erschweren oder unterbinden (Merkel 2010: 22).

2004; 2. einer Reform des Strafgesetzbuchs 2005, die Beleidigungen gegenüber dem Präsidenten, Parlamentarier und öffentlicher Funktionäre verschärfte (Corrales 2015: 39); sowie 3. einem Gesetz zur Verteidigung der politischen Souveränität (*Ley de Defensa de la Soberanía Política y Autodetermincación Nacional*) des Jahres 2010, das venezolanischen Organisationen eine ausländische Finanzierung verbietet. Aus Sicht der Regierung dienen alle diese Gesetze der Unterbindung undemokratischer Aktivitäten seitens der Opposition. Letztere hingegen nehmen diese Gesetze vielmehr als eine schleichende Autokratisierung wahr und monieren, dass die chavistische Herrschaftsweise den Pfad rechtstaatlicher Prinzipien längst verlassen hat.

Der chavistische Machtblock ist in den Jahren der Präsidentschaft Maduros sukzessive erodiert, was nicht zuletzt mit den sich verringernden Renteneinnahmen zusammenhängt. Nichtsdestoweniger profitieren nach wie vor diverse Gruppierungen von der (Renten-)Politik der Regierung. Dazu gehören zum Beispiel nach wie vor die ärmeren Bevölkerungsteile. Hierzu zählt jedoch vor allem das Militär, das seit Beginn der Bolivarischen Revolution wichtige staatliche Ämter bekleidet und für die Lebensmittelversorgung zuständig ist. Daneben gilt das venezolanische Militär als *big player* im inzwischen ausufernden Schmuggel; der verteuerte Weiterverkauf preisregulierter Güter an die lateinamerikanischen Nachbarn „wird so zu einem zentralen Mechanismus der Rentenaneignung" (Peters 2019: 148). Diese illegalen Geschäfte, so wie auch der blühende Schwarzmarkthandel werden jedoch von der Regierung gedeckt, zumindest jedoch toleriert, um das Militär und andere einflussreiche Akteure nicht zu verprellen und stattdessen im Machtblock zu halten (ebd.: 146–148).

3.3.3.2 Ressourcen, Akkumulationsregime und Sozialpolitik: der Fluch des Öls

Akkumulationsdynamik, Ressourcen- und Sozialpolitik der Regierung Maduro folgen weitgehend derjenigen seines Vorgängers, denn die entscheidenden Weichenstellungen dafür wurden bereits unter Chávez gelegt. Das betrifft erstens die Verfügungsmacht der Exekutive über die Einnahmen aus dem Ölgeschäft und zweitens die klientelistische Verteilungspolitik zur Gewährleistung der eigenen Legitimation. Als folgenreich erwies sich schließlich drittens die extreme Abhängigkeit der nationalen Wirtschaft wie auch diejenige des Staates von den Einnahmen aus dem Ölgeschäft. Denn als ab dem Jahr 2014 der Ölpreis auf den internationalen Rohstoffmärkten zu sinken begann, verschlechterten sich die öffentlichen Einnahmen, was die gesamte venezolanische Wirtschaft und – in der Folge auch die Politik – in eine Krise stürzte.

3.3.3.2.1 Nachzeichnung der Entwicklung des Ressourcensektors

Parallel zum Einbruch des Ölpreises[123] 2014 sank aufgrund der stark ausgeprägten Abhängigkeit vom Rohstoff auch die venezolanische Wirtschaft dramatisch und schlitterte in eine Krise. Konkret: Die fallenden Ölpreise bedingten einen Einbruch der öffentlichen Einnahmen und – damit einhergehend – der öffentlichen Ausgaben und Investitionen, die in der Dekade zuvor eine stimulierende Wirkung auf die venezolanische Wirtschaft hatten entfalten können. So sank die „ökonomische Rente" des Öls gemessen am BIP von 33,5 % während der Jahre 2004–2009 auf 24,2 % in der Periode 2010–2014 (Arroyo Peláez/Cossío Muñoz 2015: 36). Und die öffentlichen Einnahmen aus der Ölproduktion gemessen am Gesamtwert aller öffentlichen Einnahmen fielen von 47,8 % während 2004–2009 auf 40,1 in den Jahren 2010–2014 (ebd.: 35). Folgerichtig sank das BIP-Wachstum beträchtlich und war seither jedes Jahr negativ, im Jahr 2014 lag es bei −3,9 %, 2015 bei −6,2 %, 2016 bei −16,5 % und 2017 bei (geschätzten) −12,9 % (Vera 2018: 88). In Tabelle 3.10 wird dieser Zusammenhang zu verdeutlichen.

Tabelle 3.10 Zusammenhang von Ölpreis, Wirtschafts- und Sozialpolitik und BIP-Entwicklung

Indikatoren	Jahr			
	2014	2015	2016	Nach 2016 keine gesicherten Zahlen mehr vorhanden
Entwicklung Ölpreis	↓	↓	↓	
Wirtschafts- und Sozialpolitik	teils expansiv, teils restriktiv	teils expansiv, teils restriktiv	teils expansiv, teils restriktiv	
BIP-Wachstum (%)	−3,9	−6,2	−16,5	

Quelle: Eigene Darstellung. BIP-Daten aus CEPAL (2016).

Konsequenz dieser wirtschaftlichen Entwicklungen war eine steigende öffentliche Neuverschuldung und eine steigende, bald unkontrollierbare Hyperinflation (vgl. unten). Ungeachtet dessen lassen sich weitere Faktoren ausmachen, die die venezolanische Wirtschaft belasten und eine wirtschaftlich positive Entwicklung zukünftig erschweren werden. Dies betrifft erstens die politisch motivierten

---

[123] Die Erklärungen hierfür sind vielfältig und reichen von Veränderungen in Angebot und Nachfrage, Währungsveränderungen bis hin zu spekulativen Bewegungen (Weltbank 2015b: 160–161; Flassbeck 2015a).

Außenbeziehungen. Denn Venezuela liefert verbilligtes Öl (unterhalb des Marktpreises bzw. zu Sonderkonditionen) an die karibischen (Partner-)Staaten im Rahmen *PetroCaribes* und ferner ALBAs (Arroyo Peláez/Cossío Muñoz 2015: 669). Zweitens blieben während der Zeit der Bolivarischen Revolution Investitionen in den Ölsektor weitgehend aus oder waren unzureichend, während sich ältere Ölfelder erschöpften. Folglich sank die Ölproduktion seit Mitte der 2000er kontinuierlich (Monaldi 2015: 10). Drittens nahmen auch der Export des Rohstoffs und damit die zentrale Einnahmequelle des venezolanischen Staates aufgrund eines steigenden heimischen Verbrauchs (Seelke/Nelson 2017: 11), aber auch aufgrund eines steigenden Schmuggels v. a. ins Nachbarland Kolumbien ab (ebd.: 30; Boza 2014: 38–46). Viertens sieht sich die staatliche Ölfirma PdVSA zudem mit diversen Problemen konfrontiert. Das Unternehmen ist hochverschuldet, kann die Produktionsziele nicht erfüllen und wurde aufgrund der Entlassungswelle nach dem Ölstreik des Jahres 2003 weitgehend entprofessionalisiert, politisiert und personell mit loyalen Mitarbeitern (v. a. Militärs) aufgebläht (Monaldi 2015: 13; Seelke/Nelson 2017: 29–30). Zusätzlich entzieht die grassierende Korruption dem Unternehmen finanzielle Ressourcen (Seelke/Nelson 2017: 29).

Die Regierung Maduro versucht angesichts der wirtschaftlichen Krise im Land und der fehlenden Produktivität PdVSAs, ausländische Investitionen anzuziehen. Hierfür wurden u. a. *joint ventures* im Energiesektor gestartet. Generell bemüht sich die Regierung aktuell darum, ein investitionsfreundlicheres Geschäftsklima, u. a. mit einer flexibleren Steuer- und Abgabengestaltung, zu errichten (Monaldi 2015: 13–14). Ferner intensivierte die Regierung die (neo-)extraktivistische Ausrichtung der Wirtschaft. Noch unter Vorgänger Chávez war angedacht worden, ein flächenmäßig sehr großes Territorium des Landes der Rohstoffausbeutung zu öffnen. Nach Chávez' Tod dekretierte Maduro 2016 schließlich eine „strategische nationale Entwicklungszone", den *Arco Minero de Orinoco* (Ruiz 2018: 130). Dieses Vorgehen stieß bei vielen Venezolanern auf Widerstand, da – so die Kritik – dieses Vorhaben die Biodiversität zerstören wird und zudem gegen diverse Artikel der Verfassung verstößt (Ruiz 2018). Zudem wurde moniert, dass transnationalen Unternehmen, die am *Arco Minero* partizipieren sollen, besondere wirtschaftliche Rechte, die mit den Zielen der Bolivarischen Revolution unvereinbar sind, eingeräumt werden (ebd.). In diesem Kontext hat die Regierung zudem weitere Gesetze erlassen, die ausländische Investitionen erleichtern und Sonderwirtschaftszonen im Land ermöglichen sollen (ebd.). Als Zwischenfazit kann damit festgehalten werden, dass Venezuela in den Jahren der Regierung Maduro zum einen die internationale Rolle als (abhängiger) Lieferant von Rohstoffen festigte, zum anderen jedoch aufgrund der Wirtschaftskrise einen wirtschaftsliberale(re)n Kurs einschlug.

3.3 Die Phase der sozialistischen Erosion unter Maduro ...

3.3.3.2.2 Klientelistische Sozialpolitik im Zeichen der Krise

Präsident Maduro versuchte, die unter Vorgänger Chávez betriebene klientelistische Ausgabenpolitik beizubehalten, die von Márquez Marín (2018) angesichts der voranschreitenden Autokratisierung im Land jedoch als „Klientelismus neuen Typus, den ‚autoritären Klientelismus'" bezeichnet wurde. Nichtsdestoweniger verminderten sich aufgrund der wegbrechenden Ölrente die öffentlichen Ausgaben, wodurch nicht nur der wirtschaftliche Abwärtstrend verstärkt wurde, sondern auch die Popularität des Präsidenten starke Einbußen zu verzeichnen hatte. Die Zustimmung zu Maduro betrug im August 2017 gerade noch 17 % (El Nacional 2017), im Frühjahr 2019 ca. 20 % (Straka 2019: 5). Unter Maduro wurde somit ein struktureller Trend fortgesetzt, der sowohl in der prä-chavistischen Ära als auch während der Amtszeiten Chávez' Bestand hatte: der Zusammenhang zwischen den öffentlichen Ausgaben einerseits und den Popularitätswerten des Präsidenten andererseits, die "zwei Seiten derselben Medaille" darstellen (Oliveros/Villamizar 2015: 6–9). Durch die krisenbedingt verengten fiskalischen Handlungsspielräume brach somit eines der zentralen Legitimationsinstrumente weg.

3.3.3.3 Weltmarkteinbindung und Wirtschaftspolitik: Venezuelas Wirtschaftskrise im Lichte der Außen- und Rohstoffabhängigkeit

Die Wirtschaftspolitik der Regierung Maduro kann im Rahmen dieser Arbeit auf zwei Merkmale reduziert werden: Erstens knüpft sie hinsichtlich der geld-, fiskal- und wechselkurspolitischen Programmatik weitestgehend an diejenige des Vorgängers Chávez an. Zweitens besteht Maduros hauptsächliches wirtschaftspolitisches Betätigungsfeld darin, die Folgen der Wirtschaftskrise abzumildern bzw. zu beherrschen, die fast seine komplette bisherige Amtszeit charakterisiert.

Im vorhergehenden Kapitel wurde nachgezeichnet, wie parallel zum rückläufigen Ölpreis die öffentlichen Einnahmen abnahmen. Als Folge dieser wegbrechenden Einnahmen stieg die öffentliche Neuverschuldung an. Die Neuverschuldung hatte bereits zu Zeiten Chávez' – v. a. in der zweiten, sozialistischen Phase – stark zu steigen begonnen, was sich unter Maduro fortsetzte. Während im Jahr 2005 noch ein Plus von 4,1 % gemessen am BIP verzeichnet werden konnte, kennzeichneten alle Folgejahre ein negatives und fast durchweg steigendes Negativwachstum: im Jahr 2006 -1,6 %, 2007 -2,9 %, 2008 -3,5 %, 2009 -8,8 %, 2010 -10,4 %, 2011 -11,6 %, 2012 -17,5 %, 2013 -16,9 %, 2014 -19,6 % und 2015 -20,2 % (Monaldi 2015: 8). Besonders in der Zeit vor der Präsidentschaftswahl 2012 stieg die öffentliche Neuverschuldung infolge der öffentlichen Ausgaben, die primär über eine Verdopplung des Geldangebots finanziert wurden, an (ebd.: 7)

– in diesem Kontext sei noch einmal angemerkt, dass die Kontrolle über die Zentralbank und die Geldpolitik bei der Regierung liegt. Die öffentliche (Gesamt-) Verschuldung stieg zwischen 2000 und 2012 – also in der Zeit Chávez' – von 28 % auf 58 % des BIPs. Unter Maduro stieg die öffentliche Schuldenlast weiter an, im Jahr 2018 ist sie bei 162 % des BIPs angekommen (IWF 2018a).

Der Rückgriff auf die Notenpresse wurde auch von Maduro vorgenommen, um das öffentliche Budget zu finanzieren (Seelke/Nelson 2017: 15). Die Folge davon war eine stark steigende Inflation, die bald in eine nicht mehr zu kontrollierende Hyperinflation mündete (ebd.). Bereits während der Amtszeit Chávez verzeichnete die Inflation stetige Auf- und Abschwünge, blieb jedoch weitgehend unter Kontrolle (alle Zahlen in der Folge aus IWF 2018b): Die höchsten Werte wurden z. B. während der Krisenperiode 2003 (31,1 %) und später 2008 (31,4 %) gemessen, konnten danach jedoch jeweils wieder gesenkt werden. Erst in der postchavistischen Ära lief die Inflation komplett außer Kontrolle: während sie 2013 noch bei 43,5 % lag und 2014 – im Jahr des beginnenden Ölpreisverfalls – bei 57,3 %, setzte ab 2015 (111,8 %) dann der rasante Abstieg ein, der sich 2016 auf 254,4 % und 2017 auf 1090 % belief (ebd.). Im Jahr 2018 wurde schließlich die Grenze von einer Millionen Prozent (1,37 Mio %) überschritten (IWF 2019).

Exkurs: Venezuelas Wirtschaftskrise und ihre Ursachen
Die (Hyper-)Inflation stellt gemäß World Economic Forum (2017: 306) den wichtigsten der „[m]ost problematic factors for doing business" dar, fügt sich jedoch in ein Bündel von Problemfaktoren ein, die die venezolanische Wirtschaft in die Krise gestürzt haben. Weitere Probleme sind z. B. Devisenbestimmungen bzw. -kontrollen, politische Instabilität, Korruption und bürokratische Ineffizienz (ebd.). Hausmann (2015) betont die Problematik von Preis- und Devisenkontrollen, die zentrale (preisliche) Informationen unterdrücken. Politisch festgesetzte niedrige bzw. „gerechte Preise" – ursprünglich implementiert, um der Inflation und Knappheiten zu begegnen (Vera 2018: 92) – haben eine Knappheit und Rationierung von Gütern bewirkt (Hausman 2015) und zu Schwarzmärkten und Schmuggel geführt (Vera 2018: 92–93). Devisenbestimmungen, d. h. ein politisch festgelegter Devisenpreis, lieferten angesichts des viel höheren Schwarzmarktpreises Anreize für Arbitragegeschäfte (Hausmann 2015) und Betrug (Sutherland 2018).

Ferner ist das venezolanische Wechselkurssystem äußerst kompliziert und nachteilhaft organisiert. Zurzeit existieren faktisch drei verschiedene Wechselkurse: ein staatlich festgelegter Kurs, der bei 10 *Bolivares Fuertes* (BSF) pro Dollar liegt und für Importe von Gütern, die als wichtig erachtet werden (Lebensmittel, Medikamente), vorgesehen ist. Ein zweiter, ebenfalls staatlich reglementierter Kurs, der für alle sonstigen privaten Transaktionen vorgesehen ist, liegt bei ca. 720 BSF pro Dollar (Langer 2017: 30). Und schließlich ein dritter Kurs, nämlich der des Schwarzmarktes, der sich – Stand 01.05.2018 – auf 621.498, 49 BSF pro Dollar (Dolartoday 2018) beläuft.[124] Die enorme Differenz zwischen den offiziellen Kursen und dem des Schwarzmarktes hat einen außerordentlich starken Anreiz für Arbitragegeschäfte bewirkt (Langer 2017: 30). Denn die Devisen, die zu den staatlich reglementierten Kursen erworben werden, können mit „Superprofiten" am Schwarzmarkt wiederverkauft werden (Weisbrot 2016).[125]

Das Wechselkursregime hat jedoch noch einen weiteren – tiefergehenden und länger zurückreichenden – Nachteil: Das Festkurssystem war nicht in der Lage, die Inflation zu bändigen, sondern bewirkte vielmehr eine Überbewertung der nationalen Währung, die wiederum die Wettbewerbsfähigkeit der heimischen Unternehmen verschlechterte (Vera 2018: 89). Dieses Phänomen der „holländischen Krankheit" wird der venezolanischen Wirtschaft auch von vielen Autoren diagnostiziert (Álvarez 2013: 309; Scaglione 2008: 67; Selman/Fornet 2014: 6; Berger 2015: 3). Vera (2018) und Corrales (2017) verweisen auf eine weitere nachteilhafte Entwicklung auf der Ebene der Produktion. Durch Nationalisierungen vormals privater Firmen entstanden öffentliche Unternehmen, die sich durch Führungsinkompetenz und eine fehlende öffentliche Aufsicht auszeichnen, wodurch zentrale Marktanreize (Produktivität, Effizienz) ausgehebelt wurden (Corrales 2017). D. h. diese Firmen waren und sind nicht produktiv genug und daher im internationalen Wettbewerb nicht überlebensfähig (Vera 2018: 91–93). Verstaatlichungen führten im privaten Sektor auch zu der Sorge vor einem fehlenden Respekt hinsichtlich des Eigentums an Produktionsmitteln, Rechtssicherheit und Rentabilitätsfragen (ebd.: 91), was private Investitionen unterminierte. Darüber hinaus erwies sich die politische Reaktion der Regierung Maduro auf steigende Außenverschuldung, Schuldendienst und Kapitalflucht als problematisch und folgenreich. Denn indem die Regierung die Importe, die währen der Revolutionsjahre rasant angestiegen waren (Sutherland 2018: 145–147), stark

---

[124] Im August 2018 erfolgte aufgrund der ausufernden Inflation eine Währungsreform. Gegenüber dem Nominalwert der alten Währung wurden bei der neuen Währung, dem *Bolívar soberano*, fünf Nullen gestrichen (Salmerón 2018). Nichtsdestoweniger ist die Inflation seither wieder enorm gestiegen.

[125] Weisbrot (2016) erkennt einen Zusammenhang zwischen der Inflation und dem Wechselkurssystem bzw. dem Schwarzmarkt: „The black market for the dollar is especially destructive because it is part of an inflation-depreciation spiral that has been growing since the fall of 2012. When the price of a dollar on the black market rises, importers must pay more for the dollars that they need, and this increases inflation. But then the higher inflation encourages more people to buy dollars on the black market, as a store of value. This pushes up the black market dollar price, which increases inflation, in a continuing spiral."

beschnitt, fehlten der heimischen Wirtschaft fortan wichtige Input- und Kapitalgüter sowie Rohstoffe, woraufhin die nationale Produktion einbrach (Vera 2018: 89).

Eine anders geartete Problematisierung wurde im Rahmen des Neo-Extraktivismus-Forschungsansatzes herausgearbeitet. Demgemäß wird der Fokus der Analyse auf die sektorale Ausgestaltung der Wirtschaft gelenkt und – darauf basierend – die Art der Weltmarkteinbindung thematisiert. Konkret: Die linken Regierungen setzen auf eine Intensivierung der Rohstoffextraktion bei anschließendem Export. Die resultierenden Einnahmen ermöglichten zwar eine – temporär – expansive Sozialpolitik und damit eine Verringerung der Armutszahlen, bedingten aber eine Verstetigung der traditionellen bzw. strukturellen Abhängigkeiten (als Rohstofflieferant) und damit auch eine Abhängigkeit von den (Preis-)Volatilitäten an den internationalen Rohstoffmärkten (Gudynas 2011b; Gudynas 2012; Svampa 2012; Brand/Dietz 2014; Stefanoni 2012). Der sozialistische Charakter des bolivarischen Projekts wird daher z. B. von Sutherland (2018) und Lander (2018) in Zweifel gezogen. Sie sehen im Wirtschaftsmodell der Ära Chávez primär eine Neuauflage des distributiven Rentenmodells, das bereits unter Präsident Carlos Andrés Pérez Bestand hatte.

Von Seiten der Regierung wird die Verantwortung für die Wirtschaftskrise hingegen (ausschließlich) bei der Opposition – spezifischer: bei einer „parasitären Bourgeoisie" und den USA gesehen (Maduro 2013: 11–12, 32) –, die einen „Wirtschaftskrieg" („guerra económica") gegen Venezuela führen, um die Kontrolle über den Ölreichtum des Landes wiederzugewinnen (ebd.: 15). Mit dieser Begründung und ferner, um der Korruption im Land Herr zu werden, ließ sich Maduro 2013 vom Parlament Sondervollmachten zubilligen. Anhänger der Regierung sehen die Inflation – definiert als „Manipulation oder Kontrolle von Preisen" (Boza 2014: 7) – zudem als Instrument von mächtigen wirtschaftlichen Gruppen zur Selbstbereicherung (ebd.: 6–26). Der „Wirtschaftskrieg" als Krisennarrativ wurde von Präsident Maduro bis zum heutigen Tag (Stand 15.03.2019) beibehalten und gelegentlich modifiziert. So bezeichnete er einen landesweiten Stromausfall im März 2019 als einen von den USA initiierten „Stromkrieg" (Maduro 2019), während die Opposition auf eine defizitäre Instandhaltung des für die Stromgewinnung zuständigen Wasserkraftwerks verwies (Bermúdez 2019).

Wiewohl alle der dargestellten Faktoren zu einer Erklärung der Krise beitragen, sollten zwei Aspekte betont werden: Erstens vernachlässigen diese Krisenerklärungen einen (innen-)politischen Faktor, der die eben skizzierten wirtschaftlichen Entwicklungen und Probleme zur Folge hatte. Konkret geht es um die Notwendigkeit zur kurzfristigen Legitimation, was durch den Chavismus und v. a. das ‚neue', partizipative politische System intensiviert wurde. Die Literatur zum

3.3 Die Phase der sozialistischen Erosion unter Maduro ...

Neo-Extraktivismus betont zwar, dass die Linksregierungen über eine expansive Sozialpolitik auch die eigene Legitimation steigern, verkennt aber die Tiefe des legitimatorischen Notwendigkeitsproblems. Eine integrale Analyse der Krise sollte daher ökonomische und politische Faktoren in einer politökonomischen Krisenbetrachtung zusammenführen.

Zweitens vernebeln die Krisenerklärungen die Tatsache, dass die von der Regierung Chávez gemachten Schritte zur Umsetzung einer sozialistischen Wirtschaft bzw. eines „sozialistischen Produktionsmodells" durch die Art der Weltmarkteinbindung und der damit einhergehenden Problemlogik der holländischen Krankheit faktisch zeitgleich konterkariert wurden. Den Kritiken von Sutherland (2018) oder Lander (2018) ist insofern zuzustimmen, als der momentane Revolutionskurs keine Verwirklichung des Sozialismus, sondern vielmehr eine Neuauflage der Rentenökonomie der 1970er Jahre darstellt. Jedoch verkennen beide Autoren, dass es sehr wohl Schritte und Maßnahmen der Regierung gab, die als ‚sozialistisch' definiert werden können. Der entscheidende Punkt ist, dass parallel dazu das ölbasierte Rentenmodell beibehalten und intensiviert wurde, was wiederum zu der holländischen Krankheit führte und dadurch die erfolgten Schritte in Richtung Sozialismus unterminierte.

In der folgenden explizit politökonomischen Krisenanalyse wird das Zusammenspiel von politischen Faktoren – einem hohen Legitimationsdruck der Regierung, der auf dem neuen partizipativen politischen System beruht und Anreize Richtung der Generierung kurzfristiger finanzieller Ressourcen mit distributiver Funktion bedingte – und ökonomischen Faktoren – die Art der Weltmarktintegration inklusive der währungspolitischen Folgen für die heimische Produktion – beleuchtet. Dieses Zusammenspiel legte nicht nur den Grundstein für die aktuelle Krise des tradierten Rentenmodells, sondern auch denjenigen für die lang vorher einsetzende Krise des sozialistischen Produktionsmodells. Die hier dargelegte Argumentation wurde vom Autor bereits anderweitig ausgeführt (Peresson 2019).

Aufgrund diverser Faktoren stand und steht die chavistische Regierung unter einem besonderen legitimatorischen Druck: Erstens zeichnen sich Rentengesellschaften generell durch „eine klientelistische Versorgungsmentalität und Erwartungshaltung" (Boeckh 2011a: 400) aus. Das trifft auch für den venezolanischen Fall zu, und zwar nicht erst seit der bolivarischen Ära, sondern bereits zuvor (ebd.; Álvarez 2013: 322). Zweitens wurden diese Erwartungen von der Regierung Chávez durch eine auf die Spitze getriebene Erneuerungssymbolik weiter angeheizt. Dazu zählten das im Wahlkampf gemachte Versprechen einer „Neugründung" („refundación") und einer „Wiedergeburt" („resurreción") (Chávez 1999), der Amtsschwur auf die „todgeweihte Verfassung" der IV. Republik (Werz 2007: 7) und im Gegenzug die Ankündigung einer neuen, V. und offiziell „Bolivarisch" betitelten Republik sowie die Modifikation der Landesflagge und des nationalen Emblem (Zúquete 2008: 111). Die Erwartungen wurden drittens dadurch befeuert, dass die Präsidentschaftswahlen 1998 u. a. mit der „Politisierung der sozialen Ungleichheit" (Burchardt 2011: 428) und dem Thema Armut (Chávez 2014: 27) geführt und gewonnen wurde. Mit bzw. ab dem Wirtschafts- und Sozialplan des Jahrs 2001 wurde die Sozialpolitik dann auch als „eigenes strukturdeterminierendes Politikfeld verstanden" (Burchardt 2011: 429). Durch soziale Programme und subventionierte Produkte wurde die Erwartungshaltung in der Bevölkerung damit noch einmal erhöht, wodurch ein potentieller Kurswechsel der fiskalischen Prioritäten Richtung mehr produktiver Ausgaben (zum Aufbau industrieller Zweige) bedeutend erschwert wurde (Ellner 2015b).

Viertens sorgte das neue politische System, die „partizipative und protagonische Demokratie", für eine erhöhte politische Aufmerksamkeit in der Bevölkerung. Das hat zum einen mit den folgenden, partizipativen Mechanismen des neuen Demokratietypus zu tun: 1. Formen direkter Demokratie wie z. B. Referenden, Volksbefragungen, Abwahlreferenden, gesetzgeberische Initiativen, offene Stadtratssitzungen etc. (RBRV 2009: Art. 70); 2. Formen kommunaler Autonomie und Selbstverwaltung, d. h. einer graduellen Errichtung eines kommunalen Staates (Briceño/Maingon 2015); 3. alternativen Formen von Bürgerkontrolle gegenüber den politischen Autoritäten, die sich in der Gründung von zwei neuen Staatsgewalten manifestierte: der Bürgergewalt und der Wahlgewalt (RBRV 2009: Art. 273–283, Art. 292–298); sowie 4. der Ausweitung von Menschrechten, d. h. zivilen, politischen, sozialen, kulturellen, ökonomischen, indigenen und ökologischen Rechte (RBRV 2009: Titel III, Kapitel 3 bis 9). Zum anderen zeigte sich die Forcierung politischer Aufmerksamkeit, die mit dem neuen politischen Modell einherging, in einer Vielzahl von Bürgerbefragungen und Wahlen. Überblickshalber werden an dieser Stelle einige davon während der Präsidentschaft Chávez' aufgezählt, jedoch nur diejenigen, die es aufgrund des neuen politischen Modells gab: Referendum über eine verfassungsgebende Versammlung (25.4.1999), Wahlen zum Personal für die verfassungsgebende Versammlung (25.06.1999), Referendum über neue Verfassung (15.12.1999), Bestätigungswahlen über alle öffentlichen Posten (*megaelecciones,* 30.06.2000), Befragung über präsidentielles Abwahlreferendum (12.09.2003), präsidentielles Abwahlreferendum (15.08.2004), Referendum über eine Verfassungsreform (02.12.2007), Referendum über Verfassungsänderung (15.02.2009).

Ein weiteres Element des neuen politischen Systems betrifft, fünftens, den hohen Grad an Mobilisierung. Das war nicht nur 1. Folge des eben skizzierten partizipativen politischen Modells; sondern 2. auch Folge von Chávez' permanenter

3.3 Die Phase der sozialistischen Erosion unter Maduro ...

Aufforderung an die venezolanische Bevölkerung, aktiv an den Transformationsprozessen und dem Aufbau des Sozialismus des 21. Jahrhunderts mitzuwirken, da Letzterer „täglich konstruiert werden muss" (zit. nach: Wilpert 2006). Ferner hing das 3. mit der Politisierung fast aller Lebensbereiche zusammen. Es wurde im Rahmen dieser Arbeit bereits nachgezeichnet, wie sich die Bolivarische Revolution in den Staat, die Wirtschaft, die Bildung, die Streitkräfte und den Mediensektor einschrieb und ferner den Anspruch erhob, eine „neue sozialistische Ethik" (Leitlinie1, RBRV 2008: 9) zu schaffen. Der hohe Mobilisierungsgrad speiste sich zudem 4. in entscheidender Weise aus der stark polarisierten und aufgeheizten politischen Kultur und einem daraus resultierenden und von der Regierung instrumentalisierten Alarmismus (Kestler 2009: 192). Denn der von der Regierung betriebene diskursiv-rhetorische Kampf gegen die chavistischen Feindbilder und deren vermeintliche Umsturzbemühungen machte einen unaufgeregten bzw. normalen Politikalltag nahezu unmöglich und sorgte für einen fast durchgehenden diskursiven Ausnahmezustand.

Damit hängt sechstens zusammen, dass diese Gefahren einer realen Grundlage nicht entbehrten. Die Konfliktperiode der frühen Jahre der Bolivarischen Revolution, die im Putschversuch 2002 und einem Generalstreik desselben Jahres gipfelte, verdeutlichte, dass die Regierung einer Opposition gegenüberstand, die die demokratischen Spielregeln – zumindest in Teilen – nicht zu respektieren bereit war (de Beaugrande 2008: 22). Daraus ergab sich für die Regierung ein besonderer Druck, die Bevölkerung auf ihre Seite zu ziehen und bzw. oder neue Anhänger zu generieren.

Schließlich spielte diesbezüglich siebtens auch eine Rolle, dass die Opposition selbst, wie der Wahlkampf 2012 und das Programm des Oppositionskandidaten Capriles zeigte, auf eine Verstetigung des Rentenmodells setzte und eine Verdopplung der Ölförderung versprach (Lander 2018: 40). Da die Maduro-Administration davon ausgehen musste, dass dieser Aspekt in der Bevölkerung als oppositionelles Versprechen nach hohen öffentlichen Rentenausgaben interpretiert werden musste, waren für die Regierung – qua präemptiver Logik – starke Anreize gegeben, die Rentenökonomie fortzuführen. Und das trotz anderslautender Äußerungen Chávez' (2012b: 4, 9, 18) und obwohl zu diesem Zeitpunkt bereits die wirtschaftlichen Probleme, die sich aus dem Rentenmodell ergeben hatten, deutlich sichtbar waren.

Aufgrund dieser sieben skizzierten Faktoren stand und steht die chavistische Regierung unter einem besonderen Druck zu einer kurzfristigen Legitimation. Obwohl die venezolanische Führung über diverse Mittel der Generierung von Legitimation verfügte (präsidentielles Charisma, eine Politik der Wertschätzung und Aufmerksamt für die vormals marginalisierten Teile der venezolanischen

Bevölkerung, eine gezielte Gegen- bzw. Feindbildpflege, mittels derer der Effekt des *rally around the flag* erzeugt werden konnte), stellte die Rentenverteilung bzw. materielle Versorgung der Bevölkerung das wichtigste dieser Mittel dar. Das liegt primär in der Tatsache begründet, dass die Mehrheit der venezolanischen Bevölkerung ihre Wahlentscheidung nach materiellen bzw. ökonomischen Gesichtspunkten trifft (Corrales/Hidalgo 2013: 69–70; Corrales/Penfold 2015: 26; Pérez 2012; Nadeau et al. 2012).

Daher waren für die Regierung rationale Anreize gegeben, kurzfristige und – angesichts wachsender Forderungen – steigende Einnahmen, d. h. Wirtschaftswachstum, zu generieren, um der materiellen Befriedung der Bevölkerung nachkommen zu können. Die Chávez-Administration hatte ihre sozialistischen Zielsetzungen nahezu komplett unter dieses kurzfristige Ziel – Wirtschaftswachstum – untergeordnet (Álvarez 2013: 327). Der 2003 einsetzende Rohstoffboom erwies sich diesbezüglich als zweischneidiges Schwert. Denn einerseits füllten sich dadurch die öffentlichen Kassen. Andererseits hatten die daraus resultierenden Ausgaben primär konsumtiven, d. h. nicht-investiven, Charakter (Álvarez 2013: 292, 312; Ellner 2015b). Doch auch die von der Regierung getätigten investiven Ausgaben, z. B. diejenigen für das sozialistische Produktionsmodell und die kommunale Wirtschaftsdemokratie, erzielten nicht die gewünschten Erfolge, waren nicht ausreichend oder schlicht ineffektiv (Peters 2019: 135–136; Zelik 2019: 6; Wilpert 2007: 78; Pezzella Abilahoud 2011b). Auch die Zahlen des von der Regierung geförderten Agrarsektors sind ernüchternd (Álvarez 2013: 312–322). Folglich konnten weder produktive Zweige aufgebaut oder gehalten noch Produktivitätsfortschritte erzielt werden, die die Wettbewerbsfähigkeit der heimischen Unternehmen im internationalen Wettbewerb gestärkt hätte. Die dem zugrunde liegende Grundproblematik besteht in der geringen bzw. rückläufigen Produktivität nahezu aller Wirtschaftssektoren des Landes (Peters 2019: 134–139), inzwischen sogar derjenigen des Rohstoffsektors (Monaldi 2015: 10–13). Die defizitäre Produktivitätsentwicklung ist jedoch nicht ausschließlich der chavistischen Wirtschaftspolitik geschuldet, sondern stellt – mit Ausnahme des Rohstoffsektors – vielmehr ein strukturelles, seit den 1980er Jahren bestehendes Problem Venezuelas dar (Dachevsky/Kornblihtt 2017: 86). Darüber darf der während der Bolivarischen Revolution erfolgte Einbruch der Produktivität nicht hinwegtäuschen. Jedenfalls resultierte daraus eine rückläufige Wettbewerbsfähigkeit der venezolanischen Unternehmen im globalen Wettbewerb, die jedoch, solange der Rohstoffboom anhielt und die damit einhergehenden Einnahmen (weiter-)flossen, weitgehend ignoriert werden konnte. Ferner vergrößerte sich dadurch die Abhängigkeit vom Erdöl.

3.3 Die Phase der sozialistischen Erosion unter Maduro ...

Dies geschah allerdings zu einem hohen Preis. Denn das während der Boomjahre erzielte Wirtschaftswachstum basierte, wie oben detailliert nachgezeichnet wurde, in erster Linie auf dem Energiesektor des Landes, der jedoch einer Enklavenökonomie mit geringen Verbindungen zu den restlichen Wirtschaftszweigen gleichkam (Álvarez 2013: 291). Damit war das Land in eine folgenreiche Abhängigkeit von den Dynamiken und Preisbewegungen an den internationalen Rohstoffmärkten geschlittert.

Diese Entwicklung wurde durch die holländische Krankheit noch einmal verstärkt. Die Logik dieses Phänomens lässt sich wie folgt erläutern: V. a. seit dem Jahr 2003 bedingten die globale Konjunktur und damit die Nachfrage nach Energieträgern stark steigende internationale Rohstoff- und Ölpreise (CEPAL 2013: 55). In der Folge floss eine große Anzahl von Devisen (Dollar) nach Venezuela, die eine reale Aufwertung und aufgrund der vergleichsweise hohen Inflationsrate eine Überbewertung der Währung, des *Bolívar*, bedingten (Alvarez 2009: 226–227; Lampa 2016: 8–14). Dies wiederum führte zu einem weiteren Verlust von preislicher Wettbewerbsfähigkeit der venezolanischen Wirtschaft außerhalb des Rohstoffsektores, wodurch sich die Abhängigkeit vom Öl abermals verstärkte. Mit den Devisen aus dem Ölhandel wurden die Produkte, die im Inland aufgrund der fehlenden Wettbewerbsfähigkeit nicht mehr hergestellt wurden, eingeführt, was jedoch einem Teufelskreis gleichkam: „Wir importieren, weil wir nicht produzieren und wir produzieren nicht, weil wir importieren" (Álvarez 2013: 309).

Die Bekämpfung der holländischen Krankheit und eine Überwindung der Abhängigkeit vom Erdöl gestalteten sich angesichts der partizipativen Demokratie inklusive der rentengesellschaftlichen Erwartungshaltung als überaus schwierig.[126] Die Abhängigkeit vom Öl und daher von den Preisentwicklungen und -volatilitäten an den internationalen Rohstoffmärkten, eine für die Regierung

---

[126] Grundsätzlich hätten dazu massive Investitionen in die nicht rohstoffbasierten Wirtschaftszweige getätigt werden müssen, um eine Steigerung der Produktivität Letzterer erzielen zu können. Eine stärker investive Verwendung der Renteneinnahmen hätte jedoch die Verteilungsspielräume der Regierung verringert und angesichts des rentengesellschaftlichen Charakters der venezolanischen Bevölkerung vermutlich zu einer sinkenden Zufriedenheit geführt. Eine Bearbeitung der wirtschaftlichen Probleme hätte auch über währungspolitische Schritte erfolgen können. Um die Überbewertung der Währung zu bekämpfen, hätte beispielsweise eine Abwertung erfolgen können. Die (Aufrechterhaltung der) Überbewertung der Währung war jedoch zum Teil der Regierung selbst geschuldet. Denn sie verband damit die Zielsetzung, die Inflation einzudämmen und Importe (Kapital- und Konsumgüter) billig zu halten (Peters 2019: 139). Eine Abwertung wäre daher mit hohen politischen Kosten – konkret: rückläufigen (öffentlichen) Einnahmen, einer potentiell importierten Inflation und negativen Verteilungseffekten (verteuerte Importe, sinkender Lebensstandard) – verbunden gewesen.

„exogene Variable" (Chávez 1999), prägt daher in signifikanter Weise die Wirtschaftsstruktur Venezuelas. Schwankende Ölpreise, die damit einhergehenden Effekte auf den Wechselkurs und die heimische Wettbewerbsfähigkeit erschwerten die zeitintensive Planung, Finanzierung und Umsetzung international wettbewerbsfähiger Wirtschaftszweige außerhalb des Rohstoffsektors. Genau das wäre jedoch zur Umsetzung eines „sozialistischen Produktionsmodells" notwendig gewesen. Die intensivierte Abhängigkeit vom Öl bedingte damit auch eine Abhängigkeit von exogenen kapitalistischen Dynamiken und Akteuren. Folgerichtig kann – wie es der Neo-Extraktivismus betont – von einer subalternen Integration in den Regional- und Weltmarkt gesprochen werden (Gudynas 2011b).

Die aktuell andauernde Wirtschaftskrise in Venezuela ist daher nicht primär eine ‚Krise des Sozialismus', einer sozialistischen Wirtschaft oder einer damit zusammenhängenden Wirtschaftspolitik, sondern vielmehr die Krise der traditionellen venezolanischen Rentenökonomie. Zwar verschlimmerte die Regierung Maduro mit ihren wirtschaftspolitischen Reaktionen die Krise. Z. B. bedingten die Importkürzungen letztendlich einen Kollaps der nationalen Wirtschaft[127] (Vera 2018: 89) und das Anwerfen der Notenpresse als Reaktion auf fallende Ölpreise und Einnahmen führte zu Hyperinflation. Auch die hierauf erfolgte Reaktion, das „Gesetz für faire Preise", war insofern kontraproduktiv, als dieses Gesetz die Gewinnspannen der Unternehmer schmälerte, damit Produktions- und Investitionsanreize untergrub und ferner den Schwarzmarkt und Schmuggel befeuerte (Vera 2018: 92–93). Nichtsdestoweniger waren die von der Regierung ergriffenen

---

Letzteres zeigte sich z. B. 2010, als sich die Regierung genötigt sah, eine solche Abwertung vorzunehmen. Um die negativen Verteilungseffekte abzumildern, führte die Regierung Preiskontrollen ein (Boeckh 2011a: 419). Diese Kontrollen schufen jedoch wiederum neue Probleme, nämlich Güterknappheit, Schmuggel und Arbitragegeschäfte etc. Ferner bewirkte die Abwertung einen (erneuten) Anstieg der Inflation und darüber eine (erneute) reale Aufwertung (Lampa 2016: 13) und Überbewertung. Auch eine Veränderung des Wechselkurssystems – weg von einem festen und hin zu einem freien Wechselkurs – wäre problematisch gewesen, denn die Logik der holländischen Krankheit entfaltet auch im Kontext freier Wechselkurse ihre destruktive Wirkung.

[127]Die anhaltende Wirtschaftskrise zeigt sich nicht an allen sozioökonomischen Indikatoren. So konnte die Arbeitslosenquote z. B. auf einem moderaten Stand gehalten werden, zwischen 2013 (7,8 %) und 2016 (7,3 %) blieb sie auf fast demselben Wert (CEPAL 2018b). Eine Verbesserung konnte bei der Ungleichheit gemessen am GINI-Koeffizient erzielt werden, zwischen 2013 (0,409) und 2015 (0,381) sank dieser Wert. Auch der Mindestlohn stieg in dieser Phase nominell rasant, nämlich von 3.880 *Bolivares* (2013) auf 232.531 *Bolivares* (2017). Jedoch frisst die parallel verlaufende, vollkommen unkontrollierbare Inflation den Anstieg des Mindestlohns sofort wieder auf (Prosprev 2017; Sutherland 2018: 150–151). Aktuelle und verlässliche Zahlen zu Armutsentwicklung, die stark gestiegen sein dürfte, liegen zurzeit nicht vor.

3.3 Die Phase der sozialistischen Erosion unter Maduro ...

Schritte in Richtung eines sozialistischen Alternativmodells durch die Verstetigung und Intensivierung des traditionellen Rentenmodells zu diesem Zeitpunkt konterkariert worden. Obwohl die Öleinnahmen von zentraler Relevanz für die sozialistischen Maßnahmen auf nationaler Ebene (das sozialistische Produktionsmodell) und auf regionaler Ebene (v. a. ALBA) waren, wurde zeitgleich und paradoxerweise die Rentenökonomie perpetuiert und sogar intensiviert. Daher war der Sozialismus des 21. Jahrhunderts als Alternativprojekt bereits lange vor der akuten Wirtschaftskrise gescheitert (Peresson 2019: 162–163). Denn konkrete Ziele der Regierung wie die „endogene Entwicklung", das „sozialistische Produktionsmodell", die anvisierte Diversifizierung der Wirtschaft, „Nahrungsmittelsouveränität", (nachhaltige) soziale Verbesserungen und die Herstellung einer multipolaren Weltordnung wurden dadurch maßgeblich unterminiert. So war z. B. das anti-kapitalistische und gegenhegemoniale Regionalprojekt ALBA de facto von Beginn an von venezolanischen Öleinnahmen, d. h. von einer kapitalistischen Akkumulationsdynamik, abhängig. Auch andere ‚sozialistische' Regierungen der Region wie beispielsweise diejenigen Boliviens und Ecuadors gründeten ihren Erfolg auf der Rohstoffausbeutung im Kontext hoher internationaler Preise (Stefanoni 2012). Paradoxerweise wurde dadurch jedoch genau das konsolidiert, was ursprünglich transformiert werden sollte: die eigene Rolle als Lieferant von Rohstoffen, die subalterne Weltmarktintegration und – genereller – die kapitalistische Weltordnung.

Der Zyklus der Linksregierungen scheint erschöpft zu sein, die posthegemoniale Phase neigt sich dem Ende. Die Linkswende, die mit Chávez' Wahlsieg begann und zwischenzeitlich einen Großteil Lateinamerikas bestimmte, ebbte in den letzten Jahren durch die Regierungswechsel in Argentinien, Brasilien und Ecuador ab. ALBA und die damit einhergehenden Projekte und Initiativen, die allesamt von venezolanischem Kapitel abhingen, spielen heute faktisch keine Rolle mehr (Benzi 2017). Zudem entwickelte sich u. a. bedingt durch die US-Sanktionen gegenüber Venezuela eine Abhängigkeit von den neuen Geldgebern Russland und China (Seelke/Nelson 2017: 13–14). Gerade China scheint jedoch nicht unbegrenzt dazu bereit zu sein, Venezuelas monetäre Restriktion mit Krediten abzumildern (ebd.: 13).

3.3.4 Fazit der Phase der sozialistischen Erosion unter Maduro: Niedergang des Chavismus und des Sozialismus des 21. Jahrhunderts vor dem Hintergrund einer krisenhaften Entwicklung der politischen Kultur und sich verringernder Handlungsspielräume

Die politische Kultur Venezuelas ist seit dem Amtsantritt Maduros durch eine Verstetigung und abermalige Intensivierung der politischen Polarisierung gekennzeichnet. Die identitätspolitischen Antagonismen, die bereits unter Chávez Bestand hatten, wurden unter Nachfolger Maduro nicht nur aufrechterhalten, sondern verstärkt. Die Feindbilder der Bolivarischen Revolution werden wie unter Chávez stets diskursiv ‚gepflegt' und zur eigenen Legitimation instrumentalisiert. Generell kann in dieser Phase ein erneuter Radikalisierungsschub der Regierung, dieses Mal vor allem in eine autoritäre Richtung, ausgemacht werden. Damit befindet sich das Land in einer tiefen Krise mit geringen Aussichten auf einen friedlichen Ausweg.

Hinsichtlich der (wirtschafts-)politischen Zielsetzungen wurden unter der Regierung Maduro keine signifikanten Änderungen gegenüber dem unter Vorgänger Chávez eingeschlagenen Entwicklungskurs vorgenommen. Die Transformation des nationalen, regionalen und internationalen Status quo, die letztendlich in den Sozialismus des 21. Jahrhunderts als politökonomische Zielvision führen sollte, wird weiterhin in Angriff genommen. Konkret geht es der Regierung Maduro um die Vertiefung der sozialistischen Demokratie, d. h. der Demokratisierung des politischen und des wirtschaftlichen Systems und ferner der Verteidigung der Errungenschaften der Bolivarischen Revolution und der Herstellung einer pluripolaren Welt.

Der bedeutendste Unterschied zur der Regierungszeit Chávez' besteht in den signifikant unterschiedlichen Handlungsspielräumen des Entscheidungspersonals, v. a. denjenigen des Präsidenten selbst. Im Vergleich zur sozialistischen Phase unter Chávez haben sich die Machtverhältnisse zuungunsten Maduros entwickelt. Im Gegensatz zu seinem charismatischen und mit ausreichend finanziellen Möglichkeiten ausgestatteten Vorgänger ist Maduros Machtposition als relativ schwach einzuschätzen. Zwar konnte der aktuelle Präsident die Exekutive mit noch mehr politischen Kompetenzen ausstatten (und damit das politische System weitgehend entdemokratisieren) und ferner die staatliche Kontrolle über die nationalen Ressourcen, den Ölsektor und die damit einhergehenden Einnahmen aufrechterhalten. Nichtsdestoweniger bedingte die Abhängigkeit der venezolanischen Wirtschaft vom Öl und damit von den Preisbewegungen an den internationalen Rohstoffmärkten eine subalterne Regional- und Weltmarktintegration, die sich in dieser

3.3 Die Phase der sozialistischen Erosion unter Maduro … 235

Tabelle 3.11 Prozessuale Nachzeichnung der drei Faktoren

	Theorie	Praxis
Prä-sozialistische Phase (1999–2004)	Politische Kultur	Krisenkomplex der Vorgängerregierungen bedingt Transformationsdisposition in der Bevölkerung: repräsentative Demokratie und ‚neoliberale' Marktwirtschaft sind delegitimiert →*window of opportunity* für ausgeprägten Wandel; Unter Chávez bedingt ausgeprägte politische Polarisierung eine Konfliktphase (2001–2004), die einen Machtkampf und eine Radikalisierung der Regierung zur Folge hat; nach dem Machtkampf ist erneute Transformationsdisposition gegeben →*window of opportunity* für Neuausrichtung des Transformationsprojekts
	(Wirtschafts-)politische Zielsetzungen des Entscheidungspersonals	1. Revolution bzw. Transformation zur Überwindung des multiplen Krisenkomplexes; 2. Partizipative und protagonische Demokratie zur Überwindung des Demokratiedefizits; 3. Post-neoliberale Wirtschaftsordnung zur Überwindung des Neoliberalismus; 4. Bildung einer zivil-militärischen Union und einer multipolaren Weltordnung zur Überwindung des Souveränitätsdefizits; Konfliktphase (2001–2004) bedingt Reflexion über den eingeschlagenen Entwicklungspfad und die zugrundeliegenden Konzepte und Zielsetzungen
	Handlungsspielräume (Akteur-Struktur-Konstellation)	Akteur: zu Beginn hat Chávez breites Mandat zur Umwälzung des Status quo; während der Konfliktphase verringert sich der Handlungsradius signifikant; nach dem Machtkampf ist (Macht-)Position Chávez' konsolidiert und gestärkt Strukturcharakteristika: Transformation und Ausweitung der Handlungsspielräume • Machtverhältnisse: Ausweitung der Macht des Staates und der Exekutive • Ressourcen: erste Schritte zur Kontrolle über den Ölsektor • Weltmarkteinbindung: Zentralisierung der (wirtschafts-)politischen Kompetenzen in Staat und Exekutive; Bildung eines binnenmarktorientierten Entwicklungsmodells Fazit: Handlungsspielräume wurden im Vergleich zur Vorgängerperiode ausgeweitet, bleiben aber v. a. bezüglich der Wirtschafts- und Sozialpolitik beschränkt; nach dem Machtkampf jedoch signifikante Vergrößerung der Handlungsspielräume
	→Output: Wirtschaftspolitik	Moderat heterodox: Stärkung des Binnenmarkts und der Sozialpolitik, punktuelle Neuordnung der Eigentumsverhältnisse

(Fortsetzung)

Tabelle 3.11 (Fortsetzung)

	Theorie	Praxis
Sozialistische Phase (2005–2013)	Politische Kultur	Starke Polarisierung, erneuter Radikalisierungsschub der Regierung, Perfektionierung einer antagonistischen Identitätspolitik
	(Wirtschafts-)politische Zielsetzungen des Entscheidungspersonals	Veränderung grundlegender Parameter der Interessen und Zielsetzungen der Regierung • ‚Sozialistische' Reinterpretation der politischen und wirtschaftlichen Geschichte • „Sozialismus des 21. Jahrhunderts" als Zielvision bzw. -perspektive: breit angelegte nationale, regionale und internationale Transformation des Status quo • Konkrete Zielsetzungen: 1. protagonisch-revolutionäre Demokratie; 2. post-kapitalistisches Wirtschaftssystem bzw. sozialistisches Produktionsmodell; 3. innen- wie außenpolitische Souveränität, d. h. Bildung einer zivil-militärischen Union und einer multipolaren Weltordnung; sowie 4. Gerechtigkeit, Gleichheit und „höchstes soziales Glück"
	Handlungsspielräume (Akteur-Struktur-Konstellation)	Akteur: Machtposition Chávez nach Wahlsieg 2004 und 2006 gefestigt Strukturcharakteristika: erneute Ausweitung der Handlungsspielräume Signifikante Veränderung struktureller Charakteristika in Politik und Wirtschaft und politischer Kultur • Machtverhältnisse: Vergrößerung des staatlichen Einflusses in Politik, Wirtschaft und Gesellschaft, Aufbau eines kommunalen Parallelstaates, Herstellung einer kommunikativen Hegemonie inklusive einer antagonistischen Identitätspolitik zur Legitimation des Entwicklungskurses • Ressourcen: staatliche Kontrolle über den Ölsektor und die damit einhergehenden Einnahmen (v. a. ab 2003 stark steigende Ölpreise und Einnahmen) • Weltmarkteinbindung: weitere Zentralisierung der (wirtschafts-)politischen Kompetenzen in Staat und Exekutive, Schritte zur Bildung eines ‚sozialistischen' Produktionsmodells (bei gleichzeitiger Verstetigung der Rentenökonomie), Aufbau alternativer regionaler Handels- und Finanzstrukturen Fazit: temporär große Handlungsspielräume der Chávez-Regierung
	→Output: Wirtschaftspolitik	Einerseits Aufbau alternativer ‚sozialistischer' Produktions- und Wirtschaftsformen, andererseits Verstetigung der Rentenökonomie

(Fortsetzung)

3.3 Die Phase der sozialistischen Erosion unter Maduro …

Tabelle 3.11 (Fortsetzung)

		Theorie	Praxis
Phase der sozialistischen Erosion (2013–heute)		Politische Kultur	Verstetigung der Polarisierung und der identitätspolitischen Antagonismen, stark ausgeprägte Feindbildkonstruktion und -pflege, abermaliger Radikalisierungsschub der Regierung
		(Wirtschafts-) politische Zielsetzungen des Entscheidungspersonals	Weiterführung der unter Chávez formulierten Interessen und Zielsetzungen der Regierung • „Sozialismus des 21. Jahrhunderts" als Zielvision bzw. -perspektive: breit angelegte nationale, regionale und internationale Transformation des Status quo • Konkrete Zielsetzungen: Vertiefung der sozialistischen Demokratie, d. h. Demokratisierung des politischen und des wirtschaftlichen Systems; Verteidigung der Bolivarischen Revolution; Herstellung einer pluripolaren Welt
		Handlungsspielräume (Akteur-Struktur-Konstellation)	Akteur: Machtposition Maduros relativ schwach, jedoch zunehmende Autokratisierung Strukturcharakteristika: Verengung der Handlungsspielräume Signifikante Veränderung struktureller Charakteristika in Politik und Wirtschaft und politischer Kultur • Machtverhältnisse: weitere Zentralisierung, Autokratisierung des politischen Systems • Ressourcen: zwar weiterhin staatliche Kontrolle über den Ölsektor und die damit einhergehenden Einnahmen, durch fallende Ölpreise jedoch stark gesunkene Einnahmen • Weltmarkteinbindung: Wirtschaftskrise führt zu Verstetigung und Krise der Rentenökonomie und zum Niedergang des ‚sozialistischen' Wirtschaftsmodells auf nationaler und regionaler Ebene Fazit: starke Verengung der Handlungsspielräume der Maduro-Regierung
	→Output: Wirtschaftspolitik		Versuch einer Krisenbearbeitung, holländische Krankheit unterminiert wirtschaftlichen Sozialismus

Quelle: Eigene Darstellung.

Phase als äußerst negativ herausstellen sollte. Durch die während der Boomphase einsetzende holländische Krankheit waren die wirtschaftspolitischen Schritte in Richtung eines wirtschaftlichen, ‚sozialistischen' Alternativmodells auf nationaler und regionaler Ebene bereits frühzeitig unterminiert worden. Die steigenden Ölpreise ab 2003 ermöglichten zwar die Finanzierung des „sozialistischen Produktionsmodells". Zeitgleich bedingten sie jedoch aufgrund der Verstetigung der Rentenökonomie auch dessen Niedergang. Die fallenden Ölpreise ab 2014 stießen das Land dann in eine tiefe Krise. Die Abhängigkeit vom Öl führte somit letztendlich zum Kollaps der venezolanischen Wirtschaft. Tabelle 3.11 zeichnet die drei Faktoren, die in dieser Arbeit herangezogen wurden, für die komplette Periode der Bolivarischen Revolution nach.

3.4 Interpretatives Fazit: Zusammenspiel der politischen Kultur, der Zielsetzungen und Handlungsspielräume des Entscheidungspersonals in der Erklärung der wirtschaftspolitischen Strategie und des Revolutionszyklus des Chavismus

In dem folgenden Kapitel wird die gesamte Phase des chavistischen Revolutionszyklus, d. h. der Bolivarischen Revolution und des Sozialismus des 21. Jahrhunderts, in einer ganzheitlichen und interpretativen Analyse behandelt. Das Ziel dieses Kapitels besteht darin, mithilfe des in dieser Arbeit verwendeten Konzepts und der damit einhergehenden drei Faktoren – 1. politische Kultur, 2. (wirtschafts-)politische Zielsetzungen des Entscheidungspersonals und 3. Handlungsspielräume des Entscheidungspersonals – eine Erklärung für die wirtschaftspolitische Strategie bzw. die Wirtschaftspolitik der Regierung Chávez und der Regierung Maduro zu liefern. Konkret wird im Folgenden dargelegt, inwiefern Veränderungen in den Faktoren Auswirkungen auf die wirtschaftspolitische Strategie und die Wirtschaftspolitik der Regierung hatten.

Gemäß der Phasierung der empirischen Kapitel wird der chavistische Revolutionszyklus in drei Abschnitte gegliedert: 1. Die prä-sozialistische Phase unter Chávez umfasst den Kontext des Regierungswechsels (d. h. die relevantesten Auswirkungen der Vorgängerregierung) und den Aufstieg des Chavismus und der Bolivarischen Revolution (1999–2004). 2. In der sozialistischen Phase unter Chávez erfuhr die Bolivarische Revolution eine sozialistische Neuausrichtung (2005–2013). 3. In der Phase der sozialistischen Erosion unter Maduro erfolgte der sukzessive Abstieg des bolivarisch-sozialistischen Projekts (2013-heute). Somit wird die gesamte Phase des Chavismus, d. h. Aufstieg und Fall des (wirtschafts-)politischen Entwicklungsprojekts Chávez' und Maduros, beleuchtet.

3.4.1 Die prä-sozialistische Phase unter Chávez: Aufstieg des chavistischen Reformprojekts und der Bolivarischen Revolution

Die erste, als prä-sozialistisch betitelte Phase zwischen 1999 und 2004 behandelte den Aufstieg des Chavismus und den Beginn der Bolivarischen Revolution. Chávez, seine Bewegung und das bolivarische Revolutionsprojekt waren Produkt der tiefgreifenden politischen, wirtschaftlichen und sozialen Krise, in der sich Venezuela in den 1990er Jahren befand. Der Chavismus war daher von Beginn an eine Anti-System-Bewegung und die Bolivarische Revolution ein Anti-System-Projekt. Da die **politische Kultur** des Landes durch den Wunsch großer Teile der Bevölkerung nach einem dezidierten Wandel geprägt war, ging die Wahl Chávez' als Präsident Venezuelas mit einem Mandat und einem *window of opportunity* zu einer Umwälzung des politischen und wirtschaftlichen Status quo einher. Die Regierung Chávez versuchte, diesen Einstellungsmustern und Forderungen in der venezolanischen Bevölkerung Rechnung zu tragen.

In den **(wirtschafts-)politischen Zielsetzungen** der Regierung spiegelte sich daher ein größer angelegtes Transformationsprojekt wider, das die politischen und wirtschaftlichen Pfeiler der alten Ordnung (repräsentative Demokratie, neoliberale Marktwirtschaft) zugunsten einer partizipativeren und demokratischeren politökonomischen Alternative zu überwinden suchte. Hinsichtlich der Wirtschaftspolitik wurde eine post-neoliberale, d. h. heterodoxe Strategie angestrebt, die den Nachtwächterstaat neoliberaler Prägung zugunsten eines dritten Weges, der eine Stärkung des Entwicklungsstaates implizierte, ersetzen sollte. Zu diesem Zeitpunkt wurde ein „Kapitalismus mit menschlichem Antlitz" (Bodemer/Nolte 1999: 2) als politökonomisches Ziel erachtet: „Unser Projekt ist kein staatszentriertes Projekt. Es ist aber auch kein neoliberales Projekt. Nein, wir suchen einen Mittelweg, so viel Staat wie nötig, so viel Markt wie möglich" (Chávez 1999). Diese wirtschaftspolitische Meta-Zielsetzung war zwar signifikant anders als diejenige der Vorgängerregierung, mutete jedoch weder besonders radikal noch revolutionär an.

Dass auch die wirtschaftspolitische Praxis in dieser Phase nicht wirklich als radikal angesehen werden kann, lag u. a. an den (noch) eingeschränkten **Handlungsspielräumen** des chavistischen Entscheidungspersonals. Zunächst war es der Chávez-Administration gelungen, sich im Kontrast zur neoliberalen Vorgängerperiode bedeutende Gestaltungsspielräume zu schaffen. Das bezog sich erstens auf die Machtverhältnisse. Die Regierung konnte die traditionellen Herrschaftsverhältnisse aufbrechen und die Macht des Staates und des Präsidenten signifikant ausweiten. Diese Machtausweitung wurden mittels der folgenden Schritte erreicht: 1. der Verabschiedung einer neuen, stark auf die Exekutive zugeschnittenen Verfassung; 2. einem großangelegten Elitenwechsel und dem damit einhergehenden Kontrollgewinn über Teile des bis dato eher oppositionell eingestellten Staatsapparates; 3. der Errichtung paralleler, dem Präsidenten gegenüber verantwortlichen Verwaltungs- und Operationsstrukturen; 4. einer antagonistischen und legitimationsstiftenden Identitätspolitik. Zweitens hatte sich die Regierung nicht nur darum bemüht, an dem nationalen Rohstoffreichtum stärker zu partizipieren, sondern gleich die gesamte Kontrolle über den Energiesektor zu erlangen. Drittens konnte die Regierung die bestehende Außenabhängigkeit der venezolanischen Volkswirtschaft mittels 1. der Rückholung wirtschaftspolitischer Kompetenzen in Staat und Exekutive, 2. der Stärkung des Binnenmarkts und 3. dem Zurückdrängen des Einflusses multilateraler Organisationen (IWF, Weltbank) zumindest moderat zurückfahren. Zeitgleich zu dieser Veränderung der Weltmarkteinbindung erfolgten erste Schritte im Umbau des venezolanischen Wirtschaftsmodells.

Diese Schritte zur Ausweitung der Handlungsspielräume wurden jedoch durch zwei Faktoren konterkariert: Die Abhängigkeit der venezolanischen Wirtschaft und der Akkumulationsdynamik vom Öl hatte in den ersten Jahren der Regierung Chávez zugenommen. Als die Ölpreise auf den internationalen Rohstoffmärkten 2002 zu sinken begannen, zog das negative Konsequenzen für den venezolanischen Binnenmarkt und die Zufriedenheit der venezolanischen Bevölkerung nach sich. Bereits zuvor, im Jahr 2001, hatte die Regierung Chávez mit einem Gesetzpakt (49 Gesetze) zu erkennen gegeben, nicht nur die politischen, sondern nun auch die sozioökonomischen Strukturen des Landes tiefgreifend(er) transformieren zu wollen. Dieses Vorgehen verstärkte die ohnehin stark ausgeprägte politische Polarisierung des Landes und sorgte für einen Schulterschluss der oppositionellen Kräfte gegen die Regierung Chávez. Zwischen 2001 und 2004 befand sich Venezuela daher in einer Konfliktphase bzw. in einem Machtkampf zwischen dem chavistischen Block auf der einen Seite und der oppositionellen Allianz auf der anderen Seite. Den Höhepunkt dieser Auseinandersetzungen bildete ein vereitelter Putschversuch 2002, der im Nachhinein als zentraler Referenz- und Wendepunkt der Bolivarischen Revolution angesehen werden muss. Denn dadurch klärten sich nicht nur die politischen Fronten zwischen Chavisten und Anti-Chavisten, sondern verstärkte sich auch die dem Chavismus von Beginn

3.4 Interpretatives Fazit: Zusammenspiel der politischen Kultur ...

an immanente antagonistische Bewegungslogik (vgl. unten) und antisystemische Stoßrichtung. Getragen von der Unterstützung der v. a. ärmeren Bevölkerungsschichten und einer relativ konsolidierten Machtposition in Staat und Gesellschaft radikalisierte sich die Regierung fortan, was sich in einer dezidierten Negativabgrenzung gegenüber den Feindbildern des bolivarischen Revolutionsprozesses und – damit einhergehend – in einer intensivierten transformatorischen Aufbruchsstimmung bzw. -dynamik manifestierte. In dieser Phase verfügte die Regierung abermals über ein *window of opportunity,* d. h. besondere temporäre Gestaltungsspielräume, die im chavistischen Entscheidungszirkel zu einem Umdenkprozess hinsichtlich der Ausrichtung des Entwicklungsprojekts führten.

Akteur-Struktur-Gefüge, Stabilisierungs- und Regulationsweise der politökonomischen Konfiguration

In dieser ersten, prä-sozialistischen Phase (1999–2004) war es dem Akteur Chávez und seiner Regierung gelungen, sich sukzessive aus dem vererbten strukturellen Handlungskorsett zu befreien. Da zeigte sich an 1. der Transformation der traditionellen Machtverhältnisse, 2. dem Kontrollgewinn über den Ressourcensektor und 3. dem partiellen Abbau der wirtschaftlichen Außenabhängigkeit. Eine dahingehend gegenläufige Tendenz war in der politischen Kultur des Landes zu sehen. Die zunehmende politische Polarisierung und das dezidierte Vorgehen der Opposition gegen Chávez ließen den instabilen Charakter der Regierung und die begrenzten Kapazitäten zur Stabilisierung der politökonomischen Konfiguration Venezuelas offensichtlich werden. Diese Situation hatte sich bis zum Ende der prä-sozialistischen Phase aufgrund dreier Faktoren bedeutend geändert: 1. dem gewonnen Machtkampf gegen die Opposition; damit einhergehend 2. der sukzessiven Machtkonsolidierung und -ausweitung der Regierung; und 3. aufgrund der rasant zugenommenen öffentlichen Einnahmen angesichts der ab 2003 gestiegenen Rohstoff- und Ölpreise. Gerade die Renteneinnahmen aus dem Ölgeschäft sicherten der Regierung besondere Verteilungs- und materielle Befriedungsspielräume. Die klientelistisch-assistenzialistische Sozialpolitik stellte fortan den zentralen Pfeiler der Regulation und Regulationsweise der Regierung Chávez in der Stabilisierung der politökonomischen Konfiguration Venezuelas dar. Einen weiteren dahingehenden Pfeiler bildete ein gegen die alte Ordnung gerichtetes, identitäres Integrationsprojekt. Wiewohl diese Struktur von Beginn der Bolivarischen Revolution an Bestand hatte, bewirkte der Machtkampf mit der Opposition eine partielle Modifikation. Von nun an waren Identitätspolitik und Integrationsprojekt zunehmend kämpferisch geprägt und hochgradig antagonistisch strukturiert (klare Freund-Feind-Logik), wobei die zentrale *cleavage* nicht zwischen Kapital und Arbeit, sondern zwischen Befürwortern und Gegnern der Bolivarischen Revolution verlief. Mithilfe dieser mobilisierenden Identitäts- und Integrationspolitik, die durch die rentenbasierte Sozialpolitik materiell unterfüttert wurde, gelang es der Regierung, dem anti-systemischen, bolivarischen Transformationsprojekt neuen Auftrieb zu verleihen.

3.4.2 Die sozialistische Phase unter Chávez: Radikalisierung und Neuausrichtung der Bolivarischen Revolution im Namen des Sozialismus des 21. Jahrhunderts

Die zweite, sozialistische Phase zwischen 2005 und 2013 widmete sich der Radikalisierung und Neuausrichtung der Bolivarischen Revolution im Namen des Sozialismus des 21. Jahrhunderts. Diese Entwicklungen waren erst vor dem Hintergrund von Veränderungen der **politischen Kultur** des Landes möglich geworden. Die Konfliktphase zwischen 2001 und 2004 hatte zu einer Verstärkung der ohnehin schon bestehenden politischen Polarisierung und einer interaktiven Radikalisierungsdynamik sowohl auf Seiten des oppositionellen als auch auf derjenigen des chavistischen Blocks geführt. Aus dem anschließenden Machtkampf ging die Regierung Chávez nicht nur siegreich, sondern auch gestärkt hervor. Eine weitere Folge dieser Phase war eine erneute Transformationsdisposition in Bevölkerung und v. a. der Regierung selbst sowie ein abermaliges *window of opportunity*, d. h. temporär außergewöhnliche Gestaltungskompetenzen hinsichtlich des eingeschlagenen und einzuschlagenden Entwicklungspfades. Die Phase des Machtkampfes hatte die Regierung und v. a. Chávez selbst von der Notwendigkeit überzeugt, den Revolutionsprozess fortzuführen: „Es ist überhaupt nicht ausreichend, das alte Regime zu zerstören [...]. Die neue Schlacht beginnt gerade" (Chávez, zit. nach: Harnecker 2004: 17). Das *window of opportunity* ermöglichte der Regierung den Raum für eine Reflexion über die bisherige Entwicklung der Bolivarischen Revolution und den zukünftigen Weg.

Konsequenz hiervon war eine diskursive und programmatische Neujustierung des chavistischen Transformationsprojekts, die sich in einer hochgradig antagonistisch strukturierten Identitätspolitik zeigte und sich auch in den **(wirtschafts-) politischen Zielsetzungen** der Regierung niederschlagen sollte. Generell begünstigen Phasen gesellschaftlicher Krisen, Ungewissheit und Unsicherheit – so wie die Konfliktphase inklusive des Machtkampfs zwischen 2001 und 2004 in dieser Arbeit interpretiert wird – einen Legitimationsverlust bis dato stabiler politischer und ökonomischer Vorstellungen, Konzepte und Wahrnehmungsfolien. Im

3.4 Interpretatives Fazit: Zusammenspiel der politischen Kultur ...

Gegenzug ermöglicht das den Aufstieg eines neuen Ensembles ideeller Faktoren und damit auch die Möglichkeit neuer Formen der Problemwahrnehmung, -betrachtung und -bearbeitung. Genau das erfolgte in Venezuela während dieser Zeit. Der Entscheidungszirkel um Chávez hatte sich alternativen Konzepten wie demjenigen der endogenen Entwicklung und später verstärkt sozialistisch-marxistischer Literatur zugewandt. Basierend auf einer sozialistischen Neuinterpretation der venezolanischen – und generell der lateinamerikanischen und globalen – Geschichte gelang die Regierung Chávez zu einer neuen Diagnose für die politischen, wirtschaftlichen und gesellschaftlichen Probleme des Landes. Demnach war das zentrale Entwicklungshindernis Venezuelas nicht mehr nur, wie bisher, der Neoliberalismus als (wirtschafts-)liberale Ausrichtung des Kapitalismus, sondern fortan der Kapitalismus selbst. Das folgende Zitat aus dem Januar 2005 verdeutlicht den ideell-diskursiven Wandlungsprozess des Akteurs Chávez und die damit einhergehende programmatische Neuausrichtung:

> „Ich bin ein Revolutionär und jeden Tag werde ich noch revolutionärer, weil ich jeden Tag noch überzeugter davon bin, dass der einzige Weg zur Brechung der kapitalistischen Hegemonie [...] der Weg der Revolution ist. [...] Es ist notwendig [...] den Kapitalismus zu überwinden, aber [...] der Kapitalismus wird sich nicht von innen heraus überwinden lassen. Nein, den Kapitalismus muss man über den Weg des Sozialismus überwinden" (Chávez 2005c).

Die Problemlösung, d. h. die Überwindung des Kapitalismus und der „kapitalistische[n] Hegemonie", bestand demgemäß im Sozialismus. In den folgenden Jahren kodifizierte die Regierung Chávez die neue politökonomische Zielvision mit dem Terminus „Sozialismus des 21. Jahrhunderts". Ferner konkretisierte sie die damit einhergehenden (wirtschafts-)politischen Zielsetzungen in einigen Schriften wie z. B. dem „ersten sozialistischen Plan", d. h. dem Wirtschafts- und Sozialplan 2007–2013. Generell wurde mit dem Sozialismus des 21. Jahrhunderts eine weitreichende nationale, regionale und internationale Transformation des kapitalistischen Status quo angestrebt. Diese teleologische Ausrichtung zeigte sich in dieser Radikalität zwar nur in Diskurs und Weltbild des chavistischen Führungszirkels. Nichtsdestoweniger offenbarte sich gerade hierin das Revolutionäre in Werk und Wirken Chávez: dem Paradigmenwechsel[128] in der Entwicklungsvision, d. h. der Definition neuer politischer und wirtschaftlicher Zielhierarchien und einer neuen politökonomischen Zielvision. Die veränderten Zielvorgaben und

---

[128] Der Begriff „Paradigma" – geprägt von Thomas Kuhn – wurde von Peter Hall aus der Wissenschaftstheorie in den Bereich der (praktischen) Politik überführt (Bandelow 2009: 329–330; Hall 1993). Der Autor dieser Arbeit knüpft an diese Verwendung des Paradigmenbegriffs an und bezeichnet den „Sozialismus des 21. Jahrhunderts" in Venezuela ebenfalls als (eigenes)

-hierarchien betrafen in erster Linie 1. die radikale Transformation der wirtschaftlichen Machtverhältnisse zugunsten kommunaler und kollektiver Entitäten und zuungunsten privater Unternehmer; 2. den Vorrang sozialer Ziele (Armutsbekämpfung, Inklusion, Gleichheit etc.) und politischer Ziele (Partizipation, Souveränität, antihegemonialer Regionalismus etc.) vor genuin ökonomischen Zielen (Effizienz, makroökonomische Stabilität etc.); 3. den Vorrang post-kapitalistischer Wirtschaftsformen (Kollektiveigentum an Produktionsmitteln, neue Formen des Managements und der Verteilung des erwirtschafteten Produkts) vor kapitalistischen Prinzipien und Handlungsmustern (z. B. Eigentum an Produktionsmitteln, zentrale und hierarchische Organisation und Verwaltung). All diese Punkte verdichteten sich in der Zielsetzung der Demokratisierung der Wirtschaft, was sich zwar bereits in der prä-sozialistischen Phase abgezeichnet hatte, jedoch erst in der zweiten, sozialistischen Phase dezidiert in Angriff genommen wurde. Chávez' Sieg in den Präsidentschaftswahlen des Jahres 2006 wurden von ihm und seiner Regierung schließlich als „Mandat für die sozialistische Revolution" (Welsch 2006), d. h. für die Fortführung und Umsetzung des nun antikapitalistisch weiterentwickelten bolivarischen Transformationsprojekts und der neuen Zielsetzungen, betrachtet.

Auch wenn in der Praxis die traditionelle venezolanische Rentenökonomie nie überwunden und paradoxerweise sogar gefestigt wurde, bemühte sich die Regierung Chávez in der Folge verstärkt um eine Umwälzung des Wirtschaftsmodells (Ellner 2013b: 64). Von zentraler Bedeutung hierfür waren die konsolidierte Machtposition der Regierung in dieser Übergangszeit und das weitere Bemühen der Chávez-Administration, die eigenen **Handlungsspielräume** weiter zu vergrößern. Bedeutende dahingehende Schritte betrafen v. a. die Machtverhältnisse. Die Regierung Chávez hatte sich in dieser sozialistischen Phase erfolgreich um die Ausweitung des eigenen Einflussbereichs in Partei, Exekutive und Staat bemüht. Hierfür wurden u. a. die folgenden Schritte ergriffen: 1. Sicherung weiterer (wirtschafts-)politischer Kompetenzen in der Exekutive; 2. Abbau der Gewaltenteilung (Kontrolle der Regierung über Bürgergewalt, Wahlgewalt, Judikative und Legislative); 3. Kontrollgewinn über das Militär mittels Politisierung; 4. ‚Ideologisierung' des Bildungssystems; 5. Bildung einer kommunikativen Hegemonie (Herstellung eines öffentlichen, medialen Gegengewichts zu den privaten Medien) inklusive einer hochgradig antagonistischen Identitätspolitik, die die eigenen (Entwicklungs-)Vorstellungen legitimierte und den diskursiven Möglichkeitsraum

---

Paradigma (ähnlich: Burchardt 2011: 430). Denn nach Ansicht des Autors erfüllt der venezolanische Fall Peter Halls entscheidendes Charakteristikum für einen Paradigmenwechsel, nämlich die Änderung von Zielhierarchien.

3.4 Interpretatives Fazit: Zusammenspiel der politischen Kultur ...

hinsichtlich oppositioneller Alternativen sukzessive einschränkte; 6. Schließung der eigenen Reihen mittels der Gründung einer sozialistischen Einheitspartei; 7. Aufbau eines parallel zu den staatlichen Strukturen bestehenden Rätestaates, dessen kommunale Entitäten (Kommunalräte) von der Regierung abhängig waren; 8. Bildung und Förderung einer loyalen Unternehmerschicht (*boliburguesía*). Ferner kontrollierte die Regierung den Rohstoffsektor des Landes und die daraus resultierenden Einnahmen. Besonders profitierte die Chávez-Administration von den hohen internationalen Ölpreisen während dieser Phase. Ohne die beträchtlichen Renteneinnahmen wäre der sozialpolitische Aktivismus der sozialistischen Phase genauso undenkbar gewesen wie der partielle Umbau des venezolanischen Wirtschaftsmodells („Unternehmen sozialer Produktion", „sozialistische Unternehmen", kommunales Eigentum an Produktionsmitteln etc.). Die Regierung schickte sich zudem an, nicht nur die Weltmarkteinbindung Venezuelas zu verändern, sondern gleich der gesamten Region einen neuen, „post-hegemonialen" Anstrich zu geben. Das materialisierte sich v. a. in der Gründung ALBAs, das politisch und wirtschaftlich den neuen sozialistischen Zielsetzungen und Prinzipien verpflichtet wurde.

Akteur-Struktur-Gefüge, Stabilisierungs- und Regulationsweise der politökonomischen Konfiguration
In der sozialistischen Phase zwischen 2005 und 2013 war der Handlungsradius des Akteurs Chávez und seiner Regierung im Vergleich zu den ersten Jahren der Bolivarischen Revolution bedeutend größer. Der Akteur Chávez trug selbst in signifikantem Ausmaß dazu bei, das politisch-kulturelle, (macht-)politische und wirtschaftliche Strukturgefüge zu seinen Gunsten zu verändern. Positiv wirkten sich zudem externe Faktoren wie der hohe Ölpreis aus, die einen großen finanziellen Gestaltungs- und Aktionsraum der Regierung begünstigten. Zur Stabilisierung der politökonomischen Konfiguration stützte sich die Regierung Chávez auf eine Regulation und Regulationsweise, die starke Ähnlichkeiten zu derjenigen der prä-sozialistischen Phase aufwies. Das zeigte sich erstens an einer Intensivierung der sozialpolitischen Befriedungspolitik, die von den beachtlichen Renteneinnahmen ermöglicht wurde. Zweitens bezog sie sich auf ein identitätspolitisches Integrationsprojekt, dem eine stark ausgeprägte antagonistische Struktur (Freund-Feind) zugrunde lag und dessen integratives Versprechen sich ausschließlich an die Befürworter des neujustierten Entwicklungsprojekts richtete. Drittens wurde dieses Identitätskonstrukt bzw. das darauf basierende Integrationsprojekt auf eine neue Zielvision, den Sozialismus des 21. Jahrhunderts, hin ausgerichtet und damit der Bolivarischen Revolution noch einmal die Dynamik, Mobilisierung und Hoffnung der ‚Bewegungsphase' früherer Tage verliehen. Die Relevanz antagonistischer Strukturen spiegelte sich

auch in der Radikalität der wirtschaftspolitischen Agenda der Regierung wider. Diese Agenda war zudem von einer bedeutenden Veränderung im Denken des chavistischen Führungszirkels geprägt. Denn in dieser Phase erfolgte eine sozialistische Revision der bisherigen Ansichten bezüglich der venezolanischen Historie und Entwicklung. Dies führte zu einer veränderten Problemdiagnose und anderen Problemlösungen. Konkret sah die Regierung die zentralen Probleme Venezuelas (strukturell bedingte Armut, Ungleichheit, Unterentwicklung) tief im Kapitalismus verankert und eine entsprechend radikale Lösung als erforderlich: das Aufbrechen kapitalistischer Strukturen auf nationaler, regionaler und globaler Ebene mittels eines sozialistischen Gegenprojekts. In dieser Neubestimmung der Zielhierarchien offenbarte sich eine bedeutsame (zunächst und primär ideelle) Weiterentwicklung der Bolivarischen Revolution. Obwohl das rohstoffbasierte Akkumulationsregime in Gänze kapitalistisch organisiert und geprägt war, experimentierte und operierte die Regierung zunehmend mit post-neoliberalen oder gar post-kapitalistischen Regulationsmechanismen wie z. B. den *Consejos Comunales* (Zimmering 2012: 17, 26–27).

3.4.3 Die Phase der sozialistischen Erosion unter Maduro: Abstieg des Chavismus, der Bolivarischen Revolution und des Sozialismus des 21. Jahrhunderts

In der dritten Phase, der Phase der sozialistischen Erosion unter Chávez' Nachfolger Maduro, die seit 2013 andauert, wurde das langsame, aber sukzessive Abklingen des chavistischen Revolutionsprojekts behandelt. Dieser Niedergang liegt nur bedingt in der **politischen Kultur** des Landes begründet, auch wenn sich dahingehend ein abermaliger Radikalisierungsschub unter Präsident Maduro ausmachen lässt. Die Regierung verstärkte durch Rhetorik und Handeln die politische Polarisierung und intensivierte durch eine stark ausgeprägte Feindbildkonstruktion und -pflege die identitätspolitischen Antagonismen noch einmal. Faktisch befindet sich das Land zurzeit in einem kalten (Bürger-)Krieg. Da der Akteur Maduro, wie unten detaillierter ausgeführt wird, ein weitaus schlechteres Ansehen und Standing als Vorgänger Chávez hat und zudem nahezu überall (politische) Feinde vermutet, führte der erneute Radikalisierungsschub der Regierung zu einer (relativ offenen) Autokratisierung Venezuelas.

In Einklang mit dem unter Chávez eingeschlagenen Entwicklungskurs wurde der Sozialismus des 21. Jahrhunderts als politökonomische Zielvision beibehalten und eine damit einhergehende Transformation des nationalen, regionalen und internationalen Status quo weiterhin anvisiert. Konkrete **(wirtschafts-)politische Zielsetzungen** orientieren sich komplett an dem von Chávez vor seinem Tod unterbreiteten Vorschlag für die neue Amtsperiode. Sie bestehen v. a. in der Fortführung der Demokratisierung des politischen und des wirtschaftlichen Systems, d. h. der Vertiefung der sozialistischen Demokratie, und ferner der Verteidigung der bisherigen (innen- und außenpolitischen) Errungenschaften der Bolivarischen Revolution.

Der Hauptgrund für die sozialistische Erosion und den Abstieg des bolivarisch-sozialistischen Transformationsprojekts ist in einer signifikanten Veränderung der **Handlungsspielräume** des Präsidenten Maduro zu sehen. Die Machtverhältnisse haben sich im Vergleich zur Ära Chávez unvorteilhaft entwickelt. Maduro fehlt das Charisma, das politische Geschick und der Rückhalt bei zentralen Akteuren in Politik, Wirtschaft und Gesellschaft. An der Macht hält sich die Regierung primär aufgrund autoritärer Herrschaftspraktiken. Die wahrscheinlich wichtigste Legitimationsquelle Chávez' waren die aus dem Ölexport generierten Ressourceneinnahmen, mithilfe derer zeitweise große Verteilungsspielräume einhergingen. In den Jahren der Maduro-Regierung versiegten diese Einnahmen aufgrund eines gesunkenen Ölpreises jedoch sukzessive. Ein weiterer Grund für die geringen Handlungsspielräume der Regierung ist in der Art der Weltmarkteinbindung Venezuelas zu finden. Die Abhängigkeit der venezolanischen Wirtschaft vom Öl und damit von den Preisvolatilitäten an den internationalen Rohstoffmärkten hatte bereits unter Chávez zur holländischen Krankheit, d. h. einer strukturellen Überbewertung der Währung und einem daraus resultierenden Verlust an Wettbewerbsfähigkeit, geführt. Paradoxerweise war dadurch die Ölabhängigkeit intensiviert und die Rentenökonomie, die die chavistischen Regierungen seit Beginn ihres Bestehens zu überwinden trachteten, perpetuiert worden. Dadurch wurden wiederum alternative, ‚sozialistische' Formen des Wirtschaftens unterminiert und jeglicher Relevanz und Wettbewerbsfähigkeit beraubt. Die primäre Ursache für den Kollaps der venezolanischen Wirtschaft und damit auch für den Niedergang der Bolivarischen Revolution und des Sozialismus des 21. Jahrhunderts liegt somit in der Abhängigkeit der venezolanischen Wirtschaft, Gesellschaft und Politik vom Öl begründet.

Akteur-Struktur-Gefüge, Stabilisierungs- und Regulationsweise der politökonomischen Konfiguration
Aufgrund der spezifischen politökonomischen Konfiguration erfuhren Regulation und Regulationsweise unter der Regierung Maduro (2013-heute) einen neuen Einschlag. Im Vergleich zu der Zeit Chávez' wies (und weist) der Akteur Maduro

und seine Regierung einen strukturell bedingt weitaus geringeren Handlungsradius auf. Veränderungen der politischen Kultur, d. h. ein nochmaliger Schub in der politischen Polarisierung und der Radikalisierung der Regierung, bedingten in Verbindung mit dem engen wirtschaftlichen Handlungskorsett drei Trends: Erstens wurde die Feindbildpflege noch einmal intensiviert. Der permanente Verweis auf interne und externe Feinde der Bolivarischen Revolution fungiert somit als eine der wenigen verbliebenden Legitimationsstrategien der Regierung. Damit geht, zweitens, ein zunehmend autoritärer Regierungs- und Führungsstil einher. Drittens folgt die Maduro-Administration einer weitgehend chaotischen (wirtschafts-)politischen Krisenbearbeitungsstrategie. Wiewohl sich diese Trends bereits unter Chávez abzuzeichnen begonnen hatten, ist die Regulationsweise der Maduro-Administration in zweierlei Hinsicht signifikant anders: Erstens kann sich die Regierung Maduro nicht in demselben Ausmaß wie Chávez auf hohe Renteneinnahmen und damit auf eine sozialpolitische Verteilungs- und Befriedungspolitik stützen. Zweitens sind die Dynamik und die Bindungskräfte des bolivarischen Identitäts- und Integrationsprojekts zunehmend erodiert. Das Versprechen einer goldenen und demokratischen Zukunft im Sozialismus des 21. Jahrhunderts, das Chávez so erfolgreich zu vermitteln vermochte, gehört weitgehend der Vergangenheit an.

Die Phase und Regierung der Maduro-Jahre weist somit einen dialektischen Charakter auf: Zum einen wurden gewisse Pfeiler des Chavismus fortgeführt und radikalisiert (1. Primat der Politik, v. a. der des Präsidenten, über die Wirtschaft; 2. antagonistisch strukturiertes, identitäres Integrationsprojekt). Zum andern wurde der partizipative und partiell demokratisierende Charakter des bolivarischen Revolutionsprojekts, der trotz der sich parallel dazu abzeichnenden Autokratisierung unter Chávez Bestand hatte, in der Phase Maduros endgültig ad acta gelegt. Dasselbe gilt für alternative Formen sozialistischen Wirtschaftens. Aufgrund der Folgen der holländischen Krankheit, nämlich einer fehlenden Wettbewerbsfähigkeit der nicht rohstoffbasierten Wirtschaftssektoren, ist Venezuela weiterhin und in zunehmendem Maß vom Öl abhängig. Paradoxerweise ist daher das Zukunftsversprechen einer politischen und wirtschaftlichen Souveränität im Sozialismus des 21. Jahrhunderts fest an die Nachfrage externer Mächte nach venezolanischem Öl gekettet, v. a. an diejenige von Nemesis USA.

3.4.4 Gesamtfazit und Faktorenbetrachtung

In der Analyse des Revolutionszyklus der Regierungen Chávez und Maduro kann konstatiert werden, dass in der Erklärung der Wirtschaftspolitik die **politische**

3.4 Interpretatives Fazit: Zusammenspiel der politischen Kultur ...

Kultur von entscheidendem Einfluss war. Sie ist jedoch nicht als direkter, sondern vielmehr als indirekter Faktor zu verstehen. Denn ihr Einfluss bezog sich primär auf die (wirtschafts-)politischen Zielsetzungen des Entscheidungspersonals, nicht auf die Wirtschaftspolitik selbst. Der Aufstieg des bolivarischen Revolutionsprojekts erfolgte als Reaktion auf eine wirtschaftliche, politische und systemische Krise. Aufgrund einer stark ausgeprägten politischen Polarisierung und eines weitgehend delegitimierten Status quo konnte der Chavismus das damalige *window of opportunity* dazu nutzen, mit einem anti-systemischen Programm und mit (wirtschafts-)politischen Zielsetzungen, die gegen den Status quo gerichtet waren, die Wahlen 1998 zu gewinnen. Während der prä-sozialistischen Phase schritt die politische Polarisierung weiterhin fort und führte zu einem Machtkampf. Die Regierung konnte hieraus siegreich hervorgehen und hatte zu diesem Zeitpunkt ein erneutes *window of opportunity* inne. Die Chávez-Administration verstand es auch diesmal, die Gunst der Stunde zu nutzen, radikalisierte ihr Programm und rief mit dem Sozialismus des 21. Jahrhunderts eine neue Zielvision und teils neue, teils weiterentwickelte (wirtschafts-)politische Zielsetzungen aus.

Hinsichtlich der Relevanz dieser **(wirtschafts-)politischen Zielsetzungen** für die konkrete Wirtschaftspolitik ist Folgendes festzuhalten: Die sich in der politischen Kultur manifestierende Krise der IV. Republik ermöglichte der Bolivarischen Republik zu Beginn eine post-neoliberale, jedoch innerkapitalistische Ausrichtung des Entwicklungskurses. Die (wirtschafts-)politischen Zielsetzungen waren durch eine Abgrenzung von der neoliberalen Orthodoxie und im Gegenzug von einem heterodoxen Charakter geprägt. Im Rahmen der Möglichkeiten erfolgten bereits damals erste wirtschaftspolitische Schritte gemäß der heterodoxen Agenda. Die Konfliktphase zwischen 2001 und 2004 und das *window of opportunity* nach der Machtkonsolidierung der Regierung ermöglichte eine Radikalisierung des bisherigen Transformationsprojekts im Namen des Sozialismus des 21. Jahrhunderts. Konkrete (wirtschafts-)politische Zielsetzungen richteten sich auf ein wirtschaftliches (und politisches) Demokratisierungsprojekt und die Implementierung einer sozialistischen Wirtschaftsform auf nationaler und regionaler Ebene. Die Wirtschaftspolitik während der sozialistischen Phase orientierte sich durchaus an diesen Zielsetzungen und es wurden diverse Schritte in Richtung alternativer, ‚sozialistischer' Formen des Wirtschaftens unternommen. Die Tatsache, dass sich diese wirtschaftspolitischen Schritte als relativ erfolglos und im Vergleich zu dem gesamtwirtschaftlichen Gewicht der zeitgleich bestehenden Rentenökonomie als relativ irrelevant herausgestellt haben, sollten über diese Tatsache nicht hinwegtäuschen.

Die konkrete Umsetzung, d. h. die wirtschaftspolitische Praxis, hing jedoch stets auch von den konkreten **Handlungsspielräumen** der Regierung ab. Da der Aktionsradius der Regierung in der prä-sozialistischen Phase relativ gering war, konnte das damalige, heterodoxe Programm nur teilweise umgesetzt werden. In den Folgejahren bemühte sich die Regierung jedoch darum, die eigenen Handlungsspielräume sukzessive auszuweiten. In der Phase des Konflikts und des Machtkampfs mit der Opposition wurde der Regierung der eingeschränkte eigene Aktionsradius bewusst. Doch bereits nach dem Ende dieser Konfliktphase, aus der die Regierung siegreich und gestärkt hervorging, hatte sich die Situation grundlegend gewandelt. Während der sozialistischen Phase vergrößerten sich die Handlungsspielräume der Regierung noch einmal. Dies lag erstens an den veränderten Machtverhältnissen, d. h. an einer außerordentlichen Stärkung der Regierung und v. a. des Präsidenten im venezolanischen Staat. Zweitens hatte die Regierung den Ressourcensektor und die damit einhergehenden Einnahmen unter ihre Kontrolle gebracht. Der ab 2003 einsetzende Rohstoffboom begünstigte somit die öffentlichen Kassen und die staatlichen Verteilungsspielräume. Zudem gelang es der Chávez-Administration in jener Zeit, gestützt auf den *Left Turn* in Lateinamerika, Venezuelas Einbindung in den Regional- und Weltmarkt – zumindest partiell – zu verändern. Die post-hegemoniale und sozialistischen Prinzipien folgende Regionalorganisation ALBA stellte den Versuch dar, ein alternatives Handels- und Finanzregime zu gründen und damit post-kapitalistische Wirtschaftsformen zu etablieren. Im Gegensatz hierzu verschlechterten sich die Handlungsmöglichkeiten in der Phase Maduros sukzessive. Das betraf die venezolanischen Machtverhältnisse, die Renteneinnahmen und damit die ölbasierten Verteilungsspielräume sowie die regionalen Bewegungsfreiheiten.

Gerade die Auswirkungen der holländischen Krankheit, d. h. eines wirtschaftlichen Phänomens, das sich weitgehend außerhalb der Kontrolle der Regierung befand, unterminierten die sozialistischen Schritte in der Wirtschaftspolitik. Aufgrund der erodierenden Handlungsspielräume der Regierung Maduro stehen der Chavismus und das bolivarisch-sozialistische Revolutionsprojekt wohl vor einem baldigen Ende. In der Erklärung der wirtschaftspolitischen Strategie und der konkreten Wirtschaftspolitik kann daher ein signifikanter Zusammenhang der drei in dieser Arbeit behandelten Faktoren – 1. politische Kultur, 2. (wirtschafts-) politische Zielsetzungen des Entscheidungspersonals, 3. Handlungsspielräume des Entscheidungspersonals – festgestellt werden.

Addendum: antagonistische Bewegungslogik des Chavismus als Grund der Radikalisierung und als Motor der Bolivarischen Revolution
In der Erklärung der wirtschaftspolitischen Strategie und der konkreten Wirtschaftspolitik ist der Zeitraum des Übergangs von der prä-sozialistischen zur sozialistischen Phase entscheidend. Denn in dieser Übergangszeit erfolgten die Radikalisierung des

3.4 Interpretatives Fazit: Zusammenspiel der politischen Kultur ...

Chavismus und die Neuausrichtung der Bolivarischen Revolution auf den Sozialismus des 21. Jahrhunderts. Nicht zufriedenstellend geklärt ist die Frage, warum genau diese Radikalisierung erfolgte. Sicherlich trugen hierzu 1. die temporär großen Handlungs- und Gestaltungsspielräume, 2. die Wählerwanderung der ärmeren und vormals marginalisierten Bevölkerungsteile hin zu Chávez (und damit der Anreiz zu strukturellen Reformen), 3. die teils antidemokratischen Aktivitäten der Opposition, 4. die Reflexion über die bisherigen (Miss-)Erfolge der Bolivarischen Revolution und 5. die Auseinandersetzung mit sozialistischer und marxistischer Literatur bei.

Nichtsdestoweniger folgte die Radikalisierung (auch) einer dem Chavismus von Beginn an inhärenten Bewegungslogik. Kestler (2009: 192) hat zurecht darauf hingewiesen, dass Chávez „[d]ie radikale Anti-System-Haltung, die ihm nach 1992 so starken Zulauf beschert hatte, […] auch dann noch bei[behielt], als er dieses System längst beseitigt hatte und der Chavismus selbst 'das System' bildete." Der stark auf Antagonismen basierende Charakter der Bewegung bewirkte, dass Chávez in seiner Aufstiegsphase und den ersten Jahren in der Regierung die alte, IV. Republik als Gegen- bzw. Feindbild mit einer politischen und wirtschaftlichen Demokratie als positivem Zukunftsentwurf kontrastierte. Gemessen an den normativen, institutionellen, kulturellen und machtpolitischen Pfadabhängigkeiten war diese Zielsetzung schon zum damaligen Zeitpunkt trotz des *windows of opportunity* utopisch. Gerade dieser utopische Charakter der eigenen Zielsetzungen und der Zielvision, d. h. die tendenzielle Verunmöglichung ihrer Umsetzung, erlaubte und legitimierte jedoch einen Kampf gegen Gegner und Feinde dieser Ziele und bedingte dadurch eine Art selbststabilisierende und -legitimierende Logik. Denn der Chavismus reproduzierte und perpetuierte durch seine Handlungen die eigenen Feindbilder: Die zunächst als Ziel ausgegebene Wirtschaftsdemokratie bedingte de facto eine Verstetigung der weitgehend nach kapitalistischen Logiken verlaufenden Rentenökonomie, wodurch jedoch die Notwendigkeit einer Transformation in Richtung der Wirtschaftsdemokratie diskursiv aufrechterhalten werden konnte. Die anvisierte politische Demokratisierung führte – zumindest aus einer liberal-demokratischen Perspektive und aus Sicht der politischen Gegner – zu einem zunehmenden Abbau der Demokratie, zu einer Polarisierung der politischen Landschaft und darüber zu einer Radikalisierung der Opposition. Aufgrund dieser Radikalisierung konnte die Regierung die Opposition weiterhin als konstitutives Außen des bolivarischen Demokratieentwurfs präsentieren und somit die Notwendigkeit eines Kampfes für Demokratie weiter betonen. Die ebenfalls als Ziel ausgegebene (innen- wie außenpolitische) Souveränität wurde durch das rohstoffbasierte Wirtschaftsmodell in Verbindung mit einer subalternen Weltmarkteinbindung weitgehend unterminiert, konnte darüber jedoch zeitgleich weiterhin als anzustrebendes Ziel fungieren.

Tabelle 3.12 Vergleich der Faktoren während der Phasen des Chavismus

Phasen \ Faktoren	Prä-sozialistische Phase unter Chávez: Aufstieg des chavistischen Reformprojekts und der Bolivarischen Revolution	Sozialistische Phase unter Chávez: Radikalisierung und Neuausrichtung der Bolivarischen Revolution im Namen des Sozialismus des 21. Jahrhunderts	Phase der sozialistischen Erosion unter Maduro: Abstieg der Bolivarischen Revolution und des Sozialismus des 21. Jahrhunderts
Politische Kultur	Chávez ist Produkt einer tiefgreifenden Krise →*window of opportunity* und Mandat für Transformationsprojekt; steigende Polarisierung und gewonnener Machtkampf gegen die Opposition eröffnen erneut ein *window of opportunity*	Vor dem Hintergrund des gewonnenen Machtkampfs gegen die Opposition nutzte die Regierung die ausgeprägte politische Polarisierung und das *window of opportunity* für eine Fortführung und Radikalisierung ihres Transformationsprojekts	Abermalige politisch Polarisierung; aufgrund fehlender Legitimationsquellen führte eine erneute Radikalisierung der Regierung in Verbindung mit der Perzeption von politischen Feinden zu einer Autokratisierung
(Wirtschafts-)politische Zielsetzungen des Entscheidungspersonals	Post-neoliberale, heterodoxe (Wirtschafts-)Politik; innerkapitalistische Neuausrichtung des Entwicklungskurses	Ideelle Neuausrichtung bedingt neue Problemdiagnose, nämlich Kapitalismus, und neue Problemlösung: Sozialismus (des 21. Jahrhunderts)	Problemdiagnose (Kapitalismus) und Problemlösung (Sozialismus des 21. Jahrhunderts) verbleiben im chavistischen Ideengebäude
Handlungsspielräume – Machtverhältnisse	Ausweitung der Macht von Staat und Exekutive mittels neuer Verfassung, Elitenwechsel, paralleler Verwaltungsstrukturen und legitimationsstifter Identitätspolitik	Ausweitung der Regierungsmacht im Staat; Bildung eines regierungsabhängigen kommunalen Parallelstaates; Herstellung einer kommunikativen Hegemonie inklusive legitimationsstifter Identitätspolitik; Förderung loyaler Akteure	Sukzessive Erosion des Machtblocks →Machterhalt durch Autokratisierung
Handlungsspielräume – Ressourcen	Kontrollgewinn über Ressourcensektor und die damit einhergehenden Einnahmen	Hohe Ölpreise bedingen beträchtliche öffentliche Mehreinnahmen und Verteilungsspielräume	Sinkende Ölpreise bedingen sich verringernde Einnahmen und Verteilungsspielräume
Handlungsspielräume – Weltmarkteinbindung	Punktueller Abbau der Außenabhängigkeit durch Sicherung wirtschaftspolitischer Kompetenzen; Stärkung des Binnenmarkts und Zurückdrängen externen Einflusses	Partieller Umbau des venezolanischen Wirtschaftsmodells und Schritte zu einer alternativen regionalen Handels- und Finanzstruktur (ALBA)	Folgen der holländischen Krankheit verdeutlichen Niedergang sozialistischer Wirtschaftsformen; Konsolidierung der Rentenökonomie und subalterne Weltmarkteinbindung
Fazit	Regierung nutzt *window of opportunity* für punktuelles Transformationsprojekt, wobei Wirtschaftspolitik nicht radikal ist; nach Machtkampf mit der Opposition öffnet sich der Regierung abermaliges *window of opportunity* für programmatische Neuausrichtung	Politische Kultur, antagonistische Bewegungslogik und großer Handlungsradius der Regierung bedingen Radikalisierung →*window of opportunity* wird zu sozialistischer Neuausrichtung der Bolivarischen Revolution und der Wirtschaftspolitik genutzt	Handlungsradius der Regierung signifikant gesunken; interne und externe Faktoren führen zu Niedergang der Bolivarischen Revolution und des Sozialismus des 21. Jahrhunderts

Quelle: Eigene Darstellung.

3.4 Interpretatives Fazit: Zusammenspiel der politischen Kultur ...

Die zur Schließung der eigenen Reihen, zur Legitimation und zur Aufrechterhaltung der revolutionären Bewegung notwendigen und durch die eigenen Handlungen reproduzierten Feindbilder erforderten daher geradezu eine erneute – oder gar ‚permanente' – (Gegen-)Radikalisierung seitens des chavistischen Blocks. D. h. der Chavismus lebte – und lebt immer noch – von unüberwindbaren Feindbildern, reproduzierte eben jene aber durch die eigenen Handlungen und bedingte dadurch eine erneute Radikalisierung der eigenen Agenda. Diese Radikalisierung manifestierte sich in einem noch utopischeren Charakter der Zielvision und Zielsetzungen (Sozialismus des 21. Jahrhunderts), reproduzierte und perpetuierte wiederum die Feindbilder der Revolution und legitimierte somit die eigenen Handlungen (den intensivierten Kampf gegen die Feinde des Sozialismus des 21. Jahrhunderts). Kurzum: die auf Antagonismen (und Feindbildern) basierende Bewegungslogik des Chavismus führte zu einer Radikalisierungsdynamik (als einer Art Selbsterhaltungsstrategie) und bildete den ‚Motor' der Bolivarischen Revolution. Tabelle 3.12 vergleicht die drei in dieser Arbeit verwendeten Faktoren während der unterschiedlichen Phasen des Chavismus.

Brasilien unter dem Lulismus 4

In der Folge werden Genese und Entwicklung des Lulismus und des damit einhergehenden Reformzyklus und -projekts beleuchtet. Zudem werden die in dieser Arbeit verwendeten Einfluss- und Faktoren für die wirtschafts- und entwicklungspolitische Agenda bzw. Strategie analysiert. Um den Reformzyklus adäquat untersuchen zu können, wird der Entwicklungsprozess in unterschiedliche Phasen unterteilt: In einer ersten, „orthodox" betitelten Phase (2003–2005) werden der Aufstieg des Akteurs Lula, der PT und des damit einhergehenden Entwicklungsprojekts untersucht. Die Regierung führte in dieser Phase die Wirtschaftspolitik des Vorgängers im Präsidentenamt Fernando Henrique Cardoso, die sich durch einen starken Fokus auf makroökonomische Stabilisierung und ferner durch eine moderate Sozialpolitik auszeichnete, fort. In einer zweiten, „neo-desarrollistischen" Phase (2006–2010) erfolgten eine partielle Veränderung der Entwicklungsstrategie und eine wirtschaftspolitische Trendwende, die sich an der Entwicklungsstrategie „Neo-Desarrollismus" orientierte. Diese Strategie war von einem entwicklungsstaatlichen (neo-desarrollistischen[1]) Verständnis, d. h. einer ambitionierteren Wirtschaftspolitik, geprägt. In einer dritten und letzten Phase, der „Phase der neo-desarrollistischen Erosion" (2011–2016), verlor die neue wirtschaftspolitische Strategie zunehmend an Legitimation und wurde zugunsten einer

---

[1] Der Terminus „Neo-Desarrollismus" und das eingedeutschte Adjektiv „neo-desarrollistisch" beziehen sich auf den *neo-desarrollismo* (im Englischen: *new developmentalism*, im Portugiesischen: *novo desenvolvimentismo*). Damit wird eine Entwicklungsstrategie bezeichnet, die eine aktualisierte Version der strukturalistischen lateinamerikanischen Entwicklungsökonomie darstellt und auf einer keynesianischen Makroökonomie basiert (Bresser-Pereira 2011: 113). In der Folge wird der spanische Terminus eingedeutscht und zur Betitelung gewählt, da er in der internationalen Forschungsliteratur geläufiger ist als der portugiesische und sich zudem leichter adjektivieren lässt.

orthodoxen, d. h. neoliberalen, Wirtschaftspolitik ersetzt. Mit dieser erneuten Trendwende endeten Reformzyklus und -projekt des Lulismus.[2]

4.1 Die orthodoxe Phase unter Lula: Aufstieg des Lulismus und des pragmatischen Reformprojekts

Im Folgenden wird die orthodoxe Phase, d. h. die Aufstiegsphase des pragmatischen Reformprojekts, der Jahre 2003 bis 2005 analysiert. In dem nächsten Kapitel werden zunächst die Entwicklungen der politischen Kultur untersucht. Das darauf folgende Kapitel widmet sich der Analyse der (wirtschafts-)politischen Zielsetzungen des Entscheidungspersonals. In dem darauffolgenden Kapitel werden zentrale politische und wirtschaftliche Entwicklungen und die damit einhergehenden Handlungsspielräume des Entscheidungspersonals analysiert. In diesem letzten Kapitel erfolgt auch eine Betrachtung der konkreten Wirtschaftspolitik, d. h. der wirtschaftspolitischen Strategie der Regierung Lula. Abschließend beleuchtet das Fazit überblicksartig die zentralen Ergebnisse dieses Kapitels.

---

[2]Ähnliche Phasierungen werden, zumindest für die Ära Lulas als Präsident, auch von anderen Autoren vorgenommen, so z. B. von Singer (zit. nach: Perlatto 2015: 260–261); Ebenau und Liberatore (2013: 110); Coutinho et al. (2012: 112–114); Barbosa (2013: 70) und Henkin (2014: 85–94). Demnach waren die ersten Jahre der Regierung Lula durch starke Kontinuitäten zu der (Wirtschafts-)Politik seines Vorgängers geprägt. Ab ca. 2006 setzte die wirtschaftspolitische Trendwende ein, die bis etwa 2010 andauerte.
Die Festlegung des Zeitraums der letzten Phase von 2011–2016 in Verbindung mit der Betitelung dieses Zeitraums als Phase der neo-desarrollistischen Erosion mag zu Verwirrungen führen, da die Wirtschaftspolitik bis 2014 weitgehend den entwicklungsstaatlichen Charakteristika der Periode von 2006–2010 glich. Ferner hatte die Regierung im Jahr 2013 gemäß Saad-Filho (2013: 662) fast eine politische Hegemonie inne, wobei er jedoch ebenso erwähnt, dass diese Machtposition auf keinem soliden Fundament basierte (ähnlich: Melo 2016: 52). Genau dieses brüchige Fundament steht im Fokus der Analyse in diesem Kapitel. Die Festlegung dieser letzten Phase wird v. a. aus zwei Gründen vorgenommen: Erstens erfolgte 2011 der personelle Wechsel im Präsidentenamt (Übergang von Lula zu Rousseff), was insofern von Relevanz ist, als in dieser Arbeit die Rolle der Akteure und der damit einhergehenden Motivationen, Interessen und (wirtschafts-)politischen Zielsetzungen eine wichtige Stellung einnehmen. Zweitens begannen sich zu diesem Zeitpunkt zentrale wirtschaftliche, politische und gesellschaftliche Charakteristika zu ändern, weswegen es nahe liegt, diese Phase als relativ geschlossene Untersuchungseinheit zu behandeln.

4.1.1 Politische Kultur: Pfadabhängigkeiten und Konsensorientierung

Im folgenden Kapitel werden die zentralen Entwicklungen in der politischen Kultur untersucht. Zunächst wird dem politisch-kulturellen Klima zu der Zeit des Regierungswechsels, in dem der politische Aufstieg Lula da Silvas und der brasilianischen Arbeiterpartei erfolgte, Aufmerksamkeit geschenkt. Anschließend werden die Entwicklungen der ersten, orthodoxen Phase beleuchtet.

4.1.1.1 Politisch-kulturelles Klima zu der Zeit des Regierungswechsels
4.1.1.1.1 Politische und wirtschaftliche Entwicklungen bzw. Pfadabhängigkeiten

Makroperspektivisch und stark simplifiziert lassen sich die entwicklungs- und wirtschaftspolitischen Strategien in Brasilien im 20 Jahrhundert in drei Phasen untergliedern: Von etwa 1930 bis 1980 dominierte das in Lateinamerika weit verbreitete Modell der Importsubstitutionsindustrialisierung, das den Aufbau nationaler Industrien mithilfe eines aktiven und intervenierenden Staates vorsah (Bielschowsky 2013: 10). Wiewohl sich die politischen Systeme in diesen Dekaden signifikant änderten, wurde die grundsätzliche Ausrichtung auf Wachstum, Industrialisierung, Staatsinterventionismus und -aktivismus weitgehend beibehalten. So auch unter der zwischen 1964 bis 1985 während Militärdiktatur, die zwischenzeitlich außerordentliche wirtschaftliche Erfolge vorweisen konnte (Schmalz 2007: 52). Kennzeichnend für die brasilianische Entwicklungsstrategie dieser Jahre war eine Kooperation zwischen unterschiedlichen Kapitalfraktionen:

> „[D]ie staatlichen Kapitalfraktionen stellten die Infrastruktur, die Energie und die industriellen Kapitalgüter her [...]. Die transnationalen Unternehmen produzierten die langlebigen Konsumgüter [...], und das private nationale Kapital wandte sich der Produktion von Halbfertigprodukten [...] und kurzlebigen Konsumgütern zu" (Paulo Gilberto Fagundes Vinzentini, zit. nach: Schmalz 2007: 52).

Das hieraus entstandene „Modell der assoziierten Entwicklung" (Schmalz 2007: 52) fokussierte – aufgrund hoher Einkommensungleichheit und damit eines schwach ausgeprägten Binnenmarkts – auf den Export und wurde durch ausländisches Kapital finanziert (ebd.). Die Schattenseiten dieses Modells waren v. a. eine steigende Abhängigkeit von ausländischen Finanzquellen (Krediten und Investitionen) und damit einhergehend hohe Auslandschulden und Zinszahlungen (Rinke/Schulze 2013: 177). Als die Ölkrise 1973 eine Verteuerung von Energie-

bzw. Ölimporten bedingte und die Exportzahlen rückläufigen waren, sank das Wirtschaftswachstum (ebd.). Die Ende der 1970er Jahre in den USA erfolgte Hochzinspolitik – der nach Zentralbankchef Paul Volker benannte „Volcker-Schock" – führte zu einem starken Anstieg von Zinszahlungen und stürzte Brasilien schließlich 1982 in eine Verschuldungskrise (Schmalz 2007: 52). Diese Krise markierte einen Wechsel in der Entwicklungs- und Wirtschaftspolitik weg von der staatsdirigistischen Wirtschaftspolitik hin zu einer liberaleren Ausrichtung. Zeitgleich bedingte die schlechte wirtschaftliche Lage eine Delegitimierung der Militärherrschaft. Schrittweise Zugeständnisse an eine Liberalisierung des politischen Systems leiteten so eine „graduelle Transition" (Hellinger 2015: 246) hin zur Demokratie ein. Die ersten demokratischen Regierungen der post-diktatorialen Ära konnten der damaligen Wirtschaftskrise – Hyperinflation, Außenverschuldung, Stagnation (Cardoso/Graeff 2012: 19) – jedoch nicht Herr werden, was schließlich der kommenden „neoliberalen" Reformzeit den Boden bereiten sollte. Denn in den 1980er und 1990er Jahren erfolgte der Aufstieg wirtschafts- bzw. neoliberalen Gedankenguts, v. a. in den Medien und dem Finanzsektor (Bielschowsky 2013: 11). Wiewohl es erste dahingehende Schritte und Reformen bereits zuvor gegeben hatte, markierte die Reformperiode unter dem 1994 zum Präsidenten gewählten Fernando Henrique Cardoso einen relevanten Wendepunkt.

Der Präsidentschaft Cardosos lag ein neuartiger politischer Pakt, der „Sozialliberalismus", zugrunde, der weite Teile des politischen Spektrums, Unter-, Mittel- und Oberschichten sowie viele Akteure aus der Wirtschaft anzusprechen vermochte (Leubolt 2015: 226–227; Schmalz 2007: 54). Kennzeichnend hierfür war zum einen eine politische Problematisierung und Bearbeitung sozialer Probleme, v. a. von Armut, und zum anderen eine Liberalisierung der Wirtschaft. Die Regierung Cardoso hatte die bis dato verfolgte Entwicklungsstrategie, d. h. den interventionistischen Staat, öffentliche Unternehmen und Protektionismus, als Grundproblem der brasilianischen Wirtschaft bzw. als Krisenursache ausgemacht (Cardoso/Graeff 2012: 19). Fokus der Wirtschaftspolitik Cardosos lag auf der Bekämpfung der Inflation und der Schaffung eines attraktiven Investitionsklimas für externe Investoren (Schmalz 2007: 54). Mithilfe des „Real-Plans" wurde die brasilianische Währung, der *Real,* an den Dollar gekoppelt[3], wodurch die Inflation erfolgreich eingedämmt werden konnte (Schmalz 2007: 54). Weitere Wirtschaftsreformen wie z. B. die Kürzung öffentlicher Ausgaben, die

---

[3]Offiziell bestand jedoch keine Bindung an den Dollar, sondern lediglich eine Orientierung (Cardoso/Graeff 2012: 22).

4.1 Die orthodoxe Phase unter Lula: Aufstieg des Lulismus ...

Restrukturierung des Bankensektors und der Abbau von Handelsbeschränkungen etc. waren dazu angedacht, die brasilianische Wirtschaft wettbewerbsfähiger machen (Cardoso/Graeff 2012: 20–22). Die Eindämmung der Inflation bewirkte in Kombination mit der Überbewertung des *Real* zwar eine signifikante Kaufkraftsteigerung der Bevölkerung und bescherte damit Cardoso einen erneuten Sieg in den Präsidentschaftswahlen 1998. Zeitgleich führten sie jedoch auch zu Leistungsbilanzdefiziten, einer steigenden Außenverschuldung, rückläufigen Investitionsraten und einem Zufluss von spekulativem Kapital (Schmalz 2007: 54). Im Kontext der Asienkrise musste die Regierung die unter Druck geratene Währung freigeben (ebd.; Cardoso/Graeff 2012: 22). Zudem wandte sich die Regierung an den IWF, der dem Land strukturelle Reformen – Privatisierungen, Öffnung der Wirtschaft etc. – verordnete (Schmalz 2007: 54). Generell kennzeichnete die zweite Amtszeit Cardosos – in Kontinuität zur ersten Amtszeit – die Konsolidierung des eingeschlagenen Entwicklungspfades, v. a. den Rückbau des staatlichen Einflusses in der Wirtschaft (Henkin 2014: 82–83). Diese neoliberale Politik wurde jedoch nicht in derselben Intensität durchgeführt wie in vielen anderen Staaten Lateinamerikas. Cardoso strebte laut eigener Einschätzung weder einen neoliberalen Nachtwächterstaat noch eine „Schocktherapie" an, sondern präferierte einen „notwendigen Staat" (Cardoso/Graeff 2012: 18–20).[4] Daher verlief z. B. die Privatisierungspolitik nicht besonders radikal, die staatliche Kontrolle über strategische Unternehmen wie den Ölgiganten Petrobras (*Petróleo Brasileiro S.A.*) wurde aufrechterhalten. Ferner spielte unter Cardoso die Sozialpolitik eine nicht unwesentliche Rolle, deren Ziel u. a. darin bestand, die negativen sozialen Konsequenzen der ökonomischen Restrukturierung abzufedern (Ebenau/Liberatore 2013: 110).

Die Politik Cardosos wird in der Forschungsliteratur unterschiedlich bewertet, resümierend lassen sich sowohl Erfolge als auch Misserfolge konstatieren. Einerseits konnte die Inflation erfolgreich bekämpft werden und das Land der globalen Wirtschaft und internationalen Kapitalflüssen geöffnet werden, während Privatisierungen die Investitionstätigkeit stimulierten (Henkin 2014: 83). Eakin (2013: 224) und Roett (2010) verweisen darauf, dass die wirtschaftlichen und sozialen Erfolge der späteren Regierung Lulas auf einem Fundament basierten, das von der Regierung Cardoso gelegt worden war. Andererseits ging gerade mit dem Abbau von Handelsschranken eine ‚gefährliche' Außenabhängigkeit einher, die sich u. a. in Handelsbilanzdefiziten und rückläufigen Industriegüterexporten zeigte (Schmalz 2007: 55).

---

[4] Dies entsprach auch der Terminologie Hugo Chávez' in Venezuela in seinen Anfangsjahren.

Aufgrund niedriger durchschnittlicher Wachstumsraten des BIP und des Pro-Kopf-Einkommens „konnte diese Politik [...] keinen Impuls für eine nachhaltige Entwicklung geben" (Boris 2003: 9). Ferner bedingte ein äußerst hoher Realzins (Nominalzins abzüglich Inflationsrate) einen Vermögenstransfer hin zu finanzstarken Akteuren und machte zeitgleich Investitionen in Realwirtschaft und Produktion im Vergleich zu finanziellen Investitionen (oder Spekulationen) unattraktiver (Henkin 2014: 98).[5]

4.1.1.1.2 Lula da Silva: Aufstieg und Sieg in den Präsidentschaftswahlen 2002

Gegenüber dem Sozialliberalismus der Cardoso-Regierung hatte sich in den 1980er Jahren die Arbeiterpartei (*Partido dos Trabalhadores,* in der Folge: PT) unter dem charismatischen Gewerkschaftsführer Luiz Inácio da Silva (in der Folge: Lula) als größte politische Kraft mit alternativen Entwicklungsvorstellungen etabliert. Die PT entstand primär aus sozialen Bewegungen und dem gewerkschaftlichen Dachverband CUT (*Central Única dos Trabalhadores*) und wies zunächst ein deutlich polarisiertes und radikales, d. h. sozialistisches Profil auf (Leubolt 2015: 227; Hunter 2007: 452–456).[6] Aufgrund diverser Faktoren änderte die PT um Lula in den 1990er-Jahren ihr Profil und wurde deutlich moderater: Erstens unterstützten die ärmeren Schichten nicht unbedingt bzw. primär, wie zu erwarten gewesen wäre, die PT. So wählten diese Schichten bei den Präsidentschaftswahlen 1989 nicht die PT bzw. Lula, da sie neben dem Abbau der Ungleichheit primär an einer Stabilisierung der bestehenden Ordnung interessiert waren. Und diese Ordnung sahen sie durch linksgerichtete Politik bzw. durch Streiks und soziale Bewegungen in Gefahr (Singer 2009: 87). Dieser Wahltrend unter den ärmeren Schichten, nicht links zu wählen, setzte sich in den 1990er Jahren – z. B. bei den Präsidentschaftswahlen 1994 und 1998 – fort (Singer 2009: 89). Denn (wirtschaftliche) Stabilitätsargumente und sofortige materielle Verbesserungen, z. B. mittels der von der Cardoso-Regierung betriebenen Inflationsreduktion, schienen den Unterschichten attraktiver als die Ankündigung eines strukturellen Wandels (Hunter 2007: 459). Daher besaß ein potentielles (Wahlkampf-)Versprechen nach einer Umkehr der Marktreformen keine politische Attraktivität (ebd.: 458). Zweitens rückte die Regierungspartei Cardosos,

---

[5]Zudem baute die sozialliberale Politik auf technische Lösungen für wirtschaftliche Probleme (v. a. Hyperinflation) und soziale Probleme (v. a. Armut), was jedoch zu einer „Elitisierung der Politik" führte (Leubolt 2015: 225–226).

[6]Panizza (2004: 471) betont jedoch, dass die PT nie eine revolutionäre Partei war und sich stattdessen stets durch einen gewissen Pragmatismus und Respekt gegenüber den demokratischen Spielregeln auszeichnete.

die PSDB (*Partido da Social Democracia Brasileira*) im politischen Spektrum nach rechts und ließ somit programmatisch-diskursiven Raum im politischen Zentrum offen (ebd.: 459). Drittens wurden während dieser Zeit die Gewerkschaften, die die PT unterstützt hatten, geschwächt (Leubolt 2015: 227–228). Die PT reagierte auf diese Erfahrungen und änderte ihren vormals radikalen Kurs zugunsten eines „sozial-reformistischen Projekt[s]" (ebd.: 227) und eines stärker ausgeprägten wahlstrategischen Pragmatismus, um mehr Wähler zu erreichen (Hunter 2007: 440).

Ungeachtet dessen verlor die Regierung Cardoso an Rückhalt in der Bevölkerung, als sich die Asienkrise Ende der 1990er Jahre auch in Brasilien bemerkbar machte. Spekulationsattacken auf die brasilianische Währung veranlassten die Zentralbank zunächst dazu, den *Real* abzuwerten und später ganz freizugeben, d. h. die Dollarbindung zu lösen (Cardoso/Graeff 2012: 22; Ebenau/Liberatore 2013: 110). Dadurch nahmen die Furcht vor einer Bankenkrise und einer Rückkehr der Inflation zu (Cardoso/Graeff 2012: 22). Unter der Aufsicht des IWFs unterzog sich Brasilien daraufhin einem wirtschafts- bzw. „neoliberalen" Strukturanpassungsprogramm (Schmalz 2007: 54). Im Jahr der Präsidentschaftswahlen 2002 geriet die Wirtschaft des Landes erneut in Schwierigkeiten. Das zeigte sich u. a. an hohen öffentlichen Schulden, knapper werdenden Devisenreserven, einem Inflationsanstieg und spekulativen Attacken (Barbosa 2013: 69). Die Regierung musste daraufhin einen Kredit des IWF aufnehmen und sich einem (weiteren) Strukturanpassungsprogramm unterziehen (Schmalz 2007: 55). Vor dem Hintergrund dieser Unsicherheit verlieh die gemischte sozioökonomische Bilanz der Regierung Cardoso und die angespannte wirtschaftliche Situation zurzeit der Wahlen Lula und der PT, die nun moderater und auf eine breitere Wählerbasis hin ausgerichtet waren, einen entscheidenden Auftrieb.

Programmatisch betrachtet waren die Wahlalternativen im Präsidentschaftswahlkampf 2002 begrenzt. Im Gegensatz zu den Wahlkämpfen der vorhergehenden Jahre handelte derjenige des Jahres 2002 nicht von einem radikalen Wandel, sondern drehte sich primär um die sozioökonomische Bilanz der achtjährigen Regierungszeit Cardosos (Panizza 2004: 472). Die Wahlstrategie Lulas bestand darin, möglichst viele Wähler, v. a. aber die folgenden drei Adressaten zu erreichen: 1. die traditionellen Wähler der PT; 2. die Mehrheit der brasilianischen Wähler; und 3. (einflussreiche) Wirtschaftsakteure bzw. Kapitaleigner (ebd.: 473–474). Der „Brief an das brasilianische Volk" (*Carta ao povo brasileiro*) des Kandidaten Lula (2002) gilt als Schlüsseldokument dieses Wahlkampfs. Darin gelang es Lula, sich grundsätzlich ausschließende Versprechen miteinander diskursiv zu verbinden und unterschiedlichen Adressaten jeweils unterschiedliche Signale zu senden: Einerseits ging es in dem Brief um das Versprechen nach (sozialem) „Wandel" („mudança"), d. h. nach „sozialer Gerechtigkeit", Wachstum, Arbeitsplätze, Sicherheit, Souveränität (nach außen) etc. Andererseits signalisierte Lula Kontinuitäten in der Wirtschaftspolitik, d. h. Fortführung der Inflationsbekämpfung, Respekt gegenüber internationalen Verträgen, Betonung der Relevanz von Primärüberschüssen und Schuldenabbau. In erster Linie ging es jedoch darum, das Vertrauen des internationalen Finanzkapitals zu gewinnen (Leubolt 2015: 230). Denn die Finanzmärkte hatten auf einen potentiellen Sieg Lulas äußerst nervös reagiert, was sich u. a. in dem von Goldman Sachs kreierten „Lulameter" (Goldman Sachs 2002) zeigte, das die Konsequenzen eines Sieges von Lula auf die Devisenmärkte aufzuzeigen versuchte (Martínez/Santiso 2003: 372). Panizza (2004: 474) erläutert den strategischen Charakter des „Briefs an das brasilianische Volk" wie folgt:

> „The paradox of the letter lies in that while it was couched in the language of change [...], the markets interpreted Lula's promise of change [...] as a commitment to continuity [...]. So [...] a letter that had as its explicit addressee the Brazilian people, and claimed that the people rejected any form of continuity with the existing economic model, had the markets as its ultimate addressee; and a document that used change as its key signifier was construed [...] as a commitment to continuity in some key macroeconomic policies".

Der hybride Charakter des Briefes an das brasilianische Volk[7] bzw. des gesamten Wahlkampfs Lulas stellte sich als erfolgreiche Strategie heraus, um einen (wenn auch moderaten) sozialen Wandel herbeizuführen, ohne einen Bruch mit den internationalen Gläubigern (IWF) zu riskieren (Schmalz 2007: 55) und einflussreiche Kapitalfraktionen abzuschrecken. Gerade vor dem Hintergrund der Wirtschaftskrise im Nachbarland Argentinien und dem Putschversuch des Jahres 2002 gegen Präsident Chávez in Venezuela zeigte sich Lula äußerst vorsichtig und kompromissbereit und bewies strategisches Fingerspitzengefühl (Leubolt 2015: 231–232). Im Vergleich zu den vorhergehenden Wahlen konnte Lula mit dieser Strategie Zustimmung aus allen sozialen Schichten und allen Regionen des Landes erringen und wurde schließlich zum Präsidenten Brasiliens gewählt (ebd.: 230–231).

4.1.1.1.3 Fazit: Kontext des Regierungswechsels
Wiewohl sich die wirtschaftliche Situation Brasiliens Ende der 1990er und zu Beginn der 2000er Jahre zwischenzeitlich verschlechtert hatte und dem sich

---

[7] Lula (2013: 18) erklärte in einem Interview, dass er zum damaligen Zeitpunkt mit dem Inhalt des Dokuments überhaupt nicht zufrieden war und erst später die Notwendigkeit dazu gesehen hatte.

moderat gebenden Lula politischen Auftrieb verliehen hatte, ging seiner Wahl zum Präsidenten keine politische oder wirtschaftliche Krise voraus. Die Wahl war vielmehr durch Pfadabhängigkeiten geprägt. Denn die Mehrheit der brasilianischen Bevölkerung lehnte den Status quo nicht in entschiedener Weise ab und war somit nicht an einer grundlegenden Transformation bzw. an einem radikalen Wandel der sozioökonomischen Ordnung interessiert. Vielmehr präferierte sie graduelle Veränderungen des Reformkurses der Regierung Cardoso. Ein *window of opportunity*, d. h. außerordentliche Gestaltungs- und Handlungsspielräume aufgrund einer ausgeprägten Unsicherheits- bzw. Krisensituation, fand in der Übergangsphase von Cardoso zu Lula somit nicht statt.[8] Das per Wahl erteilte Mandat Lulas bezog sich somit primär auf eine punktuelle Neuausrichtung des Reformkurses Cardosos.

4.1.1.2 Entwicklungen der politischen Kultur während der orthodoxen Aufstiegsphase: Konsensorientierung und integrative Identitätspolitik

Das folgende Kapitel widmet sich den Entwicklungen der politischen Kultur während der orthodoxen Aufstiegsphase der Regierung Lula, d. h. der Jahre 2003 bis 2005. Dabei wird untersucht, ob die politische Kultur des Landes durch eine Polarisierung gekennzeichnet war und inwiefern sich das politisch materialisierte, d. h. von der Regierung identitätspolitisch kapitalisiert wurde.

4.1.1.2.1 Konsensorientierung statt Polarisierung

Brasilien ist traditionell durch stark ausgeprägte Ungleichheiten im Hinblick auf sozioökonomischen Status, Rasse und auch (politische) Kultur charakterisiert. Ferner hatte der Neoliberalismus die v. a. sozioökonomische Polarisierung noch weiter vorangetrieben (Chaui 2008: 75). Die im Land bestehenden Polarisierungen wurden zwar aus taktischen Gründen im Präsidentschaftswahlkampf 2002 angeschnitten, aber zeitgleich Kontinuitäten in der orthodox-neoliberalen Wirtschaftspolitik versprochen. Nach dem Regierungswechsel erfolgten jedenfalls keine tiefgreifenden Schritte zum Abbau der strukturellen Polarisierungen und Ungleichheiten, was auf einen impliziten Elitenkonsens hinsichtlich der wirtschaftspolitischen Ausrichtung zurückzuführen war (Power 2014: 12–13).

---

[8] Vielmehr markierte die Zeit vor der Reformperiode Cardosos ein solches *window of opportunity*. Denn diese Phase gravierender Inflation, unter der nahezu alle Brasilianer zu leiden hatten, sicherte Cardoso nicht nur die Unterstützung zu jedwedem plausiblen Plan zur Bekämpfung der Inflation (Cardoso/Graeff 2012: 25). Sie ermöglichte der Regierung auch die Durchführung eines größer angelegten „Projekts", das darin bestand, die strukturell von einem starken Entwicklungsstaat geprägte Wirtschaftsordnung zugunsten einer weitgehend liberal konstituierten Alternative zu transformieren (ebd.: 33).

Mithilfe des BTI (2018b) kann der Versuch unternommen werden, zu zeigen, inwieweit die bestehenden gesellschaftlichen Polarisierungen politisch thematisiert wurden bzw. sich in einer entsprechenden, auch die Wirtschaftspolitik betreffenden Agenda materialisierten. Ein Unterindikator des Governance-Indexes betrifft die Fähigkeit zur politischen Konsensbildung unter Eliten. Zwischen 2003 und 2005 waren die dahingehenden Werte (sehr) hoch. Der Governance-Index, der noch weitere Indikatoren bezüglich der „Entschlossenheit und Beständigkeit der Eliten" misst, „eine marktbasierte Demokratie" anzustreben (BTI 2018b), weist für Brasilien im angegeben Zeitraum die zweithöchsten Werte im lateinamerikanischen Vergleich auf. Diese Daten verdeutlichen einen hohen (Eliten-)Konsens bezüglich der anzustrebenden politischen und wirtschaftlichen Ordnung und liefern ein erstes Indiz für die Kontinuitäten in der Wirtschaftspolitik.

Dieser Konsens und die darauf basierenden wirtschaftspolitischen Kontinuitäten waren nicht zuletzt darauf zurückzuführen, dass der Neoliberalismus in Brasilien nicht in eine ähnlich große Krise geraten war wie in manchen anderen Staaten Lateinamerikas, so wie z. B. in Venezuela. Oder anders: Die neoliberale Neuausrichtung hatte durch die jeweiligen Schuldenkrisen in Lateinamerika und Brasilien Legitimation erhalten (Schmalz/Tittor 2005: 24). In Brasilien ereignete sich jedoch keine erneute und ähnlich tiefgreifende Krise, die eine (vollständige) Delegitimation des Neoliberalismus und damit eine (radikale) Neuausrichtung zur Folge gehabt hätte. Zwar hatte es in Brasilien Ende der 1990er und Anfang der 2000er Jahre einen Wirtschaftsabschwung gegeben. Dies führte jedoch nicht zu einer tiefgreifenden Wirtschaftskrise, die das politische System destabilisiert hätte. In Brasilien waren daher Krisenphänomene wie in Venezuela, d. h. weit verbreitete soziale Proteste, ein Zusammenbruch des Parteiensystems oder gar eine Krise des politischen Regimes, ausgeblieben (Levitsky/Roberts 2011: 17). Folglich waren die politischen Aufstiegsmöglichkeiten eines Anti-Status quo-Kandidaten und die Zustimmung der Bevölkerung für eine Agenda des radikalen Wandels in Brasilien relativ gering (Panizza 2009: 214). Vielmehr realisierten die PT und Lula, dass die brasilianische Bevölkerung 2002 zwar die Zeit für einen Regierungswechsel gekommen sah, nicht jedoch für allzu große wirtschaftspolitische Experimente.

Dies sollte sich auch in den ersten Jahren der Präsidentschaft Lulas nicht ändern. Aufgrund der zwar moderaten, aber dennoch zu verzeichnenden wirtschafts- und sozialpolitischen Erfolge, bestand weder in der Bevölkerung noch in der Politik bzw. – präziser – bei der Regierung, der Wunsch nach einem signifikanten Wandel der eingeschlagenen (wirtschafts-)politischen Richtung. Erste Risse in diesem ‚Konsens' und dem damit einhergehenden Machtblock entstanden im Jahr 2005, als ein Korruptionsskandal (*Mensalão*) öffentlich wurde. Gemäß den Aussagen eines Abgeordneten der PTB, einer Partei der Regierungskoalition, kaufte die PT mit monatlichen Zahlungen die Stimmen von Parlamentariern der Koalitionsparteien für Gesetzesvorhaben der Regierung (Sáez 2013: 115). Hochrangige Angehörige der PT mussten daraufhin ihre Posten räumen (de Oliveira 2006: 15). Obwohl Korruption in Brasilien ein weitverbreitetes, strukturelles Phänomen darstellt, das nicht nur die PT betraf (Oliveira 2006: 15–17; Busch 2010: 149–152; Anderson 2011; Souza 2016: 19–40; Souza 2017a: 209–212; Singer 2018), griff die politische Opposition das Thema begierig auf und bemühte sich (erfolglos) um eine Impeachment-Verfahren gegen Präsident Lula (Anderson 2011; Sader 2012). Jedoch blieb es nicht dabei. Auch die großen Medien des Landes bezogen nun rigoros Stellung gegen die Regierung (Sader 2013: 140). Die Medienlandschaft in Brasilien war gegenüber der PT von Beginn an oppositionell eingestellt gewesen (Anderson 2011). Infolge des Korruptionsskandals zeichneten sie jedoch ein übermäßig negatives Bild der PT. Das betraf v. a. die großen drei Tageszeitungen *O Estado de S. Paulo, Folha de S. Paulo* und *O Globo* (Miguel/Countinho 2007) und das wöchentlich erscheinende und einflussreiche Nachrichtenmagazin *Veja* (Santos/Silva 2012). Nach Ansicht von Santos/Silva (ebd.) und Sader (2012) diente diese Berichterstattung nicht zuletzt dazu, den Präsidentschaftswahlkampf des Folgejahres 2006 zuungunsten der PT und Lulas zu beeinflussen.

4.1.1.2.2 Versöhnliche und integrative Identitätspolitik

Obwohl die Regierung keine bzw. kaum materielle Schritte zum Abbau der strukturellen Ungleichheiten ergriff, stellt sich an dieser Stelle die Frage, ob sie diese Ungleichheiten zumindest diskursiv aufgriff, um 1. daraus politisch Kapital zu schlagen und bzw. oder um 2. einem größeren zukünftigen Umwälzungsprozess den legitimatorischen Boden zu bereiten.

Der Präsidentschaftswahlkampf des Jahres 2002 stellt einen relevanten *focusing event* dar, um dieser Frage nachzugehen. Trotz der programmatischen, d. h. pragmatischen, Wende der PT im Lauf der 1990er Jahre (Singer 2009; Hunter 2007), griff Lula im Wahlkampf durchaus typische PT-Themen, v. a. die Probleme der traditionellerweise exkludierten Schichten, auf und machte daher „Wandel" zum programmatischen Schlagwort des Wahlkampfs. Zeitgleich aber signalisierte er Kontinuität in der wirtschafts- und sozialpolitischen Fragen und kam damit den Interessen der mittleren und oberen Bevölkerungsschichten entgegen (Panizza 2004: 475–476). Folgerichtig wurde Lula nicht von einer sozioökonomisch oder ethnisch-kulturell eindeutig identifizierbaren Bevölkerungsschicht gewählt (Singer 2009: 86).

Charakteristisch an dem damaligen Diskurs Lulas war also ein aus strategischen Gründen erfolgtes Integrationsmotiv.[9] War früher der Diskurs auf Klasseninteressen und -kampf ausgerichtet, änderte sich dieser Fokus 2002 und umfasste fortan die Interessen aller Teile der brasilianischen Bevölkerung. Das während des Wahlkampfes vorgestellte Regierungsprogramm trug den Titel „Ein Brasilien für alle: Wachstum, Beschäftigung und soziale Inklusion" (*Um Brasil para todos: crescimento, emprego e inclusão social*). Der Wahlslogan lautete „Lula'chen Frieden und Liebe" (*Lulinha paz e amor*), gemäß de Oliveira (2006: 12) ein „bewusster Anti-Diskurs". Eine wirkliche Thematisierung der bestehenden Polarisierungen wie z. B. Ungleichheit wurde somit intentional unterbunden: „Es wurde also nicht versucht, einen radikalen Gegendiskurs zu etablieren, sondern gesellschaftlicher Wandel innerhalb der herrschenden Strukturen eingefordert" (Leubolt 2015: 230).

Auch nach dem Wahlsieg behielt Lula diesen moderaten, integrativen Diskurs und damit eine sensible, nicht zu stark auf Antagonismen und Polarisierung fokussierende Identitätspolitik bei. Antagonistische Diskursaspekte wurden primär an Fehlentwicklungen bzw. Mängel der der Vergangenheit, so z. B. (wirtschaftliche) „Stagnation", „Arbeitslosigkeit", „Hunger", „Korruption" und (wirtschaftliche) Abhängigkeit (Lula 2003b: 1, 5) festgemacht. Die genannten Aspekte sollten mithilfe einer pragmatisch-vorsichtigen wirtschaftspolitischen Neuausrichtung gelöst werden. Diese Diskursdimension betraf Problemdiagnose und -lösungen gemäß der Regierung bzw. des Akteurs Lula, wie sie in detaillierter Form im Kapitel über die (wirtschafts-)politischen Zielsetzungen des Entscheidungspersonals dargelegt werden.

Hinsichtlich einer zweiten, zeitlich-prozessualen Diskursdimension kann festgehalten werden, dass diese Mängelerscheinungen der Vergangenheit mit einer positiven Zukunft kontrastiert wurden: „Ich glaube an eine großartige Zukunft Brasiliens, weil unsere Freude größer ist als unser Leid, unsere Stärke größer ist als unsere Armut, unsere Hoffnung größer ist als unsere Angst" (Lula 2003b: 3). Der Weg zu dieser Zukunft erforderte – so der Diskurs – jedoch einen langwierigen Prozess: die „historische Not der arbeitenden Bevölkerung kann nicht von einem Tag auf den anderen überwunden werden" (Lula zit nach: Cazarin 2006: 20). „Geduld und Ausdauer" seien zwei Tugenden auf diesem „langen Weg" (Lula

---

[9]Ungeachtet wahltaktischer Gründe hat der pragmatische Wandel der PT und Lulas und der darauf basierende Integrationsdiskurs auch weitere Ursachen. In Venezuela fand nach Chávez´ ersten konkreten Schritten einer sozioökonomischen Transformation 2002 ein Putschversuch gegen seine Person statt. Diese Ereignisse wurden innerhalb der PT wahrgenommen und führten zu einer Furcht vor ähnlichen Reaktionen im Fall einer radikaleren Agenda (Leubolt 2015: 230).

4.1 Die orthodoxe Phase unter Lula: Aufstieg des Lulismus ...

2003b: 2). Diese zeitliche Dimension wies zudem eine kollektiv-psychologischen Stoßrichtung auf. Denn Lula betonte in den Reden jener Zeit, dass er sich der (Wieder-)Herstellung des brasilianischen Selbstwertgefühls verpflichtet fühlte (Lula 2003a: 5–6). Lula verstand es, diesen Aspekt mit nationalistischen Appellen zu verkoppeln. Obwohl Nationalismus im Diskurs Lulas eine Rolle spielte, zeichnete sich dieser Nationalismus nicht durch einen antagonistisch strukturierten Negativbezug zu einer spezifischen Referenzfigur (Ethnien, Religion, Rasse, Kultur) aus, sondern blieb auf die (Wieder-)Herstellung des Selbstwertgefühls ausgerichtet (Pereira 2010: 4). Kurzum: die einigende Kraft von Lulas Diskurs speiste sich primär aus einer positiven Zukunftsvision, nicht jedoch aus Antagonismen und Gegen- bzw. Feindbildern.

Dieses diskursive Muster leitet auf eine weitere Diskursdimension über, die sich auf spezifisch konstruierte Subjektpositionen bezieht. Lulas Diskurs kennzeichnete weniger die diskursive Konstruktion von negativen Akteuren oder Personengruppen und den damit zusammenhängenden Subjektpositionen, sondern konzentrierte sich vielmehr auf positiv dargestellte Subjektpositionen, v. a. diejenige des brasilianischen Volkes. Grundsätzlich galten alle Brasilianer dieser Gruppe zugehörig. Das hatte der Präsidentschaftswahlkampf mit seinen (klassen-)versöhnlichen Slogans „Ein Brasilien für alle" und „Lula'chen Frieden und Liebe" bereits angedeutet. Zudem sprach Lula (2003b: 5) von der Notwendigkeit eines „Sozialpakts" bzw. einer „Allianz" zwischen Arbeit und Kapital.[10] Das folgende Diskursfragment verdeutlicht den speziellen Stellenwert des brasilianischen Volkes im Diskurs Lulas:

„Das ist ein außergewöhnliches Land. [...] was ich überall sehe, ist ein reifes, abgehärtetes und optimistisches Volk. Ein Volk, das niemals aufhört, neu und jung zu sein, ein Volk, das weiß, was es heißt, zu leiden, das aber auch weiß, was Freude ist, das an sich und seine eigene Kraft glaubt. [...] Das brasilianische Volk [...] hat seine Größe und Großherzigkeit unter Beweis gestellt" (Lula 2003b: 2–3).

Die Subjektposition des Volkes wurde zudem mit der positiv konstruierten Zukunftsvision verknüpft und nach außen projiziert:

„[M]eine Aufgabe besteht darin, das Selbstwertgefühl des brasilianischen Volkes wiederherzustellen und Brasilien erhobenen Hauptes in die Welt zu integrieren, da wir

---

[10] Der genaue Wortlaut Lulas in dieser Inaugurationsrede war „Arbeit und produktives Kapital", d. h. die Fraktionen des Finanzkapitals galten nicht als Teil dieser integrativen, kollektiven Subjektposition.

keine minderwertige Rasse sind; wir sind gleich [...] und wir müssen in Verhandlungen, seien sie politisch, kulturell oder geschäftlich, erhobenen Hauptes gehen" (Lula 2003a: 6).

Resümierend bleibt festzuhalten: Die bestehenden, v. a. soziökonomischen Ungleichheiten manifestierten sich nicht in einer vergleichbaren politischen Polarisierung. Da die (Wahl-)Bevölkerung mit dem Kandidaten Lula einen moderaten, nicht jedoch radikalen „Wandel" wählte, war in dieser ersten Phase keine allzu starke Abkehr von dem unter Cardoso eingeschlagenen (wirtschafts-)politischen Pfad zu erwarten. Generell bestand innerhalb der politischen Elite, zu der nun auch Lula und die PT gehörten, ein relativ stabiler Konsens hinsichtlich der grundsätzlichen (wirtschafts-)politischen Ausrichtung. Diese Kontinuitäten spiegelten sich auch im Diskurs und der Identitätspolitik Lulas wider, der zu diesem Zeitpunkt sehr moderat bzw. versöhnlich ausfiel. Erst der Korruptionsskandal 2005 markierte einen ersten Wendepunkt, dessen Auswirkungen jedoch erst später relevant wurden. Nichtsdestoweniger deutete die Entwicklung der politischen Kultur in den ersten Jahren der Regierung Lula nicht auf einen tiefergehenden zukünftigen (wirtschafts-)politischen Wandel hin.

4.1.2 (Wirtschafts-)politische Zielsetzungen des Entscheidungspersonals: sozialer Ausgleich, Wachstumsfokussierung und Wiederentdeckung des Entwicklungsstaates

In der Folge werden die zentralen Interessen bzw. (wirtschafts-)politischen Zielsetzungen[11] der Regierung Lula in der ersten, orthodoxen Phase (2003 bis 2005) basierend auf dem öffentlichen (Regierungs-)Diskurs analysiert. Der Fokus dieses (Unter-)Kapitels liegt nicht auf Fragen des Machterhalts (oder der materiellen Bereicherung). Vielmehr fokussiert es auf diejenigen Bereiche, die die politökonomische Zielvision der Regierung Lula und die damit einhergehenden konkreten (wirtschafts-)politischen Zielsetzungen thematisiert.

Für die Analyse der (wirtschafts-)politischen Zielsetzungen des Entscheidungspersonals sind die Entwicklungen der politischen Kultur während der

---

[11] Gemäß den Ausführungen im Theorieteil werden die beiden Begriffe „Interessen" und „Zielsetzungen" weitgehend synonym verwendet. Während der Terminus „Interesse" einen konzeptionellen und analytischen Baustein in der konstruktivistischen Theorie darstellt, hat der Begriff „(wirtschafts-)politische Zielsetzungen" eine handlungsleitende empirische, also praktische Funktion inne.

Ära Cardoso von Relevanz. Da der Regierungswechsel nicht von einer (Wirtschafts-)Krise begleitet wurde, hatten Lula und die PT kein Interesse an einem radikalen Wandel des Status quo. Im Gegensatz zu dem stark antagonistisch geprägten Politikverständnis der Regierung Chávez in Venezuela lässt sich im brasilianischen Fall keine ähnlich gelagerte Ablehnung des Status quo und damit einhergehender Feindbilder ermitteln. Nichtsdestoweniger werden auch für die (wirtschafts-)politischen Zielsetzungen der Regierung Lula die diskursiv feststellbaren politischen und wirtschaftlichen Gegenbilder, d. h. die zu überwindenden Systemcharakteristika, analysiert, um darüber in einem ersten Schritt die Problemdiagnose des Entscheidungspersonals zu beleuchten. In einem zweiten Schritt werden darauf basierend – ex negativo – konkrete (wirtschafts-)politische Zielsetzungen anhand der diskursiv erfolgten Problemlösungen gemäß des Entscheidungspersonals eruiert.

Zur Analyse von Problemdiagnose und Problemlösungen werden die folgenden Schlüsseldokumente herangezogen: 1. das Regierungsprogramm der PT und ihres Präsidentschaftskandidaten Lula des Jahres 2002 (PT 2002); 2. der schon im vorhergehenden Kapitel erwähnte „Brief an das brasilianische Volk" (Lula 2002); 3. die Inaugurationsrede Lulas als Präsident Brasiliens (Lula 2003b); und 4. der Mehrjahresplan 2004–2007 (MPOG 2003).

4.1.2.1 Problemdiagnose: Erschöpfung des aktuellen Entwicklungsmodells, Problemlösung: Schaffung eines alternativen Entwicklungsmodells mit starkem Staat

Bereits im Wahlkampf hatten die PT und Lula „Wandel" („mudança") zum verbegrifflichten Kernpunkt der Agenda gemacht (PT 2002; Lula 2002). Das spiegelte sich auch nach dem Sieg in den Präsidentschaftswahlen wieder. In seiner Inaugurationsrede sprach Lula von der „Erschöpfung eines Modells, das […] Stagnation, Arbeitslosigkeit und Hunger erzeugte"; ferner sprach er vom „Scheitern einer Kultur des Individualismus und des Egoismus", von „Bedrohungen der nationalen Souveränität", von der fehlenden „öffentlichen Sicherheit" (Lula 2003b: 1). In dem im Rahmen dieses Kapitels relevantesten Dokument, dem Mehrjahresplan 2004–2007, wurde dann jedoch primär auf wirtschaftliche Probleme fokussiert. In diesem Plan wurde zunächst eine generelle Problemdiagnose bzw. ein konkreterer Problemkomplex vorgestellt, der von der Regierung in den Folgejahren gelöst werden sollte:

> „Die fundamentalen Probleme, die es zu bewältigen gilt, sind die soziale und räumliche Konzentration der Einkommen und des Reichtums, die Armut und die soziale

Exklusion, die Missachtung fundamentaler staatsbürgerlicher Rechte, die Verschlechterung der Umwelt, die geringe Schaffung von Arbeitsplätzen und die Hürden bei der Umwandlung von Produktivitätssteigerungen in Einkommenszuwächse" (MPOG 2003: 14).

Um diese Probleme bewältigen zu können, hatte Lula im Wahlkampf bereits von der Relevanz eines „alternativen Entwicklungsmodells" gesprochen, das das Soziale in den Mittelpunkt rückt. Als notwendige Bedingungen hierfür hatten Lula und die PT die „Demokratisierung des Staates und der sozialen Beziehungen", die „Verringerung externer Abhängigkeiten", eine neue Territorial- bzw. Föderalismuspolitik, die „Herstellung von Sicherheit und Frieden" sowie die „Verteidigung territorialer Integrität" und eine aktive und souveräne Außenorientierung ausgemacht (PT 2002). Bereits hierdurch wurde deutlich, dass Lula und die PT in Abgrenzung zu der ‚neoliberalen' Regierungszeit des Vorgängers Cardoso eine „Deprivatisierung des Staates" (ebd.: 2), also eine Neujustierung des Verhältnisses von Markt und Staat, anvisierten und dem Staat eine zentrale Rolle in der Wirtschaft zuwiesen (ebd.: 2–3).

Die folgenden Ausführungen rekurrieren primär auf den Mehrjahresplan 2004–2007 und geben in synthetischer Form die wichtigsten darin enthaltenen Punkte bzw. Aspekte wieder. Im Plan wurden drei große Problemkomplexe genannt, die fünf „Dimensionen" (soziale, ökonomische, regionale, ökologische[12] und demokratische Dimension) erfassen. Mithilfe von drei „Megazielen", die wiederum in 30 „Herausforderungen" unterteilt wurden, sollten diese Problemkomplexe gelöst werden (MPOG 2003: 19, 55).

4.1.2.2 Problemdiagnose: Armut und Ungleichheit, Problemlösung: Soziale Inklusion und Verringerung der sozialen Ungleichheiten

Der erste Problemkomplex des Mehrjahresplans 2004–2007 war im Bereich der „sozialen Dimension" angesiedelt und betraf die bestehende Armut und Ungleichheit in Brasilien. Wörtlich hieß es hierüber: „Die erste Herausforderung besteht [...] darin, Hunger und Armut zu bekämpfen und jedem Brasilianer die Ausübung seiner Bürgerrechte zu garantieren" (MPOG 2003: 59).

Als Problemlösung bzw. als „Megaziel I" erachtete der Plan die „soziale Inklusion und die Verringerung von sozialer Ungleichheiten" (ebd.). Die Probleme Ungleichheit und Armut (und auch Hunger) wurden dabei als zusammenhängend wahrgenommen (ebd.: 60). Mehr noch: Armut, Ungleichheit und Arbeitslosigkeit

---

[12]Im Original wird der Begriff „ambiental" benutzt.

trugen gemäß des Plans im Verbund mit einer prekären Ernährungs-, Gesundheits-, Bildungs- und Wohnsituation zu einer „Marginalisierung" bestimmter Schichten bei (ebd.: 61). Um dieses Problem lösen zu können, wurde ein konzeptioneller und praktischer Zusammenschluss von Sozial- und Wirtschaftspolitik angedacht, der Synergien zwischen diesen beiden Politikfeldern erzeugen sollte (ebd.). Sozialpolitisch sollte die soziale Inklusion mittels einer Universalisierung sozialer Rechte – im Gegensatz zur zielgerichteten „Fokalisierung" während der Cardoso-Jahre (Leubolt 2015: 226) – und einer Einkommensumverteilung über Lohnsteigerungen gemäß der Produktivitätsentwicklung erreicht werden. Dies sollte zu einer Expansion des Konsums und darüber auch des Binnenmarktes beitragen und in Verbindung mit Investitionen zu Wirtschaftswachstum führen (MPOG 2003: 61). Konkrete(re) Maßnahmen zur Umsetzung dieses Problemkomplexes waren u. a. die folgenden: Bekämpfung von Hunger mittels diverser Programme; Bekämpfung von Armut über (die Ausweitung von) Umverteilung; Universalisierung des Zugangs zu sozialer Sicherheit, d. h. zu einem Sozialversicherungssystem; Verbesserung des Bildungssystems, der Wohnqualität, der öffentlichen Sicherheit (Verringerung der Kriminalität); Bekämpfung von Rassen- und Geschlechterungleichheit; sowie eine „digitale Inklusion" (ebd.: 93), d. h. die Verbesserung des Zugangs zu Informationen und der damit einhergehenden Technologie (ebd.: 64–95).

4.1.2.3 Problemdiagnose: Instabile Wirtschaft, Problemlösung: ein wirtschaftliches, d. h. Arbeitsplätze und Einkommen schaffendes, ökologisch nachhaltiges und die territorialen Ungleichheiten reduzierendes Wachstum

Der zweite Problemkomplex des Mehrjahresplans 2004–2007 wurde im Bereich der „wirtschaftlichen, ökologischen und regionalen Dimension" verortet. Als grundsätzliche Probleme wurden ein niedriges Wirtschaftswachstum, ein niedriges Angebot an Arbeitsplätzen und niedrige Einkommen ausgemacht (MPOG 2003: 96).

Darauf basierend erachtete der Plan als Problemlösung bzw. als „Megaziel II" ein Wachstum, das Arbeitsplätze und Einkommen schafft, ökologisch nachhaltig ist und territoriale Ungleichheiten reduziert (ebd.). Da dieser Problemkomplex drei Aspekte bzw. Dimensionen erfasste, der Schwerpunkt jedoch auf der wirtschaftlichen Dimension lag, werden in der Folge die ökologische und die regionale Dimension vernachlässigt.[13] Hinsichtlich der zentralen

---

[13] Bezüglich der regionalen Dimension war eine territoriale Dekonzentration, d. h. Entflechtung wirtschaftlicher Tätigkeiten, angedacht (MPOG 2003: 100–101). Im Bereich der

wirtschaftlichen Dimension hingen die genannten Probleme – niedriges Wirtschaftswachstum, niedriges Angebot an Arbeitsplätzen und niedrige Einkommen (MPOG 2003: 96) – mit denjenigen des ersten Problemkomplex – Armut und Ungleichheit – zusammen. Ferner wurden einige konkretere Probleme wie niedriges Wirtschaftswachstum, makroökonomische Instabilität und eine wirtschaftliche „externe Verwundbarkeit" ausgemacht (ebd.). Gemäß des Plans bestand die Problemlösung in Wirtschaftswachstum sowie in der Schaffung von Arbeitsplätzen und Einkommen. Dies wiederum sollte erreicht werden über: 1. Investitionen und Produktivitätssteigerungen, 2. eine Verbesserung der Infrastruktur und 3. eine „Reduktion der externen Verwundbarkeit der Wirtschaft". Ferner thematisierte der Plan eine makroökonomische Stabilisierungspolitik, die die Stabilität des heimischen Preisniveaus (Preisstabilität) und des Wechselkurses versprach, eine „rigorose fiskalische Disziplin" anpries sowie Realzinsen in Aussicht stellte, die mit der Rentabilität im produktiven Sektor vereinbar waren (ebd.). Diese Punkte werden in der Folge näher erörtert.

Der Wirtschaftspolitik kam bei der Gewährleistung und Stimulierung von Wachstum eine wichtige Rolle zu. Öffentliche Investitionen sollten v. a. in die Bereiche „physische Infrastruktur (Transport, Logistik, Energie und Telekommunikation)", „Wissenschaft und Technologie" sowei in „Bildung und Qualifizierung" fließen (ebd.: 97).[14] Im Plan wurden auch nicht-orthodoxe Elemente erörtert: So wurde z. B. Industriepolitik als eines der Mittel erwähnt, mit dessen Hilfe Effizienzsteigerungen erreicht werden könnten, um somit eine optimale(re) Weltmarkteinbindung zu ermöglichen (ebd.: 99). Ungeachtet der (öffentlichen und privaten) Investitionen erachtete der Plan den Massenkonsum als wichtigen Motor des Wirtschaftswachstums, der folgenden „Circulus Virtuosus" in Gang setzen sollte: Lohnsteigerungen →Ausweitung des Massenkonsums →Investitionen →Produktivitäts- und Wettbewerbssteigerungen →Lohnsteigerungen etc. (ebd.: 17). Der Massenkonsum stellte nach GOPSS (2004: 6) das zentrale Motiv bzw. Motto des Plans dar. In seiner Inaugurationsrede hatte Lula (2003b: 4) zudem eine Förderung der „solidarischen Ökonomie" angesprochen, die ein heterodoxes Wirtschaftsverständnis erkennen und auf alternative Formen des Wirtschaftens hoffen ließ. Im Mehrjahresplan war davon jedoch nur noch in einem einzigen Absatz die

---

ökologischen Dimension wurde eine nachhaltige Entwicklung anvisiert, die die Umwelt und die natürlichen Ressourcen nicht überbeansprucht (ebd.: 102–103).

[14]GOPSS (2004: 9–11) machte in diesem Zusammenhang auf einen zentralen Widerspruch des Planes aufmerksam: Die Finanzialisierungstendenzen, die auf den hohen Realzinsen basierten, erschwerten bereits im Vornherein produktive Investitionen und darüber die Schaffung von Arbeitsplätzen, da finanzielle Investitionen bzw. Spekulationen aufgrund der hohen Realzinsen eine höhere Rentabilität versprachen als produktive Investitionen.

Rede. Demgemäß zeichnete sich diese solidarische Variante durch die Prinzipien der Selbstverwaltung, Kooperation und Solidarität aus, wodurch letztendlich die „Abhängigkeit vom Markt" und seiner Bewegungsgesetze reduziert werden sollte (MPOG 2003: 114).

Einen wichtigen Stellenwert nahm im Plan die „makroökonomische Stabilität" ein, die „eine unabdingbare Voraussetzung für ein nachhaltiges Wirtschaftswachstum" darstellte (ebd.: 104). Hierfür waren Preiswertstabilität (also eine Bekämpfung der Inflation), die Stabilisierung der Außenverschuldung (z. B. mittels eines Primärschuss – ebd.: 15) und des Wechselkurses vorgesehen (ebd.: 104). Der eklektische Charakter des Plans mag politischen bzw. strategischen Ursprungs sein. Denn die Regierung vollführte damit einen „Balanceakt" (Schmalz 2007: 55) zwischen einer heterodoxen Programmatik einerseits, die jedoch einen Bruch mit den Gläubigern Brasiliens und damit eine erneute Finanzkrise hätte auslösen können, und einer makroökonomischen Orthodoxie andererseits, die jedoch das anvisierte Wirtschaftswachstum zu untergraben drohte. Die „makroökonomische Stabilität" wurde zudem nicht ausschließlich „neoliberal" interpretiert, d. h. neben monetärer und fiskalischer Stabilität wurde auch die Notwendigkeit von Investitionen und einer Reduktion der Außenabhängigkeit konstatiert (MPOG 2003: 104).[15]

Einen weiteren relevanten Punkt des Planes betraf die „externe Verwundbarkeit" (ebd.: 106), d. h. die bestehende Abhängigkeit der heimischen Wirtschaft von der internationalen Wirtschafts- und Finanzentwicklung. Die „externe Verwundbarkeit" spielte auf den Charakter der subalternen, d. h. nicht-souveränen, Einbindung in den Weltmarkt an und ist vor dem Hintergrund schädlicher spekulativer Finanzströme zu sehen, die Brasilien in den 1990er und frühen 2000er Jahren heimsuchten. Als Lösung wurde im Mehrjahresplan 1. die Stärkung des Außenhandels und 2. ein Handelsbilanzüberschuss anvisiert, der die Reduzierung bestehender Verbindlichkeiten gegenüber dem Ausland bewirken und das Anhäufen von (internationalen) Währungsreserven ermöglichen sollte (MPOG 2003: 106). Nach eigenen Angaben war Lula (2013: 22–23) davon besessen, die Schulden gegenüber dem IWF zu begleichen und damit die zu dieser Institution bestehenden Abhängigkeit zu beenden.

---

[15]Eine bedeutende Problematik dieser makroökonomischen Stabilisierungspolitik inklusive des anvisierten Primärüberschuss bestand darin, dass die damit einhergehende monetäre Restriktion öffentliche Investitionen zu erschweren drohte (GOPSS 2004: 10–11).

Schließlich betont der Plan die Relevanz der politischen Souveränität nach außen.[16] Konkret wurde dabei eine aktive Außenpolitik in diversen Weltregionen angestrebt, wobei der südamerikanischen Integration eine wichtige Rolle für eine politische, soziale und wirtschaftliche Entwicklung beigemessen wurde (ebd.: 173–175). Die kritischen Töne Lulas während seiner Inaugurationsrede, eine „Multipolarität", d. h. eine „Demokratisierung der internationalen Beziehungen ohne Hegemonien", anzustreben (Lula 2003b: 11), waren im Mehrjahresplan in dieser Form hingegen nicht mehr zu finden.

Weitere Maßnahmen zur Lösung des hier behandelten wirtschaftlichen Problemkomplexes waren u. a.: Ausweitung der Finanzierung bzw. des Zugangs zu Krediten für Investitionen und Konsum; Regulierung des Arbeitsmarktes, Förderung von beruflicher Bildung und Reduktion informeller Arbeitsplätze; eine Agrarreform, d. h. Neuverteilung von Land und Förderung landwirtschaftlicher Familienbetriebe; Programme zum Umweltschutz; Förderung von kleinen und mittleren Unternehmen (MPOG 2003: 106–154).

4.1.2.4 Problemdiagnose: Defizite bei (Menschen-)Rechten und (politischer) Partizipation, Problemlösung: Ausweitung der Staatsbürgerschaft und Stärkung der Demokratie

Der dritte Problemkomplex des Mehrjahresplanes 2004–2007 wurde im Bereich der „demokratischen Dimension" verortet und betraf vereinfacht gesagt eine Konsolidierung der noch jungen brasilianischen Demokratie und der Gewährleistung fundamentaler Bürgerrechte für die gesamte brasilianische Bevölkerung.

Als Problemlösung bzw. als „Megaziel III" präsentierte der Plan daher die „Förderung und Ausweitung der Staatsbürgerschaft und Stärkung der Demokratie" (MPOG 2003: 155). Konkret betraf dieses Megaziel die folgenden Aspekte: Politische, soziale und zivile Menschrechte sollten garantiert und alle Formen von Diskriminierung (gegenüber Frauen, Ethnien, Jungen, Alten und Migranten) unterbunden werden. Besonders hervorgehoben wurden hierbei die „Integrität der indigenen Bevölkerung" und der Respekt vor deren „kultureller Identität und wirtschaftlicher Organisation" (ebd.: 159). Ferner sollte die brasilianische Demokratie gestärkt werden. Diese Stärkung beinhaltete eine „Radikalisierung des demokratischen Prozesses" (ebd.: 155), d. h. eine „Einführung von Maßnahmen der wirtschaftlichen und sozialen Demokratie", „Meinungsfreiheit" und die „Demokratisierung der Medien" (ebd.). Diese innovativen und teils radikal anmutenden Zielsetzungen sollten in der Suche nach einem „neuen Gesellschaftsvertrag" kulminieren (ebd.).

---

[16]Im Mehrjahresplan wurde dieser Punkt ursprünglich unter dem Megaziel 3 behandelt.

Konkret wurde dabei eine größere Partizipation der Bürger angestrebt, z. B. hinsichtlich einer Kontrolle über den Staat und die Verwaltung, u. a. um Verschwendung öffentlicher Gelder und Korruption zu bekämpfen. Dies bezog sich ferner auf den Kampf gegen „Autoritarismus", „Ungleichheit" und „Klientelismus" (ebd.: 156). Des Weiteren wurde die Herstellung „öffentlicher Sicherheit" angestrebt, d. h. eine Reduzierung der Kriminalität und ein Kampf gegen die organisierte Kriminalität (ebd.: 155–156), z. B. mithilfe einer Reform des Strafgesetzbuches und der öffentlichen Sicherheitskräfte (ebd.: 156; 164).

4.1.2.5 Fazit: alternative Entwicklungsvorstellungen im Spannungsfeld von orthodoxer Kontinuität und heterodoxem Wandel

Ähnlich wie in Venezuela wirkten auch in Brasilien die Entwicklungen in der politischen Kultur auf die Ausbildung der (wirtschafts-)politischen Zielsetzungen der Regierung nach, jedoch nicht in dieselbe Richtung. Wie eingangs erläutert wurde, war dem Regierungswechsel in Brasilien keine (Wirtschafts-)Krise vorausgegangen. Der Neoliberalismus bzw. die von Cardoso eingeschlagene orthodoxe Entwicklungsstrategie galt daher auch nicht als gescheitert oder als delegitimiert. Vielmehr bestand innerhalb der Eliten ein relativ stabiler Konsens über die politökonomische Zielvision, eine marktbasierte Demokratie (BTI 2018b). Daher war in Brasilien – anders als in Venezuela – nicht der Nährboden für radikalere alternative Entwicklungsideen oder für eine gesellschaftliche und wirtschaftliche Neuordnung gegeben. Folgerichtig lassen sich daher in den Diskursen und dem Mehrjahresplan, die für die Analyse der (wirtschafts-)politischen Zielsetzungen des Entscheidungspersonals herangezogen wurden, viele Kontinuitäten zu Cardosos wirtschafts- und entwicklungspolitischer Agenda, v. a. hinsichtlich der makroökonomischen Stabilisierungspolitik, ausmachen.

Nichtsdestoweniger sind in den ausgewerteten Dokumenten auch einige signifikante Veränderungen gegenüber der Ära Cardoso feststellbar. Konkret handelt es sich hierbei um eine Neukonzipierung des Verhältnisses von Markt und Staat. Während der Markt gemäß der ökonomischen Orthodoxie effiziente Ergebnisse produziert, solange er möglichst frei von staatlichem Einfluss operieren kann, erachten die unterschiedlichen Strömungen der Heterodoxie einen aktiven Staat – und zeitgleich einen weniger dominanten Markt – als optimal. Letzteres spiegeln die hier untersuchten Dokumente – zumindest in Ansätzen – wider. Darin manifestierte sich eine spezifische Interpretation von wirtschaftlicher (und gesellschaftlicher) Entwicklung im Denken des Entscheidungspersonals. Entwicklung basiert demgemäß nicht ausschließlich auf dem Spiel freier Märkte, sondern vielmehr auf einem aktiven Staat, der das Marktgeschehen strukturiert und (investiv) begleitet.

4.1.3 Analyse politischer und wirtschaftlicher Entwicklungen und Handlungsspielräume: beschränkter Handlungsradius trotz wirtschaftlicher Erholung

In dem vorhergehenden Kapitel wurden die zentralen Zielsetzungen des Entscheidungspersonals beleuchtet. Sie sind als alleinige Erklärung für die in Brasilien erfolgte wirtschaftspolitische Strategie jedoch nicht ausreichend, denn hierfür müssen auch die Handlungsspielräume der Regierung analysiert werden. Im Folgenden werden daher einige zentrale Bereiche und Entwicklungen von Wirtschaft und Politik untersucht, die für die Beleuchtung dieser Handlungsspielräume von Relevanz sind. Gemäß der These dieser Arbeit werden drei Aspekte von Handlungsspielräumen thematisiert: 1. die Machtverhältnisse, 2. Ressourcenvorkommen und 3. die Weltmarkteinbindung. Die wirtschaftspolitische Strategie bzw. die konkrete Wirtschaftspolitik, d. h. das Explanandum dieser Arbeit, wird dabei in die folgenden Ausführungen, v. a. in das Kapitel über die Weltmarktintegration, eingebunden.

4.1.3.1 Machtverhältnisse: signifikante Beschränkungen für die Regierung
4.1.3.1.1 Machtposition der Exekutive
Der Präsident Brasiliens wird für eine Periode von 4 Jahren gewählt und hat gemäß der Verfassung die Möglichkeit zu einer direkten Wiederwahl inne (Saez 2013: 121–122; Senado Federal 2015: Art. 82).[17] Der Präsident nimmt ähnlich wie auch im Rest Lateinamerikas eine besondere Rolle im politischen System ein und gilt als „Mittelpunkt des politischen Prozesses" (Hartmann 2017: 269). Demgemäß besitzt er eine Reihe wichtiger Kompetenzen. Dazu gehört der Oberbefehl über die Streitkräfte, die Leitung der Innen- und Außenpolitik, das Recht, Minister zu ernennen, den Haushalt vorzulegen und vielfältige Verordnungen zu erlassen. Ferner hat der Präsident das Recht zur Gesetzesinitiative und ein Vetorecht bezüglich Gesetzesvorhaben (Saez 2013: 122; Hartmann 2017: 269; Senado

---

[17]Die Möglichkeit einer direkten Wiederwahl war von der Verfassung 1988 nicht erlaubt worden. 1994 wurde dies per Verfassungsreform mit dem Hintergedanken ermöglicht, dass der Präsident mithilfe zweier Amtszeiten langfristige Projekte besser umsetzen kann (Hartmann 2017: 278).

Federal 2015: Art. 84). V.a. liegt gemäß der Verfassung die letztendliche Entscheidungshoheit über den Haushalt beim Präsidenten (Senado Federal 2015: Art. 84; Pereira/Orellana 2009: 75–76).[18] Damit geht eine diskretionale fiskalpolitische Macht einher, mithilfe derer der Präsident Brasiliens in der Lage ist, Abgeordnete je nach deren Verhalten finanziell zu ‚belohnen' oder zu ‚bestrafen' und darüber Mehrheiten im Parlament zu generieren (Pereira/Orellana 2009: 58–59). „The combination of provisional decree, vetoes, urgency petitions, and budget dominance provides the Executive with an impressive set of instruments for imposing its own legislative priorities on the Congress's agenda" (ebd.: 76). Trotz dieser Kompetenzen ist die Exekutive bzw. der Präsident zur Zusammenarbeit mit der Legislative bzw. dem Parlament angewiesen, was sich aufgrund diverser Spezifika des politischen System Brasiliens mitunter als schwierig erweisen kann.

4.1.3.1.2 Der brasilianische „Koalitionspräsidentialismus": Begrenzung der Macht des Präsidenten

Das politische System Brasilien stellt mit mehr als 20 Parteien im Parlament einen extremen Fall eines Mehrparteiensystems dar (Cardoso/Graeff 2012: 28). Um regierungsfähig zu sein, ist der Präsident auf eine Mehrheit, d. h. eine Regierungskoalition, im Parlament angewiesen, weswegen sich die Bezeichnung „Koalitionspräsidentialismus" (*presidencialismo da coalizão*) durchgesetzt hat. Diese Mehrheiten sind jedoch fragil, denn die Notwendigkeit der Koalitionsbildung bringt mitunter Parteien zusammen, die ideologisch wenige Gemeinsamkeiten aufweisen. Ferner ist in der parlamentarischen Praxis keine Partei- oder Fraktionsdisziplin vorhanden, da die Abgeordneten ihren Einzug ins Parlament weniger der Hilfe der Parteien zu verdanken haben als vielmehr externen Geldgebern (ebd.: 28–29). Das hängt v. a. damit zusammen, dass es in Brasilien keine öffentliche Wahlkampffinanzierung gibt (Quiroga 2014. 13). Daher haben die Parteien wenig bis gar keine Kontrolle über ihre Abgeordneten und deren Abstimmungsverhalten. Um sich eine Regierungsmehrheit im Parlament zu sichern, greift der brasilianische Präsident aus diesen Gründen auf andere Mittel zurück, z. B. indem er den koalierenden Parteien bzw. Akteuren einen materiellen Ausgleich in Form von Ministerposten oder von Zuteilungen öffentlicher Gelder zukommen lässt (Saez 2013: 127; Cardoso/Graeff 2012: 29–32). Wie später detaillierter ausgeführt wird, kann dies auch durch einen illegalen Stimmenkauf erfolgen (Power 2014: 25). Kurzum: die Handlungsfähigkeit der Exekutive bzw. des Präsidenten hängt in signifikanter Weise davon ab, inwiefern er zu Koalitionsbildungen und

---

[18] Diese Kompetenz war Folge von Erfahrungen einer gegenseitigen Blockade von Exekutive und Legislative und damit von politischen Instabilitäten (Pereira/Orellana 2009: 75–76).

damit einhergehenden Maßnahmen der Patronage bereit und in der Lage ist (Cardoso/Graeff 2012: 29; Hartmann 2017: 270). Ferner bedingt das politische System Brasiliens aufgrund dieser Koalitionsnotwendigkeit (inklusive des institutionalisierten Parteiensystems) eine programmatische Tendenz zur Mitte, zur Moderation und zum Konsens (Flores-Macías 2010: 420–423; Schneider/Soskice/Karcher 2011: 171–173), was radikale Positionen, so z. B. in der Wirtschaftspolitik, tendenziell erschwert.

Ungeachtet dieses Spezifikums des politischen System Brasiliens hatte Lulas Partei, die PT, während der 1990er Jahre einen signifikanten Wandlungsprozess durchlaufen und war deutlich moderater geworden (vgl. oben). Dieser Entradikalisierungskurs der PT ermöglichte es der Partei und ihres Führers Lula, nach den Regeln des Koalitionspräsidentialismus mitsamt der ihm zugrundeliegenden Funktionserfordernissen zu agieren – auch wenn die Basis der Partei politische Allianzen selbst zu diesem Zeitpunkt immer noch ablehnte (Lula 2013: 24).

Bereits vor seinem Sieg in den Präsidentschaftswahlen 2002 hatte Lula José Alencar, einer Person vom anderen politischen Lager, das Amt des Vizepräsidenten angeboten. Alencar war Unternehmer und Vertreter der Interessen der Industrie (Leubolt 2015: 184). Zudem war er zunächst Mitglied der PMDB (*Movimento Democrático Brasileiro*) gewesen, einer Partei der politischen Mitte, bevor er im Jahr 2002 zur liberal-konservativen PL (*Partido Liberal*) wechselte (ebd.; Lula 2013: 18). Die PL wurde somit Teil der Regierungskoalition. Die Intention dahinter bestand darin, den Unternehmenssektor ins Boot zu holen und die „Märkte" zu beruhigen (Andrioli/Schmalz 2005: 198). Neben der PT und der PL gehörten ferner eine Reihe kleinerer Parteien der Regierungskoalition an.[19] Gemäß der informellen Spielregeln des Koalitionspräsidentialismus wurden diese Parteien mit Ministerposten oder mit Geldzahlungen in der Allianz gehalten (Leubolt 2015: 185). Auch die Besetzung wichtiger politischer Posten mit konservativen bzw. (neo-)liberalen Politikern spiegelte diese Logik wieder. So wurde z. B. mit Henrique Meirelles ein hoher ehemaliger Banker als Präsident der Zentralbank ernannt. Seine Benennung signalisierte eine Kontinuität in der (restriktiven) Geldpolitik. Der liberale Antonio Palocci wurde zum Finanzminister ernannt, was auch in der Wirtschaftspolitik Kontinuität zur Zeit Cardosos erwarten ließ. Als Regierungskoordinator fungierte José Dirceu, Mentor des programmatischen Wandels der PT hin zu einem moderateren Kurs (Saez 2013: 114; Leubolt 2015: 232; Oliveira 2006: 12–13).

---

[19] So z. B. die kommunistische PCdoB, die sozialistischen Parteien PPS und PSB, die grüne PV, die demokratische Arbeiterpartei PDT (Andrioli/Schmalz 2005: 198) und ferne eine weitere Arbeiterpartei: die PTB (Sáez 2013: 113).

Die Zusammensetzung der Regierung kann von Lula bzw. der PT als Einigungsversuch unterschiedlicher gesellschaftlicher Fraktionen verstanden werden, um der Regierung (gesetzgeberische) Gestaltungsspielräume zu ermöglichen. Denn die PT selbst hatte in der Abgeordnetenkammer nicht einmal 20 % der Sitze inne und war daher auf politische Allianzen angewiesen (Andrioli/Schmalz 2005: 201). Diese per Zugeständnisse erreichten Mehrheiten blieben in der ersten Amtsperiode Lulas jedoch äußerst fragil, da auch kein offizielles Abkommen über eine Koalition formuliert wurde (Leubolt 2015: 236). Lula (2013: 13) selbst berichtete später, dass es zu Beginn seiner Präsidentschaft im Parlament ein großes Misstrauen gegenüber seiner Regierung gab.

Die Handlungsspielräume der Regierungen waren ungeachtet der Spezifika des brasilianischen Koalitionspräsidentialismus jedoch durch weitere Faktoren beschränkt. Hier wirkten die Abhängigkeiten des unter Vorgänger Cardoso eingeschlagenen (Entwicklungs-)Pfades fort. Die Antiinflationspolitik war nicht nur durch den Wählerwillen bestätigt und durch die Regierungszusammensetzung perpetuiert worden. Einschneidende Veränderungen in der Wirtschaftspolitik waren durch die Abhängigkeit des Landes vom Urteil der internationalen Finanzmärkte (z. B. der Ratingagenturen) in dieser ersten Phase der Regierung Lula nicht oder nur schwer umzusetzen (Andrioli/Schmalz 2005: 202; Power 2014: 12). Faktisch hatte das Lula bereits im Wahlkampf mit dem „Brief an das brasilianische Volk" eingestanden. Hinsichtlich der makroökonomischen Stabilisierungspolitik – inflation targeting bzw. Inflationsbekämpfung, Primärüberschuss, flexibler Wechselkurs (Bresser-Pereira 2012: 9) – bestand eine Art „impliziter überparteilicher Konsens" (Power 2014: 12–13). Daher behielt Lula konsequenterweise das Wirtschaftsteam seines Vorgängers weitgehend bei (ebd.: 13).

Auch der Mediensektor trug dazu bei, größere sozioökonomische Veränderungen zu verhindern. Die Medienstruktur in Brasilien ist weitgehend oligopolistisch organisiert. Die größten TV- und Zeitungsanbieter sind (teils sehr) konservativ ausgerichtet. Zwei der größten Anbieter – das *Globo*-Netzwerk und *Folha de S. Paulo* – werden von großen Familienunternehmen geführt. Obwohl sich die Regierung gemäß des Mehrjahresplans 2004–2007 vorgenommen hatte, diese Medienmacht aufzubrechen, d. h. eine „Demokratisierung der Medien" (MPOG 2003: 155) herbeizuführen, wurde in der Praxis nichts dergleichen unternommen und die bestehende Medienmacht akzeptiert (Hartmann 2017: 266). Die großen Medien des Landes hatten Cardosos Reformkurs unterstützt (Cardoso/Graeff 2012: 26) und standen Lula und der PT von Beginn an äußerst kritisch gegenüber (Anderson 2011).

4.1.3.1.3 Strategischen Selektivitäten des brasilianischen Staates

Die staatliche Bürokratie spielt für die Durchsetzung jeglicher Reformvorhaben eine wichtige Rolle. Sie ist in Brasilien personell überdimensioniert und durch intransparente Zuständigkeiten und Verfahren gekennzeichnet, wodurch Reformvorhaben erschwert werden (Hartmann 2017: 271). Das bekam auch Lula (2013: 26–27) während seiner Amtszeiten zu spüren. Während der neoliberalen Periode unter Cardoso waren – wie auch in anderen Staaten Lateinamerikas – wichtige Posten mit „Technokraten" besetzt worden (Maihold 1999). Sie hatten eine „Scharnierfunktion" zwischen nationaler und internationaler Ebene inne und fungierten als „lokale Garanten der Durchsetzung einer – [...] außerhalb Lateinamerikas (bei den multilateralen Finanzinstitutionen, den ausländischen Gläubigern etc.) geforderten – wirtschaftspolitischen Leitlinie" (Boris/Schmalz/Tittor 2005: 275–276). Ferner hatten (ausländische) Investoren einen privilegierten Zugang zu den zentralen Entscheidungsinstanzen, d. h. v. a. zu der Regierung. Wie groß deren Macht damals war, zeigte sich z. B. daran, dass noch vor Lulas Wahlsieg 2002 PT-Funktionäre zu Investmentbanken geschickt wurden, um ihnen zu vermitteln, dass das Wahlkampfthema „Wachstum" lediglich dem Stimmenfang diente und dass eine zukünftige Regierung Lula den wirtschaftspolitischen Kurs der Cardoso-Regierung, also eine eher wachstumsbremsende Antiinflationspolitik, fortsetzen würde (Spanakos/Renno 2010: 270).

Der intransparente bürokratische Apparat Brasiliens und die (quasi) inexistente Partei- bzw. Fraktionsdisziplin ermöglichen eine vielfältige Einflussnahme durch Lobbyisten (Hartmann 2017: 273–274). Dieser Einfluss hatte einen potentiell radikalen Reformkurs, der den Interessen finanzkräftiger Akteure entgegenstanden hätte, im Vornherein verunmöglicht. Denn innerhalb dieser Strukturen setzt sich in der Regel der „Banker", d. h. derjenige mit der größten wirtschaftlichen Macht, durch (Cardoso/Graeff 2012: 31). Generell gelten in Lateinamerika, und damit auch in Brasilien, Politik und Wirtschaft als eng verflochten (Schneider/Soskice/Karcher 2011: 174; May 2014: 91; Nölke 2011). Wichtige Posten werden in der Regel mit wirtschaftlich einflussreichen Gruppierungen koordiniert (Schneider/Soskice/Karcher 2011: 174). Die enge Kooperation zwischen Akteuren aus Staat und Wirtschaft beruht oft auf persönlichen Beziehungen (Nölke 2011: 141). Zudem werden politische Allianzen und Gesetzes- bzw. Reformvorhaben mittels „Deals" erkauft: „Deals sind der Schmierstoff des politischen Betriebs. Die Stimme liegt auf der Angebotsrampe, geliefert wird gegen Patronage oder Haushaltsmittel für eine Klientel" (Hartmann 2017: 274). Kurzum: Wer in Brasilien Einfluss auf politische Entscheidungen nehmen möchte (unabhängig davon, ob er sich innerhalb oder außerhalb Brasiliens befindet), benötigt ausreichend finanzielle Ressourcen. Aus diesen Gründen schränkten die strategischen

Selektivitäten des Staates in dieser Phase den Aktionsradius der Regierung Lula bedeutend ein.

4.1.3.1.4 Der neue Machtblock

Ungeachtet der Spezifika, Funktionsmechanismen und zentralen Akteure des politischen System Brasiliens stützte sich die Regierung Lulas in der ersten, „orthodox" betitelten Phase auf einen breiten gesellschaftlichen Machtblock. Lula (2003b: 5) selbst sprach davon, einen Sozialpakt für den Wandel und eine Allianz zwischen Arbeit und (produktivem) Kapital anzustreben. Vereinfacht kann hinsichtlich der Regierung Lula von „zwei Seelen" (Schmalz 2008: 115) gesprochen werden: Während die „sozial-keynesianische Achse" eine binnenmarktorientierte Entwicklung, notfalls auch gegen den Widerstand der Eliten, anstrebte, wollte die „neoliberale Achse" in Einklang mit den Interessen der Eliten die unter Cardosos eingeschlagene Entwicklungsstrategie (Finanzialisierung und Außenorientierung) fortsetzen (ebd.: 115–116). In der ersten Phase der Regierung Lula setzte sich die „neoliberale Achse" deutlich durch. Das manifestierte sich z. B. darin, dass die wichtige Posten innerhalb der für Wirtschaftspolitik zuständigen Ministerien (Finanzen, Wirtschaft) und der Zentralbank mit Personen besetzt wurden, die einen konservativen Fokus aufwiesen (Diniz 2011: 69). Zu dieser Achse gehörten auch zwei Fraktionen, die als Rentierklassen bezeichnet werden können. Oliveira (2006: 10) z. B. spricht von einer „neuen Klasse", einer Art von internen Rentierklasse, die sich durch die Kontrolle über öffentliche Gelder kennzeichnete. Einen Teil dieser Klasse machte demgemäß die Führungsschicht der Arbeiterpräsentanten und der PT selbst aus. Die Führung der größten Gewerkschaft CUT übernahm die Kontrolle über den größten Pensionsfonds des Landes und wurde zu einem der *big player* der brasilianischen Finanzwelt; folglich war sie nicht primär am Wohl der Arbeiter als vielmehr an hohen Renditen interessiert (Anderson 2011, Oliveira 2006: 10): „Well before 2002, this fund-management stratum has crystallized within the core leadership of the Workers Party" (Oliveira 2006: 10–11). Da der Präsident Brasiliens das Recht hat, Personen für 20.000 gut bezahlte öffentliche Posten zu nominieren, versorgte Lula nach der Regierungsübernahme eine Vielzahl von PT-Funktionären mit lukrativen Posten im Staatsdienst (Anderson 2011, Oliveira 2006: 17). Wichtige Gefolgsleute wurden zudem in den Staatsbetrieben untergebracht: „The 'new class' running the giant state firms was soon rubbing shoulders with the core of the globalized grande bourgeoisie" (Oliveira 2006: 16).

Neben der internen Rentierklasse gab es auch eine externe Rentierklasse, nämlich das internationale Finanzkapital. Diese Fraktion bestand zum einen aus internationalen Gläubigern, die angesichts der öffentlichen Verschuldung an einem zahlungsfähigen brasilianischen Staat interessiert waren, und zum anderen aus ausländischen Investoren, die von einer niedrigen Inflation bei gleichzeitig hohen Realzinsen profitierten. Im Kern handelte es sich hierbei um Rentierinteressen, weswegen der Begriff „Rentierklasse" Berechtigung erhält (Becker/Jäger 2005: 92; Oliveira 2006: 10; Bruno et al. 2014: 746). Diese neue Klasse nutzte ihre Macht, um die Wirtschaftspolitik nach ihren Interessen zu beeinflussen (Bruno et al. 2014: 746). Lula selbst betonte, dass Banker noch nie so viel wie unter seiner Regierung verdient hätten (zit. nach: Oliveira 2006: 6).

Demgegenüber standen die subalternen Schichten bzw. Klassen. Obwohl von einer niedrigen Inflation auch diese Schichten profitierten, verhinderte der allzu eingeschränkte Fokus auf eine „makroökonomische Stabilisierung" eine wachstumsinduzierende und beschäftigungsgenerierende Wirtschaftspolitik. Den Kontakt zu den sozialen Bewegungen hatte die Regierung zu diesem Zeitpunkt bereits weitgehend verloren (Oliveira 2006: 13).

Auch die Beziehung zur Arbeiterschaft und zu den Gewerkschaften gestaltete sich schwierig. Denn die Regierung Lula führte mit der Flexibilisierung des Arbeitsmarktes das neoliberale Erbe Cardosos fort (Galvão 2014). Die orthodoxe Wirtschaftspolitik stieß auf viel Kritik bei den sozialen Bewegungen und Gewerkschaften (ebd.:191–192). Zudem reorganisierte die Regierung den Gewerkschaftssektor und tauschte z. B. die Spitzenpositionen in der wichtigsten Gewerkschaft CUT aus, um eigene Interessen besser verfolgen zu können: „the CUT [...] has been transformed under the Lula government into a transmission belt for neoliberal policies" (Oliveira 2006: 13).

Als Zwischenfazit kann festgehalten werden, dass die politischen Handlungsspielräume der Exekutive bzw. der Regierung in dieser Phase durch diverse Faktoren bzw. Charakteristika eingeschränkt waren. Das bezog sich erstens auf die Spezifika des politischen System Brasiliens (heterogene Regierungskoalition, fragile Mehrheiten im Parlament, konservative Besetzung wichtiger Posten), zweitens auf personelle und bürokratische Pfadabhängigkeiten (ein für Lobbyismus anfälliger Staatsapparat) und drittens auf einen Machtblock, der politisch konservativ und wirtschaftlich orthodox dominiert war. Aufgrund dieser Faktoren war ein moderater programmatischer Kurs der Regierung Lula weitgehend vorstrukturiert worden.

4.1.3.2 Ressourcen, Akkumulationsregime und Sozialpolitik: untergeordnete Relevanz natürlicher Ressourcen

In dem folgenden Kapitel wird die Rolle natürlicher Ressourcen während der orthodoxen Phase beleuchtet. Konkret werden die Relevanz von Rohstoffen für die

Akkumulationsdynamik, Charakteristika der Rentenaneignung und -verwendung und damit die ökologische und monetäre Restriktion untersucht.

4.1.3.2.1 Nachzeichnung der Entwicklung der Wirtschaftssektoren während der orthodoxen Phase

Der Anteil des Primärgüterbereichs (Agrikultur, Forstwirtschaft und Fischerei) am BIP sank zwischen 2003 und 2005 von 7,2 % auf 5,5 % (alle folgenden Daten aus: IBGE 2017a: 21). Der extraktive Bereich, der dem Industriesektor untergeordnet wird, stieg in demselben Zeitraum von 2,2 % auf 3,1 %. Insgesamt war für die brasilianische Wirtschaft der Anteil des Industriesektors am BIP, der von 27,0 % auf 28,5 % stieg, entscheidender als der primäre Sektor. Am relevantesten war jedoch der Dienstleistungssektor, dessen Anteil am BIP zwischen 2003 und 2005 bei 66 % angesiedelt war. Die Weltbank (2018) weist zudem die Renten aus natürlichen Ressourcen (u. a. Kohle, Mineralien, Gas und Öl) aus. Zwischen 2003 und 2005 stieg deren Anteil am BIP von 3,5 auf 4,8 %. Die brasilianische Wirtschaft war daher nicht primär von der Extraktion (und dem Export) von Rohstoffen gekennzeichnet. Nichtsdestoweniger erfolgte die Wachstumsdynamik ab 2004 nicht nur über den Binnenmarkt (Barbosa 2014: 71), sondern v. a. über den Außenhandel und den Exportsektor (Schmalz 2007: 56). Die Exportquote Brasiliens oszillierte zwischen 2003 und 2005 um 15 % des BIP, während die Importquote in derselben Zeit um 12 % schwankte (Weltbank 2018). Ferner stellten Primärgüter den überwiegenden Großteil der Exportgüter dar (Jäger/Leubolt 2014: 186).

Brasiliens Wirtschaft zeichnete sich zudem durch ein „finance-led growth regime" aus, d. h. ein Regime, in dem Investitionsentscheidung in erster Linie von Rentabilitätserwägungen auf den Finanzmärkten beeinflusst bzw. „gesteuert" werden (Bruno et al. 2011: 736). Dieses Wachstumsregime hatte sich unter der Regierung Cardoso zu akzentuieren begonnen. Es zeichnete sich dadurch aus, dass sich die Profit- und „Finanzialisierungsrate" von den (Bruttoanlage-)Investitionen in Produktivkapital entkoppelte (ebd.: 736–737). Ursächlich für die Finanzialisierung waren bis 2001 Handelsbilanzdefizite, d. h. Importüberschüsse, und eine steigende öffentliche Verschuldung gewesen, die einen Zufluss ausländischen Kapitals bedingten (Jäger/Leubolt 2014: 187). Flankiert bzw. ermöglicht wurde die öffentliche Verschuldung wiederum durch hohe heimische Realzinsen. Gemäß Brunot et al. (2014: 740–742) bildeten hohe bzw. steigende Zinsen und deren Erträge seit der Ära Cardoso die neue Achse einer finanzialisierten Akkumulation. Das Finanzsystem erwies sich damit insofern als „dysfunktional", als es kaum bzw. zu wenig finanzielle Ressourcen für Kredite für Konsum und für Investitionen in Produktivkapital zur Verfügung stellte (ebd.:

742). Nichtsdestoweniger zeichnete sich ab 2004 diesbezüglich ein neues Muster ab. Denn die Finanzialisierungsrate stieg zwar weiter an (bis 2008), ging jedoch mit verstärkten Investitionen in produktives Kapital einher, während die Zinserträge im Gegenzug rückläufig waren (ebd.: 737, 742–745). D. h. am Ende dieser ersten, orthodoxen Phase deutete sich eine Trendwende an.

Als Zwischenfazit kann daher festgehalten werden: Brasiliens Wirtschaft war in dieser Phase durch ein eher extensives, d. h. nicht primär auf Produktivitätsfortschritten (Nölke 2011: 143)[20] basiertes, und teil intravertiertes, d. h. binnenmarktorientiertes, teils extravertiertes, d. h. exportorientiertes Akkumulationsregime gekennzeichnet. Die Wachstumsdynamik erfolgte zwar hauptsächlich im produktiven Bereich, aber der Rohstoffsektor gewann basierend auf den steigenden internationalen Rohstoffpreisen sukzessive an Bedeutung. Ferner trug der Finanzsektor – wenn auch in abnehmendem Maß – zur Akkumulation der brasilianischen Wirtschaft bei.

4.1.3.2.2 Verfügungsmacht der Exekutive über die Einnahmen aus dem Ressourcengeschäft

Im Folgenden wird – nicht zuletzt um die Vergleichbarkeit mit Venezuela zu gewährleisten – die Relevanz des Ölsektors und der damit einhergehenden Renten beleuchtet. Ölrenten machten im Jahr 2005 etwa 2 % des brasilianischen BIPs aus (Caselli/Michaels 2009: 5). Der Ölsektor Brasiliens war – und ist immer noch – monopolistisch organisiert. Hauptakteur dieses Sektors ist der multinationale Konzern Petrobras (*Petróleo Brasileiro S.A.*), der bis 1997 in staatlicher Hand war, dann jedoch teilprivatisiert wurde. Nichtsdestoweniger hielt die (Bundes-)Regierung einen Anteil am Unternehmen, der groß genug war, um die Kontrolle über das Unternehmen weiterhin auszuüben (ebd.). Der Ölsektor ist bis heute durch den Staat – bzw. eine spezielle Agentur (*Agência Nacional do Petróleo, Gás Natural e Biocombustíveis*) – stark reguliert. Die Hauptfunktion dieser Agentur besteht darin, Lizenzgebühren (*royalties*) pro Ölfeld zu berechnen, einzutreiben und zu verteilen (ebd.: 5–6). So führt Petrobras etwa 10 % der Bruttoproduktion in Form von Gebühren ab, die an das Marineministerium, das Ministerium für Wissenschaft und Technologie, die Landesregierungen und die Gemeinderegierungen verteilt werden. Die Gemeinderegierungen bekommen mit etwa 30 % der abzuführenden Lizenzgebühren einen sehr hohen Anteil (ebd.: 6). Obwohl der Staat bzw. die öffentliche Hand vom Ölgeschäft profitierte, befand

---

[20]Charakteristisch für die brasilianische Ökonomie bzw. Produktpalette ist die Verbindung von natürlichen Ressourcen und niedrigen Arbeitskosten. Schwerpunkt der Tätigkeiten ist dabei der Prozess der Veredelung (Nölke 2011: 143).

sich der an den brasilianischen Staat abzuführende Anteil im internationalen Vergleich während der Jahre der Regierung Lula unter den niedrigsten (Trojbicz 2017: 775–776).
Obwohl die Lizenzgebühren von den Gemeinden zu höheren Ausgaben genutzt wurden, v. a. in den Bereichen urbane Infrastruktur, Wohnungsbau, Bildung und Gesundheit, sorgten diese Ausgaben weder für einen signifikanten Anstieg der Sozialindikatoren noch für *Linkage*-Effekte innerhalb der lokalen Wirtschaft (Caselli/Michaels 2009: 30). Ferner ist die Wahrscheinlichkeit hoch, dass ein signifikanter Teil der Renteneinnahmen der Korruption anheimfiel (ebd.; Brollo et al. 2010: 39).[21]

Da die Sozialpolitik in Brasilien jedoch – wie im nächsten Kapitel gezeigt wird – einen positiven Einfluss auf die Sozialindikatoren des Landes und in der Folge auch auf die Handlungsspielräume der Regierung hatte, rücken die Steuern als Finanzierungsquelle dieser Sozialpolitik in den Vordergrund. Obwohl sich Lateinamerika generell durch eine „chronische Unterbesteuerung der […] Gesellschaften und insbesondere der Besitzeliten" (Boeckh 2011b: 72) auszeichnet, weist Brasilien im lateinamerikanischen Vergleich eine relativ hohe Steuerquote auf (ebd.: 75). Höhere Staatsausgaben, z. B. für Sozialpolitik, erforderten zusätzliche Steuereinnahmen. Die Steuer- und Beitragssätze stiegen daher zwischen 2003 und 2005 von knapp 33 % des BIP auf 35 % an (Leubolt 2014: 7).[22]

Resümierend kann daher konstatiert werden: 1. Der brasilianische Staat war in dieser ersten Phase im Bereich des Ölsektors ein zentraler Akteur und profitierte von den Ressourcen- bzw. Öleinnahmen in Form von Lizenzgebühren. 2. Die Ölrenten wurden zwar auch für soziale Aspekte verwendet, hatten jedoch keinen signifikanten Effekt auf die Sozialindikatoren oder die lokale Wirtschaft. 3. Da jedoch eine Verbesserung der Sozialindikatoren als Folge der staatlichen Sozialpolitik ausgemacht werden kann, gelten die über alle Wirtschaftssektoren hinweg erhobenen Steuern als die primäre Finanzierungsquelle dieser Sozialpolitik. Das nächste Kapitel beleuchtet, inwiefern die Sozialpolitik der Regierung Lula die eigenen Handlungsspielräume steigerte.

---

[21] Gemäß Brollo et al. (2010: 2) ermöglicht ein durch Renteneinnahmen vergrößertes Budget mehr Möglichkeiten der Korruption bzw. der Abzweigung von Geldern ohne dabei den unzureichend informierten Wähler zu enttäuschen und damit einen zukünftigen Wahlsieg zu gefährden.

[22] Nachdem indirekte Steuern (über 60 %) den Großteil dieses Steueraufkommens ausmachten, wies das brasilianische Steuersystem einen regressiven Charakter auf (Leubolt 2014: 7–8). Das mag u. a. damit zusammenhängen, dass sich die besitzenden Eliten in Lateinamerika traditionellerweise der Besteuerung zu entziehen versuchen (Boeckh 2011b: 72).

4.1.3.2.3 Sozialpolitik der Regierung Lula während der orthodoxen Phase

Während der Phase der Demokratisierung Brasiliens in den 1980er Jahren dominierte bezüglich der Bekämpfung von Armut ein Diskurs der „Universalisierung", d. h. einer universalisierten, öffentlichen Bereitstellung sozialer Sicherungssysteme und der damit einhergehenden Leistungen (Hunter 2014: 23). In der neoliberalen Periode unter Cardoso wurde diese Vorstellung durch diejenige der „Fokalisierung", d. h. der „soziale[n] Treffsicherheit" ersetzt (Leubolt 2015: 226). Dieser Diskurs diente jedoch auch zur Legitimierung der Privatisierungen und zu einem Rückbau staatlicher Verpflichtungen in jener Zeit (ebd.).

Besonderes Charakteristikum der darauf basierenden Sozialpolitik waren an Auflagen gebundene Geldleistungen (*conditional cash transfer*, in der Folge CCT). Die CCT fußten auf der in Brasilien weit verbreiteten Meinung bzw. Wahrnehmung einer sozial ungerechten Gesellschaft und einer nicht selbstverschuldeten Armut. (Verbreitete) Armut oder Exklusion galten demnach als (unausweichliche) Folge einer ungerechten Gesellschaft (Lindert et al. 2007: 9). Dieser Gedanke materialisierte sich auch in Verfassung in Form spezieller Rechte für die Armen. Konkret wurde der Staat darin zu einer Sozialhilfe bzw. -fürsorge verpflichtet. In diesem Zusammenhang gelten CCTs seither als sozialpolitisches Instrument, um diese Rechte zu garantieren. Sie bestehen aus einem Geldtransfer, der an eine Konditionalität, d. h. an Auflagen, gebunden ist (ebd.: 9–10). CCTs waren bereits Mitte der 1990er Jahre auf Gemeindeebene und ab 2001 auf Bundesebene eingeführt worden. Hierzu gehörten v. a. die zwei Programme *Bolsa Escola*, wonach arme Familien Transferleistungen für Kinder erhielten, sofern sie eine Anwesenheit in der Schule nachweisen konnten und *Bolsa Alimentação*, wonach Geldzahlungen an Gesundheitsuntersuchungen für Kinder und Ernährungsberatungen gekoppelt waren (ebd.: 12–13). Ferner existierte mit *Benefício de Prestação Continuada* ein Programm, das Leistungen für ältere und bzw. oder körperlich behinderte Bedürftigen vorsah (Hunter 2014: 25; Leubolt 2015: 238).

Die Regierung Lula blieb diesem Konzept der Armutsbekämpfung treu und initiierte 2003 das Programm *Fome Zero*, mit dessen Hilfe extreme Armut und Hunger überwunden werden sollten. Als Teilprogramm entstand *Programa do Cartão Alimentação*, das finanzielle Leistungen an den Kauf von Lebensmitteln band. In demselben Jahr integrierte die Regierung die Programme *Bolsa Escola*, *Bolsa Alimentação* und *Fome Zero* (inkl. *Auxilio Gas*, einem Kompensationsprogramm für beendete Gassubventionen) in das Dachprojekt *Bolsa Familia* (in der Folge: BF) (Lindert et al. 2007: 12–13). Als formelle Ziele von BF wurden 1. die Verringerung von Armut, Ungleichheit und Hunger, 2. ein Durchbrechen der Armutsweitergabe von einer Generation an die nächste, v. a. mittels Anreizen für Investitionen in Humankapital und 3. ein Empowerment der Empfänger benannt (ebd.: 15; Hunter 2014: 27; Peixoto Ávila 2013: 168–169). Einen Anspruch auf Leistungen haben seither Personen oder Familien unterhalb einer von der Regierung bestimmten Einkommensgrenze, wobei der Bezug an Impfungen, Arztbesuche und Schulanwesenheit gebunden ist (Leubolt 2015: 239). Während die Regierung die finanziellen Ressourcen bereitstellt und die Richtlinien vorgibt, obliegt die konkrete Durchführung des Programms subnationalen Entitäten, d. h. den Städten (Peixoto Ávila 2013: 172–173).

Neben BF und *Benefício de Prestação Continuada* war unter der Regierung Lula ferner noch *Programa Saúde da Família,* ein Programm, das den Zugang zu einer basalen gesundheitlichen Versorgung leisten sollte, von Relevanz (Hunter 2014: 27–28). V.a. BF entwickelte sich jedoch zu einem Vorzeigeprogramm. Die Zahl der Familien, die im Rahmen von BF Leistungen bezogen, belief sich im Jahr 2005 auf 8,7 Millionen (Leubolt 2015: 237). Die Empfänger von BF stiegen von 27,4 Millionen im Jahr 2003 auf 31,0 Millionen 2005 an (ebd.: 238), obwohl sich sich die Kosten für BF im Rahmen hielten. 2002, also im Jahr Lulas´ Wahlsieg lagen die Kosten bei unter 0,1 % des BIP, stiegen bis zum Ende der orthodoxen Phase, 2005, jedoch kontinuierlich auf 0,3 % des BIP an (Leubolt 2015: 239). Generell nahmen die Sozialausgaben in der Regierung Lula zwischen 2003 (12,7 % des BIP) und 2005 (13,5 %) zu (Cardoso Jr./Navarro 2016: 15). 2005 fielen neben den Renten, die einen Löwenanteil an den gesamten sozialen Ausgaben ausmachten (51,7 %), v. a. Ausgaben für Bildung (18,5 %), Gesundheitswesen (15,2 %), Sozialfürsorge (4,8 %) und Wohnungsbau (3,8 %) an (Leubolt 2014: 9).

Die Sozialpolitik trug zu einer steigenden Beliebtheit der Regierung Lula in den ärmeren Schichten, die bis dato nicht zur Kernwählerschaft Lulas gezählt hatten, bei (Singer 2009; Anderson 2011). Durch die sozialpolitischen Maßnahmen, v. a. BF, erfolgte eine Wählerwanderung dieser Schichten hin zu Lula. Im Jahr 2006 sollten es vor allem diese Bevölkerungsteile sein, die Lula im Amt des Präsidenten bestätigten (Singer 2009; Zucco/Power 2013; Leubolt 2015: 240). D. h. die Sozialpolitik trug zu einer steigenden Legitimation der Regierung bzw. Lulas bei und steigerte damit dessen Handlungsspielräume. Dieser gestiegene Aktionsradius sollte sich in der zweiten Amtszeit Lulas, der neo-desarrollistischen Phase, materialisieren.

4.1.3.3 Weltmarkteinbindung und Wirtschaftspolitik: Abmilderung der Außenabhängigkeiten

Im folgenden Kapitel werden die Weltmarkteinbindung Brasiliens und die daraus resultierende Wirtschaftspolitik während der orthodoxen Phase beleuchtet. Die

Wirtschaftspolitik bzw. die wirtschaftspolitische Strategie bildet das Explanandum dieser Arbeit, das jedoch aus Gründen der Lesbarkeit es in dieses Kapitel integriert wurde.

4.1.3.3.1 Das internationale (hegemoniale) Handels- und Finanzregime der Ära vor Lula

Im Zuge der Verschuldungskrise Lateinamerikas in den 1980er Jahren setzten sich sukzessive wirtschafts- bzw. „neoliberale" Vorstellungen, Konzepte und Programme durch. Kredite des IWF wurden an Reformvorgaben gekoppelt, die mit dem Begriff des *Washington Consensus* assoziiert werden. Kennzeichen davon waren. makroökonomische Stabilisierung, Privatisierung, Deregulierung und Liberalisierung (Sangmeister/Schönstedt 2009: 155–156). In den 1990er Jahren hatte der Neoliberalismus in Lateinamerika hegemonialen Status erlangt.

Für den brasilianischen Fall ergaben sich hieraus zwei bedeutende Implikationen: Erstens bedingten die neoliberalen Reformen eine Einschränkung der nationalen (wirtschaftspolitischen) Handlungsspielräume aus zwei, miteinander verwobenen Gründen: Zunächst basierten Einschränkungen auf der spezifischen Konfiguration des neoliberalen, internationalen Handels- und Finanzregime. Konkret perpetuierten inter- bzw. multinationale Organisationen und Institutionen wie IWF, Weltbank, WTO etc. dieses Regime mithilfe einer supranationalen legalen Struktur (Serrano Mancilla 2015: 234) bzw. eines „neuen Konstitutionalismus" (Gill 2008: 138): „The new constitutionalism can be defined as the political project of attempting to make transnational liberalism, and if possible liberal democratic capitalism, the sole mode for future development" (ebd.: 139). Diese neue legale Struktur sollte wie eine Art neoliberaler Bollwerk gegen nationale Alleingänge wirken: „Denn falls sich die sozialen Kräfteverhältnisse auf der nationalen Ebene [...] verschieben sollten, bleiben die Machtrelationen in den supra- bzw. multinationalen Organisationen oftmals unangetastet" (Boris/Schmalz/Tittor 2005: 271). Ferner wurde durch die mit dem Neoliberalismus einhergegangene wirtschaftliche Öffnung die „strukturelle Macht des Kapitals" (Gill/Law 1993: 99–100) entscheidend aufgewertet. Große (zumeist internationale und damit externe) Kapitaleigner bzw. -fraktionen konnten fortan unerwünschte politische Entscheidungen mit Kapitalflucht sanktionieren und somit Regierungen auf die eigenen Interessen hin – in erster Linie auf die Herstellung eines attraktiven Wirtschafts- und Investitionsklimas – beeinflussen. Folglich engte die während der neoliberalen Phase erfolgte wirtschaftliche Öffnung die Handlungsspielräume der Regierungen in entscheidender Weise ein: „Wirtschaftspolitiken [hängen] in erster Linie vom Grad der Offenheit der Wirtschaft ab [...], da Letztere sowohl die verwendbaren Instrumente als auch die möglichen Ziele der Wirtschaftspolitik sukzessive verringert" (Lampa 2017: 88). Hierauf basierend bestand eine zweite Implikation der wirtschaftlichen Öffnung nicht nur in einer Außenorientierung, sondern in einer ausgeprägten Außenabhängigkeit. Diese Abhängigkeit wird im folgenden Kapitel erläutert.

4.1.3.3.2 Wirtschaftspolitik und -ordnung im Lulismus: Wirtschaftliche Offenheit, Außenorientierung und -abhängigkeit

Die brasilianische Wirtschaft kennzeichnete spätestens ab der neoliberalen Periode unter Cardoso eine stark ausgeprägte Abhängigkeit von den Entwicklungen am Weltmarkt (Nachfrage nach brasilianischen Produkten, ausländische Direktinvestitionen in Brasilien, externe Verschuldung etc.), d. h. von Entwicklungen jenseits der Kontrolle der jeweiligen Regierungen (Schmalz 2007: 52–55). Das änderte sich auch in den ersten Jahren der Regierung Lula nicht. Grundsätzlich waren sich Lula und die PT schon vor dem Wahlsieg 2002 darüber bewusst, dass die Strukturierungskräfte des internationalen Handels- und Finanzregimes eine signifikante Veränderung der wirtschaftspolitischen Ausrichtung verhindert hätten (Andrioli/Schmalz 2005: 202). Daher hatte sich in diesem Politikfeld ein „impliziter überparteilicher Konsens" (Power 2014: 12) durchgesetzt: „an interparty consensus formed around the ideas of continued inflation targeting, fiscal responsibilites with a primary surplus, monetary policy in defense of the real, [...] and no reversals of the 1990 s privatization" (ebd.: 13). Dieser Konsens, der sich um die drei Aspekte inflation targeting bzw. Inflationsbekämpfung, Primärüberschuss und flexibler Wechselkurs (Bresser-Pereira 2012: 9; Bastos 2017: 9) fomierte, wird in Brasilien als „tripé macroeconômico" bezeichnet. Die mit der „tripé" verbundenen Regeln kamen jedoch einem fiskalpolitischen und v. a. geldpolitischen Handlungskorsett für die Exekutive gleich und strukturierten damit den Entwicklungspfad in entscheidender Weise vor (Bastos 2017: 9).

Das Hauptaugenmerk der ersten Jahre der Regierung Lula lag daher primär auf der (Wieder-)Herstellung bzw. Fortführung makroökonomischer, d. h. monetärer und fiskalischer, Stabilität (Barbosa 2014: 70). V.a. die Preisniveaustabilität, d. h. der Kampf gegen die Inflation, stellte in dieser Phase die Priorität der Regierung dar (Henkin 2014: 85). Diese Politik war dazu gedacht, den Interessen wichtiger internationaler Finanzakteure (Investmentbanken, Pensionsfonds, Rating-Agenturen etc.) nachzukommen (Spanakos/Renno 2010: 266), die aufgrund des Finanzialisierungsgrades der brasilianischen Wirtschaft einen großen Einfluss auf Politik und Wirtschaft des Landes ausübten. Diese Problematik war während des Präsidentschaftswahlkampfs 2002 noch einmal deutlich geworden, als internationale Investoren aus Furcht vor einer möglichen linken Regierung und einer weniger stabilitätsorientierten Wirtschaftspolitik ihr Kapital aus Brasilien abzogen, was eine Abwertung des *Real* und in der Folge Inflation nach sich zog (Spanakos/Renno 2010: 268–271). Hier wurde der zukünftigen Regierung Lula die Macht internationaler Anleger und damit die Außenabhängigkeit Brasiliens noch einmal vor Augen geführt.[23]

Nachdem Lula noch während des Wahlkampfs Kontinuität in der Wirtschaftspolitik signalisiert hatte, was sich in der Wahl seines Wirtschaftsteams auch materialisierte, war das Vertrauen der internationalen Anleger und der Märkte wiederhergestellt (Spanakos/Renno 2010: 271). Der Fokus auf makroökonomische Stabilität und Inflationsbekämpfung wurde die gesamte erste Amtszeit Lulas hindurch von der Regierung und der Zentralbank beibehalten (ebd.: 272). Die Inflation konnte zwischen 2002 und 2005 von 12,53 % auf 5,69 % (jährliche Veränderungsrate) gesenkt werden (Henkin 2014: 86). Auch der mit der neoliberalen Orthodoxie in Einklang stehende Primärüberschuss konnte von der Bundesregierung in dieser Zeit nicht nur eingehalten werden, sondern zudem von 1,9 % (1999–2002) auf 2,5 % (2003–2005) angehoben werden (Barbosa 2014: 94).

Eines der ergriffenen Maßnahmen zur Inflationsbekämpfung war ein hoher Leitzinssatz der Zentralbank. Dieser wurde im Jahr 2003 auf knapp 24 % erhöht und verblieb bis 2005 auf einem sehr hohen Niveau, d. h. auf fast 20 % (der Realzins lag 2003 und 2005 bei etwa 13 %) (ebd.: 93). Damit verbunden war ein weiteres Charakteristikum, das die Regierung Lula von seinem Vorgänger Cardoso geerbt hatte: ein ausgeprägter Finanzialisierungsgrad der brasilianischen Wirtschaft. Denn die hohen Zinsen hatten unter Cardoso einen Zufluss von externem Kapital bedingt und somit den Anstieg der öffentlichen Verschuldung ermöglicht. Diese Zinsen bildeten auch die ersten Jahre der Regierung Lula eine entscheidende Achse finanzialisierter Akkumulation (Bruno et al. 2014: 740–742), wobei die Regierung weiterhin den Zufluss von ausländischem Kapital favorisierte (Henkin 2014: 85).

Daher waren die hohen Zinsen jedoch auch die primäre Ursache für die hohe öffentliche (Netto-)Verschuldung, die im September 2002 bis auf 62,5 % des BIP gestiegen war, wobei 17,20 % der Schulden (gemessen am BIP) auf externe Gläubiger entfiel (Ipeadata 2018). Die öffentliche Verschuldung verblieb unter der

---

[23]Die Inflationsbekämpfung stieß jedoch nicht nur bei Investoren, sondern auch bei der brasilianischen Bevölkerung auf Rückhalt (Armijo/Faucher 2010: 71). Zu Beginn des Jahrtausends hatte sie in der Wählergunst jedoch keine Priorität mehr und war dem Wunsch nach Wirtschaftswachstum gewichen (Spanakos/Renno 2010: 270–271). Nachdem die Inflation 2002 anzog, rückte Inflation und ihre Bekämpfung wieder stärker in den Fokus der Wähler (ebd.: 270).

4.1 Die orthodoxe Phase unter Lula: Aufstieg des Lulismus ...

Regierung Lula auf einem hohen Niveau, obwohl sie (bis Ende 2005) moderat, nämlich auf 47,9 % des BIP, gesenkt werden konnte (ebd.).[24]

Generell kann festgehalten werden, dass die hohe öffentliche Verschuldung und die damit einhergehende Außenabhängigkeit, d. h. Abhängigkeit von externen Geldgebern, eine schwere Hypothek für die Regierung Lula darstellte (Andrioli/Schmalz 2005: 202): „It is not the government that controls the debt, but the debt that controls the government" (Oliveira 2006: 14). Der Fokus auf makroökonomische Stabilität und ‚Beruhigung' der (Finanz-)Märkte im ersten Regierungsjahr Lulas führte zu einer Abkühlung der brasilianischen Wirtschaft. Das BIP-Wachstum sank daher kräftig und lag 2003 bei 1,1 % (alle BIP-Daten in der Folge aus: CEPAL 2018a).[25]

Ein weiterer Aspekt der Außenorientierung, nämlich der Außenhandel, sorgte ab 2004 jedoch für eine positive Trendwende. Die brasilianische Wirtschaft und das BIP wuchsen in diesem Jahr kräftig (5,8 %). Das lag zum einen an einem dynamischeren Binnenmarkt.[26] Zum anderen wirkte sich der Außenhandel positiv auf die Wirtschaft und die Außenhandelsbilanz Brasiliens aus (Barbosa 2014: 71). Der Grund hierfür war primär die Nachfrage nach brasilianischen Rohstoffen, die wiederum von dem Wachstum der chinesischen Wirtschaft und demjenigen der Weltwirtschaft getragen wurde (Fritz 2010: 342; Manzano/Salas/dos Santos 2014: 4). Das Boomjahr 2004 hatte jedoch die Furcht vor Inflation wieder aufkeimen lassen, weswegen Regierung und Zentralbank erneut mit restriktiven Maßnahmen (Anhebung des Primärüberschusses, Anhebung des Leitzinses) gegensteuerten. Obwohl sich als Konsequenz daraus im Jahr 2005 ein schwächeres Wachstum des BIP (3,2 %) ergab, war dieses Wachstum dennoch stabil. Ursächlich hierfür waren wiederum die Außenhandelsdynamik und der positive Außenhandelssaldo (Barbosa 2014: 72–73). Zwischen 2003 und 2005 stiegen die Exporte (von 73,1 auf 118,3 Millionen US $) und das Volumen der Handelsbilanz enorm an (von 24,8 auf 44,7 Millionen US $) (Fritz 2010: 342).

Kurzum: die Außenorientierung der Wirtschaftspolitik hatte sich in den ersten Jahren der Regierung Lula nicht geändert. Wie die Ausführungen im folgenden

---

[24]Oliveira (2006: 14) erkennt ungeachtet der hohen Zinsen, an denen v. a. die Banken verdienten, auch an der Rentenreform des Jahres 2004 einen weiteren Schritt in Richtung Finanzialisierung unter der Regierung Lula.

[25]Jährliche Veränderungsrate bei konstanten Preisen des Jahres 2010.

[26]Der Binnenmarkt wurde über eine kurzeitige Senkung des Leitzinses und einer expansive Kreditvergabe gestärkt. Folge davon war ein wachsendes heimisches Investitionsvolumen. Ferner sorgte eine Aufwertung der brasilianischen Währung (*Real*) und – damit zusammenhängend – eine rückläufige Inflation für steigenden privaten Konsum (Barbosa 2014: 71).

Kapitel zeigen werden, war es der Regierung jedoch gelungen, die Außenabhängigkeit abzumildern. Tabelle 4.1 verdeutlicht vereinfacht den Einfluss der globalen Wirtschaft auf die brasilianische bzw. den Nexus zwischen Weltwirtschaft, brasilianischer Wirtschafts- und Sozialpolitik und der BIP-Entwicklung.

Tabelle 4.1 Zusammenhang von Weltwirtschaft, Wirtschafts- und Sozialpolitik und BIP-Entwicklung

Indikatoren	Jahr		
	2003	2004	2005
Entwicklung der Weltwirtschaft (und der Rohstoffpreise)	↑	↑	↑
Wirtschafts- und Sozialpolitik	restriktiv	nicht restriktiv	restriktiv
BIP-Wachstum (%)	1,1	5,8	3,2

Quelle: Eigene Darstellung. BIP-Daten aus CEPAL (2018a).

4.1.3.3.3 Schritte gegen Außenabhängigkeit, (Rück-)Gewinnung von Handelsspielräumen

Angesichts der Außenorientierung und -abhängigkeit ergriff die Regierung Lula bereits in den ersten Jahren ihres Bestehens wirtschaftspolitische Schritte, um die bestehenden Dependenzen zu verringern und somit Handlungsspielräume zurückzugewinnen. Ein Blick auf die Zahlungsbilanz verdeutlicht dies. Brasilien verzeichnete bereits ab 2002, also noch vor Lula, einen moderaten Überschuss in der Handelsbilanz. Die Regierung Lula konnte diesen Trend verstetigen, die Handelsbilanzüberschüsse wurden in den Folgejahren immer größer (Manzano/Salas/dos Santos 2014: 5). Generell können dahingehende Überschüsse zur Rückzahlung von Schulden und zum Anhäufen von Devisenreserven verwendet werden (Boris 2014: 70). Genauso verfuhr die Regierung Lula, indem sie im Jahr 2005 die restlichen Schulden beim IWF begleichen konnte (Barbosa 2014: 73). Nach eigenen Angaben war Lula (2013: 22–23) davon besessen, die Schulden gegenüber dem IWF zurückzuzahlen, um „mehr Flexibilität zu gewinnen" (ebd.: 23). Barbosa (2014: 71) sieht in diesem Schritt den „Beginn einer neuen Phase der Regierung Lula", da sie fortan über größere Autonomie in der Wirtschaftspolitik verfügte. Dank der Handelsbilanzüberschüsse konnten zudem Devisenreserven angehäuft werden, die nicht nur als Absicherung nach außen, z. B. im Fall von Stützungskäufen der Währung (bei einer spekulativ bedingten

4.1 Die orthodoxe Phase unter Lula: Aufstieg des Lulismus ...

Abwertung) dienten, sondern auch eine positive Wirkung auf die Inlandsnachfrage (Investitionen und Konsum) entfalteten (Manzano/Salas/dos Santos 2014: 6–7). Auch die Struktur der öffentlichen Verschuldung änderte sich zwischen 2003 und 2005. Die externe Verschuldung konnte in diesem Zeitraum von 15,13 % des BIP auf 3,13 % gesenkt werden (Ipeadata 2018). Zwar stieg dafür die interne Verschuldung an, aber eine Verschuldung im Inland ist insofern derjenigen im Ausland zu vorzuziehen, als sich Inländer nicht bzw. schwerer dem (steuerlichen) Zugriff ihrer Regierung entziehen können und eine Verschuldung im Ausland den externen Gläubigern einen Einfluss auf die (nationale) Wirtschaftspolitik einräumt. Dies wiederum kommt einer faktischen Aufgabe der (wirtschaftspolitischen) Souveränität gleich.

Ein weiterer Schritt zu mehr Autonomie bestand in der Stärkung des brasilianischen Binnenmarkts. Die Regierung Lula nutzte ihren Primärüberschuss für verstärkte Ausgaben in der Sozialpolitik und öffentliche Investitionen (Barbosa 2014: 95). Ab 2004 stiegen Konsum und Investitionen und damit die Inlandsnachfrage, was sich positiv auf das BIP auswirkte (Manzano/Salas/dos Santos 2014: 6–7). Kritisch ist diesbezüglich anzumerken, dass diese Schritte wiederum von einer prosperierenden Weltwirtschaft abhingen. Schmalz (2007: 57) spricht in diesem Zusammenhang von einer „neomerkantile[n] Außenwirtschaftspolitik", die auf der „Basisprämisse" basiert, „dass über Exportförderung ein hohes Wirtschaftswachstum erzielt wird, das anschließend zur Umverteilung genutzt werden kann". Ferner blockierte diese Strategie paradoxerweise eine weitere Förderung des Binnenmarktes. Denn wichtige Exportprodukte Brasiliens waren Biokraftstoffe und Agrargüter, deren Anbauflächen in der Folge ausgeweitet wurden. Darunter litt wiederum die kleinbäuerliche Landwirtschaft und erschwerte deren Integration in den Binnenmarkt (Schmalz 2007: 58). Dies verhinderte auch eine von sozialen Bewegungen geforderte Landreform, die die enorme Konzentration von Großgrundbesitz anprangerte und eine Neuverteilung von Land forderte (ebd.; Feyder 2014). Die Stärkung des Binnenmarkts wurde ferner durch die bestehenden Eigentums- und Entlohnungsstrukturen erschwert: „Das Land besitzt die produktivste Landwirtschaft der Welt, die aus der technologischen Revolution des Nordens Nutzen zieht und gleichzeitig ihren Arbeitern Löhne in der Größenordnung von einem US-Dollar am Tag zahlt" (Feyder 2014: 4).

Nichtsdestoweniger erfolgte im Hinblick auf die Herstellung von mehr Autonomie das Jahr 2004 eine wirtschaftspolitische Trendwende. Mit dem Programm bzw. Projekt PITCE (*Política Industrial, Tecnológica e de Comercio Exterior*) verfolgte die Regierung eine zu diesem Zeitpunkt noch moderate Industriepolitik. Ziel von PITCE war u. a. eine Exportförderung und die Steigerung der Innovationsfähigkeit brasilianischer Firmen (Coutinho et al. 2012: 112–113), v. a.

innerhalb der Industriebereiche Halbleiter, Pharmazie, Kapitalgüter und Software (Henkin 2014: 88). Diese industriepolitischen Schritte waren aus diversen Gründen – Ineffizienz, Koordinations- und Organisationsprobleme sowie fehlende volkswirtschaftliche Relevanz der ausgewählten Industrien (ebd.; Coutinho et al. 2012: 113) – nicht besonders erfolgreich, legten jedoch den Grundstein für eine ambitioniertere Industriepolitik während Lulas zweiter Amtsperiode. Ferner materialisierte sich hier der Wunsch nach einer Diversifizierung der Exportgüterpalette. Diversifizierungsversuche betrafen jedoch nicht nur die zu exportierenden Güter, sondern auch die Handelspartner. Mithilfe einer „Süd-Süd-Kooperation" war die Hoffnung verbunden, die bestehenden Abhängigkeiten zu den Industriestaaten zu verringern und damit Gestaltungsspielräume zu generieren. Das betraf z. B. eine verstärkte Zusammenarbeit der BRIC-Staaten (Brasilien, Russland, Indien, China), denen 2003 von der Goldman Sachs Group ein großes (Wachstums- und Entwicklungs-)Potenzial diagnostiziert wurde (Schmalz 2008: 194–195). Die Kooperation mit Indien und Zentralafrika sollte mithilfe des 2003 gegründeten *IBSA Dialogue Forums* vorangetrieben werden (ebd.: 195–200). Handelsbeziehungen wurden ferner auch zu den asiatischen Tigerstaaten und Staaten im Nahen Osten aufgebaut bzw. intensiviert (Schmalz 2007: 57). Die Diversifizierung der Handelspartner zeigte Erfolge. V.a. der Handel mit China sollte sich zwischen 2001 (2,03 %) und 2006 (7,15 %) mehr als verdreifachen, während der Handel mit den Industriestaaten (USA, EU, Japan) in demselben Zeitraum um 12 % fiel (ebd.). Gerade gegenüber diesen globalen Wirtschaftsmächten legte die Regierung Lula einen neuen Kurs auf. Im Rahmen der WTO-Verhandlungen in Cancún 2003 vertrat sie mit Rückendeckung weiterer wichtiger Schwellenländer wie u. a. China, Indien und Südafrika dezidiert die eigenen Wirtschaftsinteressen und pochte auf eine Ende der Agrarsubventionen der Industriestaaten und das Recht auf protektionistische Maßnahmen für brasilianische Kleinbauern (Schmalz 2008: 147). Brasilien trug damit letztendlich zum Scheitern der WTO-Ministerkonferenz bei (Eberhardt 2005: 21). Der damalige Außenminister Celso Amorim merkte hierüber an: „Cancún will be remembered as the conference that signalled the emergence of a less autocratic multilateral trading system" (zit. nach: Anderson 2011).

Besonderes außen- bzw. regionalpolitisches Augenmerk lag auf dem Vorantreiben einer lateinamerikanischen Integration. Dieses Vorhaben materialisierte sich im Scheitern der von den USA propagierten gesamtamerikanischen Freihandelszone ALCA und im Gegenzug in einer Bedeutungsaufwertung und Rekonzeptualisierung des gemeinsamen Marktes des Südens, des Mercosur (*Mercado Común del Sur*) bzw. – im Portugiesischen – Mercosul (*Mercado Comum*

4.1 Die orthodoxe Phase unter Lula: Aufstieg des Lulismus ...

do Sul). Der Mercosur war 1991 gegründet worden und umfasste die südamerikanischen Staaten Brasilien, Argentinien, Paraguay und Uruguay. Mithilfe des Handelsblocks war eine Vertiefung und Institutionalisierung des Neoliberalismus bzw. der gegenseitigen Marktöffnung angestrebt worden (Schmalz 2008: 178–179). Somit hatte Mercosur beispielhaft als Integrationsprojekt des „offenen Regionalismus" neoliberaler Prägung fungiert (Boris 2014: 58). Das änderte sich unter der Regierung Lula. Fortan sollte der Mercosur, in dem Brasilien weitestgehend tonangebend war, 1. nicht nur wirtschaftlich, sondern auch (sozial-)politisch ausgerichtet sein, 2. eine Ausdehnung in Südamerika erfahren (Schmalz 2008: 178–185) und 3. zu der Bildung einer südamerikanischen Identität und damit zu mehr regionaler Eigenständigkeit führen (Zilla 2011: 13). Konkrete Eckpunkte der programmatischen Erneuerung waren hierbei eine keynesianische Ausrichtung, die Bereitstellung von Finanzhilfen für strukturschwache Regionen, die Durchführung sektorspezifischer Kooperationen (z. B. im Energiebereich), eine sozialpolitische Flankierung bzw. Erweiterung des Bündnisses, eine Institutionalisierung und damit Verstetigung des Bündnisses sowie eine Zusammenarbeit in finanz- und währungspolitischen Fragen (Schmalz 2008: 186–188). Diese Ausrichtung hatte sich bereits 2003 angekündigt, als Lula zusammen mit Argentiniens linksgerichtetem Präsidenten Néstor Kirchner den „Konsens von Buenos Aires" vereinbart hatte. Darin war eine Intensivierung der Zusammenarbeit in diversen wirtschafts- und sozialpolitischen Bereichen, v. a. im Rahmen Mercosurs, angestrebt worden (Kirchner/Lula 2003).

Zusammengenommen konnte die Wirtschafts- und Sozialpolitik der Regierung Lula in der Zeit zwischen 2003 und 2005 eine zwar moderate, aber dennoch positive Trendwende einläuten. Die Lohnquote (gemessen am BIP) sank 2003 leicht, stieg dann ab 2004 jedoch kontinuierlich an (Manzano/Salas/dos Santos 2014: 11). Der Mindestlohn nahm im besagten Zeitraum ebenfalls zu (Barbosa 2014: 95; Henkin 2014: 90). Das betraf auch die Schaffung formeller Arbeitsverhältnisse (Manzano/Salas/dos Santos 2014: 12; Barbosa 2014: 100). Parallel zu dieser Entwicklung sank die Arbeitslosenquote (Barbosa 2014: 97; Manzano/Salas/dos Santos 2014: 10), die Armut (Barbosa 2014: 99), die extreme Armut (Henkin 2014: 90) sowie die Ungleichheit der brasilianischen Gesellschaft, gemessen am GINI (Manzano/Salas/dos Santos 2014: 12). Die Regierung Lula konnte somit das Lohnverhältnis in dieser ersten Phase für eine zunehmende Mehrheit an Brasilianer positiv gestalten. Dieser Trend, der alle eben genannten sozioökonomischen Indikatoren betraf, nahm v. a. ab 2004 Fahrt auf und setzte sich kontinuierlich bis zur Weltwirtschaftskrise am Ende des Jahrzehnts fort.

Ferner war es der Regierung, zu diesem Zeitpunkt ebenfalls noch in moderater Weise, gelungen, wirtschafts- und sozialpolitische Gestaltungs- und Handlungsspielräume zurückzugewinnen. Das betraf in erster Linie die Außenabhängigkeit, die zwar nicht durchbrochen, aber dennoch abgemildert werden konnte. Kurzum: Die Regierung Lula konnte ihre (wirtschafts-)politischen Zielsetzungen in dieser ersten, orthodoxen Phase nur ansatzweise umsetzen, wobei in diesem Zeitraum noch keine allzu großen wirtschaftspolitischen Experimente der Regierung zu erkennen waren. Moderate Erfolge konnten v. a. in der Sozialpolitik erzielt werden. Das anvisierte alternative Entwicklungsmodell begann sich in den ersten Jahren der Regierung Lula nur sehr langsam abzuzeichnen. Jedoch war ab 2004 eine wirtschaftspolitische Neuausrichtung zu erkennen, die nach Lulas Wahlsieg 2006 in stärkerem Ausmaß fortgesetzt wurde.

4.1.4 Fazit der orthodoxen Phase: Kontinuitäten in der Wirtschaftspolitik vor dem Hintergrund modifizierter Zielsetzungen und signifikanter Handlungsbeschränkungen

Die orthodoxe Phase zwischen 2003 und 2005 war primär durch stark ausgeprägte Kontinuitäten zu dem unter Vorgänger Cardoso eingeschlagenen Entwicklungskurs geprägt. Die politische Kultur des Landes kennzeichnete keine ausgeprägte Polarisierung. Die große Mehrheit der brasilianischen Bevölkerung befürwortete 2002 zwar einen (moderaten) Wandel, nicht jedoch eine radikale Abkehr von der Wirtschaftspolitik Cardosos. Folglich bestanden für die Regierung Lula keine Anreize, hiervon signifikant abzuweichen.

Dies spiegelte sich auch in den (wirtschafts-)politischen Zielsetzungen der Regierung wider. Zwar deuteten diverse Ausführungen in zentralen dahingehenden Dokumenten (z. B. dem Mehrjahresplan) ein wirtschaftspolitisches Umdenken an, so z. B. bezüglich Industriepolitik, einer „solidarischen Ökonomie" und v. a. einer deutlich aktiveren Rolle des Staates. Zeitgleich und hiermit in Widerspruch stehend betonte die Regierung die Relevanz „makroökonomischer Stabilität" und somit Kontinuitäten zur neoliberalen Vorgängerperiode. Ein signifikanter Umschwung war hingegen in der Sozialpolitik erkennbar, die unter der Regierung Lula einen deutlich höheren Stellenwert einnahm.

Hinsichtlich der Handlungsspielräume der Regierung kann festgehalten werden, dass die Machtverhältnisse die Gestaltungsmöglichkeiten der Regierung entscheidend einengten. Das war zum einen auf Spezifika des politischen Systems, d. h. den Koalitionspräsidentialismus und fehlende Mehrheiten im Parlament, zum andern auf die Macht einflussreicher Akteure in Wirtschaft, Politik und Medien zurückzuführen. Der ab 2003 einsetzende Ressourcenboom hatte in dieser Phase für die Akkumulationsdynamik und die Staatseinnahmen noch nicht die Relevanz, die er in den späteren Jahren bekommen sollte. Vielmehr war die Regierung auf Steuereinnahmen der nicht-extraktiven Wirtschaftszweige angewiesen. Aufgrund dessen und angesichts der Offenheit der brasilianischen Wirtschaftsordnung, der Außenorientierung und -abhängigkeit waren die Handlungsspielräume der Regierung zusätzlich eingeschränkt, obwohl sich die Lula-Administration daran machte, die bestehenden Dependenzen abzubauen (z. B. mithilfe des Abbaus der Außenverschuldung, der Förderung des Binnenmarkts und der Diversifizierung der Handelspartner). Die Wirtschaftspolitik war in dieser Phase noch weitgehend orthodox, sozioökonomische Erfolge konnten primär mittels der Sozialpolitik erzielt werden. Tabelle 4.2 verdeutlicht das Zusammenspiel der drei Faktoren.

Tabelle 4.2 Zusammenspiel der drei Faktoren

	Theorie	Praxis
Orthodoxe Phase (2003–2005)	Politische Kultur	Keine ausgeprägte politische Polarisierung, zwar Wirtschaftsabschwung, aber keine tiefgreifende (wirtschaftliche und bzw. oder politische) Krise →*window of opportunity* für moderaten Wandel
	(Wirtschafts-) politische Zielsetzungen des Entscheidungspersonals	1. Schaffung eines alternativen Entwicklungsmodells mit starkem Staat; 2. soziale Inklusion und Verringerung der Ungleichheiten; 3. ein wirtschaftliches, d. h. Arbeitsplätze und Einkommen schaffendes, ökologisch nachhaltiges und die territorialen Ungleichheiten reduzierendes Wachstum; 4. Ausweitung der Staatsbürgerschaft und Stärkung der Demokratie
	Handlungsspielräume (Akteur-Struktur-Konstellation)	Akteur: Lula wird Präsident und erhält Mandat zu einem moderaten Wandel, nicht jedoch zu einer radikalen Umwälzung Strukturcharakteristika: Beschränkung von Handlungsspielräumen • Machtverhältnisse: Koalitionspräsidentialismus, fehlende parlamentarische Mehrheiten und Macht einflussreicher Akteure beschränken präsidentielle Entscheidungsfreiheiten • Ressourcen: beschränkter Zugang zu Einnahmen aus Ressourcen, Legitimation über Sozialpolitik basiert auf Besteuerung nicht-extraktiver Wirtschaftszweige • Weltmarkteinbindung: Außenorientierung und Außenabhängigkeit, jedoch erste Schritte zur Verringerung der externen Dependenzen Fazit: trotz erster Schritte zur Ausweitung der Gestaltungsmöglichkeiten bleiben die Handlungsspielräume der Regierung bezüglich der Wirtschafts- und Sozialpolitik beschränkt
→Output: Wirtschaftspolitik		Weitgehend orthodox: makroökonomische Stabilisierungspolitik und moderate Sozialpolitik

Quelle: Eigene Darstellung.

4.2 Die neo-desarrollistische Phase unter Lula: Neuausrichtung des Reformprojekts im Namen des Neo-Desarrollismus

In der Folge wird die neo-desarrollistische Phase, d. h. die Hochphase des pragmatischen Reformprojekts, der Jahre 2006 bis 2010 analysiert. In dieser Phase, die weitgehend deckungsgleich mit Lulas zweiter Amtszeit als Präsident Brasiliens war, erfolgte eine partielle Veränderung der wirtschaftspolitischen Strategie. Diese neue „neo-desarrollistische" Strategie war durch eine aktive und ambitionierte Wirtschafts- und Industriepolitik gekennzeichnet.

4.2.1 Politische Kultur: steigende Polarisierung und moderat antagonistische Identitätspolitik

Das folgende Kapitel widmet sich den Entwicklungen der politischen Kultur während der neo-desarrollistischen Hochphase der Regierung Lula. Dabei wird die politische Polarisierung in Brasilien analysiert und im Anschluss daran die Identitätspolitik der Regierung Lula beleuchtet. Wie in dem Kapitel zu sehen sein wird, führte die zunehmende politische Polarisierung zu keiner Radikalisierung der Regierung Lula, sondern lediglich zu einer moderat antagonistischen identitätspolitischen Reaktion.

4.2.1.1 Zunehmende Polarisierung, ausbleibende Radikalisierung

Ungeachtet der bestehenden sozioökonomischen Ungleichheiten im Land war v. a. in den Jahren nach dem Bekanntwerden des Korruptionsskandals 2005 (*Mensalão*) zweifelsfrei eine politische Polarisierung in Brasilien erkennbar. Die politische Opposition und die Medien im Land machten fortan Stimmung gegen die Regierung und den Präsidenten Lula. In den Medien wurde Brasilien als Land dargestellt, das von einem Möchtegern-Caudillo regiert wird, der weder ökonomische Kenntnisse noch Respekt vor Freiheitsrechten besitzt und damit eine Gefahr für Demokratie und Eigentum darstellt (Anderson 2011). Die dezidierte oppositionelle Haltung der Medien basierte gemäß Lula (2013: 15) darauf, dass er sie weitgehend ignorierte bzw. sie nicht hofierte. Präziser ist es, dieses Verhalten auf einen signifikanten Machverlust zurückzuführen. Seit der Demokratisierung Brasiliens in den 1980er Jahren war das private Medienoligopol Brasiliens ein entscheidender politischer Faktor in der Bestimmung von politischen Kandidaten und – durch Art und Macht der Berichterstattung – auch von den jeweiligen Wahlausgängen (Anderson 2011). Mit Lula schwand dieser Einfluss jedoch: „Lula's direct rapport with the masses broke this circuit, cutting out the media's role in shaping the political scene. For the first time, a ruler did not depend on their proprietors, and they hated him for this" (Anderson 2011). Seither bildet das „antidemokratische Monopol der Medien" die „Hauptwaffe" der Rechten gegen die Regierung (Sader 2012). Die Berichterstattung fand in der traditionellen Mittelschicht des Landes Resonanz. Aus primär habituellen Gründen lehnte sie es ab, dass sich der Status der ärmeren Bevölkerungsschichten dem ihren annäherte und dass eine Person aus diesen Schichten Präsident des Landes wurde (Anderson 2011).[27]

Lula selbst schien diese dezidert oppositionelle Haltung gegen seine Person und Regierung nicht nachvollziehen zu können. Er verwies darauf, dass sowohl die Medien als auch die Firmen und Banken „noch nie so viel Geld im Leben verdienten wie sie unter meiner Regierung verdienten" (Lula 2013: 16). Die Regierung führte jedenfalls ihren konsensualen Kurs fort und reagierte hierauf nicht mit einer rigorosen Kursänderung, d. h. einer politischen Radikalisierung. Zwar gab es eine Polarisierung zwischen „reich und arm", jedoch weniger zwischen „links und rechts" (Singer, nach Perlatto 2015: 261). Der Elitenkonsens bezüglich der politökonomischen Zielvision – einer marktbasierten Demokratie – blieb daher weiterhin bestehen.

Die Konsensbildung unter den Eliten war gemessen am BTI (2018a) in der gesamten Zeit der Präsidentschaft Lulas sehr hoch. Derselbe Trend bestand hinsichtlich des Bekenntnisses der Eliten gegenüber einer marktbasierten Demokratie, was mittels des Governance-Indexes des BTI (2018a) gemessen werden kann. Brasilien schnitt im lateinamerikanischen Vergleich für alle gemessenen Jahre sehr gut ab und befand sich im Ranking stets unter den ersten vier Staaten der Region, wie die folgende Tabelle 4.3 zeigt.

---

[27] Auch andere kulturelle Einstellungen verwiesen auf eine in Teilen anti- bzw. prämoderne politische Kultur. Einer potentiellen Militärregierung oder einer Missachtung der Gesetze standen die Brasilianer wohlwollender gegenüber als der Rest Lateinamerikas. Brasilien war nach Ecuador das Land Lateinamerikas, in dem ein Putsch am wahrscheinlichsten war (Zilla 2010: 15).

4.2 Die neo-desarrollistische Phase unter Lula: Neuausrichtung ...

Tabelle 4.3 Governance Index des BTI

Ergebnis inkl. Rang	Messzeitraum			
	2006 (Period of review: 01.02.2003 – 31.01.2005)	2008 (Period of review: 01.02.2005 – 31.01.2007	2010 (Period of review: 01.02.2007 – 31.01.2009)	2012 (Period of review: 01.02.2009 – 31.01.2011)
Messergebnis	6,9	6,7	7,2	7,3
Rang/Region	Zweiter in Region	Vierter in Region	Dritter in Region	Zweiter in Region

Quelle: Eigene Darstellung nach BTI der Jahre 2006 bis 2012.

4.2.1.2 Moderat antagonistische Identitätspolitik

Die folgenden Ausführungen werden zeigen, dass sich Diskurs und Identitätspolitik Lulas zwar teilweise änderten, d. h. dass bestehende Gegenbilder stärker akzentuiert wurden, aber die grundsätzlichen konsensual-integrativen Diskurspfeiler bestehen blieben. Wie bereits im Kapitel über die orthodoxe Phase, werden in der Folge drei Pfeiler im Diskurs Lulas beleuchtet: Die erste Diskursdimension betrifft Problemdiagnose und Problemlösungen des Entscheidungspersonals. Hinsichtlich dieses Pfeilers gab es im Vergleich zur orthodoxen Phase kaum Veränderungen. Die in diesem Kontext relevanten sozioökonomischen Probleme – Armut und Ungleichheit, Defizite bei Entwicklung und Wettbewerbsfähigkeit – wurden weitgehend in Kontinuität zur Vorgängerphase mit einer intensivierten Inklusionspolitik, v. a. aber über Wirtschaftswachstum und den damit einhergehenden positiven Implikationen bezüglich Beschäftigung, Einkommen etc. zu erreichen versucht. Kontinuitäten waren auch bezüglich einer zweiten, zeitlich-prozessualen Diskursdimension hinsichtlich der folgenden Elemente erkennbar: 1. der Kontrastierung der Probleme und Härten der Vergangenheit mit einer positiv dargestellten Zukunft (Lula 2007b); 2. einer eingeforderten Geduld, denn „wir können in zehn Jahren nicht die Unordnung ändern, die in 500 Jahren Geschichte angerichtet wurde" (Lula, zit. in: Caetano 2013: 20); 3. einem Appell an das brasilianische Selbstwertgefühl (Lula 2007b; Caetano Galvão 2009: 75–83).

Veränderungen waren jedoch hinsichtlich einer dritten Diskursdimension zu erkennen. Stärker als noch in der orthodoxen Phase betonte Lula nun Antagonismen und Gegen- bzw. Feindbilder. So attackierte er im Wahlkampf 2006 z. B. in dezidierterer Form die Opposition (Anderson 2011). Die Wahl 2006 bezeichnete Lula als eine „Konfrontation zwischen der Vergangenheit und der Zukunft", in der sich zwei Blöcke gegenüberstehen: Lulas eigener „sozialer Block" auf der einen Seite und ein „konservativer Block" von Personen auf der anderen Seite, die „immer die Macht des Staates im Sinne der Interessen einer Minderheit nutzten" (Lula 2007a: 7). „Aus Mangel an Courage", so Lula (ebd.: 7–8), würde die „neoliberale Opposition" nicht die Wahrheit sagen, denn

> „das wahre Projekt der Opposition ist es, zu der Ära FHCs [Fernando Henrique Cardosos, R.P.] zurückzukehren: Reduktion der sozialen Investitionen, Wiederaufnahme der Privatisierungen, demokratischer Rückschritt und Unterwerfung auf internationaler Ebene. Die angekündigten Einschnitte im öffentlichen Sektor zielen in Wahrheit auf Einschnitte in den Sozialpolitiken ab."

Eine weitere, dezidiert antagonistische Subjektposition zeigte sich in den Nachwehen der internationalen Wirtschafts- und Finanzkrise mit folgender Schuldzuweisung Lulas: „Es ist eine Krise, die von dem irrationalen Verhalten weißer Menschen mit blauen Augen verursacht [...] wurde, die vor der Krise alles zu wissen schienen und die jetzt beweisen, dass sie gar nichts wissen" (Lula/Brown 2009: 3). Auch außenpolitisch verschärfte der Präsident seinen Ton. Angesichts der Abwertungen der chinesischen und US-amerikanischen Währungen sprach Lula von einem „Währungskrieg", der ein „Ungleichgewicht im globalen Handel" (Lula 2010: 3) verursachte. Nichtsdestoweniger zeichnete sich der Diskurs Lulas trotz dieser punktuellen Beispiele nicht in systematischer Weise durch klare Antagonismen und negativ konstituierten Subjektpositionen aus.

Im Gegenzug bildeten positive Subjektpositionen einen dominanten Pfeiler in Diskurs und Identitätspolitik des Präsidenten. Zwei Subjektpositionen stechen hierbei heraus: 1. diejenige des brasilianischen Volkes und 2. diejenige des Präsidenten selbst. Die Subjektposition der Bevölkerung Brasiliens wurde wie bereits in der orthodoxen Phase mit ausschließlich positiven Attributen versehen, z. B. als Lula von der „Weisheit" und der „göttlichen Weisheit" des Volkes sprach (Lula 2007b). Das folgende Diskursfragment Lulas (zit. nach: Brum 2018: 53) aus dem Jahr 2009, nachdem Brasilien als Austragungsort der Olympiade 2016 gewählt worden war, verdeutlicht dies noch einmal:

> „Das Volk ist gut, das Volk ist großherzig. [...] Es gibt Grund zu feiern, denn Brasilien ist vom Stand eines Landes der zweiten Klasse aufgestiegen zu einem der ersten Klasse. [...] Ich glaube, die Seele unseres Volkes, der Blick unseres Volkes, die Wärme unseres Volkes, der Schwung unseres Volkes, die Farbe unseres Volkes und das Lächeln unseres Volkes sind unschlagbar. Ich glaube, die Welt hat endlich eingesehen, dass die Stunde Brasiliens gekommen ist. Niemand zweifelt mehr an Brasiliens Größe."

4.2 Die neo-desarrollistische Phase unter Lula: Neuausrichtung ... 303

Eine weitere positiv konstruierte Subjektposition im Diskurs Lulas betraf seine eigene Person. Diese Subjektposition erfuhr im Zeitverlauf jedoch diverse Veränderungen. Bis zum Jahr 2002 präsentierte sich Lula als Repräsentant der Metallarbeiter, ab dann jedoch als der Vertreter aller Arbeiter (Cazarin 2006: 15), d. h. mithilfe dieser spezifischen Neukonstruktion der Subjektposition war ein integrativer Effekt intendiert. Diese Position erfuhr eine erneute, zumindest partielle Neuausrichtung, die durch die Konfliktdynamik während und nach dem Korruptionsskandal und durch die Neuzusammensetzung der Wählerbasis Lulas verursacht wurde. Lula präsentierte sich zwar nach wie vor als „Präsident von allen", stellte jedoch klar, dass er sich zuerst um die „Bedürftigsten", „Geschwächtesten" und ferner diejenigen kümmern werde, „die den brasilianischen Staat am meisten brauchen" (Lula 2007b): „Dieser Palast [Präsidentenpalast, R.P.] muss lernen, die marginalisierten Minderheiten dieses Landes zu empfangen. Dieser Palast muss lernen, die Schwarzen, die Indios, die Frauen zu empfangen" (ebd.).

Lula gerierte sich jedoch nicht nur als Präsident des (armen) Volkes, sondern stellte sich selbst gemäß der subjektpositionellen Selbstbestimmung als Teil des Volkes dar (Coutinho et al. 2017): „Die Leute sagten: 'Ich bin genau wie dieser Kerl'" (Lula 2013: 11). Die Selbstidentifikation als Teil des Volkes fand ferner über habituelle Verhaltensmuster statt. So benutzte Lula keine komplizierten Wörter, sondern verwendete stattdessen eine einfache, populäre Sprache (Caetano Galvão 2009: 20–31). Ferner präsentierte er sich als gewöhnlicher Brasilianer, dem Familie, Fußball, alkoholische Getränke und das Angeln gefällt (ebd.: 121–135). Eine direkte kulturell-emotionale Verbindung zwischen der brasilianischen Bevölkerung und seiner Person wurde darüber hinaus dadurch herzustellen versucht, dass Lula in Reden daran erinnerte, dass auch er selbst einmal arm war (ebd.: 112–120). Lulas Erfolg basierte daher auf „a mixture of warm social sensibility and cool political calculation, or – as his successor, Dilma Roussef, puts it – rational assessment and emotional intelligence" (Anderson 2011).

Eine weitere spezifische Subjektposition der Regierung Lula betraf Südamerika als „geopolitische Entität" (Außenminister Celso Amorim, zit. nach: Zilla 2011: 13). Südamerika stellte demnach keinen Hinterhof (der USA) mehr dar, sondern zeichnete sich durch ein neues Selbstbewusstsein aus, wodurch es mit anderen Akteuren der Region und – überregional – mit Akteuren des globalen Südens als Souverän interagiert (ebd.). Das gestiegene Selbstbewusstsein manifestierte sich in Zitaten wie dem folgenden: „Unsere Kritiker sind diejenigen, die glauben, dass wir morgens beim Aufstehen die USA um Erlaubnis bitten müssen, um zu niesen, und Europa, um zu husten." (Lula, zit. nach: ebd.: 13). Ausgestattet mit diesem Selbstbewusstsein profilierte sich Brasilien, v. a. in den Süd-Süd-Beziehungen, als Blaupause der Entwicklung (ebd.: 21). Dieser Diskurs und die sich darin manifestierenden Haltungen wiesen eine legitimatorische und identitätsbildende Stoßrichtung auf, die sowohl nach innen (Brasilien) wie auch nach außen (Südamerika, Lateinamerika, globaler Süden) wirkte. Brasilien jedenfalls war inzwischen ein internationaler Machtfaktor geworden (Anderson 2011).

Auf der antagonistischen Gegenseite ging damit eine klare Kritik an den bestehenden Machtverhältnissen einher und zwar bezogen auf das globale Handels- und Finanzsystem, die Machtasymmetrie innerhalb internationaler Institutionen und die hegemonial wirkende Anspruchshaltung der USA (Zilla 2011: 21–22). Wiewohl der Diskurs und die sich darauf erhebenden identitären Pfeiler Kritik an den Macht- und Kräfteverhältnissen ausdrückte, war der Diskurs jedoch „nicht antisystemisch geprägt" (ebd.: 22), d. h. nicht auf eine grundlegende Transformation ausgerichtet.

Als Zwischenfazit kann konstatiert werden, dass sich die politische Polarisierung im Land zwar intensivierte, dies jedoch keine politische Radikalisierung bewirkte und der Elitenkonsens hinsichtlich der Herstellung einer marktbasierten Demokratie bestehen blieb. Lulas Diskurs und Identitätspolitik wiesen in dieser neo-desarrollistischen Phase zwar stärker akzentuierte Antagonismen auf, blieben dennoch weitgehend konsensual und integrativ ausgerichtet. In Diskurs und Identitätspolitik waren zwar partielle Veränderungen erkennbar, eine radikale transformatorische Agenda zeichnete sich darin jedoch nicht ab.

4.2.2 (Wirtschafts-)politische Zielsetzungen des Entscheidungspersonals: sozialer Ausgleich, Wachstums- und Industriefokussierung, Intensivierung des Entwicklungsstaates

Aufgrund der lediglich moderaten Veränderungen des politisch-kulturellen Klimas war in Brasilien weder der legitimatorische Boden noch Anreize für die Formulierung radikaler (wirtschafts-)politischer Zielsetzungen gegeben. Nichtsdestoweniger gab es dahingehend partielle Veränderungen. Um diese Veränderungen in den Zielsetzungen und die darauf basierende politökonomische Zielvision darzulegen, werden in der Folge diverse Schlüsseldokumente der Regierung Lula analysiert. Im Fokus der Untersuchung stehen erneut zum einen die Problemdiagnose und zum anderen die darauf basierenden Problemlösungen der Regierung. Schlüsseldokumente dieser neo-desarrollistischen Phase sind 1. das Regierungsprogramm für die Periode 2007 bis 2010 (Lula 2007a); 2. die Inaugurationsrede

Lulas als Präsident Brasiliens (Lula 2007b); 3. die „nationale Entwicklungsagenda" (CDES 2005; 2007), die vom „Rat für wirtschaftliche und soziale Entwicklung", einer Entität für Dialog und Kooperation zwischen der Regierung und Vertretern der Zivilgesellschaft, ausgearbeitet wurde; und 4. v. a. der Mehrjahresplan 2008–2011 (MPOG 2007).

Gemäß des Regierungsprogramms Lulas ging es in seiner neuen Amtsperiode darum, basierend auf den Erfolgen der ersten Präsidentschaft den eingeschlagenen Entwicklungsweg zu vertiefen (Lula 2007a: 6–7). Bereits hier ließen sich Kontinuitäten zu den ersten Jahren der Regierung Lula erkennen. Im Rahmen des „Rats für wirtschaftliche und soziale Entwicklung" (CDES) wurde die folgende eine „Vision für die Zukunft", d. h. eine politökonomische Zielvision, formuliert:

> „Ein demokratisches und eng verbundenes Land, in dem das Unrecht überwunden wurde, alle Brasilianerinnen und alle Brasilianer ihre Staatsbürgerschaft besitzen, sozialer Frieden und öffentliche Sicherheit erreicht wurden, ein nachhaltiger Entwicklungskurs gefunden wurde und die Diversität, v.a. die kulturelle, wertgeschätzt wird. Eine respektierte Nation, die sich souverän in die internationale Bühne einfügt und sich dem Weltfrieden und der Gemeinschaft der Völker verpflichtet fühlt." (CDES 2005: 7; CDES 2007: 13)

Um diese sehr allgemein gehaltene Zukunftsvision erreichen zu können, explizierte der Mehrjahresplan 2008–2011 (MPOG 2007: 46–47) 10 Ziele bzw. „strategische Leitlinien der Regierung" (ebd.: 46). Aus Gründen der Übersichtlichkeit, Konsistenz und Vergleichbarkeit mit dem vorhergehenden Mehrjahresplan 2004–2007 werden diese 10 Ziele zu drei großen Problemkomplexen und Problemlösungskomplexen analog zum ersten Plan thematisch zusammengefasst.

4.2.2.1 Problemdiagnose: Armut und Ungleichheit, Problemlösung: Soziale Inklusion und Verringerung der Ungleichheiten

Der erste Problemkomplex kann – wie derjenige des Mehrjahresplans 2004–2007 – in der sozialen Dimension verortet werden und widmete sich Armut und Ungleichheit. Der Fokus lag hierbei besonders auf der hohen Konzentration von Einkommen und Vermögen und der darauf basierenden Ungleichheit (MPOG 2007: 64). Als übergeordnete Lösung sah die Regierung soziale Inklusion und die Verringerung dieser Ungleichheit an (ebd.). Konkrete Maßnahmen betrafen z. B. ein Festhalten am Mindestlohn (ebd.: 65), v. a. aber einen Ausbau der Sozialpolitik, v. a. der CCTs *(conditional cash transfer)*. Letztere hatten gemäß des Plans gute Ergebnisse erzielt, d. h. einen Abbau von Armut und extremer Armut sowie eine gleichere Verteilung und damit eine Reduktion der Ungleichheit bewirkt (ebd.: 64–65). Besonderes Augenmerk galt hierbei dem Sozialprogramm *Bolsa Família,* mit dessen Hilfe eine weitere

Verringerung von Hunger, Armut und Ungleichheit angestrebt wurde (ebd.: 66). Das sollte u. a. über Geldzahlungen und einem Zugang zu Bildungs- und Gesundheitsdienstleistungen erfolgen. Die bisher erzielten Ergebnisse in den Bereich Bildung und Gesundheit wiesen gemäß des Plans (ebd.: 67) signifikante Verbesserungen auf. Um Armut und Ungleichheit weiter senken zu können, waren zudem spezifische Programme im Bereich Bildung, berufliche Qualifizierung und der Schaffung von Arbeitsplätzen geplant (ebd.: 68–71). Im Kontext des Themas soziale Inklusion wurde das Thema Bildung intensiv erörtert. Konkrete Probleme in diesem Bereich waren gemäß des Plans (ebd.: 74) Analphabetismus, fehlende finanzielle Mittel für Schulen, fehlende Qualität der öffentlichen Bildung sowie ein ungleicher Zugang zu Bildung, höherer Bildung und beruflicher Qualifikation. Um diese Probleme zu lösen, sollte eine Bildungsoffensive gestartet werden und u. a. die Qualität der Bildung und Lehrerausbildung verbessert, die Schulen attraktiver gestaltet und Bildungsangebote auf dem Land erweitert werden (ebd.: 74–75). Konkret waren in diesem Zusammenhang spezifische Programme und höhere Investitionen in basale und höhere Bildung, v. a. in der technologischen (Aus-)Bildung angedacht (ebd.: 79–81).

Ein letzter Punkt in diesem Komplex betraf den Zugang zu einer sozialen Versicherung. Als Problem wurde die in der neoliberalen Periode (1980er und 1990er Jahre) erfolgte Erosion in der sozialen Vorsorge ausgemacht, die wiederum dem damals erfolgten Anstieg der Arbeitslosigkeit und der „Prekarisierung der Arbeitsverhältnisse" geschuldet war (ebd.: 114). Der Plan erachtete neben der Verbesserung der Qualität der Verwaltung v. a. Wirtschaftswachstum und – damit einhergehend – Wachstum von formalen Arbeitsplätzen als Lösung des Problems (ebd.: 114–115). Die in diesem Komplex dargestellten Probleme und Lösungen wiesen sehr starke Kontinuitäten zum Mehrjahresplan 2004–2007, also zu der ersten, orthodoxen Phase auf.

4.2.2.2 Problemdiagnose: Defizite bei Entwicklung und Wettbewerbsfähigkeit, Problemlösung: Steigerung von (nachhaltigem und sozialem) Wachstum, Investitionen und Industriepolitik durch (Entwicklungs-)Staat

Ähnlich zum Mehrjahresplan 2004–2007 war ein weiterer Problemkomplex in der wirtschaftlichen Dimension angesiedelt und behandelte Defizite in den Bereichen sozioökonomische Entwicklung und Wettbewerbsfähigkeit. Bezüglich des ersten Problems, Defizite in der Entwicklung, lässt sich Folgendes festhalten: Zwar wurden im Plan die wirtschaftspolitischen Erfolge der ersten Präsidentschaft Lulas betont, speziell in den Bereichen, in denen der Mehrjahresplan 2004–2007 Probleme ausgemacht hatte. Konkret waren makroökonomische Stabilität (niedrige Inflation), fiskalische Verantwortung (Primärüberschuss, sinkende Schuldenlast im

4.2 Die neo-desarrollistische Phase unter Lula: Neuausrichtung ...

Verhältnis zum BIP) und eine Verringerung der externen Verwundbarkeit (Handelsbilanzüberschüsse, reduzierte Verschuldung im Ausland) erreicht worden (MPOG 2007: 71). Nichtsdestoweniger gab es weiterhin wirtschaftliche Probleme, z. B. Arbeitslosigkeit, schwierige wirtschaftliche Bedingungen von Selbständigen und Angestellten, prekäre Beschäftigungen, niedrige durchschnittliche Entlohnung und hohe Ungleichheit bei der Einkommensverteilung (ebd.: 72).[28]

Analog zum vorhergehenden Plan bestand die Lösung in Wirtschaftswachstum. In seiner Inaugurationsrede betonte Lula (2007b: 5) die Relevanz von Wirtschaftswachstum, aber auch von einer (gerechteren) (Um-)verteilung, „damit das Volk würdevoller leben kann" (ebd.). Diese Zielsetzung fand sich auch im Plan wieder. Demnach bestand die Lösung in einer „Beschleunigung des Wirtschaftswachstums" inklusive der Schaffung von Arbeitsplätzen und einer gleichmäßigere Einkommensverteilung (MPOG 2007: 72). Hinsichtlich der Schaffung von formalen Arbeitsplätzen wurde betont, dass diese im Gegensatz zu informeller Arbeit eine Verbesserung des Lebens und auch einer (Alters-)Vorsorge bedingen würde (ebd.: 73). Neben einem Programm für Mikrokredite wurde in diesem Zusammenhang die Relevanz der „solidarischen Ökonomie" betont (ebd.: 69). Bereits im Regierungsprogramm Lulas (2007a: 9) war der Alternativtypus einer solidarischen Ökonomie angesprochen worden. Gemäß dieses Programms sollten „Kooperativismus, autonome Initiativen der lokalen Entwicklung, Selbstverwaltung" gefördert werden. Der Mehrjahresplan zählte ein dahingehendes Programm auf, das zum Ziel hatte, selbstverwaltete Unternehmen mitsamt dahingehenden Netzwerken zu unterstützen (ebd.). Bezüglich der Einkommensverteilung wurde auf die Erfahrungen und Erfolge der ersten Amtsperiode Lulas verwiesen. Demgemäß hätte eine gleichmäßigere Einkommensverteilung, der eingeführte Mindestlohn und die weiteren sozialpolitischen Aktivitäten der Regierung einen „Circulus Virtuosus" in Gang gesetzt, der Wachstum und Nachfrage schuf, die wiederum neue (private) Investitionen stimulierten und darüber erneut zu Wirtschaftswachstum führten (MPOG 2007: 73–74).

Um ein solches Wachstum zu erreichen, waren v. a. (öffentliche) Investitionen als konkrete Maßnahmen vorgesehen, v. a. in den Bereichen der „wirtschaftlichen und sozialen Infrastruktur" (ebd.: 19).[29] Konkret wurden hierzu im Rahmen des

---

[28]In diesem Abschnitt des Planes wurde zudem die Umweltproblematik thematisiert. Konkret wurde die schlechte Verwaltung bei natürlichen Ressourcen angesprochen und im Gegenzug ein nachhaltigerer und umweltschonenderer Umgang anvisiert (MPOG 2007: 72).

[29]Zusätzlich zu den öffentlichen Investitionen, von denen erwartet wurde, dass sie auch private Investitionen stimulieren würden, waren ferner noch eine Senkung der Zinssätze, eine Verbesserung des Kreditangebots, die Fortführung der Sozialprogramme, die Erhöhung des Mindestlohns und Preiswertstabilität geplant. Alle diese Maßnahmen waren dazu gedacht, Konsum, Wirtschaftswachstum und die Zahl der Arbeitsplätze zu steigern (MPOG 2007: 74).

Programmes zur Beschleunigung der Wirtschaft (*Programa de Aceleração do Crescimento*, PAC) Investitionen in Höhe von mehr als 500 Mrd. *Reais* (äquivalent zu 20 % des BIP des Jahres 2007) in den Bereichen Transport, Energie, Wasservorräte, Sanierung und Wohnungsbau anvisiert (ebd.: 19, 91–92). Die geplanten Investitionen sollten zudem zu einer Verringerung der territorialen Ungleichheit beitragen, indem die weniger entwickelten Regionen des Landes, d. h. Norden, Nordosten, Zentrum und Westen, bevorzugt werden (ebd.: 96–97).

Gemäß der Problemdiagnose des Mehrjahresplans wurde noch ein zweites großes Problem in der wirtschaftlichen Dimension erörtert, nämlich das einer defizitären oder zumindest optimierbaren Wettbewerbsfähigkeit. Dieser Aspekt knüpft an eines der Kernthemen des Mehrjahresplans 2004–2007, die externe Verwundbarkeit, an. Der Fokus richtete sich hierbei auf die Integration in die Weltwirtschaft. Als Problem bzw. Herausforderung wurde demnach ausgemacht, die Palette der Exportgüter zu verändern, d. h. Produkte mit höherer Wertschöpfung (Industriegüter) zu exportieren, um eine dynamischere Integration in den Weltmarkt zu garantieren (ebd.: 105). Dies setzte wiederum eine Verbesserung der Wettbewerbsfähigkeit in den dahingehenden Sektoren voraus. Denn die im Vergleich zu den Industriestaaten zu verzeichnenden Investitionen in Produktion, Forschung und Entwicklung wurden als unzureichend erachtet (ebd.: 107).

Gemäß des Plans bestand eine dahingehende Lösung in der Steigerung der brasilianischen Wettbewerbsfähigkeit mittels Industriepolitik, d. h. politischer Maßnahmen zur Förderung des Produktivsektors, v. a. von technologischen Innovationen (ebd.: 106). Hier wurde explizit auf das bereits im Jahr 2004 ins Leben gerufene Projekt „Industriepolitik, Technologie und Außenhandel" (PITCE) verwiesen, das auf eine Steigerung der Innovationsfähigkeit der Unternehmen und auf eine Ausweitung der brasilianischen Exporte, v. a. von Produkten mittlerer und hoher Technologieintensität (Medium-Tech und High-Tech), abzielte (ebd.). Konkret sollte Unternehmen ein finanzieller Anreiz geboten werden, damit sie eigene Investitionen in Forschung und Entwicklung tätigen (ebd.). Innovationsprojekte sollten hierbei von der brasilianischen Entwicklungsbank (*Banco Nacional de Desenvolvimento Econômico e Social,* BNDES) finanziert werden. Ferner waren zur Steigerung der Wettbewerbsfähigkeit und Nachhaltigkeit auch Investitionen in der Agrarindustrie geplant (ebd.: 107). Der Plan sah Programme zur Aus- und Weiterbildung von Fachpersonal, zur Förderung von Forschung und Entwicklung sowie zur Förderung von Mikro-, kleinen und mittleren Unternehmen, v. a. im technologischen Bereich, vor (ebd.: S. 107–109). Konkrete Bereiche waren z. B. Biotechnologie, erneuerbare Energien, Informationstechnologie, Nanotechnologie und Pharmazie (Lula 2007a: 15).

Thematisch eng verbunden mit diesem Punkt war der Wunsch nach einer souveränen Eingliederung in die internationale Politik und Wirtschaft und ferner nach einer südamerikanischen Integration (MPOG 2007: 102). Um dieses Ziel zu erreichen sollten die UNASUR und der Mercosur gestärkt werden und ferner Projekte und Programme im Bereich regionale Infrastruktur, Kommunikation, Gesundheit und Bildung sowie Kooperation in Wissenschaft, Technologie und Innovation aufgelegt werden (ebd.: 103–104). Ferner sah der Plan im Rahmen der bereits in der ersten Amtszeit Lulas erfolgten Süd-Süd-Kooperation eine Diversifizierung der wirtschaftlichen und politischen Partner, d. h. eine Zusammenarbeit mit anderen Staaten der globalen Peripherie, vor (ebd.: 105).

4.2.2.3 Problemdiagnose: Defizite bei (öffentlicher) Sicherheit, (Menschen-)Rechten und der Transparenz öffentlicher Stellen, Problemlösung: Verbesserung der (öffentlichen) Sicherheit, der demokratischen bzw. sozialen Kontrolle und der Ausübung von (Menschen-)Rechten

Der dritte Problemkomplex, der sich der demokratischen Dimension widmet, behandelt – weitgehend analog zum Mehrjahresplan 2004–2007 – Themen eines Demokratiedefizits. Konkret werden drei Aspekte behandelt: Ein erstes Defizit wurde bei der öffentlichen Sicherheit ausgemacht. Gewalt und Kriminalität waren in Brasilien weit verbreitete Phänomene, z. B. gehörten die Mordraten zu den höchsten im globalen Maßstab (MPOG 2007: 110). Fundamentale Menschenrechte wie „Leben", „physische Unversehrtheit" und „Bewegungsfreiheit" wurden dadurch entscheidend eingeschränkt (ebd.: 111). Besonders betroffen waren davon spezifische Gruppen wie Frauen, Kinder und Jugendliche (ebd.). Als weitere Probleme wurde das defizitäre Strafrechtssystem, die fehlende Gewalt- und Kriminalitätsprävention und eine erschwerte Resozialisierung ausgemacht (ebd.). Als Lösung betrachtete die Regierung spezielle Programme für Prävention, Sicherheit und Schutz von schwachen Gruppen (ebd.: 11–12). Die Programme richteten sich auch auf eine Bekämpfung der Gewalt von Sicherheitskräften und der Korruption im brasilianischen Rechtssystem (ebd.: 111–113).

Ein zweites Defizit betraf ebenfalls Korruption als allgemeines Problem öffentlicher Stellen ebd.: 90). Die Problemlösung bestand in Programmen zur Stärkung der Transparenz und der Überwachung der Entitäten des Staates (ebd.). Neben spezifischen Programmen z. B. zur Überprüfung öffentlicher Ausgaben stellte eine „soziale Kontrolle", d. h. ein intensiverer Dialog zwischen politischen Vertretern und der Zivilgesellschaft über politische Maßnahmen z. B. im Rahmen von regelmäßigen Konferenzen, ein innovatives, weil demokratieerweiterndes Instrument dar (S. 91).

Defizitär war gemäß des Planes auch die Ausübung und Inanspruchnahme von Menschenrechten (ebd.: 82). Dies betraf in besonderem Ausmaß die Rechte gefährdeter Gruppen, d. h. von Frauen, Schwarzen, Kindern und Jugendlichen, Senioren, Menschen mit Behinderung und der LGBT-Community (ebd.: 82–90). Präsident Lula (2007b: 3) hatte in seiner Inaugurationsrede die Notwendigkeit der Demokratiekonsolidierung angesprochen und ferner betont, dass alle Brasilianer nicht nur die Staatsbürgerschaft, sondern auch das Recht auf Arbeit, Studium, Kultur, Nahrung etc. erhalten müssen. Um den Zugang zu bzw. die Ausübung von fundamentalen Rechten zu gewährleisten, wurden auch in diesem Bereich diverse Programme anvisiert (MPOG 2007: 82–90). Abschließend bleibt anzumerken, dass alle die genannten Punkte bereits in den Dokumenten, v. a. dem Mehrjahresplan 2004–2007, der ersten, orthodoxen Phase eine Rolle spielten und keine Neuerung darstellten.

4.2.2.4 Fazit: starke Kontinuitäten im Vergleich der neo-desarrollistischen mit der orthodoxen Phase

Der Übergang von der orthodoxen zur neo-desarrollistischen Phase erfolgte graduell. Ihm lagen keine signifikanten Veränderungen der politischen Kultur zugrunde. Folgerichtig waren in dieser Phase auch keine großen Umwälzungen in den (wirtschafts-)politischen Zielsetzungen der Regierung erkennbar. Bei einem Vergleich der Dokumente der neo-desarrollistischen Phase, v. a. des Mehrjahresplanes 2008–2011, mit denjenigen der orthodoxen Phase, fällt auf, dass es in den drei Dimensionen (sozial, wirtschaftlich, demokratisch), in den Problemdiagnosen, den Problemlösungen und konkreten Maßnahmen relativ starke Kontinuitäten gibt. Hinsichtlich der im Rahmen dieser Arbeit relevantesten Dimension, der wirtschaftlichen, lässt sich Folgendes festhalten: Zwar hatte die brasilianische Wirtschaft zum Zeitpunkt der neo-desarrollistischen Phase und der Erstellung des Mehrjahresplans 2008–2011 die Stabilitätsprobleme zu Beginn der Präsidentschaft Lulas abmildern und an Fahrt gewinnen können. Doch die im Mehrjahresplan 2008–2011 stärker akzentuierten Aspekte und Maßnahmen wie (staatliche) Investitionen und Industriepolitik waren auch im ersten Plan 2004–2007 bereits ausgeführt worden. Stärker heterodoxe bzw. alternative Konzepte wie dasjenige einer solidarischen Ökonomie waren in der ersten Phase Lulas ebenfalls erwähnt worden, waren jedoch in keinem der beiden Mehrjahrespläne von großer Relevanz. Kurzum: Verglichen mit den Dokumenten der ersten, orthodoxen Phase weisen diejenigen der zweiten, neo-desarrollistischen Phase keine signifikanten Neuerungen auf. Daher sollten die sich in den Dokumenten materialisierten Zielsetzungen des Entscheidungspersonals primär als Fortführung derjenigen der ersten Phase verstanden werden. Analog dazu liegt es nahe, die sich in den

Dokumenten der neo-desarrollistischen Phase abzeichnende Entwicklungsstrategie nicht als neuartig, sondern vielmehr als partielle Erweiterung zu derjenigen der orthodoxen Phase zu interpretieren. Wie im Kapitel über Weltmarkteinbindung und Wirtschaftspolitik detaillierter analysiert wird, kann dieser Entwicklungskurs dem Neo-Desarrollismus zugeordnet werden, d. h. einer Entwicklungsstrategie, die eine aktualisierte Version der strukturalistischen lateinamerikanischen Entwicklungsökonomie darstellt (Bresser-Pereira 2011: 113). Konkrete Kernpunkte dieser Strategie bildeten: 1. makroökonomische Stabilität; 2. Wachstumsorientierung; 3. ein aktiver Entwicklungsstaat; 4. eine Fokussierung auf Industrialisierung, die jedoch nicht – wie in den Tagen des traditionellen lateinamerikanischen Entwicklungsstaates – über Importsubstitution, sondern über eine Mischung aus Weltmarkt- und Binnenorientierung erfolgen sollte (Bresser-Pereira 2011: 119). Ein weiteres Charakteristikum dieser Strategie bestand darin, den Klassenkompromiss der ersten, orthodoxen Phase, beizubehalten, d. h. weiterhin auf eine Allianz zwischen Arbeit und (produktivem) Kapital zu setzen.

Erst gegen Ende der neo-desarrollistischen Phase war eine Veränderung im Denken bzw. Diskurs Lulas erkennbar. Obwohl das folgende Zitat Lulas (zit. in: Caetano 2013: 21) zu einem späteren Zeitpunkt erfolgte und in einem anderen Kontext – der Eurokrise – entstand, verdeutlicht es diese Veränderung:

> „In meinem Land gab es Leute, die sagten, dass der Markt die Probleme der Inklusion lösen werde. Wir sehen gerade, was in Europa passierte, wo der göttliche Markt versagte und zerbrach und der verteufelte Staat versucht, die Probleme zu beheben. Der Staat, der vorher zu nichts zu gebrauchen war, erscheint jetzt in der Epoche der Krise als einziger Akteur, der diese lösen kann. [...] der Staat, und nur er, kann Politiken vorantreiben, die der Markt nicht kann. Der Markt agiert dort, wo es Profit und Rentabilität gibt; wenn es Schäden gibt, dann übernimmt der Staat die Rolle und sozialisiert diese Schäden."

In diesem Zitat betonte Lula die Relevanz des Staates in der wirtschaftlichen (und sozialen) Entwicklung. Bereits während der orthodoxen Phase hatte die Regierung in wichtigen Diskursen und dem Mehrjahresplan 2004–2007 eine ähnliche konzeptionelle Neujustierung des Verhältnisses von Markt und Staat vorgenommen. Obwohl Lula diese Ansichten angesichts seiner sozialistischen Vergangenheit nicht neu gewesen sein dürften, zeitigten sie während der orthodoxen Phase jedoch keine signifikanten Wirkungen bzw. Implikationen. In den Diskursen und Plänen der zweiten, neo-desarrollistischen Phase war zwar von einem industriepolitisch aktiven Staat die Rede, aber auch die dortigen Ausführungen waren alles andere als radikal. Das obenstehende Zitat stammt jedoch aus dem Jahr 2013, d. h. zu einem Zeitpunkt, als zentrale Ereignisse und Entwicklungen eine veränderte

Sicht auf die Dinge nahe legten: Zum einen hatte die wirtschaftlichen Entwicklung Brasiliens zwischen 2006 und 2010, d. h. in den Jahren entwicklungsstaatlich begleiteter bzw. bedingter Prosperität, die Relevanz des Staates deutlich werden lassen. Zum anderen hatten die Krisenerfahrungen um die Dekadenwende (globale Wirtschafts- und Finanzkrise, Eurokrise) zu einer – temporären – Delegitimation traditioneller Konzepte (ökonomische Orthodoxie) und im Gegenzug Aufstieg neuer Ideen und Konzepte (neo-desarrollistische Heterodoxie) geführt. Genau das spiegelte sich in Lulas Zitat wider. Demnach löst ein freier Markt nicht nur Probleme, sondern produziert sie geradezu. Problemlösungen – z. B. für Inklusion oder (Wirtschafts-)Krisen – müssen demnach vom Staat erbracht werden. Jedoch: In dieser dezidierten Form waren die eben erläuterten Wahrnehmungs- und Interpretationsmuster hinsichtlich des Nexus Markt-Staat und der darauf basierenden Entwicklung während der zweiten Phase nicht erkennbar gewesen. Die neo-desarrollistische Heterodoxie implizierte somit eine lediglich moderate alternative Entwicklungsstrategie. Tabelle 4.4 fasst die zentralen Aspekte der beiden Mehrjahrespläne vergleichend zusammen.

Tabelle 4.4 Dimensionen, Problemdiagnosen und Problemlösungen gemäß der Entwicklungspläne

Entwicklungspläne	Problemkomplexe und Zielsetzungen		
	Soziale Dimension	Wirtschaftliche Dimension	Demokratische Dimension
Mehrjahresplan 2004–2007	Problemdiagnose: Armut und Ungleichheit	Problemdiagnose: Instabile Wirtschaft	Problemdiagnose: Defizite bei (Menschen-)Rechten und (politischer) Partizipation
	Problemlösung: Soziale Inklusion und Verringerung der Ungleichheiten	Problemlösung: ein wirtschaftliches, d. h. Arbeitsplätze und Einkommen schaffendes, ökologisch nachhaltiges und die territorialen Ungleichheiten reduzierendes Wachstum	Problemlösung: Ausweitung der Staatsbürgerschaft und Stärkung der Demokratie

(Fortsetzung)

4.2 Die neo-desarrollistische Phase unter Lula: Neuausrichtung ...

Tabelle 4.4 (Fortsetzung)

Entwicklungspläne	Problemkomplexe und Zielsetzungen		
	Soziale Dimension	Wirtschaftliche Dimension	Demokratische Dimension
Mehrjahresplan 2008–2011	Problemdiagnose: Armut und Ungleichheit	Problemdiagnose: Defizite bei Entwicklung und Wettbewerbsfähigkeit	Problemdiagnose: Defizite bei (öffentlicher) Sicherheit, (Menschen-)Rechten und der Transparenz öffentlicher Stellen
	Problemlösung: Soziale Inklusion und Verringerung der Ungleichheiten	Problemlösung: Steigerung von (nachhaltigem und sozialem) Wachstum, Investitionen und Industriepolitik durch (Entwicklungs-)Staat	Problemlösung: Verbesserung der (öffentlichen) Sicherheit, der demokratischen bzw. sozialen Kontrolle und der Ausübung von (Menschen-)Rechten

Quelle: Eigene Darstellung basierend auf den Mehrjahresplänen.

4.2.3 Analyse politischer und wirtschaftlicher Entwicklungen und Handlungsspielräume: steigende Gestaltungsspielräume im Lichte des Wirtschaftsaufschwungs

Basierend auf den erläuterten (wirtschafts-)politischen Zielsetzungen werden im Folgenden die Handlungsspielräume der Regierung Lula analysiert, um so eine adäquate Erklärung der wirtschaftspolitischen Strategie während dieser Phase zu liefern. Die folgenden Ausführungen beziehen sich – wie in dem vorhergehenden Kapitel – auf die Analyse zentraler wirtschaftlicher und politischer Entwicklungen, um die Handlungsspielräume der Regierung (1. Machtverhältnisse, 2. Ressourcenvorkommen, 3. Weltmarkteinbindung) und das Explanandum dieser Arbeit, die wirtschaftspolitische Strategie bzw. die Wirtschaftspolitik, beleuchten zu können.

4.2.3.1 Machtverhältnisse: Stärkung der Exekutive und Veränderungen des Machblockes
4.2.3.1.1 Machtposition der Exekutive

Gegenüber der orthodoxen Phase hatte sich die Macht der Exekutive nicht de jure, aber de facto verändert. Gemäß der Verfassung besitzt der Präsident die letztendliche Entscheidungshoheit über den Haushalt (Senado Federal 2015: Art. 84; Pereira/Orellana 2009: 75–76) und damit eine gewisse diskretionale Macht über die Verteilung von Geldern aus Infrastrukturfonds (Pereira/Orellana 2009: 75–76; Gonzalez/Mamone 2015: 18). Mit der boomenden Wirtschaft in dieser zweiten Phase, die bereits 2004 einsetzte, stiegen auch die öffentlichen Einnahmen und damit die Relevanz dieser präsidentiellen Kompetenz.[30]

Zu Beginn der zweiten Amtszeit Lulas bemühte sich die Regierung um die Herstellung stabiler, parlamentarischer Mehrheiten. Dies lag darin begründet, dass die ohnehin fragile Mehrheit in der Legislative während der ersten, orthodoxen Phase durch den Korruptionsskandal 2005 stark gefährdet war. Ferner war in der orthodoxen Phase (bis 2005) kein offizielles Koalitionsabkommen zwischen den Parteien vereinbart worden (Leubolt 2015: 236). Um die eigene Regierung und die Regierungsarbeit während Lulas zweiter Amtszeit auf ein stabiles parlamentarisches Fundament zu stellen und über die notwendigen (Regierungs-)Mehrheiten zur verfügen, ging die PT eine Koalition mit der bisherigen Oppositionspartei PMDB (*Movimento Democrático Brasileiro*) ein (ebd.: 185). Die Koalition mit der PMDB war – wie sich später zeigen sollte – ein zweischneidiges Schwert für die Machtposition der Regierung und der Exekutive: Einerseits ermöglichte es der Regierung, die eigene Agenda in dezidierterer Form zu verfolgen. Denn die PMDB zeichnet sich durch eine programmatische Offenheit aus, d. h. sie verfügt(e) über „kein weltanschauliches Profil. Sie bietet sich als Koalitionspartner an, der im Bund wie in den Einzelstaaten mit allen Parteien kooperiert" (Hartmann 2017: 263). Andererseits war diese Koalition nicht nur insofern riskant, als diese programmatische Offenheit mit einer materiellen Erwartungshaltung einherging. Denn die Partei war für ihre Offenheit gegenüber finanzstarken Lobbyisten bekannt (ebd.; Oliveira 2006: 7). Zudem erleichterte die fehlende programmatisch-ideologische Nähe der PMDB zur PT – wie später detailliert ausgeführt wird – im Jahr 2016 den Ausstieg aus der Koalition und den Beginn des Endes der PT-geführten Regierungen.

Für die zweite, neo-desarrollistischen Phase erwies sich die Koalition mit der PMDB jedoch zunächst insofern als positiv, als die Handlungsspielräume der

---

[30] Mithilfe der territorialen Vergabe dieser finanziellen Ressourcen ist der Präsident Brasiliens in der Lage, Abgeordnete je nach deren Verhalten finanziell zu ‚belohnen' oder zu ‚bestrafen' und darüber Mehrheiten im Parlament zu generieren (Pereira/Orellana 2009: 58–59).

4.2 Die neo-desarrollistische Phase unter Lula: Neuausrichtung ... 315

Regierung damit temporär erweitert werden konnten. Zwei Faktoren bewirkten jedoch einen gegenteiligen Trend. Zum einen bezog sich das auf die Partizipation der Zivilbevölkerung in politischen Angelegenheiten, zum andern auf eine politische Neuausrichtung im Mediensektor.

Generell hatte die Regierung Lula gemäß ihrer eigenen Zielsetzungen eine erhöhte Partizipation der brasilianischen Bevölkerung z. B. über eine stärkere Einbindung der ärmeren Schichten in den Arbeitsmarkt, durch Anerkennung von Menschenrechten und der Ausweitung der brasilianischen Staatsbürgerschaft erreichen können. Das betraf auch vergrößerte politische Partizipationsmöglichkeiten bzw. einen intensivierten Dialog zwischen Bevölkerung und Regierung bezüglich der wirtschafts-, sozial- und entwicklungspolitischen Ausrichtung sowie konkreter politischer Maßnahmen. Dazu gehörte z. B. die gemeinsame Ausarbeitung der Zielsetzungen der Mehrjahrespläne, wofür regelmäßige Treffen und Konferenzen mit den unterschiedlichsten Akteuren aus Wirtschaft und Zivilgesellschaft veranstaltet wurden (MPOG 2003: 13–14).[31] Zwischen 2003 und 2006 wurden gemäß eigener Angaben (MPOG 2007: 44) 39 nationale Konferenzen abgehalten, denen mehr als 2 Millionen Menschen beiwohnten und an Diskussionen und Vorschlägen für politische Ziele und Maßnahmen beteiligt waren. Nach Angaben Lulas (zit. in: Caetano 2013: 17) waren bis 2013 74 nationale Konferenzen abgehalten worden, denen wiederum weitere Konferenzen unterhalb der nationalen Ebene vorausgegangen waren. Diverse politische Maßnahmen, so z. B. der Mindestlohn, Kreditausweitungen, Verbesserungen im Gesundheitssystem etc. waren demgemäß auf Vorschläge aus der Bevölkerung zurückzuführen (ebd.). Die stärkere Partizipation bezog sich auch auf Planung und Bestimmung des Haushalts, d. h. auf einen partizipativen Haushalt oder Bürgerhaushalt (*participatory budgeting, orçamento participativo*).[32] Nach eigenen Angaben war Lula

---

[31] Gemäß einer Eigendarstellung bestand ein Novum des ersten Mehrjahresplans in seiner partizipativen Genese, d. h. in der Einbindung gesellschaftlicher Akteure in Diskussion und Ausgestaltung des Plans (MPOG 2003: 13–14). GOPSS (2004: 17) widerspricht dieser Darstellung und verweist darauf, dass die aus der Zivilbevölkerung kommenden Forderungen nicht beachtet wurden.

[32] Dieses Demokratieexperiment bzw. diese Form der Partizipation waren im Jahr 1989 unter PT-Führung auf kommunalpolitischer Ebene, in Porto Alegre, ins Leben gerufen worden (Caetano 2013: 11). Ziel bzw. Fokus dieser partizipativen Instruments war eine die politischen Sektoren übergreifende Arbeit mit den ärmeren Bevölkerungsteilen, die Transformation der staatlichen Bürokratie, die Gewährleistung redistributiver Maßnahmen und eine Schule für Demokratie (Hernández-Medina 2010: 513).

(2013: 11–12) selbst auf 95 % der dahingehenden Versammlungen auf nationaler Ebene anwesend gewesen.[33] Der Punkt hierbei ist, dass die Einbindung von Akteuren aus (Privat-)Wirtschaft und Zivilgesellschaft in die Ausarbeitung der (wirtschafts-)politischen Ziele die Autonomie der Regierung in der Formulierung der eigenen Agenda einschränkte.

Ferner begrenzte der Mediensektor des Landes die Gestaltungsspielräume der Regierung. Die großen und relevanten Medienanbieter des Landes waren von Beginn der Regierung Lula an äußerst kritisch gegen die Regierung eingestellt (Anderson 2011). Spätestens seit dem 2005 bekannt gewordenen Korruptionsskandal verschärfte sich dieser Kurs jedoch. Die Mehrheit des von traditionellen, oligarchischen Gruppen dominierten (Sader 2013: 142), oligopolistisch organisierten und konservativ ausgerichteten Mediensektors (Hartmann 2017: 266) war daher der Opposition gegen die Regierung Lula zuzuordnen. Im Gegensatz zum Mehrjahresplan 2004–2007 war in dem Plan 2008–2011 von einer „Demokratisierung der Medien" (MPOG 2003: 155) keine Rede mehr. Zwar kritisierte Lula (zit. in: Caetano 2013: 18) das bestehende „Medienmonopol" und die Tatsache, dass „neun Familien fast die komplette Medienmacht besitzen". Er räumte aber ein, dass die Demokratisierung der Medien ein „ziemlich heikles Thema" darstellte (ebd.). Im Gegensatz zu anderen Staaten Lateinamerikas, v. a. denjenigen, in denen ‚radikale' Regierungen mit den privaten Medien in Konflikt gerieten (z. B. in Venezuela, Bolivien und Ecuador), vermied es die Lula-Administration, entschiedene Schritte gegen die private Medienmacht zu ergreifen und damit den Mediensektors zu demokratisieren (Silva Lopes 2014: 138). Die einzige Maßnahme stellte der im Jahr 2007 gegründete öffentliche TV-Sender *TV Brasil* dar, der jedoch keine große Reichweite aufwies und keinerlei Konfrontation mit den privaten Anbietern darstellen sollte (Silva Lopes 2014: 134–135). Kurzum, sowohl die partizipativeren Elemente als auch die unangetastete private Medienmacht bedingten eine externe Beschränkung der Autonomie in der Zielformulierung der Regierung Lula und damit eine Einengung der eigenen Handlungsspielräume.

4.2.3.1.2 Strategische Selektivitäten und (neuer) Machtblock

Die strategischen Selektivitäten des brasilianischen Staates und – damit zusammenhängend –der die Regierung stützende Machtblock verzeichneten im Vergleich zur ersten orthodoxen Phase viele Ähnlichkeiten, jedoch auch Veränderungen. Die Regierung Lula bemühte sich weiterhin um eine Allianz zwischen Arbeit und (produktivem) Kapital, d. h. um eine „Klassenversöhnung" (Brum

---

[33] Autoren wie Perlatto (2015: 270–271) und Couto (2009) beurteilen die Erfolge bezüglich der Partizipation hingegen äußerst kritisch.

4.2 Die neo-desarrollistische Phase unter Lula: Neuausrichtung ...

2018: 55), die auf dem „Alchemistenstück" beruhte, „die Armut zu mindern, ohne am Reichtum der Reichsten zu kratzen" (ebd.: 54). Auch an der Verflechtung von traditionellen Oligarchien und dem Staat rüttelte die Lula-Administration nicht oder zumindest nicht in signifikanter Weise (Nölke 2011: 148–149). Nölke (2011: 149) charakterisiert dieses Phänomen wie folgt:

> „Grundsätzlich reproduziert der brasilianische Kapitalismus die zugrundeliegende Klassenstruktur, die Wirtschaftsstruktur reflektiert in erster Linie die Interessen einer relativ kleinen Gruppe, nicht jene der breiten Bevölkerung. Wahlen führen in diesem System höchstes zu einem Wechsel innerhalb der Elite, nicht jedoch deren Ablösung. [...] Die Arbeitnehmer sind gespalten zwischen einer relativ kleinen Arbeiteraristokratie und der großen Masse in der informellen Ökonomie [...]. Insgesamt scheint vieles auf eine ökonomisch erfolgreiche Reproduktion der alten gesellschaftlichen und wirtschaftlichen Strukturen hinzudeuten" (Nölke 2011: 149–150).

Makroperspektivisch kann daher resümiert werden, dass die sozioökonomischen Strukturen nicht tiefgreifend verändert wurden. Nichtsdestoweniger waren im Vergleich zur orthodoxen Phase durchaus Veränderungen hinsichtlich des Konkurrenzverhältnisses zwischen den unterschiedlichen Kapital- und Arbeitnehmerfraktionen zu verzeichnen.

Die Regierung kennzeichneten „zwei Seelen", eine „neoliberale Achse" und eine „sozial-keynesianische Achse" (Schmalz 2008: 115). Während die orthodoxe Phase vom Einfluss der neoliberalen Achse geprägt war, erhielt in der neo-desarrollistischen Phase die „sozial-keynesianische Achse", die eine binnenmarktorientierte Entwicklung Brasiliens zu verwirklichen suchte, zunehmend Auftrieb (Leubolt 2015: 247). Folgerichtig gewann die heimische produzierende, d.h nicht-finanzielle, Kapitalfraktion sukzessive an Bedeutung (zurück). Diese Fraktion bzw. die großen Unternehmerverbände waren es auch, die Lula im Korruptionsskandal gegen ein von der Opposition geplantes Amtsenthebungsverfahren unterstützt hatten (Boito Jr. 2013: 179; Saad-Filho/Boito 2015: 217). Im Gegenzug nahm der Einfluss der „neoliberalen" und an einer Fortführung von Finanzialisierung und Außenorientierung interessierten Akteure genauso ab wie derjenige der internationalen Finanzkapitalfraktion. Ferner verlor die Regierung bzw. die Person Lula aufgrund des Mensalão-Korruptionsskandals in der Mittelschicht sukzessive an Ansehen, weswegen letztere fortan zum oppositionellen Block zählte (Singer 2009; Singer 2012).

Während die Arbeitnehmer in formalen Beschäftigungsverhältnissen – wie schon in der orthodoxen Phase – zum (erweiterten) Machtblock Lulas gezählt werden müssen, betraf eine bedeutsame Veränderung die informell Beschäftigten und die subalternen und marginalisierten Bevölkerungsschichten. Dieses „Subproletariat" (Singer 2009: 98; Singer 2012) bildete nun einen der bedeutendsten Pfeiler des Machtblocks.[34] Diese Gruppierung hatte bereits von der Antiinflationspolitik und der Sozialpolitik während der ersten Regierung Lula profitiert. Auch das Wirtschaftswachstum und die Schaffung von Arbeitsplätzen wirkten sich dahingehend positiv aus.[35] Dieser Trend wurde in der neo-desarrollistischen Phase noch einmal verstärkt. Nicht zuletzt deshalb war zwischen 2002 und 2006 eine bedeutende Wählerwanderung der ärmeren Schichten hin zu Lula erfolgt (Singer 2009; Singer 2012). Aufgrund dieser Entwicklungen repräsentiert der Lulismus gemäß Singer (2012: 37) „die Bildung eines neuen Machtblocks".[36] Dies darf jedoch nicht darüber hinwegtäuschen, dass angesichts der Höhe der Gewinne und Profite rein materiell betrachtet hauptsächlich die internen Kapitalfraktionen von der Regierungspolitik profitierten (Boito Jr. 2013: 175).

4.2.3.2 Ressourcen, Akkumulationsregime und Sozialpolitik: steigende Relevanz von Rohstoffen für Akkumulationsdynamik und Sozialpolitik

In der Folge werden die Rolle von Rohstoffen und darüber die ökologische und monetäre Restriktion während der neo-desarrollistischen Phase beleuchtet. Konkret wird die Relevanz der Rohstoffe für die Akkumulationsdynamik und die Sozialpolitik der Regierung analysiert.

---

[34] Andere Autoren sehen die Relevanz dieses „Subproletariats" jedoch skeptisch. Gemäß Boito Jr. (2013: 175–176) zählt das „Subproletariat" nicht zum Machtblock, denn die Regierung priorisierte die Interessen der „internen Großbourgeoisie". Demgemäß bildeten die damit zusammenhängenden Kapitalfraktionen die hegemoniale Kraft im Machtblock. Gemessen an deren Profiten und Gewinnen fielen die sozialpolitisch bedingten materiellen Verbesserungen für das Subproletariat äußerst gering aus (ebd.: 176). Dem kann jedoch entgegnet werden, dass die ärmeren Bevölkerungsschichten, d. h. das Subproletariat, von der Wirtschafts-, Sozial- und Inklusionspolitik der Regierung – wenn auch materiell gesehen in verhältnismäßig geringem Ausmaß – profitiert hatten und daher Lula wählten und damit den neo-desarrollistischen Entwicklungskurs legitimierten. Insofern ist es richtig, das Subproletariat als einen Bestandteil des Machtblocks Lulas zu begreifen.

[35] Diskussionswürdig ist Singers (2012: 74–75) Argumentation, wonach das Subproletariat ein übergeordnetes Interesse an der Erhaltung der makroökonomischen Stabilität bzw. Ordnung (v. a. niedrige Inflation) hätte. Dem hält Boito Jr. (2013: 177) entgegen, dass das Subproletariat vielmehr ein Interesse an Umverteilung und nicht an der Beibehaltung der ‚neoliberalen' Ordnung hätte.

[36] Saad-Filho und Boito (2015: 214) merken bezüglich des Machtblocks kritisch an: „The PT had been building this […] front for several years through the dilution of its own left-wing aspirations, disorganization of its militant supporters, exclusion of far left groups, containment of the trade unions, NGOs, community and other associations and movements previously linked to the Party".

4.2.3.2.1 Nachzeichnung der Entwicklung der Wirtschaftssektoren während der neo-desarrollistischen Phase

Während der neo-desarrollistischen (2006–2010) verblieb der Anteil des Primärgüterbereichs (Agrikultur, Forstwirtschaft und Fischerei) am BIP bei knapp 5 %, während der extraktive Bereich, der der Industrie zugerechnet wird, von 3,5 % auf 3,3 % sank (alle folgenden Daten aus: IBGE 2017a: 21). Der Industriesektor, der von 27,7 % (2006) auf 27,4 % (2010) sank, und der tertiäre Sektor, der von 67,2 % (2006) auf 67,8 % (2010) anstieg, waren für die brasilianische Wirtschaft wie schon in der orthodoxen Phase weitaus relevanter. Die Weltbank (2018) weist zudem die Renten aus natürlichen Ressourcen aus. Zwischen 2006 und 2010 stieg deren Anteil am BIP von 4,9 % auf 6 % (2008), bevor er im Zuge der Weltwirtschafts- und Finanzkrise 2009 auf 3 % sank, um im Folgejahr (2010) wieder auf 4,5 % zu steigen.

Nichtsdestoweniger stellten Primärgüter auch in dieser Phase den überwiegenden Großteil der Exporte Brasiliens dar. Generell ist ein Trend hin zu einer „Reprimarisierung" der Exportstruktur (CEPAL 2010: 77) erkennbar. So stieg der Anteil der Rohstoffe am Gesamtexport von 43,7 % im Jahr 2001 auf 58,7 % im Jahr 2009 an (Jäger/Leubolt (2014: 186) bzw. von 47,4 % (2002) auf 63,6 % (2010) (Ebenau/Liberatore 2013: 114). Generell betrachtet wiesen Brasiliens Unternehmen im Bereich der Rohstoffe, v. a. in der Rohstoffverarbeitung, komparative Vorteile auf (Nölke 2011: 143–144). Technologieintensivere Produkte wie Automobile und Flugzeuge wurden zwar ebenfalls exportiert, waren in der Exportgüterpalette jedoch weit weniger relevant als natürliche Ressourcen (Ebenau/Liberatore 2013: 115). Die wichtigsten Exportartikel waren 2009 Lebensmittel (34,2 % in Relation zu den gesamten Exporten), Treibstoffe (9 %), Metalle und Erze (11,7 %) (Jäger/Leubolt (2014: 186). Im Jahr 2010 stellten Eisenerz, Rohöl, Soja, Rohrzucker und Kaffeebohnen die fünf relevantesten Exportgüter dar (Ebenau/Liberatore 2013: 115). Nichtsdestoweniger hatte der Außenhandel nicht dieselbe Relevanz für die brasilianische Wirtschaft wie der Binnenmarkt. Die Exportquote Brasiliens sank von 2006 bis 2010 von 14 % auf 10 % des BIP, während die Importquote bei 12 % verblieb (Weltbank 2018). D. h. für die Akkumulationsdynamik der brasilianischen Wirtschaft spielte der Binnenmarkt eine weitaus größere Rolle. Dies basierte v. a. auf der „Rückkehr des Entwicklungsstaates" (Novy 2008).

Ab 2004 sank die Rentabilität im Finanzbereich (sinkende Zinserträge), während diejenige im produktiven Bereich zunahm. Beginnend ab 2004 erfolgten in zunehmendem Ausmaß Investitionen im produktiven Bereich (Bruno et al. 2011: 742–745). Nichtsdestoweniger nahmen auch Formen finanzialisierter Aktivitäten wieder zu. Das zeigte sich u. a. in den ausländischen Direktinvestitionen, den

Portfolioinvestitionen und dem Handel mit Finanzderivaten (Reither 2016: 166). Gerade der Derivatenhandel (*Stock Options, Currency Options, Currency Futures*) stellte eine Form von kurzfristigen Spekulationsgeschäften dar (ebd.: 162, 169).[37] Das Akkumulationsregime war in der neo-desarrollistischen Phase daher zunehmend intensiv (d. h. auf Produktivitätsfortschritten beruhend) und sukzessive intravertiert (binnenmarktorientiert) (Jäger/Leubolt 2014: 188), wobei gerade im Außenhandel eine extensive Tendenz (Ausweitung der Flächen für Anbau und Abbau von Rohstoffen) erkennbar war (Ebenau/Liberatore 2013: 118–119). Basierend auf den steigenden internationalen Preisen für Rohstoffe spielte der Export von natürlichen Ressourcen für die Wachstumsdynamik Brasiliens daher eine wichtige Rolle (Jäger/Leubolt 2014: 188). Zudem konnte die Finanzialisierung der brasilianischen Wirtschaft moderat zurückgefahren werden, während das produktive Kapital an Einfluss gewann (ebd.).[38]

4.2.3.2.2 Verfügungsmacht über die Renteneinnahmen und Sozialpolitik der Regierung Lula während der neo-desarrollistischen Phase

Obwohl die internationalen Preise für Rohstoffe in den 2000er Jahren bis zur globalen Wirtschafts- und Finanzkrise kontinuierlich stiegen und sich andere Regierungen der Region, v. a. diejenige Venezuelas, einen stärkeren Zugriff auf die dahingehenden Einnahmen verschafften, unterließ die Regierung Lula derartige Schritte. Der brasilianische Staat partizipierte wie in der orthodoxen Phase über Steuern, v. a. aber über Lizenzgebühren, wobei der abzuführende Anteil an den Staat im internationalen Vergleich sehr niedrig war (Trojbicz 2017: 775–776). Nichtsdestoweniger bedingten die steigenden Rohstoffpreise auch steigende Einnahmen beim brasilianischen Staat und trugen so zur Finanzierung der Sozialpolitik bei.

Die Sozialpolitik der ersten Phase wurde weitergeführt bzw. intensiviert. Hierbei stach v. a. *Bolsa Familia* (in der Folge: BF) heraus, das sich zum größten *conditional cash transfer*-Program (in der Folge CCT) weltweit entwickelte (Hunter 2014: 27). Die Zahl der Familien, die von BF profitierten, stieg zwischen 2006 und 2010 von 10,97 auf 12,78 Millionen an (Leubolt 2015: 237). Die Empfänger von BF beliefen sich am Ende der orthodoxen Phase noch auf 31,0 Millionen,

---

[37]Daher machen Bruno et al. (2011: 747) in Brasilien auch in dieser Phase ein „finance-led growth regime" aus. Und zwar deshalb, weil Investitionsentscheidungen (in Produktiv- vs. Finanzanlagen) und das davon abhängige Wirtschaftswachstum nach wie vor primär von Rentabilitätserwägungen auf den Finanzmärkten und nicht von denjenigen im produktiven Bereich abhingen.

[38]Nichtsdestoweniger sahen kritische Stimmen starke Kontinuitäten des Akkumulationsregimes zu demjenigen der neoliberalen Vorgängerperiode (Manzano/Salas/dos Santos 2014: 13).

doch bis 2009 bezogen bereits 41,2 Millionen Brasilianer Geldleistungen im Rahmen von BF (ebd.: 238). Die Kosten hierfür hielten sich jedoch in Grenzen und stiegen von 0,3 % des BIP (2005) auf 0,4 % des BIP (2010) (ebd.: 239). Höhere Kosten entfielen auf ein weiteres Sozialprogramm, nämlich *Benefício de Prestação Continuada*.[39] Die Kosten hierfür stiegen von unter 0,4 % des BIP im Jahr 2003 auf fast 0,6 % des BIP (ebd.). Generell stiegen die Sozialausgaben wie bereits in der orthodoxen Phase kontinuierlich an, zwischen 2005 und 2009 wuchsen sie von 13,5 % auf 14,6 % des BIP (Cardoso Jr./Navarro 2016: 15), bei einem steigenden BIP wohlgemerkt. Während zwischen 1995 und 2005 die Investitionen in Bildung und Gesundheit abnahmen, kehrte sich dieser Trend ab 2006 um (Leubolt 2014: 15). Der Großteil der sozialen Ausgaben entfiel neben den Renten und Pensionen auf Gesundheit, Sozialfürsorge, Bildung (ebd.: 14).

4.2.3.2.3 Sozialpolitik und Legitimation

Der brasilianische Staat ist strukturell durch Patronage und Klientelismus gekennzeichnet. Mit den Reformen zur Sozialpolitik und den CCTs in den 1990er Jahren, wodurch eine Bürokratisierung und eine verstärkte Transparenz in den Vergabeverfahren von finanziellen Ressourcen der (Bundes-)Regierung Einzug erhielt, konnten traditionelle Formen des Klientelismus zurückgedrängt werden (Hagopian 2016: 123; Leubolt 2015: 240). Dadurch sanken die Möglichkeiten von v. a. lokalen Politikern, sich mittels klientelistischer finanzieller Zuwendungen Wählergunst zu sichern (Hagopian 2016: 123). Direkte Konsequenz hiervon war ein verändertes Wahlverhalten der brasilianischen Bevölkerung in den Parlamentswahlen des Jahres 2002, d. h. die Wahlentscheidungen dieses Jahres basierte nicht mehr primär auf Patronage-Verhältnissen oder auf Parteiprogrammen, sondern auf einer Evaluation der Qualität und Kompetenz der Politik bzw. der Politiker (ebd.: 123–124). Dieses ‚neue' Wahlverhalten lässt sich jedoch als eine Art von *economic voting* interpretieren, wie anhand der folgenden Darstellungen veranschaulicht werden soll.

Im Gegensatz zu den Präsidentschaftswahlen 2002 wurde Lula 2006 durch eine „neue Kraft", das „Subproletariat" gewählt, d. h. einer sozioökonomisch definierten Gruppe, die von ihrem Lohn nicht leben konnte, aber von der Wirtschafts- und Sozialpolitik Lulas profitierte (Singer 2009: 96–98). Dieser Befund lässt sich spezifizieren, denn zwischen 2002 und 2006 war ein signifikanter Wandel der Wählerschaft Lulas zu verzeichnen. Während 2002 Lula keinen besonderen

---

[39] Dieses Sozialprogramm sah Leistungen für ältere und bzw. oder körperlich behinderte Bedürftige vor.

Rückhalt in den ärmsten und am wenigsten entwickelten Regionen Brasiliens hatte, sondern sich primär auf die urbanen Mittelschichten stützte, wurde er 2006 vorwiegend von den ärmeren und älteren Bevölkerungsteilen gewählt (Zucco/Power 2013: 4; Anderson 2011). Ursächlich für diese Wählerwanderung war die Wirtschafts- und Sozialpolitik der Regierung Lula allgemein und BF im Speziellen (Zucco/Power 2013: 4):[40] Hinsichtlich der Wahl 2006 war ein klarer Nexus zwischen der Sozialpolitik der Regierung und der Beliebtheit Lulas erkennbar: Regionen mit einer hohen Prozentzahl an BF-Empfänger (v. a. der Nordosten und Norden) wählten überdurchschnittlich Lula, in Regionen mit prozentuell weniger BF-Empfänger (Südosten und Süden) verhielt es sich genau anders herum (Oliveira 2006: 8). Demnach gehörten Personen, die Leistungen aus BF bezogen, im Wahljahr 2006 mehrheitlich zu der Wählerbasis Lulas (Leubolt 2015: 240). Dieses Muster, d. h. ein kausaler Zusammenhang zwischen einem Leistungsbezug im Rahmen von BF und (steigenden) Popularitätswerten des Präsidenten Lula, wurde für die neo-desarrollistischen Phase durch Studien belegt (Licio/Rennó/Castro 2009; Lins et al. 2016). Kurzum: Die Sozialpolitik der Regierung Lula zeitigte den Nebeneffekt einer steigenden Legitimation.

Ungeachtet der sozialpolitischen Maßnahmen hat der Präsident insofern eine gewisse fiskalpolitische Macht inne, als er über öffentliche finanzielle Ressourcen für Infrastruktur verfügt, die von ihm in diskretionaler Weise an Abgeordnete verteilt werden können (Pereira/Orellana 2009: 75–76; Gonzalez/Mamone 2015: 18). Mithilfe dieser Ausgaben kann der Präsident Infrastrukturprojekte finanzieren, worüber wiederum – im Optimalfall – die Wirtschaft stimuliert wird, Arbeitsplätze und Einkommen generiert werden und damit die Ungleichheit verringert wird (Gonzalez/Mamone 2015: 18). Die Höhe dieser Mittel belief sich im Jahr 2011 auf 3 % des öffentlichen Haushalts (ebd.: 31). Brasilianische Präsidenten, so wie auch Lula, verteilten diese finanziellen Ressourcen in strategischer Weise an politische Verbündete (ebd.: 23; Pereira/Orellana 2009: 58–59). Hierüber wurde ein doppelter Legitimationsprozess in Gang gesetzt. Zum einen konnte sich der Präsident damit die Gunst von Abgeordneten und Gouverneuren sichern. Zum anderen konnte er über die Stimulierung der Wirtschaft Wachstum (inklusive der Schaffung von Arbeitsplätzen und Einkommen) erzielen und darüber Legitimation in der (Wahl-)Bevölkerung generieren. Aufgrund der guten Ergebnisse der Wirtschafts- und Sozialpolitik der Regierung war Lula am Ende seiner zweiten Amtszeit in der Bevölkerung sehr beliebt; seine Zustimmungswerte lagen bei

---

[40] Bohn (2011) kommt zu einem anderen Ergebnis. Demnach hatte es von 2002 bis 2006 keine signifikante Wählerwanderung gegeben, weswegen BF auch keine große Rolle gespielt haben kann.

83 %, den höchsten je von Meinungsforschungsinstituten in Brasilien gemessenen Beliebtheitswerten überhaupt (Schmalz/Ebenau 2014: 51).

Die Sozialpolitik der Regierung Lula wird in der Forschungsliteratur unterschiedlich bewertet. Auf der einen Seite werden die Erfolge betont: Generell symbolisierte die (Wirtschafts- und) Sozialpolitik der Regierung Lula insofern einen Wandel, als den schwächeren Bevölkerungsteilen nicht nur materiell, sondern auch symbolisch eine größere Aufmerksamkeit zuteilwurde als jemals zuvor (Singer 2009: 101; Anderson 2011). Die stärkere Betonung wirtschaftlicher und sozialer (sowie kultureller) Rechte führte demnach zu einer „wahrhaftigen demokratischen Revolution in Brasilien" (Chaui 2008: 75). Ferner unterschieden sich die im Rahmen der Sozialpolitik erfolgten materiellen Zuwendungen insofern von den traditionellen Mustern des Klientelismus, als mit den CCT und BF klare und transparente Regeln für den Bezug verankert wurden und somit – im Gegensatz zu früher – direkte Abhängigkeitsverhältnisse zwischen den Bedürftigen und den entscheidenden Akteuren bzw. Politikern der Vergangenheit angehörten (Leubolt 2015: 240).

Auf der anderen Seite wurde die Politik der Regierung Lula jedoch auch kritisch gesehen. Eine generelle Kritik betraf die Tatsache, dass die Regierung lediglich in der Sozialpolitik einen ‚linken' Charakter erkennen ließ, während die Wirtschaftspolitik orthodoxen Konzepten folgte (Mayer 2010: 5). Gemäß einer noch dezidierteren Kritik verkörperte der Lulismus generell einen „linken Neokorporatismus" und BF speziell ein „Instrument des elektoralen Klientelismus" (José de Souza Martins, zit. nach: Perlatto 2015: 269), was letztendlich zu einer „Demobilisierung" und „Depolitisierung der Zivilbevölkerung" führte (ebd.: 270). In ähnlicher Weise wurde kritisiert, dass BF die Armutsfrage depolitisierte und Ungleichheit damit in ein rein administratives Problem verwandelte (Oliveira 2006: 22).

Ungeachtet der unterschiedlichen Interpretationen kann an dieser Stelle resümierend festgehalten werden: Die Sozialpolitik bewirkte steigende Beliebtheitswerte des Akteurs Lula, steigerte seine Legitimation innerhalb der brasilianischen (Wahl-)Bevölkerung und sicherte der Regierung somit politische Handlungsspielräume. Ferner bedingte die Wählerwanderung der ärmeren Schichten hin zu Lula eine stärkere politische Ausrichtung auf diese Bevölkerungsteile und ermöglichte somit eine – zumindest partielle – wirtschaftspolitische Neuausrichtung.

4.2.3.3 Weltmarkteinbindung und Wirtschaftspolitik: wirtschaftliche Erfolge durch neo-desarollistische Innen- und Außenorientierung

In der Folge werden Weltmarkteinbindung, d. h. ein Aspekt der Handlungsspielräume des Entscheidungspersonals, und Wirtschaftspolitik, d. h. das Explanandum dieser Arbeit, zusammen behandelt. Konkret wird zu sehen sein, wie mit der neuen wirtschafts- und entwicklungspolitischen Strategie – dem Neo-Desarrollismus – eine zeitgleiche Binnenmarkt- und Weltmarktorientierung einherging.

4.2.3.3.1 Außenabhängigkeit und -orientierung – positiver Impuls des globalen Wirtschaftsbooms für die nationale Entwicklung

Auch die neo-desarrollistische Phase war durch die wirtschaftliche Außenorientierung geprägt. Der internationale Kontext war für Brasilien bereits seit 2004 sehr vorteilhaft gewesen. Die chinesische Nachfrage nach brasilianischen Rohstoffen sorgte für steigende Einnahmen und die niedrigen Zinsen in den USA ermöglichten einen vergleichsweise günstigen Import von Kapitalgütern (Anderson 2011). Ab 2006 bedingte die v. a. von der chinesischen Nachfrage getragene boomende Weltwirtschaft einen signifikanten Anstieg der Preise für natürliche Ressourcen (Barbosa 2014: 89). Davon profitierte auch Brasilien, dessen *terms of trade* sich von 2006 bis 2010 – lediglich kurzzeitig unterbrochen durch die Folgen der globalen Wirtschafts- und Finanzkrise – signifikant verbesserten (ebd.). Dieser günstige globale Kontext hatte einen expansiven Effekt auf die brasilianische Wirtschaft: Zum einen bedingten die sich verbessernden *terms of trade* eine Aufwertung der brasilianischen Währung, des *Real,* was Konsum und (private) Investitionen stimulierte. Zum anderen ermöglichten die Einnahmen aus dem Außenhandel inklusive der anfallenden Steuern steigende private und öffentliche Investitionen (ebd.: 90). Das wiederum setzte wirtschaftspolitische Gestaltungsspielräume frei, die von der Regierung Lula zu einer Neuausrichtung der Entwicklungsstrategie genutzt wurden.

4.2.3.3.2 Neo-Desarrollismus als neue Entwicklungsstrategie: Entwicklungsstaat, Investitionen und Industriepolitik

Nachdem der Fokus während der orthodoxen Phase klar auf makroökonomischer Stabilität gelegen hatte, um politische und wirtschaftliche Vertrauenswürdigkeit herzustellen (Coutinho et al. 2012: 112), erfolgte in der zweiten, neo-desarrollistischen Phase eine partielle wirtschafts- und entwicklungspolitische Trendwende. Dies bedeutete jedoch nicht, dass die makroökonomische Stabilität bzw. die damit verbundene „tripé macroeconômico" bestehend aus inflation targeting bzw. Inflationsbekämpfung, Primärüberschuss und flexiblem Wechselkurs (Bresser-Pereira 2012: 9; Bastos 2017: 9) zur Disposition gestellt wurde. Die Regierung legte aber einen stärkeren Fokus auf Wachstum und Investitionen (ebd.: 112), was zwar diskursiv auch in der orthodoxen Phase getan wurde, jedoch in der Praxis nur bedingt umgesetzt wurde bzw. umgesetzt werden konnte. Die Trendwende manifestierte sich in einer Neuauflage bzw. einer Aufwertung des Entwicklungsstaates und einer neuen Entwicklungsstrategie, die sich am Neo-Desarrollismus orientierte. Der Neo-Desarrollismus ist keine ökonomische

Theorie, sondern stellt eine Entwicklungsstrategie dar, die primär auf einer strukturalistischen und keynesianischen Makroökonomie basiert (Bresser-Pereira 2011: 113; Manifest – New Developmentalism 2011). Gemäß dieser Strategie wird in Kontinuität zur neoliberalen Orthodoxie des *Washington Consensus* die Relevanz makroökonomischer Stabilität betont. Im Gegenzug zum Neoliberalismus spielt jedoch der Staat eine wichtige Rolle, dem es obliegt, Investitionsmöglichkeiten zu schaffen, Ungleichheiten abzubauen und v. a. mittels Industriepolitik für eine wirtschaftliche Dynamik zu sorgen. In Abgrenzung zum traditionellen *desarrollismo*, der in Lateinamerika in den 1930er Jahren entstand und für Dekaden die vorherrschende Entwicklungsstrategie darstellte, wird die zum Ziel gesetzte Industrialisierung nicht über eine staatlich geführte Importsubstitution, sondern primär über eine Kombination aus einer staatlichen Exportförderung und einem dynamischen Binnenmarkt zu erreichen versucht (Bresser-Pereira 2011: 119).[41]

In Einklang hiermit bemühte sich die Regierung weiterhin um makroökonomische Stabilität. Die Inflation konnte erfolgreich kontrolliert werden und stieg zwischen 2006 und 2010 nur moderat von 3,14 % auf 5,91 % an (jährliche Veränderungsrate, Henkin 2014: 86). Zudem wurde ein Primärüberschuss über dem anvisierten Niveau erzielt (Barbosa 2014: 92–94)[42] und die (Netto-)Verschuldung des öffentlichen Sektors konnte von 47,8 % auf 38 % des BIP gesenkt werden (Ipeadata 2018). Zudem wurde die Auslandsverschuldung von 2,52 % des BIP (2006) auf -9,26 % (2010) gesenkt, d. h. Forderungen gegenüber dem Ausland aufgebaut (ebd.).

Nichtsdestoweniger akzentuierte sich v. a. ab 2007 der Entwicklungsstaat. Der Staat hatte sich bereits zuvor bei strategisch wichtigen Unternehmen einen Einfluss behalten. Der Energiemonopolist Petrobras z. B. wurde von der Regierung bzw. dem Staat auch nach dessen Teilprivatisierung 1997 kontrolliert. Bei anderen relevanten Unternehmen hatte sich der Staat Mitspracherechte in Form von Aktien gesichert, so v. a. bei ehemaligen Staatsunternehmen wie z. B. beim weltweit viertgrößten Flugzeughersteller Embraer (*Empresa Brasileira de Aeronáutica S.A.*) (Nölke 2011: 144). Auch bei der Unternehmensfinanzierung spielte der Staat eine

---

[41] Im Rahmen des Neo-Desarrollismus spielt zudem die Herstellung eines „kompetitiven Wechselkurses" zur Vermeidung einer Überbewertung und der holländischen Krankheit eine wichtige Rolle (Bresser-Pereira 2011: 115–119). Die Regierung Lula hatte dahingehend jedoch nichts unternommen, weswegen die Währung des Landes später selbst überbewertet sein sollte.

[42] Der Primärüberschuss belief sich auf 2,1 % des BIP (2006) und verblieb in den Folgejahren auf über 2 %, stieg sogar auf 2,7 % (2008) an, bevor er aufgrund der Auswirkungen der globalen Wirtschafts- und Finanzkrise auf 1,2 % (2009) und 1,1 % (2010) sank (Dweck/Teixeira 2017: 9).

wichtige Rolle, indem er z. B. mittels der nationalen Entwicklungsbank BNDES finanzielle Ressourcen bereitstellte und somit heimische Unternehmen von den Unwägbarkeiten und Abhängigkeiten der internationalen Kapitalmärkten schützte (Nölke 2011: 144–145). Vor dem Hintergrund stabiler Inflationsraten senkte die Zentralbank ferner den Leitzins zwischen 2006 und 2010 kontinuierlich ab (Barbosa 2014: 92–93). Zeitgleich investierte der Staat mehr in Bildung, erhöhte den Mindestlohn und die Transfergelder an arme Familien und weitete ferner *Bolsa Família* aus (ebd.: 92–95).

Ungeachtet diverser weiterer Pläne zur Verbesserung der Bildung (MPOG 2007: 16–18) und der Wissenschaft, Technologie und Innovationen (Coutinho et al. 2012: 114), kam der Industriepolitik[43] eine besondere Rolle zu. Als Ziele wurde Folgendes ausgegeben: 1. Anstieg der (Bruttoanlage-)Investitionen; 2. Stimulierung privater Forschung und Entwicklung; 3. Ausweitung der Exporte; und 4. Anstieg der kleinen und mittleren Unternehmen (ebd.: 116–117; Kupfer/Ferraz/Marques 2013: 331). Hinsichtlich dieser Ziele konnten während der neo-desarrollistischen Phase positive Ergebnisse erzielt werden (Coutinho et al. 2012: 120–124), selbst wenn die gesetzten Ziele aufgrund der Folgen der Weltwirtschaftskrise nicht komplett erreicht wurden. In diesem Rahmen spielte ferner das 2007 initiierte Programm zur Beschleunigung der Wirtschaft PAC (*Programa de Aceleração do Crescimento*) eine Rolle, mithilfe dessen Investitionen in die wirtschaftliche, soziale und urbane Infrastruktur des Landes, d. h. in den Bereichen Transport, Energie, Wohnungsbau, Sanierung etc., erfolgten (Cardoso Jr./Navarro 2016: 65; Leubolt 2015: 246). Durch das Programm wurden das Angebot an öffentlichen Gütern und Dienstleistungen erweitert (ebd.), bestehende Engpässe geschlossen (Barbosa 2014: 75) und das Wirtschaftswachstum verstetigt (Henkin 2014: 91). Folgerichtig stieg die Investitionsquote des öffentlichen Sektors (Regierung des Bundes und aller Länder) von 3,0 % des BIP (2006) auf 4,7 % (2010) kontinuierlich an (Manzano/Salas/dos Santos 2014: 8). Die Ausgaben der Bundesregierung im Rahmen des PAC stiegen von 0,27 % des BIP (2007) auf 0,58 % (2010) an (Dweck/Teixeira 2017: 22). Im Gegensatz zu der Zeit vor

---

[43]Industriepolitik bezeichnet gemäß Rodrik (2009: 100) „restructuring policies in favor of more dynamic activities generally, regardless of whether those are located within industry or manufacturing per se.)." Coutinho et al. (2012: 101) bezeichnen damit ein „set of policy instruments […] aimed at specific economic activities or agents with the aim of: (1) strengthening competences (fixed investment, skills, innovation, and technological capabilities), (2) inducing productivity (labor and capital), and (3) strengthening the market position of firms (exports, internationalization of firms, small and medium enterprises (SMEs) and clusters of SMEs, attracting foreign direct investment)."

2004 erfolgten Investitionen – öffentlich wie privat – nun primär im produktiven Bereich und nicht mehr vorwiegend in Finanzanlagen (Bruno et al. 2011: 737–747; Coutinho et al. 2012: 121).

Alle genannten Schritte hatten einen stimulierenden Effekt auf die Wirtschaft und v. a. auf den Binnenmarkt. So nahm die Beschäftigung zwischen 2006 und 2010 genauso kontinuierlich zu wie die Arbeitseinkommen (Barbosa 2014: 96–97). Im Hinblick auf die Nachfrageseite spielten die externe Nachfrage und damit die Exporte eine zunehmend geringere Rolle, vielmehr wurde ab 2006 nur einmal (2009) mehr exportiert als importiert (ebd.: 96). Parallel hierzu nahmen der private Konsum, die Ausgaben des Staates und die Bruttoanlageinvestitionen kontinuierlich zu (ebd.: 95–96). Davon angetrieben wuchs das BIP von 4,0 % (2006) – temporär unterbrochen durch die Folgen der Weltwirtschaftskrise (-0,1 % in 2009) – auf 7,5 % (2010) (CEPAL 2018a).[44] Zusammengenommen generierten steigende Sozialausgaben, der angehobene Mindestlohn und Ausweitung von Konsumentenkrediten mehr Nachfrage bzw. Konsum, mehr Investitionen und damit Wirtschaftswachstum. Das führte wiederum zu einem Anstieg an öffentlichen und privaten Einnahmen, die abermals für Sozialausgaben, Investitionen und Konsum verwendet werden konnten und diesen Zyklus am Leben hielten (Barbosa 2014: 95; Anderson 2011; Henkin 2014: 89; Bielschowsky 2013: 16).

4.2.3.3.3 Neo-Desarrollismus in der globalen Wirtschafts- und Finanzkrise

Die globale Wirtschafts- und Finanzkrise wirkte sich auch auf Brasilien über zwei Kanäle aus. Der erste Kanal stellte das Finanzsystem dar. Zwar überstand das Bankensystem die Krise relativ unbeschadet, da diverse Banken in öffentlicher Hand geblieben waren und keinen Zugang zum internationalen Derivatenmarkt hatten (Schmalz/Ebenau 2014: 49). Daher waren in Brasilien keine Bankenrettungen nötig (ebd.: 55). Da jedoch knapp 20 % des inländischen Kreditangebots aus Quellen aus dem Ausland kamen und infolge der Krise das internationale Kreditangebot sank, drosselten auch die brasilianischen Banken ihr Angebot (Barbosa 2014: 80). Ferner hatten sich einige brasilianischen Exportunternehmen verspekuliert und große Verluste eingefahren. Die daraus resultierende Kapitalflucht verstärkte die Kreditklemme (ebd.; Schmalz/Ebenau 2014: 49) und damit die monetäre Restriktion. Davon abgesehen erfolgten Auswirkungen der Krise auch über den Exportkanal. Die gesunkene Nachfrage aus den Industriestaaten und die dadurch gefallenen Preise für brasilianische Exportgüter (v. a. Agrarprodukte) bedingten eine Abwertung des *Real* und führten zu Verlusten bei Unternehmen,

---

[44] Jährliche Veränderungsrate bei konstanten Preisen des Jahres 2010.

wodurch wiederum Investitionen ausblieben und der private Konsum schrumpfte (Barbosa 2014: 80; Schmalz/Ebenau 2014: 49–50). In kurzer Zeit verloren so 800.000 Brasilianer bis Anfang 2009 ihren Arbeitsplatz (Schmalz/Ebenau 2014: 50).

Da die Regierung in den Jahren zuvor die Außenverschuldung hatte reduzieren und Devisenreserven anhäufen können (Barbosa 2014: 91), sah sie sich nun in der Lage, auf die Krise mit einer keynesianisch orientierten, antizyklischen Geld- Fiskal- und Kreditpolitik zu reagieren: Erstens bekämpfte die Regierung die Kreditklemme damit, Liquidität bereitstellen, z. B. über die Senkung der Zinsen durch die Zentralbank (ebd.: 81). Zweitens behielt die Regierung ihre Sozialpolitik nicht nur bei, sondern erhöhte die Sozialausgaben in der Krise noch einmal (ebd.: 81–82; Leubolt 2015: 248). Parallel dazu wurden die öffentlichen Investitionen für Infrastruktur (v. a. in den Bereichen Transport und Logistik) im Rahmen des PAC aufgestockt (Barbosa 2014: 82). Drittens wurden Steuern auf langfristige Konsumgüter (Autos, Haushaltsgeräte etc.) gesenkt, um die Inlandsnachfrage aufrechtzuerhalten (Leubolt 2015: 248; Barbosa 2014: 82; Coutinho et al. 2012: 122). Viertens nahm die Regierung einer nahenden Kreditklemme insofern Wind aus den Segeln, als sie der staatlichen Entwicklungsbank BNDES ein langfristiges Darlehen über 55 Mrd. US-Dollar bereitstellte, worüber die Bank das Kreditangebot, v. a. für Infrastrukturprojekte, ausweitete (Barbosa 2014: 82–83; Coutinho et al. 2012: 122). Fünftens startete die Regierung ein öffentliches Investitionsprogramm zum Wohnungsbau für die ärmeren Bevölkerungsschichten (*Minha Casa Minha Vida*) (Barbosa 2014: 83). Zusammengenommen bewirkten diese antizyklischen und industriepolitischen Maßnahmen eine schnelle Erholung der Investitionsraten und der brasilianischen Wirtschaft (Barbosa 2014: 83; Coutinho et al. 2012: 122–123). Auch der intensivierte Export nach China hatte in diesem Zusammenhang eine Rolle gespielt (Fiori 2013: 37–38; Jäger/Leubolt 2014: 187).

4.2.3.3.4 Evaluation

In Kontinuität zur orthodoxen Phase konnte die Wirtschafts- und Sozialpolitik der Regierung Lula auch in den Jahren 2006 bis 2010 Erfolge erzielen. Der Mindestlohn und die Schaffung formaler Arbeitsplätze stiegen in der genannten Zeit an (Henkin 2014: 90). Die Lohnquote (gemessen am BIP) wuchs während dieser Jahre ebenfalls (Manzano/Salas/dos Santos 2014: 11). In der Folge sanken Armut (Henkin 2014: 90; Barbosa 2014: 99) und Ungleichheit (Manzano/Salas/dos Santos 2014: 12) in beträchtlichem Ausmaß. Millionen von Brasilianer konnten somit

4.2 Die neo-desarrollistische Phase unter Lula: Neuausrichtung ...

– zumindest formell – in die Mittelschicht aufsteigen.[45] Generell entwickelte sich dadurch das Lohnverhältnis in der neo-desarrollistischen Phase noch positiver als in der orthodoxen Phase. Jedoch dürfen diese Erfolge nicht darüber hinwegtäuschen, dass der größte Nutznießer der neo-desarrollistischen Entwicklungsstrategie die interne Kapitalfraktion bzw. Bourgeoisie war (ebd.: 11; Gaulard 2015: 241–246; Boito Jr. 2013: 176). Lula (2013: 10) merkte hinsichtlich der Wirtschafts- und Sozialpolitik an, dass seine Regierung drei Dinge nachweisen konnte, die gemäß vieler (Wirtschafts-)Wissenschaftler nicht möglich gewesen wären, nämlich 1. dass Wachstum und gleichzeitige Verteilung vereinbar sind (bzw. dass man nicht zuerst wachsen müsse, um verteilen zu können); 2. dass eine Erhöhung des Mindestlohns nicht zwangsläufig zu Inflation führt; und 3. dass sich ein Wachstum von Außenwirtschaft und Binnenmarkt nicht gegenseitig ausschließen. Tabelle 4.5 verdeutlicht vereinfacht und resümierend das Zusammenspiel von Weltwirtschaft, brasilianischer Wirtschafts- und Sozialpolitik und der BIP-Entwicklung. Hierzu sei angemerkt, dass die Mitte 2009 einsetzende antizyklisch-expansive Wirtschaftspolitik zu einem Aufschwung beitrug, der sich im BIP erst im Folgejahr 2010 bemerkbar machte.

Tabelle 4.5 Zusammenhang von Weltwirtschaft, Wirtschafts- und Sozialpolitik und BIP-Entwicklung

Indikatoren	Jahr				
	2006	2007	2008	2009	2010
Entwicklung der Weltwirtschaft (und der Rohstoffpreise)	↑	↑	↓	↓	↑
Wirtschafts- und Sozialpolitik	expansiv	expansiv	expansiv	antizyklisch, expansiv	Erst antizyklisch und expansiv, später restriktiv
BIP-Wachstum (%)	4,0	6,1	5,1	−0,1	7,5

Quelle: Eigene Darstellung. BIP-Daten aus CEPAL (2018a).

Nichtsdestoweniger zeichneten sich in der diesen Jahren (strukturelle) wirtschaftliche Probleme ab, die sich auf Lulas Nachfolgerin, Dilma Rousseff,

---

[45] Anderson (2011) verweist in diesem Zusammenhang darauf, dass die definitorische Zugehörigkeit zur Mittelschicht schon bei 7000 US$ gegeben war, weswegen die treffendere Bezeichnung „the working poor" gewesen wäre.

folgenreich auswirken sollten. Das betraf v. a. die hohen Zentralbankzinsen, die aus Furcht vor Inflation stets über der Inflationsrate festgelegt wurde. Damit wurden jedoch die Fremdkapitalaufnahme verteuert und private Investitionen erschwert; Kredite zu günstigen Konditionen werden seither primär von BNDES bereitgestellt, nicht jedoch von privaten Banken (Flassbeck 2015b). Die hohen Zinsen zogen ferner spekulatives Kapital an, um Zinsdifferenzen auszunutzen, und trugen somit zu der Aufwertung der brasilianischen Währung bei (ebd.). Eine weitere Ursache der Aufwertung des *Real* bestand in der steigenden Nachfrage nach brasilianischen Exportprodukten und dem damit zusammenhängende Kapitalzufluss (Henkin 2014: 87). Die Aufwertung des *Real* hatte ab 2007 jedoch einen negativen Effekt auf den Industriesektor bzw. die Wettbewerbsfähigkeit der hierin tätigen Unternehmen, was sich nach der Weltwirtschaftskrise noch verstärkte (Barbosa 2014: 99–101). Im Jahr 2010 gehörte der *Real* zu den überbewertetsten Währungen weltweit (Henkin 2014 87).

4.2.3.3.5 Brasiliens Außen(wirtschafts)politik im Zuge des post-hegemonialen Regionalismus

Während Lulas zweiter Amtszeit als Präsident zeigte sich ein großer außenpolitischer Aktivismus der Regierung. Nicht zuletzt aufgrund der prosperierenden Wirtschaft und Lulas Charisma als populärer Führer – gemäß Obama soll Lula der beliebteste Politiker der Welt gewesen sein (Goodman 2009: 4) – hatte Brasilien internationales Ansehen gewinnen können: „Under Lula, the nation had emerged as a global power" (Anderson 2011).

Gemäß Lula (2013: 21) war ihm bzw. seiner Regierung eine „Revolution" in der Außenpolitik gelungen. Das bezog sich nicht nur auf eine gesteigerte Autonomie in wirtschaftlichen Fragen (ebd.), sondern auch auf eine impulsgebende Rolle bei der lateinamerikanischen Integration (zit. in: Caetano 2013: 28–29). Lula sprach in diesem Zusammenhang über den schwierigen Spagat zwischen der Rolle als regionaler Führer auf der einen Seite und derjenigen eines Hegemonen auf der anderen Seite (ebd.: 28). Aufgrund der territorialen Größe, des wirtschaftlichen Potentials und Entwicklungsstandes sowie der Einwohnerzahl war es gemäß Lula (ebd.) Brasiliens Verantwortung, die Integration voranzutreiben.

Der Mercosur hatte die tragende Rolle als primäres Instrument der südamerikanischen Integration teilweise eingebüßt. Das lag daran, dass er für den brasilianischen Außenhandel an Relevanz verlor und dass wenige Erfolge bei der Umsetzung der vereinbarten Normen, d. h. weder ein gemeinsamer Markt noch ein gemeinsamer Außenzoll, erzielt werden konnten (Zilla 2011: 28–29). Die hauptsächliche Funktion des Mercosurs bestand darin, als Anlageplatz brasilianischer Investitionen zu dienen (ebd.: 28). Durch den *Left Turn* in Lateinamerika, also den Wahlsieg vieler linker politischer Kräfte, stieg die Anzahl potentieller politischer Verbündeter in der Region. Dieses Zeitfenster wurde von den linken Regierungen genutzt und es entstanden weitere regionale Organisationen.

Neuer Regionalismus im Zeichen des Post-Hegemonialismus
Bedingt durch einen gewissen Machtverlust der USA in Lateinamerika (Angosto-Ferrández 2014: 178) markierte das Scheitern der von den USA propagierten gesamtamerikanischen Freihandelszone ALCA im Jahr 2004 eine Zäsur der Machtkonstellation in Lateinamerika (McCarthy-Jones 2014: 54). In der Folge war die regionale Landkarte von einem „overlapping" verschiedener regionaler Kooperationsprojekte gekennzeichnet (Nolte 2014) und es konnte von einer neuen Phase des Regionalismus in Lateinamerika gesprochen werden (Muhr 2011a). Charakteristikum dieses neuen, „post-hegemonialen Regionalismus" (Riggirozzi/Tussie 2012; Tussie/Riggirozzi 2015) war eine Reorganisation und Aufwertung der Region als Handlungsraum, eine intensivierte, über den reinen Handel hinausgehende regionale Kooperation und – damit einhergehend – eine Repolitisierung der regionalen Beziehungen in Abgrenzung zu den Direktiven des neoliberalen *Washington Consensus* (Riggirozzi/Tussie 2012; Tussie/Riggirozzi 2015). Der post-hegemoniale Regionalismus kam damit einer (pro-)aktiven Befreiung von den handlungsbeschränkenden Vorgaben und Implikationen des hegemonialen bzw. „offenen" Regionalismus gleich.[46]

Der post-hegemoniale Regionalismus materialisierte sich in der Bildung diverser regionaler Organisationen wie z. B. der UNASUR (*Unión de Naciones Suramericanas*, im Portugiesischen: *União de Nações Sul-Americanas*), der CELAC (*Comunidad de Estados Latinoamericanos y Caribeños*, im Portugiesischen: *Comunidade de Estados Latino-Americanos e Caribenhos*) und ALBA, der Brasilien jedoch nicht angehörte (Tussie/Riggirozzi 2015: 1042–1043).

Im Jahr 2004 wurde die „Gemeinschaft südamerikanischer Nationen" gegründet, die im Jahr 2008 in „Union südamerikanischer Nationen", UNASUR, umbenannt wurde. In UNASUR konkurrierten zu Beginn faktisch zwei verschiedene Integrationsprojekte (das venezolanische und das brasilianische). Während Venezuela ein primär politisch-ideologisches, gegen die USA gerichtetes und später sozialistisches Bündnis favorisierte, strebte Brasilien eine ökonomische Allianz

---

[46]Der nach neoliberalen Vorgaben erfolgte Regionalismus wird auch als „offener" Regionalismus bezeichnet (Muhr 2011a).

zur Gewährleistung der eigenen wirtschaftlichen Entwicklung und eines harmonischen regionalen Ausgleichs an. Letztendlich setzte sich in UNASUR die Agenda der Regierung Lula durch (Giacalone 2013).[47]

Die Gemeinschaft lateinamerikanischer und karibischer Staaten (CELAC) war als Nachfolgeorganisation der Rio-Gruppe entstanden (Maihold 2011: 1). Ein schleichender Bedeutungsverlust seit den 1970er Jahren, die Krise des Neoliberalismus in den 1990er Jahren, die Abhängigkeit der Organisation Amerikanischer Staaten (OAS) von den Interessen der USA und der mit der Phase des posthegemonialen Regionalismus einhergehende Wunsch vieler lateinamerikanischer Staaten nach größerer Autonomie von den USA führten zur Gründung CELACs auf Initiative Brasiliens und Mexikos (Segovia 2013: 99–100; Maihold 2011: 1). Die Organisation wurde als Dialogmechanismus konzipiert, um die Koordinierung von Integration, Kooperation und Entwicklung in Lateinamerika zu gewährleisten (Segovia 2013: 101), wobei soziale Zielsetzungen (Erziehungswesen, Gesundheitssektor), der Schutz der natürlichen Ressourcen und ein nationalstaatlicher Souveränitätsgedanke Betonung fanden (Maihold 2011: 3). Generell vereinte CELAC – ähnlich wie UNASUR – zwei verschiedene Integrationsprojekte, wovon sich die ‚radikalen' Staaten um Venezuela einen Ersatz für die unliebsamen OAS[48] und damit einen Einflussverlust der USA erhofften, während der moderate Block (u. a. die regionalen big player Brasilien und Mexiko) in der Organisation lediglich einen Mechanismus für Dialog und Verständigung zur Stärkung des regionalen Integrationsprozesses sah (Segovia 2013: 104; Maihold 2011: 6–7). Die Tatsache, dass CELAC über keine unabhängigen Entscheidungsgremien wie z. B. die OAS verfügt und Entscheidungen auf Konsens der Mitgliedstaaten basieren, d. h. nicht unabhängig von jeweiligen Regierungen sind (Segovia 2013: 101), trug aus Perspektive der tonangebenden Einzelstaaten zu einer Ausweitung der jeweiligen, regionalen Handlungsspielräume bei.

---

[47] Giacalone (2013: 154) vertritt daher die Ansicht, dass UNASUR und ALBA nicht Teil desselben (regionalen) Prozesses sind.

[48] Die OAS war Ende des 19 Jahrhunderts aus einem aufkommenden Panamerikanismus und angelehnt an den Prinzipien der UNO – Herstellung und Gewährleistung von Frieden, Stabilität und Solidarität – gegründet worden (Segovia 2013: 98). Der OAS waren faktisch zwei unterschiedliche Projekte eingeschrieben: Für die lateinamerikanischen Staaten ein Kooperationsmechanismus zur Förderung der wirtschaftlichen Entwicklung, für die USA hingegen ein institutioneller Hebel zur Sicherung der eigenen hegemonialen Stellung im lateinamerikanischen „Hinterhof" (Grabendorff, nach: Segovia 2013: 99). Letzteres zeigte sich u. a. daran, dass die OAS keine Probleme mit rechtsgerichteten Autokratien und Diktaturen hatte, solange sie mit den USA kooperierten, während das kommunistische Kuba aus der Organisation 1962 ausgeschlossen wurde (Segovia 2013: 98).

4.2 Die neo-desarrollistische Phase unter Lula: Neuausrichtung ...

Brasiliens Regionalpolitik war darauf ausgerichtet, politischen Einfluss in Lateinamerika zu gewinnen (Gratius/Saraiva 2013: 11).[49] Das Ziel bestand jedoch nicht in der Bildung eines handlungsfähigen politischen Blocks nach außen. Brasiliens Zielsetzung war vielmehr defensiver Natur, wobei es der Regierung primär darum ging, potentiellen Problemen zuvorzukommen, d. h. politische oder wirtschaftliche Instabilität sowie Grenzkonflikte zu vermeiden (Malamud 2012: 180). Daher wurde Brasiliens Rolle als regionaler Führer auch kritisch gesehen, was an diversen Faktoren lag: 1. Brasilien stellte nicht die nötigen finanzielle oder militärischen Mittel bereit, um Anhänger zu überzeugen; 2. die Regierung Lula war nicht dazu bereit, supranationale Institutionen zu gründen und damit Verantwortung abzutreten (ebd.: 179–180); 3. der brasilianische Regionalismus fungierte primär als interessensbasierte Strategie für die eigene wirtschaftliche und politische Darstellung nach außen und ferner als Instrument für Autonomie und *soft balancing* gegenüber den USA (Gratius/Saraiva 2013: 11). Ferner galt Brasiliens Hauptaugenmerk nicht der lateinamerikanischen Region, sondern vielmehr der globalen Bühne (ebd.; Goodman 2009: 10). Daher war z. B. die BRIC – das Akronym besteht aus den Anfangsbuchstaben der Mitglieder Brasilien, Russland, Indien und China – bzw. der BRICS (zuzüglich Südafrikas seit 2011) relevanter für den eigenen Wirkungskreis. Dies hing auch mit der Tatsache zusammen, dass der Handel mit China intensiviert wurde und China im Jahr 2009 den größten Abnehmer brasilianischer Produkte, v. a. von Rohstoffen, darstellte (Zilla 2011: 29–30).[50] Um das Jahr 2010 flossen 4,5 Mrd. Dollar an ausländischen Direktinvestitionen von China nach Brasilien, wobei der Investitionsschwerpunkt im Rohstoffbereich lag (Boris 2014: 86). BRICS stellt eine informelle Plattform zu der Vertiefung des Dialogs zwischen den Mitgliedern, der Koordination der Position nach außen und der Intensivierung der Zusammenarbeit in diversen Politikfeldern, wie z. B. dem Handel, dar (Zilla 2011: 25, 29). Im Jahr 2009 wurde das Ziel formuliert, die internationalen Finanzinstitutionen zu demokratisieren (Maihold 2014: 1), und eine globale Währung anzuvisieren (Anderson 2011).[51] Die Staatengruppe übte während der neo-desarrollistischen Phase aus diversen

---

[49]Das zeigte sich auch an den brasilianischen Bemühungen einer regionalen Sicherheitspolitik im Rahmen eines Südamerikanischen Verteidigungsrats (*Conselho Sul-Americano de Defesa*) (Goodman 2009:7; Garcia 2013: 57).

[50]Weitere wichtige Absatzmärkte waren mit abnehmender Relevanz: die EU, die USA und Argentinien (Zilla 2011: 29–30).

[51]Tatsächlich wurden 2014 eine BRICS-Bank und ein Reservefonds gegründet, die eine gewisse Autonomie von der Geldpolitik der USA, dem IWF und der Weltbank gewährleisten sollten. Damit war angedacht, Infrastrukturprojekte im globalen Süden zu finanzieren. Jedoch dominieren in den Mitgliedsstaaten nationale Interessen. Die BRICS-Bank ist daher

Gründen ein gewisses politisches und wirtschaftliches Gewicht aus: 1. Sie vereinen und repräsentieren knapp 5 Mrd. Menschen. 2. Im Jahr 2009 standen sie für 14 % des globalen BIP (2009) (Fiori 2013: 47). 3. Mit China und Russland verfügen zwei der Mitglieder über einen permanenten Sitz im Sicherheitsrat der Vereinten Nationen. 4. Zudem sind diese beiden Staaten zusammen mit Indien ferner Atommächte (Zilla 2011: 26).[52]

Die Regierung konnte also parallel zu den wirtschaftlichen Erfolgen im Inland auch in den politischen und wirtschaftlichen Außenbeziehungen Erfolge erzielen und die eigenen Handlungsspielräume ausweiten. Die langfristige Zielsetzung bestand darin, zu einer Demokratisierung der Weltpolitik bzw. einer „multipolaren Welt" (Garcia 2013: 57) beizutragen und Süd- bzw. Lateinamerika in einen strategischen Akteur unter der Führung Brasiliens zu verwandeln.

Als Resümee kann an dieser Stelle konstatiert werden, dass die vergrößerten Handlungsspielräume während der neo-desarrollistischen Phase die Regierung Lula mit den notwendigen Mitteln ausstattete, um eine aktive Wirtschaftspolitik gemäß der konzeptionellen Vorgaben des Neo-Desarrollismus umzusetzen. Konkret bezog sich das v. a. auf industriepolitische Maßnahmen wie z. B. öffentlichen Investitionen zur Förderung von Wachstum, Wettbewerbsfähigkeit und (technologischen) Innovationen. Wie dieses Kapitel zeigte, gelang es Regierung Lula, mit dieser wirtschaftspolitischen Strategie Erfolge zu erzielen und damit den eigenen Einfluss und Gestaltungsradius auf regionaler Ebene zu stärken.

4.2.4 Fazit der neo-desarrolistischen Phase: partielle Neujustierung der Entwicklungsstrategie vor dem Hintergrund größerer Handlungsspielräume

Die neo-desarrollistische Phase zwischen 2006 und 2010 stellte keine radikale Abkehr von den grundlegenden Charakteristika des Entwicklungskurses der orthodoxen Phase dar, sondern eher eine partielle Weiterentwicklung und Ergänzung. Bedingt wurde diese Entwicklung weniger durch die zugenommene Polarisierung,

---

voraussichtlich weniger als Ersatz, sondern eher (bzw. höchstens) als Ergänzung zu den Bretton-Woods-Institutionen zu verstehen (Maihold 2014).

[52]BRICS wies jedoch auch Schwachstellen auf, die sich nachteilig auf die zukünftige Gestaltungsmacht auswirken könnte. Der Institutionalisierungsgrad ist gering, es bestehen nur informelle Strukturen, keine supranationalen Instanzen und keine Satzung, die eine gewisse Verbindlichkeit implizieren würde (Zilla 2011: 25). Zudem sind die Verflechtungen in wirtschaftlicher Hinsicht nicht so stark vorangekommen wie geplant. In Brasiliens Handelsbeziehungen spielt lediglich China eine wichtige Rolle (ebd.: 29).

4.2 Die neo-desarrollistische Phase unter Lula: Neuausrichtung ...

die sich nicht in einer politischen Radikalisierung der PT-Regierung manifestierte. Vielmehr bewirkte die veränderte Wählerbasis Lulas, d. h. die Unterstützung durch die ärmeren Bevölkerungsteile und die interne produktive Kapitalfraktion, die von der Wirtschafts- und Sozialpolitik der Regierung profitiert hatten, die Möglichkeit zu einer partiellen Neujustierung der Entwicklungsstrategie.

In den (wirtschafts-)politischen Zielsetzungen fand dies nur bedingt Niederschlag, denn die Ziele ähnelten weitgehend denjenigen der orthodoxen Phase. Ein Unterschied war daher weniger in Diskurs und Entwicklungsplänen als vielmehr in Praxis und tatsächlicher Wirtschaftspolitik erkennbar. Hier wurde eine stärkere Fokussierung auf die ‚heterodoxen' Elemente (öffentliche Investitionen, Industriepolitik, Stärkung des Binnenmarkts etc.) gelegt, von denen hauptsächlich die internen Kapitalfraktionen profitierten. Am Elitenkonsens hinsichtlich einer marktbasierten Demokratie BTI (2018a) wurde aber auch in der neo-desarrollistischen Phase nicht gerüttelt. Mit anderen Worten: Die Regierung Lula folgte zwar einer partiell neuen, neo-desarrollistischen Entwicklungsstrategie, aber die in dieser Phase erfolgte Neujustierung des Entwicklungskurses verblieb weitgehend innerhalb kapitalistischer Systembahnen.

Ermöglicht wurde diese Kursänderung durch Handlungsspielräume, die größer waren als diejenigen der orthodoxen Phase. Die Machtverhältnisse konnten positiv zugunsten der Regierung verändert werden. Das betraf 1. die Herstellung einer stabilen Regierungskoalition; 2. die Sicherung der Unterstützung durch die interne produktive Kapitalfraktion; 3. die Sicherung der Unterstützung der ärmeren Bevölkerungsschichten; 4. eine integrative Identitätspolitik. Der internationale Rohstoffboom führte zu Mehreinnahmen beim brasilianischen Staat, die für eine expansive Wirtschafts- und Sozialpolitik verwendet werden konnten und in der Folge zu einer Steigerung der Legitimation der Regierung beitrugen. Ferner erfolgte die Weltmarkteinbindung in einer aktiveren und strategischeren Weise als in der Zeit der orthodoxen Phase. Aufgrund der globalen Konjunktur orientierte sich der neue Entwicklungskurs weiterhin an internationalen Märkten. Doch parallel dazu stärkte die Regierung nun auch den Binnenmarkt, v. a. mittels öffentlicher Investitionen und einem intensivierten staatlichen Aktivismus, d. h. Industriepolitik.

Insgesamt waren daher gerade im Vergleich mit den ersten Jahren der Regierung Lula die Handlungsspielräume deutlich größer, was sich in der stärker akzentuierten neo-desarrollistischen Entwicklungsstrategie zeigte. Diese wirtschaftspolitische Praxis umfasste sowohl orthodoxe Elemente wie eine makroökonomische Stabilisierungspolitik als auch heterodoxe Elemente. Zu Letzteren zählten v. a. ein wirtschafts- und industriepolitischer Aktivismus zur Förderung von Wachstum, Kompetitivität und Innovationen sowie eine ambitionierte Sozialpolitik. Das Zusammenspiel der drei Faktoren wird in Tabelle 4.6 verdeutlicht.

Tabelle 4.6 Prozessuale Nachzeichnung der drei Faktoren

	Theorie	Praxis
Orthodoxe Phase (2003–2005)	Politische Kultur	Keine ausgeprägte politische Polarisierung, zwar Wirtschaftsabschwung, aber keine tiefgreifende (wirtschaftliche und bzw. oder politische) Krise → *window of opportunity* für moderaten Wandel
	(Wirtschafts-) politische Zielsetzungen des Entscheidungspersonals	1. Schaffung eines alternativen Entwicklungsmodells mit starkem Staat; 2. soziale Inklusion und Verringerung der Ungleichheiten; 3. ein wirtschaftliches, d. h. Arbeitsplätze und Einkommen schaffendes, ökologisch nachhaltiges und die territorialen Ungleichheiten reduzierendes Wachstum; 4. Ausweitung der Staatsbürgerschaft und Stärkung der Demokratie
	Handlungsspielräume (Akteur-Struktur-Konstellation)	Akteur: Lula wird Präsident und erhält Mandat zu einem moderaten Wandel, nicht jedoch zu einer radikalen Umwälzung Strukturcharakteristika: Beschränkung von Handlungsspielräumen • Machtverhältnisse: Koalitionspräsidentialismus, fehlende parlamentarische Mehrheiten und Macht einflussreicher Akteure beschränken präsidentielle Entscheidungsfreiheiten • Ressourcen: beschränkter Zugang zu Einnahmen aus Ressourcen, Legitimation über Sozialpolitik basiert auf Besteuerung nicht-extraktiver Wirtschaftszweige • Weltmarkteinbindung: Außenorientierung und Außenabhängigkeit, jedoch erste Schritte zur Verringerung der externen Dependenzen Fazit: trotz erster Schritte zur Ausweitung der Gestaltungsmöglichkeiten bleiben die Handlungsspielräume der Regierung bezüglich der Wirtschafts- und Sozialpolitik beschränkt
	→Output: Wirtschaftspolitik	Weitgehend orthodox: makroökonomische Stabilisierungspolitik und moderate Sozialpolitik

(Fortsetzung)

4.2 Die neo-desarrollistische Phase unter Lula: Neuausrichtung ...

Tabelle 4.6 (Fortsetzung)

	Theorie	Praxis
Neo-desarrollistische Phase (2006–2010)	Politische Kultur	Zwar nimmt Polarisierung zu, führt jedoch nicht zu einer politischen Radikalisierung der PT-Regierung. Nichtsdestoweniger bewirkt die Wählerwanderung der Ärmeren hin zu Lula und die Unterstützung durch die interne produktive Kapitalfraktion die Möglichkeit zu einer partiellen Neujustierung des Entwicklungskurses
	(Wirtschafts-) politische Zielsetzungen des Entscheidungspersonals	1. Soziale Inklusion und Verringerung der Ungleichheiten; 2. Steigerung von (nachhaltigem und sozialem) Wachstum, Investitionen und Industriepolitik durch (Entwicklungs-)Staat; 3. Verbesserung der (öffentlichen) Sicherheit, der demokratischen bzw. sozialen Kontrolle und der Ausübung von (Menschen-)Rechten
	Handlungsspielräume (Akteur-Struktur-Konstellation)	Akteur: Lula wird von den ärmeren Bevölkerungsteilen gewählt und erhält damit ein Mandat zu einer stärkeren Ausrichtung des Entwicklungsmodells auf diese neue Wählerbasis; jedoch ist keine radikale Umwälzung geplant Strukturcharakteristika: Ausweitung von Handlungsspielräumen • Machtverhältnisse: stabile Regierungskoalition, Unterstützung durch interne produktive Kapitalfraktion und ärmere Bevölkerungsschichten, integrative Identitätspolitik • Ressourcen: Zugang zu Einnahmen aus Ressourcen bleibt beschränkt, aber die hohen internationalen Rohstoffpreise bewirken Mehreinnahmen, gesteigerte Legitimation über erfolgreiche Wirtschafts- und Sozialpolitik • Weltmarkteinbindung: Außenorientierung bleibt bestehen, Außenabhängigkeit kann jedoch reduziert werden, zeitgleich Stärkung des Binnenmarkts, Industriepolitik und öffentliche Investitionen im Namen des Neo-Desarrollismus, zudem neue Gestaltungsspielräume auf regionaler Ebene Fazit: vergrößerte Handlungsspielräume der Regierung im Vergleich zur orthodoxen Phase bedingen eine aktivere Wirtschafts- und Sozialpolitik
	→Output: Wirtschaftspolitik	Neo-Desarrollismus: Verbindung orthodoxer (makroökonomische Stabilisierung) mit heterodoxen (Industriepolitik) Elementen

Quelle: Eigene Darstellung.

4.3 Die Phase der neo-desarrollistischen Erosion unter Rousseff: (langsamer) Abstieg des neo-desarrollistischen Reformprojekts und Ende des Lulismus

Obwohl Dilma Rousseff erst im Jahr 2000 Mitglied der Partei geworden war, gelang es ihr, innerhalb der PT schnell aufzusteigen, (ebd.: 20). Zwischen 2003 und 2005 war sie Ministerin für Bergbau und Energie. Als Konsequenz des öffentlich gewordenen Korruptionsskandals 2005, in dessen Folge führende Köpfe der PT (z. B. José Dirceu) ihre Ämter räumen mussten, wurde Rousseff von Lula als seine Stabschefin berufen, behielt diesen Posten über fünf Jahre und galt als der „führende Architekt seiner zweiten Amtszeit" (ebd.: 10). Ferner hatte Rousseff administrative Fähigkeiten, die Lula weitgehend fehlten und wodurch sie sich gut ergänzten (Anderson 2011). Im Jahr 2010 wurde Rousseff schließlich primär von den ärmeren und weniger gebildeten Bevölkerungsschichten zur Präsidentin Brasiliens gewählt (Power 2014: 22).

Ihr Sieg in den Präsidentschaftswahlen 2010 kann aus diversen Gründen als Lulas größter Triumph angesehen werden (Anderson 2011). Und zwar deshalb, weil Rousseff lange ein wichtiger Bestandteil der Regierung gewesen war und sie von Lula persönlich als seine Nachfolgerin auserkoren wurde. Ferner war den Wählern im Präsidentschaftswahlkampf eine Weiterführung der Politik Lulas in Aussicht gestellt worden. Der Wahlslogan des Wahljahres 2010 lautete daher: „Damit sich Brasilien weiter verändert" (*Para o Brasil seguir mudando*) (zit. nach: Power 2014: 21). Lula selbst hatte die Wahl als Plebiszit über seine Politik und seine acht Jahre als Präsident rahmen können (ebd.: 21). Rousseffs Wahlsieg war damit gleichbedeutend mit einer Zustimmung zu Lulas Politik und symbolisierte eine Fortführung des eingeschlagenen Entwicklungkurses (ebd.: 10). Rousseff führte diesen Kurs jedoch nicht nur fort, sondern intensivierte ihn. Obwohl sie mit dieser Politik, v. a. zu Beginn ihrer Präsidentschaft, einige Erfolge zeitigen konnte, kühlte das Wirtschaftswachstum langsam ab und der neo-desarrollistische ‚Konsens' erodierte aufgrund unterschiedlicher Faktoren und Probleme sukzessive.

In der Folge werden erneute die drei in dieser Arbeit herangezogenen Faktoren analysiert. Obwohl Rousseff 2015 eine zweite Amtszeit als Präsidentin antrat, wird die gesamte Zeit ihrer Präsidentschaft in einer Phase zusammengefasst. Diese Einteilungen wurde aus drei Gründen gewählt: Erstens erstreckten sich relevante Entwicklungen über den Zeitraum ihrer beiden Amtszeiten. Zweitens waren hinsichtlich der (wirtschafts-)politischen Zielsetzungen keine signifikanten Unterschiede zwischen ihrer ersten und zweiten Amtszeit erkennbar. Drittens verlor das neo-desarrollistische Projekt trotz Intensivierung und anfänglicher Erfolge im Vergleich zur Ära Lula zunehmend an Fahrt. Und viertens wurde Rousseff bereits 2016, d. h. nach weniger als der Hälfte ihrer zweiten Amtszeit, ihres Postens als Präsidentin enthoben.

4.3.1 Politische Kultur: Steigende Polarisierung, Machtkampf, Impeachment Rousseffs

Das folgende Kapitel beleuchtet die politische Kultur während der Jahre der Rousseff-Administration. Besonderes Augenmerk gilt dabei dem (Wider-)Erstarken des oppositionellen Blocks und der von ihm erwirkten steigenden politischen Polarisierung im Land. Hierauf basierend gelang es der Opposition, die breite Unzufriedenheit in der Bevölkerung mit dem sozioökonomischen und politischen Status quo und der dafür verantwortlichen Regierung erfolgreich für einen Regierungs- und dezidierten Politikwechsel zu nutzen und damit das linke Reformprojekt unter den PT-Regierungen zu beenden.

4.3.1.1 Steigende Polarisierung

Obwohl es der PT-Regierung gelungen war, die sozioökonomische Ungleichheit moderat abzumildern, blieb die Ungleichheit nach wie vor auf einem sehr hohen Niveau. Während der Lebensstandard der weißen Bevölkerung Brasiliens in etwa demjenigen des europäischen Südens entsprach, lag derjenige der nicht-weißen Brasilianer auf dem Niveau des afrikanischen Mittelmaßes: „Brasilien ist ein zerrissenes Land, in dem Parallelwelten nebeneinander her leben" (Behn 2014: 28). Diese Polarisierung zwischen dem ‚weißen' und dem ‚farbigen' Brasilien spiegelte sich auch politisch wieder, z. B. im Ergebnis der Präsidentschaftswahlen des Jahres 2014 (Novy 2016: 21). Generell war spätestens seit dem Bekanntwerden des Korruptionsskandals (*Mensalão*) im Jahr 2005 ein Anstieg der politischen Polarisierung zu vernehmen, der fortan von der politischen Opposition und den Massenmedien weiter befeuert wurde. Auf diese Polarisierung hatte die Regierung Lula zwar mit einem schärferen Diskurs, nicht jedoch mit einer politischen Radikalisierung reagiert. Innerhalb der politischen Elite blieben die Konsensbildung unter den Eliten und der Elitenkonsens bezüglich der politökonomischen Zielperspektive (marktbasierte Demokratie) bestehen. Dies änderte sich auch unter Nachfolgerin Rousseff nur teilweise. Obwohl sich die politische Polarisierung in beträchtlichem Ausmaß verstärkte, weswegen sich auch die Konsensbildung innerhalb der politischen Elite signifikant verschlechterte, blieb das Elitenbekenntnis hinsichtlich einer marktbasierten Demokratie weiterhin bestehen (BTI 2018a).[53] Tabelle 4.7 verdeutlicht das diesbezügliche Governance-Ranking.[54]

Tabelle 4.7 Governance Index des BTI

Ergebnis inkl. Rang	Messzeitraum		
	2014 (Period of review: 01.02.2011 – 31.01.2013)	2016 (Period of review: 01.02.2013 – 31.01.2015)	2018 (Period of review: 01.02.2015 – 31.01.2017)
Messergebnis	7,3	6,8	6,0
Rang/Region	Zweiter in Region	Fünfter in Region	Achter in Region

Quelle: Eigene Darstellung nach BTI der Jahre 2014 bis 2018.

4.3.1.2 Eskalationsspirale und Machtkampf um die Präsidentschaft Rousseffs

Solange die Regierung wirtschafts- und sozialpolitische Erfolge vorweisen konnte, fiel die von der Opposition befeuerte politische Polarisierung nicht weiter ins Gewicht. Als sich jedoch in den 2010er Jahren die wirtschaftliche Lage verschlechterte, zerbrach der Machtblock Rousseffs sukzessive. Parallel hierzu erfolgte ein Erstarken des oppositionellen Blocks. Dieser vertiefte die politische Polarisierung mit hasserfüllten Kampagnen gegen die Regierung und nutzte die wachsende und breite gesellschaftliche Unzufriedenheit, die durch den Wirtschaftsabschwung begünstigt worden war, um die Regierung zu Fall zu bringen.

Das Jahr 2013 markierte insofern einen signifikanten Wendepunkt im Machtverhältnis zwischen Opposition und Regierung, als sich in diesem Jahr eine breite gesellschaftliche Unzufriedenheit in der brasilianischen Bevölkerung in landesweiten Protesten zeigte, an denen mehr als eine Million Brasilianer teilnahmen (Saad-Filho 2013: 659). Den ursprünglichen Anlass hierfür bildete eine Fahrpreiserhöhung öffentlicher Verkehrsmittel. Die tatsächlichen Gründe für diese

---

[53] Dieses Bekenntnis blieb bestehen, obwohl es den gesamten Zeitraum von Dilmas Präsidentschaft (2011 bis 2016) hindurch abnahm. Im Governance-Ranking fiel Brasilien daher im lateinamerikanischen Vergleich vom zweiten auf den achten Platz, wiewohl das Bekenntnis nach wie vor und durchweg als „gut" charakterisiert wurde (BTI 2018a).

[54] Methodische Anmerkung. Die Aussagekraft im interregionalen Vergleich ist insofern nicht überzubewerten, als sich die Governance-Indikatoren in den anderen Staaten der Region ebenfalls verändert haben können.

4.3 Die Phase der neo-desarrollistischen Erosion unter Rousseff: ...

Unzufriedenheit waren jedoch vielfältig und hatten unterschiedliche, zum Teil weiter zurückliegende Ursprünge. Die Proteste, die zu Beginn noch primär von politisch linksgerichteten und ärmeren Bevölkerungsteilen getragen wurden, richteten sich gegen die Megaprojekte der Regierung (v. a. teure Stadienbauten für die Fussball-WM 2014), gegen ausbleibende Investitionen in die Infrastruktur (Bildung, Gesundheit, öffentlicher Verkehr), gegen steigende Lebenshaltungskosten sowie gegen Rassismus und Diskriminierung von Schwarzen, Frauen, Indigenen und Homosexuellen (Saad-Filho 2013: 658–659; Greve 2013: 25–27, Santos 2013). Dass die Regierung Rousseff diese Belange vernachlässigte, zeigte sich zum Beispiel an der polizeilichen Brutalität, mit der die Proteste niedergeschlagen wurden, aber auch an den brutalen Zwangsräumungen der Favelas (für Fussballstadien) (Greve 2013: 27) und der Vertreibung Indigener (für den Staudamm Belo Monte) (Brum 2018: 56–57). Dies markierte insofern einen Bruch mit der Ära Lula, als sich dieser stets gegen Rassismus, Diskriminierung und für eine Einbindung sozialer Bewegungen ausgesprochen hatte, d. h. Aspekte, die für die Regierung Rousseff keine Priorität (mehr) zu besitzen schienen (Santos 2013). Daher darf es nicht verwundern, dass die Regierung in den hiervon betroffenen Bevölkerungsteilen an Ansehen und Zustimmung verlor.

Auch während der folgenden Jahre 2014 und 2015 wurde das Land von heftigen Protesten und Ausschreitungen erschüttert. Die Unbeliebtheit Rousseffs zeigte sich in deutlicher Form während der Eröffnung der Fußballweltmeisterschaft 2014 im eigenen Land, als sie von tausenden Menschen ausgebuht wurde (Fischermann 2014). Im Folgejahr gingen erneut sehr viele Brasilianer auf die Straße. Die Proteste von 2015 unterschieden sich aber insofern von denjenigen der vergangenen Jahre, als sie eine klare machpolitische Komponente aufwiesen. Denn sie waren nicht spontan, sondern wurden von der politischen Rechten organisiert (Saad-Filho/Boito 2015: 213, 225). Folglich war die Mehrheit der Protestierenden aus der weißen (oberen) Mittelschicht, die traditionellerweise nicht zum Machtblock der PT-Regierungen gehörte. Kennzeichnend war, dass die Proteste äußerst hasserfüllt geführt wurden, brennende Fahnen der PT und Plakate mit geköpften Politikern prägten das dahingehende Bild (Tatagiba 2018: 124). Die Amtsenthebung Rousseffs, die bereits während der Proteste von 2013 einzeln gefordert wurde (Saad-Filho 2013: 659), stellte nun eine zentralen Forderung dar (Brum 2018: 59).

Eine Erklärung dieser Radikalisierung und Eskalation hat die sozioökonomischen, kulturellen und – damit einhergehenden – politischen Polarisierungen Brasiliens zu berücksichtigen. Konkret manifestierte sich in den Protesten von 2015 erneut der geballte Unmut diverser Teile der brasilianischen Gesellschaft, v. a. aber der Mittelschicht, nicht nur mit der Rousseff-Administration, sondern mit den PT-Regierungen und deren Sozial- und Inklusionspolitik allgemein. Die brasilianische Mittelschicht ist hierbei von besonderer Bedeutung. Gemäß Souza (2017a: 133, 167–169) definiert bzw. legitimiert sie sich sowohl nach oben, d. h. gegenüber den Besitzeliten, mittels eines Glaubens an die eigene moralische Überlegenheit, als auch nach unten, d. h. gegenüber den ärmeren Bevölkerungsteilen, v. a. durch Hass und Verachtung.[55] Die soziale Distinktion nach oben und nach unten fußt auf der meritokratisch begründeten Vorstellung, die eigene Position inklusive der damit einhergehenden (Konsum-)Möglichkeiten und Privilegien durch Bildung und harte Arbeit verdient zu haben (ebd.: 148–149). Zur Aufrechterhaltung dieser für Selbstdefinition und -vergewisserung unerlässlichen Vorstellung ist die Behauptung der eigenen Position innerhalb der sozialen Hierarchie – v. a. gegenüber den unteren Schichten – von zentraler Bedeutung (Miguel 2019: 109–110). Jegliche materielle, soziale oder kulturelle Besserstellung der unteren Schichten, d. h. der ärmeren Bevölkerungsteile, droht somit die soziale Pyramide und damit das eigene Selbstbild ins Wanken zu bringen. Und genau hierin liegt die Ablehnung der Mittelschicht gegenüber den PT-geführten Regierungen begründet.

Denn die PT-Regierungen betrieben Politiken, die sich positiv auf die ärmeren Bevölkerungsschichten auswirkten und einen – wenn auch lediglich moderaten – sozialen und materiellen Aufstieg ermöglichten. Hierzu gehörte u. a. die mittels Quoten erzielte „Demokratisierung", d. h. Verbesserung, des Zugangs zu höherer Bildung und der Anstellungsmöglichkeiten in der öffentlichen Verwaltung. Denn damit verringerte sich nicht nur das Angebot an begehrten Arbeitsplätzen, sondern auch die zuvor den mittleren und oberen Schichten vorbehaltene Exklusivität von Hochschulabschlüssen (Saad-Filho/Boito 2015: 225; Miguel 2019: 111). Generell garantierte höhere Bildung nun weder eine sichere Anstellung noch einen materiellen Aufstieg gegenüber den vorhergehenden Generationen (Saad-Filho 2013: 662). Kritisch war zudem die Ausweitung der Arbeitsrechte für Hausangestellte, die das Privileg der (oberen) Mittelschicht unterminierte, auf einen Pool zum Teil willfähriger, schlechtbezahlter und mitunter schlechtbehandelter Hausangestellte zurückgreifen zu können (Saad-Filho/Boito 2015: 225; Miguel 2019: 110). Ebenso verhält es sich mit den

---

[55] Souza (2017a: 73–84) vertritt die These, dass die Verachtung gegenüber den unteren Schichten bzw. Klassen ein nicht überwundenes Relikt der Sklavenhaltergesellschaft ist. Demgemäß sind die Erben der damaligen Sklaven die heutigen Hausangestellten der mittleren und oberen Schichten, die „Haussklaven" (Souza 2017b). Souza (ebd.) sieht die primäre Ursache des Falls der PT-Regierung in der Sozial- und Inklusionspolitik, die die Distanz der Klassen verringerte und mit der Sklavenhaltermentalität nicht vereinbar ist.

4.3 Die Phase der neo-desarrollistischen Erosion unter Rousseff: ...

sozialpolitischen Maßnahmen der Regierung, die eine Verbesserung der Verhandlungsposition der betroffenen Personen auf dem Arbeitsmarkt bewirkten (Miguel 2019: 110). Die materielle Besserstellung führte letztendlich auch dazu, dass Bereiche wie z. B. Flughäfen, Sportclubs, Privatkliniken, die vormals den Mittelschichten (und Oberschichten) vorbehalten waren, nun von den unteren Schichten frequentiert wurden (Saad-Filho/Boito 2015: 225). Kurzum: die Wirtschafts- und Sozialpolitik der PT-Regierungen bedingte soziale und materielle Einbußen der Mittelschichten und darüber nachteilige Veränderungen in der sozialen Hierarchie der brasilianischen Gesellschaft. Dies darf jedoch nicht darüber hinwegtäuschen, dass die PT-Regierungen, v.a die Regierung Rousseff, – wie oben beschrieben – dem wirtschaftlichen ‚Fortschritt' (Wachstum, Megaprojekte etc.) die Belange der ärmeren Bevölkerungsteile, sofern sie mit einem solchen Fortschrittsgedanken kollidierten, teils sehr drastisch unterordnete.

Diese Entwicklungen spiegelten die Forderungen der Demonstranten aus der Mittelschicht während der oben genannten Proteste wider. Neben dem Unmut über die unterschiedlichsten Facetten der von der Regierung betriebenen Sozial- und Inklusionspolitik kristallisierte sich ein allgemeineres (Feind-)Bild heraus, nämlich das eines die falschen Gruppen unrechtmäßig bevorteilenden und von Korruption gezeichneten Staates. Dieses (Feind-)bild ist wahrlich nicht neu, sondern basiert auf einem seit Jahrzehnten bestehenden und von Teilen der besitzenden Eliten geschürten, intellektuell und medial ummantelten Diskurs, dem es sukzessive gelang, die Mittelschichten anzusprechen (Souza 2017: 131–138): „Zusammen, die Dämonisierung der Politik und des Staates und die Stigmatisierung der populären Klassen bilden das Alpha und Omega des Konservatismus der brasilianischen Gesellschaft" (ebd.: 136). Hierin manifestiert sich das strukturelle Band bzw. der „antipopuläre Pakt" (ebd.: 107) zwischen Teilen der tonangebenden Besitzeliten bzw. Oberschichten und den statusgefährdeten Mittelschichten. Das Neuartige an diesem Feindbild war lediglich der (neue) Akteur in der Regierung, die regierungsbildende Partei bzw. die damit einhergehende Subjektposition. Der „antipetismo" basierte hierbei weniger auf Ablehnung, sondern auf regelrechtem Hass gegenüber den PT-Regierungen, entfaltete aber aufgrund dieser Emotionalität ein enormes Mobilisierungspotential (Tatagiba 2018: 123).

Aufgrund ihres wirtschaftlichen und politischen Gewichts war das Verhalten der Eliten bzw. der Oberschicht und der damit zusammenhängenden Kapitalfraktionen von besonderer Bedeutung. Auch sie standen der Regierung kritisch gegenüber, v. a. deshalb, da sie durch den eingeschlagenen Entwicklungskurs ab einem gewissen Zeitpunkt materielle Einbußen zu verzeichnen hatten. Während der finanziellen Kapitalfraktion der Versuch der Regierung missfiel, gegen die „strukturelle Macht des Finanzkapitals" (Bastos 2017: 17) vorzugehen, waren der produktiven Kapitalfraktion die Folgen der oben genannten Sozial- und Inklusionspolitik der Regierung ein Dorn im Auge. Denn der soziale Aufstieg der ärmeren Bevölkerungsschichten steigerte deren Verhandlungsmacht auf dem Arbeitsmarkt und bedingte höhere Lohn- und Produktionskosten und damit geringere Profite auf Seiten der Unternehmer, d. h. der produktiven Kapitalfraktion: „Lulismo did not intend to confront the ruling classes. But by reducing poverty, it did so unintentionally" (Singer 2018).[56]

Mittels seines medialen Einflusses gelang es diesem oppositionellen Block, als größtes Problem Brasiliens die Korruption zu stilisieren und letztere ausschließlich mit der PT-Regierung diskursiv zu verknüpfen: „[D]as Problem ist die Korruption, der Grund für die Korruption sind die Regierungen der PT und die Überwindungen des Problems heißt ‚Weg mit der PT', ‚Weg mit Lula' und ‚Weg mit Dilma'" (Tatagiba 2018: 125). Hierbei ist zu erwähnen, dass das Narrativ der Korruption insofern eine besondere Reichweite entfalten konnte, als es nicht nur emotional aufgeladen war, sondern Anknüpfungspunkte an bestehende (Klassen-)Vorurteile lieferte. Denn gemäß großer Teile der brasilianischen Mittelschicht verhalten sich die unteren Schichten amoralisch, sofern sie mit einer Wahlentscheidung für die PT und deren Kandidaten die Hoffnung auf sozial- oder inklusionspolitische Verbesserungen verbinden. ‚Korruption' bzw. eine Politik des Quid pro quo wird demgemäß nicht als rationaler (Wahl-)Akt, sondern als moralischer Verfall interpretiert und – darauf basierend – die PT und die gesamte Linke als „Inkarnation der Unaufrichtigkeit und des Bösen" stigmatisiert (Miguel 2019: 111–113). Der Terminus Korruption fungierte in diesem Kontext als leerer Signifikant und konnte eine identitätsstiftende Wirkung unter all jenen Kräften erwirken, die das Feindbild PT teilten.

Die Tatsache, dass 2014 ein erneuter Korruptionsskandal namens „Autowäsche" (*Lava Jato*[57]) bekannt wurde, spielte den oppositionellen Kräften jedenfalls in die Hände und sollte den entscheidenden Schlag gegen Präsidentin Rousseff ermöglichen. Im Rahmen des *Lava Jato* war öffentlich geworden, dass das halbstaatliche Ölunternehmen Petrobras öffentliche Aufträge zu überteuerten Preisen an private (Bau-)Firmen erteilt hatte und die hierfür geflossenen Schmiergelder unter den Beteiligten und Politikern, v. a. den Angehörigen der Parteien PT und

---

[56]Die Ursachen für die Ablehnung der Regierung Rousseff durch die Oberschicht sind vielfältig und bedürfen einer genaueren Analyse der unterschiedlichen Kapitalfraktionen und deren Interessen. Eine dahingehende Analyse wird weiter unten im Kapitel über die „Machtverhältnisse" während der Jahre der Regierung Rousseff vorgenommen.

[57]Der Name „Autowäsche" rührt daher, dass eine Wechselstube, die sich in einer Tankstelle mit integrierter Autowaschanlage befand, in das Netzwerk der Geldwäsche verwickelt war (Eglau 2017: 26).

4.3 Die Phase der neo-desarrollistischen Erosion unter Rousseff: ...

PMDB, aufgeteilt worden waren (Eglau 2017: 26; Nunes/Melo 2017: 284). In diesem Zusammenhang wurden die Namen von über 300 Politiker hohen Ranges bekannt, die von einem der Protagonisten dieses Skandals, der Baufirma *Odebrecht,* Gelder erhalten hatten, d. h. korrupt waren. Pikanterweise gehörten jedoch die Namen Lulas und Rousseffs nicht dazu (Novy 2016: 22; Moreno 2016: 54). Im Rahmen dieses Skandals sind inzwischen einige der wohlhabendsten Geschäftsleute und der bekanntesten Politiker Brasiliens verurteilt worden (Melo 2016: 60).

Hinsichtlich der betroffenen Politiker richteten Medien und Justiz ihre mediale bzw. juristische Aufmerksamkeit nichtsdestoweniger primär auf die PT. Obwohl Präsidentin Rousseff dahingehend nichts angelastet werden konnte, war sie durch diesen Skandal in der Bevölkerung weitgehend delegitimiert. Es ist im Rahmen dieser Arbeit bereits zur Sprache gekommen, dass sich die Medienlandschaft Brasiliens durch ein Oligopol auszeichnet (Hartmann 2017: 266), das sich in den Händen einiger weniger Eigentümer, nämlich „neun Familien", befindet (Lula, zit. in: Caetano 2013: 18), primär die (Geschäfts-)Interessen der oberen Schichten repräsentiert (Souza 2017a: 114–128) und daher der politischen Rechten, d. h. dem oppositionellen Gegenblock, zuzuordnen ist (Sader 2012; Miguel 2019: 99). So verwundert es nicht weiter, dass die Berichterstattung der großen Medien äußerst einseitig die Korruption der PT in den Blick nahm (Souza 2017a: 219; Novy 2016: 22; Salas Oroño 2019: 46–50; Saad-Filho/Boito 2015: 224), obwohl nahezu das gesamte politische System Brasiliens davon betroffen gewesen zu sein scheint (Moreno 2016: 53).[58]

In diesem Kontext spielte die brasilianische Justiz eine immer wichtigere, jedoch wenig neutrale Rolle. Denn sie richtete den Fokus der Untersuchungen in erster Linie gegen Politiker der PT (Tatagiba 2018: 125; Novy 2016: 22; Salas Oroño 2019: 41):

> „scandals involving the mainstream parties seldom make headlines and rarely reach the courts; in contrast, those involving the PT are investigated noisily and even hysterically […]. It is also noticeable that the institutions where corruption has been most often investigated are precisely those with key roles in the PT economic strategy: Petrobras

---

[58] Wie bereits erläutert wurde, hat Korruption in Brasilien eine lange Tradition (Oliveira 2006: 15–17; Busch 2010: 149–152; Anderson 2011; Souza 2016: 19–40; Souza 2017a: 209–212; Singer 2018). Das hat sich auch in der PT-Ära nicht geändert. Wichtige Politiker hatten bereits als Folge des 2005 ans Licht gekommen *Mensalão*-Skandals ihre Posten verloren und wurden verurteilt. Ein Abgeordneter der PMDB gestand 2009 ein, dass alle Parteien, auch seine eigene, die PMDB, von Korruption durchsetzt seien. Demnach strebten 90 % der PMDB-Politiker nur deswegen politische Posten an, um „Geschäfte zu machen" (Jarbas Vasconcelos, zit. nach: Cabral 2009).

and, more recently, BNDES. In contrast, there has never been interest in corruption in
the central bank or other institutions of strategic interest to the bourgeoisie." (Saad-
Filho/Boito 2015: 224)

Während des Korruptionsskandals wurde eine immer engere Verbindung zwischen den großen Medien und der Justiz deutlich. Die enge Verzahnung spiegelt sich konzeptionell im Begriff des „Lawfare" wider, womit eine juristische ‚Kriegsführung' bezeichnet wird, die sich auf die unrechtmäßige Verwendung rechtlicher Schritte und Maßnahmen mit dem Ziel stützt, sich der politischen Gegner zu entledigen (Romano 2019: 19). Erweiterter Bestandteil dessen ist die Stigmatisierung und Delegitimierung politischer Akteure mithilfe einer entsprechenden medialen Unterstützung (ebd.: 33; Salas Oroño 2019: 46–50). Die „Politisierung der Justiz" (Tatagiba 2018: 125) bzw. der „juristische Krieg mit politischen Zielen" (Romano 2019: 19) richtete sich nicht nur gegen die PT und Präsidentin Rousseff, sondern auch gegen Ex-Präsident Lula, dessen Anwälte den Begriff bzw. das Konzept des „Lawfare" explizit aufgriffen (Salas Oroño 2019: 42, 49–50). Vor diesem Hintergrund gewann eine „messianische Generation von Staatsanwälten, die sich als Heilssoldaten auf einer Art Kreuzzug gegen die Korruption sieht" (Moreno 2016: 55) an Bedeutung. Eine besondere Stellung nahm die Person des Richters Sérgio Moro ein, der mithilfe des Medienoligopols nicht nur als charismatischer Führer (Souza 2016: 86), sondern sogar als „nationaler Held" (Tatagiba 2018: 129) aufgebaut wurde. Dabei spielte für die großen Medien die Tatsache eine weniger wichtige Rolle, dass Moro

„bereits mehrfach seine Befugnisse übertreten hat, beispielsweise durch das illegale Abhören von Telefonaten und deren Veröffentlichung sowie die willkürlichen Verordnung von Vorbeugehaft. Von einer Bestrafung der Mächtigen kann ohnehin keine Rolle sein, agiert der Richter doch in engem Verbund mit dem ultrakonservativen Medienverbund Globo, der die Interessen der traditionellen Eliten Brasiliens vertritt." (Nölke 2016)

In diesem Kontext sah die Opposition die Chance, die weitgehend delegitimierte Rousseff ihres Amtes zu entheben. Offiziell wurde das Amtsenthebungsverfahren gegen ihre Person nicht mit Korruption begründet, wofür auch die Nachweise fehlten (Nunes/Melo 2017: 284; Novy 2016: 22), sondern wegen eines Verstoßes gegen das „Gesetz fiskalischer Verantwortung" (Tatagiba 2018: 131) bzw. gegen Artikel 85 der brasilianischen Verfassung, der präsidiale „Verbrechen gegen die Verantwortung" (*crime de responsabilidade*) regelt (Benevides et al. 2018). Konkret wurden Bilanzierungstricks mit dem Ziel eines geschönten Haushalts als Verbrechen gegen die (fiskalische) Verantwortung interpretiert (Singer 2018;

4.3 Die Phase der neo-desarrollistischen Erosion unter Rousseff: ...

Benevides et al. 2018). Da ein solches Vorgehen jedoch seit vielen Jahrzehnten eine gängige Praxis der brasilianischen Regierungen darstellte (Singer 2018; Novy 2016: 23), liegt der Verdacht nahe, dass es sich hierbei lediglich um einen vorgeschobenen Grund für die Absetzung Rousseffs als Präsidentin handelte.

Die wahren Gründe der Amtsenthebung sind wohl eher in den folgenden drei Aspekten zu finden: Erstens hatte die Opposition Rousseffs Wahlsieg 2014 nie akzeptiert, was ein Novum seit der Rückkehr zur Demokratie darstellte (Tatagiba 2018: 123). Bereits am Tag nach seiner Wahlniederlage 2014 sprach der unterlegene Präsidentschaftskandidat Aécio Neves der oppositionellen PSDB von „Wahlbetrug" und rief zu Protesten auf (ebd.). Dies war wiederum nur aufgrund der vergifteten politischen Atmosphäre und des Hasses möglich, der medial geschürt worden war und sich über Präsidentin Rousseff entlud. Der 2014 unterlegene Vizepräsidentschaftskandidat Aloysio Nunes (ebenfalls von der PSDB) erklärte beispielsweise im Hinblick auf die Präsidentin, dass er nicht wolle, dass sie gehe, „ich will, dass Dilma blutet" (zit. nach: Miguel 2019: 161). Zweitens war 2016 die Überzeugung, dass es notwendig sei, Rousseff ihres Postens zu entheben bzw. abzusägen, in bedeutenden Teilen der Gesellschaft, den Medien und der Geschäftswelt groß. Das spiegelte sich auch im Parlament wider: Dass die Bilanzierungstricks der Regierung als „Verbrechen" gewertet werden konnten, lag schlichtweg an den dortigen Machtverhältnissen (Nunes/Melo 2017: 289). Ein dritter Grund lag wohl darin, dass viele Politiker fürchteten, selbst ins Visier der Korruptionsermittlungen zu geraten. Daher hofften sie, über eine Amtsenthebung Rousseffs den Korruptionsskandal eindämmen zu können (Kusser 2016: 10) bzw. mithilfe eines neuen Präsidenten bereits laufende Verfahren einstellen zu können (Novy 2016: 23). Diese Sichtweise wurde durch ein mitgeschnittenes Telefonat untermauert, in dem PMDB-Senator Romero Jucá davon sprach, dass man „die Regierung auswechseln" müsse, „um die Blutung stoppen zu können" (zit. nach: Bastos 2017: 50).

Interessanterweise war diese „Blutung", d. h. eine effiziente Verfolgung von Korruptionsdelikten angesichts der Proteste 2013 mithilfe eines Gesetzes zu einer neuen Kronzeugenregelung erst ermöglicht worden. Demnach können Kronzeugen, die mit der Justiz kooperieren und dabei helfen, Korruptionsfälle aufzudecken, mit einer signifikanten Strafminderung rechnen (Kusser 2016: 10). Aufgrund der „belohnten Denunzierung" (Eglau 2017: 26) arbeiteten fortan viele Beteiligte mit der Justiz zusammen: „die brasilianische Politik hat sich in ein Haifischbecken verwandelt" (Kusser 2016: 10). Tatsächlich scheint ein Großteil der Elite der brasilianischen Politik in irgendeiner Form in diesen Skandal verwickelt zu sein (Moreno 2016). Denn zu diesem Zeitpunkt liefen gegen 36 der 38 Abgeordneten der Prüfungskommission, die das Amtsenthebungsverfahren gegen

Rousseff im Parlament initiierten, ein Gerichtsverfahren und gegen weitere ca. 300 Parlamentarier, die für ein Impeachment Rousseffs stimmten, wurde ermittelt (Novy 2016: 23).

In dem Amtsenthebungsverfahren gegen Rousseff kulminierte die politische Konfrontation zwischen dem PT-Lager und der oppositionellen Allianz. Die politische Polarisierung war zu diesem Zeitpunkt äußerst weit fortgeschritten: „Brazilians are bitterly divided. One side hates President Dilma Rousseff, ex-President Inácio "Lula" da Silva and their Workers Party (PT). The other side sees Rousseff's impeachment as an abuse of the legislative process by corrupt politicians" (Eakin 2017).

Die Abstimmung über das Impeachment-Verfahren selbst kam einer demokratischen Absurdität gleich. Im Vorfeld dieser Abstimmung stellte die PMDB Abgeordneten für ein „Ja" Posten und Geld in Aussicht, während die PT dasselbe für ein „Nein" tat (Brum 2018: 61). Am 17.04.2016 stimmten 367 Abgeordneten mit „Ja", d. h. für eine Amtsenthebung Rousseffs (bei 137 Nein-Stimmen) (Tatagiba 2018: 131; Nunes/Melo 2017: 287). Am 31. August 2016 wurde Rousseff schließlich ihres Amtes als Präsidentin Brasiliens enthoben.

Aufgrund der fragwürdigen (verfassungs-)rechtlichen Grundlage für die Amtsenthebung (Benevides et al. 2018), die selbst von regierungskritischen Beobachtern konstatiert wurde (Singer 2018), mag es nicht weiter verwundern, dass schnell der Vorwurf eines Putsches erhoben wurde (ebd.; Miguel 2019: 147; Souza 2016 etc.). Rousseff selbst sprach am Tag ihrer Amtsenthebung von einem „parlamentarischen Putsch", der auf einer „juristischen Farce" basierte (Rousseff 2016).

Obwohl die Polarisierung in den Jahren der PT-Regierungen sukzessive zunahm, v. a. beginnend mit dem Korruptionsskandal 2005, reagierten die Regierungen Lula und Rousseff stets weitgehend versöhnlich. Doch während der Proteste 2013 war deutlich geworden, dass die von den PT-Regierungen betriebene Politik der „Klassenversöhnung" und damit der Versuch, die bestehende politische Polarisierung zu überwinden, weitgehend gescheitert war (Brum 2018: 55–58). Vor dem Hintergrund des Wirtschaftsabschwungs, des *Lava Jato* und der landesweiten Proteste gegen die Regierung bildete sich ein schlagkräftiger oppositioneller Block, der die breite gesellschaftliche (und politische) Unzufriedenheit mit der Regierung und dem Status quo nutzte, um einen Regierungs- und Politikwechsel herbeizuführen. Michel Temer (PMDB), Rousseffs Nachfolger als Präsident, verkörperte mitsamt des ihn umgebenden Machtzirkels – „weiß, männlich, oligarchisch" (ebd.: 60) – eine Restauration der alten Ordnung. Eine Ordnung, die sich durch starke rassische, soziale, ökonomische und territoriale Ungleichheiten auszeichnete. Die Regierung Temer machte sich in der Folgezeit daran, das ‚Erbe' der PT-Regierungen zu schleifen oder ganz zu beseitigen. Dies zeigte sich in einer rigiden Austeritätspolitik, die öffentliche Ausgaben in sozialen Bereichen wie Bildung, Gesundheit und Wohnungsbau zurückfuhr. Hingegen zeigte die Regierung keinerlei Interesse an einer Überarbeitung des Steuersystems, mithilfe dessen mehr öffentliche Einnahmen hätten erzielt und zudem die enorme (Einkommens- und Vermögens-)Ungleichheit hätte abgebaut werden können. Ferner reformierte die Regierung die Arbeitsgesetzgebung, wodurch soziale Standards zuungunsten der Arbeitnehmer wieder zurückgefahren wurden (Hofmann de Moura 2017: 1–2). Ökologische Belange, die bereits unter den PT-Regierungen keinen allzu hohen Stellenwert einnahmen (Brum 2018: 56–57), spielten unter Temer eine noch geringere Rolle (Hofmann de Moura 2017: 3). Die sich hierin widerspiegelnde Restauration alter Eigentums- und Machtverhältnisse scheint neben dem Wunsch bzw. dem Ziel der politischen Elite, Korruptionsermittlungen nicht selbst zum Opfer zu fallen (Brum 2018: 62), das primäre Ziel bzw. das Movens der Regierung Temer gewesen zu sein. Zumindest deutete das Rousseff an, indem sie, als sie über die sozialen Erfolge der PT-Regierungen sprach, anführte: „Wir haben nicht alles richtig gemacht, wir haben sicher auch Fehler begangen. Aber ich wurde meines Amtes nicht enthoben für das, was ich falsch gemacht, sondern für das, was ich richtig gemacht habe" (Rousseff 2017). Dieser politische *Rollback* des neodesarrollistischen Entwicklungsprojekts setzte sich bis Ende 2018 weiter fort. Die Präsidentschaftswahlen im Oktober 2018 fanden in einem „aufgewühlten und angespannten Klima statt, das von einer gefährlichen politischen Polarisierung, antipolitischen Stimmungen, einer Degeneration demokratischer Institutionen und irritierenden politischen Stellungnahmen durch Justiz und Militär geprägt" (Manz 2018) war. Am 28.10.2018 wurde mit Jair Bolsonaro schließlich ein Kandidat des äußersten rechten Randes zum Präsidenten Brasiliens gewählt und damit der politische *Rollback* des Lulismus zementiert.

4.3.2 (Wirtschafts-)politische Zielsetzungen des Entscheidungspersonals: sozialer Ausgleich, Wachstums- und Industriefokussierung, Fortführung des Entwicklungsstaates

Von all den eben geschilderten Entwicklungen war im Jahr 2011, d. h. zu Beginn der Amtszeit Rousseffs, nichts zu erahnen gewesen. Im Gegenteil: Rousseff war – basierend auf den wirtschafts- und sozialpolitischen Erfolgen ihres Vorgängers Lula – auf einer breiten Legitimationsbasis in ihre Präsidentschaft gestartet.

Da sie angetreten war, um Lulas politisches Erbe zu verwalten, d. h. den unter ihm eingeschlagenen Entwicklungskurs fortzuführen, zeigten sich große Kontinuitäten in den (wirtschafts-)politischen Zielsetzungen. In der Folge werden diese Zielsetzungen der Regierung Rousseff in den Jahren 2011 bis 2016 untersucht. Für die Analyse werden primär die folgenden Dokumente herangezogen: 1. das Regierungsprogramm für die Periode 2011–2014 (Rousseff 2010); 2. die Inaugurationsrede Rousseffs als Präsidentin Brasiliens (Rousseff 2011a); 3. die „nationale Entwicklungsagenda" (CDES 2010); und 4. der Mehrjahresplan 2012–2015 (MPOG 2011).[59]

Analog zur Ära Lula galt auch in der Zeit Rousseffs die „Vision für die Zukunft", so wie sie vom CDES bereits in den Jahren 2005 (CDES 2005: 7) und 2007 (CDES 2007: 13) formuliert worden war. Kernpunkte dieser Zukunft bzw. politökonomischen Zielvision bildeten 1. Demokratie; 2. sozialer Frieden und öffentliche Sicherheit; 3. nachhaltiger Entwicklungskurs; 4. Wertschätzung der Diversität; 5. Souveränität nach außen und Einsatz für Weltfrieden und der Gemeinschaft der Völker (CDES 2010: 19).[60] Zusätzlich formulierte die Regierung als Orientierungshilfe für ihr eigenes Handeln sieben (Grund-)Werte, die ebenfalls einen gewissen Zielcharakter aufwiesen: Souveränität, Demokratie, soziale Gerechtigkeit, Nachhaltigkeit, kulturelle Diversität und nationale Identität, soziale Partizipation, Spitzenleistung in der (öffentlichen) Verwaltung (MPOG 2011: 18).

Eine konkretere Problemdiagnose inklusive der dafür angebotenen Lösungen wurden v. a. im Mehrjahresplan 2012–2015 (MPOG 2011) geliefert. Der Plan spricht in diesem Kontext von 11 „Makroaufgaben" (ebd.: 77). Um Übersichtlichkeit, Konsistenz und Vergleichbarkeit mit den vorhergehenden Mehrjahresplänen gewährleisten zu können, werden diese 11 „Makroaufgaben" thematisch zu drei Problemkomplexen und Problemlösungskomplexen zusammengefasst.

4.3.2.1 Problemdiagnose: Armut, Problemlösung: Soziale Inklusion

Der erste Problemkomplex wurde in der sozialen Dimension verortet und betraf in erster Linie die nach wie vor bestehende Armut in Brasilien. Wiewohl Armut (und Ungleichheit) in der Problemhierarchie der Brasilianer 2011 im Vergleich zu 2009 gesunken war (Leubolt 2015: 261), legte die Regierung einen Schwerpunkt

---

[59] Zwar wurde im Jahr 2015, also nach der Wiederwahl Rousseffs, noch einmal ein Plan für die Jahre 2016–2019 aufgelegt (MPOG 2015). Nachdem dieser Plan große Ähnlichkeiten mit demjenigen von 2011 aufwies und sich dieser Plan aufgrund der kurzen zweiten Amtszeit Rousseffs nicht materialisieren konnte, spielt er im Rahmen dieser Arbeit keine Rolle.

[60] Eine nicht ganz deckungsgleiche, aber ähnliche Zukunftsvision wird in MPOG (2011: 17) geliefert.

auf die Bekämpfung von extremer Armut (MPOG 2011: 79): „Den erbittertsten Kampf meiner Regierung wird derjenige zur Beseitigung extremer Armut und der Schaffung von Aufstiegschancen für alle sein" (Rousseff 2011a).

Obwohl aufgrund der wirtschaftlichen Prosperität seit 2004 28 Millionen Menschen der absoluten Armut entfliehen konnten und 36 Millionen Menschen in die Mittelklasse aufgestiegen waren (MPOG 2011: 79), blieb das Thema Armut virulent: 16 Millionen Menschen waren nach wie vor von extremer Armut betroffen; die Mehrheit davon lebte im Nordosten des Landes (60 %), war unter 14 Jahren alt (40 %), von schwarzer Hautfarbe (70 %) und waren Analphabeten (25 %) (ebd.: 79–80). Ähnlich zu den vorhergehenden Mehrjahresplänen bestand die Lösung für dieses Problem in einer „Universalisierung sozialer Rechte" und einer „sozialen und produktiven Inklusion", die Einkommen und den Zugang zu öffentlichen Dienstleistungen garantieren sollte (ebd.: 80). Konkrete Maßnahmen betrafen die Weiterführung des eingeschlagenen sozialpolitischen Kurses, v. a. hinsichtlich des Mindestlohns (ebd.: 85) und *Bolsa Familia* (ebd.: 80), und ferner die Gewährleistung des Zugangs zu diversen öffentlichen Dienstleistungen in den Bereichen Bildung (Grundbildung, Ausbildung, Weiterbildung), Gesundheit und Sozialhilfe bzw. Sozialversicherung (ebd.: 83–87). Voraussetzung für diese Aktivitäten war gemäß Präsidentin Rousseff ein weiter andauerndes Wirtschaftswachstum (Rousseff 2010, 2011a), womit ein zweiter bzw. der folgende Problemkomplex verbunden war.

4.3.2.2 Problemdiagnose: Defizite bei Entwicklung und Wettbewerbsfähigkeit, Problemlösung: Beschleunigung von Wachstum, Investitionen und Industriepolitik durch (Entwicklungs-)Staat

Ähnlich zu den vorhergehenden zwei Mehrjahresplänen war ein zweiter Problemkomplex in der wirtschaftlichen Dimension angesiedelt und behandelte Defizite in der sozioökonomischen Entwicklung. Das betraf v. a. 1. territoriale, d. h. innerbrasilianische, und soziale Ungleichheit; 2. unzureichende Investitionen und Innovationen; und 3. eine zu steigernde Wettbewerbsfähigkeit (MPOG 2011: 78–79, 80–82, 89–93).

Eine erste Problemlösung, v. a. hinsichtlich der Ungleichheit und des damit einhergehenden Aspekts der Armut, bestand in der Beschleunigung des Wirtschaftswachstums (Rousseff 2010: 3). Darüber sollten Arbeitsplätze geschaffen und eine breite Verteilung des Volkseinkommens ermöglicht werden (MPOG 2011: 77–78). Konkret wurde hierzu ein aktiver Staat als notwendig erachtet, der weiterhin den Mindestlohn garantiert und an der eingeschlagenen Sozialpolitik – *Bolsa Familia,* Bildungsprogramme etc. – festhält (ebd.). Im Hinblick auf die anderen Defizite, d. h. unzureichende Investitionen, Innovationen und Wettbewerbsfähigkeit, favorisierte der Mehrjahresplan wie schon während der neo-desarrollistischen Phase einen am Neo-Desarrollismus orientierten Entwicklungsstaat. Dieser sollte mittels öffentlicher Investitionen und industriepolitischer Maßnahmen einen unzureichend agierenden Privatsektor ausgleichen bzw. diesen Privatsektor zu eigenen Investitionen stimulieren. Investitionen im produktiven Bereich waren dazu angedacht, die Innovationsfähigkeit brasilianischer Unternehmer voranzutreiben und damit deren Wettbewerbsfähigkeit zu steigern (ebd.: 79, 90). Investitionen waren u. a. in den Bereichen Transport, Energieextraktion, Kommunikation, und urbane Infrastruktur geplant (ebd.: 89–93). Einen Schwerpunkt legte der Plan – ähnlich zum Vorgängerplan – auf eine staatliche forcierte (Industrie-)Politik, die Wissenschaft, Technologie und Innovationen zu fördern versprach. Genau in diesen Bereichen machte der Plan klare Defizite beim Privatsektor aus, da dessen dahingehende Ausgaben zu niedrig ausfielen (ebd.: 80–82). Konkrete Programme zur Umsetzung dieser Vorhaben und zur Steigerung der Wettbewerbsfähigkeit der brasilianischen Wirtschaft waren v. a. die Weiterführung des Programms zur Beschleunigung der Wirtschaft (*Programa de Aceleração do Crescimento*, PAC) und die Auflage eines Fortsetzungsprogramms PAC 2 (Rousseff 2010; MPOG 2011: 93). Ein größerer staatlicher Interventionismus war auch beim Kapitalverkehr angedacht. Präsidentin Rousseff (2011a) machte in ihrer Inaugurationsrede deutlich, dass sie Brasilien vor spekulativen Kapitalflüssen schützen wollte. Diese Aussage war auf die Kapitalzuflüsse infolge der globalen Wirtschafts- und Finanzkrise gemünzt, die die Wettbewerbsfähigkeit brasilianischer Unternehmer unter Druck gesetzt hatten. Mit der „solidarischen Ökonomie" fand auch im Mehrjahresplan 2012–2015 ein stärker heterodoxes Element Erwähnung. Ähnlich wie in den beiden Vorgängerplänen nahm dieser Typus alternativen Wirtschaftens jedoch einen geringen Platz ein (MPOG 2011: 276). Vielmehr hielt die Regierung auch an orthodoxen Elementen der Wirtschaftspolitik fest. Makroökonomische Stabilität und v. a. Preiswertstabilität wurden als notwendig bzw. als „absoluter Wert" (Rousseff 2011a) erachtet. Damit orientierte sich die Regierung Rousseff in Kontinuität zu den Jahren 2006 und 2010 weiterhin an der Entwicklungsstrategie des Neo-Desarrollismus.

Hinsichtlich der Außen(wirtschafts)politik galt der Kooperation und Integration innerhalb Latein- und v. a. Südamerika primäre Aufmerksamkeit. Die Zielsetzung bestand darin, Südamerika in eine „große wirtschaftliche, dynamische und zukunftsorientierte Region" zu verwandeln (MPOG 2011: 96). Auf globaler Ebene wurden v. a. Kooperationen mit anderen Staaten des globalen Südens anvisiert, deren Ziel darin bestand, die bestehende „Global Governance" und die darin enthaltenen Machtverhältnisse, z. B. innerhalb der UNO, der Weltbank und des IWF, zu reformieren (ebd.).

4.3.2.3 Problemdiagnose: Defizite bei (öffentlicher) Sicherheit, (Menschen-)Rechten und der Effizienz der öffentlichen Verwaltung, Problemlösung: Verbesserung der (öffentlichen) Sicherheit, der demokratischen bzw. sozialen Kontrolle und der Ausübung von (Menschen-)Rechten

Der dritte Problemkomplex widmete sich – analog zu den vorhergehenden Mehrjahresplänen – der demokratischen Dimension und behandelte drei Aspekte eines Demokratiedefizits. Ein erstes und besonderes Augenmerk lag auf der defizitären öffentlichen Sicherheit (MPOG 2011: 97–99). Angesichts der hohen Gewalt- und Mordraten im Land gehörte die defizitäre öffentliche Sicherheit zu den primären Ängsten bzw. Problemen der Brasilianer (ebd.). Daher nahm der Kampf für Sicherheit einen wichtigen Stellenwert in der Prioritätenliste der Regierung ein (Rousseff 2011a). Neben diversen Programmen zur Modernisierung der Sicherheitskräfte, zur Gewaltprävention und Resozialisierung (MPOG 2011: 98) versprach Rousseff eine stärkere Präsenz des Staates in den betroffensten Regionen des Landes (Rousseff 2011a).

Ein zweiter Problembereich betraf ein Legitimationsdefizit der öffentlichen Verwaltung. Dieses Defizit resultierte in erster Linie aus Vertrauensproblemen der Bevölkerung, v. a. hinsichtlich öffentlicher Ausgaben bzw. der Verwendung von Steuergeldern (MPOG 2011: 99–100). Als Lösung hierfür propagierte der Mehrjahresplan eine Stärkung der sozialen Kontrolle, d. h. eine Verbesserung der Beziehungen zwischen Zivilgesellschaft und Staat mittels mehr Transparenz und einer intensivierten Partizipation der Bevölkerung bei der Politikformulierung (ebd. 100). Generell war es ein Anliegen der Regierung Rousseff, Demokratie und soziale Partizipation zu stärken (Rousseff 2010, 2011a; MPOG 2011: 93–95). Dazu waren unter Vorgänger Lula diverse Formate entstanden, um der Bevölkerung Einflussmöglichkeiten auf die Erarbeitung der Regierungsagenda, v. a. auf den Mehrjahresplan, einzuräumen und damit den Willensbildungsprozess offener bzw. partizipativer zu gestalten. Die damit einhergehende Stärkung der Zivilbevölkerung wurde als wichtiger Schritt der Demokratisierung des Staates begriffen (MPOG 2011: 94–95).

Ein drittes Defizit bzw. Problem betraf gemäß die Gewährleistung fundamentaler Menschenrechte (ebd.: 87–89). Das bezog sich insbesondere auf Frauen, Schwarze, die LGBT-Community, Menschen mit Behinderung etc. Dieses Problemfeld wies große Schnittmengen mit demjenigen der sozialen Dimension, das sich Armut und Ungleichheit widmete, auf. Als dahingehende Lösung wurden neben den allgemein gehaltenen Zielen von sozialer Inklusion und Abbau der Ungleichheiten spezielle Programme für die jeweiligen Bevölkerungsgruppen erachtet: so z. B. die Bildung von Anlaufstellen für Frauen, die Gewalt ausgesetzt waren, oder die Festsetzung gewisser Quoten für Positionen, die mit Frauen oder Brasilianern schwarzer Hautfarbe besetzt werden sollten (ebd.).

4.3.2.4 Fazit: Vergleich der Zielsetzungen der Ära Lula und Rousseff

Ein Vergleich des Mehrjahresplanes 2012–2015 mit denjenigen von 2008–2011 und 2004–2007 weist sowohl in der Problemdiagnose wie auch in den gelieferten Problemlösungen starke Ähnlichkeiten auf. Angesichts der Tatsache, dass sich die neo-desarrollistische Phase (2006–2010) durch wirtschaftliche, soziale und politische Erfolge auszeichnete und sich der ehemalige Präsident Lula mit Rekordwerten in den Meinungsumfragen aus dem Amt verabschiedete, waren diese Kontinuitäten zu erwarten gewesen. Rousseff (2011a) selbst hatte bereits in ihrer Inaugurationsrede betont, dass sie gekommen sei, dass „transformatorische Werk des Präsidenten Lula [...] zu konsolidieren [...]. Die größte Ehre, die ich ihm erweisen kann, ist die, die Errungenschaften seiner Regierung zu erweitern und fortzusetzen". Die sich in den analysierten Dokumenten, v. a. im Mehrjahresplan 2012–2015, manifestierenden (wirtschafts-)politischen Zielsetzungen wiesen daher keine signifikanten Neuerungen auf und sollten primär als Fortführung derjenigen des Vorgängers Lula begriffen werden. Die Entwicklungsstrategie der Regierung Rousseff orientierte sich daher weiterhin am Neo-Desarrollismus. Kernpunkte der Agenda waren 1. Festhalten an einer makroökonomischen Stabilität; 2. Fokus auf Wachstum; 3. Staatlicher Interventionismus durch Entwicklungsstaat; 4. Fortführung der Sozialpolitik; und 5. Beibehaltung der Allianz zwischen Arbeit und (produktivem) Kapital. Die Kontinuitäten in Problemdiagnose, Problemlösung und wirtschaftspolitischer Strategie weisen auf starke Ähnlichkeiten in den Wahrnehmungs- und Interpretationsmustern der Akteure Lula und Rousseff hinsichtlich des politökonomischen Strukturgefüges hin. Auch die Tatsache, dass Rousseff aufgrund ihres Posten als Stabschefin Lulas als der „führende Architekt seiner zweiten Amtszeit" (Power 2014: 10) angesehen werden kann, spricht für diese Sichtweise. Nichtsdestoweniger gab es zwischen den beiden auch Unterschiede. Denn Rousseff bemühte sich um eine Intensivierung des neo-desarrollistischen Entwicklungskurses: „Dilma was trying to accelerate the pace of Lulism" (Singer 2020: 154). Damit verstieß sie jedoch

4.3 Die Phase der neo-desarrollistischen Erosion unter Rousseff: ...

gegen das Erfolgsrezept ihres Vorgängers, das darin bestand, so wenige Konfrontationen wie möglich zu führen und auf einen Klassenkompromiss zu setzen. Rousseff kündigte diesen Kompromiss zwar nicht auf, rüttelte jedoch an ihm und geriet dadurch zunehmend in Konflikt mit einflussreichen Akteuren: „Lula always operated on the margins, avoiding confrontation. Rousseff, in contrast, entered into combat" (ebd.: 155). Ungeachtet dieser Unterschiede der politischen Praxis ähnelten sich Problemdiagnose und -lösungen der beiden Präsidenten. Tabelle 4.8 fasst die zentralen Aspekte der drei Mehrjahrespläne[61] vergleichend zusammen.

Tabelle 4.8 Dimensionen, Problemdiagnosen und Problemlösungen gemäß der Entwicklungspläne

Entwicklungspläne	Problemkomplexe und Zielsetzungen		
	Soziale Dimension	Wirtschaftliche Dimension	Demokratische Dimension
Mehrjahresplan 2004–2007	Problemdiagnose: Armut und Ungleichheit	Problemdiagnose: Instabile Wirtschaft	Problemdiagnose: Defizite bei (Menschen-)Rechten und (politischer) Partizipation
	Problemlösung: Soziale Inklusion und Verringerung der Ungleichheiten	Problemlösung: ein wirtschaftliches, d. h. Arbeitsplätze und Einkommen schaffendes, ökologisch nachhaltiges und die territorialen Ungleichheiten reduzierendes Wachstum	Problemlösung: Ausweitung der Staatsbürgerschaft und Stärkung der Demokratie

(Fortsetzung)

---

[61] An dieser Stelle sei noch einmal darauf hingewiesen, dass der Mehrjahresplan 2016–2019 (MPOG 2015) für diese Analyse nicht mehr nicht herangezogen wurde, da er große Ähnlichkeiten mit demjenigen von 2012–2015 aufwies und sich nicht mehr materialisieren konnte.

Tabelle 4.8 (Fortsetzung)

Entwicklungspläne	Problemkomplexe und Zielsetzungen		
	Soziale Dimension	Wirtschaftliche Dimension	Demokratische Dimension
Mehrjahresplan 2008–2011	Problemdiagnose: Armut und Ungleichheit	Problemdiagnose: Defizite bei Entwicklung und Wettbewerbsfähigkeit	Problemdiagnose: Defizite bei (öffentlicher) Sicherheit, (Menschen-)Rechten und der Transparenz öffentlicher Stellen
	Problemlösung: Soziale Inklusion und Verringerung der Ungleichheiten	Problemlösung: Steigerung von (nachhaltigem und sozialem) Wachstum, Investitionen und Industriepolitik durch (Entwicklungs-)Staat	Problemlösung: Verbesserung der (öffentlichen) Sicherheit, der demokratischen bzw. sozialen Kontrolle und der Ausübung von (Menschen-)Rechten
Mehrjahresplan 2012–2015	Problemdiagnose: Armut	Problemdiagnose: Defizite bei Entwicklung und Wettbewerbsfähigkeit	Problemdiagnose: Defizite bei (öffentlicher) Sicherheit, (Menschen-)Rechten und der Effizienz der öffentlichen Verwaltung
	Problemlösung: Soziale Inklusion	Problemlösung: Beschleunigung von Wachstum, Investitionen und Industriepolitik durch (Entwicklungs-)Staat	Problemlösung: Verbesserung der (öffentlichen) Sicherheit, der demokratischen bzw. sozialen Kontrolle und der Ausübung von (Menschen-)Rechten

Quelle: Eigene Darstellung basierend auf den Mehrjahresplänen.

4.3.3 Analyse politischer und wirtschaftlicher Entwicklungen und Handlungsspielräume: stark eingeschränkte Gestaltungsspielräume angesichts der politischen und wirtschaftlichen Krise

Im Folgenden werden die zentralen wirtschaftlichen und politischen Entwicklungen dieser Phase analysiert, um darüber die Handlungsspielräume des Entscheidungspersonals (1. Machtverhältnisse, 2. Ressourcenvorkommen, 3. Weltmarkteinbindung) zu untersuchen. Eine adäquate Analyse der in dieser Phase erfolgten wirtschaftspolitischen Strategie wird erst durch die Verbindung der (wirtschafts-)politischen Zielsetzungen mit den Handlungsspielräumen der Regierung Rousseff ermöglicht.

4.3.3.1 Machtverhältnisse: Erosion des Machtblocks und Fall der Regierung Rousseff

Das folgende Kapitel beleuchtet die Machtverhältnisse in der Phase der Präsidentschaft Rousseffs. Hierbei wird die Struktur der vorangegangenen Kapitel bezüglich der Machtverhältnisse während der orthodoxen und neo-desarrollistischen Phase aufgebrochen und der Fall der Regierung vor dem Hintergrund der sich verändernden Machtblöcke analysiert.

Lulas Nachfolgerin Rousseff hatte zu Beginn ihrer ersten Amtszeit günstige Konditionen vorgefunden. Aufgrund der schnellen Wirtschaftserholung nach der globalen Wirtschafts- und Finanzkrise und der damit zusammenhängenden Beliebtheit Lulas war die Machtposition der Regierung Rousseffs relativ gefestigt. Sie verfügte über stabile Mehrheiten im Parlament (Anderson 2011) und der eingeschlagene Entwicklungskurs fand eine breite Unterstützung. Diejenigen Fraktionen, die wirtschaftspolitisch einer orthodox-neoliberalen Ausrichtung anhingen, waren zu diesem Zeitpunkt politisch (noch) weitgehend isoliert (Saad-Filho/Boito 2015: 218). Die gefestigte Position Rousseffs sollte bis etwa 2013 anhalten. Das darf jedoch nicht darüber hinwegtäuschen, dass ihre Macht auf einem brüchigen Fundament basierte (Melo 2016: 52; Saad-Filho 2013: 662), denn die sozioökonomischen, kulturellen und politischen Polarisierungen des Landes schwelten unter der Oberfläche weiter. Dies wurde im Jahr 2013 deutlich, als die landesweiten Proteste eine Zäsur markierten und das langsame Ende der Regierung Rousseff einleiteten.

Bereits vor 2013 zählten v. a. die folgenden Akteursgruppen zur oppositionellen Allianz: Erstens war die (obere) Mittelschicht ein Teil des oppositionellen Blocks. Sie hatte nicht nur materiell betrachtet verhältnismäßig wenig von den

PT-Regierungen profitiert, sondern vielmehr in sozialer, kultureller und habitueller Sicht hohe Einbußen verzeichnet. Denn aufgrund des durch die sozial- und inklusionspolitischen Erfolge der PT-Regierungen bedingten sozioökonomischen Aufstiegs der unteren Schichten war die soziale Hierarchie der brasilianischen Gesellschaft in Bewegung geraten. Zweitens bildete das mit der Oberschicht verwobene Medienoligopol einen Teil der Opposition. Drittens gehörten auch Teile der informell beschäftigten Arbeiter hierzu. Das bezog sich v. a. auf die schnell wachsende Gruppe protestantischer bzw. evangelikaler Christen, die aufgrund eines hochkonservativen Wertekanons die Rechte von Frauen, Homosexuellen und Schwarzen bekämpften (Saad-Filho/Boito 2015: 226). Bereits im Präsidentschaftswahlkampf 2010 hatte sich die Kandidatin Rousseff ihnen relativ erfolglos anzubiedern versuchte, indem sie beispielsweise das Abtreibungsverbot zu bewahren versprach (de Paula 2013: 128). Die Evangelikalen unterstützten diverse Organisationen, die nicht nur die landesweiten Proteste mitorganisierten, sondern auch die Forderung nach einer Amtsenthebung Rousseffs erhoben (Tatagiba 2018: 119).

Zu dieser oppositionellen Allianz, die bereits vor 2013 Bestand hatte, kamen in den Folgejahren v. a. aufgrund des Wirtschaftsabschwungs weitere Akteure und Fraktionen hinzu. Das betraf, viertens, die Legislative. Obwohl Rousseff 2014 noch einmal mit einem äußerst knappen Vorsprung im Präsidentenamt bestätigt wurde, hatte es im zeitgleich gewählten Parlament bedeutende Machtverschiebungen gegeben. Das Parlament war das konservativste seit der Redemokratisierung des Landes (Bastos 2017: 49–50) und umfasste zudem 35 Parteien (Melo 2016: 56). In der Abgeordnetenkammer kam die PT nur noch auf 13 % der Sitze und konnte lediglich durch die Bildung einer Koalition aus 10 verschiedenen Parteien (Nunes/Melo 2017: 285), die ideologisch zum Teil stark mit der PT differierten (Melo 2016: 58), eine parlamentarische Mehrheit generieren (ebd.: 56; Nunes/Melo 2017: 285). Diese Mehrheit war jedoch mehr als brüchig, da v. a. der Koalitionspartner PMDB eine zweischneidige und entscheidende Rolle spielte. Denn obwohl die PMDB von Rousseff in ihrer Regierungskoalition sehr viel Macht übertragen bekommen hatte und den Vizepräsidenten (Michel Temer) stellte, war die Partei innerlich gespalten und wies eine große Fraktion an Gegnern der Präsidentin auf (Melo 2016: 56). Eine Schlüsselposition kam hierbei dem konservativen Parlamentspräsidenten Eduardo Cunha zu, der bereits seit seiner Wahl zum Vorsitzenden der PMDB 2013 gegen die Koalition seiner Partei mit der PT gekämpft und damit die Position Rousseffs unterminiert hatte (Nunes/Melo 2017: 285). Unter seiner Führung folgte die PMDB diesem Kurs und stimmte immer häufiger gegen Regierungsvorhaben (ebd.: 286). Rousseff monierte dieses Verhalten, indem sie darauf hinwies, dass viele Abgeordnete gegen Vorschläge und

4.3 Die Phase der neo-desarrollistischen Erosion unter Rousseff: ...

Entwürfe stimmten, die sie zuvor verteidigt hatten. Rousseff vermutete, dass diese Parlamentarier aus reinem Machtkalkül handelten und die damalige Wirtschaftskrise ausnutzen wollten, um einen Machtwechsel herbeizuführen (Rousseff, zit. nach: Bastos 2017: 48). Zum offenen Bruch kam es schließlich, als Cunha 2015 die Regierung beschuldigte, Korruptionsermittlungen gegen seine Person voranzutreiben (Nunes/Melo 2017: 286). Hierbei zeigte sich, dass sich Rousseff im Kampf gegen Korruption (mächtige) Feinde gemacht hatte. Dem Fall Cunha nahm sich schließlich die parlamentarische Ethikkommission an, in deren Rahmen über seine politische Zukunft bzw. über seine Absetzung entschieden werden sollte. Just an dem Tag, als PT-Abgeordnete erklärten, dass sie ihn nicht mehr unterstützen würden, leitete er das Amtsenthebungsverfahren gegen Rousseff in die Wege (Melo 2016: 53–54; Nunes/Melo 2017: 286).

Die legislativen Kräfteverhältnisse hatten fünftens Auswirkungen auf die Exekutive. Dies manifestierte sich z. B. in der Absetzung des Neo-Desarrollisten Guido Mantega als Finanzminister und im Gegenzug in der Ernennung eines Bankers als Nachfolger, der angesichts des wirtschaftlichen Abschwungs mit der Ausführung eines orthodoxen Anpassungsprogramms beauftragt wurde (Saad-Filho/Boito 2015: 222). Diese personelle Veränderung verprellte nicht nur die linken Verbündeten der Regierung (Novy 2016: 21), sondern versinnbildlichte eine Abkehr von dem am Neo-Desarrollismus angelehnten Entwicklungsprojekt. Die sich verändernden Machtverhältnisse zeigten sich ferner im Oktober 2015, als Rousseff ihr Kabinett umbaute. Hierbei beschnitt sie nicht nur die Zahl der Ministerien ihrer eigenen Partei und vergrößerte die Zahl der Ministerien der PMDB, sondern band weitere konservative Kräfte in ihr Kabinett ein (Melo 2016: 58). Damit wurde ein erneuter (zukünftiger) neo-desarrollistischer Schwenk in der Wirtschaftspolitik, der die Anhänger und Wähler der PT zufriedengestellt hätte, quasi verunmöglicht. Zeitgleich war die Macht konservativer Kräfte in der Regierung, also diejenige des eigentlichen politischen Gegners, stetig gewachsen.

Sechstens trat die brasilianische Judikative zunehmend als Gegenspieler der Regierung auf. Zwar waren es primär die PT-geführten Regierungen, die der Justiz die notwendige Autonomie für das Aufarbeiten von Korruption ermöglicht hatten (Manz 2016). Im Kontext des *Lava Jato*-Korruptionsskandals, über den die Regierung letztendlich fallen sollte, erweckte die Justiz – personifiziert in der Gestalt des Richters Sérgio Moro – diversen Beobachtern zufolge jedoch ein einseitiges Vorgehen gegen Angehörige der PT (Saad-Filho/Boito 2015: 224; Nölke 2016; Novy 2016: 22; Tatagiba 2018: 125; Salas Oroño 2019: 41). Rousseff selbst sprach nach ihrer Amtsenthebung von einer „Krise der Repräsentation, weil es einen von Parlament und Justiz ausgeführten Staatsstreich gab, der nicht nur mich als Präsidentin gestürzt hat, sondern der nun die Umsetzung eines Regierungsprogramms ermöglicht, das keinerlei Legitimität besitzt" (Rousseff 2017). Auch nachdem Rousseff ihres Amtes enthoben worden war, ließ die Justiz in ihrem „Kreuzzug gegen die Korruption" (Moreno 2016: 55) nicht nach und rückte den damals als Kandidat gehandelten Ex-Präsidenten Lula in den Fokus der Ermittlungen (Miguel 2019: 172). Letztendlich wurde Lula trotz wenig belastbarer Beweise und trotz schwerwiegender Verfahrensfehler wegen Korruption verurteilt und verhaftet (Salas Oroño 2019: 52–54; Brum 2018: 63; Däubler-Gmelin 2018). Aufgrund der Verurteilung wurde ihm zudem untersagt, als Kandidat der PT an den Präsidentschaftswahlen 2018 teilzunehmen. Das war für die PT insofern besonders schmerzlich, als Lula Umfragen zufolge der bei weitem aussichtsreichste aller Kandidaten gewesen war (Manz 2018: 3).

Siebtens distanzierte sich die organisierte Arbeiterschicht von der PT. Das war nicht nur auf die schlechte wirtschaftliche Lage und die sich wiederholenden Korruptionsskandale zurückzuführen, sondern auch darauf, dass Rousseff nach ihrem Wahlsieg 2014 ihre Wahlversprechen brach und zu einer orthodoxen Wirtschaftspolitik zurückkehrte (Tatagiba 2018: 127; Miguel 2019: 164). Konkret monierte die Arbeiterschaft die Unfähigkeit bzw. den Unwillen der Regierung, zentralen Forderungen (Reduktion der Wochenarbeitszeit, Rentenerhöhungen und Verringerung des Subunternehmertums) nachzukommen (Saad-Filho/Boito 2015: 221). Die Rousseff-Administration verlor aus denselben Gründen auch bei den informell Arbeitenden an Unterstützung, wenngleich diese Fraktion der Regierung noch weitgehend zur Seite stand (ebd.: 221). Generell verband diese Schichten der Wunsch des sozialen Aufstiegs, der ihnen aufgrund der Wirtschafts- und Sozialpolitik der PT-Regierungen fast eine Dekade lang auch zuteil geworden war. Doch die sozialen und materiellen Erwartungen stiegen schneller als die Einkommen und die soziale Infrastruktur des Landes (Saad-Filho 2013: 662). Das manifestierte sich schließlich in den Protesten von 2013 und führte angesichts der Verschlechterung der wirtschaftlichen Lage zu steigender Unzufriedenheit und Frustration.

Achtens scherten unterschiedliche Kapitalfraktionen sukzessive aus dem Machtblock der Regierung aus, was aufgrund ihres wirtschaftlichen und politischen Einflusses schwer wog. Die externe finanzielle Kapitalfraktion hatte während der Jahre der PT-Regierungen politischen Einfluss eingebüßt und gehörte daher nicht zum Machtblock Rousseffs. Dennoch profitierte diese Fraktion von dem eingeschlagenen Entwicklungskurs, denn die Finanzialisierung hatte – wie im Kapitel über das Akkumulationsregime dieser dritten Phase erläutert wird – v. a. aufgrund der hohen heimischen Zinsen wieder deutlich an Fahrt aufgenommen, was sich in anlage- bzw. spekulationsbedingten Kapitalflüssen nach

4.3 Die Phase der neo-desarrollistischen Erosion unter Rousseff: ...

Brasilien zeigte. Indem die Regierung Rousseff und die brasilianische Zentralbank Kapitalverkehrskontrollen erließen, um Devisenzuflüsse zu unterbinden und damit eine weitere Aufwertung der heimischen Währung entgegenzutreten (Singer 2015: 45), verprellten sie die externe finanzielle Kapitalfraktion. Ferner bemühte sich die Regierung um die Senkung der im internationalen Vergleich hohen Zinsen, wodurch jedoch ein weiteres Spekulationsgeschäft, nämlich das Ausnutzen von Zinsdifferenzen (carry trade), unattraktiver wurde. Hiermit schadete die Regierung jedoch nicht nur den den Interessen des externen, sondern auch denjenigen des internen Finanzkapitals.

Deren Unmut zog die Regierung Rousseff im Lauf des Jahres 2012 auf sich, indem sie die unter Vorgänger Lula eingeschlagene neo-desarrollistische Entwicklungsstrategie intensivieren wollte (Singer 2020: 154) und gegen die Finanzialisierungstendenzen vorzugehen versuchte. Im Gegensatz zu Lula, der Konfrontationen stets vermied, setzte Rousseff auf Konfrontation mit dem Finanzkapital (ebd.: 155). Denn die Regierung hatte die hohen heimischen Zinsen als Hindernis für Kredite und Investitionen und damit für Wirtschaftswachstum ausgemacht und bemühte sich folglich um eine Senkung des Zinsniveaus. Dies stand jedoch den Interessen des internen Finanzkapitals, d. h. der brasilianischen Banken, entgegen, das die private und öffentliche Verschuldung finanzierte und angesichts der hohen Zinsen enorme Gewinne verbuchte (Quiroga 2014). Gemäß Purdy (zit. nach: Grigera et al. 2019) verdiente keine Fraktion mehr von den PT-Regierungen als das Finanzkapital, denn im Jahr 2013 hatten die vier größten brasilianischen Banken einen Gewinn, der größer war als das BIP von 83 Staaten.

Nichtsdestoweniger senkte die Zentralbank bis April 2013 den Leitzins auf das niedrigste Niveau seit 1986 ab (Singer 2015: 43). Damit übte die Zentralbank Druck auf die privaten Banken und deren Zinssätze aus, woraufhin diese schließlich nachzogen, um keine Marktanteile bzw. Kunden an öffentliche Geldgeber zu verlieren. Zeitgleich erhöhte die Regierung auch die finanziellen Mittel der öffentlichen Entwicklungsbank BNDES für Investitionen (ebd.: 43–48). Die Konfrontation mit dem Finanzkapital erfolgte jedoch um einen hohen Preis. Denn indem die Regierung über die Zinssenkung und damit die Senkung der spreads (Differenz zwischen Kredit- und Einlagenzins) die Profite der Banken verringerte, machte sie sich einen mächtigen Feind: „Rousseff […] entered into combat. By reducing interest rates and forcing down spreads, she broke the détente with rentierism" (Singer 2020: 155).

Der Erfolg dieses Kampfes sollte jedoch nicht lange währen. Denn bereits Anfang 2013 machte sich die Sorge vor Inflation breit, woraufhin die Zentralbank einen Kurswechsel betrieb und den Leitzins zu erhöhen begann. Das Bemühen der Regierung, ihren fiskalpolitischen Expansionismus geldpolitisch zu flankieren und über günstiges Kredit- und Investitionskapital ein robustes Wirtschaftswachstum zu erzielen, war somit zunichte gemacht (Singer 2015: 50). Im Lauf des Jahres 2013 änderte sich bei unterschiedlichen Kapitalfraktionen und Akteuren die Stimmung zugunsten einer orthodoxen bzw. neoliberalen Neuausrichtung der Wirtschaftspolitik. Parallel dazu stieg die Kritik am Staatsinterventionismus der Regierung, woran sich u. a. die (in- und ausländischen) Banken, Ratingagenturen, internationale Finanzinstitutionen (Internationaler Währungsfonds, Weltbank), multinationale Unternehmen sowie heimische und internationale Medien beteiligten (ebd.: 51; Singer 2020: 156). Die genannten Akteure gehörten jedoch allesamt nicht zur Allianz der Unterstützer der Regierung. Jedoch gesellte sich eine neue Gruppierung hierzu, die einen zentralen Pfeiler des Machtblocks der Regierung bzw. des Lulismus generell darstellte: die interne Industriebourgeoisie bzw. das heimische produktive Kapital.

Diese Fraktion war von Beginn an Teil des Machtblocks Lulas gewesen und hatte ihn während des Mensalão-Korruptionsskandals, als Forderungen nach seiner Amtsenthebung erhoben wurden, verteidigt (Saad-Filho/Boito 2015: 17). Noch im Jahr 2011 veröffentlichte der das industrielle Zentrum Brasiliens repräsentierende Industrieverband von São Paolo (*Federação das Indústrias do Estado de São Paulo* – FIESP) zusammen mit mehreren u. a. den mitgliederstärksten Gewerkschaften ein gemeinsames Dokument, in dem staatliche Eingriffe in die Wirtschaft – zum Beispiel Reduktion des Zinsniveaus, Senkung der *spreads* (Differenz zwischen Kredit- und Einlagenzins) der Banken, Krediterleichterungen für Investitionen etc. – gefordert wurden (Singer 2015: 54–55). Die Industrie befand sich in ihrem Forderungskatalog also auf einer Linie mit dem neo-desarrollistischen Entwicklungskurs der Regierung. Trotz dieser Interessenskongruenz änderte sich im Lauf des Jahres 2012 das Verhalten der Industrie, v. a. aufgrund zunehmender wirtschaftlicher Einbußen, des konfrontativen Kurses der Regierung und des sich ändernden ideologischen Klimas (Saad-Filho/Boito 2015: 221; Singer 2015: 61–64; Singer 2020: 160–164).[62] Im Folgejahr waren

---

[62] Gemäß Singer (2020: 157) gibt dieser Kurswechsel der Industrie Rätsel auf: „The mystery is that, in spite of the evident convergences, the industrialists [...] gradually moved away from Dilma Rousseff [...]. It was as if every move of the government to carry out the program they had proposed raised the fear of 'interventionism'".

Singer (2015: 61–64; 2020: 160–164) liefert unterschiedliche, jedoch komplementäre potentielle Erklärungen für dieses „Mysterium". Nach einer ersten Erklärung hatte die Industrie zwar einerseits ein Interesse an niedrigen Zinsen und günstigen Krediten, aufgrund der eigenen Verwobenheit mit dem finanziellen Sektor andererseits jedoch ein gegenteiliges Interesse an hohen Zinsen. Nachdem viele industrielle Anlagen in Brasilien unter der Kontrolle von Banken und Investmentfonds standen, kam demnach das Ausscheren aus dem Machtblock der Regierung einer rationalen Entscheidung gleich. Eine zweite Erklärung knüpft an das

4.3 Die Phase der neo-desarrollistischen Erosion unter Rousseff: ... 363

sowohl der nationale Industriedachverband (*Confederação Nacional da Indústria* – CNI) als auch FIESP Bestandteil des oppositionellen (Gegen-)Blocks (Singer 2015: 55–56, 64). Die Regierung Rousseff hatte somit ihre einstige Machtposition eingebüßt, denn „[i]n einer kapitalistischen Gesellschaft regiert man nicht ohne die Unternehmer. Sie haben ein Vetorecht über das Land" (Bresser Pereira, zit. nach: Singer 2015: 57).

Die wiederkehrenden Proteste ab 2013 verdeutlichten die Erosion des Machtblocks der Regierung-Rousseff. Der Korruptionsskandal *Lava Jato* legte schließlich den legitimatorischen Nährboden für den oppositionellen Block, die breite gesellschaftliche Unzufriedenheit mit der Regierung und die signifikant veränderten Kräfteverhältnisse zu einer Amtsenthebung Rousseffs zu nutzen. Parallel zu der erodierenden Machtposition Rousseffs verringerten sich auch ihre Gestaltungsmöglichkeiten und Handlungsspielräume, was wirtschaftspolitisch mit der Abkehr des Neo-Desarrollismus und im Gegenzug mit der Rückkehr zu einer orthodoxen Stabilisierungspolitik zum Ausdruck kam.

Exkurs: die umstrittene Rolle der Zentralbank
Interessant ist in diesem Zusammenhang die Frage, inwieweit die brasilianische Zentralbank als Staatsapparat dem oppositionellen Block in die Hände spielte bzw. als Teil des oppositionellen (Gegen-)Machtblocks angesehen werden kann.[63] Einerseits besitzt die brasilianische Zentralbank de jure keine Unabhängigkeit, sondern ist dem Finanzministerium und damit der Regierung untergeordnet (Chaudhuri 2018: 294). Andererseits hat sie innerhalb des Finanzministeriums einen Sonderstatus inne, weswegen sie de facto Autonomie genießt (ebd.; Erber 2011: 39–40). Aufgrund der Erfahrungen mit der Hyperinflation in den 1980er

---

von (nationalen und internationalen) Medien, Intellektuellen und Wissenschaftlern erzeugte ideologische Klima an, das eine Abkehr vom Staatsinterventionismus predigte und die Regierung als korrupt, autoritär und inkompetent brandmarkte. Gemäß einer dritten Erklärung befürchtete der Industriesektor, aufgrund der freihandelskritischen und binnenmarktorientierten Entwicklungsstrategie der Regierung im internationalen Vergleich Anschluss zu verlieren. Eine vierte Erklärung setzt beim konfrontativen Verhalten der Präsidentin an. Demnach befürchtete die Industrie, dass die Regierung die Unternehmerinteressen aus den Augen verlieren könnte und dass sich die ergriffenen Maßnahmen irgendwann gegen die Industrie selbst richten könnten. Schließlich basiert einen fünfte Erklärung auf einer klassenkämpferischen Logik. Demnach hatte das durch die neo-desarrollistische Entwicklungsstrategie bedingte Wachstum an Arbeitsplätzen den sozialen Aufstieg gefördert, die Verhandlungsposition der Arbeiterklasse gestärkt und darüber hinaus die Produktionskosten verteuert und die Profite geschmälert.

[63] Gemäß Singer (2015: 50) stellt die (widersprüchliche) Rolle der Zentralbank im Rahmen der Entwicklungsstrategie der Regierung ein Forschungsdesiderat dar.

und 1990er Jahren gilt das Hauptaugenmerk der Zentralbank der Erhaltung der Preisstabilität bzw. der Eindämmung der Inflation innerhalb eines festgelegten Zielkorridors (BCB 2016: 9). Generell besteht – wie im Rahmen dieser Arbeit bereits mehrfach Erwähnung fand – hinsichtlich der makroökonomischen Stabilität eine Art „impliziter überparteilicher Konsens" (Power 2014: 12). Zu diesem Konsens, der auch als „tripé macroeconômico" bezeichnet wird, zählt inflation targeting bzw. Inflationsbekämpfung, ein Primärüberschuss und ein flexibler Wechselkurs (Bresser-Pereira 2012: 9; Bastos 2017: 9). Als Hüterin des Preisniveaus und des flexiblen Wechselkurses spielt die Zentralbank hierbei eine äußerst relevante geldpolitische Rolle.

Vor diesem Hintergrund befanden sich die Regierung und das Finanzministerium auf der einen Seite und die Zentralbank auf der anderen Seite während der Amtszeit Rousseffs in einem spannungsreichen Verhältnis. Gemäß Brandimarte (2013) war zwischen ihnen 2011 ein „Pakt" geschlossen worden, um die Kreditkosten für ein robustes Wirtschaftswachstum erschwinglich zu machen. Demnach wäre vereinbart worden, dass das Finanzministerium Reformen zur Förderung von Investitionen durchführt, während die Zentralbank den Leitzins absenkt. Doch angesichts der steigenden Inflation hätte sich Zentralbankpräsident Alexandre Tombini im April 2013 zu einer geldpolitischen Trendwende und zu Leitzinssteigerungen entschlossen, obwohl Finanzminister Guido Mantega die damalige Inflation unter Kontrolle sah (Singer 2015: 50).

Es ist nicht abschließend zu klären, welche Faktoren zu der Entscheidung Tombinis führten. Tatsächlich war die Inflation im März 2013 leicht über das obere Limit des Inflationsziels gestiegen (BCB 2020). Eventuell spielte auch der Druck der (Finanz-)Märkte bzw. der Anleger und (großen) Banken, die aufgrund der Zinssenkungen Profiteinbußen zu verzeichnen hatten, eine Rolle (Quiroga 2014: 11). Die Entscheidung Tombinis mag ferner auch mit dem sinkenden Primärüberschusses und stagnierenden Investitionen zusammengehangen haben (Brandimarte 2013). Generell hatte makroökonomische Stabilität unter dem intensivierten neo-desarrollistischen Programm der Regierung Rousseff nicht mehr denselben Stellenwert wie noch unter Vorgänger Lula. Gemäß kritischer Stimmen hatte die Regierung die unter dem Begriff „tripé macroeconômico" bekannten und in orthodoxen Kreisen als nahezu unantastbar geltenden Aspekte (inflation targeting bzw. Inflationsbekämpfung, Primärüberschuss, flexibler Wechselkurs) zu sehr vernachlässigt (Dweck/Teixeira 2017: 6; Goldfajn 2018). Es ist in diesem Kontext jedoch darauf hinzuweisen, dass die mit der „tripé" verbundenen Regeln explizit als Handlungskorsett für die Exekutive konzipiert worden waren, um einen wirtschafts- bzw. neoliberalen Entwicklungspfad vorzustrukturieren (Bastos 2017: 9). Der Versuch der Regierung, sich aus diesem Korsett zu befreien, wurde durch die Erhöhung des Leitzinses jedenfalls bedeutend erschwert. Wiewohl die Zentralbank formal der Regierung untersteht und dem Präsidenten bzw. der Präsidentin das formale Recht auf Absetzung des Zentralbankpräsidenten zusteht (Chaudhuri 2018: 294–295), wurde Rousseff dahingehend nicht aktiv, sondern beteuerte vielmehr, sich in die Entscheidungen der Zentralbank nicht einzumischen (Trevisani 2014). Zeitgleich betonte sie jedoch auch, dass eine formale, d. h. vollständige, Autonomie der Zentralbank die Gefahr einer Instrumentalisierung durch das Finanzkapital mit sich bringen würde (ebd.).

Ungeachtet dieser Einzelentscheidung von 2013 spielt die Zentralbank aufgrund ihrer Entscheidungsbefugnis über die Geldpolitik eine entscheidende Rolle für jedwede Entwicklungsstrategie. Im Hinblick auf eine potentielle machtpolitische Verortung lohnt es sich daher, die Motivationen, Interessen und das (Entscheidungs-)Verhalten der brasilianischen Zentralbank in einem größeren Zeitraum zu betrachten. Denn der Leitzins (Selic) der Zentralbank ist schon seit vielen Jahren auf einem sehr hohen Niveau und deutlich über der Inflationsrate (Flassbeck 2015b), weswegen Brasilien weltweit eines der Länder mit den höchsten Realzinsen ist (Modenesi/Modenesi 2012: 389; Bresser-Pereira/de Paula/Bruno 2020). Diese hohen realen Zinsen verteuern jedoch die Kosten für Kredite und erschweren somit produktive Investitionen (Henkin 2014: 98; Flassbeck 2015b). Ferner ist der (gewünschte) Effekt einer Leitzinsanhebung auf die Inflation empirisch betrachtet gering (Modenesi/Modenesi 2012: 403), was u. a. mit Preisregulierungen und Produktionskostensteigerungen zusammenhängt, die sich weitgehend unabhängig von geldpolitische Entscheidungen entwickeln (Balliester Reis 2016: 12–13). Rein ökonomisch lässt sich der sehr hohe und deutlich über der Inflationsrate liegende Leitzins nicht befriedigend erklären (Modenesi/Modenesi 2012: 390; Balliester Reis 2016: 20–21). Gemäß einer alternativen Erklärung – der „hypothesis of a conservative monetary policy convention in Brazil" von Bresser-Pereira und Nakano (zit.nach: Bresser-Pereira/de Paula/Bruno 2020) – ist der hohe Leitzins das Produkt einer gewissen Pfadabhängigkeit. Demnach würde ein hohes Zinsniveau ab einem bestimmten Zeitpunkt als normal angesehen und zu einer Konvention im keynesianischen Sinne werden. Als Konsequenz dieser geldpolitisch konservativen Konvention bildet sich eine Interessenskoalition bzw. eine von finanziellen Rentierinteressen zusammengehaltene „Klassenkoalition" heraus, die von dem künstlich hohen Zinsniveau profitiert und daher ein starkes Interesse an dessen Beibehaltung aufweist (Erber 2011; Modenesi/Modenesi 2012: 398–400; Bresser-Pereira/de Paula/Bruno 2020). Teil dieser Koalition ist gemäß Erber (2011: 44–45) auch die Zentralbank, die sich mittels einer konservativen geldpolitischen Haltung und der Bewahrung des Preisniveaus die Erfüllung ihrer Ziele und darüber Ansehen und Reputation verspricht.

Die eingangs aufgeworfene Frage nach der machtpolitischen Verortung der Zentralbank kann nicht abschließend beantwortet werden. Obwohl es Anhaltspunkte dafür gibt, sie dem oppositionellen Machtblock zuzuordnen, ist ihr Verhalten nicht eindeutig. Denn die Entscheidung, ab 2011 den Selic zu senken, kollidierte augenscheinlich mit den Interessen der oben genannten finanziellen Klassenkoalition.

4.3.3.2 Ressourcen, Akkumulationsregime und Sozialpolitik: Fluch und Segen der Rohstoffe

Im Folgenden wird die Rolle der Rohstoffe beleuchtet. Dabei werden die Akkumulationsdynamik, die Rentenaneignung und -verwendung sowie die (positiven und negativen) Implikationen der Rohstoffe für die brasilianische Wirtschaft analysiert.

4.3.3.2.1 Nachzeichnung der Entwicklung der Wirtschaftssektoren während der Präsidentschaft Rousseffs

In den Jahren der Präsidentschaft Rousseffs stieg der Anteil des Primärgüterbereichs (Agrikultur, Forstwirtschaft und Fischerei) am BIP zwischen 2011 und 2016 von 4 % auf 5 % (alle folgenden Daten aus: IBGE 2017a: 21). Der Anteil des Industriesektors am BIP schrumpfte im angegebenen Zeitraum (2011–2016) kräftig von 27,2 % auf 21,2 %, wobei v. a. der extraktive Bereich von 4,4 % auf 1,1 % fiel. Zeitgleich stieg der Anteil des Dienstleistungssektors am BIP von 67,7 % auf 73,2 %. Der prozentuale Fall des Industriesektors am BIP hing, wie diese Zahlen vermuten lassen, zum einen mit der nachlassenden Relevanz (der Preise) der Rohstoffe zusammen. Zum andern ist diese Entwicklung – wie im Kapitel über Wirtschaftspolitik näher ausgeführt wird – primär auf eine Aufwertung (und Überbewertung) der brasilianischen Währung zurückzuführen, die sich wiederum negativ auf die Wettbewerbsfähigkeit der Industrie auswirkte (Barbosa 2014: 99–101). Der Anteil der Renten aus natürlichen Ressourcen am BIP sank zwischen 2011 und 2016 von 5 % auf 3 % (Weltbank 2018).

Hinsichtlich der wichtigsten Exportprodukte Brasiliens gab es einige Veränderungen. Während 2011 Eisenerz mit 16,5 % an der gesamten Ausfuhr das Hauptexportgut darstellte, halbierte sich dieser Wert bis 2016 um mehr als die Hälfte (7,3 %). Im Gegenzug nahm die Ausfuhr von Soja in demselben Zeitraum von 6,4 % auf 10,6 % zu. Weitere wichtige Exportgüter waren in den Jahren der Rousseff-Administration Rohöl, Zucker, und Fleisch (CEPAL 2017).

Die Exportquote Brasiliens stieg im Zeitraum von 2011 bis 2016 von 11,5 % auf 12,5 %, während die Importquote von 12 % zwischenzeitig auf 14 % anstieg

4.3 Die Phase der neo-desarrollistischen Erosion unter Rousseff: ...

(2013–2015), dann jedoch wieder auf 12 % (2016) sank (Weltbank 2018). Abgesehen von 2016 wies Brasilien damit die komplette Periode Rousseff hindurch ein Handelsbilanzdefizit auf. Für die Akkumulationsdynamik war daher – wie auch in den Jahren der Regierung Lula – der Binnenmarkt von weitaus größerer Relevanz. Nichtsdestoweniger hatte der Außenhandel einen wichtigen Einfluss auf die Komponenten der brasilianischen Akkumulation. Denn der zwischenzeitliche preisliche Höhenflug natürlicher Ressourcen und die Aufwertung und Überbewertung des brasilianischen *Real* hatten starke Auswirkungen auf die produktive Struktur der brasilianischen Ökonomie. Das Wirtschaftswachstum beruhte daher nicht primär auf Produktivitätsfortschritten oder einer technologieintensiven Produktionsweise. Stattdessen war vielmehr ein Prozess der tendenziellen Deindustrialisierung zu beobachten. Dieser Trend zeigte sich v. a. in der Handelsbilanz. Während 2006 2/3 des Handelsbilanzüberschusses Brasiliens nicht auf Rohstoffexporten beruhte, war das Bild 2013 stark verändert. Bei industriell gefertigten Gütern verbuchte das Land ein Defizit in der Größenordnung von 60 Mrd. US-Dollar, während es bei Rohstoffausfuhren einen Überschuss erzielte konnte. In der Summe war die Handelsbilanz trotzdem negativ (Costa/Firtz/Sproll 2015: 21).

Ein weiteres Charakteristikum der brasilianischen Akkumulationsdynamik in dieser Phase bestand in einem zunehmenden Finanzialisierungsgrad. Dieser Trend hatte während des Wirtschaftsaufschwungs Mitte der 2000er Jahre eingesetzt. In den Jahren nach der globalen Wirtschafts- und Finanzkrise hatte er noch einmal zugenommen, als internationale Anleger aufgrund der sinkenden Profitabilität der Finanzmärkte in den Industriestaaten Anlageformen in der kapitalistischen Peripherie mit einem hohen Zinsniveau und einem stabilen markökonomischen Umfeld suchten (Reither 2016: 166). So hatte das *Quantitative Easing* der US-Zentralbank FED zu enormen Kapitalzuflüssen nach Brasilien geführt (Hudson 2013: 21). Finanzialisierungsaktivitäten waren z. B. ausländische Direktinvestitionen, Portfolioinvestitionen und der Handel mit Finanzderivaten (Reither 2016: 166). Gerade der Derivatenhandel (*Stock Options, Currency Options, Currency Futures*) stellte eine Form von kurzfristigen Spekulationsgeschäften dar, die in Brasilien stark zugenommen hatte (ebd.: 162, 169). In diesem Kontext boten die hohen brasilianischen Zinsen große Anreize für Spekulationsgeschäfte (*carry trade*), die auf dem Ausnutzen von Zinsdifferenzen basierten (ebd.: 163, 169; Flassbeck 2015b, 2016).). Eine Intensivierung der Finanzialisierung kann an den Zinszahlungen der Regierung festgemacht werden, die in den Jahren der Rousseff-Regierung zunahmen (Cordilha/Lavinas 2017: 5).

Die hohen brasilianischen Zinsen machten jedoch Investitionen im produktiven Bereich unattraktiv, da die dortigen Renditeerwartungen weitaus niedriger waren als im Finanzsektor (Quiroga 2014: 11). Ein hohes Zinsniveau lag im

Interesse diverser Akteure.[64] Internationale Anleger erfreuten sich daran genauso wie Großbanken, die die private und öffentliche Verschuldung mit hohen Gewinnen refinanzierten (Quiroga 2014).[65] Auch Politiker zeigten daran Interesse, da die damit eihergehenden Kapitalzuflüsse das Handelsbilanzdefizit Brasiliens finanzierten (ebd.; Bresser-Pereira/de Paula/Bruno 2020) und ferner weil viele Politiker – auch Angehörige der PT – selbst in Finanzgeschäfte eingebunden waren (Oliveira 2006: 10).

Das Akkumulationsregime Brasiliens war in den Jahren der Regierung Rousseff von einer zunehmenden Finanzialisierung geprägt, was u. a. an dem hohen brasilianischen Zinsniveau lag, mittels dessen sich hohe Profite erzielen ließen. Die Akkumulation war zwar mengenmäßig in erster Linie intravertiert (binnenmarktorientiert). Nichtsdestoweniger hatte der Außenhandel in Verbindung mit dem internationalen Rohstoffboom einen großen Einfluss auf die Akkumulationsdynamik. Letztere war daher – trotz des langsam einsetzenden Preissturzes der brasilianischen Rohstoffe an den internationalen Märkten (ECB 2016: 18) – in entscheidender Weise rohstoffbasiert und extensiv (d. h. nicht auf Produktivitätsfortschritten beruhend). Die extensive Tendenz lässt sich beispielsweise an der Ausweitung der An- und Abbauflächen von Rohstoffen (Hofmann de Moura 2017: 3) und an der Zunahme der wenig produktivitäts- und technologieintensiven Rohstoffexporte festmachen. Die Relevanz des rohstoffbasierten Außenhandels für das brasilianische Akkumulationsregime ergab sich primär aus dessen positiven und negativen Implikationen bzw. Multiplikatoreffekten: Einerseits bedingten die zwischenzeitlich hohen Rohstoffpreise steigende Einnahmen und damit Wachstumsimpulse. Andererseits bewirkten die v. a. ab 2011 sinkenden Rohstoffpreise auch weniger Einnahmen und folglich Schrumpfungsimpulse.

4.3.3.2.2 Verfügungsmacht der Exekutive über die Einnahmen aus dem Ressourcengeschäft und Sozialpolitik

Die zunächst hohen internationalen Preise für Rohstoffe bildeten einen Anreiz für die Regierung, aus den natürlichen Ressourcen Profit zu schlagen und sich

---

[64]Grundsätzlich kann eine Hochzinspolitik auch als Strategie der Antiinflationspolitik begriffen werden, da mit hohen Zinsen Kapitalflüsse und folglich eine Aufwertung der Währung einhergehen, die einen verstärkten Konkurrenzdruck verursachen, der wiederum die Preissetzungsspielräume der heimischen Unternehmen senkt (Becker/Jäger 2005: 87–89).

[65]Die von den PT-Regierungen veranlasste Kreditausweitung führte zu einer Überschuldung der Bevölkerung, was an den Wucherzinsen lag. Die private Verschuldung von Bevölkerung und Unternehmen stieg zwischen 2002 und 2014 von 24 % auf 56 % relativ zum BIP (Quiroga 2014: 11). Das Geschäft mit den privaten Schulden stellte für die Banken ein Riesengeschäft dar und erwies sich als lukrativer als Kredite für produktive Investitionen (ebd.).

4.3 Die Phase der neo-desarrollistischen Erosion unter Rousseff: ... 369

Extraeinnahmen bzw. Renten zu sichern. Dieser Anreiz wurde u. a. dadurch verstärkt, dass im Jahr 2007 große Mengen von Öl und Gas in tiefen Gewässern vor der brasilianischen Küste entdeckt wurden. Daher machte sich die Regierung Lula in den Folgejahren daran, den günstigen politischen und wirtschaftlichen Kontext – hohe Umfragewerte der Regierung, stabile Regierungsmehrheit im Parlament, Delegitimierung wirtschaftsliberaler Konzepte und Aufwertung entwicklungsstaatlicher Vorstellung – dafür zu nutzen, einen größeren Anteil der Ressourcenrenten abzugreifen (Trojbicz 2017: 778–780). Unter dem bisher geltenden Recht, das noch stark von der Privatisierungswelle des *Washington Consensus* geprägt war, hatte der brasilianische Staat von den natürlichen Ressourcen – im internationalen Vergleich – nicht besonders stark profitiert (ebd.: 775–776). In der Ausarbeitung einer neuen dahingehenden Gesetzgebung spielte Dilma Rousseff, damals Stabschefin des Präsidenten und vormalige Ministerin für Bergbau und Energie, eine wichtige Rolle (ebd.: 780). Die positiven Auswirkungen dieser Gesetze für die Regierung, die im letzten Monat Lulas zweiter Amtszeit verabschiedet worden waren, machten sich daher erst unter Rousseff bemerkbar.

Die wichtigsten Veränderungen in der neuen Gesetzgebung waren die Folgenden: Erstens wurden Rolle und Relevanz des halbstaatlichen Unternehmens Petrobras über den Ressourcen- bzw. Ölsektor signifikant erhöht. Zweitens intensivierte die Regierung die staatliche Kontrolle über Petrobras, wofür eigens eine neue staatliche Firma gegründet wurde, die dem Ministerium für Bergbau und Energie unterstellt und mit der Verwaltung aller Vertragsangelegenheiten betraut wurde. Damit stiegen drittens die vom Staat eingenommenen Renten (Schutte 2013: 127–129; Trojbicz 2017: 780–781). Zudem wurde ein sozialer Fonds gesetzlich verankert, in dem die Ressourcenrenten eingezahlt und zur Finanzierung von Entwicklungsprojekten im sozialen Bereich herangezogen werden sollten (Trojbicz 2017: 781). Insgesamt kann festgehalten werden, dass der 2010 erlassene gesetzliche Rahmen den staatlichen Einfluss signifikant vergrößerte bzw. einer „moderaten Wiederverstaatlichung" (Schutte 2013: 129) Petrobras bzw. des Energiesektors gleichkam. Die hieraus resultierenden Einnahmen kamen einer Ausweitung der Handlungsspielräume der Regierung gleich und stellten eine der Finanzierungsquellen für die Sozialpolitik dar.

Das unter Vorgänger Lula äußerst erfolgreiche Sozialprogramm *Bolsa Família* (in der Folge: BF) wurde auch unter Rousseff weitergeführt. Die Zahl der Familien, die im Rahmen von BF Leistungen bezogen, stieg noch einmal an. 2011 belief sich die Zahl der Familien auf 13,4 Millionen, stieg bis 2013 auf 14,1 Millionen an und lag 2016 schließlich bei 13,6 Millionen (Ipeadata 2018). Die monetären Transferleistungen im Rahmen BFs wurden zudem erhöht (Lício 2018: 23–24). Eine expansive Tendenz, wies auch das Sozialprogramm *Benefício de Prestação Continuada* auf. Die Zahl der Empfänger von Leistungen aus diesem Programm stieg die gesamte Zeit der PT-Regierungen hindurch und damit auch während der Ära Rousseff kontinuierlich an (Ipdeadata 2018). Gemessen am BIP wurde bezüglich aller öffentlichen Transferleistungen eine expansive Tendenz beibehalten, so z. B. im Rahmen eines neuen, 2011 ins Leben gerufenen, Sozialprogramms zur Bekämpfung der extremen Armut (*Brasil Sem Miséria*) (Dweck/Teixeira 2017: 17–18). Auch die Steigerung des Mindestlohns wurde weiterbetrieben, wenn auch nicht mehr in demselben Tempo wie unter Lula (ebd.: 18).

4.3.3.2.3 Sozialpolitik und Legitimation

Der starke Zusammenhang zwischen dem Bezug von Transferleistung im Rahmen von BF und dem Wahlverhalten zugunsten des Amtsinhabers durch die Beziehenden, der sich schon in der Präsidentschaftswahl 2006 gezeigt hatte, behielt auch in den Wahlen 2010 und 2014 Gültigkeit. Zwar kommt z. B. Power (2014: 22–24) zu dem Ergebnis, dass die Wahlpräferenzen 2010 nicht primär von materiellen Konditionen, sondern stattdessen von der Wahrnehmung von Wandel und sozialer Aufwärtsmobilität geprägt waren. Nichtsdestoweniger war die Wahrnehmung dieser beiden Entwicklungen das Ergebnis materieller Veränderungen bzw. Verbesserungen. Rousseff, die zuvor nie selbst in ein öffentliches Amt gewählt worden war, erbte von Vorgänger Lula nicht nur den eingeschlagenen Entwicklungskurs, sondern auch seine Wähler (und Nichtwähler). Folglich gewann sie – in großer Ähnlichkeit zu den vorangegangenen Wahlen von 2006 – in den ärmeren Bundesstaaten unter den ärmsten und am wenigsten gebildeten Wählern, während ihr wirtschaftsliberal ausgerichteter Herausforderer von der PSDB in den wohlhabenderen Staaten bei den gebildeten Besserverdienenden punkten konnte (Saad-Filho/Boito 2015: 218–219). Regional konzentrierten sich die Wähler Rousseffs in den ärmeren Bundesstaaten des Nordens und v. a. des Nordosten des Landes, während diejenigen des Gegenkandidaten hauptsächlich im wohlhabenderen Süden des Landes lebten (Lins et al. 2016: 150, 153). In den ärmeren Regionen des Norden und Nordostens befand sich traditionell die höchste Anzahl von BF-Empfängern. Generell ist ein deutlicher Zusammenhang zwischen dem Bezug von BF-Transferleistungen und der Wahlentscheidung zugunsten der PT-Kandidaten – 2006 Lula, 2010 und 2014 Rousseff – feststellbar und durch Studien belegt (Zucco Jr. 2013; Lins et al. 2016; Zucco Jr. 2015).

Als Zwischenfazit kann festgehalten werden, dass sich die Regierung darum bemühte, einen größeren Anteil der Ressourcenrenten zu sichern, der u. a. dazu verwendet wurde, Sozialprogramme wie BF zu finanzieren. Dies führte wiederum zu einer Steigerung der Legitimation Dilma Rousseffs als Kandidatin der PT

2010 bzw. als Amtsinhaberin 2014. Mit dem ab 2015 beginnenden Wirtschaftsabschwung nahmen jedoch – wie das folgende Kapitel zeigen wird – auch die öffentlichen Ausgaben ab, was die sich abzeichnende Wirtschaftskrise verstärken sollte.

4.3.3.3 Weltmarkteinbindung und Wirtschaftspolitik: Brasiliens Wirtschaftskrise im Lichte der Außenabhängigkeit

In der Folge werden Weltmarkteinbindung und Wirtschaftspolitik in den Jahren der Rousseff-Regierung beleuchtet. Schwerpunkt der Analyse bildet die wirtschaftliche Außenorientierung bzw. -abhängigkeit, die einen wichtigen Faktor in der Erklärung der Wirtschaftskrise ab 2015 darstellte und letztendlich den Grundstein für das Ende des Lulismus legte.

4.3.3.3.1 Fortführung und Intensivierung des Neo-Desarrollismus als Reaktion auf die globale wirtschaftliche Entwicklung bzw. die Außenabhängigkeit

Am Ende der Präsidentschaft Lulas und zu Beginn derjenigen Rousseffs wirkten sich diverse Entwicklungen der globalen Wirtschaft negativ auf Brasilien aus. Erstens hatte der globale Wirtschaftsboom für die brasilianische Wirtschaft positive Wachstumssignale gesetzt, aber auch zu einem Anstieg der Inflation geführt. Daher hatte die Regierung Lula einen wirtschaftspolitischen Kurswechsel vorgenommen und die stimulierend-expansiven Maßnahmen der Nachkrisenzeit zurückgefahren (Barbosa 2014: 84). Dieser Kurs wurde auch von Nachfolgerin Rousseff fortgesetzt und intensiviert, d. h. die Zentralbankzinsen und der Primärüberschuss angehoben und im Gegenzug die Ausgaben gesenkt (ebd.: 84–85). Folge hiervon war jedoch eine niedrigere interne Nachfrage, d. h. geringere private Investitionen und eine nachlassende Dynamik im Binnenkonsum (ebd.: 86; Saad-Filho/Boito 2015: 219).

Zweitens war der brasilianische *Real* zu diesem Zeitpunkt eine der überbewertetsten Währungen weltweit (Henkin 2014: 87). Bereits 2007 hatte ein Aufwertungsprozess der brasilianischen Währung begonnen, der mit einem Handelsbilanzüberschuss einherging. Ferner hatte die globale Liquiditätsschwemme infolge der globalen Wirtschafts- und Finanzkrise anlagesuchendes Kapital produziert, das aufgrund der hohen heimischen Zinsen nach Brasilien floss (Henkin 2014: 87; Prates/Fritz 2013: 13–14). All dies führte zu Kapitalzuflüssen, die eine Aufwertung des *Real* bewirkten, damit jedoch auch sukzessive die Wettbewerbsfähigkeit der brasilianischen Industrie unterminierten (Barbosa 2014: 99–101).

Drittens entwickelte sich die wirtschaftliche Situation wichtiger Absatzmärkte unvorteilhaft. Während sich die Wirtschaft in den USA nur langsam von der Krise erholte, verschlimmerte die weiterhin andauernde Eurokrise die Situation in Europa. Zudem drosselte in China die Regierung aufgrund inflationärer Tendenzen das Wachstum der heimischen Wirtschaft (Barbosa 2014: 85–86; Henkin 2014: 96). Auch das brasilianische Nachbarland Argentinien hatte mit wirtschaftlichen Problemen zu kämpfen (Barbosa 2014: 86). Da der Euroraum, China, die USA, und Argentinien die vier größten Absatzmärkte Brasiliens bildeten (Zilla 2011: 29–30), drückte die schwächelnde dortige Wirtschaft die externe Nachfrage nach brasilianischen Produkten und setzte einen negativen Impuls für die brasilianische Wirtschaft. Damit ging auch einher, dass sich die internationale Konkurrenz für brasilianische Firmen intensivierte (Henkin 2014: 96).

Die Regierung Rousseff reagierte auf diese negativen externen Entwicklungen mit einer erneuten wirtschaftspolitischen Kurswende. Dies zeigte sich in einer antizyklischen Geld- und Fiskalpolitik bzw. in einer Fortführung und Intensivierung der bereits unter Vorgänger Lula eingeschlagenen neo-desarrollistischen Entwicklungsstrategie. Damit war ein Bündel von Maßnahmen verbunden, das mit dem Begriff „neue ökonomische Matrix" (*nova matriz econômica*) kodifiziert wurde und gemäß Singer (2015: 43–45; 2017: 359–360) die folgenden Aspekte beinhaltete: Das primäre Ziel war geldpolitischer Natur und betraf die Senkung des im internationalen Vergleich hohen Zinsniveaus. Um die monetäre Restriktion abzumildern und die (Re-)Finanzierung wirtschaftlicher Aktivitäten bzw. Investitionen zu erleichtern, senkte die Zentralbank zwischen August 2011 und April 2013 den Leitzins bis auf 7,25 %, d. h. auf das niedrigste Niveau seit 1986, ab. Dies übte wiederum Druck auf die privaten Banken aus, ihrerseits die hohen Zinsen abzusenken, was diese schließlich auch taten, um keine Marktanteile zu verlieren (Singer 2015: 43). Hierüber konnte Unternehmen schließlich der Zugang zu (erschwinglichen) Krediten erleichtert werden (ebd.; Barbosa 2014: 86).

Das zweite Hauptziel betraf die Wechselkurspolitik. Um den starken Aufwertungstendenzen des *Real* entgegenzutreten, die sich negativ auf die Wettbewerbsfähigkeit der brasilianischen Unternehmer auswirkten, waren bereits unter der Regierung Lula erste Maßnahmen ergriffen worden (Prates/Fritz 2013: 19). Nachdem sich diese Maßnahmen als erfolglos erwiesen und der *Real* weiter aufwertete, wurde das Engagement in diesem Bereich unter der Regierung Rousseff entschieden erhöht. Während die Zentralbank die brasilianische Währung abwertete (Singer 2015: 45), sollte mithilfe von Kapitalverkehrskontrollen, finanziellen Regulierungen und v. a. der Regulierung von Devisenderivaten eine erneute Aufwertung verhindert werden (ebd; Prates/Fritz 2013: 20–22). Der *Real* wertete schließlich um 17 % ab (Barbosa 2014: 87).

4.3 Die Phase der neo-desarrollistischen Erosion unter Rousseff: ...

Diese Politik wurde durch die Bereitstellung öffentlicher Kredite durch die nationale Entwicklungsbank BNDES flankiert. Im Vergleich zur Amtszeit Lulas wurden die bereitgestellten Gelder für subventionierte Kredite für Investitionen signifikant erhöht (Singer 2015: 43–44).

Im Rahmen der neuen ökonomischen Matrix spielten auch fiskalpolitische Instrumente eine Rolle. Konkret wurden Steuererleichterungen für relevante Sektoren der brasilianischen Wirtschaft beschlossen. Im Jahr 2014 wurden 42 Sektoren begünstigt, die dadurch Steuern in Höhe von 25 Mrd. *Reais* (Plural der brasilianischen Währung *Real*) sparten (Singer 2017: 359–360). Des Weiteren wurden Steuern auf verschiedene Importprodukte erhöht, um die preisliche Wettbewerbsfähigkeit brasilianischer Produkte zu verbessern. Eine ähnliche Intention war mit einer Reform des Energiesektors verbunden, worüber die Energie- und damit Produktionskosten gesenkt und darüber die preisliche Wettbewerbsfähigkeit der heimischen Produkte gegenüber importierten Gütern gestärkt werden sollten. Ferner legte die Regierung ein Programm auf, wonach öffentliche Aufträge bzw. Einkäufe heimische Firmen bevorzugen sollten (Singer 2015: 44–45).

Die genannten geld- und fiskalpolitischen Maßnahmen waren darauf ausgerichtet, die brasilianischen Unternehmen im produktiven (Industrie-)Bereich zu stärken. Ferner wurden hierfür nicht nur ein Infrastrukturplan aufgelegt, in dessen Rahmen öffentliche Gelder für Investitionen in Auto- und Eisenbahnen bereitgestellt wurden (Singer 2015: 44), sondern auch zwei weitere Programme bzw. Pläne: der *Plano Brasil Maior 2011–2014* (RFRB 2011) und PAC 2, das als Fortführung des Wirtschaftsbeschleunigungsprogramms PAC konzipiert wurde.

Der *Plano Brasil Maior* (im Folgenden PBM) stellte eine protektionistische und mitunter nationalistisch anmutende Reaktion auf den sukzessiven Wettbewerbsverlust der brasilianischen Industrie dar. Wirtschaftsminister Guido Mantega sprach davon, dass die Welt in einer Krise steckte und sich gerade hinsichtlich der Exportprodukte eine „räuberische Konkurrenz" gebildet hatte (zit. nach: Barrocal 2011). Präsidentin Rousseff (2011b) verwies auf die „überschüssige Liquidität", die von den reichen Ländern produziert wurde und in den Schwellenländern zu „Währungsungleichgewichten" führte. Zudem monierte sie die Währungsabwertungen großer Handelspartner (USA, China), die der brasilianischen Wirtschaft zusetzten. „Mehr als je zuvor ist es heute erforderlich, die brasilianische Industrie und unsere Jobs vor der unfairen Konkurrenz und dem Währungskrieg zu schützen, die unsere Exporte reduzieren und die versuchen, was noch schlimmer ist, unseren Binnenmarkt zu verkleinern" (Rousseff 2011b). Den strukturalistischen Wirtschaftstheoretiker Celso Furtado betonend verwies Rousseff (ebd.) darauf, dass „unsere Wirtschaft nicht mehr von außen gesteuert wird". Die Zielsetzung des PBM bestand darin, mithilfe von Investitionen in Forschung und Entwicklung und mittels der Steigerung von Produktivität und Technologie 1. die Wettbewerbsfähigkeit brasilianischer Unternehmer zu verbessern, 2. die Exportindustrie zu stärken sowie 3. die Exportpalette zu diversifizieren und mehr Industriegüter zu exportieren.[66]

Daran knüpfte auch das in demselben Jahr (2011) erlassene PAC 2, also die Fortsetzung des bereits 2007 erstmals initiierten Programms zur Beschleunigung des Wirtschaftswachstums an. Im Rahmen dieses Programms waren Investitionen in die wirtschaftliche und soziale Infrastruktur des Landes vorgesehen, d. h. für die Bereiche Energie, Transport, Gesundheit, Bildung, Kultur und Wohnungsbau (Cardoso Jr./Navarro 2016: 26, 61). Im Rahmen des PAC waren die Ausgaben der Bundesregierung zwischen der Initiierung des PAC im Jahr 2007 von 0,27 % des BIP auf 0,58 % im Jahr 2010, d. h. dem letzten Jahr der Regierung Lula, und unter Rousseff auf 1,02 % im Jahr 2014 gestiegen (Dweck/Teixeira 2017: 22). Zusammen mit dem 2009 initiierten Wohnungsbauprogramms *Minha Casa Minha Vida* stiegen die Investitionen alleine der Bundesregierung damit von 1,17 % des BIP auf 1,25 % (2014) (ebd.: 21). Die kompletten öffentlichen Investitionen, die zwischen 2007 und 2010 stark ausgeweitet wurden, verringerten sich 2011 moderat, verblieben aber bis 2014 stabil zwischen 4,5 % und 5,0 % des BIP (Dweck/Teixeira 2017: 20). Ferner stiegen auch der Mindestlohn, die monetären

---

[66] Im Rahmen des PBM wurden vier Prioritäten formuliert, die wiederum 10 strategische Ziele enthielten. Eine erste Priorität galt der Bildung und Stärkung kritischer Kompetenzen (mit den drei Zielen: Erhöhung der Anlageinvestitionen, der Forschung und Entwicklung sowie der Qualifikationen) (RFRB 2011). Der Hintergedanke bestand darin, brasilianische Firmen in technologischen Bereichen wettbewerbsfähig zu machen (Kupfer/Ferraz/Marques 2013: 334). Die zweite Priorität bestand in der Steigerung von Produktivität und Technologie entlang der Wertschöpfungsketten (inklusive der drei Ziele: Stärkung der wissensintensiven Sektoren, der mittleren und kleinen und Mikro-Unternehmen sowie einer ökologischen Produktionsweise) (RFRB 2011). Hintergedanke war hierbei die Stärkung der Exportindustrie und ein Zurückfahren der Importe (Kupfer/Ferraz/Marques 2013: 334). Die dritte Priorität bestand darin, Märkte im In- und Ausland für brasilianische Firmen zu erschließen (mit den drei Zielen: Diversifizierung der Exportpalette und Internationalisierung brasilianischer Unternehmen, Steigerung der Technologintensivität im Energiebereich, Ausweitung des Zugangs (der Bevölkerung) zu Gütern und Dienstleistungen) (RFRB 2011). Hintergedanke dieser Priorität war, die im Rohstoffbereich angesiedelten komparativen Kostenvorteile Brasiliens mit industriepolitischen Mitteln zu überwinden (Kupfer/Ferraz/Marques 2013: 334). Eine letzte Meta-Priorität bestand in einer nachhaltigen Entwicklung, die sich durch Innovationen und Investitionen zur Steigerung der Wettbewerbsfähigkeit, weiteres Wirtschaftswachstum und eine Verbesserung der Lebensqualität der Brasilianer auszeichnete (RFRB 2011).

Leistungen im Rahmen von *Bolsa Familia* und die Bildungsausgaben (Barbosa 2014: 86).[67] Zusammengenommen zeigten die genannten geld- und fiskalpolitischen Maßnahmen eine positive Wirkung auf die brasilianische Wirtschaft. Im Jahr 2013 konnte so ein BIP-Wachstum von 3,0 % erzielt werden.

4.3.3.3.2 Ende des Neo-Desarrollismus und Wirtschaftskrise

Obwohl 2013 die Wirtschaft noch einmal wachsen konnte, schwelten die systemisch-strukturellen Probleme der brasilianischen Volkswirtschaft weiter. In Verbindung mit einer erneuten wirtschaftspolitischen Trendwende, die auch gesellschaftlichen bzw. politischen Faktoren wie der aufgeheizten politischen Kultur, der sukzessiven Erosion des Machtblocks der Regierung und der veränderten Machtverhältnisse geschuldet war, sollten diese Probleme nicht nur das Ende des Neo-Desarrollismus einleiten, sondern auch einen Wirtschaftsabschwung bedingen, der wiederum dem vorzeitigen Ende der Regierung Roussef 2016 Vorschub leistete. Ungeachtet weiterer struktureller Probleme der brasilianischen Wirtschaft[68] wird in diesem Kontext primär auf diejenigen Probleme Bezug genommen, die mit der spezifischen Konfiguration der Weltmarkteinbindung, d. h. dem Nexus einer finanzialisierten und rohstoffbasierten Akkumulationsdynamik, zusammenhingen. Hinsichtlich der Finanzialisierung ist anzumerken, dass die hohe brasilianischen Zinsen bedeutende Kapitalzuflüsse generierten[69], damit zu einer Aufwertung und schließlich Überbewertung des brasilianischen *Real* führten, die wiederum einen Wettbewerbsverlust der Industrie bewirkte. Die zeitgleich verlaufende Rohstoffbasierung, d. h. der intensivierte Export natürlicher Ressourcen, trug zu dieser Wirkungskette in entscheidener Weise bei: Kapitalzuflüsse (aufgrund der externen Nachfrage nach brasilianischen Rohstoffen) →Aufwertung und Überbewertung des *Real* →Wettbewerbsverlust der Industrie. Aufgrund dieser Art der Weltmarkteinbindung kennzeichnete Brasilien eine folgenreiche Dependenz von exogenen Faktoren, d. h. den Entwicklungen in anderen Weltregionen: In Bezug auf die Finanzialisierung hing das mit den Profiterwartungen und dem Anlageverhalten der internationalen Anleger zusammen.

---

[67]Trotz der gestiegenen Ausgaben stieg der Primärüberschuss und verringerte sich die öffentliche Verschuldung, da zeitgleich die Zinsen sanken, die damit den Schuldendienst des Staates verbilligten (Barbosa 2014: 88).

[68]In diesem Zusammenhang sind z. B. die ineffiziente Logistik, die prekäre Infrastruktur, die ineffektive brasilianische Bürokratie (Quiroga 2014: 9) und das regressives Steuersystem (Costa/Fritz/Sproll 2015: 23) zu nennen.

[69]Diese Kapitalzuflüsse beliefen sich um 2010 auf 9 % des brasilianischen BIP (CEB 2016: 16).

Hinsichtlich der Rohstoffbasierung bezog sich das auf das Nachfrageverhalten der Handelspartner nach Ressourcen und den damit einhergehenden Preisvolatilitäten. Die Problematik einer fehlenden industriellen Wettbewerbsfähigkeit und einer rohstoffintensiven Exportgüterstruktur machte sich tendenziell schon seit 2011 bemerkbar, als die Preise für wichtige Exportprodukte Brasiliens – Sojabohnen, Zucker und Eisenerz – kontinuierlich zu sinken begannen. Ab 2014 setzte zusätzlich der preisliche Sturzflug des Öls ein, der Brasilien ebenfalls traf (ECB 2016: 16, 18). Dieser externe Nachfrageeinbruch wurde durch eine sinkende Dynamik in der Inlandsnachfrage begleitet. Der Binnenkonsum wuchs langsamer als noch zu Lulas Zeiten (IBGE 2017b: 12–13), während die privaten Bruttoanlageinvestitionen bereits ab 2013 sanken (Dweck/Teixeira 2017: 20). Produktive Investitionen rechneten sich angesichts der hohen Renditen auf den Finanzmärkten nicht mehr (Quiroga 2014: 11; Flassbeck 2015b), wobei auch der hohe Außenwert des *Real* und die damit einhergehende sinkende Wettbewerbsfähigkeit der Industrie Investitionen in diesem Bereich unattraktiv machten. Lediglich die öffentlichen Ausgaben und Investitionen verblieben auf einem ähnlichen hohen Niveau wie in den boomenden Jahren zuvor (Dweck/Teixeira 2017: 20, 21). Zusammengenommen bewirkte der Nachfragerückgang eine nachlassende Wachstumsdynamik, das BIP-Wachstum lag 2014 gerade noch bei 0,5 % (CEPAL 2018a). Zudem waren Inflation (ECB 2016: 17) und öffentliche Verschuldung (Ipeadata 2018) wieder angestiegen.

Diese systemisch-strukturelle Problematik wurde durch interne Faktoren verschärft. Bereits ab 2013 manifestierten sich in den landesweiten Protesten die Unzufriedenheit mit der Regierung und die sukzessive Erosion des sie stützenden Machtblocks. Obwohl Rousseff 2014 noch einmal im Amt als Präsidentin bestätigt wurde, bröckelte ihre Macht auch in den Folgejahren unaufhaltsam weiter. Zudem hatte die Zentralbank im April 2013 eine geldpolitischen Kurswechsel eingeleitet und den Leitzins erhöht, nachdem die Inflation im Monat zuvor leicht über das obere Limit des Inflationsziels gestiegen war (BCB 2020). Damit wurden die fiskalpolitischen Bemühungen der Regierung konterkariert, Investitionen in die heimische Industrie zu lenken, um darüber die Wettbewerbsfähigkeit brasilianischer Unternehmer zu erhöhen und Wirtschaftswachstum zu erzielen (Singer 2015: 50). Rousseff reagierte auf den Wirtschaftsabschwung, die Unzufriedenheit in Bevölkerung und Geschäftswelt und die geänderten (parlamentarischen) Machtverhältnisse (ab 2015) mit einer erneuten wirtschaftspolitischen Trendwende, d. h. einem „neoliberal backlash" (Costa/Fritz/Sproll 2015: 23). Das Ziel bestand darin, die makroökonomischen Daten unter Kontrolle zu bekommen, sich Zeit zu erkaufen und die Vertrauenswürdigkeit der Märkte zurückzubekommen (Saad-Filho/Boito 2015: 221). Die veränderten Machtverhältnisse manifestierten

4.3 Die Phase der neo-desarrollistischen Erosion unter Rousseff: ...

sich in der Ernennung des Bankers Joaquim Levy als Finanzminister, der sogleich mit einem neoliberalen Anpassungsprogramm beauftragt wurde (ebd.: 222). In der Folge sanken die öffentlichen Ausgaben, was den bereits oben skizzierten Nachfragerückgang verschärfte, die Wirtschaft abstürzen ließ und zu einer Fiskalkrise führte (Dweck/Teixeira 2017: 5–8).[70]

Ein Blick auf die Verwendungsseite bzw. -gleichung des BIP verdeutlicht diese Sichtweise und Krisenanalyse: $Y = C + I + G + (X-M)$, wobei Y das gesamtwirtschaftliche Einkommen (= BIP), C den privaten Konsum, I private Investitionen, G die Staatsausgaben und (X-M) den Außenbeitrag, d. h. Exporte abzüglich Importe, darstellt. Hinsichtlich C ist festzuhalten, dass der private Konsum bereits seit 2010 eine nachlassende Dynamik aufwies und 2015 und 2016 ein Negativwachstum aufwies (IBGE 2017b: 12–13). Die private Investitionstätigkeit (I) hatte bereits ab 2013 zu sinken begonnen, was sich in den Folgejahren fortsetzte (Dweck/Teixeira 2017: 20). Obwohl die Stimulierung privater Investitionen ein Ziel der neo-desarrollistischen Entwicklungsstrategie darstellte, wurde dieses Ziel klar verfehlt. Die hohen Zinsen und die daraus resultierenden (Re-)Finanzierungsschwierigkeiten trugen hierzu in beträchtlichem Ausmaß bei (Quiroga 2014: 11; Flassbeck 2015b, 2016). Die Staatsausgaben G stiegen zwar 2015 und 2016 noch einmal an, dieses Wachstum war jedoch äußerst moderat (Dweck/Teixeira 2017: 12–14). Nichtsdestoweniger nahm die öffentliche Investitionstätigkeit ab 2014 ab und die Ausgaben im Rahmen des PAC und des Wohnungsbauprogramms *Minha Casa Minha Vida* wurden ab 2015 ebenfalls zurückgefahren (ebd.: 20, 22). Für die rückläufige öffentliche Investitionstätigkeit war auch der sinkenden Ölpreis verantwortlich. Da das halbstaatliche Unternehmen Petrobras, das in der Regel Investitionen in Höhe von etwa 10 % der Gesamtinvestitionen Brasiliens tätigte, mit sinkenden Ölpreisen und daher Einnahmen konfrontiert war, kürzte die Firma 2014 und 2015 die Investitionen jeweils um 33 % (ECB 2016: 18). Diese Kürzungen bedingten negative Multiplikatoreffekte für die brasilianische Wirtschaft. Gemäß Schätzungen des Finanzministers

---

[70] Diese Erklärung basiert auf einer „heterodoxen" Sichtweise. Liberale oder „orthodoxe" Interpretationen sehen einen umgekehrten Wirkungszusammenhang: hohe öffentliche Ausgaben → Anstieg der öffentlichen Schulden und Fiskalkrise → Wirtschaftskrise (Dweck/Teixeira 2017: 5–6). Die orthodoxe Interpretation vermag nach Ansicht des Autors dieser Arbeit aus zwei Gründen weniger zu überzeugen als die heterodoxe. Erstens stiegen die öffentlichen Ausgaben der Regierung Rousseff äußerst moderat, lediglich im Verhältnis zum sinkenden BIP stiegen diese Ausgaben stark an bzw. erschienen als zu hoch (ebd.: 12–14). Zweitens kann diese Interpretation den Rückgang der anderen Nachfragekomponenten (Binnenkonsum, private Investitionen, Außenbeitrag) 2015 und 2016 nicht befriedigend erklären bzw. vernachlässigt diese Faktoren in der Krisenanalyse.

verursachten die direkten und indirekten Auswirkungen dieser Kürzungen Petrobras' einen Rückgang des BIP-Wachstums um etwa 2 Prozentpunkte (ebd.). Parallel zum Wirtschaftsabschwung verschlechterte sich der öffentliche Haushalt. Der Primärüberschuss, der die gesamte Zeit der Regierung Lulas hindurch positiv gewesen war, stieg zwar im ersten Jahr der Rousseff-Administration (2011) noch einmal an, nahm in der Folge dann jedoch kontinuierlich ab, wurde ab 2014 negativ und sank 2015 und 2016 noch weiter (Dweck/Teixeira 2017: 9). Die öffentliche Nettoverschuldung stieg ab Anfang 2014 (30 % des BIP, Januar 2014) langsam an und verblieb bis Mitte 2015 auf einem moderaten Stand (32 %, September 2015), bevor sie fortan kontinuierlich anstieg und bei dem Amtsenthebungsverfahren Rousseffs im August 2016 schließlich bei 42,8 % lag (Ipeadata 2018).[71]

Auch hinsichtlich des Außenbeitrags, der letzten Komponente der Verwendungsgleichung, waren negative Nachfrageeffekte zu konstatieren. Parallel zum steigenden Außenwert des *Real* nahm der Handelsbilanzüberschuss ab 2003 kontinuierlich ab. Ab 2008 wies Brasilien mit −1,7 % des BIP ein Defizit in der Handelsbilanz auf. 2010, als der *Real* eine der überbewertesten Währung der Welt war (Henkin 2014: 87), stieg das Defizit noch einmal an (−3,4 %), verblieb bis 2013 auf einem ähnlich hohen Niveau, um 2014 weiter zu steigen (−4,2 %). Seither ist das Handelsbilanzdefizit zwar rückläufig, aber noch immer vorhanden (CEPAL 2018a).

Brasilien bezog in diesen Jahren keine positiven Nachfragesignale aus dem Ausland und dem Außenhandel, wodurch die brasilianische Produktion hätte stimuliert werden können. Ferner bedingte die zunehmende Rohstofffokussierung in der Exportgüterpalette das Problem ausbleibender *Linkage*-Effekte, da der Extraktionsvorgang natürlicher Ressourcen wenig technologie- und produktivitätsintensiv ist. Kurzum: alle Komponenten der Verwendungsseite des BIP – privater Konsum, private Investitionen, Staatsausgaben und Außenbeitrag – deuteten in den letzten zwei Jahren der Regierung Rousseff auf eine deutlich nachlassende Dynamik der gesamtwirtschaftlichen Nachfrage hin, was schließlich zu der Wirtschaftskrise Brasiliens führte.

4.3.3.3.3 Fazit und Evaluation
Die Jahre Rousseffs als Präsidentin verliefen äußerst turbulent und zeichnen ein widersprüchliches Bild. Die wirtschafts-, sozial- und inklusionspolitischen

---

[71] In diesem Kontext sollte angemerkt werden, dass eine Verschuldung – privat oder öffentlich – interne Nachfrage und daher eine wirtschaftliche Dynamik aufrechterhalten und stimulieren kann. Fener muss berücksichtigt werden, dass bei einem sinkenden BIP *ceteris paribus* auch die (Gesamt-)Verschuldung steigt, so wie im brasilianischen Fall.

4.3 Die Phase der neo-desarrollistischen Erosion unter Rousseff: ...

Erfolge, die die Regierung bis 2013 verbuchen konnte, stehen in starkem Kontrast zu den darauffolgenden Jahren, die vor allem durch eine wirtschaftliche und politische Krise gekennzeichnet waren. Die Erfolge der Regierung Rousseff waren (bis 2013) vor allem in sozial- und inklusionspolitischer Hinsicht unverkennbar. Die gesamte Präsidentschaft Lulas hindurch wurde die Armut und die extreme Armut gesenkt. Unter Rousseff konnte dieser Trend zunächst bis 2014 fortgesetzt werden, ab 2015 kehrt er sich allerdings um und Armut und extreme Armut nahmen in den Folgejahren wieder zu (Diniz Alves 2018). Die Arbeitslosenquote, die von 2003 (12,3 %) bis 2011 (6,0 %) gesunken war, verblieb in den ersten Jahren der Rousseff-Administration auf einem moderaten Niveau, belief sich 2014 auf 7,8 %, bevor sie 2015 auf 9,3 % und 2016 auf 13 % anstieg (CEPAL 2018a). Ferner verlor der Mindestlohn an Fahrt. Während unter Lula eine reale jährliche Erhöhung von 8,4 % zwischen 2003 und 2006 und 4,1 % zwischen 2007 und 2010 erzielt wurde, sank dieser Wert auf 3,0 % zwischen 2011 und 2014 und 1,2 % in den Jahren 2015 und 2016 (Dweck/Teixeira 2017: 18). Der (steigende) Mindestlohn war der wichtigste Faktor in der Reduktion der Ungleichheit in der Ära der PT-Regierungen (Costa/Fritz/Sproll 2015: 23). Nichtsdestoweniger konnte die mit dem GINI gemessene Ungleichheit trotz der Krisenjahre 2015 und 2016 und der nachlassenden Dynamik bei der Steigerung des Mindestlohns weiter verringert werden (Tradingeconomics 2018).

Durch die Sozial- und Inklusionspolitik wurde den ärmeren Bevölkerungsschichten, dem Subproletariat, ein moderater materieller Aufstieg und damit eine entsprechende gesellschaftliche Teilhabe ermöglicht. Dies bezog sich neben monetären Leistungen im Rahmen der unterschiedlichen Sozialprogramme wie zum Beispiel des Bildungs- und Gesundheitsprogramms *Bolsa Familia* oder des Wohnungsbauprogramms *Minha Casa Minha Vida* auch auf die „Demokratisierung" der (höheren) Bildung, Quotenregelungen zur Gleichstellung benachteiligter Gruppen und die Stärkung der Arbeitsrechte von Hausangestellten. Generell stellt die Besserstellung und das *Empowerment* der Arbeitnehmer ein unverkennbares Verdienst der PT-Regierung dar.

Demgegenüber erweist sich eine wirtschafts- bzw. entwicklungspolitische Bewertung der Regierung Rousseff als schwieriger und fällt – je nach politischem bzw. ideologischem Standpunkt – unterschiedlich aus. Festgehalten werden kann zumindest, dass die Rousseff-Administration den unter Vorgänger Lula eingeschlagenen neo-desarrollistischen Kurs intensivierte bzw. beschleunigte. Besonderes Kennzeichen hierfür war, dass sich Rousseff in Konfrontationen mit einflussreichen Akteuren, v. a. dem Finanzkapital, begab, was Lula seinerzeit stets gescheut hatte. Um die „strukturelle Macht des Finanzkapitals" (Bastos 2017: 17) zu verringern und im Gegenzug die produktive Kapitalfraktion zu stärken, versuchte die Regierung – zunächst erfolgreich – sich von geld- und fiskalpolitischen Fesseln bzw. dem Handlungskorsett der „tripé macroeconômico", d. h. von den hohen Zinsen, der fiskalischen Restriktion und der Überbewertung der Währung, zu befreien. Dies kann als Vorbedingung für eine expansivere Agenda bzw. die Intensivierung des neo-desarrollistischen Kurses angesehen werden. Einen weiteren Kampf führte Rousseff gegen die in Brasilien nahezu allgegenwärtige Korruption. Dank der dahingehenden Politik wurden inzwischen einige der einflussreichsten und wohlhabendsten Akteure aus Gesellschaft und Politik verurteilt. Diese Konfrontationen mit den ökonomisch und politisch Mächtigen vergrößerten jedoch den gegen die Präsidentin arbeitenden oppositionellen (Gegen-)Machtblock. In Verbindung mit der sich abzeichnenden Wirtschaftsflaute bedingte dies nicht nur eine Verringerung der (wirtschafts- und sozialpolitischen) Handlungsspielräume, sondern auch das sukzessive Auseinanderbrechen des eigenen Machtblocks. Abschließend wird in Tabelle 4.9 noch einmal der Nexus von Weltwirtschaft, brasilianischer Wirtschafts- und Sozialpolitik und BIP-Entwicklung aufgezeigt. Damit lässt sich die Relevanz der spezifischen Art der Weltmarkteinbindung Brasiliens und die signifikant ausgeprägte Abhängigkeit von den Entwicklungen der globalen Wirtschaft erhellen.

4.3 Die Phase der neo-desarrollistischen Erosion unter Rousseff: ...

Tabelle 4.9 Zusammenhang von Weltwirtschaft, Wirtschafts- und Sozialpolitik und BIP-Entwicklung

Indikatoren	Jahr						
	2010 (Präsident: Lula)	2011 (Präsident: Rousseff)	2012	2013	2014	2015	2016
Entwicklung der Weltwirtschaft (und der Rohstoffpreise)	←	→	→	←	→ (fallender Ölpreis)	→ (fallender Ölpreis)	↑
Wirtschafts- und Sozialpolitik	Erst antizyklisch und expansiv; später restriktiv	Erst restriktiv; später antizyklisch und expansiv	antizyklisch und expansiv	moderat expansiv	restriktiv	restriktiv	restriktiv
BIP-Wachstum (%)	7,5	4,0	1,9	3,0	0,5	-3,5	-3,5

Quelle: Eigene Darstellung. BIP-Daten aus CEPAL (2018a), Entwicklung der Weltwirtschaft (World GDP) aus The Economist (2017).

4.3.4 Fazit der Phase der neo-desarrollistischen Erosion unter Rousseff: Niedergang des Lulismus und des Neo-Desarrollismus vor dem Hintergrund einer krisenhaften politischen Kultur und geringer Handlungsspielräume

Die Phase der neo-desarrollistischen Erosion unter Rousseff (2011–2016) war zu Beginn durch eine Fortführung und Intensivierung des unter Lula eingeschlagenen Entwicklungsprojekts gekennzeichnet. Hierbei konnte die Regierung wirtschafts- und sozialpolitische Erfolge vorweisen. Später ließ die Rousseff-Administration den Neo-Desarrollismus jedoch hinter sich und kehrte zur wirtschaftspolitischen Orthodoxie zurück. Die ab 2015 einsetzende wirtschaftspolitische Trendwende spiegelte sich nicht in den (wirtschafts-)politischen Zielsetzungen des Entscheidungspersonals wider. Diese Zielsetzungen waren die gesamte Präsidentschaftszeit Rousseffs hindurch weitgehend dieselben wie diejenigen der neo-desarrollistischen Phase, d. h. am Neo-Desarrolismo orientiert. Daher ist dieser Faktor in der Erklärung des Wechsels der wirtschaftspolitischen Strategie ab 2015 nicht entscheidend.

Die wirtschaftspolitische Trendwende erfolgte vielmehr aufgrund zweier anderer Faktoren: Zum einen lag sie an einer signifikant veränderten politischen Kultur, d. h. einer stark ausgeprägten und von dem oppositionellen Block vorangetriebenen Polarisierung, die letztendlich zu einem Legitimationsverlust Rousseffs und des neo-desarrollistischen Programms führte. Zum anderen sah sich die Regierung in dieser Phase mit signifikant verringerten politischen und wirtschaftlichen Handlungsspielräumen konfrontiert: Die Machtverhältnisse hatten sich in entscheidendem Ausmaß zuungunsten Rousseffs verändert. Die sukzessive Erosion des Machtblocks der Regierung kulminierte schließlich in der Amtsenthebung Rousseffs im Jahr 2016. Ursächlich für diesen Machtverlust waren u. a. wirtschaftliche Faktoren. Aufgrund der reprimatisierten, d. h. auf Rohstoffausfuhren ausgerichteten, Exportstruktur Brasiliens war die Außenabhängigkeit seit dem in den 2000er Jahren einsetzenden Rohstoffboom immer größer geworden. Der nachlassende Rohstoffboom und die sinkenden Preise wirkten sich daher negativ auf die wirtschaftliche Dynamik der brasilianischen Volkswirtschaft aus. Sie führten zu einem Rückgang der Inlandsnachfrage und zu Engpässen im öffentlichen Haushalt. Dies wiederum bedingte geringere wirtschafts- und sozialpolitische Handlungsspielräume der Regierung, implizierte eine Rückkehr zu wirtschaftspolitischen Orthodoxie und vergrößerte die bestehende (materielle) Unzufriedenheit in bedeutenden Teilen der Bevölkerung und der Geschäftswelt. Das Zusammenspiel der Wiedererstarkung der Opposition mit den geringen wirtschaftlichen und politischen Gestaltungsspielräumen der Regierung öffneten ein *window of opportunity*, d. h. eine gewisse Transformationsdisposition, für ein neues politisches Projekt bzw. für ein Gegenprojekt. So wurde der Grundstein

4.3 Die Phase der neo-desarrollistischen Erosion unter Rousseff: ...

für den von der Opposition initiierten Machtkampf gelegt, den die PT und Rousseff schließlich verloren. Mit dem hierauf einsetzenden konservativen *Rollback* wurde nicht nur der Lulismus, sondern auch das neo-desarrollistische Entwicklungsprojekt in Brasilien beendet. Das Zusammenspiel der drei Faktoren dieser Arbeit wird für alle drei Phasen – orthodoxe Phase (2003–2005), neo-desarrollistische Phase (2006–2010) und der Phase der neo-desarrollistischen Erosion (2011–2016) – in Tabelle 4.10 verdeutlicht.

Tabelle 4.10 Prozessuale Nachzeichnung der drei Faktoren

	Theorie	Praxis
Orthodoxe Phase (2003–2005)	Politische Kultur	Keine ausgeprägte politische Polarisierung, zwar Wirtschaftsabschwung, aber keine tiefgreifende (wirtschaftliche und bzw. oder politische) Krise →*window of opportunity* für moderaten Wandel
	(Wirtschafts-) politische Zielsetzungen des Entscheidungspersonals	1. Schaffung eines alternativen Entwicklungsmodells mit starkem Staat; 2. soziale Inklusion und Verringerung der Ungleichheiten; 3. ein wirtschaftliches, d. h. Arbeitsplätze und Einkommen schaffendes, ökologisch nachhaltiges und die territorialen Ungleichheiten reduzierendes Wachstum; 4. Ausweitung der Staatsbürgerschaft und Stärkung der Demokratie
	Handlungsspielräume (Akteur-Struktur-Konstellation)	Akteur: Lula wird Präsident und erhält Mandat zu einem moderaten Wandel, nicht jedoch zu einer radikalen Umwälzung Strukturcharakteristika: Beschränkung von Handlungsspielräumen • Machtverhältnisse: Koalitionspräsidentialismus, fehlende parlamentarische Mehrheiten und Macht einflussreicher Akteure beschränken präsidentielle Entscheidungsfreiheiten • Ressourcen: beschränkter Zugang zu Einnahmen aus Ressourcen, Legitimation über Sozialpolitik basiert auf Besteuerung nicht-extraktiver Wirtschaftszweige • Weltmarkteinbindung: Außenorientierung und Außenabhängigkeit, jedoch erste Schritte zur Verringerung der externen Dependenzen Fazit: trotz erster Schritte zur Ausweitung der Gestaltungsmöglichkeiten bleiben die Handlungsspielräume der Regierung bezüglich der Wirtschafts- und Sozialpolitik beschränkt
	→Output: Wirtschaftspolitik	Weitgehend orthodox: makroökonomische Stabilisierungspolitik und moderate Sozialpolitik

(Fortsetzung)

4.3 Die Phase der neo-desarrollistischen Erosion unter Rousseff: ...

Tabelle 4.10 (Fortsetzung)

	Theorie	Praxis
Neo-desarrollistische Phase (2006–2010)	Politische Kultur	Zwar nimmt Polarisierung zu, führt jedoch nicht zu einer politischen Radikalisierung der PT-Regierung. Nichtsdestoweniger bewirkt die Wählerwanderung der Ärmeren hin zu Lula und die Unterstützung durch die interne produktive Kapitalfraktion die Möglichkeit zu einer partiellen Neujustierung des Entwicklungskurses
	(Wirtschafts-)politische Zielsetzungen des Entscheidungspersonals	1. Soziale Inklusion und Verringerung der Ungleichheiten; 2. Steigerung von (nachhaltigem und sozialem) Wachstum, Investitionen und Industriepolitik durch (Entwicklungs-)Staat; 3. Verbesserung der (öffentlichen) Sicherheit, der demokratischen bzw. sozialen Kontrolle und der Ausübung von (Menschen-)Rechten
	Handlungsspielräume (Akteur-Struktur-Konstellation)	Akteur: Lula wird von den ärmeren Bevölkerungsteilen gewählt und erhält damit ein Mandat zu einer stärkeren Ausrichtung des Entwicklungsmodells auf diese neue Wählerbasis; jedoch ist keine radikale Umwälzung geplant Strukturcharakteristika: Ausweitung von Handlungsspielräumen • Machtverhältnisse: stabile Regierungskoalition, Unterstützung durch interne produktive Kapitalfraktion und ärmere Bevölkerungsschichten, integrative Identitätspolitik • Ressourcen: Zugang zu Einnahmen aus Ressourcen bleibt beschränkt, aber die hohen internationalen Rohstoffpreise bewirken Mehreinnahmen, gesteigerte Legitimation über erfolgreiche Wirtschafts- und Sozialpolitik • Weltmarkteinbindung: Außenorientierung bleibt bestehen, Außenabhängigkeit kann jedoch reduziert werden, zeitgleich Stärkung des Binnenmarkts, Industriepolitik und öffentliche Investitionen im Namen des Neo-Desarrollismus, zudem neue Gestaltungsspielräume auf regionaler Ebene Fazit: vergrößerte Handlungsspielräume der Regierung im Vergleich zur orthodoxen Phase bedingen eine aktivere Wirtschafts- und Sozialpolitik
	→Output: Wirtschaftspolitik	Neo-Desarrollismus: Verbindung orthodoxer (makroökonomische Stabilisierung) mit heterodoxen (Industriepolitik) Elementen

(Fortsetzung)

Tabelle 4.10 (Fortsetzung)

	Theorie	Praxis
Phase der neo-desarrollistischen Erosion (2011–2016)	Politische Kultur	Zunahme der Polarisierung, politische Radikalisierung der Opposition und Erosion des Machtblocks der Regierung führen zu einem Machtkampf, der in der Amtsenthebung Rousseffs und dem Ende des neo-desarrollistischen Entwicklungsprojekts mündet →*window of opportunity* für konservativen *Rollback* unter Nachfolger Temer und dem neuen Präsidenten Bolsonaro
	(Wirtschafts-)politische Zielsetzungen des Entscheidungspersonals	1. Soziale Inklusion; 2. Beschleunigung von Wachstum, Investitionen und Industriepolitik durch (Entwicklungs-)Staat; 3. Verbesserung der (öffentlichen) Sicherheit, der demokratischen bzw. sozialen Kontrolle und der Ausübung von (Menschen-)Rechten
	Handlungsspielräume (Akteur-Struktur-Konstellation)	Akteur: Rousseff übernimmt die Wählerbasis und das (wirtschafts-)politische Erbe Lulas, eine radikale Umwälzung ist nicht geplant, jedoch bedingt ihr Machtverlust und ihre Amtsenthebung das Ende des Lulismus Strukturcharakteristika: Verringerung von Handlungsspielräumen • Machtverhältnisse: Stärkung der Opposition und sukzessive Erosion des Machtblocks der Regierung • Ressourcen: Ende des Rohstoffbooms bewirkt weniger öffentliche Einnahmen und damit wirtschafts- und sozialpolitische Handlungsspielräume • Weltmarkteinbindung: die Ausrichtung auf Rohstoffexporte macht in Verbindung mit den fallenden Rohstoffpreisen die Außenabhängigkeit deutlich, die sich in der Folge negativ auf die Binnenwirtschaft auswirkt und die staatlichen Gestaltungsspielräume entscheidend einschränkt Fazit: stark verringerte Handlungsspielräume der Regierung im Vergleich zur neo-desarrollistischen Phase bedingen Ende des neo-desarrollistischen Entwicklungsprojekts und des Lulismus in Brasilien
	→Output: Wirtschaftspolitik	Erst heterodox, dann orthodox-neoliberale Trendwende

Quelle: Eigene Darstellung.

4.4 Interpretatives Fazit: Zusammenspiel der politischen Kultur, der Zielsetzungen und Handlungsspielräume des Entscheidungspersonals in der Erklärung der wirtschaftspolitischen Strategie und des Reformzyklus des Lulismus

In den folgenden Zeilen wird der Versuch unternommen, mithilfe des in dieser Arbeit verwendeten Konzepts und der darin enthaltenen drei Faktoren – 1. politische Kultur, 2. (wirtschafts-)politische Zielsetzungen des Entscheidungspersonals und 3. Handlungsspielräume des Entscheidungspersonals – eine interpretative und die Faktoren zusammenführende Erklärung für die wirtschaftspolitische Strategie bzw. die Wirtschaftspolitik der Regierung Lula und der Regierung Rousseff zu liefern. In der Folge wird in verdichteter Form dargelegt, inwiefern Veränderungen in den Faktoren auch Veränderungen der Wirtschaftspolitik bedingten.

Gemäß der in der empirischen Untersuchung gemachten Phasierung wird der Reformzyklus des Lulismus in die folgenden Abschnitte unterteilt: 1. Die orthodoxe Phase unter Lula beleuchtet den Kontext des Regierungswechsels (d. h. die relevantesten Auswirkungen der Vorgängerregierung), den Aufstieg des Lulismus und des pragmatischen Reformprojekts (2003–2005). 2. In der neo-desarrollistischen Phase unter Lula wird die Neuausrichtung des Reformprojekts im Namen des Neo-Desarrollismus analysiert (2006–2010). 3. Die Phase der neo-desarrollistischen Erosion unter Rousseff widmet sich dem Abstieg des neo-desarrollistischen Reformprojekts und dem Ende des Lulismus (2011–2016). So wird der Reformzyklus des Lulismus, d. h. Aufstieg und Fall des (wirtschafts-)politischen Modernisierungs- und Entwicklungsprojekts Lulas und Rousseffs beleuchtet.

4.4.1 Die orthodoxe Phase unter Lula: Aufstieg des Lulismus und des pragmatischen Reformprojekts

Die erste, als orthodox betitelte Phase zwischen 2003 und 2005 behandelte den Aufstieg des Lulismus und den Beginn des damit verbundenen pragmatischen Reformprojekts. Die Endphase der Regierung Cardoso war durch einen wirtschaftlichen Abschwung gekennzeichnet, nicht jedoch durch eine schwerwiegende Krise. Folglich war die **politische Kultur** des Landes durch den Wunsch nach einem moderaten Wandel des unter Cardoso eingeschlagenen Entwicklungspfades geprägt. Die Wahl Lulas als Präsident Brasiliens ging daher mit einem Mandat zu einem moderat-pragmatischen Reformkurs einher, nicht jedoch zu einer revolutionären Umwälzung des politischen und wirtschaftlichen Status quo. Lula und seine Partei, die PT, trugen diesen Einstellungsmustern in der brasilianischen Bevölkerung Rechnung. Während des Präsidentschaftswahlkampfes hatten sie ein moderates Programm präsentiert und in ihren Kampagnen zwar Wandel signalisiert, zeitgleich jedoch auch Kontinuitäten in Aussicht gestellt.

Der moderat-pragmatische Kurs des Wahlkampfes 2002 spiegelte sich auch in den (**wirtschafts-)politischen Zielsetzungen** der Regierung wider. Diesbezüglich war zwar ein wirtschaftspolitisches Umdenken erkennbar, d. h. eine aktivere Rolle des Staates in der Wirtschaft mittels Industriepolitik und öffentlicher Investitionen. Jedoch wurde zeitgleich die Relevanz einer makroökonomischen Stabilisierungspolitik, d. h. der wirtschaftspolitischen Orthodoxie, betont. In der Praxis wurde der Fokus der Regierung in dieser Phase jedoch deutlich auf makroökonomische Stabilisierung gelegt. Lediglich in der Sozialpolitik zeigte die Regierung einen größeren Aktivismus.

Bereits zu Beginn seiner Präsidentschaft hatte Lula den seine gesamte Amtszeit kennzeichnenden Pragmatismus zum Ausdruck gebracht, als er sagte, dass er zuerst „das Notwendige" und dann „das Mögliche" machen werde (Lula 2013: 15).[72] Zwar setzte ab 2004 eine moderate Trendwende ein, als die Wirtschaftspolitik aktiver wurde und die ersten industriepolitischen Vorstöße (PITCE) gewagt wurden, dies änderte jedoch wenig an der grundsätzlichen wirtschaftspolitischen Ausrichtung. Denn der Wahrnehmungs- und Interpretationshorizont des Entscheidungspersonals um Lula bezüglich der wirtschaftlichen Entwicklung ähnelte demjenigen seines Vorgängers Cardoso. Das folgende Zitat über Lulas Motivation und Aufstiegshoffnungen verdeutlicht die kulturelle und gedankliche Verankerung innerhalb dieses Horizonts bzw. „Bedeutungsuniversums":

> „Es im Leben zu etwas zu bringen, in der Welt des Anderen, sich diese aneignen und durch den Zugang zu seinen Insignien selbst zum Anderen werden. Das ist das Bedeutungsuniversum, das Lula versteht und mit der er kommuniziert. Vor allem für diese Art Arme bedeutete seine Regierungszeit Teilhabe und sozialen Aufstieg" (Brum 2018: 55).

Die Regierung Lula strebte folglich keine revolutionäre Überwindung des Status quo, sondern vielmehr eine „Klassenversöhnung" (Brum 2018: 55), eine Allianz zwischen Arbeit und (produktivem) Kapital an (Lula 2003b: 5). Generell

---

[72]Zusätzlich sagte Lula, dass er nach dem Notwendigen und dem Möglichen auch das Unmögliche machen werde. Unabhängig davon, wie man seine Tätigkeiten und Erfolge im Nachhinein bewertet, zeigt dieses Zitat insofern einen gewissen Pragmatismus, als der Fokus zunächst auf dem Notwendigen und Möglichen lag.

4.4 Interpretatives Fazit: Zusammenspiel der politischen ...

bestand unter den (politischen) Eliten des Landes und auch der neuen Regierung ein relativ stabiler Konsens über die politökonomische Zielvision: eine marktbasierte Demokratie. Dieser Konsens und die Verpflichtung gegenüber (liberaler) Demokratie und kapitalistischer Marktwirtschaft sollten die gesamte Ära der PT-Regierungen hindurch Bestand haben. In den (wirtschafts-)politischen Zielsetzungen der Regierung Lula bzw. den dahingehenden Dokumenten war daher keine (diskursive) Abkehr vom internationalen kapitalistischen Grundkonsens erkennbar. Vielmehr wurde eine innerkapitalistische Neuorientierung anvisiert, die die orthodox-neoliberale Wirtschaftspolitik der konservativen Vorgängerregierung zugunsten einer heterodoxen, v. a. keynesianischen, Ausrichtung zu überwinden versuchte.

Die **Handlungsspielräume** der Regierung Lula waren in dieser Phase äußerst beschränkt. Das betraf erstens die Machtverhältnisse im Land. Hierunter fällt zum einen das politische System Brasiliens, der Koalitionspräsidentialismus. Denn zur Herstellung regierungsfähiger Mehrheiten im Parlament mussten Abgeordnete anderer Parteien ins Boot geholt werden. Das ließ sich aufgrund der in Brasilien traditionell stark ausgeprägten Kultur der Korruption primär über illegale finanzielle Zuwendungen bewerkstelligen. Da die brasilianische Wirtschaft zunächst nur langsam wuchs, erschwerten die für Korruptionspraktiken verwendeten öffentlichen Einnahmen anderweitige Ausgaben. Zum andern wurde der Handlungsradius der Regierung durch die traditionellen gesellschaftlichen Machtverhältnisse eingeschränkt, denn die strukturell oligarchisch organisierten Machtbastionen in Wirtschaft und Medien hatten immer noch Bestand. Zweitens waren für die Regierung die Möglichkeiten der (Re-)Finanzierung wirtschafts- und sozialpolitischer Aktivitäten zu diesem Zeitpunkt schwierig, was mit den gesteckten Zielen (Schuldenabbau, Primärüberschuss etc.), aber auch mit dem damals erst langsam einsetzenden Wirtschaftsaufschwung und Rohstoffboom zusammenhing. Die Ressourcenvorkommen des Landes spielten für die Akkumulationsdynamik und die öffentlichen Einnahmen in dieser Phase noch keine relevante Rolle. Drittens hatte die unter Cardoso forcierte Außenöffnung der brasilianischen Volkswirtschaft und die damit einhergehende Weltmarkteinbindung zu einer starken Abhängigkeit von den wirtschaftlichen Entwicklungen auf regionaler, v. a. aber internationaler Ebene geführt. Obwohl die Regierung Lula bedeutende Schritte zum Abbau dieser Dependenzen unternahm (Verringerung der Außenverschuldung, Förderung des Binnenmarkts, Diversifizierung der Handelspartner etc.), hatten Ausgestaltung und Entwicklung des internationalen Handels- und Finanzregimes für die brasilianische Wirtschaft, auch für den Binnenmarkt, strukturierenden Charakter.

Akteur-Struktur-Gefüge, Stabilisierungs- und Regulationsweise der politökonomischen Konfiguration

In dieser ersten, orthodoxen Phase (2003–2005) war der Handlungsradius des Akteurs Lula und seiner Regierung durch ein spezifisches Strukturgefüge zunächst signifikant eingeschränkt. Das zeigte sich politisch-kulturell (Elitenkonsens bezüglich marktkonformer Demokratie), (macht-)politisch (Koalitionspräsidentialismus, traditionelle Machtbastionen) und wirtschaftlich (Außenabhängigkeit). Die Regierung Lula stützte sich in der Stabilisierung dieser politökonomischen Konfiguration weitgehend auf eine bereits unter Vorgänger Cardoso erfolgte Regulation und Regulationsweise. Diese zeichnete sich erstens durch einen sozialliberalen Charakter, d. h. eine Verbindung von wirtschaftlichem Liberalismus und Sozialpolitik, und zweitens durch ein auf Klassenversöhnung basierendes Identitäts-, Integrations- und Befriedungsprojekt aus.

4.4.2 Die neo-desarrollistische Phase unter Lula: Neuausrichtung des Reformprojekts im Namen des Neo-Desarrollismus

Die zweite, neo-desarrollistische Phase zwischen 2006 und 2010 widmete sich der partiellen Neuausrichtung des Reformprojekts im Namen des Neo-Desarrollismus. Wie die folgenden Ausführungen zeigen werden, war hierfür weniger ein Wandel in den (wirtschafts-)politischen Zielsetzungen des Entscheidungspersonals verantwortlich, sondern vielmehr Entwicklungen in der politischen Kultur des Landes und Veränderungen der Handlungsspielräume der Regierung Lula.

Eine bedeutende Entwicklung betraf die **politische Kultur** Brasiliens. Spätestens seit dem Bekanntwerden des *Mensalão*-Korruptionsskandals 2005 nahm die Polarisierung zwischen den Befürwortern und Gegnern des Reformprojekts der Regierung Lula signifikant zu. V.a. Teile der Oberschicht und der Unternehmerschaft sowie die großen privaten Medien standen der Regierung und Präsident Lula kritisch und oppositionell gegenüber. Hinzu kam die brasilianische Mittelschicht, die sich in dezidierter Weise gegen die Lula-Administration wandte. Denn die moderate, aber dennoch dezidierte Sozialpolitik der Regierung Lula hatte den sozioökonomischen Aufstieg der Unterschichten begünstigt, was der Mittelschicht zunehmend missfiel. Mittelschicht, Teile der Oberschichten und der eher außenorientierten und an Finanzgeschäften interessierten Unternehmer bildeten daher zusammen mit der politischen Rechten und den großen Medien des Landes eine oppositionelle Allianz gegen die Regierung. Auf der anderen Seite

4.4 Interpretatives Fazit: Zusammenspiel der politischen …

waren aufgrund der Sozialpolitik die Unterschichten, die 2002 noch nicht zu der Wählerbasis Lulas und der PT gehört hatten, auf die Seite der Unterstützer der Regierung gewandert. Ferner bildete die industrielle Unternehmerschicht, d. h. die interne produktive Kapitalfraktion, einen wichtigen Stützpfeiler der Regierung Lulas. Diese veränderte Wählerbasis und deren Forderungsprofil bildeten einen entscheidenden Faktor in der Intensivierung bzw. partiellen Neujustierung des Reformprojekts der Regierung. Es ist an dieser Stelle jedoch anzumerken, dass die steigende politische Polarisierung nicht mit einer Radikalisierung des Entwicklungskurses der Regierung einherging. Präsident Lula nutzte die bestehenden und sich verschärfenden Antagonismen zwar rhetorisch und v. a. strategisch aus, um z. B. während des Wahlkampfs klare Positionierungen zu ermöglichen. Er nutzte die Stimmung jedoch nicht zu einer radikaleren Agenda.

Die partielle Neuausrichtung des Reformprojekts betraf daher weniger die **(wirtschafts-)politischen Zielsetzungen** selbst, als vielmehr die wirtschaftspolitische Praxis. Hinsichtlich der Zielsetzungen der Regierung kann festgehalten werden, dass der Elitenkonsens bezüglich einer marktbasierten Demokratie weiterhin Bestand hatte. Die (wirtschafts-)politischen Zielsetzungen sollten in der zweiten, neo-desarrollistischen Phase mittels einer am Neo-Desarrollismus angelehnten Strategie erreicht werden. Diese Strategie war nicht durch eine signifikante Abkehr von den grundlegenden Charakteristika des bisherigen Entwicklungskurses gekennzeichnet, sondern eher durch partielle Weiterentwicklungen bzw. eine stärkere Fokussierung auf die ‚heterodoxen' Elemente der bisherigen Strategie. Auf einer abstrakten Ebene bedeutete das eine weitere Verschiebung des Verhältnisses von Markt und Staat zugunsten des Letzteren. Konkret wurde in diesem Zusammenhang ein größerer wirtschaftspolitischer Aktivismus forciert. Darunter fielen z. B. öffentliche Investitionen, Industriepolitik und die Stärkung des Binnenmarkts zur Generierung von Wirtschaftswachstum und Verteilungsspielräumen. Auch die Sozialpolitik (Steigerung des Mindestlohns, Ausweitung sozialpolitischer Leistungen und des Kreditangebots, Verbesserung der sozialen Infrastruktur etc.) spielte hierbei eine wichtige Rolle. Mit dieser strategischen Ausrichtung wurde an das desarrollistische Erbe angeknüpft, d. h. an die während der Mitte des 20. Jahrhunderts in Lateinamerika weit verbreitete Strategie der Importsubstitutionsindustrialisierung. Im Gegensatz zu Letzterer wurde aber nicht der Versuch unternommen, sich protektionistisch vom Weltmarkt abzukoppeln, z. B. um *infant industries* zu schützen, sondern stattdessen eine aktive und staatliche geförderte Integration in internationale Märkte angestrebt. Im Rahmen dieser strategischen Neuausrichtung können signifikante Pfadabhängigkeiten staatskapitalistischer Entwicklung in Brasilien festgemacht werden.[73] Konkret zeigte sich hieran, inwieweit ‚alte' ideelle Strukturen und Konzepte bis in die Zeit Lulas nachwirkten und nach einer neo-desarrollistischen, d. h. punktuellen, Aktualisierung erneut in Mode kamen. Gerade während und nach der globalen Wirtschafts- und Finanzkrise war in den linken Regierungen Lateinamerikas, und damit auch innerhalb der Regierung Lula, das Vertrauen in die Selbstheilungskräfte des Marktes tief erschüttert. Im Gegenzug gewann der Staat – der in einem simplifizierten Kontinuum den Antagonisten zum Markt darstellt – nicht zuletzt aufgrund der erfolgreichen antizyklischen Wirtschaftspolitik der Regierung an Legitimation. Dennoch verblieb die Lula-Administration in der Anwendung der neo-desarrollistischen Entwicklungsstrategie und der damit einhergehenden Wirtschaftspolitik nichtsdestoweniger in denselben modernistisch-kapitalistischen Entwicklungsbahnen wie zu der Zeit der orthodoxen Phase und grundsätzlich auch zu derjenigen des Vorgängers Cardoso. Im Jahr 2011 erklärte Lula in einem Interview (zit. nach: Oluwasanmi 2013), dass ein Metallarbeiter mit sozialistischem Hintergrund Präsident Brasiliens werden musste, um den Kapitalismus zum Laufen zu bringen.

Neben der veränderten politischen Kultur und der Neuzusammensetzung der Wählerbasis Lulas waren es in der neo-desarrollistischen Phase v. a. die **Handlungsspielräume**, die die wirtschaftspolitische Trendwende hin zu einer neo-desarrollistischen Entwicklungsstrategie ermöglichten. Bereits zwischen 2003 und 2005 hatte sich die Regierung darum bemüht, mehr Handlungsautonomie zurückzugewinnen, was ihr in dieser Zeitspanne nur in Ansätzen gelungen war. Während der neo-desarrollistischen Phase sah dies jedoch anders aus. Die Machtverhältnisse hatten sich in dieser Phase grundlegend verändert und zur Bildung eines neuen, die Regierung tragenden Machtblocks geführt. Zunächst war es der Regierung gelungen, eine stabile Regierungskoalition, v. a. mit der programmatisch weitgehend entkernten Partei PMDB herzustellen. Zudem hatte ein bedeutender Teil der Unternehmerschaft, v. a. die interne produktive Kapitalfraktion, von dem ab 2004 einsetzenden Wirtschaftsaufschwung profitiert und unterstützte nun die Regierung Lula. Ähnlich verhielt es sich mit den Unterschichten, die am Wirtschaftsboom und den damit einhergehenden steigenden öffentlichen Einnahmen mittels einer intensivierten Sozialpolitik beteiligt wurden. Diskursiv wurden diese Entwicklungen von einer integrativen Identitätspolitik

---

[73]Ebenau und Liberatore (2013: 109–110) sehen u. a. die während der Importsubstitutionsindustrialisierung entstandene staatsfreundliche Industriebourgeoisie und ferner die relativ große staatliche Autonomie, die sich in der Gründung der staatlich kontrollierten *big player* Petrobras und BNDES manifestierte, als Produkte dieser „fundamentalen staatskapitalistischen Pfadabhängigkeit".

begleitet. Die öffentlichen Ausgaben konnten wiederum u. a. aus den Mehreinnahmen finanziert werden, die durch den internationalen Rohstoffboom und den steigenden Ressourcenexport generierten wurden. Generell wirkte sich die prosperierende globale Konjunktur äußerst positiv auf die brasilianische Wirtschaft und – über den Steuerkanal – auf die öffentlichen Kassen aus. Neben dem Außenhandel bildete der mithilfe der neo-desarrollistischen Wirtschaftspolitik gestärkte Binnenmarkt einen zweiten Pfeiler des Wirtschaftswachstums. Die Art der Weltmarkteinbindung hatte während dieser neo-desarrollistischen Phase eine sehr positive Wirkung auf die brasilianische Wirtschaft, die heimischen Unternehmer und auch auf einen wachsenden Teil der Bevölkerung entfalten können. Grundsätzlich bestand zu diesem Zeitpunkt ein kurzes *window of opportunity* für ein stärker transformatorisches Projekt, z. B. zu einer dezidierten Steuerreform oder Transformation der sehr ungleichen Eigentumsverhältnisse etc. Dieses Zeitfenster blieb jedoch ungenutzt, die Regierung fühlte sich (lediglich) dem neo-desarrollistischen Programm verpflichtet.

Akteur-Struktur-Gefüge, Stabilisierungs- und Regulationsweise der politökonomischen Konfiguration
Im Vergleich mit den Jahren zwischen 2003 und 2005 war der Handlungsradius des Akteurs Lula und seiner Regierung in der neo-desarrollistischen Phase von 2006 bis 2010 durch ein verändertes Strukturgefüge bedeutend größer. Veränderte strukturelle Charakteristika betrafen die politische Kultur (veränderte, größere Wählerbasis), die Machtverhältnisse (neuer Machtblock) und die Weltmarkteinbindung (globaler Aufschwung, Stärkung des Binnenmarkts). Diese Handlungs- und Gestaltungsmöglichkeiten wurden von der Regierung genutzt, um die neo-desarrollistische Strategie sukzessive voranzutreiben. Das ermöglichte der Regierung, Brasilien relativ unbeschadet aus der globalen Wirtschafts- und Finanzkrise herauszuführen und sich international als Blaupause der peripheren Entwicklung zu präsentieren. Das hohe Ansehen, das Präsident Lula zu diesem Zeitpunkt auf dem internationalen Parkett genoss, spiegelte sich in einem ähnlich gefestigten Status im Inland wieder. Der Erfolg der Regierung Lula basierte auf einer Regulation und Regulationsweise, die einen neo-dessarrollisitischen bzw. entwicklungsstaatlichen Charakter (aktive und ambitionierte Wirtschafts- und Sozialpolitik) aufwies und sich durch ein klassenübergreifendes Identitäts- und Integrationsversprechen auszeichnete. Der Lulismus basierte auf dem „Alchemistenstück [...], die Armut zu mindern, ohne am Reichtum der Reichsten zu kratzen" (Brum 2018: 54). Die Instabilität dieser Strategie sollte sich jedoch in den Jahren Dilma Rousseffs, Lulas Nachfolgerin im Präsidentenamt, zeigen.

4.4.3 Die Phase der neo-desarrollistischen Erosion unter Rousseff: Abstieg des neo-desarrollistischen Reformprojekts und Ende des Lulismus

In der dritten Phase des Reformzyklus zwischen 2011 und 2016 wurde der unter Lula eingeschlagene Wirtschafts- und Entwicklungskurs unter Nachfolgerin Dilma Rousseff zwar zunächst fortgesetzt und intensiviert, was auch zu wirtschafts- und sozialpolitischen Erfolgen führte. Im Rahmen dieser Arbeit ist aber primär die Spätphase der ‚Phase Rousseff' von Interesse, in dem der Rückfall in die wirtschaftspolitische Orthodoxie, das Ende des neo-desarrollistischen Reformprojekts und des Lulismus erfolgte. Ursächlich waren hierfür primär bedeutende Veränderungen der politischen Kultur einerseits und der Handlungsspielräume der Regierung Rousseff andererseits.

Die Polarisierung der brasilianischen Gesellschaft und Politik, die spätestens seit dem *Mensalão*-Korruptionsskandal 2005 an Fahrt aufgenommen hatte, setzte sich auch in dieser Phase fort. Dieses Charakteristikum der **politischen Kultur** Brasiliens hatte bereits während der Jahre der neo-desarrollistischen Phase unter der Oberfläche der wirtschafts- und sozialpolitischen Erfolge der Regierung Lula weiter gelodert. Als die Wirtschaftsdynamik global und – über den Außenhandelskanal – national nachließ und damit geringere Verteilungs- und Befriedungsspielräume zu einer steigenden Unzufriedenheit in der Bevölkerung beitrugen, formierte sich auf der oppositionellen Seite eine schlagkräftige Gegenallianz. Das Bekanntwerden eines erneuten Korruptionsskandals (*Lava Jato*), in den große Teile der PT verwickelt waren, bewirkte eine entscheidende Erosion der Legitimationsbasis und des Machtblocks der Regierung. In diesem Kontext erfolgte ein Machtkampf zwischen der oppositionellen Allianz und dem weitgehend erodierten Machtblock der Regierung, der schließlich zum Amtsenthebungsverfahren Rousseffs führte. Die Repräsentations- und Regierungskrise war zu diesem Zeitpunkt groß genug, um zunächst dem wirtschaftsliberalkonservativen Gegenprojekt unter Präsident Temer und später dem (zumindest diskursiv) reaktionären Gegenprojekt unter Präsident Bolsonaro ein erneutes *window of opportunity* zu öffnen.

In den (**wirtschafts-)politischen Zielsetzungen** der Regierung lassen sich in dieser Phase keine signifikanten Veränderungen gegenüber denjenigen des Vorgängers Lula ausmachen. Die Regierung orientierte sich in Theorie und diskursiver Strategie also weiterhin am Neo-Desarrolismus. Rousseff verblieb damit in einem sehr ähnlichen Kognitions- und Bedeutungshorizont wie Vorgänger und Mentor Lula. Daher war dieser Faktor in der Erklärung des ab 2015 erfolgten wirtschaftspolitischen Wechsels nicht entscheidend.

Neben der stark veränderten politischen Kultur, d. h. der gestiegenen Polarisierung und der Radikalisierung der oppositionellen Allianz, war für den wirtschaftspolitischen Wechsel v. a. die sukzessive Beschränkung der **Handlungsspielräume** der Regierung von Bedeutung. Das betraf erstens die nachlassende Konjunktur bei den primären Handelspartnern Brasiliens, die sich über den Außenhandelskanal auf die brasilianische Wirtschaft auswirkte und negative Multiplikatoreffekte erzeugte. Damit einhergehend bezog sich das zweitens auf den Fall der Rohstoffpreise. Aufgrund der auf Rohstoffausfuhren ausgerichteten Exportstruktur setzte diese Entwicklung einen weiteren negativen Impuls für die brasilianische Volkswirtschaft. In der Folge sanken sowohl die Inlandsnachfrage als auch die Steuereinnahmen der öffentlichen Hand. Dies bedingte wiederum sinkende wirtschafts- und sozialpolitische Ausgaben, was einen weiteren Rückgang der Nachfrageseite und in der Konsequenz eine Wirtschaftskrise bewirkte. Zusammengenommen führte diese Dynamik, drittens, zu signifikant veränderten Machtverhältnissen. Von dem starken Rückhalt, den Lula bei seinem Ausscheiden als Präsident vorweisen konnte und von dem Rousseff zu Beginn getragen wurde, war ab 2015 nicht mehr viel übrig geblieben. Rousseffs Machtblock war weitgehend erodiert. Das Bekanntwerden des *Lava Jato* bereitete schließlich den legitimatorischen Nährboden für den Machtkampf der Oppositionsallianz gegen Präsidentin Rousseff. Mit der Amtsenthebung im August 2016 und dem folgenden konservativen (Temer) und später reaktionären (Bolsonaro) *Rollback* endete nicht nur das neo-desarrollistische Reformprojekt, sondern auch der Lulismus generell.[74]

Akteur-Struktur-Gefüge, Stabilisierungs- und Regulationsweise der politökonomischen Konfiguration
In Kontinuität zu Vorgänger Lula war die Regierung Rousseff darum bemüht, die politökonomische Konfiguration mittels einer neo-desarrollistischen und auf einem klassenübergreifenden Integrationsversprechen beruhenden Regulation und Regulationsweise zu stabilisieren. Im Kontrast zur neo-desarrollistischen Phase unter Lula war der Handlungsradius der Akteurin Rousseff jedoch aufgrund struktureller, d. h. politisch-kultureller (starke Polarisierung, radikalisierte Opposition), (macht-)politischer (erodierter Machtblock) und wirtschaftlicher (Wirtschaftskrise) Charakteristika stark und sukzessive eingeschränkt. Lulas „Alchemistenstück [...], die Armut zu mindern, ohne am Reichtum der Reichsten zu kratzen" (Brum 2018: 54), konnte von Präsidentin Rousseff nicht fortgesetzt werden.

---

[74] Der *Rollback* manifestierte sich auch darin, dass Lula aufgrund der Verurteilung wegen (angeblicher) Korruption untersagt wurde, an den Präsidentschaftswahlen 2018 als Kandidat der PT teilzunehmen.

4.4.4 Gesamtfazit und Faktorenbetrachtung

Bei der Analyse des Reformzyklus und -projekts der Regierungen Lula und Rousseff kann festgestellt werden, dass in allen drei Phasen die spezifische Konfiguration und Veränderungen der Handlungsspielräume einen entscheidenden Einfluss auf die jeweilige Wirtschaftspolitik hatten. In der orthodoxen Phase waren diese Spielräume angesichts des vorhergehenden Wirtschaftsabschwungs und der Inflation gering. Priorität galt damals der Herstellung eines günstigen Wirtschaftsklimas und Preiswertstabilität. Hinsichtlich weiterer Ziele wie z. B. einer ambitionierteren Sozialpolitik konzentrierte sich die Regierung darauf, „das Notwendige" (Lula 2013: 15) zu tun.

Der Übergang der orthodoxen zur neo-desarrollistischen Phase wurde durch einen deutlich größeren Aktionsradius der Regierung (stabilere Machtverhältnisse, prosperierende Wirtschaft) begünstigt. Veränderungen in der politischen Kultur (Wählerwanderung, Neuzusammensetzung der Wählerbasis) waren in diesem Zusammenhang ebenfalls von Relevanz. Diese beiden Faktoren bedingten die Umsetzung der neo-desarrollistischen Wirtschaftspolitik. In ihren Grundzügen war diese wirtschaftspolitische Strategie und die ihr inhärenten Zielsetzungen des Entscheidungspersonals jedoch bereits während der ersten beiden Regierungsjahre Lulas skizziert worden. Gerade am Ende der neo-desarrollistischen Phase und zu Beginn der Regierung Rousseff waren die Handlungsspielräume der Regierung relativ groß: Die Machtverhältnisse im Inland und Ausland waren günstig, die globale und nationale Wirtschaft prosperierte, die öffentlichen Einnahmen (u. a. aus dem Rohstoffexport) waren zahlreich und der brasilianische Neo-Desarrollismus genoss aufgrund der erfolgreichen (antizyklischen) Krisenpolitik international breite Legitimation. Zu diesem Zeitpunkt verfügte die Regierung über ein kurzes Zeitfenster, ein *window of opportunity* für eine ambitioniertere bzw. radikalere Agenda, das jedoch nicht genutzt wurde.

In den Jahren der Regierung Rousseff hatten sich die Handlungsspielräume durch den globalen Wirtschaftsabschwung und die nationale Wirtschaftskrise jedoch deutlich verschlechtert. In Verbindung mit einem abermaligen Korruptionsskandal begünstigte diese Entwicklung eine Zuspitzung der Polarisierung und der Radikalisierung auf Seiten der Opposition, d. h. einen erneuten Wandel in der politischen Kultur. Diese beiden Faktoren führten letztendlich zum Fall der Regierung Rousseff.

Hinsichtlich der (wirtschafts-)politischen Zielsetzungen des Entscheidungspersonals als Faktor kann konstatiert werden, dass diese Zielsetzungen oder genereller: die politökonomische Zielvision der Regierung während der gesamten Zeit des PT-geführten Reformzyklus keinen signifikanten Veränderungsprozess durchlief. Die Charakteristika des neo-desarrollistischen Programms waren bereits in der orthodoxen Phase – zumindest diskursiv und in den Entwicklungsplänen – in Grundzügen vorhanden gewesen. Tabelle 4.11 vergleicht die drei in dieser Arbeit verwendeten Faktoren während der unterschiedlichen Phasen des Lulismus.

Tabelle 4.11 Vergleich der Faktoren während der Phasen des Lulismus

Faktoren \ Phasen	Orthodoxe Phase unter Lula: Aufstieg des Lulismus und des pragmatischen Reformprojekts	Neo-desarrollistische Phase unter Lula: Neuausrichtung des Reformprojekts im Namen des Neo-Desarrollismus	Phase der neo-desarrollistischen Erosion unter Rousseff: Abstieg des neo-desarrollistischen Reformprojekts und Ende des Lulismus
Politische Kultur	Lula ist nicht Produkt einer tiefgreifenden (Wirtschafts-)Krise →*window of opportunity* und Mandat für Reform-, nicht Revolutionsprojekt	Wählerwanderung der Ärmeren hin zu Lula und Untersützung durch die interne produktive Kapitalfraktion ermöglicht partielle Neujustierung des Entwicklungskurses	Steigende Polarisierung, Radikalisierung der Opposition →*window of opportunity* für konservatives Gegenprojekt →Machtkampf um Regierung und Entwicklungskurs
(Wirtschafts-)politische Zielsetzungen des Entscheidungspersonals	Post-neoliberale, heterodoxe (Wirtschafts-)Politik; innerkapitalistische Neuausrichtung des Entwicklungskurses	Heterodoxe Wirtschaftspolitik bzw. neo-desarrollistische Strategie; kapitalistischer Grundkonsens bleibt bestehen	Heterodoxe Wirtschaftspolitik bzw. neo-desarrollistische Strategie; kapitalistischer Grundkonsens bleibt bestehen
Handlungsspielräume — Machtverhältnisse	Koalitionspräsidentialismus und traditionelle Machtbastionen in Politik, Wirtschaft und Medien beschränken Entscheidungsfreiheiten der Regierung	Bildung eines neuen Machtblocks (stabile Regierungskoalition, Einbindung der internen produktiven Kapitalfraktion und der ärmeren Bevölkerungsteile, integrative Identitätspolitik)	Sukzessive Erosion des Machtblocks, Korruptionsskandal →Legitimationsverlust Rousseffs und der Regierung
Handlungsspielräume — Ressourcen	Öffentliche Einnahmen aus dem Rohstoffhandel noch weitgehend irrelevant	Steigende Einnahmen aus dem Ressourcenexport vergrößern den Aktionsradius der Regierung	Sinkende Einnahmen aus dem Ressourcenexport verringern den Aktionsradius der Regierung
Handlungsspielräume — Weltmarkteinbindung	Vererbte Außenorientierung und Außenabhängigkeit verhindern einen dezidierten Wandel in der Wirtschaftspolitik	Prosperierende globale Wirtschaft und zeitgleiche Förderung des Binnenmarkts führen zu stabilem Wirtschaftswachstum	Nachlassende Nachfrage aus dem Ausland und dem Inland begünstigt Wirtschaftsabschwung bzw. -krise
Fazit	Handlungs- und Gestaltungsmöglichkeiten des Akteurs Lula durch das politisch-kulturelle, (macht-)politische und wirtschaftliche Strukturgefüge signifikant eingeschränkt →pragmatisch-moderate Wirtschaftspolitik	Gestaltungsmöglichkeiten des Akteurs Lula durch Veränderungen in der politischen Kultur, v.a. aber der Handlungsspielräume signifikant gestiegen →neo-desarrollistische Wirtschaftspolitik; *window of opportunity* für weiterreichende Transformation bleibt ungenutzt	Handlungsradius des Akteurs Rousseff aufgrund struktureller, d.h. (macht-)politischer und wirtschaftlicher, Charakteristika sukzessive eingeschränkt; Wandel in der politischen Kultur legt den Grundstein für den späteren Fall der Regierung

Quelle: Eigene Darstellung.

Systematischer Vergleich der Fälle Venezuela und Brasilien

5

Im folgenden Kapitel werden die Erkenntnisse der vorhergehenden empirischen Kapitel zusammengeführt, um einen Vergleich des gesamten Revolutionszyklus des Chavismus in Venezuela mit dem Reformzyklus des Lulismus in Brasilien vorzunehmen. Der Vergleich der beiden Entwicklungsprojekte wird zeitlich in drei Phasen unterteilt, die sowohl in Venezuela wie auch in Brasilien weitgehend synchron verliefen: 1. Die Phase des Aufstiegs der Projekte untersucht die präsozialistische Phase in Venezuela und die orthodoxe Phase in Brasilien untersucht. 2. Die Hochphase der Projekte behandelt die sozialistische Phase in Venezuela und die neo-desarrollistische Phase in Brasilien. 3. Die Phase des Abstiegs der Projekte widmet sich der Phase der sozialistischen Erosion in Venezuela und der Phase der neo-desarrollistischen Erosion in Brasilien.

Das Kapitel ist in zwei Teile unterteilt. Im ersten Teil werden die drei Phasen (Aufstieg, Hochphase, Abstieg) anhand der drei in dieser Arbeit verwendeten Faktoren für beide Untersuchungsfälle analysiert. Das Ziel besteht darin, die Kontraste und Gegensätze in den einzelnen Faktoren deutlich zu machen, um darüber die Unterschiede in der Wirtschaftspolitik Venezuelas und Brasiliens zu erklären. Im zweiten Teil wird darauf basierend eine vergleichende Analyse des Zusammenspiels der Faktoren für die drei Phasen vorgenommen, d. h. die Relevanz des Zusammenspiels dieser Faktoren und damit dasjenige von Akteur und Struktur diskutiert. Dies erfolgt aus den folgenden drei Gründen: 1. um die Leitfrage dieser Arbeit beantworten zu können; 2. um die These dieser Arbeit überprüfen zu können; und 3. um Aussagen über die (evtl. unterschiedliche) Relevanz der Faktoren fällen zu können. Für alle drei genannten Punkte ist es notwendig, die Dynamik und die Entwicklung des Zusammenspiels der drei Faktoren zu untersuchen.

5.1 Vergleichende Analyse der Phasen, Faktoren und Outputs

Im Folgenden wird ein Vergleich der drei Phasen (Aufstieg, Hochphase, Abstieg) in Venezuela und Brasilien anhand der drei Faktoren – 1. politische Kultur, 2. (wirtschafts-)politische Zielsetzungen, 3. Handlungsspielräume des Entscheidungspersonals – vorgenommen. Auf diese Weise werden Ähnlichkeiten und Unterschiede in den einzelnen Faktoren herausgearbeitet, die wiederum die unterschiedlichen Wirtschaftspolitiken (Output) in Venezuela und Brasilien erklären können.

5.1.1 Phase des Aufstiegs der Projekte

In der Folge wird zunächst die Phase des Aufstiegs der neuen (Entwicklungs-) Projekte in Venezuela und Brasilien beleuchtet, d. h. ein Vergleich der präsozialistischen Phase unter Chávez (1999 und 2004) mit der orthodoxen Phase unter Lula (2003–2005) vorgenommen. Hinsichtlich der **politischen Kultur** sind bereits in den Weichenstellungen, d. h. in den Übergangszeiten von den Vorgängerregierungen zu den linken Regierungen Chávez in Venezuela und Lula in Brasilien bedeutende Unterschiede zu verzeichnen. Während sich Venezuela zu diesem Zeitpunkt in einer ausgeprägten politischen, wirtschaftlichen und sozialen Krise befand, war die Situation in Brasilien weniger dramatisch. Zwar befand sich Brasilien inmitten eines wirtschaftlichen Abschwungs, nicht jedoch in einer schwerwiegenden Krise wie Venezuela. Der Krisencharakter in Venezuela wirkte sich auf den politischen Aufstieg des *political outsiders* Chávez und dessen Programm aus. Die Bolivarische Revolution stellte von Beginn an ein antisystemisches Projekt dar, das einen radikalen Wandel des verhassten und in der Bevölkerung delegitimierten Status quo versprach. Im Gegensatz hierzu war in Brasilien der Übergang von der Regierung Cardoso zu Nachfolger Lula von einem anderen Charakter. Der Akteur Lula war weder ein *political outsider* noch ein Anti-Status quo-Kandidat und hatte dementsprechend keine Unterstützung und Anreize für einen radikalen, sondern lediglich für einen moderaten Wandel. Resümierend kann daher konstatiert werden, dass die Regierung Chávez in Venezuela durch den Legitimationsverlust der alten Ordnung ein *window of opportunity*, d. h. besondere Gestaltungsspielräume hinsichtlich der zukünftigen politökonomischen Ausrichtung, und qua Wahl zudem ein Mandat für einen größer angelegten Wandel innehatte. In Abgrenzung hierzu erhielt die Regierung Lula in Brasilien lediglich ein Mandat für ein moderates Reformprogramm.

5.1 Vergleichende Analyse der Phasen, Faktoren und Outputs

Diese unterschiedlichen Ausgangsbedingungen und die darin Ausdruck findenden politisch-kulturellen Muster hatten Auswirkungen auf die jeweiligen **(wirtschafts-)politische Zielsetzungen** des Entscheidungspersonals. Sowohl die venezolanische als auch die brasilianische Regierung strebte eine post-neoliberale, heterodoxe (Wirtschafts-)Politik an. Nichtsdestoweniger unterschieden sich in dieser innerkapitalistischen Neuausrichtung der Entwicklungskurse diverse Zielsetzungen und v. a. der damit einhergehende politökonomische Gesellschaftsentwurf. Während die Variante der Regierung Chávez gemäß ihres Mandats einen transformatorischen Charakter trug und die Herstellung einer „sozialen Ökonomie" anstrebte, war der Kurs der Regierung Lula vergleichsweise moderat und zwischen neoliberaler Orthodoxie und entwicklungsstaatlich geprägter Heterodoxie verortet.

Die Umsetzung dieser (wirtschafts-)politischen Zielsetzungen war sowohl in Venezuela als auch in Brasilien stark von den jeweiligen **Handlungsspielräumen** des Entscheidungspersonals, d. h. der Regierungen, abhängig. In Venezuela hatte die Chávez-Administration seit Beginn der Bolivarischen Revolution an mit einer sukzessiven Transformation der traditionellen Machtverhältnisse begonnen. Der Regierung war es mittels einer neuen Verfassung, eines großangelegten Elitenwechsel und der Etablierung paralleler Verwaltungs- und Operationsstrukturen gelungen, die eigene Machtposition im Staat auszuweiten. Zwischenzeitlich hatten sich die Kräfteverhältnisse aufgrund eines Machtkampfs zwischen einem Block an Befürwortern der Regierung Chávez und einer oppositionellen Allianz zuungunsten der Regierung gewandelt. Doch spätestens nach dem siegreich beendeten Machtkampf gegen die Opposition hatte die Regierung Chávez die eigene Machtposition in Staat, Wirtschaft und Gesellschaft konsolidieren können. Begleitet wurde diese Konsolidierung von einer antagonistisch strukturierten und legitimationsstiftenden Identitätspolitik. Ferner war es der Chávez-Administration sukzessive gelungen, die Kontrolle über den Rohstoffsektor und die reichhaltigen nationalen Ressourcen (Öl) zu erlangen und hierüber an den Einnahmen aus dem Ölhandel zu profitieren. Des Weiteren hatte die Regierung Chávez Schritte unternommen, um die Außenabhängigkeit der venezolanischen Volkswirtschaft zu verringern und damit die Weltmarkteinbindung Venezuelas zu verändern. Mithilfe der Rückholung wirtschaftspolitischer Kompetenzen in Staat und Exekutive, der Stärkung des Binnenmarkts und dem Zurückdrängen des Einflusses multilateraler Organisationen (IWF, Weltbank) konnten diesbezüglich partielle Erfolge erzielt werden. Die zeitgleich weiter voranschreitende und sich vergrößernde Abhängigkeit der venezolanischen Wirtschaft vom Öl stellte zu diesem Zeitpunkt (noch) keine Handlungsbeschränkung für die Regierung dar. Im Gegenteil, die ab 2003 stark steigenden Ölpreise bedingten hohe öffentliche (Renten-)Einnahmen und sicherten der Regierung größere wirtschafts- und sozialpolitische Verteilungsspielräume. Kurzum, der Regierung Chávez war es bis zum Ende der prä-sozialistischen Phase gelungen, die eigenen Handlungsspielräume signifikant auszuweiten.

Anders verhielt sich die Situation in Brasilien. Im Gegensatz zu Chávez in Venezuela hatte die Regierung Lula die Machtverhältnisse in Brasilien, d. h. die traditionellen Machtbastionen in Politik, Wirtschaft und Medien, nicht angetastet und dahingehend keinen Transformationseifer zu erkennen gegeben. Ferner engte der brasilianische Koalitionspräsidentialismus, d. h. die Notwendigkeit, im Parlament programm- und ideologieübergreifende Koalitionen zu bilden, den Handlungsradius der Regierung entscheidend ein. Die nationalen Ressourcen des Landes waren zu diesem Zeitpunkt weder für die Akkumulationsdynamik des Landes noch für die öffentlichen Einnahmen von besonderer Relevanz. Die Regierung Lula bemühte sich jedoch um eine veränderte Weltmarkteinbindung Brasiliens, denn die unter Vorgänger Cardoso erfolgte Öffnung der brasilianischen Volkswirtschaft hatte eine starke Außenorientierung und -abhängigkeit bewirkt. Trotz moderater Erfolge in der Herstellung größerer Autonomie (z. B. mithilfe der Verringerung der Außenverschuldung, der Förderung des Binnenmarkts und der Diversifizierung der Handelspartner etc.) verhinderten die nach wie vor bestehenden Dependenzen von den Dynamiken des internationalen Handels- und Finanzregimes einen signifikanten Wandel in der Wirtschafts- und Sozialpolitik und damit der sozioökonomischen Strukturen des Landes. Resümierend und in Kontrast zur Regierung Chávez in Venezuela kann daher konstatiert werden, dass die Handlungsspielräume der Regierung Lula in dieser Phase äußerst beschränkt waren.

Die Verbindung unterschiedlicher (wirtschafts-)politischer Zielsetzungen und ungleicher Handlungsspielräume bedingten auch eine verschiedenartige **Wirtschaftspolitik**. In Venezuela zeigte sich die Regierung Chávez zunächst wenig radikal. Der Fokus lag primär auf der Bildung eines binnenmarktorientierten Entwicklungsmodells und der sozialpolitischen Korrektur unerwünschter Marktergebnisse. Die Chávez-Administration bemühte sich jedoch schon in dieser Phase um eine Neustrukturierung der wirtschaftlichen Macht- und Eigentumsverhältnisse (z. B. mittels der 49 Gesetze). Im kontrastierenden Vergleich hierzu wirkten in Brasilien in dieser Frühphase der Lula-Administration die Strukturierungskräfte und Pfadabhängigkeiten der alten, neoliberalen Ordnung nach. Ähnlich wie unter Vorgänger Cardoso priorisierte die Regierung Lula zunächst eine makroökonomische Stabilisierungspolitik (niedrige Inflation, fiskalische Verantwortung, Primärüberschuss, flexibler Wechselkurs etc.) und eine moderate Sozialpolitik. Zwar setzte die Regierung 2004 ein industriepolitisches Programm auf, was einem ersten Anzeichen einer aktiveren Wirtschaftspolitik gleichkam, an der grundsätzlich orthodox ausgerichteten Wirtschaftspolitik änderte das jedoch wenig.

5.1.2 Hochphase der Projekte

Im Folgenden wird die Hochphase der (Entwicklungs-)Projekte in Venezuela und Brasilien beleuchtet, d. h. die sozialistische Phase unter Chávez (2005 und 2013) und die neo-desarrollistische Phase unter Lula (2006–2010) verglichen. Während der jeweiligen Früh- bzw. Aufstiegsphasen der linken Projekte hatten Entwicklungen und Veränderungen in der **politischen Kultur** zwei wichtige Auswirkungen für die Hochphase der Projekte: Zum einen führten sie sowohl in Venezuela als auch in Brasilien zu einer Neuausrichtung der jeweiligen Entwicklungskurse. Zum andern bedingten verschiedenartige Dynamiken in der politischen Kultur in den beiden Ländern unterschiedliche Implikationen hinsichtlich der (wirtschafts-)politischen Zielsetzungen. In Brasilien hatte aufgrund der (Ergebnisse der) Wirtschaft- und Sozialpolitik der Lula-Administration und dem Bekanntwerden eines Korruptionsskandals 2005 die Polarisierung zwischen den Befürwortern und Gegnern der Regierung signifikant zugenommen. Im Zuge dieser Polarisierung erfolgte eine Neuzusammensetzung der Unterstützer- und Wählerbasis der Regierung. Zum einen gewann die Lula-Administration sukzessive Unterstützung in den Unterschichten, die der Sozialpolitik der Regierung einen – wenngleich moderaten – sozioökonomischen Aufstieg zu verdanken hatten. Zum andern bildete die interne produktive Kapitalfraktion einen wichtigen Stützpfeiler der Regierung. Die klareren Fronten zwischen Anhängern und Gegnern des Reformprojekts setzten der Regierung einen Anreiz für eine partielle Neujustierung des eingeschlagenen Entwicklungskurses und eine stärkere wirtschafts- und sozialpolitische Ausrichtung an diesen (Wähler-)Schichten.

Auch in Venezuela hatten Entwicklungen in der politischen Kultur eine Neujustierung des Entwicklungspfades bedingt, jedoch in weitaus radikalerem Ausmaß als in Brasilien. Vor dem Hintergrund einer zunehmenden politischen Polarisierung und einer gegenseitigen Radikalisierung des chavistischen Blocks und der oppositionellen Allianz erfolgte zwischen 2001 und 2004 eine Konfliktphase und alsbald ein offener Machtkampf zwischen diesen beiden Blöcken. Nachdem die Regierung Chávez diesen Machtkampf für sich entscheiden und die eigene Machtposition in Staat, Wirtschaft und Gesellschaft konsolidieren konnte, verfügte sie kurzzeitig über ein abermaliges *window of opportunity,* d. h. temporär außergewöhnliche Gestaltungskompetenzen hinsichtlich des eingeschlagenen

Entwicklungskurses. Zeitlich markiert diese Konfliktphase bzw. der Machtkampf mit der Opposition den entscheidenden Rahmen für die Entwicklung hin zum Sozialismus des 21. Jahrhunderts. Ungeachtet der politischen Polarisierung, des Machtkampfs und der Radikalisierung der Opposition erfolgte in diesem Kontext die Radikalisierung der Regierung auch aufgrund einer dem Chavismus seit Beginn an inhärenten anti-systemischen und antagonistischen Bewegungslogik. Die Radikalisierung der Regierung ermöglichte vor dem Hintergrund des abermaligen *windows of opportunity* eine Reflexion über die bisherige Entwicklung der Bolivarischen Revolution und eine ideelle Neuausrichtung im Namen des Sozialismus des 21. Jahrhunderts. Diese Übergangszeit begünstigte den Aufstieg eines neuen Sets an wirtschafts- und entwicklungspolitischen Ideen, Vorstellungen und Konzepten im Entscheidungszirkel um Chávez. Konkret übernahm die Regierung nach einer Phase der Auseinandersetzung mit alternativen Entwicklungskonzepten und mit marxistischer Literatur fortan eine sozialistische Einstellung. Dies wirkte sich wiederum zum einen auf Wahrnehmung und Interpretation der politischen, wirtschaftlichen und gesellschaftlichen Probleme des Landes aus. Konkret erachtete die Regierung nicht mehr nur den Neoliberalismus, sondern künftig den Kapitalismus als entscheidendes Problem bzw. Entwicklungshindernis Venezuelas. Zum anderen bedingte die sozialistische Selbstverortung eine neuartige Problemlösung, nämlich die Überwindung des Kapitalismus, und eine neue politökonomische Zielvision, den „Sozialismus des 21. Jahrhunderts", d. h. eine weitreichende nationale, regionale und internationale Transformation des kapitalistischen Status quo.

Diese (ideelle) Neuausrichtung des Transformationsprojekts fand in den **(wirtschafts-)politischen Zielsetzungen** der Regierung entsprechenden Niederschlag. Generell markieren die dahingehend relevanten Schriften und (Entwicklungs-)Pläne geradezu einen Paradigmenwechsel in der Entwicklungsvision und den politischen und wirtschaftlichen Zielhierarchien. Das Paradigma des Sozialismus des 21. Jahrhunderts orientierte sich an den folgenden Zielvorgaben und -hierarchien: 1. der radikalen Transformation der wirtschaftlichen Machtverhältnisse zugunsten kommunaler und kollektiver Entitäten und zuungunsten privater Unternehmer; 2. dem Vorrang sozialer und politischer Ziele vor genuin ökonomischen Zielen; 3. dem Vorrang post-kapitalistischer Wirtschaftsformen vor kapitalistischen Prinzipien und Handlungsmustern. Die übergeordnete Zielsetzung dieses Paradigmas bestand in der Transformation des politökonomischen Status quo in Richtung einer nicht-kapitalistischen Wirtschaftsdemokratie.

Im kontrastierenden Vergleich hierzu erfolgte in Brasilien kein ähnlich gearteter post-kapitalistischer bzw. sozialistischer Paradigmenwechsel. Daher waren die veränderten Zielhierarchien des bolivarischen Sozialismusparadigmas, das

5.1 Vergleichende Analyse der Phasen, Faktoren und Outputs

sich in Venezuela abzeichnete, in Brasilien nicht von Bedeutung. Im brasilianischen Wirtschaftsparadigma und -modell blieben nach wie vor Effizienz- und Marktparameter zentral. Die partielle Neuausrichtung des Reformprojekts der Regierung Lula betraf zudem nicht primär die (wirtschafts-)politischen Zielsetzungen selbst, als vielmehr die wirtschaftspolitische Praxis. Hinsichtlich der Zielsetzungen folgte die Lula-Administration einer neo-desarrollistischen Strategie, die durch eine partielle Weiterentwicklung der bisherigen Strategie bzw. eine stärkere Fokussierung auf deren ‚heterodoxe' Elemente gekennzeichnet war. Mit dem Neo-Desarrollismus wurde eine Aktualisierung des entwicklungsökonomischen Strukturalismus und der Strategie der Importsubstitutionsindustrialisierung, die Mitte des 20 Jahrhunderts in Lateinamerika Konjunktur hatten, vorgenommen, im Gegensatz hierzu jedoch eine aktive und staatliche geförderte Integration in internationale Märkte angestrebt. Die neo-desarrollistische Strategie kam einer (weiteren) Stärkung des Staates gegenüber dem Markt gleich. Konkret wurden in diesem Kontext öffentliche Investitionen, Industriepolitik und die Stärkung des Binnenmarkts forciert, um Wirtschaftswachstum, Verteilungsspielräume und eine sozioökonomische Entwicklung zu generieren. Nichtsdestoweniger war diese partielle Neuausrichtung durch die Pfadabhängigkeiten (traditioneller) modernistisch-staatskapitalistischer Entwicklungsbahnen Brasiliens geprägt bzw. vorgezeichnet.

Die Umsetzung der (wirtschafts-)politischen Zielsetzungen war wiederum in entscheidender Weise von den jeweiligen **Handlungsspielräumen** der Regierungen beeinflusst. In Venezuela hatte die Chávez-Administration das *window of opportunity* dazu genutzt, die Transformation der traditionellen Machtverhältnisse in Politik bzw. Staat, Wirtschaft und Gesellschaft weiter voranzutreiben und damit die eigene Macht sukzessive zu erweitern. Besonderes Kennzeichen hiervon war der Umbau des politischen Systems bzw. die Errichtung eines neben den traditionellen staatlichen Instanzen und Gewalten existierenden, kommunalen Parallelstaates, der sich in einem finanziellen und ideellen Abhängigkeitsverhältnis zur Regierung befand. Ferner gelang es der Regierung, eine kommunikative Hegemonie zu etablieren und mittels einer nach einem Freund-Feind-Schema strukturierten Identitätspolitik den sozialistischen Entwicklungskurs zu legitimieren und Alternativen zu desartikulieren bzw. delegitimieren. Zudem war es der Chávez-Administration gelungen, v. a. mittels finanzieller Zuwendungen den eigenen Machtblock sukzessive zu erweitern. Letzteres wurde in erster Linie durch rentenbasierte (Mehr-)Einnahmen finanziert. Da die Regierung Chávez den Rohstoffsektor des Landes kontrollierte, profitierte sie auch von den international hohen Ölpreisen. Die damit einhergehenden Einnahmen bedingten besondere diskretionale Verteilungsspielräume und ermöglichten einen wirtschafts- und sozialpolitischen Hyperaktivismus der Regierung und den kostspieligen Weg in den wirtschaftlichen Sozialismus auf nationaler und regionaler Ebene. Die Transformation des regionalen Wirtschaftssystems und damit diejenige der Weltmarkteinbindung Venezuelas wurde v. a. im Rahmen ALBAs und einer alternativen, d. h. sozialistischen, regionalen Handels- und Finanzstruktur angestrebt. Das sicherte der Regierung Chávez einen gewissen Gestaltungs- und Resonanzraum auf regionaler Ebene. Aufgrund dieser Entwicklungen und Aktivitäten war es der Chávez-Administration in dieser Hochphase des sozialistischen Projekts gelungen, die eigenen Handlungsspielräume zeitweise signifikant zu erweitern und damit (wirtschaftspolitische) Schritte zur Umsetzung der sozialistischen Ziele zu ergreifen.

Auch in Brasilien hatte die Regierung Lula die eigenen Handlungsspielräume vergrößern können. Dies betraf erstens die Machtverhältnisse. Die Lula-Administration hatte in dieser Phase eine stabile Regierungskoalition aushandeln und ferner einen neuen und tragfähigen Machtblock aus interner produktiver Kapitalfraktion und den ärmeren Bevölkerungsteilen bilden können. Mittels einer integrativen Identitätspolitik konnte die Regierung diese Machtblockbildung diskursiv ummanteln. Ferner profitierte die Lula-Administration von den steigenden Ressourcenpreisen auf den internationalen Rohstoffmärkten. Obwohl die brasilianische Regierung im Vergleich zur venezolanischen einen relativ geringen Anteil hiervon für sich verbuchen konnte, ermöglichten die Mehreinnahmen einen größeren wirtschafts- und sozialpolitischen Aktivismus als während der orthodoxen Frühphase. Generell wirkten sich die offene Wirtschaftsordnung Brasiliens und die starke Weltmarkteinbindung zu dieser Zeit aufgrund der prosperierenden globalen Konjunktur sehr positiv auf die brasilianische Wirtschaft aus. Kurzum, die Regierung Lula hatte die eigenen Handlungsspielräume im Vergleich zur orthodoxen Phase signifikant ausweiten können. Nichtsdestoweniger war die Machfülle der Lula-Administration nicht mit derjenigen der Regierung Chávez zu vergleichen. Zudem hatte Lula in Brasilien ungleich Chávez in Venezuela weder eine (signifikante) Transformation des wirtschaftlichen noch des politischen Systems geplant oder umgesetzt.

Aufgrund der unterschiedlichen Handlungsspielräume und aufgrund der verschiedenartigen (wirtschafts-)politischen Zielsetzungen fiel die **Wirtschaftspolitik** der venezolanischen Regierung signifikant anders aus als diejenige der brasilianischen Regierung. Ungeachtet diverser Ähnlichkeiten lassen sich bedeutende Unterschiede ausmachen: Innerhalb der venezolanischen Entwicklungsvariante des Sozialismus des 21. Jahrhunderts genossen ‚orthodoxe' Vorstellungen wie

5.1 Vergleichende Analyse der Phasen, Faktoren und Outputs

z. B. eine makroökonomische Stabilisierungspolitik (Inflationsbekämpfung, fiskalische Verantwortung, Primärüberschuss, flexibler Wechselkurs etc.) keine Priorität. Anders verhielt es sich in Brasilien im Rahmen der neo-desarrollistischen Strategie. Hierin bildete makroökonomische Stabilität einen bedeutenden Pfeiler. Sowohl die venezolanische als auch die brasilianische Regierung betrieb eine aktive Wirtschafts- und Entwicklungspolitik, die sich struktur-, industrie- und prozesspolitisch manifestierte. Ferner zeigten sich beide Regierungen in der Sozialpolitik engagiert, was in beiden Fällen zu einer Verbesserung des sozioökonomischen Status der ärmeren und vormals marginalisierten Bevölkerungsschichten führte. Während die PT-Regierung in Brasilien die grundsätzlichen Pfeiler der kapitalistischen Marktwirtschaft bzw. marktkonformen Demokratie jedoch nicht hinterfragte, bildet gerade die Infragestellung eben jener Pfeiler ein besonderes Kennzeichen des Sozialismustypus der venezolanischen Regierungen. Diverse Pfeiler der kapitalistischen Marktwirtschaft wurden zugunsten eines „sozialistischen Produktionsmodells" und post-kapitalistischer Organisations-, Handlungs- und Wirtschaftsformen auf nationaler und regionaler Ebene zumindest partiell transformiert.[1] Paradoxerweise wurde zeitgleich und nicht intentional (teils aus innenpolitischen Legitimationsanforderungen, teils aufgrund der holländischen Krankheit) die ölbasierte Rentenökonomie gestärkt und damit die post-kapitalistischen Bemühungen in Richtung eines Sozialismus des 21. Jahrhunderts konterkariert. In einem abschließenden Vergleich kann hinsichtlich der jeweiligen Wirtschaftspolitik festgehalten werden, dass sich die chavistische Regierung durchaus an den eigenen (wirtschafts-)politischen Zielsetzungen orientierte und ‚revolutionäre' Schritte unternahm. Im Gegensatz hierzu war die

---

[1] Konkrete Neuerungen stellten die folgenden Punkte dar: 1. Zeitgleich bestehende, unterschiedliche, kollektive oder gemischte (teils staatliche, teils private bzw. genossenschaftliche) Eigentumsformen, neue Organisations- und Partizipationsformen (Selbstverwaltung, Arbeitermitbestimmung in Planung, Leitung und Profitbeteiligung) und unterschiedliche Unternehmenstypen (Kooperative, *empresas de producción social*, *empresas socialistas*); 2. die staatliche Förderung dieser neuen bzw. alternativen Betriebsformen, v. a. über finanzielle Unterstützung, aber auch über deren gegenseitige Vernetzung bzw. Einbindung, worüber eine „endogene Entwicklung" vorangebracht werden sollte; 3. eine radikale Neujustierung des Verhältnisses von Markt und Staat, was sich im Hybridcharakter des neuen Wirtschaftsmodells widerspiegelte, d. h. einer Ausweitung der Interventionsrechte und -möglichkeiten des Staates einerseits (Zentralisierung, *top-down*) und eines Empowerment von Arbeitnehmern und vormals marginalisierter bzw. informell arbeitender Bevölkerungsteile andererseits (Dezentralisierung, *bottom-up*) – Azzellini (2010: 350) spricht angesichts dieses dialektischen Verhältnisses daher vom „Aufbau von zwei Seiten"; 4. eine alternative, regionale Handels- und Finanzstruktur, v. a. im Rahmen ALBAs.

neo-desarrollistische Strategie in Brasilien von Beginn an ein reformorientiertes, jedoch zu keiner Zeit revolutionäres Projekt.

5.1.3 Phase des Abstiegs der Projekte

In der Folge wird der Abstieg der (Entwicklungs-)Projekte in Venezuela und Brasilien beleuchtet, d. h. ein Vergleich der Phase der sozialistischen Erosion unter Maduro (2013-heute) und der Phase der neo-desarrollistischen Erosion unter Rousseff (2011–2016) vorgenommen. Sowohl im venezolanischen wie auch im brasilianischen Fall waren die Pfeiler der jeweiligen Entwicklungskurse (spätestens) während der Hochphase der Projekte abgesteckt worden. D. h. während der Amtszeit Maduros in Venezuela und derjenigen Rousseffs in Brasiliens erfolgten keine signifikanten Weiterentwicklungen oder Neuausrichtungen der (wirtschafts-) politischen Zielsetzungen. Nichtsdestoweniger beeinflussten Entwicklungen und Veränderungen in der politischen Kultur und in den Handlungsspielräumen die konkrete Wirtschaftspolitik und den generellen Fortlauf der Entwicklungsprojekte in beiden Ländern.

Nach Chávez' Tod hatte sich in Venezuela unter Nachfolger Maduro der Trend in der **politischen Kultur** währen der Aufstiegs- und Hochphase fortgesetzt: Die politische Polarisierung stieg unvermindert weiter an, verunmöglichte ein demokratisches Neben- und Miteinander des chavistischen und des oppositionellen Blocks und bedingte einen (abermaligen) Radikalisierungsschub der Regierung Maduro. Die Perzeption (politischer) Feinde und das Wegbrechen der Legitimationsquellen Chávez' (v. a. Charisma und reichhaltige Renteneinnahmen) führten zu einer sukzessiven Autokratisierung. Der weitgehend autoritäre Charakter der Regierung Maduro verhindert zurzeit das endgültige Ende der Bolivarischen Revolution und des Sozialismus des 21. Jahrhunderts. Denn aufgrund der seit Jahren andauernden wirtschaftlichen und politischen Krise wird der Wunsch der Bevölkerung nach einem Wandel bzw. einer erneuten, diesmal jedoch post-sozialistischen, Transformation stetig größer.

Hinsichtlich der Entwicklungen der politischen Kultur finden sich bedeutende Parallelen zu Brasilien. Auch im brasilianischen Fall stieg die politische Polarisierung im Lauf der Jahre unter der Regierung Rousseff, Lulas Nachfolgerin, sukzessive an. Im Gegensatz zu Venezuela radikalisierte sich in Brasilien jedoch nicht die Regierung, sondern die Opposition. Infolge einer nachlassenden Wirtschaftsdynamik und eines erneuten Korruptionsskandals war der Machtblock der

5.1 Vergleichende Analyse der Phasen, Faktoren und Outputs

Regierung Rousseff zu diesem Zeitpunkt bereits weitgehend erodiert. Die Opposition nutzte dieses *window of opportunity* für den Sturz Rousseffs und für den Beginn eines konservativen Gegenprojekts. Kurzum: sowohl im venezolanischen als auch im brasilianischen Fall bedingte eine sich polarisierende politische Kultur Regierungskrisen, auf die von den jeweiligen Präsidenten jedoch unterschiedlich reagiert wurde. Während Maduro in Venezuela zunehmend autoritär regiert und somit die Bolivarische Revolution (noch) am Leben hält, akzeptierte Rousseff in Brasilien die demokratischen Spielregeln und beugte sich der Amtsenthebung.

Weder in Venezuela noch in Brasilien hatten diese Entwicklungen Veränderungen der **(wirtschafts-)politischen Zielsetzungen** zur Folge. Sowohl Maduro in Venezuela als auch Rousseff in Brasilien vertraten das programmatische Erbe ihrer jeweiligen Vorgänger und Mentoren Chávez und Lula. In Venezuela wurde daher der unter Chávez eingeschlagene Entwicklungskurs beibehalten und weiterhin der Sozialismus des 21. Jahrhunderts als politökonomische Zielvision angestrebt. In Brasilien hielt die Regierung an der neo-desarrollistischen Entwicklungsstrategie diskursiv und programmatisch fest.

In beiden Fällen erschwerten die jeweiligen **Handlungsspielräume** die Umsetzung dieser (wirtschafts-)politischen Zielsetzungen in signifikantem Ausmaß. Mehr noch, in beiden Fällen bedingten verringerte Handlungsspielräume den sukzessiven Abstieg der Entwicklungsprojekte, d. h. des bolivarisch-sozialistischen Revolutionsprojekts in Venezuela und des neo-desarrollistischen Reformprojekts in Brasilien. Im Vergleich zu Chávez' Präsidentschaft hatten sich die Machtverhältnisse in Venezuela grundlegend verändert. Die jetzige Regierung hält sich primär mittels eines autoritären Regierungsstils an der Macht. Dem war eine zunehmende Erosion des Machtblocks des Nachfolgers Maduro vorausgegangen, die nicht zuletzt mit der anhaltenden Wirtschaftskrise zusammenhing. Ein diesbezüglich weiterer relevanter Faktor sind die rückläufigen Renteneinnahmen aus dem Ressourcenexport und die hieraus resultierenden Verteilungsengpässe. Der Faktor Öl bzw. die Abhängigkeit der venezolanischen Wirtschaft, Gesellschaft und Politik, d. h. auch der Regierung Maduro, von diesem Rohstoff ist in diesem Zusammenhang die entscheidende Variable. Denn die subalterne Weltmarkteinbindung und die holländische Krankheit stellen die Hauptursachen der venezolanischen Wirtschaftskrise und damit auch der eingeschränkten Gestaltungsspielräume der Maduro-Administration dar.

Aus dem venezolanischen Fall lassen sich Parallelen zu Brasilien ziehen. Auch die Rousseff-Administration sah sich mit enger werdenden Handlungsspielräumen konfrontiert. Die Machtverhältnisse hatten sich in dieser Phase sukzessive verschlechtert. Der Machtblock der Regierung war durch die ab 2015 einsetzende Wirtschaftskrise, die steigende Unzufriedenheit in der Bevölkerung (nicht zuletzt befeuert durch einen erneuten Korruptionsskandal) und die Radikalisierung oppositioneller Kräfte sukzessive erodiert. Zudem verringerten sinkende Einnahmen aus dem Ressourcenexport den Handlungsradius der Regierung. Die Weltmarkteinbindung, d. h. die Außenorientierung und de facto -abhängigkeit, hatte zu dieser Zeit negative Auswirkungen auf Brasilien. Denn die rückläufige Nachfrage aus dem Ausland setzte negative Impulse für die brasilianische Wachstumsdynamik und legte so den Grundstein für die ab 2015 einsetzende Wirtschaftskrise – jene Krise, die den Beginn des Endes der Regierung Rousseff markierte.

Analog zur den jeweiligen Hochphasen der beiden Entwicklungsprojekte variierten auch die konkreten **Wirtschaftspolitiken** Venezuelas und Brasiliens. Nahezu die gesamte Regierungszeit Maduros war und ist immer noch durch eine ausgeprägte Wirtschaftskrise gekennzeichnet. Wirtschaftspolitischer Fokus der Regierung lag und liegt daher in der Eindämmung der Krise (u. a. über Importkürzungen, Finanzierung der laufenden Ausgaben über die Notenpresse, Veränderungen am Wechselkurssystem etc.). Aufgrund der holländischen Krankheit, d. h. der fehlenden Wettbewerbsfähigkeit aller nicht-rohstoffbasierten Wirtschaftssektoren, wurde paradoxerweise die venezolanische Rentenökonomie und die subalterne Weltmarkteinbindung verstetigt und sogar intensiviert. Damit wurden auch alle alternativen, ‚sozialistischen' Formen des Wirtschaftens entgegen der eigenen (wirtschafts-)politischen Zielsetzungen konterkariert.

Die Diskrepanz zwischen (wirtschafts-)politischen Zielsetzungen auf der einen Seite und der wirtschaftlichen Realität auf der anderen Seite gilt auch für Brasilien. Zwar war die Regierung Rousseff zunächst darum bemüht, die neodesarrollistische Strategie des Vorgängers Lula fortzuführen und zu intensivieren, was auch Erfolge zeitigte. Nachdem Brasilien jedoch zunehmend in eine Wirtschaftskrise schlitterte, läutete die Rousseff-Administration eine wirtschaftspolitische Trendwende und damit die faktische Aufgabe des Neo-Desarrollismus zugunsten einer weitgehend orthodox-neoliberalen Ausrichtung ein. Da hernach alle Komponenten der Verwendungsseite des BIP und damit die gesamtwirtschaftliche Nachfrage rückläufig waren, verringerten sich die Wirtschaftsdynamik und alsbald auch die Kohäsionskräfte des Machtblocks der Regierung. Die Wirtschaftskrise bereitete somit den Boden für den Machtkampf der oppositionellen Allianz gegen Präsidentin Rousseff. Die Amtsenthebung 2016 markierte das Ende des neo-desarrollistischen Reformprojekts und des Lulismus und – im Gegenzug – den Aufstieg eines konservativen *Rollbacks* und Gegenprojekts. Tabelle 5.1 verdeutlicht den Vergleich der Phasen, Faktoren und Wirtschaftspolitiken für den venezolanischen und den brasilianischen Fall.

5.1 Vergleichende Analyse der Phasen, Faktoren und Outputs

Tabelle 5.1 Vergleich der Faktoren, Wirtschaftspolitiken und der jeweiligen Phasen

Faktoren	Land	Venezuela	Brasilien
Phase des Aufstiegs der Projekte		Prä-sozialistische Phase unter Chávez	Orthodoxe Phase unter Lula
Politische Kultur		Chávez ist Produkt einer tiefgreifenden Krise →*window of opportunity* und Mandat für Transformationsprojekt	Lula ist nicht Produkt einer tiefgreifenden (Wirtschafts-)Krise →*window of opportunity* und Mandat für Reform-, nicht Revolutionsprojekt
(Wirtschafts-)politische Zielsetzungen des Entscheidungspersonals		Post-neoliberale, heterodoxe (Wirtschafts-)Politik; zwar innerkapitalistische Neuausrichtung, transformatorischer Charakter jedoch erkennbar	Post-neoliberale, heterodoxe (Wirtschafts-)Politik; innerkapitalistische Neuausrichtung des Entwicklungskurses
Handlungsspielräume	Machtverhältnisse	Ausweitung der Macht von Staat und Exekutive mittels neuer Verfassung, Elitenwechsel, paralleler Verwaltungsstrukturen und legitimationsstifter Identitätspolitik	Koalitionspräsidentialismus und traditionelle Machtbastionen in Politik, Wirtschaft und Medien beschränken Entscheidungsfreiheiten der Regierung
	Ressourcen	Kontrollgewinn über Ressourcensektor und die damit einhergehenden (Renten-)Einnahmen	Öffentliche Einnahmen aus dem Rohstoffhandel nicht von besonderer Relevanz
	Weltmarkteinbindung	Punktueller Abbau der Außenabhängigkeit durch Sicherung wirtschaftspolitischer Kompetenzen, Stärkung des Binnenmarkts und Zurückdrängen externen Einflusses	Vererbte Außenorientierung und Außenabhängigkeit verhindern einen zu dezidierten Wandel in der Wirtschaftspolitik
→Output: Wirtschaftspolitik		Moderat heterodox: Stärkung des Binnenmarkts und der Sozialpolitik; punktuelle Neuordnung der Eigentumsverhältnisse	Weitgehend orthodox: makroökonomische Stabilisierungspolitik und moderate Sozialpolitik
		⇩	⇩
Hochphase der Projekte		Sozialistische Phase unter Chávez	Neo-desarrollistische Phase unter Lula
Politische Kultur		Angesichts der ausgeprägten politischen Polarisierung und infolge des gewonnenen Machtkampfs öffnet sich der Regierung ein erneutes *window of opportunity* für eine Radikalisierung ihres Transformationsprojekts	Steigende politische Polarisierung; Wählerwanderung der Ärmeren hin zu Lula und Unterstützung durch die interne produktive Kapitalfraktion eröffnet Möglichkeit zu partieller Neujustierung des Entwicklungskurses
(Wirtschafts-)politische Zielsetzungen des Entscheidungspersonals		Radikalisierung der Regierung bedingt ideelle Neuausrichtung bzw. Paradigmenwechsel →neue Problemdiagnose, nämlich Kapitalismus, und neue Problemlösung: Sozialismus (des 21. Jahrhunderts)	Kapitalistischer Grundkonsens und Orientierung an den Parametern des Marktparadigmas bleiben bestehen; heterodoxe bzw. neo-desarrollistische Strategie

(Fortsetzung)

Tabelle 5.1 (Fortsetzung)

Handlungsspielräume	Machtverhältnisse	Ausweitung der Regierungsmacht im Staat; Bildung eines regierungsabhängigen kommunalen Parallelstaates; Herstellung einer kommunikativen Hegemonie inklusive legitimationsstifter Identitätspolitik; Förderung loyaler Akteure	Bildung einer stabilen Regierungskoalition und eines neuen Machtblocks (Einbindung der internen produktiven Kapitalfraktion und der ärmeren Bevölkerungsteile, integrative Identitätspolitik)
	Ressourcen	Hohe Ölpreise bedingen beträchtliche öffentliche Mehreinnahmen und Verteilungsspielräume	Steigende Rohstoffpreise bedingen Mehreinnahmen und vergrößern Aktionsradius der Regierung
	Weltmarkteinbindung	Schritte zu einer alternativen regionalen Handels- und Finanzstruktur (ALBA)	Prosperierende globale Wirtschaft trägt zu stabilem Wirtschaftswachstum bei
→Output: Wirtschaftspolitik		Einerseits Aufbau alternativer ‚sozialistischer' Produktions- und Wirtschaftsformen, andererseits Verstetigung der Rentenökonomie	Neo-Desarrollismus: Verbindung orthodoxer (makroökonomische Stabilisierung) mit heterodoxen (Industriepolitik) Elementen

⇩ ⇩

Phase des Abstieg der Projekte		Phase der sozialistischen Erosion unter Maduro	Phase der neo-desarrollistischen Erosion unter Rousseff
Politische Kultur		Steigende politische Polarisierung →tendenziell Transformationsdisposition in der Bevölkerung, aber autoritärer Regierungsstil Maduros verhindert Ende der Bolivarischen Revolution	Steigende Polarisierung und Radikalisierung der Opposition →*window of opportunity* für konservatives Gegenprojekt →Machtkampf um Regierung und Entwicklungskurs
(Wirtschafts-)politische Zielsetzungen des Entscheidungspersonals		Fortführung des programmatischen Erbes Chávez': Sozialismus des 21. Jahrhunderts	Fortführung des programmatischen Erbes Lulas: Neo-Desarrollismus
Handlungsspielräume	Machtverhältnisse	Sukzessive Erosion des Machtblocks der Regierung →Machterhalt durch Autokratisierung	Sukzessive Erosion des Machtblocks der Regierung →Legitimationsverlust Rouseffs und Machtverlust
	Ressourcen	Sinkende Ölpreise bedingen signifikant verringerte Einnahmen und Verteilungsspielräume der Regierung	Sinkende Rohstoffpreise bedingen verringerte Einnahmen und Verteilungsspielräume der Regierung
	Weltmarkteinbindung	Subalterne Weltmarkteinbindung und holländische Krankheit als Hautpursachen der Wirtschaftskrise und des eingeschränkten Aktionsradius der Regierung	Vor dem Hintergrund der Außenabhängigkeit begünstigt sinkende Nachfrage aus dem Ausland die spätere Wirtschaftskrise
→Output: Wirtschaftspolitik		Versuch einer Krisenbearbeitung; holländische Krankheit unterminiert wirtschaftlichen Sozialismus	Erst heterodox, dann orthodox-neoliberale Trendwende

Quelle: Eigene Darstellung

5.2 Vergleichende Analyse des Zusammenspiels der Faktoren, Beantwortung der Leitfrage, Überprüfung der These

Basierend auf den vorhergehenden Ausführungen wird in der Folge das Zusammenspiel der Faktoren untersucht, um 1. die Leitfrage dieser Arbeit beantworten zu können; 2. die These dieser Arbeit überprüfen zu können; und 3. Aussagen über die (evtl. unterschiedliche) Relevanz der Faktoren fällen zu können. Die Leitfrage dieser Arbeit lautet: Warum unterschieden sich trotz ähnlicher Problemlagen die wirtschaftspolitischen Strategien der linken Regierungen Venezuelas und Brasiliens? Der Arbeit wurde die folgende These zugrunde gelegt: Der Hauptgrund für die Unterschiede in den Wirtschaftspolitiken liegt in dem Zusammenspiel dreier Faktoren: 1. einer unterschiedlich gearteten politischen Kultur, darauf aufbauend 2. verschiedenartiger (wirtschafts-)politischer Zielsetzungen des Entscheidungspersonals, und 3. unterschiedlicher Handlungsspielräume des Entscheidungspersonals. Im Folgenden wird diese These für die drei Phasen der Entwicklungsprojekte in Venezuela und Brasilien überprüft.

5.2.1 Phase des Aufstiegs der Projekte

Ein Vergleich der Phase des Aufstiegs der Projekte in Venezuela und Brasilien kann den vermuteten Zusammenhang zwischen 1. politischer Kultur, 2. (wirtschafts-)politischen Zielsetzungen des Entscheidungspersonals und 3. Handlungsspielräumen des Entscheidungspersonals bestätigen. In Venezuela war die politische Kultur aufgrund einer politischen und wirtschaftlichen Krise in den 1990er Jahren durch eine ausgeprägte politische Polarisierung gekennzeichnet und ermöglichte somit den Aufstieg des anti-systemischen chavistischen Projekts, der Bolivarischen Revolution. Der Faktor „politische Kultur" ist ein struktureller Faktor und weist in diesem Fall auf einen Strukturbruch hin. Nichtsdestoweniger ist dieser Faktor – aufgrund des strukturellen Charakters – weder als Erklärung der Wirtschaftspolitik der prä-sozialistischen Aufstiegsphase in Venezuela noch für den Vergleich mit Brasilien ausreichend. Hierzu bedarf es der Betrachtung der handelnden Akteure. Die Berücksichtigung der *Agency* erfolgte in dieser Arbeit primär über den Faktor „(wirtschafts-)politische Zielsetzungen des Entscheidungspersonals": Vor dem Hintergrund der polarisierten politischen Kultur und dem breiten Wunsch nach einer politischen und wirtschaftlichen Transformation war die Wahl Chávez' gleichbedeutend mit einem Mandat für eine Umwälzung des Status quo. Das spiegelte sich in den (wirtschafts-)politischen

Zielsetzungen der Regierung Chávez in dieser ersten, prä-sozialistischen Phase wider. Das Zusammenspiel des strukturellen Faktors „politische Kultur" und des akteursorientierten Faktors „(wirtschafts-)politische Zielsetzungen des Entscheidungspersonals" weist auf eine Transformationsdisposition in Bevölkerung und Regierung hin, kann jedoch keine unmittelbaren Aufschlüsse über die tatsächlich erfolgte Wirtschaftspolitik der Chávez-Administration geben. Hierzu müssen die strukturellen Einschränkungen der Regierung in die Analyse eingebunden werden: Nachdem die Regierung Chávez die eigenen Handlungsspielräume vergrößern konnte, erfolgte eine sukzessive – wenngleich zu diesem Zeitpunkt noch nicht radikale – Ausrichtung in der Wirtschaftspolitik gemäß der eigenen Zielsetzungen und -vorstellungen. Erst das Zusammenspiel dieser drei Faktoren ermöglicht eine sinngerechte analytische Nachzeichnung der wirtschaftspolitischen Strategie bzw. der konkreten Wirtschaftspolitik. Eine Betrachtung der strukturellen Handlungsspielräume alleine wäre wieder nicht aussagekräftig, da sie 1. lediglich Auskunft über einen möglichen Handlungsraum geben und 2. die *Agency* vernachlässigen würde.

Analog verhält es sich im brasilianischen Fall. Im Gegensatz zu Venezuela war Brasilien in der Übergangsperiode von Cardoso zu Lula nicht durch eine tiefgreifende Krise, sondern lediglich durch einen Wirtschaftsabschwung gekennzeichnet. Dementsprechend war die politische Kultur weitaus weniger polarisiert als in Venezuela. Das Lula per Wahl erteilte Mandat für einen moderaten Wandel spiegelte sich in den (wirtschafts-)politischen Zielsetzungen der Regierung wider. Da die Handlungsspielräume der Regierung zu diesem Zeitpunkt relativ eingeschränkt waren, fiel die Wirtschaftspolitik sehr pragmatisch und stark orthodox, d. h. wirtschafts- bzw. neoliberal, aus. Für den brasilianischen Fall alleine sind die beiden Faktoren „politische Kultur" und „Handlungsspielräume des Entscheidungspersonals" in der Erklärung der Wirtschaftspolitik dieser Phase weitgehend ausreichend. Weniger eindeutig ist die Relevanz des Faktors „(wirtschafts-)politische Zielsetzungen des Entscheidungspersonals". Retrospektiv ist beispielsweise schwer zu klären, ob diese (wirtschafts-)politischen Zielsetzungen evtl. radikaler ausgefallen wären, sofern 1. eine polarisiertere politische Kultur den entsprechenden transformatorischen Boden bereitet hätte und bzw. oder 2. die eigenen Handlungsspielräume größer gewesen wären. Nichtsdestoweniger werden die Entwicklungen während der nächsten Phase, d. h. der Hochphase des brasilianischen Entwicklungsprojekts, Aufschluss über die Relevanz dieses Faktors geben. Die zu diesem Zeitpunkt nicht eindeutig festzustellende Relevanz des Faktors für den brasilianischen Einzelfall gilt jedoch nicht für den Vergleich mit Venezuela, d. h. in der Erklärung der Unterschiede in den jeweiligen Wirtschaftspolitiken. Hierfür ist die analytische Einbindung der relevanten Akteure

5.2 Vergleichende Analyse des Zusammenspiels der Faktoren ...

über den Faktor „(wirtschafts-)politische Zielsetzungen" – wie die Ausführungen gezeigt haben – unabdingbar.

5.2.2 Hochphase der Projekte

Hinsichtlich der Aufstiegsphase der verschiedenen Projekte in Venezuela und Brasilien kann einschränkend angeführt werden, dass der Kontrast zwischen diesen beiden Fällen noch weit weniger deutlich war, als er während der Hochphase der Projekte werden sollte. In dieser Hochphase wurden die programmatischen und paradigmatischen Unterschiede in den Entwicklungsprojekten und darauf basierend auch diejenigen in der jeweiligen Wirtschaftspolitik deutlich. Fokus und argumentativer Schwerpunkt dieser Arbeit und der These liegen daher auf dieser Phase.

Ein Vergleich der Hochphase der Projekte in Venezuela und Brasilien kann den vermuteten Zusammenhang zwischen 1. politischer Kultur, 2. (wirtschafts-)politischen Zielsetzungen des Entscheidungspersonals und 3. Handlungsspielräumen des Entscheidungspersonals für diese Phase bestätigen. In Venezuela hatten Entwicklungen in der politischen Kultur dem Chavismus die Möglichkeit zur Neuausrichtung des eigenen Transformationsprojekts eröffnet. Denn die politische Polarisierung hatte während der ersten Jahre der Regierung Chávez noch einmal zugenommen, zu einem Machtkampf zwischen Anhängern und Gegnern der Bolivarischen Revolution geführt und eine erneute Radikalisierung der Regierung bedingt.

Analog zur prä-sozialistischen Aufstiegsphase ist der strukturelle Faktor „politische Kultur" weder als Erklärung der konkreten venezolanischen Wirtschaftspolitik dieser Phase noch als Erklärung der Unterschiede zwischen der Wirtschaftspolitik Venezuelas und Brasiliens ausreichend. Die analytische Einbindung bzw. Berücksichtigung der relevanten Akteure erfolgt erneut über den Faktor „(wirtschafts-)politische Zielsetzungen des Entscheidungspersonals". Die durch die Entwicklungen in der politischen Kultur bedingte Radikalisierung der Regierung und Neuausrichtung der Bolivarischen Revolution spiegelte sich in den (wirtschafts-)politischen Zielsetzungen der Chávez-Administration wider. Darin manifestierte sich fortan ein post-kapitalistisches Paradigma, das auf eine neue politökonomische Ordnung, den Sozialismus des 21. Jahrhunderts, ausgerichtet wurde.

Das Zusammenspiel des strukturellen Faktors „politische Kultur" und des akteursorientierten Faktors „(wirtschafts-)politische Zielsetzungen des Entscheidungspersonals" impliziert den Möglichkeitsraum einer radikaleren wirtschaftspolitischen Praxis, ist jedoch weder in der Erklärung dieser Praxis Venezuelas noch in der Erklärung der Unterscheide zwischen der venezolanischen und brasilianischen Wirtschaftspolitik ausreichend bzw. hinreichend. Hierzu bedarf es der analytischen Einbindung der strukturellen Einschränkungen des Entscheidungspersonals: Nachdem die Regierung Chávez die eigenen Handlungsspielräume noch einmal ausweiten konnte, erfolgten diverse wirtschaftspolitische Schritte zu einer sozialistischen Transformation auf nationaler und regionaler Ebene. Eine hinreichende analytische Nachzeichnung der konkreten Wirtschaftspolitik (und damit der Unterschiede zu Brasilien) wird erst mithilfe der Betrachtung des Zusammenspiels der drei Faktoren möglich. Die Analyse der strukturellen Handlungsspielräume alleine wäre für eine Erklärung der Wirtschaftspolitik nicht ausreichend, da sie lediglich den Möglichkeitsraum wirtschaftspolitischer Handlungen erhellen, dabei jedoch das Handeln der relevanten Akteure (weitgehend) ausblenden.

Die eben erfolgten Ausführungen betreffen auch den brasilianischen Fall. Ähnlich wie in Venezuela war die politische Kultur Brasiliens während dieser Phase durch eine zunehmende politische Polarisierung gekennzeichnet. Diese Polarisierung führte jedoch nicht zu einer Radikalisierung der Regierung. Die Lula-Administration nutzte zwar die Gunst die Stunde, um eine entwicklungsstaatlich geprägte, neo-desarrollistische Strategie umzusetzen. Diese Strategie hatte sich jedoch bereits während der Früh- bzw. Aufstiegsphase in den (wirtschafts-) politischen Zielsetzungen der Regierung Lula programmatisch abgezeichnet. Des Weiteren waren diese Strategie und die damit einhergehenden Zielsetzungen weiterhin an einer kapitalistischen Marktwirtschaft ausgerichtet. Nachdem die Regierung Lula die eigenen Handlungsspielräume vergrößern konnte, trug die Wirtschaftspolitik dieser Phase deutlich neo-desarrollistische Züge. Nichtsdestoweniger war die Wirtschaftspolitik der Regierung Lula auch in diesem Zeitraum sehr pragmatisch, wenig radikal und reproduzierte weitgehend die traditionellen sozioökonomischen Strukturen.

Analog zur orthodoxen Aufstiegsphase ist für den brasilianischen Fall die Relevanz der beiden strukturellen Faktoren „politische Kultur" und „Handlungsspielräume des Entscheidungspersonals" in der Erklärung der Wirtschaftspolitik dieser Phase offenkundig: Erst bedingt durch das politisch-kulturelle Klima und die vergrößerten Handlungsspielräume war für die Regierung Lula der entsprechende Aktionsradius gegeben, die im Vergleich zur orthodoxen Phase ambitioniertere neo-desarrollistische Wirtschaftspolitik umsetzen.

5.2 Vergleichende Analyse des Zusammenspiels der Faktoren ...

Weniger offenkundig ist erneut die Relevanz des Faktors „(wirtschafts-) politische Zielsetzungen des Entscheidungspersonals". Wie die folgenden Ausführungen zeigen sollen, ist dieser Faktor jedoch sowohl in der Erklärung der brasilianischen Wirtschaftspolitik als auch in der Erklärung der Unterschiede in der venezolanischen und brasilianischen Wirtschaftspolitik von großer Relevanz. In den Erörterungen über die Relevanz des Faktors während der Aufstiegsphase des brasilianischen Reformprojekts wurde die Frage aufgeworfen, ob diese (wirtschafts-)politischen Zielsetzungen im Falle einer entsprechend polarisierten politischen Kultur oder größerer Handlungsspielräume radikaler ausgefallen wären. Diese Frage ist auch für die neo-desarrollistische Phase von Relevanz und muss angesichts der Entwicklungen während dieser Zeit verneint werden. Denn in dieser Phase erfolgte zwar eine neo-desarrollistische Ausrichtung, jedoch war grundsätzlich gegen Ende dieser Phase und zu Beginn der Amtszeit Rousseffs ein temporäres *window of opportunity* für ein stärker transformatorisches Projekt gegeben.[2] Dieses Zeitfenster wurde von der Regierung jedoch nicht für eine Radikalisierung oder Neuausrichtung des Entwicklungskurses und der (wirtschafts-)politischen Zielsetzungen genutzt. Daher muss davon ausgegangen werden, dass die PT-Regierungen kein Interesse an einer stärkeren Transformation der politischen und wirtschaftlichen Ordnung hatten. Oder anders: Die PT-Regierungen verblieben in ihren Zielvorstellungen in einem marktwirtschaftlichen bzw. kapitalistischen Paradigma und handelten weitgehend innerhalb der vorgegebenen politischen und wirtschaftlichen Strukturbahnen. Darin spiegelt sich die Bedeutung des Faktors „(wirtschafts-)politische Zielsetzungen des Entscheidungspersonals" für die Wirtschaftspolitik der PT-Regierungen wider.

Für den Vergleichsfall Venezuela und die Erklärung der Unterschiede in den Wirtschaftspolitiken ist dieser Faktor von noch erheblicherer Relevanz. Denn der Akteur Chávez orientierte sich an einem anders gearteten Paradigma und war stets

---

[2]Erstens waren zu diesem Zeitpunkt die ärmeren Bevölkerungsschichten, die aufgrund ihres sozioökonomischen Status am stärksten von strukturellen Reformen oder Transformationen profitiert hätten, auf Seiten der Regierung. Zweitens verfügte die Regierung nicht nur über eine stabile Regierungs- und Handlungsbasis, sondern auch über eine außerordentlich hohe Legitimation. Denn der scheidende Präsident Lula konnte zu diesem Zeitpunkt die höchsten je in Brasilien gemessenen Zustimmungswerte vorweisen (Schmalz/Ebenau 2014: 51). Drittens prosperierte die brasilianische Wirtschaft und mit ihr auch die öffentlichen Einnahmen. Viertens war im Anschluss an die globale Wirtschafts- und Finanzkrise eine orthodoxe bzw. neoliberale Wirtschaftspolitik zeitweise delegitimiert. Im Gegenzug erlebte der brasilianische Neo-Desarrollismus eine legitimatorische Aufwertung in anderen Schwellenländern, nachdem die Regierung Lula Brasilien mithilfe eines neo-desarrollistischen Krisenkeynesianismus rasch aus der Krise führen konnte. Fünftens war Brasilien unter Lula generell zu einem einflussreichen Machtfaktor, einer „global power" (Anderson 2011), aufgestiegen.

darum bemüht, das bestehende politische, wirtschaftliche und gesellschaftliche Strukturgefüge aufzubrechen bzw. zu transformieren. Daher kann abschließend festgehalten werden, dass der Faktor „(wirtschafts-)politische Zielsetzungen des Entscheidungspersonals" im Vergleich zwischen dem bolivarisch-sozialistischen Revolutionsprojekt in Venezuela und dem neo-desarrollistischen Reformprojekt in Brasilien und für den Unterschied in den damit einhergehenden Wirtschaftspolitiken hochrelevant war. In Verbindung mit den anderen beiden Faktoren kann deswegen für den Vergleich der beiden Fälle der vermutete Zusammenhang, d. h. das Faktorenzusammenspiel, bestätigt werden.

5.2.3 Phase des Abstiegs der Projekte

Bei einem Vergleich der Abstiegsphase der Projekte in Venezuela und Brasilien ist eine andere Dynamik in dem Zusammenspiel der drei Faktoren – 1. politische Kultur, 2. (wirtschafts-)politische Zielsetzungen des Entscheidungspersonals und 3. Handlungsspielräume des Entscheidungspersonals – zu verzeichnen. In Venezuela hatte sich die politische Kultur unter der Präsidentschaft Maduros weitgehend wie unter Vorgänger Chávez entwickelt. Die politische Polarisierung stieg weiter an und führte zu einer erneuten Radikalisierung der Regierung. Dies wirkte sich jedoch nicht auf die (wirtschafts-)politischen Zielsetzungen der Regierung aus. Denn die Maduro-Administration folgte weiterhin den sozialistischen Vorgaben Chávez'. Für die konkrete Wirtschaftspolitik Venezuelas waren in dieser Phase vielmehr die geringer werdenden Handlungsspielräume von Bedeutung. Diese engten den Aktionsradius der Regierung für die Fortführung einer post-kapitalistischen Wirtschaftspolitik auf nationaler und regionaler Ebene entscheidend ein. Die chaotisch und erfolglos anmutende Wirtschaftspolitik dieser Abstiegsphase der Bolivarischen Revolution ist primär durch den Versuch geprägt, die Wirtschaftskrise zu beenden.

Im brasilianischen Fall waren Entwicklungen in der politischen Kultur ebenfalls von Bedeutung für die Wirtschaftspolitik der Regierung. Konkret stieg die politische Polarisierung in den Jahren der Regierung Rousseff beträchtlich an, führte zu einer Radikalisierung der Opposition und einem baldigen Machtkampf mit der Regierung. Diese Entwicklungen in der politischen Kultur hatten jedoch keine direkten Auswirkungen auf die (wirtschafts-)politischen Zielsetzungen der Regierung. Denn die Rousseff-Administration folgte weiterhin den neo-desarrollistischen Pfeilern, die bereits unter Vorgänger Lula Bestand hatten. Hinsichtlich der konkreten Wirtschaftspolitik Brasiliens waren in erster Linie die Handlungsspielräume der Regierung relevant. Der sich verringernde Handlungsradius der Rousseff-Administration bedingte letztendlich die Aufgabe der neo-desarrollistischen Strategie und die Rückkehr zu einer orthodox-neoliberalen Wirtschaftspolitik.

Resümierend kann daher festgehalten werden, dass es sowohl in Venezuela als auch in Brasilien in dieser Phase eine ähnliche Dynamik im Zusammenspiel der Faktoren gab. Dennoch ist der Unterschied in den jeweiligen Wirtschaftspolitiken auf die unterschiedlichen wirtschaftspolitischen Strategien zurückzuführen, die während der Aufstiegs- und vor allem Hochphase ergriffen wurden. Und diese Strategien folgten – wie oben erläutert wurde – dem Zusammenspiel der drei in dieser Arbeit verwendeten Faktoren.

5.2.4 Fazit, Beantwortung der Leitfrage, Überprüfung der These

Im Hinblick auf Leitfrage und These dieser Arbeit kann daher als Fazit Folgendes konstatiert werden. Der Hauptgrund für die Unterschiede in den Wirtschaftspolitiken Venezuelas und Brasiliens ist während der Aufstiegs- und der Hochphase der jeweiligen Projekte in dem Zusammenspiel der folgenden drei Faktoren zu finden: 1. der unterschiedlich gearteten politischen Kultur, darauf aufbauend 2. verschiedenartiger (wirtschafts-)politischer Zielsetzungen des Entscheidungspersonals, und 3. unterschiedlicher Handlungsspielräume des Entscheidungspersonals. In Venezuela führte die politische Kultur, die sich durch eine stark ausgeprägte politische Polarisierung auszeichnete, zu einer dezidierten Ablehnung des Status quo, was sich in den (wirtschafts-)politischen Zielsetzungen des Entscheidungspersonals niederschlug. Vor dem Hintergrund wachsender bzw. großer Handlungsspielräume des Entscheidungspersonals ermöglichte dies eine tendenziell transformatorische, d. h. eine die bestehende politische und ökonomische Ordnung überwindende, Wirtschaftspolitik. Hingegen kennzeichnete Brasilien eine weniger stark polarisierte politische Kultur und daher auch moderate (wirtschafts-)politische Zielsetzungen des Entscheidungspersonals. Vor dem Hintergrund von eher geringen Handlungsspielräumen des Entscheidungspersonals bedingte dies eine vergleichsweise pragmatische Wirtschaftspolitik. Zwar ist für die Abstiegsphase des sozialistischen Projekts in Venezuela und des neo-desarrollistischen Projekts in Brasilien eine größere Ähnlichkeit in dem Zusammenspiel der drei Faktoren zu verzeichnen, v. a. hinsichtlich der zunehmenden Einschränkungen in den jeweiligen Handlungsspielräumen. Nichtsdestoweniger liegt der Unterschied in den Wirtschaftspolitiken der beiden Länder in dieser Phase in den wirtschaftspolitischen Pfaden begründet, die in den jeweiligen Aufstiegs- und Hochphasen beschritten wurden und die dem dargestellten Faktorenzusammenspiel folgten.

Schluss 6

Da viele der zentralen Erkenntnisse dieser Arbeit bereits im vorhergehenden Kapitel vorweggenommen wurden, werden diese Ergebnisse in der Folge nur in Kürze rekapituliert. Anschließend wird sowohl der theoretisch-konzeptionelle Mehrwert dieser Arbeit, der mit einer Reflexion über die Stärken und Schwächen des verwendeten Synthesemodells verbunden wird, als auch der empirische Mehrwert präsentiert, bevor abschließend einige Zukunftsaussichten und Forschungsdesiderate benannt werden.

6.1 Ergebnisse der Arbeit

Diese Arbeit widmete sich den unterschiedlichen Entwicklungsagenden bzw. wirtschaftspolitischen Strategien in Venezuela und Brasilien. Der Arbeit wurde die Ausgangsfrage zugrunde gelegt, warum sich trotz ähnlicher Problemlagen die wirtschaftspolitischen Strategien der linken Regierungen Venezuelas und Brasiliens unterschieden. Die bisher in der Forschungsliteratur zu findenden Erklärungen für die dahingehenden Unterschiede hatten sich als unterkomplex und daher nicht als adäquat erwiesen. Wie im Lauf dieser Arbeit nachgezeichnet wurde, kennzeichnete den venezolanischen Fall ein größer angelegtes politökonomisches Transformationsprojekt, während in Brasilien ein Reformprojekt umgesetzt wurde, das weniger radikal als das chavistische Projekt war und zudem durchgängig Kontinuitäten zu der neoliberalen Vorgängerperiode aufwies. Um die jeweiligen Entwicklungen und Dynamiken adäquat erfassen zu können und das als These formulierte Zusammenspiel der gewählten Faktoren überprüfen zu können, wurde sowohl der Chavismus in Venezuela als auch der Lulismus in Brasilien in drei Phasen – Aufstieg, Hochphase, Abstieg – unterteilt. In der

Erklärung der Unterschiede in den Wirtschaftspolitiken bzw. wirtschaftspolitischen Strategien konnte gemäß der These der Arbeit ein Zusammenhang zwischen 1. einer unterschiedlichen politischen Kultur, 2. verschiedenartiger (wirtschafts-) politischer Zielsetzungen des Entscheidungspersonals und 3. unterschiedlicher Handlungsspielräume derselben bestätigt werden.

6.2 Mehrwert der Arbeit

Die Arbeit liefert sowohl einen theoretisch-konzeptionellen als auch empirischen Mehrwert. Die relevantesten Aspekte werden in der Folge in knapper Form zusammengefasst.

6.2.1 Theoretischer Mehrwert: Stärken und Schwächen des Synthesemodells

In dieser Arbeit wurde eine ganzheitliche Analyse mit einem Synthesemodell durchgeführt, das auf unterschiedlichen Theorien und Ansätzen beruht. In diesem Kapitel sollen die Schwächen und Stärken dieses Synthesemodells erörtert werden. Als erste Schwachstelle ist die schwierige Generalisierbarkeit der mithilfe der Theoriensynthese und des damit verbundenen Modells erzielten Erkenntnisse zu nennen. Konkret handelt es sich hierbei um ein Modell, das auf zwei konkrete Fallbeispiele inklusive der damit verbundenen fallspezifischen Charakteristika zugeschnitten ist. Daher war mit dieser Arbeit nicht bzw. nicht primär der Anspruch verbunden, eine Theorieinnovation mit generalisierbaren Erkenntnissen zu liefern. Über die hier verwendeten Untersuchungsfälle hinausgehende Erklärungskraft kann das Modell daher nur in Fällen liefern, die sich ähnlich zu den in dieser Arbeit behandelten verhalten.

Eine zweite Schwäche bzw. Problematik, die mit dem Modell einhergeht, liegt in der (In-)Kompatibilität der verwendeten Theorien und Ansätze. Konkret erforderte die Theoriensynthese, unterschiedliche und teils inkommensurable (meta-)theoretische bzw. philosophische, v. a. ontologische und epistemologische, Positionen, die den jeweiligen Theorien und Ansätzen zugrunde liegen, im Modell zu synthetisieren bzw. miteinander in Einklang zu bringen. Das gestaltete sich bei der Verbindung der populismustheoretisch erweiterten Diskurs- und Hegemonietheorie Ernesto Laclaus mit den konstruktivistischen Ansätzen aus der IPÖ weniger schwierig, da beide Theorien ähnliche philosophische Grundpositionen teilen. Problematischer war das jedoch bei der Verbindung dieser beiden

6.2 Mehrwert der Arbeit

Theorien und Ansätze mit der Regulationstheorie, die auf einem materialistischen Fundament basiert. An dieser Stelle kann jedoch eingewendet werden, dass sich die Regulationstheorie aufgrund der Vielzahl von Theoriebausteinen durchaus als anschlussfähig für andere Theorien erweist, was sich u. a. beim Konzept der Regulationsweise und bei der strukturellen (Regulations-)Form des Staates zeigte.

Damit geht drittens einher, dass eine Überprüfung der einzelnen Theorien und Ansätze, aus denen die Synthese vorgenommen wurde, schwer zu bewerkstelligen ist. Das hängt zum einen damit zusammen, dass die verwendeten Theorien und Ansätze im Theorieteil dieser Arbeit selbst schon einer Kritik und einigen konzeptionellen Veränderungen unterzogen wurden, um in dem Synthesemodell adäquat zusammengefügt werden zu können. Zum andern hätte eine Überprüfung der einzelnen Theorien und Ansätze ein anderes Forschungsdesign erfordert.

Im Hinblick auf die Empirie besteht eine vierte Schwäche darin, dass die gewählte Analyseperspektive (inklusive der damit einhergehenden Theorien, Faktoren und Indikatoren) eine spezifische empirische Rekonstruktion der Entwicklungen der beiden Untersuchungsfälle impliziert und damit den Interpretationsraum für alternative Erklärungsmuster reduziert.[1] Das bezieht sich vor allem auf die folgenden zwei Aspekte: Zum einen weist die Arbeit, worauf in der Einleitung hingewiesen wurde, eine (tendenzielle) konstruktivistisch-idealistische Schwerpunktsetzung auf. Konkret zeigt sich das in der Analyse der „politischen Kultur". Denn im Rahmen der dahingehenden Analyse wurden zwar auch für die jeweiligen „Handlungsspielräume des Entscheidungspersonals" relevante Aspekte beleuchtet (konkret: die Legitimations- und Machtsteigerung mittels identitätspolitischer Schritte), jedoch lag der diesbezügliche Fokus primär auf den ideellen Implikationen der jeweiligen politisch-kulturellen Kontexte für die „(wirtschafts-)politischen Zielsetzungen des Entscheidungspersonals". Die konstruktivistisch-idealistische Fokussierung zeigt sich ferner in der Analyse der „(wirtschafts-)politischen Zielsetzung des Entscheidungspersonals", die in den dahingehenden Kapiteln weitgehend isoliert von anderen, d. h. materiellen und bzw. oder rational-strategischen, Zielen und auch separat von den „Handlungsspielräumen des Entscheidungspersonals" analysiert wurden. Diese (Re-)Konstruktion erfolgte aus rein analytischen Gründen, nämlich der Intention, die jeweiligen ideellen Faktoren, d. h. Wahrnehmungen, Visionen und Entwicklungsvorstellungen und -paradigmen des Entscheidungspersonals, in der Interessens- bzw. Zielsetzungsformierung zu beleuchten, um deren Relevanz in

---

[1]Die interpretative Verengung bzw. die Wahl der Analyseperspektive erfolgte jedoch nicht willkürlich, sondern basierte zum einen auf einem hermeneutisch gewonnenen (Vor-)Verständnis der beiden Untersuchungsfälle und zum anderen auf der Auswertung des Forschungsstandes inklusive der einschlägigen Argumente.

der Erklärung des Explanandums herauszustellen. Diese Vorgehensweise impliziert jedoch nicht die Vernachlässigung materiell-rationaler Zielsetzungen oder akteursspezifischer Handlungsspielräume, denn diese Faktoren fanden im Rahmen der Arbeit ebenfalls Beachtung. Allerdings sind sie nach Ansicht des Autors bereits ausreichend erforscht und spielten daher eine vergleichsweise untergeordnete Rolle (im Fall der materiellen und oder rationalen Zielsetzungen)[2] bzw. eine indirekte und ergänzende Rolle als eigener Faktor mit eigenen Kapiteln (im Fall der Handlungsspielräume).

Zum anderen werden aufgrund des gewählten analytischen Zugangs die Unterschiede in den beiden Untersuchungsfällen (tendenziell) übergewichtet. Umgekehrt droht die in dieser Arbeit vorgenommene gegensätzliche Charakterisierung der venezolanischen Wirtschaftspolitik als „transformatorisch" und der brasilianischen als „pragmatisch" die Schnittmengen im Explanandum zu verkennen. Beispielsweise gelang es der venezolanischen Regierung nur bedingt, die materiellen, d. h. sozioökonomischen (Eigentums-)Strukturen im Sinne einer post-kapitalistischen Wirtschaftsordnung zu transformieren, während es unter der brasilianischen Regierung, v. a. derjenigen Dilma Rousseffs, durchaus Anzeichen einer Vertiefung bzw. einer ‚Radikalisierung' gab. Diese Einschränkungen ändern jedoch nichts an der in dieser Arbeit dargelegten Argumentation, dass die venezolanische Regierung im Vergleich zur brasilianischen einer anderen Entwicklungsvision bzw. einem unterschiedlichen Entwicklungsparadigma folgte.

Ungeachtet der konzeptionellen Schwachstellen bzw. Nachteile weist die Theoriensynthese auch einige Stärken bzw. Vorteile auf. Eine erste Stärke besteht darin, die jeweiligen Defizite der einzelnen Theorien und Ansätze in dem Synthesemodell abgeschwächt bzw. ausgeräumt zu haben. Gerade mithilfe der Verbindung von Theorien und Ansätzen, die ein teils sehr unterschiedliches metatheoretisches Gerüst inklusive der damit einhergehenden Schwerpunktsetzungen, Logiken und Erklärungen aufweisen, konnte die Berücksichtigung aller für die Analyse notwendigen Aspekte und Faktoren gewährleistet werden. Im Kapitel

---

[2]In diesem Kontext ist anzumerken, dass rein materielle und bzw. oder rational-strategische Ziele zumindest nach einer konstruktivistischen Lesart kaum zu eruieren sind und auch solche Ziele, die (eher) materiell oder rational anmuten, durch einen ideellen Filter hindurch analysiert werden müssen. Beispielsweise sollte das Ziel politischer und wirtschaftlicher Stabilität – inklusive darauf basierender machtpolitischer Ziele – in Venezuela mittels eines neuen politischen und wirtschaftlichen Modells erreicht werden. Dieses Modell basierte wiederum auf spezifischen kognitiven und interpretativen Mustern des venezolanischen Entscheidungspersonals, die sich nicht einfach kontextübergreifend verallgemeinern lassen.

6.2 Mehrwert der Arbeit

über das „synthetische Modell zur Wirtschaftspolitikanalyse" wurde die Zusammenführung der Theorien und Ansätze aus den jeweiligen Schwächen heraus getätigt, erläutert und begründet.

Damit geht eine zweite Stärke einher, die darin besteht, dass die verschiedenen Theorien und Ansätze den im Synthesemodell konzipierten bzw. aus dem Modell abgeleiteten Faktoren eine theoretische Fundierung, Konkretisierung und Rechtfertigung zuteil werden lassen. Die dahingehende Relevanz ergibt sich wiederum aus dem Forschungsstand und der vom Autor dieser Arbeit ausgemachten Forschungslücke, nämlich einer nicht hinreichenden, d. h. nicht alle notwendigen Faktoren berücksichtigenden, Erklärung des Untersuchungsgegenstandes.

In Bezug auf die empirische Analyse ist damit die dritte Stärke verbunden, die unterschiedlichen Faktoren mithilfe der Erkenntnisse und Bausteine verschiedener Theorien zu bearbeiten bzw. zu analysieren. Oder anders: die zentrale Stärke des Synthesemodells besteht in ihrem Zuschnitt auf die Untersuchungsfälle und damit in ihrer Empiriesensibilität. Dies fand vor dem Hintergrund eines wissenschaftlichen Zielkonflikts statt, der darin bestand, einerseits einzelne Theorien (und Faktoren) für die Analyse zu verwenden, die zwar eine Theorienüberprüfung ermöglichen, aber Gefahr laufen, eine monokausale, zumindest aber unterkomplexe Erklärung zu liefern; oder andererseits mithilfe einer Theoriensynthese eine wenig generalisierbare, jedoch empiriesensitive und ganzheitliche Erklärung zu liefern. In dieser Arbeit wurde der letztere Weg gewählt. An dieser Stelle sei zudem noch einmal an Risses (2003: 99) These erinnert, dass „empirisch nichts so heiß gegessen wird, wie es theoretisch gekocht wurde".

6.2.2 Empirischer Mehrwert

Hinsichtlich der Empirie ist anzumerken, dass diese Arbeit hinsichtlich des Explanandums –der Ursachen der jeweiligen Wirtschaftspolitiken – eine signifikante Erklärungskraft besitzt. Im Rahmen der Analyse wurde gezeigt, dass eine adäquate dahingehende Erklärung oftmals eine komplexere Antwort erfordert als sie bisher in der Forschungsliteratur geliefert wurde. Diese Aussage trifft v. a. dann zu, wenn die in der Arbeit vorgenommene Phasierung berücksichtigt wird. Denn das jeweilige Zusammenspiel der Faktoren wies nicht für alle Phasen dieselbe Dynamik auf, selbst wenn der grundsätzlich vermutete Zusammenhang bestätigt werden konnte. Mithilfe einer kontextsensitiven Phasenanalyse konnte z. B. gezeigt werden, dass auch die Regierung Chávez zu Beginn ihres Bestehens zeitweise (bis etwa 2001) eine weitgehend orthodoxe bzw. neoliberale Wirtschaftspolitik betrieb. Andersherum wurde dargelegt, dass die PT--Regierungen

(v. a. ab 2006) durchaus einen ambitionierten industriepolitischen Kurs verfolgten. Während der ersten Jahre der Regierung Rousseff wurde zwischenzeitlich sogar die orthodoxe makroökonomische Stabilisierungspolitik zumindest teilweise zur Disposition gestellt.

Eine weitere Erkenntnis der Arbeit besteht darin, dass die jeweilige Faktorenkonfiguration für den Vergleichsfall nicht immer deckungsgleich mit derjenigen der Einzelfälle ausfallen muss. So erwies sich z. B. der Faktor „(wirtschafts-)politische Zielsetzungen des Entscheidungspersonals" für den Einzelfall Brasilien als weit weniger relevant als für den venezolanischen Einzelfall und für den Vergleich zwischen Venezuela und Brasilien.

Ein weiterer Beitrag dieser Arbeit betrifft die Akteur-Struktur-Debatte bzw. das sich gegenseitig verstärkende Zusammenspiel von strukturellen und akteurszentrierten Faktoren in der Erklärung der Unterschiede in den Wirtschaftspolitiken. Eine zentrale Erkenntnis dieser Arbeit besteht darin, dass die Akteure Chávez in Venezuela und Lula in Brasilien in unterschiedlicher Weise auf die jeweiligen strukturellen Einschränkungen reagierten. Die Regierung Lula bemühte sich zwar darum, die eigenen Gestaltungsräume auszuweiten, akzeptierte jedoch die politischen und wirtschaftlichen Spielregeln des Status quo, d. h. des hegemonialen und weitgehend neoliberal konstituierten internationalen Handels- und Finanzregimes. Anders verhielt es sich in Venezuela, wo die Regierung nicht dazu bereit war, den geltenden politischen, wirtschaftlichen und gesellschaftlichen Status quo zu akzeptieren. Vielmehr schickte sich Chávez an, 1. die politischen Machtverhältnisse und die eigene Machtposition, 2. die Aneignungs- und Verwendungsmodalitäten bezüglich der Ölrente, 3. das politisch-kulturelle Klima sowie 4. die wirtschaftspolitische Entscheidungshoheit auf nationaler und regionaler Ebene signifikant zu seinen Gunsten zu verändern. Alle diese Schritte führten – v. a. während der Hochphase (2005–2013) – zu einer deutlichen Vergrößerung der Handlungsspielräume der Regierung, d. h. einer signifikanten Veränderung der Strukturen durch den Akteur.

Nichtsdestoweniger ereignete sich während der Abstiegsphasen der jeweiligen Projekte eine bedeutende Neujustierung dieses Akteur-Struktur-Gefüges. Denn die Strukturierungskräfte des globalen Handels- und Finanzregimes bedingten vor dem Hintergrund der Außenabhängigkeiten der venezolanischen und der brasilianischen Wirtschaft ab dem Zeitpunkt eine signifikante Einschränkung der zuvor gewonnenen Handlungsspielräume, als die Rohstoffpreise auf den internationalen Märkten sanken und somit negative Wachstumsimpulse generierten.

Der in dieser Arbeit verwendete Ansatz liefert jedoch nicht nur für den Vergleich zwischen Venezuela und Brasilien, sondern auch für die jeweiligen Einzelfälle relevante Erkenntnisse. Für den venezolanischen Fall kann konstatiert

6.2 Mehrwert der Arbeit

werden, dass nicht nur eine Erklärung der Wirtschaftspolitiken der unterschiedlichen Phasen, sondern auch eine umfängliche Analyse der politökonomischen Entwicklungen Venezuelas unter dem Chavismus vorgenommen werden konnte. Dahingehend ist zunächst die im Rahmen dieser Arbeit gelieferte Erklärung für die Radikalisierungsdynamik des chavistischen Entscheidungszirkels zu betonen. Demnach basierte die Radikalisierung nicht nur auf rationalistischen Motiven, d. h. der Reaktion auf eine radikalisierte Opposition und einer Neuzusammensetzung der Unterstützerbasis. Die Radikalisierung folgte ferner einer dem Chavismus von Beginn an inhärenten antagonistischen Bewegungslogik. Um detaillierte Aussagen über die inhaltlichen Charakteristika des neujustierten bzw. neu eingeschlagenen Entwicklungskurses zu fällen, bedurfte es wiederum einer kontext- und akteursensitiven Analyse unter spezieller Berücksichtigung ideeller Faktoren. Auf seinem Weg zum Sozialismus erwies sich der Akteur Chávez kurz- und mittelfristig als rationalistischer Taktiker, langfristig jedoch primär als idealistischer Stratege.

Einen weiteren Beitrag zur Venezuela-Forschung liefert die Krisenanalyse, die im Kapitel über die sozialistische Erosion, d. h. über die Phase des Präsidenten Maduro, ausgeführt wurde. Wie die dahingehenden Ausführungen gezeigt haben, ist der sukzessive Zusammenbruch des Sozialismus des 21. Jahrhunderts weder hauptursächlich auf die Sabotageakte der Opposition oder der USA noch auf die wirtschaftspolitische Inkompetenz der derzeitigen Regierung zurückzuführen, selbst wenn diese Faktoren verstärkende Effekte gezeigt haben sollten. Vielmehr besteht das politökonomische Grundproblem des chavistischen Venezuelas und damit die primäre Ursache der unter der Oberfläche bereits seit Längerem brodelnden Krise in den Folgewirkungen der Rentenökonomie (Außenabhängigkeit, holländische Krankheit) vor dem Hintergrund eines partizipativen und responsiven politischen Systems.

Ein weiterer empirischer Beitrag besteht in der Analyse der populistischen Identitätspolitik des Akteurs Chávez. Mithilfe der populismustheoretisch erweiterten Diskurs- und Hegemonietheorie Ernesto Laclaus konnte ein antagonistisch strukturiertes bolivarisches Identitätskonstrukt aus den Diskursen Chávez′ extrahiert werden. Dieses Konstrukt verdichtete sich in der Zielkoordinate des Sozialismus des 21. Jahrhunderts als „leerem Signifikanten", der aufgrund seiner Bedeutungsoffenheit als Projektionsfläche vielfältiger gesellschaftlicher Forderungen fungierte und vor dem Hintergrund breiter Unzufriedenheit mit dem Status quo eine integrative, transformatorische und legitimatorische Wirkungskraft entfalten konnte.

Analog zum venezolanischen Fall kann auch für Brasilien festgehalten werden, dass mithilfe des Ansatzes eine Erklärung der Wirtschaftspolitiken in den unterschiedlichen Phasen geliefert werden konnte. In diesem Kontext ist jedoch hinzuzufügen, dass die Faktoren für den brasilianischen Einzelfall nicht dieselbe Erklärungskraft besitzen wie für den venezolanischen Fall. Konkret bezieht sich das auf die Relevanz des Faktors „(wirtschafts-)politische Zielsetzungen des Entscheidungspersonals". Denn dahingehend fand bei den PT-Regierungen lediglich eine partielle Weiterentwicklung statt, nicht jedoch eine große Umwälzung oder eine sozialistische Neuausrichtung wie im Fall der Regierung Chávez in Venezuela. Nichtsdestoweniger konnte mithilfe des Ansatzes und der Faktoren auch für den brasilianischen Fall eine umfängliche Analyse der politökonomischen Entwicklungen unter dem Lulismus durchgeführt werden. In diesem Rahmen erfolgte z. B. eine Krisenanalyse, die ähnlich wie in Venezuela die Außenabhängigkeit der brasilianischen Volkswirtschaft und der damit einhergehenden negativen Implikation für die Binnenmarktdynamik thematisierte.

6.3 Zukunftsaussichten und Forschungsdesiderate

Basierend auf den Erkenntnissen und Reflexionen dieser Arbeit sollen abschließend einige Zukunftsaussichten und zudem Aspekte der Venezuela-, Brasilien- und Lateinamerikaforschung benannt werden, in denen nach Ansicht des Autors weiterer Forschungsbedarf besteht. Hinsichtlich des Falles Brasilien stellt sich die Frage, inwieweit die PT-Regierungen aufgrund des Unterlassens struktureller Reformen und jeglicher Transformation der bestehenden politischen und wirtschaftlichen Machtverhältnisse den Grundstein für die konservative Wende unter Temer und später Bolsonaro gelegt haben. Reformuliert wäre die Frage, ob die Strategie der Klassenallianz und der vollständigen Akzeptanz der traditionellen Spielregeln in Politik (Koalitionspräsidentialismus), Wirtschaft (faktische Autonomie der Zentralbank, hohe (Real-)Zinsen) und Medien (Machtbastion privater Oligarchie) mit dem Ziel einer progressiven Wirtschafts- und Sozialpolitik jenseits eines orthodoxen Handlungskorsetts vereinbar ist. Der brasilianische Koalitionspräsidentialismus und die programm- und ideologieübergreifenden Bündniserfordernisse erschweren nicht nur strukturelle Reformen (was je nach politischer Einstellung selbstverständlich begrüßt werden kann), sondern öffnen der Korruption Tür und Tor. Die faktische Autonomie der Zentralbank mit dem eindimensionalen Fokus auf Preisstabilität bzw. Inflationsbekämpfung mag angesichts der brasilianischen Wirtschaftsgeschichte Berechtigung haben, jedoch erwiesen sich die strukturell hohen Zinsen als großes Investitionshindernis und zudem als Einfallstor für Spekulationskapital (Flassbeck 2015b). Sofern erschwingliche Zinsen lediglich von öffentlichen Institutionen wie der staatlichen

6.3 Zukunftsaussichten und Forschungsdesiderate

Entwicklungsbank BNDES bezogen werden können, erweist sich das Finanzsystem als dysfunktional (Brunot et al. 2014: 742). Der oligarchisch strukturierte Mediensektor ist zudem in der Lage, mittels seiner Kommunikations- und Diskursmacht eine Politik, die mit den Interessen der gesellschaftlichen Eliten nicht vereinbar ist, zu verhindern. Es wäre daher zu klären, inwieweit eine progressive Wirtschafts- und Sozialpolitik, mithilfe derer die strukturellen Ursachen von Ungleichheit und Armut bekämpft werden sollen, unter diesen Bedingungen umsetzbar ist.

Für den venezolanischen Fall stellt sich die Frage nach den Beharrungskräften des Chavismus, d. h. inwieweit chavistische Pfadabhängigkeiten die Zukunft Venezuelas prägen werden. Denn im Gegensatz zum Lulismus in Brasilien hat die Regierung Chávez einen weitaus größeren und v. a. intensiveren Umbau des Landes betrieben: so z. B. hinsichtlich der Verfassung, des politischen Systems (kommunaler Parallelstaat), des Wirtschaftsmodells (sozialistische Unternehmen, unterschiedliche Eigentums-, Organisations- und Verteilungsformen etc.), des Mediensystems (kommunikative Hegemonie) und der Bildung (Ideologisierung bzw. Politisierung). Ein mögliches Zukunftsszenario des Landes besteht in einem weiteren Abdriften in ein autoritäres System. Für den Fall eines baldigen Sieges der Opposition stellt sich die Frage, wie eine (erneute) Transformation aussehen könnte: zurück in die prä-chavistische Ära (repräsentative Demokratie, wirtschafts- bzw. neoliberale Marktwirtschaft) oder vorwärts in ein post-chavistisches Zeitalter, das evtl. gewisse ‚bolivarisch-chavistische' Elemente beibehält. Gerade im Bereich des Außenhandels stellt sich die Frage, wie mit der Rohstoffabhängigkeit umgegangen wird und welche Lehren aus dem abermaligen Auftreten der holländischen Krankheit gezogen werden.

Das regressive, autoritäre Abdriften des Chavismus in Venezuela, das Ende des Lulismus in Brasilien und die konservative Gegenwelle in Brasilien, Argentinien und Chile werfen die Frage nach einem „Ende eines Zyklus" bzw. einem „Post-Progressismus" auf (FES 2016). Auch in den verbleibenden links regierten Staaten wie z. B. Bolivien, Ecuador und Nicaragua ist die einstige „progressive" Aufbruchstimmung weitgehend beendet. Hierauf basierend stellt sich die Frage, wie sich Lateinamerika politisch weiterentwickelt. Denn trotz des generellen politischen Pendelschwungs nach rechts wurde mit Andrés Manuel López Obrador (AMLO) gerade ein linksorientierter Präsident in Mexiko gewählt. Daran knüpft die Frage an, inwieweit der Lulismus und der Chavismus zukünftige linke Projekte in Lateinamerika prägen werden. Denn gerade das (gescheiterte) venezolanische Sozialismusprojekt kann politisch dazu instrumentalisiert werden, alternative, heterodoxe oder linke Projekte zu diskreditieren. Diese Strategie wurde bereits in der Vergangenheit angewendet. So verlor der Kandidat Ollanta

Humala in Peru nicht zuletzt aufgrund seiner programmatischen Nähe zu Chávez die Präsidentschaftswahlen des Jahres 2006 (Vanderhill 2013: 116–119). Honduras Präsident Manuel Zelayas Schulterschluss mit Chávez kann zumindest als verstärkender Faktor des Putsches gegen seine Person im Jahr 2009 angesehen werden (Oettler/Peetz 2010). Der ehemalige ecuadorianische Präsident Lucio Gutiérrez vertritt öffentlichkeitswirksam die These, dass seine Absetzung 2005 ein von Chávez finanzierter Putsch gewesen sei (Buenaño 2015). Auch die PT in Brasilien hat mit politisch motivierten Anschuldigung zu kämpfen, das chavistische Venezuela imitieren zu wollen (Betim 2018). Ähnliches widerfuhr dem linken Kandidaten im kolumbianischen Präsidentschaftswahlkampf des Jahres 2018 (Peters 2019: 238).

Hinsichtlich zukünftiger entwicklungs- und wirtschaftspolitischer Strategien stellt sich die Frage, wie mit dem Rohstoffreichtum und den positiven wie negativen Folgewirkungen umgegangen werden soll. Diese Frage wird im Rahmen des Neo-Extraktivismus-Ansatzes breit debattiert (Burchardt et al. 2016; Gudynas 2011a, 2012).[3] Damit geht die abstraktere Frage einher, inwieweit das hegemoniale, wirtschafts- bzw. neoliberal ausgerichtete internationale Handels- und Finanzsystem nationale wirtschaftliche Alleingänge ermöglicht oder verhindert. Oder anders: Wie kann angesichts der Strukturierungskräfte der globalen Wirtschaftsordnung eine souveräne Entwicklung, v. a. innerhalb der kapitalistischen Peripherie, erfolgen bzw. aussehen? Das Beispiel des chavistischen Venezuela stellt dahingehend insofern einen interessanten Fall dar, als sich die Regierung Chávez sehr intensiv um die Rückholung wirtschaftspolitischer Kompetenzen und Entscheidungshoheiten in Staat bzw. Exekutive bemühte, faktisch jedoch wenig an der rohstoffbedingten Außenabhängigkeit der venezolanischen Volkswirtschaft mitsamt aller negativen Konsequenzen ändern konnte. Die wirtschaftliche Außenabhängigkeit spielte auch in Brasilien eine große Rolle. Die neo-desarrollistische Strategie der PT-Regierungen liefert Anschauungsmaterial, wie zukünftig industriepolitische Maßnahmen mit anderen Bereichen der Wirtschaftspolitik koordiniert werden könnten bzw. müssten. In diesem Zusammenhang erweisen sich die Ausführungen Bresser-Pereiras (2011, 2013) über einen „wettbewerbsfähigen Wechselkurs", d. h. eine strategische Manipulation des Wechselkurses, als interessant. Demnach wäre es ratsam, den Wechselkurs nicht der Dynamik der

---

[3]Der ecuadorianische Ex-Präsident Rafael Correa, der der radikalen Linken zugerechnet wurde, verweist in diesem Zusammenhang auf eine zentrale Problematik: „It is madness to say no to natural resources, which is what part of the left is proposing – no to oil, no to mining, no to gas, no to hydroelectric power, no to roads. This is an infantile left [...]. We cannot lose sight of the fact that the main objective of a country such as Ecuador is to eliminate poverty. And for that we need our natural resources" (Correa 2012: 90).

Devisenmärkte zu überlassen, sondern politisch auf einem Niveau festzulegen, das die (preisliche) Wettbewerbsfähigkeit nicht rohstoffbasierter handelbarer Güter gewährleistet.

Literaturverzeichnis

Abdelal, Rawi (2009): Constructivism, in: Blyth, Mark (Hg.): Routledge Handbook of International Political Economy (IPE). IPE as a global conversation. Oxon, New York, S. 62–76.
Abdelal, Rawi/Blyth, Mark/Parsons, Craig (2005): Constructivist Political Economy. Paper, URL: https://ducis.jhfc.duke.edu/wp-content/uploads/archive/documents/ABP.pdf (eingesehen am 06.03.2014).
Abdelal, Rawi/Blyth, Mark/Parsons, Craig (Hg.) (2010): Constructing the International Economy. New York.
Abdelal, Rawi/Herrera, Yoshiko M./Johnston, Alastair Iain/Martin, Terry (2001): Treating Identity as a Variable: Measuring the Content, Intensity, and Contestation of Identity. Paper presented for APSA, 30. August – 2. September, San Francisco, URL: https://web.ceu.hu/cps/bluebird/eve/statebuilding/abdelal-herrera-johnston-martin.pdf (eingesehen am 06.03.2014).
Abdelal, Rawi/Herrera, Yoshiko M./Johnston, Alastair Iain/McDermott, Rose (2006): Identity as a Variable, in: Perspective on Politics, Vol. 4, Nr. 4, S. 695–711.
Abeles, Martín/Amarante, Verónica/Vega, Daniel (2014): Participación del ingreso laboral en el ingreso total en América Latina, 1990–2010, in: Revista CEPAL, Nr. 114, S. 31–52.
Adams, David/Gunson, Phil (2015): Chávez and ALBA, in: Bagley, Bruce M./Defort, Magdalena (Hg.): Decline of the United States Hegemony? A Challenge of ALBA and a New Latin American Integration of the Twenty-First Century. Lenham, London, S. 33–41.
Adler, Emanuel (2007): Constructivism and International Relations, in: Carlsnaes, Walter/Risse, Thomas/Simmons, Beth A. (Hg.): Handbook of International Relations. Los Angeles, London, New Delhi [u. a.], 6. Aufl., S. 95–118.
Agridopoulos, Aristotelis/Kim, Seongcheol (2019): Populismus, in: Comtesse, Dagmar/Flügel-Martinsen, Oliver/Martinsen, Franziska/Nonhoff, Martin (Hg.): Radikale Demokratietheorie. Ein Handbuch. Berlin, S. 593–603.
ALBA-Homepage (2016): ALBA-TCP. URL: https://alba-tcp.org/ (eingesehen am 18.09.2016).
Almond, Gabriel/Verba, Sidney (1963): The Civic Culture. Boston.

Althusser, Louis (2012): Ideology and Ideological State Apparatuses (Notes towards an Investigation), in: Žižek, Slavoj (Hg.): Mapping Ideology. London, New York, S. 100–140.
Álvarez, Víctor R. (2009): Venezuela: ¿Hacia dónde va el modelo productivo? Caracas.
Álvarez, Víctor R. (2013): La transición al socialismo de la Revolución Bolivariana. Transiciones logradas y transiciones pendientes, in: Arze, Carlos/Gómez, Javier/Ospina, Pablo/Álvarez, Víctor (Hg.): Promesas en su laberinto. Cambios y continuidades en los gobiernos progresistas de América Latina. La Paz, S. 279–388.
Amarante, Verónica/Galván, Marco/Mancero, Xavier (2016): Inequality in Latin America: a global measurement, in: CEPAL Review, Nr. 118, S. 25–44.
Anderson, Perry (2011): Lula's Brazil, in: London Review of Books, Vol. 33, Nr. 7, 31.03.2011.
Andrioli, Antonio Inácio/Schmalz, Stefan (2005): Brasilien: politische Wende oder Fortsetzung neoliberaler Politik, in: Boris, Dieter/Schmalz, Stefan/Tittor, Anne (Hg.): Lateinamerika: Verfall neoliberaler Hegemonie? Hamburg, S. 192–212.
Angermüller, Johannes (2005): Macht und Subjekt. Gesellschaftstheoretische Anstöße im Anschluss an Foucault, Althusser und Lacan, in: Schultze, Michael/Meyer, Jörg/Fricke Dietmar/Krause, Britta (Hg.): Diskurse der Gewalt – Gewalt der Diskurse. Frankfurt am Main [u. a.], S. 73–84.
Angosto-Ferrández, Luis Fernando (2014): Ordering Discontent: Domestic and International Dynamics of the Bolivarian Revolution, in: derselbe (Hg.): Democracy, Revolution, and Geopolitics in Latin America. Venezuela and the International Politics of Discontent. New York, Abingdon, S. 177–194.
Anselmi, Manuel (2017): Post-populism in Latin America: On Venezuela after Chávez, in: Chinese Political Science Review, Vol. 2, Nr. 3, S. 410–426.
Aponte Blank, Carlos/Gómez-Calcaño, Luis (2009): El régimen político en la Venezuela actual. ILDIS, URL: https://library.fes.de/pdf-files/bueros/caracas/08797.pdf (eingesehen am 12.01.2017).
Arditi, Benjamin (2008): Arguments About the Left Turns in Latin America. A Post-Liberal Politics?, in: Latin American Research Review, Vol. 43, Nr. 3, S. 59–81.
Arenas, Nelly (2009): El gobierno de Hugo Chávez: de la Asamblea Constituyente a la propuesta de reforma constitucional, in: Aibar, Julio/Vázquez, Daniel (Hg.): ¿Autoritarismo o democracia? Hugo Chávez y Evo Morales. Mexiko-Stadt, S. 59–111.
Armijo, Leslie Elliot/Faucher, Phillipe (2010): „We Have a Consensus": Explaining Political Support for Market Reforms in Latin America, in: Smith, William C./Gómez-Mera, Laura (Hg.): Market, State, and Society in Contemporary Latin America. Miami, S. 51–82.
Arnold, Jason Ross/Samuels, David J. (2011): Evidence from Public Opinion, in: Levitsky, Steven/Roberts, Kenneth M. (Hg.): The Resurgence of the Latin American Left. Baltimore, S. 31–51.
Arroyo Peláez, Andrés/Cossío Muñoz, Fernando (2015): Impacto fiscal de la volatilidad del precio del petróleo en América Latina y el Caribe. CEPAL, Projektdokument, URL: https://repositorio.cepal.org/bitstream/handle/11362/39706/S1501020_es.pdf?seq uence=1 (eingesehen am 18.09.2016).
Atzmüller, Roland/Becker, Joachim/Brand, Ulrich/Oberndorfer, Lukas/Redak, Vanessa/Sablowski, Thomas (2013): Einleitung – Lesarten kapitalistischer Entwicklung, in: dieselben (Hg.): Fit für die Krise? Perspektiven der Regulationstheorie. Münster, S. 7–21.

Avella, Estefanía/Rincón, Omar (2018): El poder mediático sobre el poder, in: Nueva Sociedad, Nr. 276, S. 164–171.
Azcargorta, Jesús; Paulus, Manuel (2011): Zentralisierte Verwaltung versus partizipative Strukturen, in: Boeckh, Andreas/Welsch, Friedrich/Werz, Nikolaus (Hg.): Venezuela heute. Politik Wirtschaft Kultur. Frankfurt am Main, S. 150–171.
Azzellini, Dario (2006): Venezuela Bolivariana: Revolution des 21. Jahrhunderts? Köln.
Azzellini, Dario (2009): Economía solidaria, formas de propiedad colectiva, nacionalizaciones, empresas socialistas, co- y autogestión en Venezuela, in: ORG & DEMO, Vol. 10, Nr. 1/2, S. 5–30.
Azzellini, Dario (2010): Partizipation, Arbeiterkontrolle und die Commune. Bewegungen und soziale Transformation am Beispiel Venezuelas. Hamburg.
Azzellini, Dario (2013): El estado comunal: Consejos Comunales, Comunas, y la democracia en el lugar de trabajo, in: Kavilando, Vol. 5, Nr. 1, S. 56–62.
Azzellini, Dario/Graf, Patricia (2009): Die Verfassungsänderung in Venezuela – ein demokratischer Rückschritt? Kontroverse, veröffentlich von der AG Friedensforschung Universität Kassel, URL: https://www.ag-friedensforschung.de/regionen/Venezuela/debatte. html (eingesehen am 22.01.2016).
Balbi, Marianela (2017): La ley contra el odio busca acabar con los vestigios de democracia en Venezuela, in: New York Times, 20.11.2017, URL: https://www.nytimes.com/es/ 2017/11/20/la-ley-contra-el-odio-busca-acabar-con-los-vestigios-de-democracia-en-ven ezuela/ (eingesehen am 23.04.2018).
Ball, Alan R./Peters, B. Guy (2005): Modern Politics and Government. Houndmills u. a.
Balliester Reis, Thereza (2016): Why are policy real interest rates so high in Brazil? An analysis of the determinants of the Central Bank of Brazil's real interest rate. Working Paper, Nr. 80, Hochschule für Wirtschaft und Recht Berlin, Institute for International Political Economy (IPE), Berlin, URL: https://www.econstor.eu/bitstream/10419/148930/ 1/875202888.pdf (eingesehen am 09.09.2020).
Balza Guanipa, Ronald (2008): Venezuela, in: Fischer-Bollin, Peter/Saavedra Eduardo (Hg.): Crecimiento y Progreso Social en Amércia Latina. Konrad Adenauer-Stiftung, Rio de Janeiro, S. 371–402.
Bandelow, Nils C. (2009): Politisches Lernen: Begriffe und Ansätze im Vergleich, in: Schubert, Klaus/Bandelow, Nils C. (Hg.): Lehrbuch der Politikfeldanalyse 2.0. München, 2. Aufl., S. 313–347.
Barbosa, Nelson (2013): Dez anos de política econômica, in: Sader, Emir (Hg.): 10 anos de governos pós-neoliberais no Brasil: Lula e Dilma. São Paolo, Rio de Janeiro, S. 69–101.
Barrett, Michèle (2012): Ideology, Politics, Hegemony: From Gramsci to Laclau and Mouffe, in: Žižek, Slavoj (Hg.): Mapping Ideology. London, New York, S. 235–264.
Barrocal, André (2011): Pacote nacionalista e protecionista solidifica aliança Dilma-indústria, in: Carta Maior, 02.08.2011, URL: https://www.cartamaior.com.br/?/Editoria/Economia/ Pacote-nacionalista-e-protecionista-solidifica-alianca-Dilma-industria/7/17253 (eingesehen am 15.08.2017).
Bastos, Pedro Paulo Zahluth (2017): Ascensão e crise do governo Dilma Rousseff e o golpe de 2016: poder estrutural, contradição e ideologia, in: Revista de Economia Contemporânea, Número Especial, S. 1–63.

BCB (Banco Central do Brasil) (2016): Inflation Targeting Regime in Brazil. Frequently Asked Questions Series, URL: https://www.bcb.gov.br/conteudo/home-en/FAQs/FAQ%2010-Inflation%20Targeting%20Regime%20in%20Brazil.pdf (eingesehen am 08.08.2017).

BCB (Banco Central do Brasil) (2020): Monetary Policy. URL: https://www.bcb.gov.br/en/monetarypolicy (eingesehen am 09.08.2020).

Beaugrande de, Robert (2008): The Discourse and Counter-Discourse of Hugo Chavez, in: Critical Approaches to Discourse Analysis across Disciplines, Vol. 2, Nr. 1, S. 17–30.

Becker, Joachim (2008): Der kapitalistische Staat in der Peripherie: polit-ökonomische Perspektiven, in: Journal für Entwicklungspolitik, Vol. 24, Nr. 2, S. 10–32.

Becker, Joachim (2013): Regulationstheorie: Ursprünge und Entwicklungstendenzen, in: Atzmüller, Roland/Becker, Joachim/Brand, Ulrich/Oberndorfer, Lukas/Redak, Vanessa/Sablowski, Thomas (Hg.): Fit für die Krise? Perspektiven der Regulationstheorie. Münster, S. 24–56.

Becker, Joachim/Jäger, Johannes (2005): Geld und Legitimität, in: Boris, Dieter/Schmalz, Stefan/Tittor, Anne (Hg.): Lateinamerika: Verfall neoliberaler Hegemonie? Hamburg, S. 87–111.

Becker, Joachim/Jäger, Johannes (2012): Integration in Crisis: A Regulationist Perspective on the Interaction of European Varieties of Capitalism, in: Competition and Change, Vol. 16, Nr. 3, S. 169–187.

Becker, Joachim/Jäger, Johannes/Leubolt, Bernhard (2013): Die Weltfinanzkrise in Lateinamerika: Fragile Stabilität?, in: Z Außen- und Sicherheitspolitik, Vol. 6, Nr. 1, S. 141–160.

Beckert, Jens (1996): Was ist soziologisch an der Wirtschaftssoziologie? Ungewißheit und die Einbettung wirtschaftlichen Handelns, in: Zeitschrift für Soziologie, Vol. 25, Nr. 2, S. 125–146.

Behn, Andreas (2014): Brasilien oder Die WM der Widersprüche, in: Blätter für deutsche und internationale Politik, 06.2014, S. 25–28.

Benevides, Silvio César Oliveira/Martins, Thais Joi/Silva, Maurício Ferreira da/Passos, Ana Quele (2018): Impeachmet sem crime é golpe: considerações sobre o processo de deposição de Dilma Rousseff, in: González, Maria Victória Espiñeira/Cruz, Danilo Uzêda da (Hg.): Democracia na América Latina: democratização, tensões e aprendizados. Buenos Aires, S. 168–188.

Benzi, Daniele (2017): ALBA-TCP. La integración que no fue. Buenos Aires.

Berger, Jens (2015): Venezuela – it's the economy stupid, in: NachDenkSeiten – Die kritische Website, 26.02.2015, URL: https://www.nachdenkseiten.de/?p=25215 (eingesehen am 01.05.2015).

Berger, Peter/Luckmann, Thomas (2007): Die gesellschaftliche Konstruktion der Wirklichkeit. Frankfurt am Main, 21. Aufl.

Bermúdez, Ángel (2019): Venezuela sin luz: cómo funciona su sistema eléctrico y por qué colapsó, in: BBC Mundo, 12.03.2019, URL: https://www.bbc.com/mundo/noticias-america-latina-47532126 (eingesehen am 15.03.2019).

Betim, Felipe (2018): "Acusaram o PT de imitar a Venezuela, mas é Bolsonaro quem se espelha no processo de lá", in: El País, 09.10.2018, URL: https://brasil.elpais.com/brasil/2018/10/08/politica/1539001055_896195.html (eingesehen am 23.12.2018).

Bieling, Hans-Jürgen (2002): Die politische Theorie des Neo-Marxismus: Antonio Gramsci, in: Brodocz, André/Schaal, Gary S. (Hg.): Politische Theorien der Gegenwart I. Wiesbaden, S. 439–471.

Bieling, Hans-Jürgen (2011a): Internationale Politische Ökonomie. Eine Einführung. Wiesbaden, 2. Aufl.
Bieling, Hans-Jürgen (2011b): Varieties of Capitalism, Regulationstheorie und neogramscianische IPÖ – komplementäre oder gegensätzliche Perspektiven des globalisierten Kapitalismus? Zentrum für ökonomische und soziologische Studien (ZÖSS), Discussion Paper, URL: https://www.wiso.uni-hamburg.de/fachbereich-sozoek/professuren/heise/zoess/publikationen/dp23.pdf (eingesehen am 15.03.2012).
Bieling, Hans-Jürgen (2013): Die Krise der Europäischen Union aus der Perspektive einer neo-gramscianisch erweiterten Regulationstheorie, in: Atzmüller, Roland/Becker, Joachim/Brand, Ulrich/Oberndorfer, Lukas/Redak, Vanessa/Sablowski, Thomas (Hg.): Fit für die Krise? Perspektiven der Regulationstheorie. Münster, S. 309–328.
Bielschowsky, Ricardo (2013): Estratégia de desenvolvimento e as três frentes de expansão no Brasil: Um desenho conceitual. Instituto de Pesquisa Econômica Aplicada. IPEA, Texto para Discussão Nr. 1828, URL: https://repositorio.ipea.gov.br/bitstream/11058/959/1/TD_1828.pdf (eingesehen am 04.06.2015).
Birdsall, Nancy/de la Torre, Augusto/Valencia Caicedo, Felipe (2011): The Washington Consensus: Assessing a "Damaged Brand", in: Ocampo, José Antonio/Ros, Jaime (Hg.): The Oxford Handbook of Latin American Economics. New York, S. 79–107.
Blyth, Mark (2002): Great Transformations. Economic Ideas and Institutional Change in the Twentieth Century. Cambridge.
Blyth, Mark (2003): Structures do not come with an instruction sheet. Paper, URL: https://www.markblyth.org/wp-content/uploads/2013/08/Blythperspectives.pdf (eingesehen am 18.03.2014).
Blyth, Mark (2013): Austerity: The History of a Dangerous Idea. Oxford.
Bodemer, Klaus (2007): „Petropolitics" – politischer Diskurs, Geopolitik und ökonomisches Kalkül in den Beziehungen zwischen Venezuela und den Vereinigten Staaten, in: Lateinamerika Analysen, Nr. 16, S. 169–201.
Bodemer, Klaus/Nolte, Detlef (1999): Politischer Umbruch in Venezuela. Der Wahlsieg von Hugo Chávez und seine Folgen. Institut für Iberoamerikakunde, Arbeitspapier, Hamburg, Nr. 1.
Boeckh, Andreas (2011a): Erdölrente, Politik und Entwicklung, in: Boeckh, Andreas/Welsch, Friedrich/Werz, Nikolaus (Hg.): Venezuela heute. Politik Wirtschaft Kultur. Frankfurt am Main, S. 397–425.
Boeckh, Andreas (2011b): Staatsfinanzierung und soziale Gerechtigkeit in Lateinamerika, in: Wehr, Ingrid/Burchardt, Hans-Jürgen (Hg.): Soziale Ungleichheiten in Lateinamerika. Neue Perspektiven auf Wirtschaft, Politik und Umwelt. Baden-Baden, S. 71–90.
Boeckh, Andreas/Graf, Patricia (2007): El comandante en su laberinto: el ideario bolivariano de Hugo Chávez, in: Maihold, Günther (Hg.): Venezuela en retrospectiva. Los pasos hacia el régimen chavista. Madrid, Frankfurt am Main, S. 151–178.
Boersner, Demetrio (2007): Dimensión internacional de la crisis venezolana, in: Maihold, Günther (Hg.): Venezuela en retrospectiva. Los pasos hacia el régimen chavista. Madrid, Frankfurt am Main, S. 313–344.
Bohn, Simone R. (2011): Social Policy and Vote in Brazil: Bolsa Família and the Shifts in Lula's Electoral Base, in: Latin American Research Review, Vol. 46, Nr. 1, S. 54–79.
Boito Jr., Armando (2013): O lulismo é um tipo de bonapartismo? Uma crítica às teses de André Singer, in: Crítica Marxista, Nr. 37, S. 171–181.

Bonacker, Thorsten/Bernhardt, Jan (2006): Von der community zur securitized community: Zur Diskursanalyse von Versicherheitlichungsprozessen am Beispiel der Konstruktion einer europäischen Identität, in: Siedschlag, Alexander (Hg.): Methoden der sicherheitspolitischen Analyse. Wiesbaden, S. 219–242.

Boris, Dieter (2003): Die Transformation in Brasilien. Supplement der Zeitschrift Sozialismus 11. Hamburg.

Boris, Dieter (2014): Bolívars Erben. Linksregierungen in Lateinamerika. Köln.

Boris, Dieter (2018): Dämmerung in Brasilien, in: junge Welt, 31.10.2018, URL: https://www.jungewelt.de/artikel/print.php?id=342681 (eingesehen am 21.11.2018).

Boris, Dieter (2019): Politische Kultur in Lateinamerika. Hintergründe, Wirkungen und Perspektiven. Supplement der Zeitschrift Sozialismus zu Heft 7–8. Hamburg.

Boris, Dieter/Schmalz, Stefan/Tittor, Anne (2005): Reflexion zur „neoliberalen Hegemonie" in Lateinamerika, in: Boris, Dieter/Schmalz, Stefan/Tittor, Anne (Hg.): Lateinamerika: Verfall neoliberaler Hegemonie? Hamburg, S. 270–282.

Boscán Carrasquero, Guillermo (2010): Ceresole y la revolución de Hugo Chávez: La relación caudillo, ejército y pueblo, in: Revista Ciencias Sociales, Nr. 25, S. 57–73.

Boza, Tony (2014): La Guerra contra el Pueblo. Reflexiones para el Contraataque popular. Maracaibo.

Brading, Ryan (2014): From Passive to Radical Revolution in Venezuela's Populist Project, in: Latin American Perspectives, Issue 199, Vol. 41, Nr. 6, S. 48–64.

Brand, Ulrich/Dietz Kristina (2014): (Neo-)Extraktivismus als Entwicklungsoption? Zu den aktuellen Dynamiken und Widersprüchen rohstoffbasierter Entwicklung in Lateinamerika,in: Politische Vierteljahresschrift, Sonderheft 48, S. 88–125.

Brandimarte, Walter (2013): Insight: Brazil's Tombini – An inflation hawk, believe it or not, in: Reuters, 23.08.2013, URL: https://www.reuters.com/article/us-brazil-economy-tombini-insight/insight-brazils-tombini-an-inflation-hawk-believe-it-or-not-idUSBRE97M05F20130823 (eingesehen am 08.08.2017).

Bresser-Pereira, Luiz Carlos/de Paula, Luiz Fernando/Bruno, Miguel (2020): Financialization, coalition of interests and interest rate in Brazil, in: Revue de la regulation, Nr. 27, URL: https://journals.openedition.org/regulation/16636?fbclid=IwAR31mAEJODPZh_kLO7jL8j4FCiy4HwYTO_KxAF_VfCdZor4jJF8E_JPBf48&lang=en#toctoln6 (eingesehen am 09.09.2020).

Bresser-Pereira, Luiz Carlos (2011): From Old to New Developmentalism in Latin America, in: Ocampo, José Antonio/Ros, Jaime (Hg.): The Oxford Handbook of Latin American Economics. New York, S. 108–129.

Bresser-Pereira, Luiz Carlos (2012): O governo Dilma frente ao "tripé macroeconômico" e à direita liberal e dependente, in: Novos Estudos, Nr. 95, S. 5–14.

Bresser-Pereira, Luiz Carlos (2013): The value of the exchange rate and the Dutch disease, in: Brazilian Journal of Political Economy, Vol. 33, Nr. 3 (132), S. 371–387.

Brewer-Carías, Allan R. (2007): El inicio del Proceso Constituyente en Ecuador en 2007 y las Lecciones de la Experiencia Venezolana de 1999, in: Juris Dictio, Vol. 7, Nr. 11, S. 71–94.

Brewer-Carías, Allan R. (2010): Dismantling Democracy in Venezuela. The Chávez Authoritarian Experiment. New York.

Brewer-Carías, Allan R. (2013): The Process of „Deconstitutionalization" of the Venezuelan Constitutional State as the Most Important Current Constitutional Issue in Venezuela. In: Duquesne Law Review, Vol. 51, Nr. 2, S. 349–386.

Literaturverzeichnis

Briceño, Héctor/Maingon, Thais (2015): Avances y retrocesos de la democracia participativa en Venezuela. Friedrich-Ebert-Stiftung, FES Análisis.

Brollo, Fernanda/Nannicini, Tommaso/Perotti, Roberto/Tabellini, Guido (2010): The political resource curse. Institute for the Study of Labor (IZA), Bonn, IZA Discussion Papers, No. 4706, URL: https://www.econstor.eu/bitstream/10419/35858/1/619848839.pdf (eingesehen am 11.08.2018).

Brum, Eliane (2018): Lulas Brasilien oder: Die Illusion der Versöhnung, in: Blätter für deutsche und internationale Politik, 09.2018, S. 53–63.

Bruno, Miguel/Diawara, Hawa/Araújo, Eliane/Reis, Anna Carolina/Rubens, Mário (2011): Finance-Led Growth Regime no Brasil: estatu teórico, evidências empíricas e consequências macroeconômicas, in: Revista de Economia Política, Vol. 31, Nr. 5, Ediçã especial, S. 730–750.

BTI (Bertelsmann Stiftung) (2014): Venezuela Country Report. URL: https://www.bti-project.de/reports/laenderberichte/lac/ven/index.nc (eingesehen am 15.01.2016).

BTI (Bertelsmann Stiftung) (2018a): Brazil Governance Index. URL: https://www.bti-project.org/de/berichte/laenderberichte/detail/itc/bra/ity/2016/itr/lac/ (eingesehen am 30.08.2018).

BTI (Bertelsmann Stiftung) (2018b): Venezuela Governance Index. URL: https://www.bti-project.org/de/berichte/laenderberichte/detail/itc/ven/ity/2016/itr/lac/ (eingesehen am 21.05.2018).

Buenaño, Gabriela (2015): Gutiérrez: 'Cables de Wikileaks confirman que el golpe en mi contra fue financiado por Chávez', in: EL COMERCIO, 20.04.2015, URL: https://www.elcomercio.com/actualidad/gutierrez-golpe-derrocamiento-wikileaks-assange.html (eingesehen am 20.08.2017).

Burchardt, Hans-Jürgen (2011): Zurück in die Zukunft? Venezuelas Sozialismus auf der Suche nach dem 21. Jahrhundert, in: Boeckh, Andreas/Welsch, Friedrich/Werz, Nikolaus (Hg.): Venezuela heute. Politik, Wirtschaft, Kultur. Frankfurt am Main, S. 427–449.

Burchardt, Hans-Jürgen/Domínguez, Rafael/Larrea, Carlos/Peters, Stefan (2016): Nada dura para siempre. Neo-extractivismo tras el boom de las materias primas. Quito.

Burges, Sean W. (2008): Consensual Hegemony: Theorizing Brazilian Foreign Policy after the Cold War, in: International Relations, Vol. 22, Nr. 1, S. 65–84.

Busch, Alexander (2010): Wirtschaftsmacht Brasilien. Der grüne Riese erwacht. Bonn.

Buxton, Julia (2004): Economic Policy and the Rise of Hugo Chávez, in: Ellner, Steve/Hellinger, Daniel (Hg.): Venezuelan Politics in the Chávez Era. Class, Polarization & Conflict. Colorado, S. 113–130.

Cabral, Otávio (2009): VEJA Entrevista: Jarbas Vasconcelos, in: Veja, 14.02.2009, URL: https://jonasfederighi.wordpress.com/2009/02/18/entrevista-jarbas-vasconcelos-revista-veja/ (eingesehen am 19.10.2018).

Cabrera, Silvia/Silva-Ferrer, Manuel (2011): Viele Medien und nur eine Nachricht. Die Transformation des Mediensystems, in: Boeckh, Andreas/Welsch, Friedrich/Werz, und Nikolaus (Hg.): Venezuela heute. Politik Wirtschaft Kultur. Frankfurt am Main, S. 339–366.

Caetano Galvão, Paulo Henrique (2009): "Nunca antes neste País": uma análise do discurso econômico do presidente Lula. Monografia de conclusão do Curso de Especialização em Jornalismo Econômico, Pontifícia Universidade Católica de São Paulo, URL: https://sapientia.pucsp.br/bitstream/handle/3176/2/Paulo%20Henrique%20Caetano%20Galvao.pdf (eingesehen am 27.08.2018).

Caetano, Gerardo (2013): ¿Transformaciones en riesgo? Diálogo con Luiz Inácio da Silva, José «Pepe» Mujica y Víctor Báez, in: Nueva Sociedad, Nr. 245, S. 15–36.
Campbell, David (2010): Poststructuralism, in: Dunne, Tim/Kurki, Milja/Smith, Steve (Hg.): International Relations Theories. Discipline and Diversity. New York, 2. Aufl., S. 213–237.
Cardoso, Fernando Henrique/Graeff, Eduardo (2012): Political Leadership and Economic Reform: The Brazilian Experience in the Context of Latin America, in: Santiso, Javier/Dayton-Johnson, Jeff (Hg.): The Oxford Handbook of Latin American Political Economy. New York, S. 13–42.
Cardoso Jr., José Celso/Melo, Valdir (2011): Introdução, in: Cardoso Jr., José Celso (Hg.): A Reinvenção do Planejamento Governamental no Brasil. Brasília, S. 11–29.
Cardoso Jr., José Celso/Navarro, Cláudio Alexandre (2016): O planejamento governamental no Brasil e a experiência recente (2007 A 2014). Do programa de Aceleração do Crescimento (PAC). IPEA, Texto para discussão, Nr. 2174, URL: https://www.ipea.gov.br/portal/images/stories/PDFs/TDs/td_2174.pdf (eingesehen am 07.03.2017).
Carnoy, Martin (1984): The State and Political Theory. New Jersey.
Caselli, Francesco/Michaels, Guy (2009): Do Oil Windfalls Improve Living Standards? Evidence from Brazil. Centre for Economic Performance, CEP Discussion Paper, Nr 960, URL: https://eprints.lse.ac.uk/28691/1/dp0960.pdf (eingesehen am 18.04.2015).
Castaneda, Jorge (2006): Latin America's Left Turn, in: Foreign Affairs. Mai/Juni. URL: https://sandovalhernandezj.people.cofc.edu/r21.pdf (eingesehen am 16.09.14).
Castro, Pedro (2012): Filosofía de la historia y del "Socialismo del siglo XXI", in: Revista Mañongo, Vol. 20, Nr. 38, S. 211–230.
Cazarin, Ercília Ana (2006): A Migração do discurso de Lula de uma para outra posição-sujeito, in: Cadernos de Letras da UFF, Nr. 32 – Letras & Infovias, S. 11–24.
CDES (Conselho de Desenvolvimento Econômico e Social) (2005): Agenda Nacional de Desenvolvimento – AND. Brasília, URL: https://www.cdes.gov.br/Plone/biblioteca/busca/reuniao-plenaria/publicacoes-e-outros/agenda-nacional-de-desenvolvimento-and-1a-versao.pdf/view (eingesehen am 08.09.2018).
CDES (Conselho de Desenvolvimento Econômico e Social) (2007): Agenda Nacional de Desenvolvimento – AND. Brasília, URL: https://www.cdes.gov.br/Plone/biblioteca/busca/7-outras-atividades/publicacoes/agenda-nacional-de-desenvolvimento-and.pdf/view (eingesehen am 08.09.2018).
CDES (Conselho de Desenvolvimento Econômico e Social) (2010): Agenda para o Novo Ciclo de Desenvolvimento. Brasília, URL: https://www.cdes.gov.br/Plone/biblioteca/busca/reuniao-plenaria/publicacoes-e-outros/agenda-para-novo-ciclo-de-desenvolvimento-anc-1a-edicao.pdf/view (eingesehen am 08.09.2018).
CEPAL (Comisión Económica para América Latina y el Caribe) (2010): Panorama de la inserción internacional de América Latina y el Caribe. Crisis originada en el centro y recuperación impulsada por las economías emergentes. Santiago de Chile.
CEPAL (Comisión Económica para América Latina y el Caribe) (2013): Panorama de la Inserción internacional de América Latina y el Caribe. Lenta poscrisis, meganegociaciones comerciales y cadenas de valor: el espacio de acción regional. Santiago de Chile.
CEPAL (Comisión Económica para América Latina y el Caribe) (2014): Anuario Estadístico de América Latina y el Caribe. Santiago de Chile.
CEPAL (Comisión Económica para América Latina y el Caribe) (2016): Venezuela (Républica Bolivariana de): Perfil Nacional Económico. URL: https://interwp.cepal.org/cepalstat/

WEB_cepalstat/Perfil_nacional_economico.asp?Pais=VEN&idioma=e (eingesehen am 15.09.2016).
CEPAL (Comisión Económica para América Latina y el Caribe) (2017): Brasil: Participación en las exportaciones anuales de los 10 productos principales según la CUCI REV.1. URL: https://interwp.cepal.org/anuario_estadistico/Anuario_2017/index.asp?anuario=2017&idioma=sp (eingesehen am 21.10.2018).
CEPAL (Comisión Económica para América Latina y el Caribe) (2018a): Brasil: Perfil Económico. URL: https://interwp.cepal.org/cepalstat/Perfil_Nacional_Economico.html?pais=BRA&idioma=spanish (eingesehen am 06.08.2018).
CEPAL (Comisión Económica para América Latina y el Caribe) (2018b): Venezuela (République Bolivariana de): Perfil Nacional Económico. URL: https://interwp.cepal.org/cepalstat/Perfil_Nacional_Economico.html?pais=VEN&idioma=spanish (eingesehen am 14.11.2018).
CEPAL (Comisión Económica para América Latina y el Caribe) (2018c): Venezuela (República Bolivariana de): Perfil Nacional Socio-Demográfico. URL: https://interwp.cepal.org/cepalstat/Perfil_Nacional_Social.html?pais=VEN&idioma=spanish (eingesehen am 14.11.2018).
Ceresole, Norberto (1999): Caudillo, Ejército, Pueblo. URL https://www.pdfarchive.info/pdf/C/Ce/Ceresole_Norberto_-_Caudillo_Ejercito_Pueblo.pdf (eingesehen am 15.01.2016).
Chaudhuri, R. Ray (2018): Central Bank Independence, Regulations, and Monetary Policy. From Germany and Greece to China and the United States. New York.
Chaui, Marilena (2008): Cultura e democracia, in: Crítica y emancipación: Revista latinoamericana de Ciencias Sociales. Vol. 1, Nr. 1, S. 53–76.
Chávez Frías, Hugo (1999): Toma de Posesión del Comandante Presidente Hugo Rafael Chávez Frías. Congreso de la República de Venezuela, Caracas, Distrito Capital, Venezuela, 02.02.1999, URL: https://www.todochavezenlaweb.gob.ve/todochavez/3013-toma-de-posesion-del-comandante-presidente-hugo-rafael-chavez-frias (eingesehen am 23.10.2017).
Chávez, Hugo (2000): Palabras del Comandante Presidente de la República, Hugo Rafael Chávez Frías, en el Acto de su Juramentación Como Presidente Constitucional de Venezuela. Asamblea Nacional, 19.08.2000, URL: https://todochavez.gob.ve/todochavez/3169-palabras-del-comandante-presidente-de-la-republica-hugo-rafael-chavez-frias-en-el-acto-de-su-juramentacion-como-presidente-constitucional-de-venezuela (eingesehen am 14.03.2017).
Chávez Frías, Hugo (2001a): Acto oficial en la Asamblea Nacional con motivo de conmemorarce el primer aniversario de la firma de la Constitución Bolivarina. Asamblea Nacional, Caracas, Distrito Capital, Venezuela, 25.04.2001, URL: https://www.todochavezenlaweb.gob.ve/todochavez/1533-acto-oficial-en-la-asamblea-nacional-con-motivo-de-conmemorarce-el-primer-aniversario-de-la-firma-de-la-constitucion-bolivarina (eingesehen am 23.10.2017).
Chávez Frías, Hugo (2001b): Aló Presidente Nr. 74. Carucieña, Barquisimeto, Parroquia Juan de Villegas, Municipio Iribarren, Estado Lara, Venezuela, 07.07.2001, URL: https://www.todochavezenlaweb.gob.ve/todochavez/3950-alo-presidente-n-74 (eingesehen am 25.10.2017).
Chávez Frías, Hugo (2001c): Cadena Nacional del Presidente de la República Bolivariana de Venezuela, Señor Hugo Chávez Frías. Distrito Capital, Venezuela, 22.08.2001, URL:

https://www.todochavezenlaweb.gob.ve/todochavez/1908-cadena-nacional-del-presid
ente-de-la-republica-bolivariana-de-venezuela-senor-hugo-chavez-frias (eingesehen am
24.10.2017).

Chávez Frías, Hugo (2003): El Golpe Fascista contra Venezuela. Havanna, 2. Aufl.,
URL: https://aristobulo.psuv.org.ve/wp-content/uploads/2008/10/chavez-hugo-el-golpe-
fascista-contra-venezuela.pdf (eingesehen am 23.10.2017).

Chávez Frías, Hugo (2004): Aló Presidente Nr. 188. Fuerte Mara, Parroquia Sierrita, Municipio Mara., Estado Zulia, Venezuela, 11.04.2004, URL: https://www.todochavezenlaweb.
gob.ve/todochavez/3736-alo-presidente-n-188 (eingesehen am 12.11.2017).

Chávez Frías, Hugo (2005a): Alo Presidente Nr. 213. Fábrica De Papel Invepal Morón, Estado
Carabobo, Venezuela, 20.02.2005, URL: https://todochavez.gob.ve/todochavez/3793-alo-
presidente-n-213 (eingesehen am 09.12.2017).

Chávez Frías, Hugo (2005b): Aló Presidente Nr. 239. Palacio De Miraflores, Distrito Capital,
Venezuela, 13.11.2005, URL: https://www.todochavezenlaweb.gob.ve/todochavez/3964-
alo-presidente-n-239 (eingesehen am 12.11.2017).

Chávez Frías, Hugo (2005c): V Foro Social Mundial: El Sur, Norte de nuestros pueblos.
Gimnasio Gigantinho. Porto Alegre. Brasil, 30.01.2005, URL: https://www.todochave
zenlaweb.gob.ve/todochavez/3661-v-foro-social-mundial-el-sur-norte-de-nuestros-pue
blos (eingesehen am 18.11.2007).

Chávez Frías, Hugo (2006a): Aló Presidente Nr. 252. Campo de Carabobo, Parroquia carlos
Arvelo, Municipio Libertador, Estado Carabobo, Venezuela, 09.04.2006, URL: https://
www.todochavezenlaweb.gob.ve/todochavez/4008-alo-presidente-n-252 (eingesehen am
09.12.2017).

Chávez Frías, Hugo (2006b): Aló Presidente Nr. 261. Academia Militar de Venezuela,
Fuerte Tiuna, Caracas,Parroquia El Valle, Municipio Libertador, Distrito Capital, Venezuela, 03.09.2006, URL: https://www.todochavezenlaweb.gob.ve/todochavez/4040-alo-
presidente-n-261 (eingesehen am 12.11.2017).

Chávez Frías, Hugo (2006c): Intervención del Comandante Presidente Hugo Chávez, en la
LXI Asamblea General de la Organización de las Naciones Unidas (ONU). Sede de las
Naciones Unidas, Nueva York, Nueva York, Estados Unidos, 20.09.2006, URL: https://
www.todochavezenlaweb.gob.ve/todochavez/3382-intervencion-del-comandante-presid
ente-hugo-chavez-en-la-lxi-asamblea-general-de-la-organizacion-de-las-naciones-uni
das-onu (eingesehen am 09.12.2017).

Chávez Frías, Hugo (2007a): Aló Presidente Nr. 264. Centro de Formación Socialista "José
Laurencio Silva" San Carlos, Parroquia San Carlos, Municipio San Carlos,, Estado Coje-
des, Venezuela, 28.01.2007, URL: https://www.todochavezenlaweb.gob.ve/todochavez/
4273-alo-presidente-n-264 (eingesehen am 13.11.2017).

Chávez Frías, Hugo (2007b): Intervención del Comandante Presidente Hugo Chávez durante
acto de juramentación como Presidente de la República Bolivariana de Venezuela para el
período 2007–2013. Palacio Federal Legislativo, 10.01.2007, URL: https://todochavez.
gob.ve/todochavez/2705-intervencion-del-comandante-presidente-hugo-chavez-durante-
acto-de-juramentacion-como-presidente-de-la-republica-bolivariana-de-venezuela-para-
el-periodo-2007-2013 (eingesehen am 17.11.2017).

Chávez Frías, Hugo (2007c): Intervención del Comandante Presidente Hugo Chávez durante
acto de masas en la República Argentina. 09.03.2007, URL: https://www.todochavezen

laweb.gob.ve/todochavez/2640-intervencion-del-comandante-presidente-hugo-chavez-duante-acto-de-masas-en-la-republica-argentina (eingesehen am 14.10.2017).
Chávez Frías, Hugo (2007d): Todo 11 tiene su 13. Quinto Aniversario de la Victoria popular del 13 de abril de 2002. Avenida Urdaneta, Caracas, Municipio Libertador, Distrito Capital, Venezuela, 13.04.2007, URL: https://todochavez.gob.ve/todochavez/2571-todo-11-tiene-su-13-quinto-aniversario-de-la-victoria-popular-del-13-de-abril-de-2002 (eingesehen am 09.12.2017).
Chávez Frías, Hugo (2007e): Mensaje a la Nación del Comandante Presidente Hugo en cadena nacional. Salón Ayacucho, Palacio de Miraflores, Caracas, Distrito Capital, Venezuela, 03.12.2007, URL: https://todochavez.gob.ve/todochavez/2151-mensaje-a-la-nacion-del-comandante-presidente-hugo-en-cadena-nacional (eingesehen am 09.12.2017).
Chávez Frías, Hugo (2008a): Aló Presidente Nr. 302. Caicara de Maturín, Municipio Cedeño, Parroquia Viento Fresco, Estado Monagas, Venezuela, 27.01.2008, URL: https://www.todochavezenlaweb.gob.ve/todochavez/4262-alo-presidente-n-302 (eingesehen am 19.11.2017).
Chávez Frías, Hugo (2008b): Palabras del Comandante Presidente Hugo Chávez en la Vigilia en rechazo a planes de magnicidio. 11.09.2008, URL: https://todochavez.gob.ve/todoch avez/2411-palabras-del-comandante-presidente-hugo-chavez-en-la-vigilia-en-rechazo-a-planes-de-magnicidio (eingesehen am 19.11.2017).
Chávez Frías, Hugo (2009a): Aló Presidente Teórico. Fuerte Tiuna, Caracas, 23.07.2009, URL: https://www.psuv.org.ve/wp-content/uploads/2014/12/La-doctrina-militar-boliva riana-y-el-poder-nacional.pdf (eingesehen am 19.11.2017).
Chávez Frías, Hugo (2009b): Intervención del Comandante Presidente Hugo Chávez tras conocerse los resultados del referendo aprobatorio de enmienda constitucional. 15.02.2009, URL: https://www.todochavezenlaweb.gob.ve/todochavez/1023-intervenc ion-del-comandante-presidente-hugo-chavez-tras-conocerse-los-resultados-del-refere ndo-aprobatorio-de-enmienda-constitucional (eingesehen am 18.11.2017).
Chávez Frías, Hugo (2010): Aló Presidente Nr. 366. Parroquia Caucagua, Municipio Acevedo, Estado Miranda, Venezuela, 31.10.2010, URL: https://www.todochavezenlaweb.gob.ve/todochavez/4232-alo-presidente-n-366 (eingesehen am 13.11.2017).
Chávez Frías, Hugo (2011a): Desde la primera línea. Años 2009–2010. Venezuela.
Chávez Frías, Hugo (2011b): El socialismo del siglo XXI. Caracas.
Chávez Frías, Hugo (2012a): Golpe de timón. I Consejo de Ministros del nuevo ciclo de la Revolución Bolivariana. Caracas.
Chávez Frías, Hugo (2012b): Propuesta del Candidato de la Patria. Comandante Hugo Chávez. Para la Gestión Bolivarian Socialista 2013–2019. URL: https://blog.chavez.org.ve/Pro grama-Patria-2013-2019.pdf (eingesehen am 22.09.2016).
Chávez Frías, Hugo (2014): Agenda Alternativa Bolivariana. Caracas.
Chávez Frías, Hugo/Castro, Fidel (2004): Agreement between Venezuela and Cuba for the ALBA Application. I Summit – Havana, Cuba – December 14, 2004, URL: https://alba-tcp.org/en/contenido/agreement-between-venezuela-and-cuba-alba-application (eingesehen am 22.05.2017).
Checkel Jeffrey T. (2008): Constructivism and foreign policy, in: Smith, Steve/Hadfield, Amelia/Dunne, Tim (Hg.): Foreign Policy. Oxford, S. 71–81.
Chodor, Tom (2015): Neoliberal Hegemony and the Pink Tide in Latin America. Breaking up with TINA? Basingstoke, New York.

Clem, Ralph S./Maingot, Anthony P. (Hg.) (2011): Venezuela's Petro-Diplomacy. Hugo Chávez's Foreign Policy, Gainesville.

COHA (Council on Hemispheric Affairs) (2010): Venezuela's Media War: Is the Internet the Next Battleground? 30.06.2010, URL: https://www.coha.org/venezuela%E2%80%99s-media-war-is-the-internet-the-next-battleground/ (eingesehen am 30.06.2010).

Combellas, Ricardo (2007): El Proceso Constituyente y la Constitución de 1999, in: Maihold, Günther (Hg.): Venezuela en retrospectiva. Los pasos hacia el regimen chavista. Madrid, Frankfurt am Main, S. 47–76.

Cordilha, Ana Carolina/Lavinas, Lena (2017): Brazil: ongoing reforms under a new wave of financialization. IIPPE – International Initiative for Promoting Political Economy, URL: https://iippe.org/wp-content/uploads/2018/01/IIPPE_2017_Ana_Carolina_Cordilha_and_Lena_Lavinas.pdf (eingesehen am 28.10.2018).

Corrales, Javier (2005): In Search of a Theory of Polarization, in: European Review of Latin American and Caribbean Studies, Nr. 79, 105–118.

Corrales, Javier (2006): The Many Lefts of Latin America, in: Foreign Policy, November/Dezember, URL: https://www.foreignpolicy.com/articles/2006/10/10/the_many_lefts_of_latin_america (eingesehen am 16.09.2014).

Corrales, Javier (2009): For Chávez, Still More Discontent, in: Current History, Vol. 108, Nr. 715, S. 77–82.

Corrales, Javier (2010): The Repeating Revolution. Chávez's New Politics and Old Economics, in: Weyland, Kurt/Madrid, Raúl L./Hunter, Wendy (Hg.): Leftist Governments in Latin America: Successes and Shortcomings. New York, S. 28–56.

Corrales, Javier (2011): Why Polarize? Advantages and Disadvantages of a Rational-Choice Analysis of Government-Opposition Relations under Hugo Chávez, in: Ponniah, Thomas/Eastwood, Jonathan (Hg.): The Revolution in Venezuela: Social and Political Change under Chávez. Cambridge, London, S. 67–97.

Corrales, Javier (2015): Autocratic Legalism in Venezuela, in: Journal of Democracy, Vol. 26, Nr. 2, S. 37–51.

Corrales, Javier (2017): ¿Cómo explicar la crisis económica en Venezuela?, in: Tribuna. Revista de Asuntos Públicos, Nr. 14, S. 30–34.

Corrales, Javier (2018): Electoral Irregularities A Typology Based on Venezuela under Chavismo. Draft Document, 06.02.2018, URL: https://www.amherst.edu/system/files/media/Corrales%2520Venezuelan%2520Electoral%2520Irregularities%2520Feb%25206%25202018_0.pdf (eingesehen am 23.04.2018).

Corrales, Javier/Penfold, Michael (2011): Dragon in the Tropics. Hugo Chávez and the political economy of revolution in Venezuela. Washington.

Corrales, Javier/Penfold, Michael (2015): Dragon in the Tropics. Venezuela and the Legacy of Hugo Chávez. Washington.

Corrales, Javier/Hidalgo, Manuel (2013): El régimen híbrido de Hugo Chávez en transición, in: Desafíos, Vol. 25, Nr. 1, S. 45–83.

Corrales, Javier/Romero, Carlos A. (2013): U.S.-Venezuela Relations Since the 1990s. Coping with Midlevel Threats, New York.

Correa, Rafael (2009): Intervención del presidente de la República, Rafael Correa durante la posesión presidencial. Quito, 10.08.2009, URL: https://www.presidencia.gob.ec/wp-content/uploads/downloads/2013/10/10-10-09-Discurso_posesion_Presidencial.pdf (eingesehen am 17.12.2018).

Correa, Rafael (2012): Ecuador's Path, in: New Left Review, Nr. 77, S. 89–104.
Costa, Sérgio/Fritz, Barbara, Sproll, Martina (2015): Dilma 2.0: From Economic Growth with Distribution to Stagnation and Increasing Inequalities?, in: LASAFORUM, Vol. XLVI, Nr. 3, S. 21–24.
Cottam, Martha L./Dietz-Uhler, Beth/Mastors, Elena/Preston, Thomas (Hg.) (2010): Introduction to Political Psychology. New York, Hove.
Coutinho, Bruno/Carvalho Lopes, Adriana/do Nascimento e Silva, Daniel (2017): Populism and the people in Lula's political discourse: Bridging linguistic and social theory, in: Revista de Estudos da Linguagem, Vol. 25, Nr. 2, S. 681–710.
Coutinho, Carlos Nelson (2010): A hegemonia da pequena política, in: de Oliveira, Francisco/Braga, Ruy/Rizek, Cibele (Hg.): Hegemonia às avessas: economia, política e cultura na era da servidão financeira. São Paolo, S. 29–43.
Coutinho, Luciano/Ferraz, João Carlos/Nassif, André/Oliva, Rafael (2012): Industrial Policy and Economic Transformation, in: Santiso, Javier/Dayton-Johnson, Jeff (Hg.): The Oxford Handbook of Latin American Political Economy. New York, S. 100–132.
Couto, Cláudio Gonçalves (2009): La participación irrelevante: una evaluación del gobierno de Lula, in: Armony, Ariel C./Arnson, Cynthia J. (Hg.) (2009): La "Nueva Izquierda" en América Latina: Derechos humanos, participación política, y sociedad civil. Washington, S. 247–270.
Dachevsky, Fernando/Kornblihtt Juan (2017): The Reproduction and Crisis of Capitalism in Venezuela under Chavismo, in: Latin American Perspectives, Issue 212, Vol. 44, Nr. 1, S. 78–93.
Däubler-Gmelin, Herta (2018): „Einäugige Justiz, schwerwiegende Verfahrensverstöße", in: Internationale Politik und Gesellschaft, 15.01.2018, URL: https://www.ipg-journal.de/regionen/lateinamerika/artikel/detail/einaeugige-justiz-schwerwiegende-verfahrensverst oesse-2537/go/98/ (eingesehen am 22.01.2018).
Denzau, Arthur/Roy, Ravi K. (2007): The Neoliberal Shift in US Fiscal Policy from the 1980s to the 1990s: A Shared Mental Model Approach to Understanding Coalition-Driven Policy Shifts, in: Denzau, Arthur/Roy, Ravi K./Willett, Thomas (Hg.): Neoliberalism: National and Regional Experiments with Global Ideas. London, S. 117–134.
Detsch, Claudia (2010): ALBA – ein alternatives Integrationsmodell zwischen Schein und Sein. Friedrich-Ebert-Stiftung, Perspektive.
Detsch, Claudia (2012): Syrien, Iran und ihre lateinamerikanischen Partner im Krisenjahr 2012. Treue auf Seiten der ALBA-Regierungen, kritische Distanz in Brasilien. Friedrich-Ebert-Stiftung, Perspektive.
Detsch, Claudia/Stefanoni, Pablo (2014): Lateinamerikas Linke – viel Lula, wenig PT? Friedrich-Ebert-Stiftung, Perspektive.
Díaz, Rolando/Schütt, Kurt-Peter (2011): Die Gewerkschaftsdachverbände: im Dienst der Parteien und der Macht, in: Boeckh, Andreas/Welsch, Friedrich/Werz, Nikolaus (Hg.): Venezuela heute. Politik, Wirtschaft, Kultur. Frankfurt am Main, S. 253–270.
Diehl, Oliver (2005): Hug Chávez – Charisma als soziokulturelles Phänomen, in: Diehl, Oliver/Muno, Wolfgang (Hg.): Venezuela unter Chávez – Aufbruch oder Niedergang? Frankfurt am Main, S. 57–83.
Dieterich Heinz (2006): Aufbruch in Venezuela. Interview, in: Marxistische Blätter. Flugschriften 21.

Dieterich Heinz (2013): Para el creador del socialismo del siglo XXI, Maduro no termina su mandato, in: Perfil, 19.10.2013, URL: https://www.perfil.com/noticias/internaci onal/Para-el-creador-del-socialismo-del-siglo-XXI-Maduro-no-termina-su-mandato-201 31019-0029.phtml (eingesehen am 02.05.2019).

Dieterich Heinz (2016): »Oficialismo perdió apoyo por incapacidad de renovar su proyecto de gobernanza«, in: sunoticiero.com, 04.01.2016, URL: https://sunoticiero.com/heinz-die terich-no-veo-bases-para-hablar-de-un-fraude-electoral-el-6d-en-venezuela/ (eingesehen am 02.05.2019).

Diniz, Eli (2011): Democracy, State, and Industry. Continuity and Change between the Cardoso and Lula Administration, in: Latin American Perspectives, Issue 178, Vol. 38, Nr. 3, S. 59–77.

Diniz Alves, José Eustáquio (2018): Aumenta a pobreza e a extrema pobreza no Brasil, in: EcoDebate, 13.08.2018, URL: https://www.ecodebate.com.br/2018/08/13/aumenta-a-pobreza-e-a-extrema-pobreza-no-brasil-artigo-de-jose-eustaquio-diniz-alves/ (eingesehen am 02.11.2018).

Dobbin, Frank (2004): The Sociological View of the Economy, in: ders. (Hg.): The New Economic Sociology. A Reader. New Jersey, S. 1–46.

Dolartoday (2018): Noticias y Dólar paralelo. URL: https://dolartoday.com/ (01.05.2018).

Dunn, Myriam/Mauer, Victor (2006): Diskursanalyse: Die Entstehung der Nationalen Sicherheitsstrategie der USA, in: Siedschlag, Alexander (Hg.): Methoden der sicherheitspolitischen Analyse. Wiesbaden, S. 189–217.

Dweck Esther/Teixeira, Rodrigo Alves (2017): A política fiscal do governo Dilma e a crise econômica. Unicamp. IE, Texto para discussão, Nr. 303, URL: https://www.eco.unicamp. br/images/arquivos/artigos/3532/TD303.pdf (eingesehen am 03.10.2018).

Eakin, Marshall C. (2013): The Emergence of Brazil on the World Stage. Books review, in: Latin American Perspectives, Vol. 48, Nr. 3, S. 221–230.

Eakin, Marshall (2017): Impeachment, culture wars and the politics of identity in Brazil, in: The Conversation, 27.05.2016, URL: https://theconversation.com/impeachment-culture-wars-and-the-politics-of-identity-in-brazil-59436 (eingesehen am 18.06.2018).

Ebenau, Matthias/Liberatore, Victoria (2013): Neodevelopmentalist state capitalism in Brazil and Argentina: chances, limits and contradictions, in: dms – der moderne staat – Zeitschrift für Public Policy, Recht und Management, Vol. 6, Nr. 1, S. 105–125.

Eberhardt, Pia (2005): Dick im Geschäft. Handelspolitik im Dienste des Agrobusiness. WEED, Studie, URL: https://www2.weed-online.org/uploads/dick_im_geschaeft. pdf (eingesehen am 26.08.2018).

ECB (European Central Bank) (2016): Economic Bulletin, Issue 1. URL: https://www.ecb. europa.eu/pub/pdf/ecbu/eb201601.en.pdf (eingesehen am 27.10.2018).

Edwards, Sebastian (2010): Left Behind. Latin America and the False Promise of Populism. Chicago, London.

Eglau, Victoria (2017): Lateinamerika: Der Fall Odebrecht oder Korruption ohne Grenzen, in: Blätter für deutsche und internationale Politik, 06.2017, S. 25–28.

Eguizábal, Cristina (2015): ALBA and Central America, in: Bagley, Bruce M./Defort, Magdalena (Hg.): Decline of the United States Hegemony? A Challenge of ALBA and a New Latin American Integration of the Twenty-First Century. Lenham, London, S. 143–157.

ElDía.es (2009): Hugo Chávez promulga la nueva Ley de Educación entre fuertes polémicas, in: ElDía.es, 17.08.2009. URL: https://eldia.es/venezuela/2009-08-17/2-Hugo-Cha vez-promulga-nueva-Ley-Educacion-fuertes-polemicas.htm (eingesehen am 22.01.2016).

Ellner, Steve (2011a): Distinguishing Features of Latin America's New Left: The Chávez, Morales and Correa Governments, in: The Marxist, Vol. 27, Nr. 4, S. 15–36.

Ellner, Steve (2011b): Venezuela's Social Based Democratic Model: Innovations and Limitations, in: Journal for Latin American Studies, Vol. 43, Nr. 3, S. 421–449.

Ellner, Steve (2013a): Latin America's Radical Left in Power: Complexities and Challenges in the Twenty-first Century, in: Latin American Perspectives, Issue 190, Vol. 40, Nr. 3, S. 5–25.

Ellner, Steve (2013b): Social and Political Diversity and the Democratic Road to Change in Venezuela, in: Latin American Perspectives, Issue 190, Vol. 40, Nr. 3, S. 63–82.

Ellner Steve (2015a): It is Necessary to Contextualize the Pragmatic and Populist Policies of the Chavista Government: An Interview with Steve Ellner, in: Aporrea, 15.09.2015, URL: https://venezuelanalysis.com/analysis/11505 (eingesehen am 01.09.2015).

Ellner, Steve (2015b): It is Necessary to Contextualize the Pragmatic and Populist Policies of the Chavista Government: An Interview with Steve Ellner, Part II, in: Venezuelanalysis, 22.09.2015, URL: https://venezuelanalysis.com/analysis/11519 (eingesehen am 18.09.2016).

El Nacional (2017): Datanálisis: Popularidad de Maduro no es de 35 % sino de 17 %, in: El Nacional, 12.08.2017, URL: https://www.el-nacional.com/noticias/politica/datanalisis-popularidad-maduro-sino_198473 (eingesehen 29.04.2018).

El Nuevo Herald (2013): Maduro dice Chávez se apareció en forma de 'pajarito chiquitico' y lo bendijo, in: El Nuevo Herald, 03.04.2013, URL: https://www.elnuevoherald.com/noticias/mundo/america-latina/venezuela-es/article2022239.html (eingesehen am 21.05.2018).

Emerson, R. Guy (2011): A Bolivarian People: Identity politics in Hugo Chávez's Venezuela, in: Humanities Research, Vol. 17, Nr. 1, S. 87–107.

Epstein, Charlotte (2010): Moby Dick or Moby Doll? Discourse, or How to Study the "Social Construction of" All the Way Down, in: Abdelal, Rawi/Blyth, Mark/Parsons, Craig (Hg.): Constructing the International Economy. New York, S. 175–193.

Erber, Fabio S. (2011): As convenções de desenvolvimento no governo Lula: um ensaio de economia política, in: Revista de Economia Política, Vol. 31, Nr. 1, S. 31–55.

Escobar, Arturo (2010): Latin America at a Crossroads, in: Cultural Studies, Vol. 24, Nr. 1, S. 1–65.

Etchemendy, Sebastián/Garay, Candelaria (2011): Argentina: Left Populism in Comparative Perspective, 2003–2009, in: Levitsky, Steven/Roberts, Kenneth M. (Hg.): The Resurgence of the Latin American Left. Baltimore, S. 283–305.

Falcón, Marinell/Noguera, Gustavo (2016): ¿Qué ha pasado con la autonomía del BCV durante los últimos años?, in: Prodavinci, 07.10.2016, URL: https://prodavinci.com/blogs/que-ha-pasado-con-la-autonomia-del-bcv-durante-los-ultimos-anos-por-marinell-falcon-y-gustavo-noguera/ (eingesehen am 14.08.2017).

Farah, Douglas (2015): The Advance of Radical Populist Doctrine in Latin America. How the Bolivarian Alliance is Remaking Militaries, Dismantling Democracy and Combating the Empire, in: PRISM, Vol. 5, Nr. 3, S. 91–105.

Fearon James/Wendt, Alexander (2002): Rationalism v. Constructivism: A Skeptical View, in: Carlsnaes, Walter/Risse, Thomas/Simmons, Beth A. (Hg.): Handbook of International Relations. Los Angeles, London, New Delhi [u. a.], S. 52–72.

Fernández Cabreram, Beatriz (2012): Territorialidad, sujetos populares y nuevas resistencias. A propósito de los Comités de Tierras Urbanas venezolanos, in: Cuadernos del CENDES, Vol. 29, Nr. 81, S. 49–78.

FES (Fundación Friedrich Ebert) (2016): ¿Posprogresismo? Crisis y derivas latinoamericanas. Nueva Sociedad, Nr. 266.

Feyder, Jean (2014): Brasilien: Ein Volk im Widerstand – die Agrarfrage, in: flassbeck-economics, 03.03.2014.

Fiori, José Luís (2013): O Brasil e seu "entorno estratégico" na primeira década do século XXI, in: Sader, Emir (Hg.): 10 anos de governos pós-neoliberais no Brasil: Lula e Dilma. São Paolo, Rio de Janeiro, S. 31–51.

Fischermann, Thomas (2014): Tausende buhen sie aus, in: ZeitOnline, 18.06.2014, URL: https://www.zeit.de/2014/26/dilma-rousseff-praesidentin-brasilien (eingesehen am 19.10.2018).

Flassbeck, Heiner (2015a): Öl-Schwaden vernebeln den Verstand, in: flassbeck-economics, 09.01.2015.

Flassbeck, Heiner (2015b): Brasilien oder warum weltweit die Sozialdemokraten systematisch scheitern, in: flassbeck-economics, 13.11.2015.

Flassbeck, Heiner (2016): Brasilien, Kroatien und Griechenland: Braucht man „neoliberale Reformen, um ein Land voranzubringen"?, in: flassbeck-economics, 13.05.2016.

Flemes, Daniel/Nolte, Detlef (2009): Externe Rüstungs- und Militärallianzen: Eine neue Dimension in Lateinamerikas Sicherheitsagenda. GIGA, GIGA Studie, Nr. 9.

Flemes, Daniel/Wehner, Leslie (2012): Strategien südamerikanischer Sekundärmächte. GIGA, GIGA Focus, Nr. 4.

Flemes, Daniel/Westermann, Lotte (2009): Konkurrierender Regionalismus: Fünf Jahre UNASUR und ALBA. GIGA, GIGA Focus, Nr. 12.

Flores-Macías, Gustavo A. (2010): Statist vs. Pro-Market. Explaining Leftist Governments' Economic Policies in Latin America, in: Comparative Politics, Vol. 42, Nr. 4, S. 413–433.

Fracica Naranjo, Carlos (2014): Primer Año de Gobierno del Presidente Nicolás Maduro, in: Universidad Militar Nueva Granada, Serie Informativos: Frente Externo, UMNG – IEGAP, Nr. 157, 04.06.2014.

Fritz, Barbara (2010): Orthodoxie und Sozialpolitik. Zur gemischten Bilanz der brasilianischen Wirtschaftspolitik, in: Costa, Sérgio/Kohlhepp, Gerd/Nitschack, Horst/Sangmeister, Hartmut (Hg.): Brasilien heute. Frankfurt am Main, S. 335–347.

Galvão, Andréia (2014): The Brazilian Labor Movement under PT Governments, in: Latin American Perspectives, Issue 198, Vol. 41, Nr. 5, S. 184–199.

Garcia, Marco Aurélio (2013): Dez anos de política externa, in: Sader, Emir (Hg.): 10 anos de governos pós-neoliberais no Brasil: Lula e Dilma. São Paolo, Rio de Janeiro, S. 53–67.

Gaulard, Mylène (2015): The Brazilian deindustrialization: financialization is not guilty, in: Revista de Economia Política, Vol. 35, Nr. 2, S. 227–246).

Germain, Randall D./Kenny, Michael (1998): Engaging Gramsci: international relations theory and the new Gramscians, in: Review of International Studies, Vol.24, Nr. 1, S. 3–21.

Giacalone, Rita (2013): Venezuela en Unasur: integración regional y discurso político, in: Desafíos, Vol. 25, Nr. 1, S. 129–163.

Gill, Stephen (2008): Power and Resistance in the New World Order. Hampshire, New York.
Gill, Stephen/Law, David (1993): Global Hegemony and the Structural Power of Capital, in: Gill, Stephen (Hg.): Gramsci, Historical Materialism and International Relations. Cambridge, S. 93–124.
Giordani, Jorge A. (2014): Testimonio y responsabildad ante la historia, in: Rebelión, 18.06.2014; URL: https://rebelion.org/noticia.php?id=186189 (eingesehen am 08.09.2014).
Girvan, Norman (2011): ALBA, PetroCaribe, and Caricom: Issues in a New Dynamic, in: Clem, Ralph S./Maingot, Anthony P. (Hg.): Venezuela's Petro-Diplomacy. Hugo Chávez's Foreign Policy. Gainesville, S. 116–134.
Goldfajn, Ilan (2018): Nota do Presidente Ilan Goldfajn sobre o cenário econômico da década de 2000. Banco Central do Brasil, URL: https://www.bcb.gov.br/conteudo/home-ptbr/TextosApresentacoes/Nota_anos_2000_Ita%C3%BA_Asset_60_anos_9_2_2018.pdf (eingesehen am 08.09.2020).
Goldman Sachs (2002): The Lulameter. Goldman Sachs. Emerging Markets Strategy, Nr. 2/10, 06.06.2002.
Gómez Calcaño, Luis (2011): Die Zivilgesellschaft: zwischen Korporatismus und Antipolitik, in: Boeckh, Andreas/Welsch, Friedrich/Werz, Nikolaus (Hg.): Venezuela heute. Politik, Wirtschaft, Kultur. Frankfurt am Main, S. 229–252.
Gonzalez, Lucas/Mamone, Miguel Ignacio (2015): Who Distributes? Presidents, Congress, Governors, and the Politics of Distribution in Argentina and Brazil, in: RIEL – Revista Ibero-Americana de Estudios Legislativos, Vol. 4, Nr. 1, S. 17–32.
Goodman, Joshua (2009): Brazil: The Global Power Looking for a Backyard, in: SAIS Review, Vol. 29, Nr. 2, S. 3–10.
GOPSS (Grupo de Estudos e Pesquisas do Orçamento Público e da Seguridade Social) (2004): O PPA de Lula: um Brasil de todos? Nota de Orçamento Público e Seguridade Social – NOPSS 01/2004, URL: https://www.ts.ucr.ac.cr/binarios/congresos/reg/slets/slets-018-083.pdf (eingesehen am 08.07.2018).
Gratius, Susanne/Saraiva, Miriam Gomes (2013): Continental Regionalism: Brazil's prominent role in the Americas. Centre for European Policy Studies, CEPS Working Paper, Nr. 374, URL: https://www.ceps.eu/system/files/WD%20No%20374%20Brazil%27s%20Continental%20Regionalism.pdf (eingesehen am 20.02.2018).
Greve, Janna (2013): Brasilien: Volksaufstand statt Fußballfest, Blätter für deutsche und internationale Politik, 08.2013, S. 25–28.
Grigera, Juan/Webber, Jeffery R./Abilio, Ludmila/Antunes, Ricardo/Badaró Mattos, Marcelo/Fernandes, Sabrina/Nunes, Rodrigo/Paulani, Leda/Purdy, Sean (2019): The Long Brazilian Crisis: A Forum, in: Historical Materialism, 24.01.2019, URL: www.historicalmaterialism.org/articles/long-brazilian-crisis-forum (eingesehen am 24.08.2020).
Gudynas, Eduardo (2009): Diez tesis urgentes sobre el nuevo extractivismo. Contextos y demandas bajo el progresismo sudamericano actual, in: Schult, Jürgen/Acosta, Alberto/Barandiarán, Alberto/Bebbington, Anthony/Folchi, Mauricio/CEDLA – Bolivia/Alayza, Alejandra/Gudynas, Eduardo (Hg.): Extractivismo, política y sociedad. Quito, S. 187–225.
Gudynas, Eduardo (2011a): Debates sobre el dearrollo y sus alternativas en América Latina: Una breve guía heterodoxa, in: Lang, Miriam/Mokrani, Dunia (Hg.): Más Allá del Desarrollo. Abya Yala, S. 21–53.

Gudynas, Eduardo (2011b): Neo-Extraktivismus und Ausgleichsmechanismen der progressiven südamerikanischen Regierungen, in: Kurswechsel, Nr. 3, S. 69–80.

Gudynas (2012): Der neue progressive Extraktivismus in Südamerika, in: Forschungs- und Dokumentationszentrum Chile-Lateinamerika/Rosa-Luxemburg-Stiftung (Hg.): Der Neue Extraktivismus. Eine Debatte über die Grenzen des Rohstoffmodels in Lateinamerika. Berlin, S. 46–62.

Hagopian, Frances (2013): Brazil's Accountability Problem, in: Journal of Democracy, Vol. 27, Nr. 3, S. 119–128.

Hall, Peter H. (1993): Policy Paradigms, Social Learning, and the State: The Case of Economic Policymaking in Britain, in: Comparative Politics, Vol. 25, Nr. 3, S. 275–296.

Hall, Rodney Bruce (2003): The Discursive Demolition of the Asian Development Model, in: International Studies Quarterly, Vol. 47, Nr. 1, S. 71–99.

Harnecker, Marta (2004): Taller de Alto Nivel. "El nuevo mapa estratégico", 12 y 13 de Noviembre de 2004, Intervenciones del Presidente de la República Hugo Chávez Frías. URL: https://www.minci.gob.ve/wp-content/uploads/downloads/2013/01/nuevomapaestrategico.pdf (eingesehen am 23.07.2017).

Harnecker, Marta (2005): Understanding the Venezuelan Revolution. Hugo Chávez Talks to Marta Harnecker. New York.

Hartmann, Jürgen (2017): Die politischen Systeme Lateinamerikas. Wiesbaden.

Harvey, David (2005): A Brief History of Neoliberalism. New York.

Hausmann, Ricardo (2015): Stopping Venezuela's Harvest of Sorrow, in: Project Syndicate, 29.12.2015, URL: https://www.project-syndicate.org/commentary/venezuela-maduro-economic-collapse-by-ricardo-hausmann-2015-12 (eingesehen am 07.01.2016).

Hay, Colin (1999): Marxism and the State, in: Gamble, Andrew/Marsh, David/Tant, Tony (Hg.): Marxism and Social Science. London.

Hay, Colin (2002): Political Analysis. A Critical Introduction. Basingstoke, New York.

Hellinger, Daniel (2004): Political Overview: The Breakdown of *Puntofijismo* and the Rise of Chavismo, in: Ellner, Steve/Hellinger, Daniel (Hg.): Venezuelan Politics in the Chávez Era. Class, Polarization & Conflict. Colorado, S. 27–53.

Hellinger, Daniel C. (2015): Comparative Politics of Latin America. Democracy at Last? New York, 2. Aufl.

Henkin, Hélio (2014): Trade-offs and Choices of Economic Policy in Brazil: The Lula Years and the New Directions toward Development after 2010, in: de Castro, Fábio/Koonings, Kees/Wiesebron, Marianne (Hg.): Brazil Under the Worker's Party. Continuity and Change from Lula to Dilma. London, S. 76–101.

Hernández, Dilio; Chaudary, Yudi (2015): La Alianza Bolivariana para los Pueblos de Nuestra América – Tratado de Comercio de los Pueblos (ALBA-TCP). Vigencia y viabilidad en el actual contexto venezolano y regional. Friedrich-Ebert-Stiftung, FES Análisis.

Hernández, Ivo (2011): Die Verfassungen Venezuelas: Fort- und Rückschritte, in: Boeckh, Andreas/Welsch, Friedrich/Werz, Nikolaus (Hg.): Venezuela heute. Politik, Wirtschaft, Kultur. Frankfurt am Main, S. 131–150.

Hernández-Medina, Esther (2010): Social Inclusion through Participation: the Case of the Participatory Budget in São Paulo, in: International Journal of Urban and Regional Research, Vol 34, Nr. 3, S. 512–532.

Hidalgo, Manuel (2009): Hugo Chávez's "Petro-Socialism", in: Journal of Democracy, Vol. 20, Nr. 2, S. 78–92.

Higginbottom, Andy (2013): The Political Economy of Foreign Investment in Latin America, in: Latin American Perspectives, Issue 190, Vol. 40, Nr. 3, S. 184–206.
Hirsch, Joachim (2005): Materialistische Staatstheorie. Transformationsprozesse des kapitalistischen Staatensystems. Hamburg.
Hirst, Joel D. (2011): A Guide to ALBA. What is the Bolivarian Alternative to the Americas and What Does It Do?, in: Americas Quarterly, 02.05.2011, URL: https://www.americasquarterly.org/HIRST/ARTICLE#hirst (eingesehen am 26.02.2015).
Hirst, Joel D. (2012): The ALBA. Inside Venezuela's Bolivarian Alliance. Miami.
Hoffmann, Bert (2011): The International Dimension of Authoritarian Legitimation: The Impact of Regime Evolution. GIGA, GIGA Paper, Nr. 182.
Holland, Alexander (2006): Venezuela's Urban Land Committees and Participatory Democracy, in: Venezuelanalysis, 11.02.2006, URL: https://venezuelanalysis.com/analysis/1611 (eingesehen am 19.02.2016).
Hollis Martin/Smith, Steve (1990): Explaining and Understanding International Relations. Oxford.
Hudson, Michael (2013): From the bubble economy to debt deflation and privatization, in: real-world economics review, Nr. 64, S. 21–22.
Huffschmid, Jörg (2002): Politische Ökonomie der Finanzmärkte. Hamburg.
Hunter, Wendy (2007): The Normalization of an Anomaly. The Workers' Party in Brazil, in: World Politics, Oxford, Vol. 59, Nr. 3, S. 440–475.
Hunter, Wendy (2014), Making Citizens: Brazilian Social Policy from Getúlio to Lula, in: Journal of Politics in Latin America, Vol. 6, Nr. 3, S. 15–37.
IBGE (Instituto Brasileiro de Geografia e Estatística) (2017a): Indicadores IBGE. Contas Nacionais Trimestrais. Indicadores de Volume e Valores Correntes. Outubro/Dezembro 2017, URL: https://biblioteca.ibge.gov.br/visualizacao/periodicos/2121/cnt_2017_4tri.pdf (eingesehen am 23.09.2018).
IBGE (Instituto Brasileiro de Geografia e Estatística) (2017b): Síntese de Indicadores Sociais. Uma análise das condições de vida da população brasileira 2017. Rio de Janeiro.
INE (Instituto Nacional de Estadística) (2018): GINI – República Bolivariana de Venezuela. URL: https://www.ine.gov.ve/index.php?option=com_content&view=category&id=104&Itemid=# (eingesehen am 14.11.2018).
Ipeadata (2018): URL: https://www.ipeadata.gov.br (eingesehen am 27.09.2018).
IWF (Internationaler Währungsfonds) (2018a): Gross debt position. URL: https://www.imf.org/external/datamapper/G_XWDG_G01_GDP_PT@FM/WEOWORLD/VEN (eingesehen am 29.04.2018).
IWF (Internationaler Währungsfonds) (2018b): República Bolivariana de Venezuela. URL: https://www.imf.org/en/Countries/VEN#countrydata (eingesehen am 29.04.2018).
IWF (Internationaler Währungsfonds) (2019): República Bolivariana de Venezuela. URL: https://www.imf.org/en/Countries/VEN#countrydata (eingesehen am 15.03.2019).
Isidoro Losada, Ana María (2011): Die Konfiguration der innergesellschaftlichen Machtgruppen. In: Boeckh, Andreas/Welsch, Friedrich/Werz, Nikolaus (Hg.): Venezuela heute. Politik Wirtschaft Kultur. Frankfurt am Main, S. 271–299.
Jäger, Johannes/Leubolt, Bernhard (2014): Rohstoffe und Entwicklungsstrategien in Lateinamerika, in: Nölke, Andreas/May Christian/Claar, Simone (Hg.): Die großen Schwellenländer. Ursachen und Folgen ihres Aufstiegs in der Weltwirtschaft. Wiesbaden, S. 175–192.

Jessop, Bob (2010): State Power. A Strategic-Relational Approach. Cambridge, 2. Aufl.

Jessop, Bob (2014): The Strategic Selectivity of the State: Reflections on a Theme of Poulantzas. Homepage, URL: https://bobjessop.org/2014/06/16/the-strategic-selectivity-of-the-state-reflections-on-a-theme-of-poulantzas/ (eingesehen am 05.09.2014).

Jessop Bob/Sum, Ngai-Ling (2013): Kulturelle politische Ökonomie und der Regulationsansatz, in: Atzmüller, Roland/Becker, Joachim/Brand, Ulrich/Oberndorfer, Lukas/Redak, Vanessa/Sablowski, Thomas (Hg.): Fit für die Krise? Perspektiven der Regulationstheorie. Münster, S. 57–89.

Joas, Hans (2005): Begriffsdefinition Pragmatismus, in: Nohlen, Dieter/Schultze, Rainer Olaf (Hg.): Lexikon der Politikwissenschaft. Theorien, Methoden, Begriffe. Band 2 N-Z. München, 3. Aufl., S. 789.

Kaase, Max (1983): Sinn oder Unsinn des Konzepts „Politische Kultur" für die Vergleichende Politikforschung, oder auch: Der Versuch, einen Pudding an die Wand zu nageln, in: ders. (Hg.): Wahlen und politisches System: Analysen aus Anlaß der Bundestagswahl 1980. Opladen, S. 144–171.

Kahneman, Daniel (2014): Schnelles Denken, langsames Denken. München.

Karl, Terry L. (1997): The Paradox of Plenty. Oil Booms and Petro-States. Berkley, Los Angeles, London.

Karl, Terry L. (2007): Oil-Led Development: Social, Political, and Economic Consequences. Center on Democracy, Development, and The Rule of Law, CDDRL Working Paper, Nr. 80, URL: https://fsi-live.s3.us-west-1.amazonaws.com/s3fs-public/No_80_Terry_Karl_-_Eff ects_of_Oil_Development.pdf (eingesehen am 07.09.2018).

Kaufman, Robert R. (2011): The Political Left, the Export Boom, and the Populist Temptation, in: Levitsky, Steven/Roberts, Kenneth M. (Hg.): The Resurgence of the Latin American Left. Baltimore, S. 93–116.

Keen, Steve (2011): Debunking Economics. The Naked Emperor Dethroned? London, New York.

Keller, Reiner (2007): Diskursforschung. Eine Einführung für SozialwissenschaftlerInnen. Wiesbaden, 3. Aufl.

Kessler, Oliver (2013): Der Konstruktivismus als Ansatz der Globalen Politischen Ökonomie, in: Bieling, Hans-Jürgen/Haas, Tobias/Lux, Julia (Hg.): Die Internationale Politische Ökonomie nach der Weltfinanzkrise. Theoretische, geopolitische und politikfeldspezifische Implikationen, in: Zeitschrift für Außen- und Sicherheitspolitik, Sonderheft 5, S. 31–49.

Kestler, Thomas (2009): Parteien in Venezuela. Repräsentation, Partizipation und der politische Prozess. Baden-Baden.

Kirchner, Néstor/Lula – da Silva, Luis Inácio (2003): Consenso de Buenos Aires, 16.10.2003, URL: https://sedici.unlp.edu.ar/bitstream/handle/10915/45444/Argentina-Brasil_-_Con senso_de_Buenos_Aires__3_p._.pdf?sequence=5 (eingesehen am 18.03.2018).

Kitzberger, Philip (2010): Media Activism of Latin America's Leftist Governments: Does Ideology Matter? GIGA, GIGA Working Papers, Nr. 151.

Kitzberger, Philip (2012): The Media Politics of Latin America's Leftist Governments, in: Journal of Politics in Latin America, Vol. 4, Nr. 3, S. 123–139.

Korte, Karl-Rudolf (2013): Wahlen in Deutschland. Bonn.

Kresse, Michael (2015): Hugo Chávez' Bolivarismus. Eine ideengeschichtliche und historische Analyse. Berlin.

Kunze, Rolf-Ulrich (2005): Nation und Nationalismus. Darmstadt.

Kupfer, David/Ferraz, João Carlos/Marques, Felipe Silveira (2013): The Return of Industrial Policy in Brazil, in: Stiglitz, Joseph E./Lin, Justin Yifu (Hg.): The Industrial Policy Revolution I. The Role of Government Beyond Ideology. Basingstoke/New York, S. 327–339.

Kusser, Astrid (2016): Brasilien: Ein Land vor dem Bankrott, in: Blätter für deutsche und internationale Politik, 08.2016, S. 9–12.

Lalander, Rickard (2012): Neo-Constitutionalism in Twenty-First Venezuela: Participatory Democracy, Deconcentrated Decentralization or Centralized Populism?, in: Nolte, Detlef/Schilling-Vacaflor, Almut (Hg.): New Constitutionalism in Latin America. Farnham, Burlington, S. 163–183.

Laclau, Ernesto (1999): Dekonstruktion, Pragmatismus, Hegemonie, in: Mouffe, Chantal (Hg.): Dekonstruktion und Pragmatismus. Demokratie, Wahrheit und Vernunft. Wien, S. 111–153.

Laclau, Ernesto (2005a): On Populist Reason. London, New York.

Laclau, Ernesto (2005b): What's in a Name, in: Panizza, Francisco (Hg.): Populism and the Mirror of Democracy. London, New York, S. 32–49.

Laclau, Ernesto/Mouffe, Chantal (2000): Hegemonie und radikale Demokratie. Zur Dekonstruktion des Marxismus. Wien., 2. Aufl.

Lampa, Roberto (2017): El sinuoso regreso de la economía heterodoxa, in: Nueva Sociedad, Nr. 268, S. 87–99.

Lander, Luis E. (2006): La Energía como palanca de integración en América Latina y el Caribe. ILDIS, URL: https://www.ildis.org.ve/website/p_index.php?ids=7&tipo=P&vermas=61 (eingesehen am 26.02.2015).

Lander, Edgardo (2018): El Estado mágico sigue ahí. Las continuidades y rupturas en la historia del petroestado venezolano, in: Nueva Sociedad, Nr. 274, S. 30–43.

Langer, Michael (2017): Venezuela auf den Barrikaden, in: Blätter für deutsche und internationale Politik, 06.2017, S. 29–32.

Lapper, Richard (2006): Living with Hugo. U.S. Policy Towards Hugo Chávez's Venezuela. Council on Foreign Relations, CSR Nr. 20.

Lefort, Claude (1988): Democracy and Political Theory. Cambridge.

Lemoine, Maurice (2002): How Hate Media Incited the Coup Against President Chávez, in: Information Clearing House (Original in Le Monde Diplomatique, 11.08.2002), URL: https://www.informationclearinghouse.info/article6705.htm (eingesehen am 22.05.2017).

Leubolt, Bernhard (2014): Social policies and redistribution in Brazil. International Labour Office: Global Labour University, ILO. Working Paper Nr. 26.

Leubolt, Bernhard (2015): Transformation von Ungleichheitsregimes. Gleichheitsorientierte Politik in Brasilien und Südafrika. Wiesbaden.

Levitsky Steven/Roberts, Kenneth M. (2011): Introduction: Latin America's "Left Turn": A Framework for Analysis, in: Levitsky Steven/Roberts, Kenneth M. (Hg.): The Resurgence of the Latin American Left. Baltimore, S. 1–28.

Licio, Elaine Cristina/Rennó, Lucio R./Castro, Henrique Carlos de O. De (2009): Bolsa Família e Voto na Eleição Presidencial de 2006: em busca do elo perdido, in: OPINIÃO PÚBLICA, Vol. 15, Nr. 1, S. 31–54.

Lício, Elaine Cristina/Campos Filho, Antonio Claret/Bartholo, Letícia/Passos, Luana/Serra Mesquita, Ana Cleusa (2018): Programas estaduais de transferências de renda com condicionalidades no âmbito do Plano Brasil Sem Miséria. IPEA, Texto para Discussão, Nr. 2392.

Lindert, Kathy/Linder, Anja/Hobbs, Jason/de la Brière, Bénédicte (2007): The Nuts and Bolts of Brazil's Bolsa Família Program: Implementing Conditional Cash Transfers in a Decentralized Context. The World Bank, Social Protection, Discussion Paper, Nr. 0709.

Lins, Rodrigo/Figueiredo Filho, Dalson/Silva, Lucas/Rocha, Enivaldo (2016): O Bolsa Família e as eleições presidenciais no Brasil: Um modelo de predição eleitoral, in: Revista Eletrônica de Ciência Política, Vol. 7, Nr. 1, S. 145–157.

Lipietz, Alain (1985): Akkumulation, Krisen und Auswege aus der Krise: Einige methodische Überlegungen zum Begriff „Regulation", in: PROKLA, Nr. 58, S. 109–137.

López Maya, Margarita/Lander, Luis E. (2009): El socialismo rentista de Venezuela ante la caída de los precios petroleros internacionales, in: Cuadernos del CENDES, Vol. 26, Nr. 71, S. 67–87.

López Maya, Margarita (2007): Las insurreciones de la oposición en 2002 en Venezuela: causas y desafíos, in: Maihold, Günther (Hg.): Venezuela en retrospectiva. Los pasos hacia el regimen chavista. Madrid, Frankfurt am Main, S. 179–201.

López Maya, Margarita (2011a): Venezuela. Hugo Chávez and the Populist Left, in: Levitsky, Steven/Roberts, Kenneth M. (Hg.): The Resurgence of the Latin American Left. Baltimore, S. 213–238.

López Maya, Margarita (2011b): Zur Geschichte Venezuelas, in: Boeckh, Andreas/Welsch, Friedrich/Werz, Nikolaus (Hg.): Venezuela heute. Politik, Wirtschaft, Kultur. Frankfurt am Main, S. 27–50.

López Mayas, Margarita (2012): Venezuela: de la democarcia participativa al estado comunal. Vortrag auf dem Foro Democracia Directa, Montevideo, Uruguay, 12–16.11.2012, URL: https://archivos.juridicas.unam.mx/www/bjv/libros/8/3717/10.pdf (eingesehen am 23.06.2017).

Lula – Luiz Inácio da Silva (2002): Carta ao povo brasileiro. 22.06.2002, URL: https://www.iisg.nl/collections/carta_ao_povo_brasileiro.pdf (eingesehen am 04.04.2018).

Lula – Luiz Inácio da Silva (2003a): Discurso na cerimônia de inauguração da Termelétrica da Companhia Energética Santa Elisa. Ribeirão Preto – SP, 02.05.2003.

Lula – Luiz Inácio da Silva (2003b): Pronunciamento do Presidente da República, Luiz Inácio Lula da Silva, na sessão solene de posse no Congresso Nacional. Brasília – DF, 01.01.2003, URL: https://www.biblioteca.presidencia.gov.br/presidencia/ex-presidentes/luiz-inacio-lula-da-silva/discursos/discursos-de-posse/discurso-de-posse-1o-mandato/view (eingesehen am 04.09.2018).

Lula – Luiz Inácio da Silva (2007a): Lula de novo com a força do povo. Programa de governo 2007–2010. URL: https://csbh.fpabramo.org.br/uploads/Programa_de_governo_2007-2010.pdf (eingesehen am 08.09.2018).

Lula – Luiz Inácio da Silva (2007b): Pronunciamento à nação do Presidente da República, Luiz Inácio Lula da Silva, na cerimônia de posse. Palácio do Planalto, 1.1.2007, URL: https://www.biblioteca.presidencia.gov.br/presidencia/ex-presidentes/luiz-inacio-lula-da-silva/discursos/discursos-de-posse/discurso-de-posse-2o-mandato/view (eingesehen am 08.09.2018).

Lula – Luiz Inácio da Silva (2010): Programa de rádio "Café com o Presidente", com o Presidente da República, Luiz Inácio Lula da Silva Rádio Nacional, 08 de novembro de 2010. URL: https://www.biblioteca.presidencia.gov.br/presidencia/ex-presidentes/luizinacio-lula-da-silva/programa-cafe-com-o-presidente-1/2010/08-11-2010.pdf/view (eingesehen am 07.10.2018).

Lula – Luiz Inácio da Silva (2013): O necessário, o possível e o impossível (entrevista concedida a Emir Sader e Pablo Gentili), in: Sader, Emir (Hg.): 10 anos de governos pós-neoliberais no Brasil: Lula e Dilma. São Paolo, Rio de Janeiro, S. 9–29.

Lula – Luiz Inácio da Silva/Brown, Gordon (2009): Entrevista coletiva concedida pelo Presidente da República, Luiz Inácio Lula da Silva, em conjunto com o primeiro-ministro britânico, Gordon Brown. Palácio da Alvorada, 26.03.2009, URL: https://www.biblioteca.presidencia.gov.br/presidencia/ex-presidentes/luiz-inacio-lula-da-silva/entrevistas/2o-mandato/2009/26-03-entrevista-coletiva-concedida-pelo-presidente-da-republica-luiz-inacio-lula-da-silva-em-conjunto-com-o-primeiro-ministro-britanico-gordon-brown/view (eingesehen am 07.10.2018).

Madrid, Raul L. (2010): The Origins of the Two Lefts in Latin America, in: Political Science Quarterly, Vol. 125, Nr. 4, S. 587–609.

Madrid, Raul L./Hunter, Wendy/Weyland, Kurt (2010): The Policies and Performance of the Contestatory and the Moderate Left, in: Weyland, Kurt/Madrid, Raul L./Hunter, Wendy (Hg.): Leftist Governments in Latin America: Successes and Shortcomings. New York, S. 140–179.

Maduro Moros, Nicolás (2013): Contra la corrupción y la guerra económica. Una nueva ética política. Sesión especial con motivo de solicitud de Ley Habilitante Asamblea Nacional. Caracas, 8.10.2013, URL: https://www.minci.gob.ve/wp-content/uploads/2013/10/WEB-Contra-la-corrupci%C3%B3n-y-la-guerra-econ%C3%B3mica-SG-21-10-2013.pdf (eingesehen am 28.12.2017).

Maduro Moros, Nicolás (2015): Profundicemos la doctrina militar bolivariana. Salutación presidencial a la FANB. Fuerte Tiuna, Caracas, 12.12.2015, URL: https://www.minci.gob.ve/wp-content/uploads/2015/12/Profundicemos-la-doctrina-militar-bolivariana.pdf (eingesehen am 22.04.2018).

Maduro Moros, Nicolás/Marcano, Luis José (2016): Acciones Económicos para el Desarrollo de la Nación. Caracas.

Maduro Moros, Nicolás (2019): Tweet. Twitter, 07.03.2019, URL: https://twitter.com/NicolasMaduro/status/1103822286422003713 (eingesehen am 15.03.2019).

Maihold, Günther (1999): Die Technokaten in den Entwicklungsprozessen Lateinamerikas, in: Faust, Jörg/Mols, Manfred/Wagner, Christoph (Hg.): Ideengeber und Entwicklungsprozesse in Lateinamerika. Wertekonflikte und Handlungspotentiale. Mainz, S. 169–186.

Maihold, Günther (2007): ¿Por qué no aprenden las elites políticas? El caso de Venezuela, in: Maihold, Günther (Hg.): Venezuela en retrospectiva. Los pasos hacia el régimen chavista. Madrid, Frankfurt am Main, S. 113–129.

Maihold, Günther (2008): Außenpolitik als Provokation. Rhetorik und Realität in der Außenpolitik Venezuelas unter Präsident Hugo Chávez. Stiftung Wissenschaft und Politik, SWP-Studie S22.

Maihold, Günther (2011): Lateinamerika auf dem Weg zu neuer Einheit? Die Gründung der Gemeinschaft lateinamerikanischer und karibischer Staaten (CELAC). Stiftung Wissenschaft und Politik, SWP-Aktuell 58.

Maihold, Günther (2014): Die BRICS-Bank – der Einstieg in eine neue Weltfinanzordnung. Stiftung Wissenschaft und Politik. Stiftung Wissenschaft und Politik, SWP-Aktuell 53.
Maihold, Günther (2015): Planen für den Zusammenbruch: Der Chavismus steht am Abgrund. Auf sein Ende sollten wir vorbereitet sein, in: Internationale Politik und Gesellschaft, 22.01.2015, URL: https://www.ipg-journal.de/kommentar/artikel/venezuela-planen-fuer-den-zusammenbruch-750/ (eingesehen am 20.09.2016).
Maihold, Günther (2017): "Es wird eine Eskalation vor uns liegen", Günther Maihold im Gespräch mit Christine Heuer, in: Deutschlandfunk.de, 31.07.2017, URL: https://www.deutschlandfunk.de/venezuela-nach-der-wahl-es-wird-eine-eskalation-vor-uns.694.de.html?dram:article_id=392359 (eingesehen am 28.08.2017).
Maingon, Thais (2007): Síntomas de la crisis y la deslegitimación del sistema de partidos en Venezuela, in: Maihold, Günther (Hg.): Venezuela en retrospectiva. Los pasos hacia el regimen chavista. Madrid, Frankfurt am Main, S. 77–101.
Mainwaring, Scott (2006): The Crisis of Representation in the Andes, in: Journal of Democracy, Vol. 17, Nr. 3, S. 13–27.
Mainwaring, Scott (2012): From Representative Democracy to Participatory Competitive Authoritarianism. Hugo Chávez and Venezuelan Politics, in: Perspectives on Politics, Vol. 10, Nr. 4, S. 955–967.
Malamud, Andrés (2012): Moving Regions: Brazil's Global Emergence and the Redefinition of Latin American Borders, in: Riggirozzi, Pía/Tussie, Diana (2012): The Rise of Posthegemonic Regionalism. Heidelberg, London, New York, S. 167–182.
Manifest – New Developmentalism (2011): THE DOCUMENT: Ten Theses on New Developmentalism, in: Brazilian Journal of Political Economy, Vol. 31, Nr. 5, Special edition, S. 844–846.
Manz, Thomas (2016): Moralischer Verschleiß der Politik, in International Politik und Gesellschaft, 18.01.2016, URL: https://www.ipg-journal.de/interviews/artikel/moralischer-verschleiss-der-politik-1237/ (eingesehen am 08.08.2016).
Manz, Thomas (2018): Erneuerung der Politik oder Erosion der Demokratie? Brasilien vor den Wahlen. Friedrich-Ebert-Stiftung, Internationale Politikanalyse.
Manzano, Marcelo/Salas, Carlos/dos Santos, Anselmo Luis (2014): O Brasil Nos Últimos Vinte Anos: Em Busca De Um Novo Regime de Acumulação. CESIT, Carta Social e do Trabalho, Nr. 25
Márquez, Patricia (2004): The Hugo Chávez Phenomenon: What Do "the People" Think?, in: Ellner, Steve/Hellinger, Daniel (Hg.): Venezuelan Politics in the Chávez Era. Class, Polarization & Conflict. Colorado, S. 197–212.
Márquez Marín, Gustavo (2018): Clientelismo Autoritario, in: Aporrea, 05.02.2018, URL: https://www.aporrea.org/actualidad/a258905.html (eingesehen am 29.04.2018).
Martínez, Juan/Santiso, Javier (2003): Financial Markets and Politics: The Confidence Game in Latin American Emerging Economies, in: International Political Science Review, Vol. 24, Nr. 3, 363–395.
Marx, Karl/Engels, Friedrich (1969): Die deutsche Ideologie. Marx-Engels-Werke (MEW), Band 3. Berlin.
May, Christian (2014): Die Kultur des Kapitalismus in Brasilien, Indien und China, in: Nölke, Andreas/May, Christian/Claar, Simone (Hg.): Die großen Schwellenländer. Ursachen und Folgen ihres Aufstiegs in der Weltwirtschaft. Wiesbaden, S. 85–99.

Mayer, Peter (2003): Die Epistemologie der Internationalen Beziehungen: Anmerkungen zum Stand der „Dritten Debatte", in: Hellmann, Gunther/Wolf, Klaus Dieter/Zürn, Michael (Hg.): Die neuen Internationalen Beziehungen. Forschungsstand und Perspektiven in Deutschland. Baden-Baden, S. 47–97.

Mayer, Simone (2010): Lateinamerikas gespaltene Gesellschaften. Sozialer Wandel durch linke Regierungen? Eine Zwischenbilanz. Friedrich-Ebert-Stiftung, Perspektive.

McCarthy-Jones, Anthea (2014): "Ploughing the Sea" in a World of Regions: Venezuela's Role in Reviving Latin American Regionalism for the Twenty-First Century, in: Angosto-Ferrández, Luis Fernando (Hg.): Democracy, Revolution, and Geopolitics in Latin America. Venezuela and the International Politics of Discontent. New York, Abingdon, S. 47–66.

McCarthy-Jones, Anthea/Turner, Mark (2011): Explaining radical policy change: the case Venezuelan foreign policy, in: Policy Studies, Vol. 32, Nr. 5, S. 549–567.

Melo, Marcus André (2016): Crisis and Integrity in Brazil, in: Journal of Democracy, Vol. 27, Nr. 2, S. 50–65.

Méndez Losi, Blanca Luna (2015): Análisis Hermenéutico del discurso del expresidente Hugo Chávez: El Nuevo Mapa Estratégico a partir del contexto político Ideológico "Contra hegemonía y Socialismo del Siglo XXI", in: Reflexión Política, Vol. 17, Nr. 33, S. 64–76.

Merkel, Wolfgang (2010): Systemtransformation. Eine Einführung in Theorie und Empirie der Transformationsforschung. Wiesbaden, 2 Aufl.

Miguel, Luis Felipe/Coutinho, Aline de Almeida (2007): A crise e suas fronteiras: oito meses de "mensalão" nos editoriais dos jornais, in: OPINIÃO PÚBLICA, Vol. 13, Nr 1, S. 97–123.

Miguel, Luis Felipe (2019): O colapso da democracia no Brasil: da constituição ao golpe de 2016. São Paulo.

Miller, Raymond C. (2008): International Political Economy. Contrasting World Views. Oxon, New York.

Mijares, Victor M. (2015): Venezuela's Post Chavez Foreign Policy. Is there a Maduro Doctrine?, in: Americas Quarterly, Vol 9, Nr. 1, S. 74–81.

MinCI (Ministerio del Poder Popular para la Comunicación y la Información) (2007): Socialismo del Siglo XXI: La fuerza de los pequeños. Caracas.

Modenesi, Andre de Melo/Modenesi, Rui Lyrio (2012): Quinze anos de rigidez monetária no Brasil pós-Plano Real: uma agenda de pesquisa, in: Revista de Economia Política, Vol. 32, Nr. 3, S. 389–411.

Moebius, Stephan (2009): Strukturalismus/Poststrukturalismus, in: Kneer, Georg/Schroer, Markus (Hg.): Handbuch Soziologische Theorien. Wiesbaden, S. 419–444.

Mommer, Bernhard (2004): Subversive Oil, in: Ellner, Steve/Hellinger, Daniel (Hg.): Venezuelan Politics in the Chávez Era. Class, Polarization & Conflict. Colorado, S. 131–145.

Monaldi, Francisco (2015): The Impact of the Decline in Oil Prices on the Economics, Politics and Oil Industry of Venezuela. Columbia Center on Global Energy Policy, Studie, URL: https://energypolicy.columbia.edu/sites/default/files/Impact%20of%20the%20 20Decline%20in%20Oil%20Prices%20on%20Venezuela_September%202015.pdf (eingesehen am 03.04.2017).

Mora Brito, Daniel (2004): La política exterior de Hugo Chávez en tres actos (1998–2004), in: Aldea Mundo, Vol. 8, Nr. 016, S. 76–85.

Morais, Lecio/Saad-Filho, Alfredo (2005): Lula and the Continuity of Neoliberalism in Brazil: Strategic Choice, Economic Imperative or Political Schizophrenia?, in: Historical Materialism, Vol. 13, Nr. 1, S. 3–32.
Moreno, Camila (2016): „Die ganze politische Klasse ist involviert", in: Brand, Ulrich (Hg.): Lateinamerikas Linke. Ende des progressiven Zyklus? Hamburg, S. 50–64.
Mouffe, Chantal (2005): The 'End of Politics' and the Challenge of Right-wing Populism, in: Panizza, Francisco (Hg.): Populism and the Mirror of Democracy. London, New York, S. 50–71.
MPOG (Ministério do Planejamento, Orçamento e Gestão. Secretaria de Planejamento e Investimentos Estratégicos) (2003): Plano plurianual 2004–2007: mensagem presidencial. Brasília: MP, 2003.
MPOG (Ministério do Planejamento, Orçamento e Gestão. Secretaria de Planejamento e Investimentos Estratégicos) (2007): Plano plurianual 2008–2011: mensagem presidencial. Brasília: MP, 2007.
MPOG (Ministério do Planejamento, Orçamento e Gestão. Secretaria de Planejamento e Investimentos Estratégicos) (2011): Plano plurianual 2012–2015: mensagem presidencial. Brasília: MP, 2011.
MPOG (Ministério do Planejamento, Orçamento e Gestão. Secretaria de Planejamento e Investimentos Estratégicos) (2015): Plano plurianual 2016–2019: mensagem presidencial. Brasília: MP, 2015.
Muhr, Thomas (2011a): Conceptualising the ALBA-TCP: Third Generation Regionalism and Political Economy, in: International Journal of Cuban Studies, Vol. 3.2 & 3.3, S. 98–115
Muhr, Thomas (2011b): Venezuela and the ALBA. Counter-Hegemony, Geographies of Integration and Development, and Higher Education For All. Saarbrücken.
Muhr, Thomas (2012): (Re)constructing Popular Power in Our America. Venezuela and the regionalisation of 'revolutionary democracy' in the ALBA–TCP space, in: Third World Quarterly, Vol. 33, Nr. 2, S. 225–241.
Murillo, María Victoria/Oliveros, Virginia/Vaishnav, Milan (2011): Economic Constraints and Presidential Agency, in: Levitsky, Steven/Roberts, Kenneth M. (Hg.): The Resurgence of the Latin American Left. Baltimore, S. 52–70.
Nadeau, Richard/Bélanger, Éric/Didier, Thomas/Lewis-Beck, Michael S. (2012): The Chavez Vote and "El Hombre Económico". Paper prepared for IPSA, 8–12.07.2012, URL: https://paperroom.ipsa.org/papers/paper_10141.pdf (eingesehen am 20.09.2016).
Nelson, Marcel (2013): Institutional Conflict and the Bolivarian Revolution. Venezuela's Negotiation of the Free Trade Area of the Americas, in: Latin American Perspectives, Issue 190, Vol. 40, Nr. 3, S. 169–183.
Nölke, Andreas (2011): Die BRIC-Variante des Kapitalismus und soziale Ungleichheit: Das Beispiel Brasilien, in: Wehr, Ingrid/Burchardt, Hans-Jürgen (Hg.): Soziale Ungleichheiten in Lateinamerika. Neue Perspektiven auf Wirtschaft, Politik und Umwelt. Baden-Baden, S. 137–152.
Nölke, Andreas (2016): Halbwahrheiten über Brasilien, in: flassbeck-economics, 04.05.2016.
Nonhoff, Martin (2008): Hegemonieanalyse: Theorie, Methode und Forschungspraxis, in: Keller, Reiner/Hirseland, Andreas/Schneider, Werner/Viehöver, Willy (Hg.): Handbuch Sozialwissenschaftliche Diskursanalyse. Band 2: Forschungspraxis. Wiesbaden, 3. Aufl., S. 299–331.

Nolte, Detlef (2014): Latin America's New Regional Architecture: A Cooperative or Segmented Regional Governance Complex? Robert Schuman Centre for Advanced Studies, EUI Working Paper RSCAS 2014/89, URL: https://cadmus.eui.eu/bitstream/handle/1814/32595/RSCAS_2014_89.pdf (eingesehen am 20.03.16).

Nolte, Detlef/Schilling-Vacaflor, Almut (2012a): Introduction: The Times they are a Changin': Constitutional Transformations in Latin America since the 1990s, in: Nolte, Detlef/Schilling-Vacaflor, Almut (Hg.): New Constitutionalism in Latin America. Promises and Practices. Farnham, Burlington, S. 3–30.

Novy, Andreas (2008): Die Rückkehr des Entwicklungsstaates in Brasilien, in: Das Argument, Vol. 50, Nr. 276, S. 361–373.

Novy, Andreas (2016): Gespaltenes Brasilien, in: Blätter für deutsche und internationale Politik, 05.2016, S. 21–24.

Nunes, Felipe/Melo, Carlos Ranulfo (2017): Impeachment, Political Crisis and Democracy in Brazil, in: Revista de Ciencia Política, Vol. 37, Nr. 2, S. 281–304.

Núñez, Rogelio (2015): Elecciones legislativas Venezuela (III): Lo mucho que hay en juego, in: Infolatam, 04.12.2015, URL: https://www.infolatam.com/2015/12/04/elecciones-legislativas-venezuela-iii-lo-mucho-que-hay-en-juego/ (eingesehen am 04.12.2015).

Oatley, Thomas (2006): International Political Economy. Interests and Institutions in the Global Economy. New York [u. a.], 2. Aufl.

Ocampo, José Antonio/Ros, Jaime (2011): Shifting Paradigms in Latin America's Economic Development, in: Ocampo, José Antonio/Ros, Jaime (Hg.): The Oxford Handbook of Latin American Economics. New York, S. 3–25.

Oettler, Anika/Peetz, Peter (2010): Putsch in Honduras: Störfall in der defekten Demokratie, in: Internationale Politik und Gesellschaft, Nr. 1, S. 82–95.

Oliveira, Francisco de (2006): Lula in the Labyrinth, in: New left Review, Nr. 42, S. 5–22.

Oliveros, Asdrúbal/Álvarez, Carlos Miguel (2016): Venezuela, in: Konrad-Adenauer-Stiftung (Hg.): El socialismo del siglo XXI tras el boom de los commodities. Santiago de Chile, S. 185–242.

Oliveros, Asdrúbal/Villamizar, Gabriel (2015): Gasto público y popularidad: entiendo la economía política del Chavismo. Obsvervatorio Gasto Público – CEDICE, URL: https://www.cisle.org.mx/PDF/gasto-cedice.pdf (eingesehen am 29.04.2018).

Oluwasanmi, Bayo (2013): Memo To President Jonathan, in: Sahara Reporters, 12.02.2013, URL: https://saharareporters.com/2013/02/12/memo-president-jonathan-bayo-oluwasanmi (eingesehen am 10.11.2018).

Orhangazi, Özgür (2011): Contours of Alternative Policy Making in Venezuela. Political Economy Research Institute (PERI), Working Paper, Nr. 275, URL: https://pdfs.semanticscholar.org/6d9c/54f3871b2e044590b898bbb4892e0780fc2f.pdf (eingesehen am 27.03.2014).

Panizza, Francisco (2004): 'Brazil Needs to Change': Change as Iteration and the Iteration of Change in Brazil's 2002 Presidential Election, in: Bulletin of Latin American Research, Vol. 23, Nr. 4, S. 465–482.

Panizza, Francisco (2005): Introduction: Populism and the Mirror of Democracy, in: derselbe (Hg.): Populism and the Mirror of Democracy. London, New York, S. 1–31.

Panizza, Francisco (2009): Contemporary Latin America. Development and Democracy beyond the Washington Consensus. New York.

Parker, Dick (2006): El desarrollo endógeno: ¿Camino al socialismo del siglo XXI?, in: Revista Venezolana de Economía y Ciencias Sociales, Vol. 13, Nr. 2, S. 59–85.

Pasquali, Antonio (2007): Vivir en despotismo, in: El Nacional, 28.01.2007, nachgedruckt auf www. soberanía.org, Caracas, URL: https://www.soberania.org/Articulos/articulo_2902.htm (eingesehen am 21.01.2016).

Patzelt, Werner J. (2005): Wissenschaftstheoretische Grundladen sozialwissenschaftlichen Vergleichens, in: Kropp, Sabine/Hinkenberg, Michael (Hg.): Vergleichen in der Politikwissenschaft. Wiesbaden, S. 16–54.

de Paula, Marilene (2013): A Nova Classe Trabalhadora e o Neopentecostalismo, in: Bartelt, Dawid Danilo (Hg.): A "Nova Classe Média" no Brasil como Conceito e Projeto Político. Rio de Janeiro, S. 124–134.

PBRV (Parlament der Bolivarischen Republik Venezuelas) (2007): Reforma de la Constitución de la República Bolivariana de Venezuela. 02.11.2007, URL: https://web.archive.org/web/20090325095105/http:/www.cne.gov.ve/elecciones/referendo_constitucional2007/documentos/Reforma.pdf (eingesehen am 14.08.2017).

PBRV (Parlament der Bolivarischen Republik Venezuelas) (2009): Ley de conscripción y alistamiento militar. 21.10.2009, URL: https://www.consultarh.com/site/wp-content/uploads/2014/08/Ley_Conscripcion_Alistamiento_Militar.pdf (eingesehen am 12.02.2018).

PBRV (Parlament der Bolivarischen Republik Venezuelas) (2010): Ley de las Comunas. 21.12.2010, URL: https://www.inapymi.gob.ve/documentos/Gaceta_6011.pdf (eingesehen am 15.02.2016).

PdVSA (Petróleos de Venezuela S.A.) (2006): Información Financiera y Operacional al 31 de diciembre de 2006. URL: https://www.pdvsa.com/images/pdf/RELACION%20CON%20INVERSIONISTAS/Informes%20Anuales/informe%20de%20gestion/2006/Informacio%CC%81n%20financiera%20y%20operacional%20al%2031%20de%20diciembre%20de%202006.PDF (eingesehen am 17.07.2017).

PdVSA (Petróleos de Venezuela S.A.) (2009): 2009 Informe de Gestión Anual 2009. URL: https://www.pdvsa.com/images/pdf/RELACION%20CON%20INVERSIONISTAS/Informes%20Anuales/informe%20de%20gestion/2009/INFORME%20DE%20GESTIO%CC%81N%20ANUAL%202009.pdf (eingesehen am 17.07.2017).

Peeler, John (2007): Elementos estructurales de la desestabilización de una democracia consolidada: la desconsolidación en Venezuela, in: Maihold, Günther (Hg.): Venezuela en retrospectiva. Los pasos hacia el regimen chavista. Madrid, Frankfurt am Main, S. 21–45.

Peixoto Ávila, Milene (2013): El Programa Bolsa Familia y la pobreza en Brasil: mucho más que números a considerar, in: Rev. Sociedad & Equidad Nr. 5, S. 164–187.

Penn, Sean (2008): Conversations with Chávez and Castro, in: The Nation, 25.11.2008, URL: https://www.thenation.com/article/conversations-chaacutevez-and-castro/ (eingesehen am 02.02.2009).

Pereira, Carlos/Orellana, Salomon (2009): Hybrid Political Institutions and Governability: The Budgetary Process in Brazil, in: Journal of Politics in Latin America, Vol. 1, Nr. 3, 57–79.

Pereira, Laurindo Mékie (2010): Nação e nacionalismo no discurso do presidente Lula. ANPUH/SP, 10.09.2010, URL: https://www.anpuhsp.org.br/sp/downloads/CD%20XX%20Encontro/PDF/Autores%20e%20Artigos/Laurindo%20M%E9kie%20Pereira.pdf (eingesehen am 01.09.2018).

Peresson, Raphael (2016): ALBA im Spannungsverhältnis von ideologischem Transformationsanspruch und machtpolitischer Instrumentalisierung, in: Lenkeit, Anja/Müller Gómez, Johannes/Peer, Anna-Maria (Hg.): Lateinamerika und der Freihandel. Interessen. Diskurse. Perspektiven. Köln, S. 183–192.

Peresson, Raphael (2019): Venezuela in der (Wirtschafts-)Krise, in: Z – Zeitschrift für marxistische Erneuerung, Nr. 119, S. 154–166.

Pérez, Orlando J. (2012): The Basis of Support for Hugo Chávez: Measuring the Determinants of Presidential Job Approval in Venezuela, in: The Latin Americanist, Vol. 57, Nr. 2, S. 59–84.

Perlatto, Fernando (2015): Decifrando o governo Lula: interpretações sobre o Brasil contemporâneo, in: Revista de Ciências Humanas, Vol. 15, Nr. 1, S. 256–272.

Peters, Stefan (2011): Bildungspolitik: Alte und neue Ungleichheitsmuster, in: Boeckh, Andreas/Welsch, Friedrich/Werz, Nikolaus (Hg.): Venezuela heute. Politik Wirtschaft Kultur. Frankfurt am Main, S. 637–670.

Peters, Stefan (2019): Sozialismus des 21. Jahrhunderts in Venezuela. Aufstieg und Abstieg der Bolivarischen Revolution von Hugo Chávez. Stuttgart.

Petkoff, Teodoro (2005): Las dos izquierdas, in: Nueva Sociedad, Nr. 197, S. 114–128.

Pezzella Abilahoud, Silvana (2011a): El control de los medios de producción, in: VenEconomía, Vol. 28, Nr. 11.

Pezzella Abilahoud, Silvana (2011b): Empresas socialistas: Saldo en rojo, in: VenEconomía, Vol. 28, Nr. 10.

Piccone, Ted/Trinkunas, Harold (2014): The Cuba-Venezuela Alliance: The Beginning of the End? Latin America Initiative Foreign Policy at BROOKINGS, Policy Brief 2014, URL: https://www.brookings.edu/wp-content/uploads/2016/06/CubaVenezuela-Alliance-Piccone-Trinkunas.pdf (eingesehen am 01.05.2016).

Pogrebinschi, Thamy (2013): The Pragmatic Turn of Democracy in Latin America. Friedrich Ebert Stiftung, Study.

Polanyi, Karl (1978): The Great Transformation. Politische und ökonomische Ursprünge von Gesellschaften und Wirtschaftssystemen. Berlin.

Poser, Hans (2001): Wissenschaftstheorie. Eine philosophische Einführung. Stuttgart.

Power, Timothy J. (2014): Continuity in a Changing Brazil: The Transition from Lula to Dilma, in: de Castro, Fábio/Koonings, Kees/Wiesebron, Marianne (Hg.): Brazil Under the Worker's Party. Continuity and Change from Lula to Dilma. London, S. 10–35.

Pühretmayer, Hans (2010): Zur Kombinierbarkeit von Critical Realism und Poststrukturalismus: Eine Reformulierung der Struktur-Handlungs-Frage, in: Österreichische Zeitschrift für Politikwissenschaft, Vol. 39, Nr. 1, S. 9–26.

Prates, Daniela/Fritz, Barbara (2013): Beyond capital controls: the regulation of foreign currency derivates markets in South Korea and Brazil after the global financial crisis. Berlin Working Papers on Money, Finance, Trade and Development, Nr. 07, URL: https://finance-and-trade.htw-berlin.de/fileadmin/HTW/Forschung/Money_Finance_Trade_Development/working_paper_series/wp_07_2013_Prates_Fritz_Beyond_Capital_Controls.pdf (eingesehen am 01.07.2015).

Prieto, Hugo (2017): Ricardo Combellas: "Si triunfa la constituyente comunal, el camino será de esclavitud", in: Prodavinci, 10.05.2017, URL: https://prodavinci.com/2017/05/10/actualidad/ricardo-combellas-si-triunfa-la-constituyente-comunal-el-camino-sera-de-esclavitud-por-hugo-prieto/ (eingesehen am 17.05.2017).

Primera, Maye (2013): El Congreso de Venezuela autoriza a Maduro a gobernar por decreto, in: Elpaís.com, 19.11.2013, URL: https://elpais.com/internacional/2013/11/19/actualidad/1384895054_452047.html (eingesehen am 23.04.2018).

Prosprev (2017): Cómo el salario mínimo pasó del piso de las remuneraciones al techo máximo en el empobrecimiento del venezolano, in: Prospectiva y Previsión, 03.07.2017, URL: https://prosprev.com/2017/07/03/como-el-salario-minimo-paso-del-piso-de-las-remuneraciones-al-techo-maximo-en-el-empobrecimiento-del-venezolano-junio-2017/ (eingesehen am 14.11.2018).

Prutsch, Ursula (2001): Politische Inszenierungen in Lateinamerika: Revolutionäre Magie und politische Utopie – Getulio Vargas, Juan und Eva Perón, Hugo Chávez und Subcomandante Marcos, in: Borsdorf, Axel/Krömer, Gertrut/Parnreiter, Christof (Hg.): Lateinamerika im Umbruch. Innsbruck, S. 129–141.

Purcell, Thomas Francis (2013): The Political Economy of Social Production Companies in Venezuela, in: Latin American Perspectives. Issue 190, Vol. 40, Nr. 3, S. 146–168.

PSUV (Partido Socialista Unido de Venezuela) (2010a): Declaración de Principios. I ongreso Extraordinario del Partido Socialista Unido de Venezuela (PSUV). 24.04.2010, URL: https://www.psuv.org.ve/wp-content/uploads/2010/06/Declaracion_principios.pdf (eingesehen am 19.11.2017).

PSUV (Partido Socialista Unido de Venezuela) (2010b): Libro Rojo. Venezuela.

PT (Partido dos Trabalhadores) (2002): Programa de Governo 2002. Um Brasil para Todos. Crescimento, Emprego e Inclusão Social. URL: https://www1.uol.com.br/fernandorodrigues/arquivos/eleicoes02/plano2002-lula.doc (eingesehen am 08.07.2018).

PWC (PricewaterhouseCoopers) (2016): Boletín de Acutalidad Corporativa. PwC Venezuela Tax. Ley de Impuesto a las Grandes Transacciones Financieras. Asesoría Fiscal, Nr. 2, URL: https://www.pwc.com/ve/es/publicaciones/assets/Bolet%C3%ADn%20Actualidad%20Corporativa%20No2_Ley%20de%20Impuesto%20a%20las%20Grandes%20Transacciones%20Financieras.pdf (eingesehen am 25.08.2017).

Quiroga, Yesko (2014): Vom Auf- zum Absteiger? Wirtschaftliche Entwicklung, Macht und halbe Wahrheiten in Brasilien. Friedrich-Ebert-Stiftung, Internationale Politikanalyse.

Ramírez López, Carlos (2017): El crimen con las leyes habilitantes, in: El Nacional, 30.11.2017, URL: https://www.el-nacional.com/noticias/columnista/crimen-con-las-leyes-habilitantes_213483 (eingesehen am 24.04.2018).

Ramos Pismataro, Francesca/Otálvaro, Andrés Felipe (2005): Revolución Bolivariana; hacia una nueva concepción de seguridad y defensa en Venezuela. Caracas.

Ramos Pismataro, Francesca/Otálvaro, Andrés (2008): La Fuerza Armada Nacional en la Revolución Bolivariana, in: Desafíos, Vol. 18, S. 12–49.

RBRV (Regierung der Bolivarischen Republik Venezuelas) (2001): Líneas Generales del Plan de Desarollo Económico y Social de la Nación 2001–2007. URL: https://www.flacsoandes.org/internacional/gobiernos_en_linea/venezuela/02plan_de_desarrollo_2001_2007.pdf (eingesehen am 05.11.2017).

RBRV (Regierung der Bolivarischen Republik Venezuelas) (2004): El Modelo de Desarrollo Endógeno. Conferencia Regional Andina sobre Empleo, 22.-23.11.2004, Lima, URL: https://de.scribd.com/doc/34272724/1-Modelo-de-Desarrollo-Endogeno (eingesehen am 12.01.2018).

RBRV (Regierung der Bolivarischen Republik Venezuelas) (2006): Empresas de Producción Social: Nuevas oportunidades para el desarollo. URL: https://www.minci.gob.ve/wp-content/uploads/downloads/2013/01/folleto_al_fin_web.pdf (eingesehen am 05.03.2016).

RBRV (Regierung der Bolivarischen Republik Venezuelas) (2008): Líneas Generales del Plan de Desarrollo Económico y Social de la Nación 2007-2013. Caracas, URL: https://aristobulo.psuv.org.ve/wp-content/uploads/2008/09/lineas-generalesdelplan-de-desarrollo-economico-y-social-de-la-nacion-2007-2013.pdf (eingesehen am 14.09.2015).

RBRV (Regierung der Bolivarischen Republik Venezuelas) (2009): Constitución de la República Bolivariana de Venezuela de 1999. Caracas, URL: https://consejoderechoshumanos.gob.ve/wp-content/uploads/documentos/Constitucion-de-la-Republica-Bolivariana-de-Venezuela.pdf (eingesehen am 22.01.2016).

RBRV (Regierung der Bolivarischen Republik Venezuelas) (2012) (Hg.): Emancipación de la política exterior de Venezuela. Caracas.

RBRV (Regierung der Bolivarischen Republik Venezuelas) (2013): Plan de la Patria. Segundo Plan Socialista de Desarollo Económico y Social de la Nación 2013-2019. URL: https://www.asambleanacional.gob.ve/uploads/botones/bot_90998c61a54764da3b e94c3715079a7e74416eba.pdf (eingesehen am 27.06.2017).

Reckwitz, Andreas (2006): Ernesto Laclau: Diskurse, Hegemonie, Antagonismen, in: Moebius, Stephan/Quadflieg, Dirk (Hg.): Kultur. Theorien der Gegenwart. Wiesbaden, S. 339-349.

Reichenbach, Benjamin (2015): Die gefühlte Revolution. Venezuela vor dem Post-Chavismus? Friedrich-Ebert-Stiftung, Internationale Politikanalyse.

Reinert, Erik (2014): Warum manche Länder reich und andere arm sind: Wie der Westen seine Geschichte ignoriert und deshalb seine Wirtschaftsmacht verliert. Stuttgart.

Reus-Smit, Christian (2008): Reading History through Constructivist Eyes, in: Millenium, London, Vol. 37, Nr. 2, S. 395-414.

RFRB (Regierung der Föderativen Republik Brasiliens) (2011): Plano Brasil Maior 2011-2014. Inovar para competir. Competir para crescer. URL: https://investimentos.mdic.gov.br/public/arquivo/arq1332874273.pdf (eingesehen am 24.10.2018).

Riggirozzi, Pía/Tussie, Diana (2012): The Rise of Post-hegemonic Regionalism. Heidelberg, London, New York.

Rincón, Omar (2018): En América Latina, los medios son actores políticos. Friedrich Ebert Stiftung. fesmedia Latin America.

Rinke, Stefan (2005): Grenzwahrnehmungen – Grenzüberschreitungen: Selbst- und Fremdbilder in der Geschichte der Beziehungen zwischen den Amerikas, in: Braig, Marianne/Ette, Ottmar/Ingenschay, Dieter/Maihold Günter (Hg.): Grenzen der Macht – Macht der Grenzen. Lateinamerika im globalen Kontext. Frankfurt am Main, S. 207-238.

Rinke, Stefan/Schulze, Frederik (2013): Kleine Geschichte Brasiliens. München.

Ripinsky, Sergey (2012): Venezuela's Withdrawal From ICSID: What it Does and Does Not Achieve, in: International Institute for Sustainable Development, Investment Treaty News, 13.04.2012, URL: https://www.iisd.org/itn/2012/04/13/venezuelas-withdrawal-from-icsid-what-it-does-and-does-not-achieve/ (eingesehen am 25.08.2017).

Risse, Thomas (2003): Konstruktivismus, Rationalismus und Theorien Internationaler Beziehungen – warum empirisch nichts so heiß gegessen wird, wie es theoretisch gekocht wurde, in: Hellmann, Gunther/Wolf, Klaus Dieter/Zürn, Michael (Hg.): Die neuen Internationalen Beziehungen. Forschungsstand und Perspektiven in Deutschland. Baden-Baden, S. 99–132.

Rodrik, Dani (2006): Goodbye Washington Consensus, Hello Washington Confusion? A Review of the World Bank's Economic Growth in the 1990s: Learning from a Decade of Reform, in: Journal of Economic Literature, Vol. 44, Nr. 4, S. 973–987.

Rodrik, Dani (2009): One Economics, Many Recipes Globalization, Institutions, and Economic Growth. Princeton, Oxford.

Rodrik, Dani (2011): Das Globalisierungsparadox. Die Demokratie und die Zukunft der Weltwirtschaft. München.

Röder, Jörg/Rösch, Michael (2001): Neopopulismus in Venezuela – Aufbruch in die Dekade der Illusionen?, in: Brennpunkt Lateinamerika, Nr. 1, S. 5–12.

Roett, Riordan (2010): The New Brazil. Washington.

Romano, Silvina M. (2019): Introducción. Lawfare: judicialización de la política y neoliberalismo en América Latina, in: Romano, Silvina M. (Hg.): Lawfare: Guerra judicial y neoliberalismo en América Latina. Buenos Aires, Sevilla, Madrid, S. 19–38.

Romero, Carlos (2004): The United States and Venezuela. From a Special Relationship to Wary Neighbors, in: McCoy, Jennifer L./Myers, David S. (Hg.): The Unraveling of Representative Democracy in Venezuela. Baltimore, S. 130–151.

Romero, Carlos (2007): Las relaciones entre Venezuela y Estados Unidos: de la certeza a la incertidumbre. Friedrich-Ebert-Stiftung, Policy Paper, Nr. 13.

Romero, Juan Eduardo/Quiñónez, Yessica (2011): El pensamiento socio-político de Chávez: discurso, poder e historia (1998–2009), in: Espacio Abierto, Vol. 20, Nr. 3, S. 519–536.

Rommel, Alexander (2011): Sozialstruktur: Armut Ungleichheit und soziale Klassen, in: Boeckh, Andreas/Welsch, Friedrich/Werz, Nikolaus (Hg.): Venezuela heute. Politik, Wirtschaft, Kultur. Frankfurt am Main, S. 51–76.

Rousseff, Dilma (2010): Diretrizes do programa 2011/2014. Brasília/DF, 03 de julho de 2010, URL: https://peppercomm.3cdn.net/b4b6758afd3f54fc45_eam6iis9n.pdf (eingesehen am 09.10.2018).

Rousseff, Dilma (2011a): Íntegra do discurso de posse de Dilma Rousseff no Congresso. 01.01.2011, URL: https://www.andifes.org.br/wp-content/files_flutter/Discurso%20Dilma%20Rousseff.pdf (eingesehen am 04.04.2018).

Rousseff, Dilma (2011b): Discurso da Presidenta da República, Dilma Rousseff, durante cerimônia de lançamento do Plano Brasil Maior. Palácio do Planalto, 02.08.2011, URL: https://www.biblioteca.presidencia.gov.br/discursos/discursos-da-presidenta/discurso-da-presidenta-da-republica-dilma-rousseff-durante-cerimonia-de-lancamento-do-plano-brasil-maior (eingesehen am 03.07.2018).

Rousseff, Dilma (2016): O Discurso de Dilma Rousseff após o impeachment, in: Folha de S.Paulo, 31.08.2016, URL: https://www1.folha.uol.com.br/poder/2016/08/1809106-leia-na-integra-o-discurso-de-dilma-rousseff-apos-o-impeachment.shtml (eingesehen am 12.08.2019).

Rousseff, Dilma (2017): „Ich wurde abgesetzt für das, was ich richtig gemacht habe". Die ehemalige brasilianische Präsidentin Dilma Rousseff über die politische Krise in ihrem Land, in: Internationale Politik und Gesellschaft, 12.12.2017, URL: https://www.ipg-journal.de/regionen/lateinamerika/artikel/detail/ich-wurde-abgesetzt-fuer-das-was-ich-richtig-gemacht-habe-2477/ (eingesehen am 15.12.2017).

Rüb, Friedbert W. (2009): Multiple-Streams-Ansatz: Grundlagen, Probleme und Kritik, in: Schubert, Klaus/Bandelow, Nils C. (Hg.): Lehrbuch der Politikfeldanalyse 2.0. München, 2. Aufl., S. 349–376.

Rueschemeyer, Dietrich (2006): Why and How Ideas Matter, in: Goodin, Robert E./Tilly, Charles (Hg.): The Oxford Handbook of Contextual Political Analysis. New York, S. 227–251.

Ruiz, Francisco Javier (2018): El Arco Minero del Orinoco. Diversificación del extractivismo y nuevos regímenes biopolíticos, in: Nueva Sociedad, Nr. 274, S. 129–141.

Saad-Filho, Alfredo (2013): Mass Protests under 'Left Neoliberalism': Brazil, June-July 2013, in: Critical Sociology, Vol. 39, Nr. 5, S. 657–669.

Saad-Filho, Alfredo/Boito, Armando (2015): Brazil: The Failure of the PT and the Rise of the 'New Right', in: Panitch, Leo/Albo, Greg (Hg.): The Politics of the Right: Socialist Register 2016, NYU Press, Monthly Review Press, S. 213–230.

Sader, Emir (2012): O "mensalão" como operação de marketing e como golpe branco fracassado, in: Carta Maior, 18.07.2012, URL: https://www.cartamaior.com.br/?/Blog/Blog-do-Emir/O-mensalao-como-operacao-de-marketing-e-como-golpe-branco-fracasado/2/27131 (eingesehen am 01.06.2017).

Sader, Emir (2013): A construção da hegemonia pós-neoliberal, in: derselbe (Hg.): 10 anos de governos pós-neoliberais no Brasil: Lula e Dilma. São Paolo, Rio de Janeiro, S. 135–143.

Sáez, Manuel Alcántara (2013): Sistemas Políticos de América Latina. Volumen 1. América del Sur. Madrid, 4. Aufl., S. 93–141.

Salas Oroño, Amílcar (2019): Juristocracia y ambitos de aplicaciónen en el lawfare brasileño, in: Romano, Silvina M. (Hg.): Lawfare: Guerra judicial y neoliberalismo en América Latina. Buenos Aires, Sevilla, Madrid, S. 39–57.

Salmerón, Víctor (2018): La misma hiperinflación pero con cinco ceros menos: Venezuela estrena moneda en medio de la crisis, in: Prodavinci, 20.08.2018, URL: https://prodavinci.com/la-misma-hiperinflacion-pero-con-cinco-ceros-menos-venezuela-estrena-moneda-en-medio-de-la-crisis/ (eingesehen am 15.03.2019).

Sangmeister, Hartmut/Schönstedt, Alexa (2009): Wege und Irrwege zum Wohlstand. Theorien und Strategien wirtschaftlicher Entwicklung. Baden-Baden.

Santos, Boaventura de Sousa (2013): O preço do progresso, in: Carta Maior, 19.06.2013, URL: https://www.cartamaior.com.br/?/Coluna/O-preco-do-progresso/28736 (eingesehen am 28.08.2019).

dos Santos, Eugênio Andrade Vilela (2011): O confronto entre o planejamento governamental e o PPA, in: Cardoso Jr., José Celso (Hg.): A Reinvenção do Planejamento Governamental no Brasil. Brasília, S. 307–336.

Santos, Ivanaldo/Silva, Regilberto José (2012): O discurso da revista Veja e a construção da imagem do PT, in: recorte – revista eletrônica. Mestrado em Letras, Vol. 9, Nr. 1, URL: https://periodicos.unincor.br/index.php/recorte/article/view/385/pdf (eingesehen am 31.08.2018).

Scaglione, Matías (2008): Behind the Discourse: Economic Policy and Performance in Chávez's Venezuela, in: Lateinamerika Analysen, Nr. 1, S. 55–94.

Schaeffler, Klaus (2011): Die außenwirtschaftlichen Beziehungen. Venezuela in verschiedenen Integrationsräumen, in: Boeckh, Andreas/Welsch, Friedrich/Werz, Nikolaus (Hg.): Venezuela heute. Politik Wirtschaft Kultur. Frankfurt am Main, S. 499–519.

Schenoni, Luis L. (2014): Brasil en América del Sur. La lógica de la unipolaridad regional, in: Nueva Sociedad, Nr. 250, S. 138–149.
Scherrer, Christoph (2003): Internationale Politische Ökonomie als Systemkritik, in: Hellmann, Gunther/Wolf, Klaus Dieter/Zürn, Michael (Hg.): Die neuen Internationalen Beziehungen. Forschungsstand und Perspektiven in Deutschland. Baden-Baden, S. 465–494.
Scheuzger, Stephan/Fleer, Peter (2009): Einleitung: Zentren und Peripherien des Wandels – Die Moderne in Lateinamerika, in: dieselben (Hg.): Die Moderne in Lateinamerika. Zentren und Peripherien des Wandels. Frankfurt am Main, S. 15–49.
Schmid, Josef/Buhr, Daniel/Roth, Christian/Steffen, Christian (2006): Wirtschaftspolitik für Politologen. Paderborn.
Shiller, Robert (2014): The Global Economy's Tale Risks. Project Syndicate, 20.03.2014, URL: https://www.project-syndicate.org/commentary/robert-j--shiller-attributes-japans-incipient-recovery---and-weak-growth-elsewhere---to-prevailing-economic-narratives (eingesehen am 28.04.2014).
Schilling-Vacaflor, Almut/Barrera, Anna (2011): Lateinamerikas neue Verfassungen: Triebfedern für direkte Demokratie und soziale Rechte? GIGA, GIGA Focus, Nr. 2.
Schmalz Stefan (2007): Brasiliens Wirtschaftspolitik: Neo-merkantile Exportausrichtung oder Stärkung des Binnenmarkts?, in: Kurswechsel, Nr. 4, S. 50–60.
Schmalz Stefan (2008): Brasilien in der Weltwirtschaft. Die Regierung Lula und die neue Süd-Süd-Kooperation. Münster.
Schmalz, Stefan/Ebenau, Matthias (2014): Brasilien, Indien und China. Unterschiedliche Transformationspfade in der Krise, in: Nölke, Andreas/May, Christian/Claar, Simone (Hg.): Die großen Schwellenländer. Ursachen und Folgen ihres Aufstiegs in der Weltwirtschaft. Wiesbaden, S. 43–59.
Schmalz Stefan/Tittor, Anne (2005): Hegemoniezyklen in Lateinamerika – Einführung und Kontext, in: Boris, Dieter/Schmalz, Stefan/Tittor, Anne (Hg.): Lateinamerika: Verfall neoliberaler Hegemonie? Hamburg, S. 7–39.
Schneider, Ben Ross/Soskice, David/Karcher, Sebastian (2011): Spielarten des Kapitalismus und Ungleichheit im Globalen Süden: Hierarchische Marktökonomien in Lateinamerika, in: Wehr, Ingrid/Burchardt, Hans-Jürgen (Hg.): Soziale Ungleichheiten in Lateinamerika. Neue Perspektiven auf Wirtschaft, Politik und Umwelt. Baden-Baden, S. 153–178.
Schutte, Giorgio Romano (2013): Brasil: nuevo desarrollismo y petróleo de aguas profundas, in: Nueva Sociedad, Nr. 244, S. 122–133.
Seawright, Jason (2012): Party System Collapse. Stanford.
Seelke, Clare Ribando/Nelson, Rebecca M. (2017): Venezuela: Background and U. S. Policy. Congressional Research Service, 11.12.2017, URL: https://fas.org/sgp/crs/row/R44841.pdf (eingesehen am 09.04.2017).
Segovia, Daniela (2013): Latin America and the Caribbean: Between the OAS and CELAC, in: European Review of Latin American and Caribbean Studies, Nr. 95, S. 97–107.
SELA (Sistema Económico Latinoamericano y del Caribe) (2013): ALBA-TCP as a mechanism for cooperation with a regional scope. URL: https://www.sela.org/media/265279/t023600005503-0-di_n_4_alba-tcp_as_mechanism_for_cooperation_with_a_regional_scope_-i.pdf (eingesehen am 22.09.2016).

SELA (Sistema Económico Latinoamericano y del Caribe) (2014): Evolution of the Bolivarian Alliance for the Peoples of our America – People's Trade Treaty (ALBA-TCP). URL: https://www.sela.org/media/264706/t023600006233-0-di_10-_alba-tcp_ing.pdf (eingesehen am 22.09.2016).

Selman, Ernesto/Fornet, Rafael (2014): Venezuela: Análisis económica de un país en crisis. Cato Institute, 01.07.2014, URL: https://www.elcato.org/pdf_files/ens-2014-07-01.pdf (eingesehen am 22.09.2016).

Senado Federal (2015): Constituição da República Federativa do Brasil: texto constitucional promulgado em 5 de outubro de 1988, com as alterações determinadas pelas Emendas Constitucionais de Revisão nos 1 a 6/94, pelas Emendas Constitucionaisnos 1/92 a 85/2015 e pelo Decreto Legislativo no 186/2008. – Brasília: Senado Federal, Coordenação de Edições Técnicas, 2015, URL: https://www2.senado.leg.br/bdsf/bitstream/handle/id/508200/CF88_EC85.pdf (eingesehen am 15.09.2018).

Serrano Mancilla, Alfredo (2015): El pensamiento económico de Hugo Chávez. Buenos Aires.

Silva Ferrer, Manuel (2011): Der folgsame Körper der Kultur. Beobachtungen zur Transformation des Kulturbetriebs (1999–2009), in: Boeckh, Andreas/Welsch, Friedrich/Werz, Nikolaus (Hg.): Venezuela heute. Politik Wirtschaft Kultur. Frankfurt am Main, S. 681–699.

da Silva Lopes, Ivonete (2014): Political Culture and the Democratization of Communications in Brazil, in: Latin American Perspectives, Issue 89, Vol. 41, Nr. 5, S. 129–140.

Singer, André (2009): Raízes sociais e ideológicos do Lulismo, in: Novos Estudos, Nr. 85, S. 83–102.

Singer, André (2012): Os sentidos do lulismo. Reforma gradual e pacto conservador. São Paulo.

Singer, André (2015): Cutucando onças com varas curtas. O ensaio desenvolvimentista no primeiro mandato de Dilma Rousseff (2011-2014), in: Novos Estudos, Nr. 102, S. 39–67.

Singer, André (2017): The failure of the developmentalist experiment in three acts, in: Critical Policy Studies, Vol. 11, Nr. 3, S. 258–364.

Singer, André (2018): From a Rooseveltian Dream to the Nightmare of Parliamentary Coup, in: nonsite.org, Issue 24, 11.07.2018, URL: https://nonsite.org/article/from-a-rooseveltian-dream-to-the-nightmare-of-parliamentary-coup (eingesehen am 13.08.2020).

Singer, André (2020): The failure of Dilma Rousseff's Developmentalist Experiment. A Class Analysis, in: Latin American Perspectives, Vol. 47, Nr. 1, S. 152–168.

Smith, Steve (1996): Positivism and beyond, in: Smith, Steve/Booth, Ken/Zalewski, Marysia (Hg.): International theory: positivism & beyond. New York, S. 11–43.

Souza, Jessé (2016): A radiografia do golpe: entenda como e por que você foi enganado. Rio de Janeiro.

Souza, Jessé (2017a): A elite do atraso. Da escravidão à Lava Jato. Rio de Janeiro.

Souza, Jessé (2017b): É preciso explicar o Brasil desde o ano zero, in: Cult, 19.10.2017, URL: https://revistacult.uol.com.br/home/jesse-souza-a-elite-do-atraso/ (23.04.2020).

Spanakos, Anthony P./Renno, Lúcio R. (2010): Elections and Economic Turbulence in Brazil: Candidates, Voters, and Investors, in: Smith, William C./Gómez-Mera, Laura (Hg.): Market, State, and Society in Contemporary Latin America. Malden, Oxford, S. 257–277.

Stäheli, Urs (2006): Die politische Theorie der Hegemonie: Ernesto Laclau und Chantal Mouffe, in: Brodocz, André/Schaal, Gary S. (Hg.): Politische Theorien der Gegenwart II. Opladen, Farmington Hills, 2. Aufl., S. 253–284.

Stefanoni, Pablo (2012): Was steckt hinter den Modellen von Venezuela, Bolivien und Ecuador?, in: Nueva Sociedad, Sonderheft, S. 19–35.
Stiglitz, Joseph E. (2008): Is there a Post-Washington Consensus Consensus?, in: Serra, Narcis/Stiglitz, Joseph E. (Hg.): The Washington Consensus Reconsidered. Towards a new Global Governance. New York, S. 41–56.
Stiglitz, Joseph (2012): Der Preis der Ungleichheit. Wie die Spaltung der Gesellschaft unsere Zukunft bedroht. München.
Straka, Tomás (2019): 20 años de chavismo: el quiebre del „Estado mágico", in: Nueva Sociedad, Nr. 280, S. 4–15.
Strange, Susan (1994): States and Markets. London, New York, 2. Aufl.
Sutherland, Manuel (2018): La ruina de Venezuela no se debe al «socialismo» ni a la «revolución», in: Nueva Sociedad, Nr. 274, S. 142–151.
Svampa, Maristella (2012): Resource Extractivism and Alternatives: Latin American Perspectives on Development, in: Journal für Entwicklungspolitik, Vol 28, Nr. 3, S. 43–73.
Sum, Ngai-Ling/Jessop, Bob (2013): Towards a Cultural Political Economy. Putting Culture in its Place in Political Economy. Cheltenham, Northampton.
Tatagiba, Luciana (2018): Entre as ruas e as instituições: os protestos e o impeachment de Dilma Rousseff, in: Lusotopie, Vol. 17, Nr. 1, S. 112–135.
Taylhardat, Adolfo R. (2005): La exportación de la Revolución Bolivariana, in: Analític.com, 03.10.2005, URL: https://www.analitica.com/opinion/opinion-internaci onal/la-exportacion-de-la-revolucion-bolivariana/ (eingesehen am 15.08.2017).
teleSur (2017): Conozca el decreto de Asamblea Constituyente de Venezuela. 04.05.2017, URL: https://www.telesurtv.net/news/Conozca-el-decreto-de-Asamblea-Con stituyente-de-Venezuela-20170504-0039.html (eingesehen am 23.04.2018).
The Economist (2017): World GDP. 30.03.2017, URL: https://www.economist.com/eco nomic-and-financial-indicators/2017/03/30/world-gdp (eingesehen am 02.11.2018).
The Guardian (2007): Venezuela quits IMF and World Bank. 01.05.2007, URL: https://www. theguardian.com/business/2007/may/01/venezuela.imf (eingesehen am 06.11.2017).
Todo Noticias (2014): Maduro volvió a comentar que le habló un pajarito: "Me dijo que Chávez está feliz", in: Todo Noticias, 29.07.2014, URL: https://tn.com.ar/internacional/mad uro-volvio-a-decir-que-le-hablo-un-pajarito-me-dijo-que-chavez-esta-feliz_520743 (eingesehen am 21.05.2018).
de la Torre, Carlos (2013): In the Name of the People: Democratization, Popular Organizations, and Populism in Venezuela, Bolivia, and Ecuador, in: European Review of Latin American and Caribbean Studies, Nr. 95, S. 27–48.
de la Torre, Carlos (2017): Hugo Chávez and the diffusion of Bolivarianism, in: Bank, André/Weyland Kurt (Hg.): Clusters of Authoritarian Diffusion and Cooperation: The Role of Interests vs. Ideology? Democratization. Special Issue, Vol. 24, Nr. 7, S. 1271–1288.
Toro, Alfredo (2011): El ALBA como instrumento de "soft balancing", in: Pensamiento Propio. Edición Especial, Vol. 16, Nr. 33, S. 159–184.
Tradingeconomics (2018): Brazil Indicators. URL: https://tradingeconomics.com/brazil/ind icators (eingesehen am 02.11.2018).
Trevisani, Paulo (2014): Unabhängigkeit der Zentralbank wird in Brasilien zum heißen Wahlkampf-Thema, in: The Wall Street Journal, 22.09.2014, URL: https://www.wsj. com/articles/unabhangigkeit-der-zentralbank-wird-in-brasilien-zum-heien-wahlkampf-thema-1411415926 (eingesehen am 08.08.2017).

Trojbicz, Beni (2017): Ideas and economy in the policy reforms of the Brazilian oil sector: 1995 to 2010, in: Brazilian Journal of Public Administration, Vol. 51, Nr. 5, S. 767–787.

Tussie, Diana/Riggirozzi, Pia (2015): A global conversation: rethinking IPE in posthegemonic scenarios, in: Contexto Internacional, Vol. 37, Nr. 3, S. 1041–1068.

Ulbert, Cornelia (2005): Konstruktivistische Analysen der internationalen Politik. Theoretische Ansätze und methodische Herangehensweisen, in: Ulbert, Cornelia/Weller, Christoph (Hg.): Konstruktivistische Analysen der internationalen Politik. Wiesbaden, S. 9–34.

Ulbert, Cornelia (2006): Sozialkonstruktivismus, in: Schieder, Siegfried/Spindler, Manuela (Hg.): Theorien der Internationalen Beziehungen. Opladen, Farmington Hills, 2. Aufl., S. 409–440.

Ulloa Tapia, César (2017): El populismo en escena ¿Por qué emerge en unos países y en otros no? Quito.

Vanderhill, Rachel (2013): Promoting Authoritarianism. Boulder, Colorado.

Vera, Leonardo (2018): ¿Cómo explicar la catástrofe económica venezolana?, in: Nueva Sociedad, Nr. 274, S. 83–96.

Viciano Pastor, Roberto/Martínez Dalmau, Rubén (2011): Fundamentos teóricos y prácticos del nuevo constitucionalismo latinoamericano, in: Gaceta Constitucional, Nr. 48, S. 307–328.

Viehöver, Willy (2006): Diskurse als Narrationen, in: Keller, Reiner/Hirseland, Andreas/Schneider, Werner/Viehöver, Willy (Hg.): Handbuch Sozialwissenschaftliche Diskursanalyse. Band 1: Theorien und Methoden. Wiesbaden, 2. Aufl., S. 180–208.

Villegas Febres, Miguel (2010): ¿Qué es una empresa socialista?, in: Aporrea, 16.11.2010, URL: https://www.aporrea.org/ideologia/a112328.html (eingesehen am 26.11.2017).

VVBRV (Verfassungsgebende Versammlung der Bolivarischen Republik Venezuelas) (2017): Ley constitucional contra el odio, por la convivencia pacífica y la tolerancia. 08.11.2017, URL: https://albaciudad.org/wp-content/uploads/2017/11/GO-41.274-_081117.pdf (eingesehen am 23.04.2018).

Wagner, Thomas(2010): Venezuelas Parlament entmachtet sich selbst, in: Zeit Online, 18.12.2010, URL: https://www.zeit.de/politik/ausland/2010-12/venezuela-regenfaelle-regierung?commentstart=9#comments (eingesehen am 18.12.2010).

Wainer, Andrés Gastón (2018): Economía política en la Argentina kirchnerista (2003–2015), in: Revista Mexicana de Sociología, Vol. 80, Nr. 2, S. 323–351.

Walser, Ray (2009): What to Do about Hugo Chávez: Venezuela's Challenge to Security in the Americas. The Heritage Foundation, Arbeitspapier, Nr. 2243, URL: https://www.heritage.org/americas/report/what-do-about-hugo-chavez-venezuelas-challenge-security-the-americas (eingesehen am 07.09.2010).

Weffer Cifuentes, Laura (2007): ENTREVISTA: ANDRÉS IZARRA considera que deben evaluarse todos los operadores de la TV, in: El Nacional, 08.01.2007, printed in Venezuela Real, URL: https://venezuelareal.zoomblog.com/archivo/2007/01/08/entrevista-Andres-Izarra-considera-que.html (eingesehen am 06.06.2017).

Weisbrot, Mark (2016): Venezuela: Dismantling a Weapon of Mass Destruction, in: Center for Economic and Policy Research, URL: https://cepr.net/publications/op-eds-columns/venezuela-dismantling-a-weapon-of-mass-destruction (eingesehen am 22.05.2016).

Weller, Christoph (2005): Perspektiven eines reflexiven Konstruktivismus für die Internationalen Beziehungen, in: Ulbert, Cornelia/Weller, Christoph (Hg.): Konstruktivistische Analysen der internationalen Politik. Wiesbaden, S. 36–64.

Welsch, Friedrich/Briceño, Héctor (2011): Chávez und der Chavismus, in: Boeckh, Andreas/Welsch, Friedrich/Werz, Nikolaus (Hg.): Venezuela heute. Politik, Wirtschaft, Kultur. Frankfurt am Main, S. 107–130.

Welsch, Friedrich/Camprubí, María del Pilar (2007): Las victorias electorales de Chávez y sus bases politicos, in: Maihold, Günther (Hg.): Venezuela en retrospectiva. Los pasos hacia el regimen chavista. Madrid, Frankfurt am Main, S. 133–150.

Welsch, Friedrich/Carrasquero, José Vicente (2001): Venezuela unter Chávez. Zwischen demokratischer Revolution und Caudillismo. Ibero-Analysen, Nr. 7.

Welsch, Friedrich (2006): Chávez' Wahlsieg: Mandat für die sozialistische Revolution? GIGA, GIGA Focus, Nr. 12.

Weltbank (2015a): Venezuela Overview. URL www.worldbank.org/en/country/venezuela/overview (eingesehen am 07.04.2015).

Weltbank (2015b): Global Economic Prospects. Having Fiscal Space and Using It. A World Bank Group Flagship Report. Washington, URL: https://www.worldbank.org/content/dam/Worldbank/GEP/GEP2015a/pdfs/GEP15a_web_full.pdf (eingesehen am 29.04.2018).

Weltbank (2018): World Development Indicators. URL: https://databank.worldbank.org/data/reports.aspx?source=2&type=metadata&series=EN.ATM.CO2E.PC# (eingesehen am 05.08.2018).

Wendt, Alexander (1995): Constructing International Politics, in: International Security, Vol. 20, Nr. 1, S. 71–81.

Wendt, Alexander (1999): Social Theory of International Politics. Cambridge.

Werz, Nikolaus/Winkens, Simone (2007): El populismo de Chávez y el rol de los medios, in: Maihold, Günther (Hg.): Venezuela en retrospectiva. Los pasos hacia el regimen chavista. Madrid, Frankfurt am Main, S. 297–312.

Werz, Nikolaus (2007): Hugo Chávez und der „Sozialismus des 21. Jahrhunderts." Ein Zwischenbericht. Ibero-Analysen, Nr. 21.

Werz, Nikolaus (2011): Die Außenpolitik. Vom Demokratieexport zur "Diplomatie der Völker", in: Boeckh, Andreas/Welsch, Friedrich/Werz, Nikolaus (Hg.): Venezuela heute. Politik, Wirtschaft, Kultur. Frankfurt am Main, S. 367–393.

Weyland, Kurt (2009): The Rise of Latin America's Two Lefts. Insights from Rentier State Theory, in: Comparative Politics, Vol. 41, Nr. 2, S. 145–164.

Weyland, Kurt (2010): The Performance of Leftist Governments in Latin America: Conceptual and Theoretical Issues, in: Weyland, Kurt/Madrid, Raul L./Hunter, Wendy (Hg.): Leftist Governments in Latin America: Successes and Shortcomings. New York, S. 1–27.

Weyland, Kurt (2011): The Left. Destroyer or Savior of the Market Model?, in: Levitsky, Steven/Roberts, Kenneth M. (Hg.): The Resurgence of the Latin American Left. Baltimore, S. 71–92.

Widmaier, Wesley/Blyth, Mark/Seabrooke, Leonard (2007): Exogenous Shocks or Endogenous Constructions? The Meaning of Wars and Crisis, in: International Studies Quarterly, Vol. 51, Nr. 4, S. 747–759.

Widmaier, Wesley (2003) The Keynesian Bases of a Constructivist Theory of the International Political Economy, in: Millennium Journal of International Studies, Vol. 32, Nr. 1, S. 87–107.

Widmaier, Wesley (2005): The meaning of an inflation crisis: steel, Enron, and macroeconomic policy, in: Journal of Post-Keynesian Economics. Vol. 27, Nr. 4, S. 555–573.

Wight, Colin (2007): Philosophy of Social Science and International Relations, in: Carlsnaes, Walter/Risse, Thomas/Simmons, Beth A. (Hg.): Handbook of International Relations. Los Angeles, London, New Delhi [u. a.], 6. Aufl., S. 23–51.

Wilpert, Gregory (2003) (Hg.): Coup Against Chavez in Venezuela The Best International Reports of What Really Happened in April 2002. Caracas.

Wilpert, Gregory (2006): The Meaning of 21st Century Socialism for Venezuela, in: Venezuelanalysis, 11.07.2006, URL: https://venezuelanalysis.com/analysis/1834 (eingesehen am 20.07.2014).

Wilpert, Gregory (2007): Changing Venezuela by Taking Power. The History and Politics of the Chávez Government. London, New York.

Wilpert, Gregory (2014): Chávez's Legacy of Land Reform for Venezuela. Arbeitspapier, präsentiert auf der Tenth Anniversary Conference of the Foundation for Agrarian Studies, "On Agrarian Issues", Kochi, 9.-12. Januar 2014, URL: https://ras.org.in/chavezs_legacy_of_land_reform_for_venezuela (eingesehen am 02.01.2016).

Wolff, Jonas (2013): Towards Post-Liberal Democracy in Latin America? A Conceptual Framework Applied to Bolivia, in: Journal of Latin American Studies, Vol. 45, Nr. 01, S. 31.59.

World Economic Forum (2017): Global Competitiveness Report 2017–2018. URL: https://www3.weforum.org/docs/GCR2017-2018/05FullReport/TheGlobalCompetitivenessReport2017%E2%80%932018.pdf (eingesehen am 27.12.2017).

Wullweber, Joscha (2012): Konturen eines politischen Analyserahmens – Hegemonie, Diskurs und Antagonismus, in: Dzudzek, Iris/Kunze, Caren/Wullweber, Joscha (Hg.): Diskurs und Hegemonie. Gesellschaftskritische Perspektiven, Bielefeld, S. 29–58.

Wullweber, Joscha (2014): Poststrukturalismus, in: Wullweber, Joscha/Graf, Antonia/Behrens, Maria (Hg.): Theorien der Internationalen Politischen Ökonomie. Wiesbaden, S. 233–249.

Zelik, Raul (2006): Venezuelas „bolivarianischer Prozess" Mit Gilles Deleuze in Caracas. Homepage, URL: https://www.raulzelik.net/images/textarchiv/venezuela/vene-prokla.pdf (eingesehen am 01.05.2011).

Zelik, Raul (2011): Neue Entwicklungskonzepte oder alter Staatszentrismus? "Endogene Entwicklung" und der "Sozialismus des 21. Jahrhunderts", in: Boeckh, Andreas/Welsch, Friedrich/Werz, Nikolaus (Hg.): Venezuela heute. Politik, Wirtschaft, Kultur. Frankfurt am Main, S. 451–476.

Zelik, Raul (2019): Sozialismus? Was sich aus linker Perspektive von Venezuela lernen lässt. Rosa-Luxemburg-Stiftung, Online-Publikation, URL: https://www.rosalux.de/fileadmin/rls_uploads/pdfs/Online-Publikation/4-19_Online-Publ_Sozialismus.pdf (eingesehen am 01.06.2019).

Zilla, Claudia (2010): Erfahrung der Zeit – politische Kultur in Argentinien und Brasilien, in: Aus Politik und Zeitgeschichte 12/2010, 22.03.2010, S. 10–15.

Zilla, Claudia (2011): Brasilianische Außenpolitik. Nationale Tradition, Lulas Erbe und Dilmas Optionen. Stiftung Wissenschaft und Politik, SWP-Studie S29.

Zimmering, Raina (2012): Regulationstheorie revisited. Antiregulation und neue Regulationsweisen in Lateinamerika, in: WeltTrends Papiere, Nr. 22, URL: https://publishup.uni-potsdam.de/opus4-ubp/frontdoor/deliver/index/docId/6089/file/wtp22.pdf (eingesehen am 01.02.2013).

Zucco, Cesar/Power, Timothy J. (2013): Bolsa Família and the Shift in Lula's Electoral Base, 2002–2006: A Reply to Bohn, in: Latin American Research Review, Vol. 48, Nr. 2, S. 3–24.

Zucco Jr., Cesar (2013): When Payouts Pay Off: Conditional Cash Transfers and Voting Behavior in Brazil 2002–10, in: American Journal of Political Science, Vol. 57, Nr. 4, S. 810–822.

Zucco Jr., Cesar (2015): The Impacts of Conditional Cash Transfers in Four Presidential Elections (2002–2014), in: Brazilian Political Science Review, Vol. 9, Nr. 1, S. 135–149.

Zúquete, José Pedro (2008): The Missionary Politics of Hugo Chávez, in: Latin American Politics and Society, Vol. 50, Nr. 1, S. 91–121.